イギリス植物民俗事典

A Dictionary of Plant-Lore

イギリス 植物 民俗事典

ロイ・ヴィカリー［編著］　奥本裕昭［訳］

八坂書房

A DICTIONARY OF PLANT-LORE
by Roy Vickery

This translation of A Dictionary of Plant-Lore
originally published in English in 1995
is published by arrangement with
Oxford University Press.

A Dictionary of Plant-Lore（英語版，1995年）の日本語版は，
オックスフォード大学出版局の許可を得て刊行されたものである．

序

植物に関する民間伝承や，伝統的な植物の利用法に対する関心は，年々確実に高まり，かつその裾野を広げつつあるにもかかわらず，イギリスおよびアイルランドの伝統的文化の中でも重要な位置を占めるこの分野についての，信頼できる情報源は未だほとんど整備されていない．植物の民間伝承のさまざまな側面をめぐって，正確な情報を提供しようとする良心的な試みは数多くなされてきたが，残念なことに，互いに相手の方法論を正当に評価することのできない，植物学者か民俗学者のいずれかによってなされたものがあまりにも多すぎたようである．一般向けの書物や記事の中でも，あまり学問的な厳密性にこだわらることなく同様の試みが行なわれてきたが，これらは全体として，19世紀後半に書かれた文献——その当時の基準に照らしても満足のいく出来には程遠いものがほとんどであるが——に頼り切っている．

既存の書物に重きをおくこのような姿勢は，結果として，当代の資料にほとんど目が向けられない，という事態を招くことになった．民俗学者たちは，刊行された書物の中から「化石化」した資料を捜し出すことに終始し，本当の意味での権威——すなわち「民衆」自身——から，新鮮でいきいきとした資料を収集する努力をないがしろにしてきた．植物の民間伝承に関する最近の刊行物を見ても，そこでは現代の信仰や慣習についてよりも，19世紀後半の伝承に多くのページが割かれている．実際のところ，今日ではもはや収集に値するものなどほとんど残ってはいない，という誤った確信が蔓延しているように思われる．植物名に関してもまたしかりで，本来ならば新たに登録される名はどんどん増え続けてしかるべきところであるのに，記録されないままになっている植物名が数多く存在している．

本書は，この分野における信頼に足る資料の不足をいくぶんでも解消するための試みであり，現代の資料に重点を置きつつ，*イギリス諸島においては，20世紀の末にあってもなお，植物に関する民間伝承が活況を呈していることを示そうとしたものである．1981年から94年にかけて，イギリス諸島の全域を対象に資料の収集をたゆまず続けてきた結果，約700名の情報提供者から，のべ5,600件にものぼる情報が寄せられた．本書にもまたさまざまな欠点が生じていることは避けられないにしても，少なくともこれまでに記録

---

*本書全体を通じて，「イギリス諸島British Isles」という語は，連合王国，アイルランド共和国，マン島，ガーンジー島，およびジャージー島を含む地域の総称として用いている．また「アイルランド」は，アイルランド共和国とアイルランド島の北東部（「北アイルランド」「北部6州」「アルスター」など，さまざまな呼称をもつ）の双方を含めた，アイルランド島全体の呼称として用いた．「イギリス諸島」「アイルランド」ともに，あくまで地理的な意味に限定して用いているものであって，いかなる政治的な含みももつものではないことをお断りしておく．

されることのなかった数多くの情報を取りまとめることができたものと自負している．言うまでもなく，本書に掲載することのできた情報はこのうちのごく一部にすぎないが，寄せられたすべての情報は，細かく分類した上で，最終的にはロンドンの自然史博物館の植物学資料室において保存・管理されることになる．この大量の資料収集に寄与していただいたすべての方々に，時間と労力と熱意をかくも惜しみなく捧げてくださったことに関し，心から謝意を表するものである．

本書の目的は，イギリス諸島の植物に関する民間伝承と，その伝統的な利用法——植物民族学ethnobotany——についての，信頼の置ける情報源を提供することにある．取りあげた植物は，開花植物，シダ類，コケ類，地衣類，菌類を含んでおり，野生植物と栽培植物の双方を扱っている．また俗信や慣習については，現在もなお行なわれているもの，もしくは1974年から94年の間に，新たに記録されたものを優先的に採用することとした．

項目の見出し語には，原則として植物の標準的な英名を掲げたが，「クリスマスの葉飾り CHRISTMAS GREENERY」「葬式の花FUNERAL FLOWERS」「井戸飾り WELL-DRESSING」といったテーマを扱う項目もいくつか設けている．標準英名がはっきりせず，学名だけしかわからない場合には，巻末の索引を参照していただきたい．少数ではあるが，「民衆」の間で最もよく用いられている英名が，文献上の標準英名と異なっていることがあり，この場合は前者を優先して見出し語として立て，文献上の標準英名は，参照見出し語として扱うこととした．たとえば，文献においてnavelwortと呼ばれている植物（ウンビリクス属の1種）は，日常的にはPENNYWORTと呼ばれることの方が多いので，本書ではPENNYWORTを見出し語として立て，navelwortの方は，読者をpennywort という項目へ導くための参照見出し語として扱っている．

また〔上のPENNYWORTのように〕本文中，小頭文字（スモール・キャピタル）で示した語は，それを見出し語とする項目が別に設けられていることをあらわしている．

各項目内の構成については，情報の配列はできるかぎり次の順序で行なうこととした．すなわち，一般的な民間信仰（いわゆる「迷信」）／伝統的な慣習の中での利用法／民間療法の中での利用法／その他の利用法／特定の個体に関する事例——の順である．ただし，各項目が，この分類のすべてにわたる内容を備えているわけではない．種によっては，必要なのは1つの分類項目だけの場合もあり，逆に上の5つの分類のすべてについて記載のある項目は，それほど多くはない．また情報によっては，分類が困難なものも少なくない．5月祭の前夜MAY EVEに，戸口の上置いておくと幸運をもたらすと信じられている植物があるとしたら，これは民間信仰，伝統的慣習のいずれに分類すべきであろうか．

民間信仰や慣習などに関して，他の研究者の解釈を紹介していても，必ずしも編者がその解釈を受け入れていることを意味するものではなく，あくまで，そうした事柄がどのように解釈されてきたかという情報を読者に提供するために取りあげているにすぎない．そうした考え方が妥当であるか否かの判断は，読者諸賢に委ねているつもりである．

医療用，およびその他の利用法については，情報提供者から寄せられた情報，あるいは出版物に掲載されていた情報を，そのままの形で掲載している．それらを確認する試みは一切行なっていないので，記載されている療法や調理法の利用を考えるにあたっては，十分な注意が必要である．いずれかを実際に試してみたいとお考えの読者には，BOX（ツゲ属の1種）の材が駆虫剤として用いられている，という報告を読んだ上で熟考されるようお勧めする．

ある信仰や慣習が行なわれている地理的な範囲については，できるだけ明確にするようつとめたつもりだが，たとえばHAWTHORN（サンザシ属の数種）の花を室内に持ち込むのは「不幸」のもとである，といった情報について，そのすべての採集地を羅列するのは適切な処置とはいえないだろう．また，膨大な時間と労力を費やして，イギリス諸島のあらゆる地域からの情報収集を心掛けたつもりだが，それでも結果的に，地域によって情報量の多寡が生じてしまうのは避けられないところであった．アントリム州のように，人びとが情報の提供に極めて寛大であった地域もあれば，逆にごくわずかな協力しか得られることのできない地域もあったからである．

英語の地方名または俗名は，各項目の本文中に触れられているものに限って，これを見出し語として再掲した．これらの名は，しばしば「普通名common name」と呼びならわされているが，特定の地域もしくはグループの間で限定的に使用され，「普通」とはかけ離れていることがほとんどなので，「地方名local name」という呼称の方がより正確であるといえよう．英語にはこうした地方名が，220を越えるガーンジー島名［Marquand, 1906］を含めて幾千となく存在しており，残念ながらこれらの名をすべて記載するのは不可能であった．莫大な数に上る地方名の中には，ごく限られた期間内にだけ使用されたものもあり，こうした事情は，民俗学者たちが記録してきた資料の解釈を，著しく困難にしている．たとえば，スコットランド北部の高地地方一帯で，牛乳を悪い影響から守るために用いられていたという薬草mothamとは，いったいどのような植物だったのだろうか．本書ではこうした地方名に関しては，明確に同定できたもの以外は採用していない．

植物学者の著作の扱いについても，また別の問題がある．州植物誌county floraの編者たちは，その記述の中に，さまざまな種の利用法や民間伝承に関する情報を，しばしば典拠を明らかにすることなく取りあげている．こうした情報が，調査の間に地元の人びとから聞き取ったものなのか，それとも別の書物に拠ったものなのかを確認するのは，不可能ではないにしても，きわめて困難なことである．そうした情報は，一地方に限って有効なものなのであろうか？　それとも他の文献——イギリス諸島以外のものである可能性もあろう——にある情報を再掲したものなのだろうか？

植物に関する民間伝承と，伝統的な植物の利用法に関する情報の収集は，この事典の編纂の間にも，刻々と継続され，蓄積されてゆくことが望ましい．したがって読者諸賢には，さらなる情報を下記の住所宛にお送りくださるようお願しておきたい．情報は，どれほど広範に見られるものでも，またすでによく知られているように思われるものでも，すべてありがたくお受けする．なぜなら，イギリス諸島における植物民間伝承の分布を正確に把握するには，さらに多くの情報量を必要としているからである．

この分野の資料の編纂に関しては，ある面での取り扱いが不十分であったり，提起された疑問が無回答のままになってしまったりすることがあるのは，避けられないことである．もし読者諸賢に，こうした方面の調査・研究を行なってみたいという気持ちをもっていただけたとすれば，この試みは，その主たる目的の1つを果たしたことになるだろう．最後に，C·T·プライム Primeの論文 'Lords and Ladies' の序文にある次の一節をお借りして，締めくくりの言葉とさせていただくこととする．

> きわめて寛大な姿勢で，さまざまな援助を与えていただいたにもかかわらず，私があまりにも多くの分野に手を伸ばそうとしたために，何らかの誤ちを犯したり，あるいは何か大切なものを失ってしまったのではないかと恐れている．この点読者諸賢には，あらかじめ寛恕を乞うとともに，その償いを小論のうちに見いだし，著者と興味を分かちあっていただけることを願う次第である．

1994年8月

ロイ・ヴィカリー
Roy Vickery

The Natural History Museum
London SW7 5BD

謝辞

本書の編纂にあたっては，数多くの方々の熱意と，経験と，知識に助けていただいた．何百という方々が，個人的に知っておられる植物民間伝承についての情報を提供してくださったり，読書中に気がつかれた情報の抜粋を快くお寄せくださったりした．これらの多くは，編著者が地方紙に掲載した呼びかけに応じてご連絡いただいたものである．

各種の図書館，資料室，博物館の管理者の方々には，その豊かな情報源の利用に関して便宜を図っていただいた．またこれらの施設の運営や資料の維持管理に必要な財政的支援を行なってこられた諸機関——大学，学会，国立博物館，地方自治体当局——にも，ひとしく御礼を申し上げる次第である．

教会の聖職者をはじめとする幾人かの方々には，特にお願いをして，各地域の情報をうかがわせていただいた．そしてこうした方々に連絡をとるにあたっては，細かく行き届いた情報を掲載している各種の名簿——たいていの場合その編者は記されていないが——を利用した．さまざまな領域をまたにかけての調査を行なう際には，こうした簡便なリストは欠かせないものだが，その価値が正当に評価されたり，十分に感謝されたりすることはまずないようである．

さらには，編集上の指針やタイプ原稿作成の方法に関して御助言をいただいたり，必要に応じて時には討論の相手をしてくださったりした方々もいる．

こうしてあげていくと，リストは無限に続くことになる．しかし御協力いただいた方々の完全なリストを作成すれば，それは手がつけられないほど長くなり，また同様に重要な貢献をしていただいたにもかかわらず，その名のわからない方々の名を落としてしまうことにもなる．とにかく，この試みを立ちあげ，進行させ，完成するのに貢献していただいたすべての方々に，深甚なる謝意を表したいと思う．

序論：イギリス諸島における植物民間伝承の研究小史

植物にかかわる民間伝承についての最も古い情報源は，かつての本草家や古物収集家が書き残したもののうちにある．やがて，本草学から植物学が生まれ，またずっと遅れて，後に考古学や地方史という形をとる学問の中から，民俗学が生まれてきた．そして，時としてこの両分野にかかわる研究者もあらわれたが，その最初の例として，J･レイJohn Ray（1627-1705）の名をあげることができる．彼は，イギリス諸島を対象とした最初の植物誌や，イギリスにおける最初の州植物誌を編纂する一方で，ことわざの収集を行ない，これを一冊の書物としてまとめてもいる．

イギリスの本草家たちが書き残している情報は，多くの場合ヨーロッパ大陸，それもしばしば地中海地方起源のものであり，イギリスの植物相に関してのオリジナルな観察はほとんど含まれていない．とはいえ，「イギリス植物学の父」W･ターナーWilliam Turner（1508頃-68）は，1562年に刊行した『新草本誌New Herball』の中で，HOLY THORNあるいはGlastonbury Thorn（セイヨウサンザシの栽培品種〔事典本文の同項を参照〕）に言及している．

このThornについては，J･ジェラードJohn Gerard（1541-1612）もまた，ごく簡単にではあるが，その著『本草書Herball』（1597）の中でふれている．しかしA･アーバーAgnes Aberは，古典的名著『本草書Herbals』（1912．1938年に第2版，1986年には復刻版が刊行されている〔邦訳『近代植物学の起源』八坂書房，1990〕）の中で，ジェラードは同書をまとめるにあたって，R･ドドネウスRembert Dodoensの『ペンプタデス植物誌･六巻Stirpium historiae pemptades sex』（1583）の英訳に多くを負っているのに，その訳者に謝意を示していないとして，彼の研究に対して否定的な見解を述べている．400年近くが経過した現在となっては，同書に対して誰がどのように貢献したかを知るのはほとんど不可能に近いと思われるが，彼の研究は，さまざまな植物をどこで目にすることができるか，といった記述や，また各地での植物の利用法についての記載があり，その意味では有用な情報を提供してくれている．たとえばBUTTERWORT（ムシトリスミレ属の1種）について，次のような記述が見られる．

> クラッジと呼ばれる草原，クロスビー，ウェストマーランドのレイヴンスワース，ランカスターから約20kmのところにあるイングルバラの草原に生育している．……ヨークシャー州の女性たちは，雌牛の乳房が毒虫に刺されたときや，……それ以外にも怪我をしたときに，脂肪分の多いbutterwortのしぼり汁を塗布している．

17世紀には古物収集家たちが，国中を旅行してまわったり，地元を丹念に探索したりして，考古学的な遺物やそれにまつわる伝説を収集しはじめた．そうした収集家の1人であるJ･オーブリーJohn Aubrey（1626-97）は，DWARF ELDER（ニワトコ属の1種）――danes-blood（デーン人の血）の異称でも知られる――が，かつて「デーン人との戦いの場」であったウィルトシャー州スロートンフォードに数多く生育しているのを観察している．また，J･テイラーJohn Taylorは『西部の奇観逍遥Wandering to see the Wonders of the West』（1649）の中で，ある円頭党員が「信ずる道に身を捧げんとの熱情にかられて」Holy Thornの木を切り倒してしまったことを記録している．

同じ世紀には，イギリスにおける最初の州植物誌である『ケンブリッジ植物誌Catalogus Plantarum circa Cantabrigiam nascentium』（1660）がJ･レイによって刊行されている．同書は，取りあげた植物の用途に関して数多くの情報を掲載しているが，その大部分は，イギリス以外のさまざまな情報源から採用されたものである．とはいえ，たとえばオニナベナTIESELの葉の基部にある液体はいぼをとるのに役立つといった，オリジナルと思しい記述も散見される．レイはまた，セイヨウニワトコELDERに生えるJew's-ear fungus（ユダヤ人の耳のキノコ，の意）について述べた際，耳たぶに似た外見をもつキノコは耳に効く，といったことをほのめかす「外徴説DOCTRINE OF SIGNATURES」を強く非難している．

植物民族学〔後述参照〕的な情報は，その後の州植物誌の中で継続的に蓄積されていったが，こうした書物の編者は，実際には地域の情報を集める努力をほとんどせすに，他の刊行物をその主たる情報源としていた．しかし，ごくわずかではあるがJ･ライトフットJohn Lightfootのように，尊敬に値する例外もあった．彼はその『スコットランド植物誌Flora Scotica』（1777）に，自らがスコットランドの高地地方や島々を歩いて収集した大量の情報を掲載し，さらにそれらについて，他の地方で得た情報との関連づけを試みている．

19世紀中頃に刊行された，現在ではあまり顧みられることのない野生植物についてのいくつかの研究書の中にも，植物の民間伝承に関する貴重な情報を含んでいるものがいくつかある．C･A･ジョンズJohns『イギリスの森林樹Forest Trees of Britain』（2巻本，1847/1849），A･プラットAnn Pratt『野生の花々Wild Flowers』（1857）――ともにthe Society for Promoting Christian Knowledgeの刊行――そしてウィルキンソンWilkinson夫人の『野生の草花：その利用法･伝説･文学Weeds and Wild Flowers: Uses, Legends, and Literarure』（1858）などである．そしてこの伝統は，A･R･ホーウッドHorwoodの，6巻本からなる『新イギリス植物誌New British Flora』などに受け継がれている．

1870年代から80年代にかけての時期には，植物の民間伝承に関する出版物の数は，前例のないほど多くなった．イギリス・フォークロア学会Folklore Societyが発足した1878年には，J･ブリテンJames BrittenとR･ホランドRobert Hollandの共編になる『植物英名辞典Dictionary of English Plant-names』の第1部が，イギリス方言学会English Dialect Societyから刊行された．1880年および86年に残りの部が刊行されて完成を見たこの辞典は，未だ正当な評価を得ていないが，植物の民間伝承に関連した情報が数多く含まれている．ブリテン，そしてとりわけホランドは，生涯の最後まで植物名の収集を続けたが，その後はこの辞典の補遺が行なわれることはなかった．彼らの残した草稿は現在，ロンドンの自然史博物館の植物学資料室で保管されている．

1870年9月，ブリテンは「植物に関する民間伝承についての小さな書物」に収録するための情報を寄せてくれるよう呼びかけを行なっている［'Notes abd Queries', 4 ser. 6: 230］．この書物の刊行は実現しなかったようだが，ブリテンは植物の民間伝承についての比較的一般向けの論文を多数発表している．そしてこうした論文は，しばしばいささか場違いな雑誌に掲載された．しかし，敬虔な――時として狂信的な――カトリックへの改宗者であったブリテンは，1884年10月以降は，Catholic Truth Societyの再生と組織化に全精力と情熱を傾けるようになった．この間，時として植物の民間伝承についての論文を発表したり，書評を書いたりすることはあったが，その後彼が亡くなるまでの40年という歳月の大部分は，このSocietyに関する活動によって占められることとなった．

1880年代に発表されたその他の書物には，H·フレンドHilderic Friendの『デヴォンシャー州植物名辞典Glossary of Devonshire Plant-names』(1882) や『花の民俗誌Flowers and Flower Lore』(1884) などがある．後者は，根拠の乏しい資料をだらだらと集めているという点で，この時代の典型的な書物であるが，フレンドは，メソジスト教会の牧師としての義務を果たすかたわら，地方を巡回中に出会った人びとから精力的に情報を収集していた．そしてこうして集められた情報によって，フレンドの『花の民俗誌』は，ある程度の永続的な価値を獲得しているといえよう．また彼は，植物の民間伝承に関して――とりわけ彼が宣教師として一時期を過ごした極東における植物の民間伝承について――さらに著作をものすることを予告していたが，この書物は結局実現に至らなかった．彼はミミズの研究のすぐれた権威であり，この分野での活動が，植物の民間伝承についての研究に携わる余裕を与えなかったのであろう．

同じく1884年に出版されたものに，R·フォーカードRichard Folkardの『植物の民俗·伝説·詩Plant Lore, Legends and Lyrics』がある．この本は，多方面にわたる情報源から，事実，フィクション，民間伝承などを，批判を加えることなしに広く収録している．その後の植物民間伝承に関する一般向けの書物は，その海外における伝承の記述を，この本に負っていることが多い．

少し遅れて1889年に，T·F·シスルトン＝ダイアーThiselton Dyerが『植物の民俗Folklore of Plants』を出版している．彼は他にも，同様の民間伝承に関する書物を何冊か書いているが，彼の仕事は，雑誌 'Notes and Queries' に掲載された情報に大きく依存しており，植物民間伝承に関する，手早くまとめられてはいるが，その分皮相的なところのある調査の報告であった．しかし，何名かの不注意な書評家が，聖職者であるこのT·F·シスルトン＝ダイアーを，彼の弟にしてキューの王立植物園の園長であった，高名なW·T·シスルトン＝ダイアーと混同したために，本書は刊行後すぐにきわめて高い評価を得，その後も，大英帝国随一の植物学者の著書として通ることとなった．

19世紀の後半というのはまた，地方の熱心な研究者たちの手で集められた広範な調査結果をもとに，方言辞典の編纂が盛んに行なわれた時代でもある．イギリス方言学会は，こうした辞典の刊行を後援し，しばしば自ら出版も行なった．そしてその頂点に立つのがJ·ライトJoseph Wrightの『英国方言辞典English Dialect Dictionary』である．同書の初版は，

1898年から1905年にかけて6巻本として出版され，1986年にはその復刻版も刊行されている．ライトは，旧来の各州の方言辞典に記載されている情報を取り入れるだけではなく，多数の「自発的な読者」や，集められたまま活字化されていない情報の編者，それに投書家たちの熱意と実際的な知識とを十分に活用した．同辞典は，膨大な数の植物名を収載しているが，そのうちの多くが注意深く同定されており，またその名の由来についての説明が付されているものも少なくない．

イギリス・フォークロア学会Folklore Societyは1878年に結成されたが，その初期の学会誌には，地方で活躍している収集家たちから寄せられた情報が豊富に取り入れられている．たとえば，その第1巻には，地方の牧師夫人C·ラザムCharlotte Lathamが寄稿した，サセックス州西部の民間伝承に関する該博な論文が掲載されており，これを受ける形でさらに，J·ブリテンの論文が続いている．ブリテンはこの論文の中で，イギリス諸島の他の地域における同様の信仰や慣習を引用し，ラザムの紹介する民間伝承をその流れの中に位置づけようと試みている．この学会誌に掲載された資料の多くは価値の高いものであるが，残念なことに，さまざまな民間薬や信仰に関わる植物の同定にほとんど労力が割かれておらず，この点では著しく信憑性を損ねてしまっている．たとえば，1897年にダウン州で「鼻血を止めるのに用いられた」と記録されているred rogerという植物は，どういった種をさすのだろうか？　ともあれ19世紀の終わり頃まで，この学会誌にはイギリス諸島の各地の民間伝承を詳述した長い論文が掲載され続けた．そしてその後は，第二次世界大戦の勃発前頃まで，農村地帯に住む研究家からの短い論文の寄稿が盛んになった．しかし近年この学会誌に載る論文は，新資料を紹介するものは少なく，以前に発表された研究の解釈に終始しているようである．

1895年から1914年にかけて，同学会では各州の民間伝承を扱った一連の書物を刊行している．ただしこれらの書物には，新たに集められた資料は含まれおらず，それまでに刊行された書物からの抜粋に限定している点などは，この学会の歴史学寄りの姿勢を反映したものといえよう．

1939年から45年にかけての戦時中は，食用になる野生植物および薬用植物について，それまでイギリスが培ってきた知識が遺産として再評価され，その結果としてM·T·クェルチMary Thorn Quelchの『日常生活のための薬草Herbs for Daily Use』(1941) やF·ランソムFlorence Ransomの『イギリスの薬草British Herbs』(1949) が刊行された．この伝統は，R·メイビーRichard Mabeyの『無料の食物Food for Free』(1972, カラー版：1989) にも受け継がれている．

ナショナリズムの台頭と，国家としてのアイデンティティーに対する関心の高まりの副産物として，アイルランド，スコットランド，ウェールズでは，民間伝承を収集し保存しようとする意識的な努力が払われるようになった．早くも1919年，M·F·モロニーMichael F. Moloneyは「ゲール人の心中に根ざす信条のうちに潜んでいる，豊かな富を明らかにしよう」という意図のもとに『アイルランドの植物民族学Irish Ethno-botany』という書物を出版している.「植物民族学ethnobotany」という用語──1895年12月, J·W·ハーシュバーガーHarshbergerが, シカゴ大学の考古学協会Archaeological Associationでの講演の中で, はじめて用いた用語である──をはじめてイギリス諸島に紹介したのは, おそらく同書であろうと思われる. その後1935年にはアイルランド・フォークロア協会Irish Folklore Commissionが, 1948年にはウェールズ民俗博物館Welsh Folk Museumが, 1951年にはスコットランド研究所School of Scottish Studiesが, 1961年にはアルスター民俗博物館Ulster Folk Museumが, それぞれ設立されている. これらの組織は, 各国内の情報を, とりわけ少数言語──アイルランド·ゲール語, ウェールズ語, スコットランド·ゲール語──で記された資料を中心に精力的に収集してきた. 中でも特筆に値するのは, アイルランド・フォークロア協会の跡をついだ, ダブリンにあるユニヴァーシティ·カレッジのアイルランド・フォークロア研究所Department of Irish Folklore at University Collegeであり, ここには現在, この国の全地域から集められた, 推定20トンもの古文書を所蔵している. 同研究所には, フィールドでの活動を重視する研究者が集まる伝統があるが, そのコレクションの中には, 1937年から38年にかけて, 前身の協会が行なった学童フォークロア調査に寄せられた膨大な情報も含まれている. これは, アイルランド中の5,000の小学校に通う子どもたちに, 地元の民間伝承を収集するよう呼びかけたものであるが, 植物を使った民間療法や, 植物に関するその他の民間伝承についての情報もたくさん含んでおり, 他のコレクションでは無視されがちな「なぞなぞ」についても数多く収録している.

歴史的に優位な立場を保ってきたイングランド人は, アイデンティティー確立のために民間伝承を集める必要に迫られることがなく, このためイングランドは, 公共資本による全国的な研究センターをもっていない. アイルランド人, ウェールズ人, およびスコットランド北部の高地地方の人びとが, 自らの民間伝承と, それに関する知識を誇りとしているのに対し, イングランド人たちは, そうした点に関心をもっていることを否定したがる傾向がある. とはいえイングランドにおいても, こうした活動が全く存在しなかったわけではない. リーズ大学では1940年代後半に, イングランド方言研究所English Dialect Surveyが設立され, これは1960年にリーズ常民研究所Leeds Folklife Surveyとなり, さらには1964年, 方言および常民生活研究所School of Dialect and Folk Life Studiesに衣替えをした. この研究所は20年間活動を続けたが, 1984年に閉鎖されてしまった. また, シェフィールド大学のイングランド伝統文化·言語研究センターCentre for English Cultural Tradition and Languageは, 1964年に創設された言語・フォークロア研究所Survey of Language and Folkloreの後身で,〔カナダの〕ニューファンドランド島, セント·ジョンズにあるメモリアル大学のフォークロア研究所Department of Folkloreと密に提携しており, 大規模な図書館と古文書のコレクションを擁して, 民間伝承についての教育を続けている.

イングランドでは, 民間伝承の研究は, どちらかといえば陽のあたらない, 苦難の道をたどってきており, 時には地方史や考古学の学会誌に庇を借りるような状態で命脈を保ってきたこともあった. とはいえ, 確固たる地盤をもつ各州の学会では長年, その刊行物の中に，ある程度のページを割いて地元の民間伝承を扱ってきた．とりわけデヴォンシャー州科学・文学・芸術促進協会Devonshire Association for the Advancement of Science, Literature and the Artsでは1876年以来，その紀要の中に，民間伝承についての報告86編と，方言についての報告94編を掲載している．

1955年には，G·グリグソンGeoffrey Grigsonの『イングランド人の植物誌Englishman's Flora』の初版が刊行された．これは主として，イギリスの植物についての個人的かつ文学的見解を綴ったものであるが，刊行以来ずっと，植物の民間伝承や植物名に関心をもつ人びとにとっては，欠かすことのできない枕頭の書となっている．幅広い読書体験と，植物とその自生地についての該博な知識に基づき，洗練された筆致で書かれていることもあって，同書は，肯定的な意味でも否定的な意味でも，相当な影響を及ぼしている．グリグソンは，読書人たちの目を，イギリスの植物につけられた数々の名に向けさせたのであった（もっともおそらく彼は，自らの仕事が，ブリテンやホランドをはじめとする19世紀の方言の収集家たちに多くを負っているのを認めたがらないだろうが）．一方ネガティヴな影響としては，もちろん彼自身が意図したことではないにしても，イギリスにおける植物の民間伝承に関する情報のうち，集めうるものはすべて同書に収録されてしまったかのような印象を与えてしまった点があげられよう．これ以上付け加えるべき仕事は何もなく，伝えるべき情報も存在しない，というわけである．こうした誤った見方は，その後に広まった，植物民族学が対象とすべき——もしくは興味をもちうるような——事象は，孤立した「原始的」な人びとの間にのみ存在する，という考え方と相まって，その後の研究の進展を大きく妨げることになったのである．

4年後の1959年には，オウピー夫妻Iona/Peter Opieが『学童の伝承と言語Lore and Language of Schoolchildren』を出版したが，この本もまた，先のグリグソンのものと同様に，この主題に関して語りうることはすべて語り尽くされてしまっているかのような印象を与えたため，この分野におけるその後の研究を刺激し，大きく促進させることにはならなかった．しかしこのOpie夫妻の著作は，ケンブリッジ民俗博物館のE·ポーターEnid Porterの収集した資料の刊行と並んで，イギリスの，それもとりわけイングランドの民間伝承が，収集・研究に値することを示すものでもあった．そして1960年代における伝統的な民謡，音楽，慣習，ダンスなどに対する関心の再燃は，比較的安価で携帯可能なテープレコーダーが利用できるようになったことと相まって，収集活動をさらに活気づけることとなった．この時代の収集家——中には現在でもその活動を続けている人びともいるが——には，ただ単に収集するだけで満足する人が多かった．彼らは時間と資金に限りのあるアマチュアで，収集した資料を整理し発表するよりも，「手遅れにならないうちに」収集する活動自体に生きがいを見いだしていたのである．そしてこの時代の成果の集大成と考えられそうなのは，当時フォークロア学会の名誉書記であったV·ニューアルVenetia Newallの総監修のもとに行なわれた，「州別」の民間伝承をまとめたシリーズである．これは1973年から1978年にかけて刊行され，最終的には17巻に及ぶ大部なものとなった．

執筆者には高名な民間伝承学者からフォークシンガーやジャーナリストまで幅広い分野の人びとが名を連ね，各自が，既存の文献に由来する情報を，新たに収集した資料によって補完することに努めている．

1982年4月，フォークロア学会は，摘みとったり，家の中に持ち込んだりすると不幸をもたらすと考えられている植物についての調査を開始した．この調査は1984年10月まで続けられ，その間に，70を越す「不幸をもたらす」植物についての情報がもたらされ，こうした民間信仰の認知度と広がりとを明確に裏づけることになった．1980年代初期に収集されたこれらの情報の多く——たとえば，COW PARSLEY（シャク属の1種）を摘みとると，その人の母親が死ぬ，といった民間信仰など——は，それ以前には記録されたことのなかったものである．これらは比較的最近に生じたものであろうか，それとも単に，過去の収集家たちの網にかからなかっただけなのであろうか？　この調査にはまた，人びとの，自らのもっている情報を記録し伝えたいという欲求が，どれほど強いものであるかを明らかにした，という一面もあった．

さらに近年，植物の民間伝承を収集しようとする大がかりな試みが2つ行われてきた．そのうちの1つは，'Plant-lore Notes and News'（1988～）というニューズレター，および本事典として結実することになったわけだが，環境保護団体コモン・グラウンドCommon Groundが推進してきたもう1つの試みは，1995年，R・メイビーRichard Mabeyによって『イギリス植物誌Flora Britannica』としてまとめられる予定である〔1996年刊．1998年にはコンサイス版も出版されている〕．

これらの企画が，この主題に対する関心が高まりを見せた19世紀末からほぼ百年を経た時期にはじめられた点は，非常に興味深いことに思われる．植物の民間伝承の研究を志す人びとに，1880年代の方法と結果と，1990年代におけるそれとを比較対照する機会を与えることになっているからである．

読者のための覚え書き

引用のうち，［エセックス州ウォルタム・アビー，1991年3月］のように，末尾に付した角ガッコ内に地名および日付を示しているものは，編著者が新たに収集した情報である．

既発表の文献からの引用については，同じく角ガッコ内に，著者名，発表年，それに通常は該当ページを示している．ただしその書物が頻繁に版を重ねている場合，ページよりも章番号が有用であろうと考え，こちらを示していることもある．これらの文献の一覧は巻末に掲げられている．なお，略号 'N & Q' は，雑誌 'Notes and Queries'（1849～）をあらわす．

未公刊資料からの引用は，冒頭に略号MSSを付したうえで，やはり角ガッコ内に出典を示している．これらの一覧もまた，巻末に掲げられている．

植物の学名に関して使用している略号は以下の通りである．

agg.　近縁の集合種〔複数の分類群を示す可能性があることを示す〕．

例：**Blackberry**　*Rubus fructicosus,* agg.〔この種以外にも，よく似た他種がblackberryと呼ばれている可能性があることを示す〕

cv.　栽培品種．既知の植物種から栽培により生じた植物のこと．

例：**Beetroot**　*Beta vulgaris* cv.／**Mangold**　*Beta vulgaris* cv.――両者はいずれも野生のビート*Beta vulgaris*の栽培品種であることを示す．

sp.　種（単数）．厳密に種名が同定できない場合に使用している．

spp.　種（複数）．2種以上の種が関係している場合に使用している．

syn.　異名．以前に使用されていたが，現在は正しくないと考えられている学名を併記する際，その前に付している．

本書で取りあげた植物になじみの薄い読者には，以下の書物の図版が参考になろう．

W.Keble Martin: *Concise British Flora in Colour*（1976）

M.Blamey, C.Grey-Wilson: *Illustrated Flora of Britain andNorthern Europe*（1989）

F.H.Brightman, B.E.Nicholson: *Oxford Book of Flower-less Plants*（1966）

文中で実物が博物館のコレクションの中に収蔵されていると紹介している場合でも，これらが必ず展示されているとは受け取らないでいただきたい．すべての所蔵品を常時展示している博物館は，あるとしてもごくわずかである．そして一般に公開されていない品目の閲覧を願い出る場合には，事前に予約を取られた方が賢明であろう．

凡例

1　本書は，Roy Vickery 編著：A DICTIONARY OF PLANT-LORE（Oxford Unversity Press, 1995）の全訳である．

2　見出し語には，原著と同じく英名を掲げ，これをアルファベット順に配列した．見出し語として取りあげられているのは，植物の種名（標準英名）の他に，植物の地方名や異称，さらに関連する動物名（主として害虫・害獣）・病名・祝祭日・聖人名などである．なお，日本語からの検索に関しては，巻末に掲げた項目索引を活用されたい．

3　植物を扱う項目に関しては，まず原本に与えられている標準英名（太字）および学名（㊫マークのあとにイタリック）を示し，そのあとに種の和名（太字）および科・属の和名（カッコ内）を補った．

（例）**Chickweed**　㊫ *Stellaria media*　**コハコベ**（ナデシコ科ハコベ属）

ただし，該当する和名が存在しないものについては，科・属の和名のみを補うにとどめた．この場合，本文中においてもこの植物名は原綴で示すようにした．

（例）**Celandine**　㊫ *Ranunculus ficaria*（キンポウゲ科**キンポウゲ属**の1種）

なお，ごく少数ではあるが，学名にspp.が付されている（該当する属の数種を指す）項目のうち，誤解の可能性が少ないと思われるものに限って，属和名を項目の訳語にあてた場合もある．この場合は，念のため属和名のあとに「類」の語を付すことにした（たとえば，**Pine**の項には*pinus* spp.の学名があてられているが，この場合「マツ類」と示した）．

4　植物の地方名や異称が見出し語となっている場合は，特に訳語は与えなかった．その名称の原義や由来については，その植物を扱った本項目の中で触れられている場合も多いので，そちらを参照されたい．

（例）**Change-of-the-weather**

サマーセット州における，ルリハコベSCARLET PIMPERNELの異称．

5　上記以外の項目に関しては，原則として原書の見出し語（太字）のあとに訳語を付している．

（例）**Chilblains**　**しもやけ**

6　学名中に用いられている略号については，編著者の「読者のための覚え書き」に簡単な解説があるので，そちらを参照されたい．

7 本文の記述，および引用文中にあらわれる見出し語については，原則としてそれぞれの項目内での初出のものに，原綴をスモール・キャピタルにして付すようにした．

（例）セイヨウトチノキ HORSE CHESTNUT／肺結核 TUBERCULOSIS

また，和名の存在しない植物については，その原綴自体をスモール・キャピタルにし，和属名を補うようにした．

（例）NETTLE（イラクサ属の1種）　……和名が存在しない植物

ただし，植物の地方名に関しては，見出し語になっていてもこの処理は行なわなかった．

8 各項目中の引用文は本文より2字下げとし，かつその冒頭に●を付して本文との区別を明確にした．なお典拠などの表示については，編著者の「読者のための覚え書き」に説明があるので，そちらを参照されたい．

9 本書で用いたその他の主な略号は以下の通りである．

『　』	書名
「　」	本文中の引用，作品名，特に強調することば
〈　〉	二重引用，引用文中での強調語句
（　）	一般的な補足（原著者によるもの）
[　]	引用文中の補足，典拠の表示（原著者によるもの）
〔　〕	訳注
→	参照すべき項目

10 固有名詞の表記に関しては，主として下記の事典類を参照しつつ，おおむね慣用にしたがった．聖人名に関して一例をあげれば，日本でも広く知られているSt John the Baptistについては「洗礼者聖ヨハネ」と示す一方，イギリスの一部地域で崇められているSt John of Beverlyは「ビヴァリーの聖ジョン」と表記している．また，過去の文献からの引用が多用されていることもあって，イギリスの州名に関しては，現行のものと1974年以前のものとが混在しているが，特に区別することなく原文のままとした．州名の語尾の「……シャー（-shire）」の有無についても，すべて原文通りとしてあえて統一しなかった．

『岩波西洋人名辞典　増補版』（岩波書店，1981年）

『キリスト教人名辞典』（日本基督教団出版局，1986年）

『世界全地図　ライブアトラス』（講談社，1992年）

11 聖書からの引用に関しては，以下の版を用いた．

『聖書　新改訳』（日本聖書刊行会，1970年）

12 原本の明らかな誤りは，特にことわらずに訂正した．

A

Abortifacients　堕胎薬

堕胎薬として用いられてきた植物には，ヤネバンダイソウ HOUSELEEK，パセリ PARSLEY，メグサハッカ PENNYROYAL，エゾヨモギギク TANSY などがある．

Adder　クサリヘビ

この動物と関係の深い植物には，GREATER STITCHWORT（ハコベ属の1種）や LORDS AND LADIES（アルム属の1種）などがある．→ヘビ SNAKE

Adder's tongue fern　学 *Ophioglossum vulgatum*　**ヒロハハナヤスリ**（シダ類，ハナヤスリ科ハナヤスリ属）

●［ヒロハハナヤスリの最も重要な用途は］軟膏をつくることであった．「adder's spear 軟膏」〔adder's spear はこのシダの異称〕と呼ばれるこの軟膏は，サセックス州やサリー州の一部ではごく最近までよく使われていたし，現在でも用いられることがある．この軟膏は，とりわけ雌牛の乳房の炎症の治療薬として利用された．

［Britten, 1881: 182］

●すりつぶしてオリーブ油で煮たものは，傷口への塗布に用いられる．ジプシーの多くは知らないというが，私は，互いに遠くはなれた場所に住む3人の老女から，この薬をもらった経験がある．［Vesey-FitzGerald, 1994: 22］

Aert-bark

シェットランド諸島における，TORMENTIL（キジムシロ属の1種）の根の異称．

African marigold / French marigold　学 *Tagetes erecta / T. patula*　**アフリカン・マリゴールド／フレンチ・マリゴールド**（キク科センジュギク属）

●トマト TOMATO を栽培する人へのアドバイス：アブラムシ（グリーンフライ）を寄せつけないようにするには，温室のトマトの中に1本，フレンチ・マリゴールドを植えるとよい．［オックスフォードシャー州ディドコット，1991年2月］

●害虫防除のために，ニンジン CARROT やタマネギ ONION に混じってアフリカン・マリゴールドが植えられていた．［デヴォン州バーンスタプル，1992年7月］

→混植 COMPANION PLANTING

Agrimony　学 *Agrimonia eupatoria*（バラ科**キンミズヒキ属**の1種）

●わが国の野生植物の中でも，地方の薬草愛好家の間で agrimony ほど高く評価されているものは少ない．薬草採りは皆これを心得ているし，筆者自身しばしば，この植物を干して束ねたものが田舎家の炉辺に吊り下げされていたり，フランスのいくつかの町の店先で売られていたりするのに出会ったことがある．

［Pratt, 1857. 2: 78］

● 1914年前後のことだったと思うが……干し草を刈り終えたあと，荷馬車の御者が畝の間を歩いて……agrimonyを集め，大きな束にして，荷車の尾板に掛けていた．その束をどうするのかと尋ねると，「agrimonyの茶をいれるのさ．春先の健康法としてはこれが一番だよ」と教えてくれた．

［オックスフォードシャー州チャールベリー，1991年1月］

● ［ケンブリッジシャー州のホースヒースの村では］agrimonyの茶は腰痛LUMBAGOに効くとされていた．［Parsons MSS, 1952］

●羊飼いのティドマーシュ［ウスターシャー州アシュトン・アンダー・ヒルの出身と推定される］が体調を崩したとき，私にagrimonyの小さな黄色い花を採ってきてほしいと頼んだことがあった．彼は，膀胱の働きをよくするのだと言って，この花の茶をいれて飲んでいた．［Archer, 1990: xiii］

Ague　悪寒

悪寒を予防するのに用いられてきた植物には，QUAKING GRASS（コバンソウ属の1種）やエゾヨモギギクTANSYがある．また悪寒を鎮めるのには，Beaumont's Tree（→ニレELM）やノボロギクGROUNDSELが用いられた．

Aigie berries

ダービーシャー州における，HAWTHORN（サンザシ属の数種）の果実の異称．

Alder　㊫ *Alnus glutinosa*（カバノキ科**ハンノキ属**の1種）

ダービーシャー州のピーク・ディストリクトでは，この木の果実はblack knobs（黒いこぶ）と呼ばれ，しばしば「井戸飾りWELL-DRESSING」に用いられる［Porteous, 1973: 3］．

方言ではaulと呼ばれることもあり，ヘリフォードシャー州の漁師たちは，こう言ってこの木に注目していたという．

● aulの蕾が鱒の目玉ほどにふくらむと，
ワイ川は漁の季節になる．

When the bud of the aul is as big as a trout's eye
Then that fish is in season in the River Wye.　［Britten and Holland, 1886: 19］

時に薬草として用いられることもあった．

● ［ウスターシャー］州のいくつかの地域には，alderの木片をチョッキのポケットにしのばせておけば，リウマチRHEUMATISMに罹らないという迷信がある．

［Gomme, 1884: 134］

● 1950年代の後半に，義父のアーネストはひどい痛風GOUTを患った．ちょうどその頃，この地の薬草通として名の知れた初老の農夫が，彼を訪ねて来たことがあった．

彼は「いったいどうしたんだね，アーン〔アーネストの愛称〕」と尋ね，アーネストが「よくわからんのだが，とにかく痛みがひどいんだよ」と訴えると，こう答えた.「alderの実を集めて煮汁が濃い茶色になるまで煮出し，それをワイングラスに毎日1杯，1週間続けて飲めばいい．そうすればじきによくなるよ」.

アーネストはこの言葉を信じて（あるいは痛みがさらにひどくなるのを恐れて）さっそく試してみることにした．息子たちが実を集めてきて，充分時間をかけて（2時間ぐらいだったと思う）煮出した．冷ましたものをまず1杯飲んでみたが，何も起こらかった．次の日，また1杯飲んだが，やはり何も起こらなかった．3日目になると，ほんとうに効くのか，という疑念がきざしはじめたものの，それでもアーネストは飲み続けた．すると夕食後にはめまいがするようになり，立っていられないほどになってしまった．おかしかったのは，ちょうどそのときこの薬草家，アイザイア・バウディッチさんがやってきたことである．彼はアーネストを一目見るなり，「アーン，ちっともよくなってないようだね」と声をかけた．そして，とてもその手のジョークにつきあう気分ではなくなっているアーネストに「全部おまえのせいだぞ．おまえが飲めと言ったろくでもない薬のおかげで，もう立っていることもできないじゃないか」とまくしたてられると，アイザイア氏曰く，「いちばんよいのは，すぐに医者に見てもらうことだと思うよ」．アーネストはこの忠告に従い，普通の薬でじきによくなった． ［ドーセット州ソーンコム，1990年4月］

Alder buckthorn 学 *Frangula alnus*（クロウメモドキ科**フラングラ属**の1種）

● この植物の果実は非常に強力な下剤 PURGATIVES となる．昔はよく用いられたが，現在ではごく稀にしか使われない．［ジプシーたちは］樹皮の煮出し汁を下剤として利用するが，効き目は緩やかである． [Vesey-FitzGerald, 1944: 23]

● その木材からは，密閉した容器の中で蒸留することによって，黒色火薬の原料となる，きわめて上質の木炭が得られる．ケント州やサセックス州のいくつかの地域では，この目的で栽培されている． [Bromfield, 1856: 108]

Ale-hoof

GROUND IVY（カキドオシ属の1種）の異称.

Alexanders 学 *Smymium olusatrum*（セリ科**スミルニウム属**の1種）

● alexandersの花の蕾はサラダにすると美味で，根はパースニップ PARSNIP の代用品になる．葉は香りづけに使えるし，ホワイトソースに入れてもよい．また柔らかい茎はアスパラガスと同じように調理できる．

［イースト・サセックス州エチンガムからの投書，1988年5月7日付 'The Times' 紙］

● alexandersは海辺に茂っているのをよく見かける．当地ではごく若い新芽を野菜として使うこともあるようだが，私自身試したことはない．

［デヴォン州プリマス，1993年1月］

Alleluja

コミヤマカタバミ WOOD SORREL の異称.

All Souls' Day　万霊節

ロンドンに住むポーランド人たちの間には，万霊節（11月2日）に墓を飾りつけるならわしがある．1980年11月1日土曜日の午後の早い時間までに，ロンドンのブロンプトン墓地ではポーランド人の墓のほとんどが，切り花（たいていはキクCHRYSANTHEMUMの花）と火を灯した蠟燭で飾られていた．最もうち捨てられた墓でさえ，中年の婦人を中心とするグループによって，1輪のキクと1本の蠟燭が供えられていた．

次の日の午後には，南ロンドンのストレタム公園墓地で祭礼が執り行なわれていた．墓地の入口は車で混雑し，ポーランド人の墓の大部分はしかるべく手入れされ，花と火を灯した蠟燭で飾られていた．いちばん多く使われた花はキクであったが，いろいろな鉢植えやリース（たいてい紅白の花RED AND WHITE FLOWERSが編み込まれていた），小さいポーランドの国旗，常緑樹の小枝もあった．十字架持ちと侍者を従えた司祭が老若の信徒100人ほどの先頭に立ち，墓地の中を一巡りした．この行列は，2年ほど前に亡くなった司祭の，念入りに飾られた墓から出発し，ポーランド人の墓がかたまっているところがあると立ち止まりながら，墓地全体を巡った．止まるたびに祈りが唱えられ，聖水がかけられていた．　［編著者自身による観察報告］

→ 花飾りの主日FLOWERING SUNDAY

Almond　アーモンド　→ 木の実NUT

Alpine meadow-rue　学 *Thalictrum alpinum*（キンポウゲ科**カラマツソウ属**の1種）

● Alpine meadow-rue＝当地ではRedshank〔同名の別種あり．→REDSHANK〕とも呼ばれ，金色やオリーブ色の染料DYESになる．　［シェットランド州ラーウィック，1994年3月］

Alter lily　→オランダカイウARUM LILY

Amber

ケント州における，コボウズオトギリTUTSANの異称．

Amphibious bistort　学 *Persicaria amphibia*（タデ科**サナエタデ属**の1種）

● ［シェットランド諸島では］かつてyallowin' girseあるいはpersicariaと呼ばれ，黄色の染料DYESをつくるのに用いられた．またフェア島では今日なお，この目的のために利用されているという報告もある．　[Scott and Palmer, 1987: 113]

Angelica　学 *Angelica* spp.　**アンゼリカ**（セリ科シシウド属の数種）

●フレミントン近くのジプシーのキャンプでは，悪霊を寄せつけないように，入口にアンゼリカをつり下げておくならわしがあった．

［デヴォン州バーンスタプル，1992年9月］

Annual knawel　学 *Scleranthus annuus*（ナデシコ科**スクレランツス属**の1種）

● ［アイルランドでは］泌尿器系の病気に悩む人に与えられる．現代の薬草家に人気があり，排尿機能の異常を伴うあらゆる病気に対して用いられる．

[Moloney, 1919: 38]

Antirrhinum　学 *Antirrhinum majus*　**キンギョソウ**（ゴマノハグサ科キンギョソウ属）
snapdragonの名でも知られている.

●その家に幸運を呼ぶ，あるいは火事FIREから守るなどの目的のために，屋根の上や周囲に配される植物としては他に，ウォータフォード州トラモー付近における［BITING］STONECROP（*Sedum acre*〔＝マンネングサ属の1種〕）や，ウェストミース州におけるsnapdragon（*Antirrhinum majus*〔＝キンギョソウ〕）がある．　［Ó Danachair, 1970: 25］

Aphids　**グリーンフライ**（アブラムシの1種）
この虫の駆除には，アフリカン・マリゴールドAFRICAN MARIGOLDを用いる．

Aphrodisiacs　**媚薬**
媚薬としての効能をもつと考えられてきた植物には以下のものがある：ソラマメBROAD BEAN，EARLY PURPLE ORCHID（ハクサンチドリ属の1種），LORDS AND LADIES（アルム属の1種），メグサハッカPENNYROYAL，トウダイグサSUN SPURGE，ゲッカコウTUBEROSEなど．

Appetite　**食欲**
食欲増進のために用いられた植物には，エゾゴゼンタチバナDWARF CORNELやホップHOPなどがある．

Apple　学 *Malus domestica*　**リンゴ**（バラ科リンゴ属）
リンゴの木が季節はずれの時期に花をつけると，それは他の果樹FRUIT TREESの場合と同様に，不幸や死の前兆であると信じられていた．

●11月にリンゴの木が花を1つつけているのを見つけた私は，珍しいことだと思い，ドーセット州出身の農夫にそれを話した．すると彼は「ああ！　旦那，女どもがそれに気づかないでよかったですよ」と言うので，そのわけを聞くと，「死人が出ると思うに決まってますから」と答えた．　［N & Q, 4. ser. 10: 408, 1872］

●［デヴォン州サウスモールトンでは］ある年の9月，リンゴの木が1本の枝に実と花を同時につけたことがあり，これは死のしるしだといわれた．　［Chope, 1929: 125］

●リンゴの木が季節はずれにたくさんの花をつけるようなら，それは年の暮れまでに，一家に悲劇が訪れることの前兆である．　［バークシャー州レディング，1987年2月］

ダービーシャー州［N & Q, 1. ser. 8: 512, 1853］などで記録されている民間信仰によると，もしクリスマスCHRISTMASの日，あるいは旧暦のクリスマスの日〔1月6日〕にリンゴの木の枝の間から木洩れ日が射すようなら，それはリンゴの豊作を予言するものと考えられた．またドーセット州では，この信仰が歌にもうたわれている．

●クリスマスの日が明るく晴れわたると
リンゴは豊かに実り，心は喜びに満たされよう．

If wold Christmas Day be fair and bright
Ye'd have apples to your heart's delight.　［Carre, 1975: 12］

これとほぼ同じ時期には，リンゴの木への「乾杯」（ワッセルwassail）が行われた．

●この国のいくつかの地域には，迷信的な民間信仰がまだ残っている．たとえば，クリスマス・イヴや主の公現の祝日Epiphany〔1月6日〕の前夜には，（リンゴの）木に乾杯し，そのまわりで焼きリンゴや焼いたパンを投げたり，焚火をしたりする．これらの儀式はいずれも，来年の収穫期にリンゴの木に豊かな実りをもたらすものとされている．

私はあるとき，デヴォンシャー州のダートムーアのはずれにぽつんと建った農家で，十二日祭Twelfth Day〔＝主の公現の祝日〕の前夜を過ごしたことがあった．その晩遅く，家のすぐ近くで繰り返し花火の爆発音がして，いささか驚かされた．翌朝，この季節はずれの花火のわけを尋ねたところ，リンゴの木が豊かに実るようにと，農夫たちが果樹園のリンゴの木に向かって花火を打ち込んでいたものとわかった． [Johns, 1847: 303]

この4年後には，以下のような報告が見られる．

●クリスマスから新年にかけての時期には，いろいろな陽気な催しが古くから伝えられている．景気づけのために行なわれるこれらの催しは，同時に今日なお西欧諸国に迷信が根強く残っていることの証しでもある．たとえばデヴォン州では十二日祭の前夜に，農場主が近隣の連中を引き連れ，手に鉄砲やらっぱ銃という，他の時期であればいささか物騒な出で立ちで，暖かい炉辺を後にするならわしがある．このように「武装」した一団は，近くの果樹園へと歩みを進め，リンゴの古木の中からいちばん実なりのよさそうなのを1本選ぶと，そのまわりを取り囲み，韻律の定まらない次のようないびつな詩の形で，まず祈りを捧げる．

年古りしリンゴの木よ
これをおまえに捧げるとしよう！
おまえが花をつけ
多くのリンゴを実らせるように．
帽子（ハット）に一杯
帽子（キャップ）に一杯
一杯，一杯，袋も一杯
わがポケットもまた一杯
万歳！　万歳！

Here's to thee
Old apple tree!
Whence thou mays't blow
And whence thou mays't bear
Apples enow:
Hats full!
Caps full!
Bushels, bushels, sacks full,

And my pockets full too!
Huzza! Huzza!

それからリンゴ酒の入った水差しがまわされると，一行は口々に陽気な声を張りあげたり，火薬のみを詰めた鉄砲をリンゴの梢に向かってぶっぱなしたりし，おかげでフクロウは時に，その夜のすみかを追われることにもなる．その後彼らは確信と希望に満ちて家路につくが，すんなりと家に入れてはもらえない．誰かが運よく，彼らを喜ばせようとして娘たちの用意した料理が何のローストであるかを正確に言い当てるまでは，外がいかなる天気であろうとも，外で待たされるのである．これが正しく言い当てられると，皆はようやく家に入り，やがてグラスが陽気にいきかう楽しい宴となる．そして家に入る許しを勝ち取った者は「今宵の王king of the evening」という名誉を与えられ，夜遅くまで，陽気で笑いの絶えないお祭り騒ぎの中に君臨する．この慣習の起源は明らかではないが，いずれにしてもきわめて古いものと考えられる．　［1851年1月11日付 'Illustrated London News' 紙］

この習慣が最も広く行なわれていたのは，デヴォン州とサマーセット州のようである．リンゴ栽培の盛んな他の地域でも見られたが，ヘリフォードシャー州のリンゴ酒生産地帯では行なわれていなかったらしい．サセックス州では，この慣習はハウリングhowlingの名で知られており，これについての最古の記録は1670年にさかのぼる．すわわちこの年，ホーステッド・キーンズの主任牧師が，「クリスマスの贈り物の日Boxing Day」〔＝12月26日〕の日記に「ハウリングの少年たちに6ペンス与えた」と記録しているという［Simpson, 1973: 102］．また1920年代のウェスト・サセックス州ダンクトンでは，この「乾杯」の儀式の主役は「スプラッティ・ナイトSpratty' Knight」であった．彼は，「乾杯」をとりしきるグループのリーダーで，村のパブに集まった人びとを率いて農場をひとつひとつ訪ねては，そのあるじに「おまえさんのところのリンゴの木に乾杯をしてもらいたいかね」と尋ねてまわったという．

●男たちの一団はそれから大勢の子どもを引き連れて果樹園へと向かい，そこでスプラッティ・ナイトが牛の角笛を吹き鳴らした．これはひどい音だったが，あたりに潜んでいるかもしれない悪霊を追い払うということらしかった．ついで，果樹の中の1本，たいていは最も優れた木を選んで棒でたたき，エールを振りかけた．これは，果樹の面倒をよく見てくれた神への捧げものであった．そして最後に，全員が次のような「乾杯」の歌をうたった．

根よ，しっかり立て，幹よ，よく実を結べ．
神様，どうか豊かな実りをもたらしてください．
どの小枝にも大きなリンゴを，どの大枝にもたくさんのリンゴを．
帽子（ハット）に一杯，帽子（キャップ）に一杯，5ブッシェル入り袋に一杯，
階段の下にはリンゴの小山，
万歳，子どもたち，万歳，角笛を吹き鳴らせ！

Stand fast, root, bear well, top,
Pray, good God, send us a howling crop,
Every twig, apples big, every bough, apples now;
Hats full, caps full, five bushell sacks full
And a little heap under the stairs,
Hulloa, boys, hulloa, and blow the horn!

こうして角笛に合わせて万歳を唱ると，「乾杯」の儀式は幕となる．皆は群れをなしたまま果樹園を出て母屋の戸口へと向かい，おかみから飲み食いのふるまいを受けた．その際時として，ねぎらいの言葉の代わりになにがしかのお金が渡されることもあった．……こうして，最後にクリケッターズ・インCricketers' Innにたどり着くまで，彼らは村中の農場を次々に訪ねてまわった．

［1966年12月26日付 'West Sussex Gazette'紙］

1940年代のデヴォン州でも同じように，

●クリスマスの日に，リンゴの木の上に太陽が輝くと，豊かな実りが期待できるといい，カルム・ヴァレーの奥にあるダンキズウェルでは，十二日祭の前夜に皆が村のパブから出かけて，（リンゴの）枝に発砲し，古い歌をうたった．

［バークシャー州タイルハースト，1987年2月］

このリンゴの木への「乾杯」が最も長く続いているのは，サマーセット州クランプトンのようで，同地では毎年1月，ブッチャーズ・アームズ・インButchers Arms Innの裏手にある果樹園でこの行事が行なわれてきた［Patten, 1974: 7］．しかしこれとは別に，この行事がリンゴ酒メーカーの宣伝活動の一環として復活させられるケースもあり，たとえばサマーセット州西部のノートン・フィッツウォレンでは1974年に，トーントン・サイダー・カンパニーTaunton Cider Companyが「ワッセル・クィーン」を選ぶイベントを行なって「乾杯」を復活させている［1974年1月25日付 'Western Gazette'紙］．またこの行事のリバイバルの中でもとりわけ大がかりなのは，チャンクトンベリー・リング・モリス・メンthe Chanctonbury Ring Morris Men〔「モリス・メン」はイングランドの民族舞踊モリス・ダンス保存のための男性の団体．また，「チャクトンベリー・リング」はサセックス州にある遺跡の名〕が毎年1月に主催する「アップル・ハウリングApple Howling」のイベントである．

●これはいうまでもなく，「ワッセリング」よりも「アップル・ハウリング」の名でこの行事が親しまれてきた，サセックスの伝統に立って行なわれるものである．ただしわがチャンクトンベリー・リング・モリス・メンが用意したプログラムは，純粋にサセックスの伝統のみに則ったものというよりは，むしろわが国のさまざまな地方の伝統の一部を借りて再構成したものであった．すなわちわれわれは，C･ホールChristina Holeの『イギリスの民俗British Folk Customs』や，サマーセット州クランプトンでの催しの記録などの資料に基づいて1時間に及ぶイベントを企画し，大成功を収めたのである．G・パーマーGeoffrey PalmerとN・ロイドNoel Lloydの『祝祭の一年A Year of Festivals』[1972] には，この伝統行事の代表例として，われわれのチームがヘイルシャムのタンドリングで行なった催しが紹介されている．1967年（1月6日）に行なったもので，これはわれわれにとって初めての試みであった．……ここ2年ほど，チャンクトンベリー・リング・M. M. は，サセックス州ヘンフィールドのファーナーズ・ファームで「アップル・ハウリング」を成功させている．できれば主の公現の祝日の前夜〔1月6日〕に行ないたかったのだが，金曜日はフォーク・ソング・クラブの活動とぶつかってしまうので，2年とも木曜日を選ぶことになった．それでも300人以上の観客があり，モリス・メンのメンバーも25名が参加した．果樹園の持ち主であるホイットーン氏はきわめて協力的だったし，モリス・メンのメンバーたちも，催しに熱中していた！

［チャンクトンベリー・リング・モリス・メンの元スクワイアー，Dick Playl氏，1978年1月］

1978年には，この催しは「耳障りな騒音」を合図にはじまり，「ロビンなどの小鳥の好意を確実なものにする」ために，（リンゴの）木のまたにスパイスを利かせたワッセル・ケーキを置くなどの一連の伝統的な儀式を経て，「どんちゃん騒ぎ」へと進んでいった．そして果樹園の持ち主に万歳を三唱したあと，最後に「スパイスの利いた，伝統的なワッセル・ケーキと，樽出しのリンゴ酒」がふるまわれた．さらにこの16年後の1994年5月には，モリス・メンの別のメンバーが次のように報告している．

●われわれは現在でも，十二日祭の前夜もしくはその前後に行なわれる「アップル・ハウリング」に参加している．この行事は子どもたちにとても人気があるので，最近では，その前夜にいちばん近い土曜日の夕方に行なうのが通例になっており，決まって100人ほどの見物客がある．……ファーナーズ　ファームは，この地方としてはかなり多くの果樹を擁し，商業規模で経営されている果樹園である．一連の儀式が終わると，われわれは荷造り用の小屋でワッセル・ケーキ（当地ではおなじみのスパイスの利いたパン）を食べ，リンゴ酒を飲み，ダンスをする．こうしたもてなしは，熱心な参加者全員の労をねぎらうために用意されたもので，1月といえば，年によっては天候に恵まれないことも多いにもかかわらず，年々盛大になっている．このもてなしにはまた，参加したひとりひとりが，次の年に豊かな収穫を得るために一定の役割を果たしたことを確認する意味合いもある．

この行事の復活が盛んに行なわれたのは，イギリスの民族音楽や民族舞踊に再び目が向けられるようになった時代のことであったが，「緑」と「ニュー・エイジ」がもてはやされた1990年代にあっては，リバイバルにもこうした熱気が反映されている．

●ヨークシャー州には，リンゴの木への「乾杯」が行なわれたという記録は残されていない．したがって，民俗学者の中にはおそらく，この行事を復活させようという私の目論見に対して眉をひそめるむきもあることだろう．かつてそうした行事が行なわれたことのない地方で，それを復活させるのはいかがなものか，というわけである．しかし，私は彼らに対してこう反論したい．どこに生えていようが，リンゴの木には「乾杯」を受ける権利があるのだ，と．……樹木と人間は本来，深い結びつきをもつ存在であるのに，不幸なことに現在，両者は互いに孤立してしまっている．リンゴの木に「乾杯」をするのは，調和を取り戻し，こうした不均衡を是正するための補助的な手段のひとつなのである．……

ようやく今年になって，私はシェフィールドの近郊に適当な会場を見つけることができたが，参加したのはわずか5人だけであった．1994年は，1993年と同じことを繰り返すのはやめにして，できればシェフィールド近郊の別の場所と，ロザラムの近くの新しい会場との2ケ所で行ないたいと計画している．

［シェフィールド，1993年4月］

デヴォン州の北部にはしばしば晩霜が降りるが，S・ベアリング＝グールドSabine Baring-Gouldは1884年に記された文献の中で，5月19，20，21日の夜に晩霜が降りると，リンゴに大きな被害をもたらすというこの地方の民間信仰について報告している．これらの日は「聖フランキンの祝日ST FRANKIN'S DAYS」の名で呼ばれていたという．

宗教改革以前の時代には，教会では新しく収穫したリンゴを，毎年聖ヤコブの祝日St James Day（7月25日）に祝別していた［Brand, 1853: 346］．一方，17世紀には次のような記録が見られる．

●ヘリフォードシャー州およびサマーセット州では，夏至祭の前夜〔6月23日〕に，リンゴを祝福するために，あちこちの畑で火を焚く．私はこの行事を1685年，サマーセット州で目にしたことがあるが，ただしきたりを守るためだけに行なわれているようであった．［Aubrey, 1881: 96］

また1880年に書かれた，ヘリフォードシャー州北部のエルトン発の手紙には，次のようにある．

●果樹園が聖ペトロの祝日（6月29日）に洗礼christeningを受けないと，よい収穫は得られないといいます．またその日，人びとが果樹園を通り抜ける間に一雨来ないとよくないとされていますが，なぜそうなのか，誰も確かなことは知らないようです．［Leather, 1912: 104］

聖スウィージンSt. Swithinの祝日（7月15日）も，リンゴの「洗礼」が行なわれた日である．

●1865年，私は聖スウィージンの祝日をハンティンドンシャー州の教区で過ごしたが，この日は雨が一滴も降らなかった．すると1人の農夫が私に「聖スウィージンがリンゴに雨を降らせてくれないとなると，今年は出来がよくないですな」と言うので，「どうしてかね」と聞くと，「聖スウィージンがリンゴに雨を恵んでくれないと，リンゴは絶対に冬を越せないのですよ」という答えが返ってきた．

［N & Q, 3. ser. 8: 146, 1865］

●私の若い頃は，聖スウィージンの祝日の前にはリンゴを食べないように言われたものだ．この時期のリンゴは洗礼を受けていないので，もし口にすると病気になる，ということだった．場所はサウス・ノッツ〔ノッティンガムシャー州南部〕でである． [N & Q, 8. ser. 10: 112, 1896]

●「リンゴの洗礼」．これは，前世紀中頃のバンバリー近辺では，聖スウィージンの祝日を指すごくありふれた表現で，この日を境にリンゴは大きくなりはじめ，成熟すると考えられていた． [N & Q, 11. ser. 10: 152, 1914]

●「リンゴの洗礼の日」というのは，多くの友人から聞いたところによると，現在でも，サリーならびにバークシャー，オックスフォードシャーの各州において，聖スウィージンの祝日を指して用いられる俗称だという． [N & Q, 11. ser. 10: 152, 1914]

しかし一方では，リンゴへの祝福は聖ヤコブの祝日に行われるという伝承もまた長く残っていた．

●「聖ヤコブの祝日にリンゴが清められる」．この言い伝えは，ウィルトシャー州やサマーセット州の人びとがよく口にするものである．聖ヤコブは果樹園の守護聖人と考えられていたのだろうか．そして，若い果実を祝福してくれるよう，この聖人に祈りが捧げられたのだろうか．というのもその頃，つまり5月1日の前後は，リンゴの花が咲く時期にあたっているからである． [N & Q, 2. ser. 1: 386, 1856]

またコーンウォール州のヴェリアンに住む農夫は1913年に，こう忠告している．

●リンゴの実は，それらが最後の祝福を受けることになる聖ヤコブの祝日までは，決して摘みとらないこと． [Peter, 1915: 132]

ただし，聖ヤコブの祝日とリンゴの関わりについては，明らかに多少の混乱が見られるようである．上にあげた2つの引用のうち，前者は聖小ヤコブの祝日（5月1日）について述べているが，後者はおそらく，聖大ヤコブの祝日（7月25日）を話題にしているものと思われる．

環境保護団体のコモン・グラウンドCommon Groundは1989年以来，リンゴの古い品種に対する関心を高めるべく，10月21日を「リンゴの日」とするよう提唱している．これが今後カレンダーに定着するかどうかは予断を許さないが，1992年10月17日付の'The Times'紙によると：

●来週には，リンゴ生産促進のための行事が全国で80以上も予定されている．コックス・オレンジ・ピピンCox's Orange Pippinを栽培する新しい果樹園が，〔バークシャー州の〕スラウにある，19世紀にこの品種をはじめて世に送りだした生みの親の家の近くにオープンするのをはじめ，デヴォン州およびサマーセット州各地でのリンゴ酒製造のデモンストレーションや試飲，さらにはグリニッジ・バラ博物館における子ども向けの「リンゴの日」の催しなど盛りだくさんである．

とりわけアイルランドでは，リンゴはハロウィーンHALLOWE'ENの催しにおいて広く用いられる．

●ハロウィーンは，10月31日の夜に祝われる．……子どもたちは水を一杯に入れたたらいを部屋の中央に置き，リンゴを1個か2個，その中に浮かべる．そしてたらいを囲んでひざまずくと，頭をその中へ突き出し，口でリンゴをくわえ取ろうとする．子どもたちはこの遊びが大好きである．この晩は，別にSnap-Apple Night（リンゴかぶりの夜）の名で呼ばれることもある．［IFCSS MSS 350: 357, コーク州］

●私は1946年に生まれ，マンチェスターの，労働者階級が多く住む地域で育った．……子どもの頃，［ハロウィーンには］時として，錫のたらいの中に浮かべたリンゴを口でくわえたり，後ろ手に縛られたままで紐につるされたリンゴをかじりとったりしたことがあった．ごく幼い頃に1，2度，こうして遊んだことがあったと思う．紐につるしたリンゴにかじりつく「アップル・ボビングapple bobbing」は，現在でも行なわれている．［ノース・ヨークシャー州エイカム，1989年8月］

19世紀のコーンウォール州では：

●現在でもセント・アイヴズでは，ハロウィーンの日，子どもたちに大きなリンゴを1つずつ与えるという昔ながらの習慣が広く行なわれている．この日は「アランの日Allan-day」とも呼ばれ，大勢の子どもたちにとって，とても大切な1日である．「アランの夜Allan-night」には，この「アラン・アップルAllan apple」を枕の下に忍ばせて眠るならわしがあり，このリンゴを手に入れることができなかった子どもたちは，ひどく惨めな気分を味わうことになる．かくしてこの日には大ぶりのリンゴが大量に消費されることになり，そのため「アラン・マーケットAllan Market」なる言葉まで生まれたほどである．［Hunt, 1881: 388］

この地方では，20世紀に入っても同様に：

●私が子どもの頃のニューリンではまだ，「アランの祭日Allantide」はとても人気があり，この日には特大の「アラン・アップル」が飛ぶように売れた．少し年上の女の子たちは，夢の中で恋人に逢えるようにと，このリンゴを枕の下に入れて寝たし，また男の子たちは，これを紐につるし，大きな口をあけてかぶりついたものだった．［Williams, 1987: 388］

リンゴ（時にはオレンジORANGEを使うこともあった）の皮を長く一続きになるようにむいて肩越しに後ろへ投げ，それが地面に落ちたときの形から，未来の夫君のイニシャルを読み取る遊びは広く各地で報告されているが，これもとりわけハロウィーンの日によく行なわれた．

●「真夜中にね」と，アバディーンに住む14歳の女の子が教えてくれた．「女の子はみんなで鏡の前に並んで，ひとりずつ順番に，髪に3回ブラシをかけてゆくの．その3回の間に，もしかしたら未来の花婿さんが後ろに姿を見せるかもしれないっていわれてるわ．もしほんとにそうなったら，その年のうちに結婚することになるんだって」．このアバディーンの女の子は，続けてこうも教えてくれた．「それが一通り終わったら，今度はひとりずつリンゴの皮をむいていくの．むき終わったら，それを右手に持って，左の肩越しに投げる．そうすれば，皮が未来の花婿さんのイニシャルの形になるっていうのよ」． [Opie, 1959: 53]

コーンウォール州には，もっと荒っぽくて手っ取り早い占いDIVINATIONがある．

●次の詩を唱えながら，リンゴの種を1つ空中に投げると，それが〔未来の〕恋人の住む家の方角を教えてくれる．

北か，南か，東か，西か
私の恋人が何処にいるのか教えて．

North, south, east, west,
Tell me where my love does rest. [Deane and Shaw, 1975: 53]

ランカシャー州でも同様に：

●自分の恋人となる人がどこにいるのかをどうしても知りたくなったときは，輪を描くように動きながら，親指と人差し指の間にリンゴの種をはさんで力を加える．すると，種は皮を残して飛び出し，未来の恋人の住む家の方角に飛んでゆく．この間，次のようなぎこちない調子の詩を繰り返し唱える．

種よ，種よ，天国よ，
私の本当の恋人がどこにいるのか教えて，
東か，西か，北か，南か，
ピリング橋（ブリッグ）か，コカマスか．

Pippin, pippin, paradise,
Tell me where my true love lies;
East, west, north or south,
Pilling brig or Cocker-mouth.

この占いの結果を確かめるには，別のリンゴの種を合わせた両手の中で振り，それの示す方角が，先程の占いで得られた方角と一致するかどうかを見る．もし一致していれば，はじめの占いの結果は二重に確かなものとされる．しかしもし一致しなければ，この保証は与えられない． [N & Q, 4 ser. 6: 340, 1870]

また，ドーセット州の少女たちは，恋人が心変わりをしていないかどうかを確かめるためにリンゴの種を使ったらしいことが記録に残っている．

●種を火にくべてみて，熱ではじけたら確かな愛情の証しとなるが，音もなく燃え尽きたら，その恋人は不実である．不安な気持ちで結果を待つ間，しばしば次の2行の句が唱えられる．

私を愛しているなら，はじけて飛びあがれ，
私を憎んでいるなら，そのまま死んでしまえ．

If you love me, pop and fly;
If you hate me, lay and die. [Udal, 1922: 251]

1882年の記録によれば，ガーンジー島では聖トマスの祝日St Thomas's Day（12月21日）に，少女たちが将来の恋人を占うのにリンゴを用いたという．

●その日には，金色のリンゴを手にもち，後ろ向きにベッドまで歩いて，誰とも口を開かずに，リンゴを枕の下に入れる．そうすれば聖トマスは，眠っている間に，将来つれあいとなるべき人の姿を見せてくれる．リンゴを枕の下に置くときには，次のような呪文を唱えなければならない．

最も日が短く，太陽が最も低い，
聖トマスの日よ，
神様どうか，眠っている間に
恋人となるべき人にお引き合わせください．
私と恋人が，
住むことになる家をお示しください．

Le jour de St Thomas,
Le plus court, et le plus bas,
Dieu, fais me voir un mon dormant,
Ce que j'aurai pour mon amant.
Montre moi et mon épousé
La maison ou j'habiterai.

［Stevens Cox, 1971: 9］

1980年代のランカシャー州では：

●リンゴの実の柄をねじり取って占いをしたのを覚えている．1回ねじるごとにアルファベットの文字を順番に唱えてゆき，柄がねじ切れたときに唱えた文字が，将来結ばれる人のクリスチャン・ネームの頭文字になるといわれていた．次に，ねじ切れた柄で，やはりアルファベットを唱えながらリンゴを何度も突き，皮が破れたときに唱えた文字が，その相手の姓の頭文字になる，ということだった．

［ロンドン，ケンジントン，1991年11月］

「オード・ゴギーAwd Goggie」と「ものぐさローレンスLazy Lawrence」は，子どもたちをおどして，果樹園や，まだ熟していない果実から遠ざけておくための，いわゆる「子ども部屋のボーギーNURSERY BOGIES」であった．ヨークシャー州のイースト・ライディングでは：

●もうひとりの邪悪な精霊は，果実の守り手として非常に有能である．彼は名をオード・ゴギーといい，とりわけ森や果樹園に出没する．したがって子どもたちは，必要なとき以外は果樹園に近寄らないほうが無難である．なぜなら，「オード・ゴギーに捕まるかもしれない」から．

［Gutch, 1911: 40］

もっと南へ下がると：

●「ものぐさローレンスLazy Lawrence」は，ハンプシャー州およびサマーセット州における，果樹園の守護精霊であった……ハンプシャーでは，彼は時に子馬の姿になって果樹園に忍び込む泥棒を追い払うこともあった．サマーセットでは，ものぐさローレンスは，むしろ「夜の呪文集」の中で「けいれんや引きつりや歩行の障害」として触れられているような病をあやつって，泥棒を困らせるようである．サマーセットの諺に曰く：

ものぐさローレンスよ，私を放して，
冬も夏も，私を捕えないで．

Lazy Laurence, let me goo,
Don't hold me Winter and Summer too. [Briggs, 1976: 262]

「アップルツリー・マン the Apple-Tree Man」については，サマーセットの民俗学者R・タング Ruth Tongue（1898-1981）が，おぼろげな記憶をたよりに次のように書き留めている．これはどうやら，果樹園の中で最も古い木を指すようである．

●私は幼年期をピットミンスターで過ごしたが，あるとき，そこの農家の子が私を，おごそかに，そして誇らしげに，その家の果樹園にあるいちばん古い木のもとへと案内し，これがアップルツリー・マンだぞと，いわくありげに教えてくれた．アップルツリー・マンの話はその後1958年にも，デヴォンとサマーセットの州境付近で，もう一度耳にしたことがある． [Briggs and Tongue, 1965: 44]

「1日にリンゴ1個で医者いらず（An Apple a day keeps the doctor away）」という諺の文献上の初出といえそうなのは1866年で，このときには「寝る前にリンゴを1つ食べよ．そうすれば医者は食っていけなくなる（Eat an apple on going to bed. And you'll keep the doctor from earning his bread）」という表現が用いられているという［Simpson, 1982: 5］．ドーセット州西部の農家の中には，この諺の教えを文字どおりに受け取っていたむきもあるようで，アップル・ダンプリング apple dumpling〔リンゴを衣に包んで焼いたり，ゆでたりしたもの〕は，そうした農家の夕飯の定番メニューであった．さらに彼らは：

●1年を通じてリンゴを保存しており，その最後のものは翌年の，羊毛の刈り取りが終わる頃［＝5月］に，パイにして食べるならわしだった．

［ドーセット州ソーンコム，1974年夏］

この他にもリンゴは昔から，民間薬としてさまざまに用いられてきた．

●私はペナイン山中のある村で育ったが，子どもの頃，やっかいなものもらいを治す薬をつくるのに，八百屋に腐ったリンゴ――しかもカビの生えたもの――を買いにやらされた． ［ロンドン，ストレタムからの投書，1958年12月21日付 'Sunday Times'紙］

●完全に腐ったリンゴをしもやけ CHILBLAIN になった足の指に塗布して，炎症とかゆみを和らげた． ［アントリム州リズバーン，1986年3月］

●86歳になる私のおばの話では，天然痘 SMALLPOX の患者の病室には，リンゴが1つ置かれたそうである．リンゴが腐るにつれて，天然痘は患者からリンゴに移る

と信じられていたからである．［ケンブリッジシャー州ヒストン，1989年1月］

リンゴの木材を燃やすと，「部屋に香をたきしめたような匂いが立ちこめる」［サセックス州ファイヴ・アッシーズからの投書，1929年3月1日付 'The Times'紙］，あるいは「部屋がこの上なく柔らかな香りで満たされる」［バークシャー州ミドル・ウィナーシュからの投書，1989年12月23日付 'TV Times'紙］という報告もある．

→ CRAB APPLE（リンゴ属の1種）

April Fools' Day　エイプリル・フールの日

この日に関連の深い植物には，ヤエムグラ GOOSEGRASS などがある．

Arb-rabbit

デヴォン州における，ヒメフウロ HERB ROBERT の異称．

Arrowroot　学 *Maranta arundinacea*　**クズウコン**（クズウコン科クズウコン属）

クズウコンの代用品として，LORDS AND LADIES（アルム属の1種）が用いられることがある．

Arse-smart

コーンウォール州における，YELLOW BARTSIA（パレンツケリア属の1種）の異称．

Arthritis　関節炎

関節炎の治療に用いられてきた植物には，ミツガシワ BOGBEAN，COMFREY（ヒレハリソウ属の数種），NETTLE（イラクサ属の1種），セージ SAGE などがある．

Arum lily　学 *Zantedeschia aethiopica*　**オランダカイウ**，カラー（サトイモ科オランダカイウ属）

オランダカイウは世界各地で喪に服すことと結びつけられており，しばしば墓を飾るのに用いられる．そのため，室内のフラワー・アレンジメントに用いたり，病院に持ち込んだりするのはふさわしくないとされることが多い．

●私は，1946年に英国海軍での軍務から復員すると，ニュージーランドに移住した．幸運にも，オークランドのセント・ヘリアーズ・ベイにアパートを借りることができた．庭つきだったので，その手入れは自分ですることにした．

庭の奥のほうはあまり手入れが行き届いておらず，オランダカイウが群生していた．その美しさが息を呑むほどだったので，何本かを切り花にして床の上にあった大きな花瓶に生けてみたところ，とても見栄えのする飾りつけになった．

翌日，家主のおかみさんが，何か困っていることはないかと様子を見に来てくれた．……ところが居間に入ったとたん，彼女は手で口を抑えて「まあ，何てことを」と叫んだ．振り向いたその目には怒りの色があった．「オランダカイウを家の中に持ち込むなんて．もってのほかのことだって御存知なかったのですが？ そんなことをすると，この家に死人がでることになりますよ」．

私はこの言い伝えを知らなかったと白状し，あまりにきれいだったので，どうしても家の中に飾りたくなったのです，と言い添えた．すると彼女は，オランダカイウはニュージーランドではいたるところに生えており，雑草同然の扱いを受けているのだ，とも教えてくれた．彼女は私のしたことを近所のご婦人にも話していたが，聞かされたほうは十字を切っていた．私が二度とこんなことはしなかったのは言うまでもない． ［デヴォン州プリマス，1983年6月］

●病院では，オランダカイウ——ご存じでしょう，よく結婚式の花束などにも使う，大きな白い花ですよ——は不吉と考えられ，病棟に持ち込んではならないとされています．ある病院で働いていたとき，私は二度それを無視したことがありますが，その都度その晩に…… ［ロンドン，ルイシャム，1986年4月］

家の中に持ち込むと不吉だとされている花には，そのほかにライラック LILAC，MOCK ORANGE（バイカウツギ属の1種），紅白の花 RED AND WHITE FLOWERS などがある．

アイルランドにおいて，1916年のイースター蜂起 Easter Rising に関連して Easter lilies と呼ばれているのはこのオランダカイウのことで，一般にこれと同じ名で呼ばれるテッポウユリとは別の植物である（→EASTER LILY）．

●共和党の女性党員たちは，イースター・リリーをあしらったエンブレムを考案，製作し，1926年にこれを売り出した．イースター（復活祭）の日に教会を飾るのに伝統的に用いられてきたオランダカイウを使ったわけだが，これには，英国で第一次世界大戦の犠牲者を悼むのに赤いヒナゲシ POPPY を用いたことに触発された一面もある．このエンブレムは，ヒナゲシやシャムロック SHAMROCK のものと同様に，単純で親しみやすく，自然との結びつきを感じさせる一方で，宗教的感情を呼び起こすものとなっている． ［Loftus, 1994: 86］

1960年代の後半以降，イースター・リリーは北アイルランドのナショナリストにとって，とりわけ重要な意味をもつエンブレムのひとつになっている．彼らのイースター・パレードでは：

●参加者のほとんど全員が同じエンブレムをつけている．たいていは紙でつくられたイースター・リリーのエンブレムである．これのつけ方ひとつで，その人が〔IRAの〕オフィシャル Officials〔穏健派〕と暫定派 Provisionals〔急進派〕のいずれを支持しているかを見分けることができる．1969年にレパブリカンの活動がこの両者に分裂した際，オフィシャルを支持する人びとは，このエンブレムを服の襟の折り返しに貼りつけたが，暫定派の支持者たちはピンで留める方法をとった．……この違いは非常に重要視されており，1980年代に入って，暫定派が経費の点でやむなく貼りつける方法をとらざるを得なくなったとき，エンブレムのデザインにピンを付け足した話は有名である． ［Loftus, 1994: 92］

Arvi

シェットランド諸島における，コハコベ CHICKWEED の異称．

Ascension

イースト・アングリア地方における，ノボロギク GROUNDSEL の異称．

Ash 学 *Fraxinus exelsior* **セイヨウトネリコ**（モクセイ科トネリコ属）

19世紀には，セイヨウトネリコの木に果実（翼果）がならないのは，災厄の前兆と信じられていた．ヨークシャー州では：

●毎年夏になると，セイヨウトネリコの木を調べて，種ができているかどうかを確かめる人びとがいた．というのも，セイヨウトネリコに実がならないのは，世に災厄の起こる確かな前触れとされていたからである．分別のある老人たちがよく口にしていたことなのだが，チャールズ1世が断首された年〔1649年〕には，イングランドのセイヨウトネリコの木は種をつけなかったという． [Jackson, 1873: 14]

イースト・アングリア地方では：

●セイヨウトネリコに実がならないのは，王室に死者が出る前兆である．……年によっては，この現象が大変顕著に見られることもある．年老いた婦人たちの中には，そうした年に幸運にもセイヨウトネリコの実のなった房を見つけ，それが王様の耳に届いたら，たんまりお金を頂戴できると信じている者も多い． [Forby, 1830: 406]

種としては類縁ではないが，セイヨウトネリコに非常に似た形の葉を持ち，mountain ashの名で呼ばれることもあるヨーロッパナナカマドROWANには，災厄から身を守ってくれる力があると広く信じられていた．このためセイヨウトネリコ自身にも，同様の保護を与える力があるとみなされることがあった．

●ヨーロッパナナカマドとセイヨウトネリコの枝は，ともに家畜を追うのに用いられたが，……「情深い」存在で，有害な影響を及ぼす諸力から身を守ってくれると信じられていた． ［アントリム州ラーン，1993年10月］

田園地方では，セイヨウトネリコの「偶数葉」——先端に頂小葉を欠いているため，小葉の数が偶数になっている葉——が恋占いlove DIVINATIONに用いられた．ドーセット州では：

●若い女の子たちがしばしば，セイヨウトネリコの葉を使って，次のようなやり方で，自らの結婚に関するお告げを受けようとする．未来の恋人あるいは夫が誰なのか知りたい女の子は，セイヨウトネリコの偶数葉を1枚摘んできて，それを手に持ったままこう唱える．

わが手にはセイヨウトネリコの偶数葉，
最初に出会った人がわが相手．

The even ash leaf in my hand,
The first I meet shall be my man.

次に，葉を手袋の中に入れて，こう付け加える．

わが手袋にはセイヨウトネリコの偶数葉，
最初に出会った人がわが恋人．

The even ash leaf in my glove,
The first I meet shall be my love.

そして最後に，葉を懐に入れてこう唱える．

わが懐にはセイヨウトネリコの偶数葉,
最初に出会った人がわが夫.

The even ash leaf in my bosom,
The first I meet shall be my husband.

するとこの後間もなく,将来恋人あるいは夫になる人が,その場に現われると言われている. [Udal, 1922: 254]

当時52歳のある女性からは,子どもの頃にセイヨウトネリコの葉を使って次のような占いをしたという報告が寄せられている.

●「偶数葉」の小葉を左下から順番に数えながら,こう唱えてゆく.

わが手にはセイヨウトネリコの偶数葉.
最初に出会った人がわが相手.
彼がしゃべらず,私も口をきかなかったら,
この偶数葉は捨ててしまおう.

An even ash is in my hand
The first I meet willl be my man.
If he don't speak and I don't speak,
This even ash I will not keep.

歌詞の1語に対して小葉を数えるようにして,歌が終わるまで,葉のまわりの小葉を辿ってゆく(おそらくは数回まわることになるはず).終わったら,今度はアルファベットを唱えながら,そこから葉の右下の小葉までを数える.そして最後の小葉に行き着いたときに唱えたアルファベットが,ボーイフレンドの名の頭文字である.アルファベットの文字の選択の幅が広がるように,2,3枚の葉を用いることもできる. [ドーセット州ソーンコム,1976年6月]

ノース・カントリー〔イングランド北部諸州〕の多くの地方では,セイヨウトネリコはeshと呼ばれている.リンカンシャー州北部では:

●手折ったばかりのセイヨウトネリコesh-plantの枝で,太さが手の親指よりも細いものを使うのであれば,妻を鞭打っても法的に問題はない,という見解が支配的である. [Britten and Holland, 1886: 170]

19世紀から20世紀の初頭にかけて,デヴォン州およびサマーセット州には,クリスマスの時期にアッシェン・ファゴットashen faggot——セイヨウトネリコの若木を束ねたもの——を燃やす慣習があった.19世紀後半に書かれたある書物は,その様子を次のように伝えている.

●これは,ユールJuulの祝祭において雷神トールThorを賛え巨大なかがり火を焚くのを常とした,古代スカンジナヴィアの人びとの古い儀礼を受け継いだものである.薪には,セイヨウトネリコの枝を,同じ木の枝を使った9本のたがで束ねた

ものを用いる．これに火が点されると，主人も召使も分け隔てなく楽しめる，陽気な宴の幕が開く．袋に入って飛び跳ねたり，リンゴAPPLEを求めて水に飛び込んだりといった気晴らしがはじまり，その他にも素朴な人びとの好む，他愛もないゲームがあれこれと行なわれる．火の熱で薪がはじけるごとに，居合わせた人びとは皆，リンゴ酒や，エッグホットegg-hot――リンゴ酒に卵などを加えた飲み物――を好きなだけ飲んでよいことになっている．薪として他の木の枝でなくセイヨウトネリコが選ばれるのは，聖母マリアが，生まれたばかりの幼子イエスに産湯をつかわすために，この木の枝を燃やして湯を沸かしたという言い伝えがあるためである． [Poole, 1877: 6]

ウェスト・カントリー〔イングランド南西部〕では，今日でもいくつかのパブでアッシェン・ファゴットが燃やされているし，小型の薪をつくって家々の暖炉にくべることもある．

●1月5日の夕方（いわゆる「旧クリスマス・イヴ」），サマーセット州のキングズ・セッジムーアの南端に位置する小さな村，カリー・ライヴァルでは，〔リンゴの木に〕「乾杯（ワッセル）」をする祝い人たちが，ワッセル・ソングを歌いながら教区の家々を訪ねてまわり，また，パブの「ウイリアム4世亭King William IV」では，厳かにアッシェン・ファゴットに火が点される．薪にはセイヨウトネリコの若木が用いられ，これにwithy（ヤナギ，とりわけタイリクキヌヤナギosierの若枝）のたがbonds（fonds, fronds, thongsなどとも呼ばれる）をはめて束にする．かつては，イバラの類がたがとして使われてもいた．たがの数は特に決まってはいないが，薪が燃えている間は，火がはじけるとそれが「酒をあおれ」の合図になるため，良識と一同の期待とを秤にかけたうえでの「しかるべき少数」に落ち着くことになる．たいていは5～6か所を縛っているようである．頃合いを見はからい，通例は最年長の客の手によって，薪が――ある村人の記憶するところでは，手押し車に載せて運び込むのが「古式に則った」やり方だという――火にくべられる．薪がはぜるたびにどっと歓声が起こり，あちこちから酒だ酒だ，と叫び声があがる．店主のJ・カズンズJohn Cousins氏は，この日のために自家製のビールひと樽に加え，温かいポンチをひと鉢用意しておくという．またリンゴ酒もごく最近までは大いに飲まれたらしく，1957年に（ラングス・）ハンブリッジ醸造所（Langs）Hambridge Breweryから差し入れられたリンゴ酒とペリー〔洋ナシの果実酒〕の出来のよさは，とりわけ印象的だったという． [Willey, 1983: 40]

19世紀の前半には：

●サマーセット州のいくつかの町で「アッシェン・ファゴット舞踏会Ashen Faggot Balls」が催された．1826年1月2日にトーントンで開かれた舞踏会には，「市内および近隣の主だった家族が見事に顔を揃えた」という．この催しは20年後もなお続いていたが，その頃にはもう，かつての輝きを失いつつあった． [Legg, 1986: 54]

イングランド南部のいくつかの地域では，灰の水曜日ASH WEDNESDAY〔四旬節の初日．復活祭の40日前（日曜日を除く）で，2月初旬から3月初旬にかけてのいずれかの水曜日がこれにあたることになる〕に，子どもたちがセイヨウトネリコの小枝を持ち歩く習慣があった．

●ハンプシャー州のオールトン周辺の村々をはじめとして，ピーターズフィールド近くのイースト・ミーオン，サセックス州のクラウバラなど——いうまでもなくこれ以外の土地にも見られるが——では，子どもたちはこの日，黒い蕾をつけたセイヨウトネリコの小枝を手折ってポケットに挿す．灰の水曜日にこうしてセイヨウトネリコの枝を学校にもってくるのを忘れたら，枝をもった他の子どもたちから足を踏まれるのを覚悟しておかなければならない．もし正午まで踏まれずに逃げおおせることができたら，とても幸運だったことになる． [Opie, 1959: 240]

●私はクラウバラで生まれ，そこで幼年期を過ごした．……灰の水曜日には，［セイヨウトネリコの］木の枝を1本身につけるのがきまりだった．ただしその枝は黒い蕾をつけたものでなければならず，そうでないものを持っていても意味がなかった．出してみろと声をかけ，もし相手が枝を見せることができなかったら，その子の足を踏んでもよいことになっていた．ある年私は，この枝で遊んでいるのを見つかり，その枝を前に持ってきてごみ箱に捨てなさい，と叱られてしまったのだが，そのあとの大変さといったらなかった．席に戻るまでの間，皆が足を踏んでくるのをずっと避けつづけなければならなかったのだ！ 以来私は慎重を期して，休み時間用にもう1本，枝を用意するようになった．この騒ぎは，正午になってようやくおさまった． ［ウスターシャー州パーシア，1991年10月］

●［1930年代のミドルセックス州ヘストンでは］灰の水曜日には，われわれは皆セイヨウトネリコの小枝を学校へ持ってゆき，相手から挑戦を受けると，それを取り出して見せるか，足で蹴られる危険を冒すかのいずれかを選ぶことになった．またこの枝は，正午になったら捨ててしまわなければならなかった．正午に昼休みのベルが鳴るやいなや，われわれは先生の怒りを買う危険をものともせずに開いている窓へと駆け寄り，枝を投げ捨てたものだった．

［コーンウォール州セント・アーヴァン，1992年2月］

ヘルニアに対して広く行われてきた療法のひとつに，セイヨウトネリコの若木の裂け目を患者にくぐらせるというものがある．これには，できれば自生の木で，人の手の入っていないものを使うのが望ましいとされていた．患者をくぐらせた後，その木を固く縛っておく．すると木の裂け目が癒着してゆくにつれ，病気の方も快方に向かうというのである．1878年にサセックス州の牧師夫人が書き残した記録には，その方法が詳しく触れられており，これを読むと，この療法を実行するには隣人たちの協力が欠かせなかったこと，またこの療法はいたって正当なものと認知されていたことがうかがえる．

●この病気に罹った子どもは，9日間続けて毎朝日の出のときに，セイヨウトネリコの木の裂け目をくぐらせなければならない．このとき使う木については，その所有権をあらかじめ両親が譲り受けておくか，あるいは裂け目を通らせようとしている子どもが生きている間は切り倒さないという了解を持ち主からとりつけておく必要がある．またこの若木は芯のしっかりしたものを選ばねばならず，裂け目は必ず斧を用いてつくる．その子をはじめて木のもとへ連れてくるときには，9名の立会人が必要で，彼らもまた1人ずつ，この裂け目を西から東へ通り抜けなければならない．この荘厳な儀式は9日目の朝，木を紐で固く縛ったところで終わる．そして，やがてこの裂け目が癒着するとともに，子供の健康が回復するとされているのである．もしペタスの近辺で裂け目のあるセイヨウトネリコを見かけたら，それはごく最近に子どもをくぐらせた木である．またこれもつい数週間前のことなのであえて付け加えておくと，この教区内のセイヨウトネリコの木を1本，切り倒すつもりで買った人がいたのだが，しばらく前に息子にこの木の裂け目をくぐらせた父親から，もしその木が切り倒されたら，息子の病気がぶり返してしまうと泣きつかれてしまった．するとこの人は善良な心根の持ち主で，確かにそうかもしれないといって，決してその木を切ろうとはしなかった． [Latham, 1878: 40]

同様の内容を伝える次のような報告もある．

●アルセニーではつい最近，サマーセット州の農村地帯には今なお常軌を逸した迷信が残っていることを示す格好の事例となるような出来事があった．先頃同地で生まれた子どものひとりが軽い病気をもっていたのだが，その両親は，近所の人にすすめられて，きわめて風変わりな呪いによってその病気を祓うことにしたのである．まずセイヨウトネリコの若木の中から1本が選ばれ，幹の真ん中に裂け目がつくられた．そして子どもを木の両側に触れることなく通らせることができるよう，くさびを打ち込んでこの裂け目が広げられた．こうして準備が整うと，子どもは言い伝え通りに服を脱がされ，仰向けの状態で若木の間をくぐらされた．そしてこれが終わると，子どもは元通りに服を着せられ，同時に木には縛りがかけられた．この奇妙な儀式に加わった人びとが信じているところによれば，もしこの木が無事に成長すれば，その子もまた病気から解放されて健やかに成長する，ということであった．この儀式はごく最近の日曜日，日の出の刻限に，両親に数名の隣人，さらには教区の巡査の立ち会いのもとで執り行われた．

['Bath and Wells Diocesan Magazine'誌，1886: 178]

グラストンベリーにあるサマーセット郷土博物館Somerset Rural Life Museumでは，このような目的で使用されたセイヨウトネリコの実物を目にすることができる．また，性的不能INPOTENCEの治療にも，同様の方法を用いたことがあるようである．

●ウェールズにもこれと似たような儀式があり，若いセイヨウトネリコもしくはセイヨウハシバミHAZELの幹に裂け目をつくり，その上部を縛ってしっかりと固定する．するとこの裂け目は，女陰を象徴するような形になるので，性的不能に陥った男性は，役目を果たせなくなった器官をその中に挿し入れる．その後木は縛っておけばしだいに元通りになるが，それにつれて性的不能の方も快方に向かったという． [Richards, 1979:13]

また，チェシャー州におけるいぼWARTSの治療法は：

● ベーコンを1切れ調達してきて，これをセイヨウトネリコの樹皮の下に押し込むというものだった．するとこの木にはこぶが生じるが，こぶが大きくなるにつれて，いぼの方は消えてなくなるということだった． [Hole, 1937: 12]

ウィルトシャー州では，神経痛NEURALGIAを訴える患者に対して，次のようなアドバイスが与えられている．

● 手と足の爪を1かけらずつ，それに髪の毛を1本切り取っておく．日曜日の朝，日の出前に起きて家を出，最初に行きあたったセイヨウトネリコの若木の幹に錐で穴をあける．そしてその中に用意した爪と髪の毛を入れ，再び穴をふさぐ．

[Whitlock, 1976: 167]

多くの地方で，家畜の跛行をはじめとするさまざまな病気の治療に用いられたものに，「トガリネズミのトネリコshrew-ash」と呼ばれるものがある．ハンプシャー州セルボーンのG・ホワイトGilbert Whiteは，1776年1月8日付の書簡に次のように記している．

● 「トガリネズミのトネリコ」というのは，セイヨウトネリコの木にはちがいないのですが，この木の枝を家畜の四肢の痛む箇所に静かに当ててやると，たちまちその痛みが去ってしまうといいます．家畜にこのような痛みが起こるのは，その箇所をトガリネズミが走り回るためだといわれているのです．……このような災害は，家畜には始終ありがちなことですから，私たちの祖先は用心深くも，この「トガリネズミのトネリコ」の木をつくって常に手近いところに置いていたのです．そしてこの木は，一度薬効を与えられると永久にその効力を失うことがありません．この木のつくり方は次の通りです．まずセイヨウトネリコの木の幹へ，ねじ錐で深い穴を1つあけます．そしてその穴の中へ，1匹のトガリネズミを，かわいそうですが生きたまま生贄として押し込み，それから，われわれがとうの昔に忘れてしまったさまざまな古めかしい呪文を唱え，その穴をふさぐのです．

[White, 1822, 1: 344]

19世紀，サリー州のリッチモンド・パーク〔1965年以降はグレーター・ロンドンに編入されている〕には，ことのほか有名な「トガリネズミのトネリコ」の木が生えていたとされる．この公園の管理人たちの間で代々語り継がれてきた言い伝えによれば，「心やさしきエリザベス女王様は，この木の木陰で，追い立てられてくる鹿を撃つために待ち伏せをしておられた」[Ffennell, 1898: 333] という．ロンドンの自然史博物館の初代館長を務めたR・オーエンRichard Owen（1804-92）もまた，この木をつぶさに観察していた．彼は1852年以降，この木からほど近いシーン・ロッジSheen Lodgeに住んでいたのである．

●のちに彼が「老婦人an old dame」「トガリネズミの母shrew-mother」，さらにはしばしば「魔女の母witch-mother」などとも呼んでいるその女性をはじめて見かけたのは，公園内にある邸宅に移って1年になるかならないかの頃で，……彼女はそのとき，病気の子どもを連れた若い母親に付き添っていた．3人ははじめ，まっすぐにその木の方へ向かっていたのだが，彼の姿を目にした途端，急に方向を変えてその場を離れ，彼の姿が見えなくなるところまで立ち去っていった．しかし，3人が自分を避けるようにしていたのが気になって，遠くからこっそり様子をうかがっていると，しばらくして3人は再びその木のもとに戻って一時ほどそこにとどまり，せわしなく何事かを済ませると，そそくさとその場を離れていった．この3人の話し声は遠くて聞き取れなかったが，別の機会には，声をあわせて呪文を唱えるのを耳にしたこともあるという．後になって彼が公園のシーン門の門番から聞かされた話によると，……「呪いをかけられた」幼児や，百日咳WHOOPING COUGH，肺結核などの病気を患う子どもの母親たちが，しばしばこの木を訪ねてくるという．時には遠方から来ることもあったのだが，彼らは必ず夜が明けるまでにここに着いていなければならない．そして，……多くの子どもがこの木に病を治してもらっているのだが，詣でるにあたっては，これを他の誰にも知られてはならないとされているのだともいう．これを聞かされたオーエンは以後つとめて，それらしい一団がこの木に向かっているのに気づいたらその場からできるだけ離れ，彼らの邪魔をしないように心がけていたそうである．こうして救いを求めてこの木のもとを訪れる人びとを最後に見かけたのがいつのことだったかは憶えていないが，頻繁に出くわしたことは確かだし，またかなりの年月にわたって続いていたと思う，とのことだった． [Ffennell, 1898: 334]

●［リッチモンド・パークの］近年の調査の過程で，かつて「トガリネズミのトネリコ」のあった場所を特定することができた．1987年まで，その場所にはセイヨウトネリコの老木が立っていたのだが，秋の嵐で幹が折れ，根株にひこばえが見られるものの，木自体は枯れてしまっている．現在，この根株のまわりには柵が設けられており，今後はそのままの状態で保存され，脇にセイヨウトネリコの若木が植えられることになっている．やがてはこの若木が老木にとって代わることになるのだろうが，おかげで少なくともこの場所は，わかりやすい目印を得たことになる． ［サリー州キュー，1994年2月］

セイヨウトネリコはこの他に，耳の痛みEARACHE，白癬RINGWORM，ヘビによる咬傷SNAKE BITEなどの治療にも用いられる．

●セイヨウトネリコの若木の樹液は，耳の痛みを和らげるのに使われた．まず若木に切り込みを入れて火にくべる．火が木に移りはじめると切り口から樹液が出てくるので，これをスプーンで受ける．そしてこの樹液を，脱脂綿に染み込ませ，耳にあてる． ［オファリー州デインジアン，1985年1月］

●私が子どもの頃は，今よりも白癬にやられることが多かったものだが……これを治すには，セイヨウトネリコの小枝をブリキ缶などの中で燃やし，その煙を患部——たいてい腕，首，顔がやられた——にあてるとよいとされた．

［アントリム州ラーン，1993年10月］

●セイヨウトネリコの葉は，毒ヘビに咬まれたとき，その傷の手当てに用いた．農夫たちは，家畜がヘビに咬まれると，セイヨウトネリコの葉を煮て，その煮出し汁をその動物に飲ませるとともに，葉を傷口に湿布していた．これは人間にも効く！　［ドーセット州ドーチェスター，1992年2月］

セイヨウトネリコの木は武器としても用いられた．

●ジョイス団には荒っぽい連中が集まっている．彼らは仲間どうしでも気を許さず，よく内輪もめをしている．時には女子をも交えての激しい「戦闘」が行なわれ，セイヨウトネリコの枝で相手の頭をびしゃりとやり合うが，存分に暴れて気が済むと，今度は嘘のように仲がよくなる．　[IFCSS MSS 750: 242, ロングフォード州]

●かつてのアイルランドに関していえば，市の立つ日にはしばしばセイヨウトネリコの枝を使った派手な喧嘩があり，ひどい流血沙汰になった．

［スライゴー州バリーモート，1994年5月］

オーク OAK とセイヨウトネリコにまつわる「天候占いの歌weather rhymes」については，オークの項を参照のこと．

Ash Wednesday　灰の水曜日（復活祭の40日前）

この日に関連のある植物には，セイヨウトネリコ ASH などがある．

Aspen　学 *Populus tremula*　**ヨーロッパヤマナラシ**（ヤナギ科ヤマナラシ属）

●スコットランド高地地方の人びとの間に根強く残っている迷信深い言い伝えによれば，救い主キリストがかけられた十字架はこの木でつくられており，そのためこの木の葉には決して休息が与えられないのだという．　[Lightfoot, 1777: 617]

●［ヘブリディーズ諸島にある］南北のウイスト島に住む人びとの間では，「憎むべきヨーロッパヤナマラシは，三重に呪われている gu bheil an crithionn crion air a chroiseadh tri turais」といわれている．まず第一には，万物の主たるキリストがカルワリア〔ゴルゴタのラテン名〕の丘へ引かれていったとき，他のすべての木が頭を低く垂れていたのに，不遜にも頭を高く上げていたために呪われている．次に，人類の救い主を十字架にかけるために，キリストの敵が十字架の木として選んだために呪われている．そして第三に，となるところだが，このフレーズを教えてくれた人は，残念ながらこの第三の呪いの理由を思い出すことができなかった．しかしいずれにしても，こうした呪いのせいで，この罪深い憎むべき木は，風もないのに絶えずおののき，震え，揺れているのだと考えられていたのである．

そして人びとは，こうした呪いの言葉を向けるだけでなく，実際に土くれや石などを投げつけることもあった．先の情報提供者もまた，十分な分別と知識を具えた人物であるにもかかわらず，この憎むべき木を目にすると，思わず帽子を脱いで，本気で呪詛の言葉を投げつけずにはおれなくなると述懐していた．南北のウイスト島の農夫たちは，鋤であれ鍬であれ，またその他のどんな農具であれ，それをつくるのに決してこの木を使おうとはしないし，漁師たちもまた，舟や魚籠をはじめとする一切の漁具をつくるのに，決してこの木を使おうとはしない．

[Carmichael, 1928: 104]

→ WHITE BEAM（ナナカマド属の1種），ウラジロハコヤナギ WHITE POPLAR

Athsma　喘息

喘息の治療に用いられてきた植物には，BEETROOT（ビートの栽培品種），EYEBRIGHT（コゴメグサ属の数種），ビロードモウズイカ MULLEIN，NETTLE（イラクサ属の1種），ヨーロッパナナカマド ROWAN，シロバナチョウセンアサガオ THORN-APPLE などがある．

Astrological botany　占星術的植物学

植物の民間伝承を扱う一般向けの書物にはたいてい，植物と惑星との関連についての言及が見られる．

● イヌホオズキ black nightshade [*Solanum nigrum*] は，占星術では土星の支配の下にあると考えられている．1月23日の誕生花であり，花言葉 LANGUAGE OF FLOWERS は「あなたの考えは暗い」である． [Addison, 1985:194]

こうした説明は，17世紀の哲学者や薬草家たちによって確立された体系に基づくものである．彼らの説によれば，あらゆる植物や病気は，それぞれ特定の星座あるいは惑星の影響下にあり，ある惑星によって引き起こされる病気は，それと対立する惑星の影響下にある薬草を用いるか，もしくは「共感sympathy」によって，すなわちその病気を支配する惑星の影響下にある薬草を用いて治療することができる．

● すべての惑星は，自らが引き起こす病気を治癒する力を有している．たとえば太陽と月は，自らの支配下にある薬草によって眼を治し，同様に土星は脾臓を，木星は肝臓を，火星は胆嚢と胆汁に関わる病気を，そして金星は生殖器官を治す．

逆に，火星の薬草であるオオアザミ blessed thistle が，「それを支配する金星に対する〈反感〉によって」梅毒を治すとも考えられたり，金星の薬草である sanicle（*Sanicula europaea*〔＝ウマノミツバ属の1種〕）が，「火星が人間の身体に与える」傷やその他の危害に対する治療薬として勧められたりもした．

こうした学説を唱えた占星術的植物学者の中で，今日最もよく記憶にとどめられているのは，N・カルペパー Nicholas Culpeper（1616-54）であろう．カルペパーは〔ロンドンの〕スピタルフィールズで占星術医として身を起こしたが，実際に診療にあたるかたわら，1649年に『医学訓令集 Physicall Directory』を出版し，この本が彼の見るところ「さながら卵がその内に肉を孕むがごとくに，無意味な言辞と矛盾に充ち満ちた」先行書のすべてに立ち勝るものであると高らかに宣言してみせた．彼はまた，八つ折判（オクタボ）と小ぶりではあるがたいそう愉快なこの書物に引き続いて，1652年には『イングランドの医師English Physician』を世に問うている．この本は大いに人気を博し，18世紀の終わりまでに，45もの異なる版が刊行されたほどだった．そしてその後もランリヴニのD. T. ジョーンズ訳によるウェールズ語版が1816～17年に出版された［Jones, 1980: 59］のをはじめ，300年以上の長きにわたって，さまざまな形で版を重ね続けている．ちなみにカルペパーのこの著作は，現在では通例「本草書Herbal」と呼びならわされているが，初版刊行から1世紀以上経つまで，そのタイトルにherbalという語が使われたことはなく，これは1789年にE・シブリーEbenezer Sibleyが，『カルペパーのイギリスの医師ならびに全本草書』という表題のもとに絵入の版を刊行して以来のことである．

占星術的植物学は，今日では軽んじられることが多いようだが，こうした偏見に与する者は，この学説が興った時代には，植物が惑星の「支配下」にあるという発想が，他のさまざまな考え方と分かちがたく結びついていたことに思いをいたすのを忘れている．占星術は，17世紀にあっては多くの有力な知識人によって熱心に研究され，宇宙を理解するための鍵として広く認知されていたのである（K・トマスKeith Thomas『宗教と魔術の衰退Religion and the decline of Magic』（1971〔邦訳は1994年，法政大学出版局刊〕）を参照のこと（特に10～12章））．

Atheists' tombs　不信心者の墓

ハートフォードシャー州では1913年に，墓石から木が生えている3つの「不信心者の墓」――そのうちの1つからはイチジクFIGの木が，あとの2つからはセイヨウカジカエデSYCAMOREの木が生えていた――のことが記録されている．この不信心者たちは生前に，キリスト教の教義のある点について異を唱え，万一その教義に誤りがなければ，自分たちの墓から木が生えるだろう，と言い放っていたのだという．

Aubergine　㊫ *Solanum melongena*　**ナス**（ナス科ナス属）

1990年3月下旬，イングランドのミッドランズ地方〔中央部の諸州〕に住むイスラム教徒の家々で，ナスの中にアッラーを意味するアラビア語の文字が次々に発見された，とのニュースが報じられた．

●神の名がナスの中にアラビア語であらわれるというこの奇妙な出来事は，ノッティンガムシャー州からレスターシャー州にかけての広い地域で起こっており，先週には3件の事例が，敬虔なイスラム教徒から報告された．そしてこの驚くべき野菜を一目見ようと，ミッドランド地方の全域から5000人を越す人びとが「巡礼」に訪れたという．

レスター市のキングニュートン通りに住むT・モールヴィTasleem Moulviさんからは昨日，本紙あてに次のような情報が寄せられた．彼女の母が金曜日の夜，ベイクウェル通りで展示されているナスを見物したのち，自宅に戻って手元のナスを切って調べてみたところ，特殊なものが2つ見つかったという．そのうちの1つには，2度目に切ったところに，アッラーを意味する語がアラビア文字で3回繰り返されており，またもう1つのナスからは，コーランの一節らしき文字が出てきたのだが，こちらはいまだ解読には至っていないとのことである．

［1990年3月28日付 'Independent'紙］

●この「奇蹟のナス」なるものを一目見ようと，何千人ものイスラム教徒が，レスター市の裏通りにある1軒の家をひっきりなしに訪れている．

問題のナスを輪切りにし，ホワイト・ヴィネガーを満たした器に入れて自宅の居間に展示しているのは，F・カッサム Farida Kassam さんで，日々押し寄せる見物客に，このナスに敬意を表して靴を脱いでくれるよう頼み，またナスの傍らには，アラビア文字でYah-Allah，すなわち「アッラーは遍在せり」と記したプレートを置いている．今年30歳になるカッサム夫人は「このナスの中に見える不規則な種の並び方は，どう見てもアラビア文字そのものです」と胸を張る．この発見を満足げに眺める信心深い人びとがいる一方で，好奇心から現物を一目見ようと集まってきた物見高い人びとの多くは困惑ぎみの様子である．ナスの傍らにはまた，ありがたいことに拡大鏡まで用意されている．……カッサム夫人はこう語っている．「これは奇蹟です．そして私は，これがごく普通の家庭で起こったことを誇りに思っています．アッラーが誰ひとりお忘れにはなっていないことの証しですから．私たちはこのナスをできるだけ長く保存し，最後は聖地に埋めにいくつもりでいます」．

［1990年3月28日付 'Guardian'紙］

こうしたナスについての報告は，1990年4月14日付'Nairobi Nation' 紙に掲載された次の記事を最後に途絶えたようである．

●〔ケニアの〕ナイロビでは，先日ある一家が，思わぬ「復活祭の贈り物（イースター・サプライズ）」あるいは「ラマダーンの贈り物」を受け取ることになった．ナスを切ってみると，中からアッラーを意味するアラビア語の文字が現われたのである．そしてこの1週間前には，イギリスに留学中の家族の一員が同様の経験をしていたという．

［'Fortean Times' 誌，55: 5, 1990］

Aul

ヘリフォードシャー州における，ALDER（ハンノキ属の1種）の異称．

Aul man's bell

スコットランドの北東部における，イトシャジン HAREBELL の異称．

Autumn gentian 学 *Gentianella amarella*（リンドウ科**チシマリンドウ属**の1種）

シェットランド諸島では，この植物の「半開きの蕾は，鉛色をした爪が緑の中から突き出しているように見える」［Tait, 1947: 81］ため，deadman's mittens（死者の手袋）の名でも呼ばれることがある．

B

Babies　赤ん坊

赤ん坊はどこから来たの，と子どもに尋ねられたときは，しばしば「セイヨウスグリ GOOSEBERRYの茂みから」あるいは「パセリ PARSLEYの畑から」と言い聞かせた．

Baby's breath　→ シュッコンカスミソウ GYPSOPHILA

Bacon

イヌバラ DOG ROSEの若枝の異称．

Bad man's baccy

ノーサンバランド州における，COW PARSLEY（シャク属の1種）の異称．

Bad man's oatmeal

ノーサンバランド州における，セリ科植物 UMBELLIFERSの異称．

Badman-whotmeal

ハンバーサイド州における，ドクニンジン HEMLOCKの異称．

Baldness　脱毛症

脱毛症の治療に用いられてきた植物には，タマネギONION，ST JOHN'S WORT（オトギリソウ属の数種）などがある．

Balm　学 *Melissa officinalis*　**セイヨウヤマハッカ**（シソ科セイヨウヤマハッカ属）

Lemon balmの名でも知られている．

●薬効をもつため，しばしば好んで庭園で栽培される．葉に熱湯をそそいで入れる茶には，優れた健康増進の効果があると考えられている．　[Marquand, 1906: 45]

●〔セイヨウヤマハッカは〕［ディーンの森にある］いくつかの庭園で栽培されており，これを乾燥させて茶を入れると，胃の不調やさしこみに効く．

[グロスターシャー州シンダーフォード，1993年11月]

Banana　学 *Musa* cv.　**バナナ**（バショウ科バショウ属）

●ボーイフレンドが誠実であるかどうかを知るための手段として，バナナを使う方法にはとても人気がある．すなわち，この質問を口に出したあとでバナナの実の端の方を鋭いナイフで切り取ると，果肉の真ん中にその答えが見える，というもので，もしYの形が見えれば答えはイエスYesであり，丸い染みが見えるだけなら答えはノーNoである．　[Opie, 1959: 336]

この方法は他にも応用が可能で，ものごとの成否を占ったり，イエスかノーかで答えられるような問題の答えを引き出したりするのにも有効である［ロンドン，バーンズ，1979

年10月].

Banwort

17世紀のカンバーランド州において広く用いられた，ヒナギクDAISYの異称.

Barberry 学 *Berberis vulgaris* **セイヨウメギ**（メギ科メギ属）

●コーンウォール州の多くの地域で，セイヨウメギは「黄疸JAUNDICEの木」と呼ばれている．この低木は，樹皮の内側に黄色い層をもっているため，その煮出し汁は「外徴説DOCTORINE OF SIGNATURES」に基づいて，黄疸によく効く薬とみなされてきたのである．私自身，この目的でセイヨウメギが庭園や生け垣に植えられているのをしばしば目にしたことがある． [Davey, 1909: 17]

●セイヨウメギはよく知られた低木だが，……その枝を刈り取って樹皮を剥ぎ，細かく刻んで，牛乳で煮出す．この煮出し汁を飲めば，黄疸が治るとされている．

[IFCSS MSS 593: 116, クレア州]

Barley 学 *Hordeum vulgare* **オオムギ**（イネ科オオムギ属）.

オオムギの種を蒔くには，BLACKTHORN（サクラ属の1種）またはWHITLOW GRASS（エロフィラ属の1種）の花が咲く頃，あるいはニレELMの木が葉をつけはじめる頃がよいとされている．

●「blackthornが白い花をつけたら，昼も夜もオオムギの種を蒔け」．この言い伝えは，ウィルトシャー州南部またはハンプシャー州中部で起こったものである．私がこれを知ったのは，1942年から44年にかけて，ある農場で働いていたときのことである． [ウィルトシャー州ソールズベリー，1989年2月]

しかし一方では，「オオムギは春先，土に素足で触れてみて温かく感じるくらいになった頃に蒔くのがよい」[サフォーク州ウィッカムブルックからの投書，'Farmers' Weekly' 誌，1964年1月10日号] ともいう．

オオムギに関して特筆すべきは，この植物に——厳密にはこれを蒸留してつくるウイスキーに，というべきだろうが——捧げる歌が伝統的に受け継がれてきたことであろう．この「ジョン・バーリーコーンJohn Barleycorn」の歌については，17世紀のはじめに手の込んだヴァージョンが活字になって記録されているが，それ以後も口承の形でさまざまに歌い継がれていった [Vaughan Williams and Lloyd, 1968: 116]．歌はまず種蒔きの場面から語り起こし，オオムギ〔擬人化され，「サー・ジョン・バーリーコーン」と呼ばれている〕の生育の様子を追ってゆく．

●そのままじっとしていたけれど，夏至が来て，
ほどよい陽気の頃になると，
サー・ジョンは髭をたくわえはじめ，
間もなく一人前の大人になった．

He laid there till midsummer time of the year
Till the weather was pleasant and warm

And there Sir John how he grew a beard
And he soon became a man.

そして刈り入れを経て，オオムギの穀粒はウイスキーに姿を変える．

●サー・ジョンを琥珀色した瓶におさめてごらん．
するとたちまち，この上なく陽気な男やら，
生まれたままの素っ裸の姿で，
部屋中を踊ってまわる娘やら，
わずかなジョン・バーリーコーンのために，
本を質に入れる牧師やらの出来上がり．

You can put Sir John in a nut brown jug
And he'll make the merriest man.
He'll make a maid dance around this room,
Stark naked as she was born,
He'll make a parson pawn his books
With a little John Barleycorn. [Lomax and Kennedy, 1961]

Barren ground　不毛の地

その一角で悪事が行なわれたため，そこには植物が育たなくなった，という類の伝承は各地に残されている．1778年7月17日付の書簡の中で次のように語られている，ロンドンの「兄弟の足跡the Brothers' Steps」伝説もまたその一例である．

●その「足跡」は，モンタギュー・ハウスMontague Houseから半マイルほど北に行ったところにあります．世間を賑わせている言い伝えによれば，つまらない女のことで仲違いをしたある兄弟が，……この地で決闘に及んだのだそうです．彼らの足跡は，ほぼ3インチほどの深さのものですが，現在も不毛のまま残っています．その数はきっちり数えたわけではありませんが，90ほどもあるであしょうか．深手を負ってその場で息を引き取った方が斃れた場所もまた，周囲には草が生い茂っているのにそこだけが不毛であるため，彼の断末魔の姿をそのまま今に伝えています．私は友人の案内で1769年にこの「足跡」を目にしましたが，彼が古老たちに確かめたところでは，この伝説が囁かれはじめたのは，1686年のことであったといいます．しかし一方で，この事件はチャールズ2世の治世〔1630-85〕のはじめ頃に起こったとも考えられているようです．これらの足跡を消し去るため，全体を掘り返して新たにオオムギBARLEYの種が蒔かれたこともあり，これを実際に目撃した人がいまだ存命中らしいのですが，そうした努力は結局のところ，すべて無駄に終わったそうです．というのも，足跡はすぐに元通りの形であらわれたからです． ['Gentleman's Magazine'誌，74: 1194, 1804]

●［兄弟のひとりが傷を負って倒れた場所と］女が腰を下ろしていた場所の跡はなくなってしまっているが，兄弟の足跡そのものは，タヴィストック・スクエア・ガ

ーデンズTavistock Square Gardensの西南の隅あたり，マハートマー・ガンディーMahatma Gandhiの栄誉を賛え1953年に植樹された木の近くに現在も残っているという．幸いなことに私自身，この場所には点々と草の生えないところがあり，それが足跡に見えなくもないのを確認できたことを併せて報告しておきたい．

[Westwood, 1985: 127]

バークシャー州アフィントンにある有名な「ホワイト・ホースwhite horse」〔高地の中腹に刻み込まれた，巨大な白亜の影像〕近くの「竜の丘（ドラゴンズ・ヒル） Dragon's Hill」では：

●聖ジョージが竜を打ち殺したとされているが，……龍の血が滴った場所には，決して草が生えなかった． [Bergamar, n. d.: 7]

サセックス州のアシュダウンの森には，低木林は多数点在しているが，巨木は育っていない．

●この森に樹木を再生させようとするこれまでの試みは，すべて失敗に帰してきた．これは大砲がつくられるようになって以来，ずっとそうなのだという．その時代には鉄の精製のために大量の木材が木炭として使われたが，この森の樹木たちにとって，自らがさまざまな道具として使われたり，その他の平和的な目的のために利用されるのは構わないとしても，武器製造のために利用されるのだけは我慢がならなかったからである．ちなみに私の母は，1492年に始めて大砲を製造したR・ホッグRalph Hoggeの家の出である．

ウィールド地方〔イングランド南部のかつての森林地帯〕全体を見渡しても，不思議なことに，金属の鋳造が一段落した17世紀以降，低地帯には森林が再生したものの，高地では樹木が広域にわたって繁茂することはなかった．また，アッシュダウンの森では（on the Forest――われわれは決してin the Forestとは言わない），復活祭の前後になると毎年，かなりの数の火災が発生するのも奇妙なことである．これらの火災は，森が開けたままであってほしいと願うジプシーたちが故意に起こしたものであることも多い． [ケント州ハイス，1973年6月および1987年11月]

〔アイルランドの〕アルスター地方では，1845年に射殺されたある暴徒の墓地に，点々と不毛のまま地肌をさらしている箇所が見られるという．ただしこの場合，草が生えないのは彼の罪のせいではなく，むしろその無罪を証しするもののようである．

●1845年7月12日にアーマーで起こった暴動のさなかに，J・ボイルJohn Boyleという名の若者が射殺されたが，彼の墓はその後人びとの関心の的となり，日々詣でる者がひきもきらない．墓所には，直径4インチほどの，地肌があらわになったくぼみが点々と存在しており，これらの場所からは決して草が生えてこないのだという．これらのくぼみは，彼が受けた傷の位置を示すしるしだと言い伝えられている（実際に彼が受けた傷は1ヵ所だけなのだが）．この墓は何度も掘り返されており，最近では昨年にも，墓所全体が掘り起こされて新たに種が蒔かれた．しかしその後もやはりくぼみは不毛のままである． [アーマー，1985年9月]

Baskets　かご

かごを編むのに用いられる植物には，DOCK（ギシギシ属の数種），ビーチグラスMARRAM GRASS，ヤナギWILLOWなどがある．

Bastard-killer

サマーセット州における，セイヨウネズJUNIPERの異称．

Bath-asparagus → SPIKED STAR OF BETHLEHEM（オオアマナ属の1種）

Bath of Venus

17世紀に用いられた，オニナベナTEASELの異称．

Battle of Flowers　花合戦

〔チャネル諸島の〕ジャージー島では，毎年8月の第2木曜日に「花合戦」が繰り広げられる．この行事は元来，国王エドワード7世の即位〔1901〕を祝って，1902年にはじめられたものである．「合戦」は今日では，30基ほどの工夫を凝らした山車floatによるパレードという形をとっている．これらの山車は初期の頃には花，それも主としてアジサイHYDRANGEAで飾られていたが，近年は紙を用いる傾向が強くなっている．このため1987年の報告には次のようにある．

●協会長のG・ラベートCraeme Rabet氏によれば，現在パレードに参加する山車のうちでは，紙を使っているものと全く花だけのものとが，ほぼ相半ばする状態だという．氏は「紙を使用した山車の水準はきわめて高く，それらはパレードを盛りあげるのに不可欠の存在となっている」との見方を示している．

この催しが「合戦」と呼ばれるようになったのは，初期の頃，参加者たちが互いに花を投げつけあうならわしがあったためである．1909年8月12日に行なわれた催しでは，山車の審査が終わった直後に：

●ラッパ手が「戦闘開始」の合図を吹き鳴らすやいなや，本当のお楽しみの時間がはじまった．われわれは1年中「花合戦」の話をしてはいるが，実際の合戦はわずか10分ほどの勝負である．とはいえ人びとはこれを見るために東西南北，津々浦々から出かけてくるのであり，彼らもまた我を忘れて楽しむのである．

　もの静かな老人が子どもに返ってはしゃぎ回り，いかめしいお役人も権威と威厳の象徴である官服を脱ぎ捨て，その上聖職者までもが，己れの身分をはっきりと示すカラーを身に着けているのを一時ほど忘れてしまう．もし普通の日にひとつかみの花を他人に投げつけたりすれば，乱暴狼藉のかどで裁判所から呼び出しをくうのは必定だが，この「花合戦」の中でのこととなれば話は別である．

　昨日がまさにそうだった．貴族が庶民に向かって，また庶民が貴族に向かって花を投げつけあったのである．哀れをとどめたのは飾りたてられた山車たちで，またたく間に花をはぎ取られ，その偉観を失ってしまった．そして通りはかかとも隠れるほどの花で埋めつくされることとなった．哀れな花たちよ！

しかし，「戦い」がしだいに激化したため，こうした慣習は1960年に中止となり，以降はより上品な，とはいえとても人気のある山車のパレードだけが行なわれることになった［Lake, n.d.］.〔ジャージー島の〕サントーバンには，この「花合戦」のみを扱う博物館〔花合戦博物館Battle of Flowers Museum〕がある．ここには：

●F・ベシェレMiss F. Becheletさんがこの36年の間にジャージー島の「花合戦」に出品した山車の一部が展示されている．彼女の山車の特徴は，島の西部に自生する野生の草花のみが用いられている点にある．……ベシェレさんはこれまで，エントリーしたことのあるすべての部門でグランプリを獲得している．

［同博物館のしおり，1990年1月］

→フラワー・パレードFLOWER PARADE

Bay 学 *Laurus nobilis* **ゲッケイジュ**（クスノキ科ゲッケイジュ属）

●ニュー・フォレスト〔ハンプシャー州南西部の森林地帯〕ではゲッケイジュの木がさかんに植えられたが，これはその葉が芳香を放つという理由の他に，あらゆる邪悪な力から身を守ってくれると信じられていたためでもある．この木は，雷THUNDERや稲妻，山火事などから守ってくれるだけでなく，悪魔DEVILや魔女WITCHを遠ざけておく力があると考えられていた． ［Boase, 1976: 118］

●30年前に……兄夫婦がデヴォン州の南部に引っ越したとき，2人は，家の玄関脇に生えているゲッケイジュの木々は，この家を守ってくれているのだと聞かされた．しかし残念ながら，これらの木々はあまり役には立たなかったようである．というのもその後義姉は始終，この家には幽霊がいるとこぼすようになったからである． ［オックスフォード，1991年1月］

→ギンバイカMYRTLE

●［デヴォン州ハートランドでは］聖ヴァレンタインの祝日の前夜ST VALENTINE'S EVEに，ゲッケイジュの葉を5枚とり，枕にピンで，四隅に1枚ずつ，そして中央に1枚留めておく．そして寝床に入ってから，次のような呪文を7回唱える．ただし1度唱え終わるごとに7つ数えて待たなければならない．

やさしい守護の天使よ，どうか
私の心からの願いを叶えてください——．
いつまでも変わることのない，まことの愛の
持ち主に巡りあえますように．

Sweet guadian angels, let me have
What I most earnestly do crave——
A Valentine endued with love,
Who will both true and constant prove.

この儀式を注意深く執り行なえば，夢の中に将来の夫があらわれるという．

［Chope, 1938: 359］

Bean　豆粒

●7年に1度，さやの中の豆がその向きを変える年があるという話を聞いたことがある．7年ごとに，さやの中の豆の並び方が普通とは逆になり，翌年にはまた元に戻るというのである．父はこの話を本気で信じていて，これを知ったいきさつを次のように教えてくれた．「1919年，ジョージ兄さんと私はウェストウッドサイドの道路建設の現場に，石を運ぶ仕事をしておった．するとあるとき，エドムンド・クーパーじいさんがやってきて，〈今年はさやの中の豆が逆になる年だというのを知っとるかね〉と声をかけてきたんだ．そしてわしらが，そんな話は聞いたことがないと答えると，じいさんは〈この道を下った先の豆畑へ行ってこい，自分の目で見るのが一番じゃ〉と言うんで，行って調べてみたら，なるほど豆はさやの中で，逆さにぶらさがっておったよ」．父の言い分では，この現象については後年何度も確かめたので，まず間違いなかろうとのことであった．

［SLF MSS, ハンバーサイド州ウェスト・バタウィック，1970年9月14日］

→ソラマメ BROAD BEAN／インゲンマメ RUNNER BEAN

Bear's foot

HELLEBORE（クリスマスローズ属の数種）の異称．

Beech　学 *Fagus sylvatica*　**ヨーロッパブナ**（ブナ科ブナ属）

ヨーロッパブナの木は大きく魅力的で，また寿命も長いにもかかわらず，民間伝承においてはほとんど注目されることがなかったようである．

●ドーセット州のいくつかの地域では，成長の止まったヨーロッパブナの老木の滑らかな樹皮にできる裂け目が「悪魔の目」とみなされており，また日暮れどきの無気味なヨーロッパブナの木立にひとりで足を踏み入れるのは，不吉なこととされていた．［Palmer, 1973: 79］

●1920年代にノッティンガム州で子ども時代を過ごしたわれわれは，ヨーロッパブナの実を拾い集めては糸に通し，ネックレスにして遊んだものだった．

［アーガイル州オーバン，1990年10月］

●［60年以上も前のことになるが，ドーセット州のウィンボーン・セント・ジャイルズで子ども時代を過ごした］われわれは，ヨーロッパブナの実も少しは食べたが，野原には甘いヨーロッパグリ CHESNUT の木立があったので，こちらのほうを好んで口にした．［デヴォン州シドマス，1991年10月］

●我々はスイバ SORREL やヨーロッパブナの葉，それにイバラの新芽を食べた．

［ケント州ファーンバラ，1993年1月］

●［1920年代のハンプシャー州クランドルで］彼女は，友だちと連れだって学校から帰る途中に，道端に生えた野生のイチゴ STRAWBERRY，セイヨウニワトコ ELDER の実，ヨーロッパブナの葉，スイバの葉，セイヨウヤブイチゴ BRAMBLE などを摘んで食べた．［ハンプシャー州フリート，1993年3月］

Bee-sookies

シェットランド諸島における，LOUSEWORT（シオガマギク属の1種）の異称．

Bee-trap

インヴァネスシャー州における，LARGE BINDWEED（ヒルガオ属の1種）およびヒロハヒルガオ HEDGE BINDWEED（もしくはいずれか一方）の呼称．

Beetroot 学 *Beta vulgaris* cv.（**ビート**の栽培品種，アカザ科フダンソウ属）

● ［私はジャマイカで生まれ，1960年にブリストルに移住した］．beetrootとニンジンCARROTでつくったジュースはとても美味で，下痢DIARRHOEAを止める効能もある．

［Francis, 1988: 95］

● beetrootのワインが，喘息ASTHMA，しもやけCHILBLAINS，耳の痛みEARACHEに効くのはよく知られているが，時にヘビによる咬傷SNAKE BITESに効くとされることもある．私はペンフォールドPenfoldという名のジプシーと知り合いになったが，彼の仲間たちはヘビに咬まれたときのために，beetrootを常備しておくのだという．言うまでもなく，彼らの身辺にはいたるところにクサリヘビADDERがいるからだが，ジプシーたちはこうした野菜を夜陰に紛れて植え付けるらしい．驚くべきことに，旅する身でありながら，彼らは「シチュー鍋」の材料にする野菜を，道々調達するだけではなく，「なわばり」内の森のはずれで栽培しているというのである．

［デヴォン州バーンスタプル，1991年5月］

Bellies-and-bums / fingers-and-thums

エセックス州における，セイヨウミヤコグサBIRD'S-FOOT TREFOILの異称．

Bent

シェットランド諸島における，ビーチグラスMARRAM GRASSの異称．

Bent grass 学 *Agrostis* spp.（イネ科コヌカグサ属の数種）

● 第二次世界大戦中，まだ小さかった私はスコットランドのエルギンに疎開していたが，そこで土地の子どもたちがbread and cheese（チーズつきのパン）と呼ぶ草をしがむことを覚えた．その後私はこの草が，英語では一般にcommon bentと呼ばれている，コヌカグサ属の1種*Agrostis tenuis* Sibth.［異名 *A. capillaris* L.］であることを知った．この地ではまた，小さな丘のひとつが，この草の名にちなんでBread-and-Cheese Hillとも呼ばれていた．しかし今この草をしがんでみても，チーズつきパンの味はまったくしないようだ． ［ハートフォードシャー州スティーヴニッジ，1993年1月］

Bermuda buttercup 学 *Oxalis pes-caprae* **オオキバナカタバミ**（カタバミ科カタバミ属）

● ［シリー諸島の］子どもたちは，酸っぱい味のするオオキバナカタバミの茎を好んで口にする． ［ノーサンプトンシャー州ウッドニュートン，1992年6月］

● 土地の子どもたちはそれらをsour-sapsと呼び，その花茎をしがんで，舌にピリッとくるような感じの味を楽しむ． ［シリー諸島のセント・メリーズ島，1992年9月］

→コミヤマカタバミ WOOD SORREL

Betony 学 *Stachys officinalis* **カッコウチョロギ**（シソ科イヌゴマ属）

*Stachys officinalis*という学名——*officinalis*は「薬用の」，あるいは「薬効のある」の意——を与えられてはいるものの，カッコウチョロギが，イギリスやアイルランドで民間薬として用いられたという形跡はあまりない．そして数少ないそうした使用例のほとんどが，ジプシーたちによるものである．

● ［ダービーシャー州のジプシーたちによれば］カッコウチョロギの……葉の煮出し汁は胃の不調に効く．新鮮な葉のしぼり汁と塩分抜きのラードでつくった軟膏は，虫による刺し傷STINGSや咬傷の毒を消す． ［Thomson, 1925: 160］

Bilberry 学 *Vaccinium myrtillus* **ビルベリー**（ツツジ科スノキ属）

blueberryあるいはwhortkeberryの名でも知られている．ビルベリーの果実はごく小さいものだが，群生しているところでは，時に商業的規模での収穫が行なわれることもあった．このため，20世紀初頭のエクスムーア〔デヴォン州からサマーセット州にかけての高原地方〕では，実が熟しはじめると：

●校長と主任牧師が相談した上で，その日から5～6週間，学校は休みに入ることになった．

子どもたちは——時には母親も一緒に——朝早くからかごBASKETとサンドイッチをもって野原に出かけ，1日をそこで過ごしたものだった．

……冷ました紅茶を大きめの薬瓶入れて持っていった．これはハンカチにくるんで紐で縛り，割れないようにした．

……いったん実を摘みはじめたら面目にかけて，一定の量がたまるまでは昼食に手をつけてはならず，われわれは「まずは自分の食いぶちを稼いでからだ」などと言いあったものだった．

収穫すべき量の目安として，われわれは時に，実をつぶしてかごの側面にしるしをつけたり，かごに編み込まれた細枝を折り返して目印にしたりした．

家族の中から何人かが参加しているときは，小さい子どもたちはまず茶碗やジョッキに摘んだ果実を入れ，（それが一杯になると）母親や年上の兄弟たちのバスケットにあけるようにしていた．

……最初に実が熟すのは決まってグラビストだったが，ここはハリエニシダGORSEが多くて，1日の終わりには手の指やら足やらが傷だらけになるので，あまり楽しい場所ではなかった．だからわれわれは，ダンケリーで実が熟すようになるのが待ち遠しかった．

アニカムもはじめの頃に実が熟す場所の1つだったが，こちらは実がずっと大きかったのに加えて，昼休みに水遊びのできる小川まであったので，われわれのお気に入りであった．

その後われわれはダンケリー・ヒル・ゲイト，ビンカム，それにダンケリー・ビーコン下の斜面などを次々と回っていった．

これらの場所で収穫がなかったときには，クラウトシャムを経てストック・リッジまで足を延ばしたが，そこまでいくには2時間近くもかかった.

収穫した果実はトム・ウェバーTom Webberさんとその妹さんが買い取ってくれた. 2人は屋根のない荷馬車をもっていて，そこに小さい樽をいくつも乗せていた. ……シーズンのはじめには1クォート〔約1.1リットル〕あたり4ペニーで買い取ってくれたが，収穫量が増えると3ないし2.5ペニーに下がった. ……こうして稼いだ金は冬物の衣料を買うのにあてられた. ……収穫の最後の日に稼いだ金は自分のものにしてよいことになっていたので，この日はひときわ精を出して働いたものだった. [Court, 1967: 42]

アイルランドでも同じように：

● ガルティー山の斜面にある森には，毎年たくさんの実がなっていた.

人びとは毎夏，この森へ実を摘みに出かけるが，この習慣には約200年の歴史がある. 収穫は6月29日にはじめられ，8月の末日まで続けられる. 時には家族総出で出かけることもあり，朝早く森へ出かけて何時間か作業すると，1人が火を焚いて紅茶をいれる. そして昼になると皆が火のまわりに集まって腰を下ろし，楽しい一時を過ごす.

時には実がふんだんにあって，苦もなく器を一杯にすることができることもあったが，それほどの幸運に恵まれることはそう多くはなかった.

しかしこの仕事は決して楽しいことばかりではなく，皆はその苦労を紛らわせるために，よく歌をうたっていた. 暖かい日にはハエFLIESがうるさくまとわりつくので，皆はよく〔殺菌剤の〕ジェイズ・フルイドJeyes Fluidに浸したハンカチで頬被りをしていた.

1日あたりの収穫は，人によって3ガロンから7ガロンにものぼることがあった. また買い取りの値段は，ガロンあたり9ペンスから1シリングであった.

収穫された実はイングランドに運ばれ，染料DYESをつくったり，安物のジャムに混ぜたりするのに用いられた. [IFCSS MSS 575: 382, ティペレアリー州]

アイルランドでは，ビルベリー摘みはかつてルーナサLughnasa祭と結びつけられていた. この祭は毎年8月の上旬に行なわれたが，元来は収穫のはじまりを祝うものだったのである.

● この祭と関連の深い慣習の1つとして，ビルベリー摘みをあげることができる. アイルランドには，祭と結びつきのある他の催しはすべて姿を消してしまい，皆でビルベリーを摘みに陽気に出かけてゆくこの慣習だけが残っている地域が多い. [MacNeill, 1962: 20]

J・ヒラビーJohn Hillaby [1983: 96] は，4月にイングランドとウェールズの境にほど近いランソニーのあたりで，1人の羊飼いに出会った.

● 彼によれば，ビルベリーの葉は羊の大好物らしく，たった今も，その様子を見

　に山の頂上まで行ってきたところなのだという．彼はまた，春になって，新しい葉がつきはじめたらすぐに，羊の群れを谷間から山へ追い上げるのが毎年のならわしなのだとも教えてくれた．というのも羊飼いたちは，そうなればここは羊たちにとって快適な場所になるので，羊が谷の方へと迷い込んでいったりする恐れがまずないことを知っているからである．

イギリス諸島には，ビルベリーが民間薬として用いられた形跡はほとんど見られないようである．

●その実は渋い味がする．アラン島やウェスタン諸島〔アウター・ヘブリディーズ諸島〕では，下痢DIARRHOEAや赤痢によく効く薬として用いられた．

[Lightfoot, 1777: 201]

●今は亡き私の両親は，第二次世界大戦後にポーランドから移ってきた．母は時に，ある植物を薬草として使うことがあった．……彼女はビルベリーの実を砂糖漬けにしてガラス瓶に保存していたが，この漬け汁を茶匙に2，3杯とって水で薄め，温めて飲むと，下痢によく効いた．　[ケント州ブロムリー，1991年4月]

Billy buttons

コーンウォール州における，BURDOCK（ゴボウ属の数種）の異称．

Bindweed　㊫ *Convolvulus arvensis*　**セイヨウヒルガオ**（ヒルガオ科セイヨウヒルガオ属）

●1950年代のパースシャー州インヴァーゴーリーでは，セイヨウヒルガオはyoung man's death（若者の死）の名で呼ばれていた．そして，セイヨウヒルガオの花を摘んだりしたら，あなたのボーイフレンドが死んでしまうわよ，などと言われたものだった．こうした言い伝えは，花の命が短いことと関連があるのかもしれない．

[ハートフォードシャー州スティーヴニッジ，1982年5月]

●私はシュロップシャー州の育ちだが……そのころセイヨウヒルガオはいつもthunder flowers（雷の花）と呼ばれていた．というのも，もしこの花を摘んだら，日暮れまでに必ず雷THUNDERが鳴るとされていたからである．

[サウス・ヨークシャー州ベサカー，1984年4月]

こうした言い伝えはおそらく，子どもたちがセイヨウヒルガオの花を集めるのに夢中になって，畑の作物に害を与えたりしないようにとの意図からつくられたものであろう（→ヒナゲシPOPPY）．セイヨウヒルガオの花を使って「妖精にダンスをさせる」子どもたちの遊びについても「ヒナゲシ」の項を参照．

→LARGE BINDWEED（ヒルガオ属の1種）／ハマヒルガオSEA BINDWEED

Birch　㊫ *Betura pendula*（カバノキ科**カバノキ属**の1種）

●聖霊降臨祭WHITSUNに教会をbirchの枝や小枝で飾るのは，太古からの慣習である．　[Wright, 1936: 157]

●［シュロップシャー州では］聖霊降臨節〔聖霊降臨祭に続く1週間〕が，……他の多くの州とは違って休日にはならない．当地でこの季節に見られる独特の慣習は…

…ただ1つ，聖霊降臨祭に，聖堂内の信者席の上方にある孔にbirchの枝を挿して教会を飾ることである．ホードリーの教会では1857年まで，こうして飾りつけが行なわれていたし，シュルーズベリーにあるセント・メリーズ教会でも，この慣習は1865年頃まで続けられていた．またセント・チャッズでも，少なくとも1855年までは行なわれており，おそらくはその後もしばらくは続けられていたものと思われる．［Burne, 1883: 350］

●聖霊降臨祭にbirchの枝で飾りつけをするしきたりは，フルームの洗礼者聖ヨハネ教会で今日なお続けられている．われわれは毎年，ロングリートの森でsilver birch〔通例birchと同じく*Betula pendula*を指す〕の若枝を切ることを許されており，長さ5～6フィートのそれらの枝を，聖堂の身廊と南北の側廊とを隔てる柱に縛りつける．

われわれは，枝で飾りつけをすることには2つの意味があると考えている．すなわち，枝の若さは生命の復活をあらわし，また聖堂の中の空気のそよぎによって生じる葉ずれの音は，聖霊が使徒たちの上に降った際の「激しい風のような」音をあらわす，と考えるのである．

しかしこの解釈を裏づけるものは口伝のみであり，またこの慣習がいつからはじまったのかも不明である．わかっているのはただ，1836年にはすでにこれが行なわれていたということだけで，この年の教会の記録には，当時の堂守が，復活祭に教会を飾るためにセイヨウヒイラギHOLLYを，また聖霊降臨祭のためにbirchの枝を調達しようとしたときの契約書が残されている．

［サマーセット州フルーム，1994年3月］

Bird cherry　㊫ *Prunus padus*　**エゾノウワミズザクラ**（バラ科サクラ属）

●［スコットランド北東部では］hackberryすなわちエゾノウワミズザクラの木は，杖として使うのはもちろんのこと，いかなる目的であれ決して用いられない．魔女WITCHの木とみなされているからである．［Gregor, 1889: 41］

Bird-eyes / bird's eye

SPEEDWELL（クワガタソウ属の数種），中でも特にGERMANDER SPEEDWELLを指して用いる異称．

Bird-lime　鳥もち

鳥もちは，セイヨウヒイラギHOLLYの樹皮からつくられることがある．

Bird's-foot trefoil　㊫ *Lotus corniculatus*　**セイヨウミヤコグサ**（マメ科ミヤコグサ属）

●〔セイヨウミヤコグサは〕No Blame〔おとがめなし，くらいの意〕の名でも呼ばれる．アイルランド南部では，この植物を身につけていれば罰を与えられることがないとされていて，子どもたちはこれを集めて学校に持ってゆく．彼らはこの植物を手に入れるためだけに，わざわざ何マイルも出かけてゆくそうである．

［Britten and Holland MSS］

この植物にまつわる民間伝承はほとんど見られないが，一方でこの植物はおびただしい数の地方名をもっている．1990年代に収集されたセイヨウミヤコグサの異称の一端を以下にあげておく：bellies-and-bums / fingers-and-thumbs（エセックス州ハドリー），cookies and hennies（マリーシャー州バーゲッド），eggs and bacon（広範に見られる），fingers and thumbs（ドーセット州リチェット・マトラヴァーズ），fisherman's baskets（ラドナーシャー），granny's toenails（ケント州アシュフォード），horse yakkels（シェットランド州ラーウィック），pigtoes（ケント州アシュフォード），shoes and stockings（グウェント州西部），tom thumbs（ドーセット州ポートランド）など．

Biscuities

マリーシャー州における，ウスベニアオイ MALLOW の実の異称．

Bistort 学 *Persicaria bistorta*; syn. *Polygonum bistorta* **イブキトラノオ**（タデ科タデ属）

●私はかつてカンブリア州で働いていたことがあったが，同地では春になると誰もがイースター・レッジェズ Easter ledges と呼ばれるプディング〔Easter ledgesはイブキトラノオの異称でもある〕をこしらえて食べたものだった．作り方はいろいろだったが，どれにも必ずイブキトラノオ *Polygonum bistorta* が入っていた．これは血 BLOOD をきれいにするとされていた． ［ケンブリッジシャー州ガートン，1985年9月］

● Easter ledgesは，同じカンブリア州の中でも，地域によってハーブ・プディング Herb Puddingあるいはヤービー・プデン Yarby Puddenなどとも呼ばれていた．野菜のほとんど出回らない年のはじめ頃につくられ，タマネギ ONION，ジャガイモ POTATO，それにありったけのマトンなどを入れたタッティ・ポット Tatty Potと呼ばれる煮込み料理ともに食べられたようである．〔用意するものは以下の通り：〕

イブキトラノオを手に3杯．

NETTLE（イラクサ属の1種）を手に3杯．

キャベツ CABBAGE，ブロッコリー，セイヨウタンポポ DANDELION の葉のうちのいずれかを手に1杯．これに少量のラズベリー RASPBERRY，さらにはクロスグリ BLACK CURRANT およびセイヨウスグリ GOOSEBERRY（あるいはどちらか一方）を加えたもの．

タマネギ1個

あらかじめ一晩水に浸しておいたオオムギ BARLEY を大カップに1杯．これに塩と胡椒（ときにパセリ PARSLEY も）を加えたもの．

調理法：まず青ものを水洗いし，タマネギと一緒に刻む．そしてモスリンの袋に入れて1時間半ほど煮る．終わったら袋からボールに移し，卵3個，ベーコンの油，バター約2オンスを加えてかき混ぜる．そして最後にオーブンで再び温める．カンバーランド州〔現在はカンブリア州の一部〕では，オオムギのかわりにエンバクを用い，煮込んだ後で固ゆでの卵の上にかける．

［カンブリア州クラッパーズゲート，1985年10月］

●われわれは子どもの頃，カンバーランド州の海沿いに住んでいた．春になると，半マイルほど離れたところまでイブキトラノオを摘みに行かされた．大家族だったのでたくさん摘んでこなければならなかった．NETTLE（イラクサ属の1種），スイバSOUR DOCKLING，それにセイヨウタンポポを洗って刻み，オオムギも洗っておく．これらの青ものとオオムギとを残らず袋に入れる．そしてこの薬草入りプディングの袋を沸騰した鍋の中に入れ，浮き上がってこないように皿を載せて，1時間半ほど煮る．われわれはイブキトラノオの花——茎の先にピンク色の花をつける——が実を結ぶ頃まで，日曜日ごとにこれを繰り返した．

［カンブリア州ウィンダミア，1988年11月］

ヨークシャー州の一部では，イブキトラノオはpassion dock（受難のギシギシ）とも呼ばれている．これは，受難の聖節すなわち四旬節の最後の2週間に，この植物の葉を混ぜてつくったプディングを食べるならわしに由来するものである．

●このドック・プディングdock puddingにどんな食材を入れるかは人それぞれだが，基本的には，dock（イブキトラノオ）の葉を水洗いして細かく刻み，タマネギとともに煮立て，とろみをつけるためにオートミールを加える．

この料理は鉄分やビタミンを豊富に含んでおり，元来は春先に，他の野菜と同様「血をきれいにする」ために食べたものであった．しかし調理法は時代とともに変化し，近年では一度にまとめてつくり，これを冷凍しておくという人がほとんどである．またクリスマスの朝の食卓に供されることも多いようである．

……コールダー・ヴァレーには，passion dock（イブキトラノオ）を集めて食材とする習慣自体は何世代も前から受け継がれてきたが，……「世界ドック・プディング・コンテストWorld Championship Dock Pudding Contest」がこの地ではじめて行なわれたのは，1971年ことであった．以来このコンテストは，「コールダー・ヴァレー芸術祭the Calder Valley Festival of the Arts」の先駆けとしてヘブドン・ブリッジで開催され，同地の地元紙 'Halifax Courier'が提供するトロフィーの他に，優勝者および上位入賞者には賞金も用意された．当初は何百もの作品がエントリーしていたが，その後出品数は次第に減少し，開催されない年も出てくるようになった．とはいえ近年はややその人気を回復しつつあるようで，1988年には13名の参加者があり，賞金（優勝25ポンド，準優勝15ポンド，3位10ポンド）および銀製のカップ（1年間手元に置くことを許される）をめぐって競いあった．［Smith, 1989: 11］

カンブリア州のウォーカップでは，イブキトラノオは駆虫剤VERMICIDEとしても用いられた．

●虫下しに用いるイブキトラノオは，満月の夜に採集したものでなければならない．

［Short, 1983: 124］

→AMPHIBIOUS BISTORT（サナエタデ属の1種）

Biting stonecrop 学 *Sedum acre*（ベンケイソウ科**マンネングサ属**の1種）

●ウェールズでは，小屋や農家の屋根——草葺きの場合もそうでない場合も——

に，しばしばstonecropが見られる．これは元来，雷THUNDER，稲妻LIGHTNING，魔女WITCHESなどから身を守るためのものであった． [Trevelyan, 1909: 95]

●その家に幸運を呼ぶ，あるいは火事FIREから守るなどの目的のために，屋根の上や周囲に配される植物としては他に，ウォータフォード州トラモー付近におけるstonecrop（*Sedum acre*）や，ウェストミース州におけるsnapdragon（*Antirrhinum majus*〔＝キンギョソウANTIRRHINUM〕）がある． [Ó Danachair, 1970: 25]

●子どもたちは〔biting stonecropの〕茎から葉を取り除き，フィドル〔ヴァイオリンに似た弦楽器〕のようにこすり合せてキーキーという音を立てる．……この遊びがCrowdy-kitと呼ばれていたのを知っているのは年寄りだけになってしまったが，その意味まで知っている者となるとさらに少ない．しかし私は，〔デヴォン州の〕イプルペンに住むある老女――薬草に詳しく，88歳にして今なお矍鑠としている――がこの呼び名を口にするのを実際に耳にしたし，またその意味するところについても聞き出すことができた．音楽好きの家に育った彼女は，かつてフィドルがcrowdyと呼ばれていたのをまだ覚えていてくれたのである． [Friend, 1882:18]

→WATER FIGWORT（ゴマノハグサ属の1種）

Bitten-off root

DEVIL'S BIT SCABIOUS（スッキサ属の1種）の旧称.

Bittersweet 学 *Solanum dulcamara*（ナス科**ナス属**の1種）

woody nightshadeの名で呼ばれることもある．

●乳歯の生えはじめTEETHINGに伴うトラブル：乾燥させたnightshadeの実でネックレスをつくり，赤ん坊の首にかけておくと，全身けいれんCONVULSIONSの予防になる． [Taylor MSS, ノーフォーク州スプローストン]

●［コッツウォルズ地方では］bittersweetの実が［しもやけCHILBLAINSの治療に］用いられた．患部によくすり込んでおくのである．冬に備えて，実は瓶詰めにして保存されていた． [Bloom, 1930: 25]

Bitter vetch 学 *Lathyrus linifolius*（マメ科**レンリソウ属**の1種）

●［〔ヘブリディーズ諸島の〕コロンゼー島では］bitter vetchの塊根を掘り出すと，そのまま生で食べるか，あるいは束ねて台所の天井からつるしておき，乾燥させた後で蒸し焼きにして食べた．またウイスキーの風味づけにも用いられた．

[McNeill, 1910: 114]

Blackberry →セイヨウヤブイチゴBRAMBLE

Black bryony 学 *Tamus communis*（ヤマノイモ科**タムス属**の1種）

●この植物の果実をジンに漬けたものは，この島［ワイト島］では，しもやけCHILBLAINSに効く薬としてよく知られている．またその根と同様に，打ち身BRUISES，日焼けSUNBURNSなどによる肌の変色を治すのによいともいわれ，実際にこの目的で利用されている．

友人のアースキンErskine女史から聞いたところでは，ウェールズではblack bryonyがSerpent's Meat（ヘビの肉）と呼ばれており，同地では，この植物のそばには絶えずヘビの類の爬虫類が潜んでいるという迷信が広く見られるという．

[Bromfield, 1856: 507]

Black currant 学 *Ribes nigrum* **クロスグリ**（ユキノシタ科スグリ属）

クロスグリは，ビタミンCを含んでいることが確認される以前から風邪COLDSの予防や治療に用いられていた．

●クロスグリの茶は昔から……風邪薬として用いられてきた．これはクロスグリのジャムを湯でといたものである．［グウィネズ州ラニュークリン，1991年4月］

●私の祖母は［コーンウォール州の出身で］，1932年に86歳で亡くなった．彼女は，ビタミンに関する知識などもちあわせていたはずはないのだが，冬になると決まって，クロスグリのジャムの大きなかたまりを湯でとき，それを壺に入れてslab（コーンウォール語で炊事用のかまどのことをこう呼んだ）の上に置いていた．われわれ子どもたちは「肺を守って風邪を遠ざけておく」ために，このクロスグリの茶を毎日一杯ずつ飲まされたものだった．［スペイン，アリカンテ州カルペ，1991年12月］

Blackheads にきび

にきびの治療に用いられた植物には，セイヨウヤブイチゴBRAMBLEなどがある．

Black knobs

〔ダービーシャー州の〕ピーク・ディストリクトにおける，ALDER（ハンノキ属の1種）の果実の異称．

Blackman flower

セイヨウウツボグサSELF-HEALの異称．

Black medic 学 *Medicago lupulina* **コメツブウマゴヤシ**（マメ科ウマゴヤシ属）

時にシャムロックSHAMROCKと同一視されることもある．

●私は，自分で種を蒔いて育てた植物を聖パトリックの祝日ST PATRICK'S DAYに——たしか1915年頃だったと思う——実家に送りつけたことがあったが，この植物というのはコメツブウマゴヤシ*Medicago lupulina*であった．

［アントリム州バリカースル，1991年1月］

Black poplar 学 *Populus nigra* **ヨーロッパクロヤマナラシ**（ヤナギ科ヤマナラシ属）

シュロップシャー州アストン・オン・クランには，樹齢250年以上とされる1本のヨーロッパクロヤマナラシの木があり，毎年5月29日——「樹の記念日Arbor Day」と呼ばれる——には，この木をたくさんの旗で飾りつける風習が見られる．旗はその後も掛けたままにされ，翌年のこの日に新しいものに取り替えられる［Shuel, 1985: 39］．

●樹木を旗で飾るこの風習は，豊饒の女神ブリジットBridgetへの崇拝が行なわれた古代から連綿と続いているものである．時代が下ってからも聖ブリジットあるいは聖ブライドSt Brideの名で崇められ続けることになったこの女神の聖所には，決まって1本の木があり，そこには部族のエンブレムと，祈願の旗とが掛けられていた．アストン・オン・クランには，「ブライドの木Bride's Tree」と呼ばれる木が残されているが，この名については，ブリジット女神に由来するとも，また以下のような故事に基づくともされ，実際のところはよくわかっていない．

1786年5月29日，アストン・オン・クランの地主ジョン・マーストンJohn Marstonは，結婚特別許可証special licenceを得た上で，シブドン・カーウッドの教区教会においてメアリー・カーターMary Carterと結婚した．村人たちは2人を祝福しようと，式を終えて帰宅するカップルの乗った馬車を教区の境で待ちかまえ，馬車が通りかかると，一旦それを止めて「ブライドの木」〔brideには「花嫁」の意もある〕のもとへと引いていった．そして2人に，幸運のシンボルとしてこの木の枝をプレゼントした．

メアリーは，この「ブライドの木」の飾りつけがたいそう気に入り，以後この風習が続くように，あれこれ気を配ったのだという． [Sykes, 1977: 71]

1977年以降は，新しい旗をつくる費用を捻出するため，毎年「樹の記念日（アーバー・デイ）」の前後の日曜日に，祭典が催されるようになった．そしてこの祭典は「年々急速に，費用捻出のために企画された催しという枠を超え，実体を伴ったものへと変りつつある」[Shuel, 1985: 40] という．ちなみに5月29日は「王政復古記念日Oak Apple Day」（→オーク OAK）にあたっており，あるいはこの「樹の記念日」もまた，1660年の王政復古を祝う祭典と何らかの関連をもっているのかもしれない．

ひところ，結婚式の当日にこの「ブライドの木」もしくは「アーバーの木Arbor Tree」の小枝を，新郎新婦に贈るのが流行したことがあった．1991年11月に放映されたテレビ番組の中で，インタビューを受けた地元の住民は次のように語っている．

●教区の人びとはかつて，一種の幸運のしるしとして，この木から切り取った枝をカップルに贈ったものでしたが，贈られたほうの女性がことごとくその年の内に妊娠してしまうので，その後これは取りやめになりました．……必ずしも皆がこれほど早く効き目があらわれることを望んでいたわけではなかったので，牧師が中止を決めたのです．……ひところは教区の人びとのもとに，なかなか子どもができないので，この木の枝を切って送ってくださいという願いをしたためた手紙がよく舞い込んだものでした．1950年代から60年代にかけて，この村の娘たちがいともたやすく子をもうけるのが有名になり，「魔法の木」の枝をめぐってちょっとしたブームが起こったのです． [Milner MSS, 1991-2]

この人が語っている「事件」はおそらく，1960年に書かれた次の記事の中で触れられている件と同じものであろう．

●毎年恒例となっている古い「アーバーの木」の飾りつけには，派手な催しがつきものだったが，今年はどうやらこれが中止されそうな雲行きである．

……過去のこの行事に関しては「歪曲された風聞」が広まっている点が憂慮さ

れており，今回の中止は，これらの防止のために，教区の村議会において可決されたものである．なお，旗の飾りつけのみは，これまで通り「木の記念日(アーバー・デイ)」すなわち5月29日に行なわれるという．

この日にはこれまで，祝賀行事の一環として，学童の参加するにぎやかな催しが行なわれてきたが，一説によればこれは，多産を祈る古代の儀式に由来するものだという．事が大きくなったのは，昨年の行事終了後に，教区牧師にして議会の議長を兼ねるT·S·D·バレットBarret師のもとに数通の手紙が舞い込んでからのことである．何とイタリアやアメリカに住む女性たちが，この木には子宝を授ける力があると聞き，師に手紙をしたためてきたのである．

バレット師は昨日，次のように語っている．「われわれは，この行事を適正なレベルまで縮小してゆきたいと考えている．樹木を旗で飾るだけの，地方の小さな行事であれば何の問題もないが，多産を祈願する儀式などといったたわごとの類については，一切願い下げである」． ［1960年4月12日付 'Birmingham Post'紙］

Black spleenwort ㊫ *Asplenium adiantum-nigrum*（シダ類，チャセンシダ科**チャセンシダ属**の1種）

● ［ガーンジー島では］この植物の濃い煮出し汁に黒砂糖をたっぷり加えたもの（時に干しイチジクFIGを代わりに加えることもある）は，咳COUGHSに効く特効薬と考えられている． ［Marquand, 1906: 38］

Blackthorn ㊫ *Prunus spinosa*（バラ科**サクラ属**の1種）

sloeの名で呼ばれることもある．blackthornおよびHAWTHORN（サンザシ属の数種）の花は，屋内に持ち込むのを嫌われることが多い．

● 1948年の4月，私がダラム州ビショップ・オークランドの産院に入院していたときのことである．夫は私を喜ばせようとしてblackthornの小枝を病室に持ってきてくれたのだが，これは看護婦たちを大いに狼狽させることとなった．彼女たちは口に出して「死」とは言わなかったものの，「不幸」という言葉は，まわりの患者たちに聞こえるのをはばかって，その代わりに用いられたにすぎなかったのだと思う．ひとりの看護婦などは明らかにこれをhawthornと思い込んでいたが，最後まで別の植物だと納得させることはできなかった．他の看護婦たちもあるいは同様の思い違いをしていたのかもしれないが，私の記憶ではたしか，結局どちらの植物であれ要注意だというので，このblackthornは捨てられることになったのだったと思う． ［ダラム州ウルシンガム，1962年5月］

● ［私はグロスター近くのハデックの生まれで，以下の記憶も同地でのものである］．blackthornの枝を切ると不幸を招くといわれ，絶対に家の中には持ち込んではならないとされていた．またそのとげで引っかき傷をつくると，敗血症BLOOD POISONINGの原因になると考えられていた．これは，キリストの茨の冠がこの植物でつくられていたという伝承によるものである．

［スタッフォードシャー州ニューカースル・アンダー・ライム，1983年3月］

●私はあるとき，blackthornを少しばかり使って教会の飾りつけをしたことがあったが，それを見るなり皆は烈火のごとく怒り，口々にすぐに捨ててしまえと言った．皆はこれをhawthornだと思いこんだのである．

［コーンウォール州アンガラック，1989年2月］

blackthornの開花期には，決まって寒の戻りがあるとされている．

●sloe（＝blackthorn）が花をつける時期に特有のこの気候を，この地［ワイト島］の人びとはblackthorn winterと呼んでいる． ［Bromfield, 1856: 141］

●当地は今曇天の下，北東の風が吹きすさんで本当に寒い．しかしblackthornの花が咲いているので，おそれくはいわゆるblackthorn winterの時期なのだと思う．

［ドーセット州ソーンコム，1974年4月］

●私の亡父は若い頃，祖父と同様に陸上で働いていました．腕のいい庭師だったのです［と彼は念を押すように言った］．……父はblackthorn winterが終わるまでは，寒さに弱い植物を決して露地に植えようとはしませんでした．

［エセックス州セント・オージス，1989年2月］

しかし，blackthornの開花期は，オオムギBARLEYの種蒔きに適した時期とも考えられていた．イングランド北東部からスコットランド南東部にかけての地域では：

●slae tree（＝blackthorn）がシーツのように白くなったら，
晴れようと雨が降ろうと，オオムギを蒔け．

When the slae tree is white as a sheet
Sow your barley, wither it be dry or wet. ［Johnston, 1853: 57］

また，もっと南のグロスターシャー州では：

●blackthornが白い花をつけたら，
昼も夜もオオムギを蒔け．

When the blackthorn blossom's white
Sow your barley day and night. ［Phelps, 1977: 175］

ケント州のサンドウィッチには古くから，次の町長にblsckthornの枝を贈る慣習がある．町の書記A・チャンプニーズAdam Champneysによって1301年に記され，現在はメイドストーンのケント州立公文書館Kent County Archivesに保存されている「サンドウィッチ慣習法Customal of Sandwich」には次のようにある．

●前年の町長，参与，それに町民が教会に集まると，警吏が角笛を持ってあらわれる．すると新町長は自らの枝を手に取る．そして警吏から角笛を，金庫番の任にある2人の参与から金庫の鍵を受け取り，自らの傍らに置く．

この約4世紀後には：

●町長が公の立場で法廷あるいは教会に列席する場合には，通常の護衛官の他に，銀メッキを施した権標を各々の肩に載せ，制服を着用した2名の警吏がその先導にあたる．町長自身は，自らの職権を示すしるしとして，節くれだった黒い枝を携える．
[Boys, 1792: 403]

さらにこの2世紀後には：

●言い伝えによると……blackthornの細枝を身につけておくのは，魔女WITCHESの投げかける不吉な呪文から身を守るためであり，それを持っているだけで，呪文をかけようと機をうかがう邪悪な魔女たちを寄せつけないのだという．現在（少なくともこの100年間はそうなのだが）茂みの中から適当な細枝を採集し，これを乾燥させ，町長が変わるたびに，新町長にこれを贈呈するための準備をしておく重責を担っているのは，町の守衛官である．この職務の報酬として，彼は町長から1クラウン（5シリング貨幣）を受け取ることになっている．町長は任期満了後もこの細枝を返す必要はなく，新町長には新しい別の枝が用意される．
［ケント州サンドウィッチ，1994年3月］

サンドウィッチの町立博物館Sandwich Guildhall Museumには現在，こうした枝が3本保管されている．

19世紀のアイルランドでは，blackthornの枝（あるいは棍棒）が，分派間の抗争に際して用いる武器として好まれていた［Gilmore and Oalcz, 1993: 10］．今日では，こうした棒のミニチュアが，観光客相手の土産物として広く売られている［編著者自身による観察報告．ダブリンおよびベルファスト，1994年5月］．

●小さいsloeの低木は時として畑の片隅などにかたまって生えており，そうした中の1本を切って，そのまま煙突の中を上下させて掃除するのに使うことがあった．また生け垣から切りとったblackthornの長い枝は，杖としても用いられた．観光客相手の需要を見込んで，現在でもなおこの杖をつくっている人びともいるが，かつては老人たちが，これを歩行用の杖として使っていたものだった．
［ロングフォード州レナモー，1991年4月］

blackthornすなわちsloeの果実は，スロー・ジンsloe ginをつくるために集められることもある．

●sloeはこのあたりではbullumと呼ばれている．この地方のスロー・ジンづくりには200年の伝統があり，家庭でもまた営業用にも広く行なわれている．たいていは，おおよそ次のような方法でつくられている．まず大きな酒用の瓶を用意し，この瓶に，果皮に十分孔をあけたsloeの実を詰めて白砂糖を半ポンド加え，最後に瓶の口までジンを注ぐ．言うまでもなく，プリマス・ジンを使うのがベストである！ 口に栓をしたあと，瓶をよく振って砂糖を溶かし，2，3か月の間，週に1，2度瓶を振るようにすれば出来上がりである．もしそのまま全部飲み干してしまいたいという欲求を抑えられるようなら，他の瓶に移しておけばよい．秋につくりはじめれば，クリスマスの頃には出来上がっているはずである．
［デヴォン州プリマス，1986年5月］

blackthornの葉を乾燥させたものは，アイリッシュ・ティーとしてよく知られているが，カーロー州では，これがタバコTOBACCOの代用品としても用いられた．

[IFC MSS, 462: 305, 1967-8]

Bladder wrack 学 *Fucus vesiculosus*（藻類，ヒバマタ科**ヒバマタ属**の1種）

アイルランドでは，ジャガイモPOTATOの肥料にするために集められる（→海藻SEAWEED）．

- ［チャネル諸島では］この海藻を壺にいれ，3か月の間ラム酒に漬け込んでおく．こうして出来上がったものは，……筋力の弱い子どもや，くる病RICKETSの子どもに対する塗布薬として用いられる． [Bonnard, 1993: 11]
- ［ジプシーたちは］熱い湯または時にウイスキーに溶かし，塗布薬として用いている．リウマチRHEUMATISMにとてもよく効くという． [Vesey-FitzGerald, 1944: 23]
- tang-boweはすばらしい水鉄砲になった．tang-boweというのは，この海藻のかなり大きめの浮嚢を植物体から切り離し，その端を口で嚙み切るか，刃物で切るかしたものである．はじめにこれを押さえつけて平たく伸ばし，いったん中の空気を抜いてから，一杯になるまで水を入れる．そしてこれをしぼると立派な水鉄砲になるので，skeetieeと呼ばれてよく使われていた．

［シェットランド州ラーウィック，1994年3月］

Bleeding 出血

出血を止めるのに用いられた植物には，GREATER MEXICAN STONECROP（マンネングサ属の1種），KIDNEY VETCH（アンティリス属の1種），PUFF-BALL（ホコリタケ属の数種），セイヨウノコギリソウYARROWなどがある．

Blind-ball

〔アイルランドの〕ミース州における，PUFF-BALL（ホコリタケ属の数種）の異称．

Blind eyes

ヨークシャー州における，ヒナゲシPOPPYの異称．

Blind flower

ダラム州における，GERMANDER SPEEDWELL（クワガタソウ属の1種）の異称．

Blindness 視覚障害

視覚の障害を引き起こすと考えられていた植物には，GERMANDER SPEEDWELL（クワガタソウ属の1種）やヒナゲシPOPPYなどがある．

Blistered seaweed

アイルランドにおける，BLADDER WRACK（ヒバマタ属の1種）の異称．

Blood 血液

血を「きれいにする」ために使用されてきた植物には，イブキトラノオBISTORT，DOCK（ギシギシ属の数種），NETTLE（イラクサ属の1種）などがある．また葉に血痕あるいは血のしみがあるといわれる植物は，EARLY PURPLE ORCHID（ハクサンチドリ属の1種），REDSHANK（サナエタデ属の1種），コボウズオトギリTUTSANなどである．さらに，血の流れたあとに生えるといわれる植物には，DWARF ELDER（ニワトコ属の1種），ジギタリスFOXGLOVE，ドイツスズランLILY OF THE VALLEY，セイヨウオキナグサPASQUE FLOWER，ヒナゲシPOPPY，キバナセツブンソウWINTER ACONITEなどがある．→不毛の地BARREN GROUND.

Blood poisoning　敗血症

敗血症を引き起こすとされる植物にはBLACKTHORN（サクラ属の1種）などがあり，またその治療には，ウスベニアオイMALLOWが用いられることがある．

Bluebell　㊫ *Hyacinthoides non-scripta*（ユリ科**ヒアキントイデス属**の1種）

●［デヴォン州ハートランドでは］家の中にbluebellを持ち込むのは，縁起の悪いこととされている．　[Chope, 1933: 122]

●HAWTHORN（サンザシ属の数種）とbluebell：どちらの花も，居間をはじめとする家の中へ持ち込むことは決して許されなかった．ただし食器室〔食器を洗いしまっておく部屋〕だけは例外であった．

［スタッフォードシャー州ストーク・オン・トレント，1983年3月］

●子どもの頃私は［ヨークシャー州で］bluebellをたくさん摘んだものだったが，この花を家に持ち込むことは，母から固く禁じられていた．……私は，こうしたことを馬鹿げた迷信だとはねつけるように心がけていたのだが，昨年の5月祭May Dayの日に幼い息子がbluebellの花束を私のところへもって来て，それを家の中へ持ち込むと言ってきかなかったときには，とても不安な気持ちになるのを抑えられなかった．　［ケンブリッジシャー州ステッチワース，1991年12月］

〔アイルランドの〕オファリー州では，GERMANDER SPEEDWELL（クワガタソウ属の1種）がbluebellの名でも呼ばれていた．

→GRAPE HYACINTH（ムスカリ属の1種）

Bog asphodel　㊫ *Narthecium ossifragum*（ユリ科**キンコウカ属**の1種）

●羊が［bog asphodelを］食べると，その骨が脆くなると信じられている．

[IFCSS MSS 589: 62, クレア州]

●私は7年間，湖水地方に住んだことがある．牧羊を生業とする同地の農夫たちは，bog asphodelを，「羊の骨を脆くする」植物としてことのほか恐れていた．私自身も散歩などの折に，羊がとげのある植物にからみつかれたりして死んでいるのをしばしば見かけたが，こうした羊は，まずはじめにbog asphodelを食べたことによって弱りはじめたのだという説は，全くの迷信にすぎないと教えられた．

［ウェスト・サセックス州ワージング，1982年9月］

この植物の学名は，リンネが『植物の種Species Plantarum』（1753）の中で与えているもので，種小名の*ossifragum*は，ラテン語のos（骨）とfrangere（砕く）に由来している．しかし，bog asphodelがヒツジの骨を脆くするというこの言い伝えは，単なる迷信とは言い切れないようである．というのは，この植物が羊［Staburvik, 1959］や牛に対して毒性をもっていることが確認されているからである．

● 1989年の夏，……授乳中の雌牛と子牛あわせて50頭の群れのうち，15頭の雌牛がbog asphodelの混じった牧草を食べてから急激に体調を崩し，活力を失い食欲不振になった．これらの雌牛は，血中の尿素とクレアチニンが高濃度を示しており，腎臓疾患の徴候が見られた．結局11頭の雌牛が死亡したが，このうちの3頭を病理解剖した結果，腎臓の細尿管の随所に壊疽が見られた．同様の腎臓疾患は，実験的に健康な牛にbog asphodelを食べさせた場合にも確認されている．

［Malone et al., 1992: 100］

→BUTTERWORT（ムシトリスミレ属の1種）／SUNDEW（モウセンゴケ属の数種）

Bogbean 学 *Menyanthes trifoliata* **ミツガシワ**（ミツガシワ科ミツガシワ属）

● ミツガシワの葉の煮出し汁は，腎臓によい． ［IFCSS MSS 313: 213, コーク州］

● bogbeanは，リウマチRHEUMATISMと皮膚病に効くのでとても貴重である．

［IFCSS 1121: 354, ドネガル州］

● 祖父から聞いた話では，ミツガシワを煮出したものを便秘CONSTIPATIONの薬として用いたという． ［ティローン州オーマ，1986年3月］

● 私はかつて，スウォンジー・ヴァレーにあるモリストンの町はずれの，90エーカーほどの農場で働いていた．……1949年に私は……屋敷の下手にある湿地まで，ミツガシワを採りに行かされたことがあった．煮出して薬湯をつくるためで，農場主とその義理の妹は，指の関節などの痛みを和らげてくれるのだといって，このミツガシワの茶を常用していた．2人とも関節炎ARTHRITISか何かを患っていたようであった． ［サウス・グラモーガン州セント・フェイガンス，1991年2月］

● ［1991年，モントゴメリーシャー州のランヴィルカーリニオンで，ミツガシワの］葉を乾燥させ，その煮出し汁を強壮剤として飲用したことがある．

［ポーイス州ランドリンドッド・ウェルズ，1991年9月］

● ミツガシワはかつて黄疸JAUNDICEの治療に用いられ，gulsa girseとも呼ばれていた．gulsaはシェットランドにおける黄疸の異称で，「黄色い病気」を意味する古ノルド語gukusóttに由来する．またこの植物からは，緑色の染料DYESを得ることができる． ［シェットランド州ラーウィック，1994年3月］

Bog cotton

COTTON GRASS（ワタスゲ属の数種）の異称．

Bog myrtle 学 *Myrica gale* **セイヨウヤチヤナギ**（ヤマモモ科ヤマモモ属）

galeの名で呼ばれることもある．

● ［ウェールズ北部の］貧民たちはこの植物のもつ効能をよく知っており，Bwrleあるいは「虫下しの草」と呼び，また実際にこの目的で使用する．すなわち確実で効果のある駆虫剤VERMIFUGEと考えられているのであり，葉を煎じて茶として飲んだり，下腹部に直接塗布したりする．……またこの植物からは，毛織物用の黄色の染料DYESが得られるし，その強烈なにおいには，衣蛾MOTHなどの虫を殺す力が

ある. [Evans, 1800: 149]

● 「ゲイル・ビールgale beer」は，ヨークシャー州アンプルフォースの上にある草地に生えている植物を素材として醸造される．この大きな村でいちばんのパブ「ブラック・ホースBlack Horse」亭の女主人，シグズワースSigsworth夫人の手で製造・販売されているこのビールは，すぐれた活力回復の効能をもち，同地ではたいそうな評判である. [N & Q, 3 ser. 4: 311, 1863]

● 〔ヘブリディーズ諸島の〕アイレー島とジュラ島では，料理のつまとして添えたり，香りづけに使ったりするとともに，シーツや衣服の間に入れて衣蛾MOTHの駆除にも用いる. [Lightfoot, 1777: 614]

● ［アイレー島では］セイヨウヤチヤナギを集めて台所につるし，ハエFLIES除けにした. [SSS MSS SA 1969/28/A12]

● かつてノーサンバランド州の主婦たちは，ノミFLEAS除けのためにセイヨウヤチヤナギの小枝を寝具の中に入れたものであった. [Dixon, 1890: 111]

このためこの地方では，セイヨウヤチヤナギがflea wood〔ノミの木〕の名で呼ばれることもある.

● ［ヘブリディーズ諸島では，セイヨウヤチヤナギの］葉の煮出し汁を，駆虫薬として子どもに与えた. [McNeill, 1910: 167]

● ［〔ヘブリディーズ諸島の〕バラ島では］セイヨウヤチヤナギをつるして乾燥させ，これを紅茶とともに煮出して，胃や皮膚の病気を患っている子どもに与えた.

[SSS MSS SA1970/164/A2]

Bog onion

ROYAL FERN（ゼンマイ属の1種）の異称.

Boils　できもの

できものの治療に用いられてきた植物には，セイヨウヤブイチゴBRAMBLE，ヒナギクDAISY，DOCK（ギシギシ属の数種），セイヨウニワトコELDER，ORANGE LILY（ユリ属の数種）などがある.

Boojuns

インヴァネスシャー州における，HAWTHORN（サンザシ属の数種）の果実の異称.

Boortree / bourtree

セイヨウニワトコELDERの異称.

Box　学 *Buxus sempervirens*（ツゲ科**ツゲ属**の1種）

boxの枝を家の中に持ち込むのは不吉だとされることがある.

● boxについてこんな話があるのを御存じですか．この植物を家の中に持ち込むのは，不吉なことだとされているのです．「boxを家に持ち込み，銭箱（ボックス）を持ち出す」〔boxを家に持ち込むと貧乏になる，くらいの意〕という言い回しもあるようです.

［ドーセット州ソーンコム，1985年4月］

●［私はサリー州ミッチャムの生まれで，現在60歳を優に越えている．私の祖母は］boxやHAWTHORN（サンザシ属の数種）を持って玄関に近づいたりしたら，エプロンを放り出してあわてて飛んできたものだった．またライラックLILACを屋内や庭に持ち込むことも許さなかった．［ケンブリッジシャー州パストン，1993年11月］

1868年，ウィガン近郊のヒンドリー・グリーンにある炭鉱で起こった事故を取材するため，同地に派遣された記者の報告には次のようにある．

●私はその葬式で，ランカシャー州の古い慣習が今なお生きているのを目のあたりにした．いよいよ亡骸に最後の別れをする段になると，傍らに盆が1枚用意され，その上にboxの枝が積みあげられたのである．親戚たちは，各自この枝を1本ずつ手に取ると，これを持ったまま墓まで同行し，最後にはたいてい棺の上に乗せていた．盆の上には本来ローズマリーROSEMARYかTHYME（イブキジャコウソウ属の数種）を用意すべきところだが，つつましいヒンドリーの人びとは，こうした「詩的」な植物を手に入れることができなかったからといって，この慣習自体をあきらめてしまうのではなく，boxの木から枝を切ってきて，これで間に合わせたのである．そしてそのおかげで私はこうして，会葬者たちが明るい緑色の枝を手にして歩んでゆくのを目にすることになったわけである．

［1868年12月1日付 'Daily Telegraph'紙．N & Q, 4 ser. 6: 496, 1870に再掲］

教会によっては，枝の主日PALM SUNDAYにboxを用いるところもある．ロンドンのソーホーにあるフランス系のカトリック教会，ノートル・ダム・ド・フランスNotre Dame de France教会ではこの日，ナツメヤシの代わりにboxを祝別する［編著者自身による観察報告，1979年4月8日］．また南ロンドンのバラムにあるポーランド系のカトリック教会，王たるキリスト教会Church of Christ the Kingでは，枝の主日に，教会の前庭で若者たちが，box，SALLOW（ヤナギ属の1種），ラッパズイセンDAFFODILの束を売っている．信徒たちがこれらを買ってミサに臨むと，司祭は最後に通路を往復しながら，これらの「ナツメヤシ」に聖水をふりかけてゆく［同上，1983年3月27日］．

また，boxが駆虫剤VERMICIDEとして用いられたという記録も残されている．

●1930年代の初頭，農夫をしていた私の父は，自分の馬の1頭が寄生虫にやられているのに気づいた．そのとき父は雇い主から，次のような方法で馬の虫下しをするよう命じられたという．まずboxの葉を数枚トレイに入れて乾燥させた後，パリッとするまでかまどで焼きなさい．次にこれを揉んで粉末状にし，えん麦と切りわらからなる飼料に混ぜて，夜寝る前に馬に与えなさい，と．これに対して父がboxには毒があるのを指摘したところ，まさしくそれこそがこちらの狙いで，寄生虫はこのboxを食べて死ぬのだ，という返事だったので，父は不承不承この命令に従った．本当に寄生虫が死んだかどうかは議論の余地があるが，1つ確かなのは，馬のほうが死んでしまったことである．朝になって父が馬小屋に行ってみると，すでに息を引き取っていたという．［ドーセット州ピンパーン，1992年1月］

Boy's-bacca

デヴォン州におけるHOGWEED（ハナウド属の1種）の異称．また，サセックス州におけるTRAVELLER'S JOY（センニンソウ属の1種）の異称．

Bracken 学 *Pteridium aquilinum*（シダ類，ワラビ科ワラビ属の1種）

単にfern（シダ）の名で呼ばれることも多い．

●［ウェスト・サセックス州に住む］われわれの間には，common brakeあるいはfern〔いずれもbrackenを指す〕を根のすぐ上のところで切り，〔そこにあらわれる文字によって〕将来妻あるいは夫になる人の名の頭文字を確かめる風習がある．

［Latham, 1878: 31］

●そのとき私は，70年ほども前のことになるが，子どもの頃に［スコットランドで］やった，Holy Brackenという遊びのことを思い出していた．柄の太い，みずみずしい株を選んでは，地面に近いところをポケットナイフで切り取って遊んでいたのだが，あるときそこに……世界で最も有名な頭文字，すなわちJ・C〔＝イエス・キリストJesus Christ〕の文字が，完全な形であらわれたのである．……この頭文字がはっきりと見えるのは，大きな幸運のしるしとされていた．

［1979年6月17日付 'Sunday Express'紙］

●私が子どもの頃にはよく，brackenの茎を裂くと，チャールズ王がオークOAKの木に隠れているのが見えると言われていた．それを聞くたびに私は，チャールズ王が木に隠れることになる以前にbrackenの茎を裂いた人びとは，そこに何を見たのだろう，と不思議に思ったものである．［ロンドン，パディントン，1989年5月］

●fernの茎（根ではなく）を水平に切るとオークの木が見えるよと言って，実際にやって見せてくれる人がいたのを覚えている．［エイヴォン州バース，1991年1月］

brackenは，他のシダ類と同様に，花を咲かせたり種子を実らせたりすることはないが，このことから，数々の奇妙な民間信仰が生まれることになったようである．たとえばジョン・レイJohn Rayは1660年に，次のように書いている．

●このfemale fern［brackenのこと］の採集に関しては数多くの迷信があり，これを夏至の日に行なうべきだという者もいれば，聖ヨハネの祝日〔6月24日〕がよいという者もいる．

［Ewen and Prime, 1975: 64］

レイはおそらくここで，このシダある日の晩だけ「種子」をつけることがあり，これを採った人は，その姿を見えなくすることができる，という言い伝えについて述べているのものと思われる．

17世紀には，brackenを――炭酸カリを得る〔後述参照〕ため，あるいは単なる除草のために――燃やすと，雨になると信じられていた．チェンバレン卿は，スタッフォードシャーの州長官に宛てた，1636年8月1日付の手紙の中でこう記している．

●陛下におかれては，Ferneを燃やすと雨を招く，というスタッフォードシャーに広く聞こえたる風聞に配慮され，かつは陛下が貴地にあられる間，貴地および御自身が好天に恵まれることを期待されて，陛下が貴地を通過されるまではFerneを焼くことをすべて差し控えさせるよう，書状をもって貴下に伝えよとの仰せを下された．御下命が陛下の利害のみならず，貴地の臣民の利害に関わるは疑いの余地なきことにて，この点を御勘案の上，陛下の御意向が滞りなく貴地内に行き渡るよう御配慮の程，御願い申し上げる次第である． [Rymer, 1976: 172]

brackenが民間薬として用いられた形跡はほとんど見られず，わずかにジプシーたちによって以下のように利用された記録が残されているのみである：「根を刻んで煮出したものをワインに混ぜて飲めば，寄生虫WORMを駆除することができる」[Thompson, 1925: 161]，あるいは「便秘CONSTIPATIONの治療薬として常用される」[Vesey-FitzGerald, 1944: 23]．

かつてbrackenは幅広い用途をもつ植物であった．たとえば，炭酸カリ（ガラスや石鹼の製造に用いられた）の調製，燃料，屋根葺きの材料，家畜の敷わら，堆肥などに用いられ，また世界に目を転じれば，食用に供された地域もあるという [Rymer, 1976]．

● 北部のいくつかの地域では，青いうちに刈り取って燃やし，この灰に少量の水を加えて丸く固めたものを天日干しにして，石鹼代わりに，シーツの洗濯などに利用する． [Lightfoot, 1777: 658]

● かなり昔のことになるが，この地方ではかつて，老人たちが自家製の石鹼をつくっていた．まず山でしおれたシダを集め，これを燃やした灰にきれいな水を少量加えて湿らせてから，焼き固めてゆく．焼き上げる途中で円形になるように形を整え，固まったら中央に穴を開ける．そしてこの穴に短い針金を通し，天日干しにする．こうして自然乾燥させたものを石鹼として利用したのである．こうした石鹼がつくられなくなってから，もう半世紀以上になる． [IFCSS MSS 200: 300, リートリム州]

● インヴァネスシャー州のグレネルグなどでは，このシダの茎〔柄〕を用いて屋根を葺いていた．時にこのシダ全体が用いられていることもあったが，この場合はあまり持ちがよくなかったようである． [Lightfoot, 1777: 659]

しかし今日では，brackenはたいへんな「厄介もの」として扱われている．

● fernはいったん耕地に生えはじめると，急速に繁殖してその土地を台無しにしてしまう．この雑草の駆除は，年2回，6月と9月の終わり頃に刈り取るのが効果的で，これを数年間続ければ完全に姿を消す． [IFCSS MSS 593: 115, クレア州]

Bramble / blackberry 学 *Rubus fruticosus*, agg. **セイヨウヤブイチゴ**，ブラックベリー（バラ科キイチゴ属［集合種］）

ある特定の日以降はセイヨウヤブイチゴの果実を食べてはいけない，という俗信は，イギリス諸島全域に広く見られる．

● ［湖水地方では］霜にあったセイヨウヤブイチゴは「悪魔DEVILの果実」になってしまうので，もはや食用には適さない，という俗信が，いまだ各地に残っている． [Rowling, 1976: 101]

●聖ミカエルの祝日（9月29日）以降，セイヨウヤブイチゴの実には悪魔が宿るので，これを口にしてはならないとされていた．実際この頃になると，この植物はある種のカビにやられることが多いので，この言い伝えには的を得たところがあるように思う．私自身は，いかにもまずそうに見えるので，この日以降は食べないことにしている！　この時期の実はたいていじっとりとして，汚らしい感じがする．［エイヴォン州ストーク・ビショップ，1982年12月］

●祖母や母（サマーセット州の「片田舎」の出である）はよく，聖ミカエルの祝日以降は，決してセイヨウヤブイチゴを摘んではいけないといっていた．悪魔が生け垣越しに見ていて，それに呪いをかけるから，というのである．

［サマーセット州ノートン・フィッツウォレン，1983年7月］

●11月1日（10月1日という人もある）以降は，セイヨウヤブイチゴを摘んではならない．悪魔の取り分を残しておくためである．［デヴォン州アシュイレニー，1983年7月］

●聖ミカエルの祝日（旧暦の聖ミカエルの祝日，すなわち10月11日）には，悪魔がセイヨウヤブイチゴに唾を吐きかけるので，この日以降に実を摘むのは不吉なこととされていた．［ノーフォーク州イースト・タデナム，1984年10月］

1972年10月19日付 'Country Life' 誌に紹介されている，ウスターシャー州からの報告によれば，ハモグリバエの幼虫がセイヨウヤブイチゴの葉に残す痕跡が「悪魔のしるし」と呼ばれていたという．また，イングランドのいくつかの地域では，時期遅れのセイヨウヤブイチゴの実がだめになるのは魔女WITCHESの仕業とされており，さらにアイルランドでは，ボギーbogey〔小鬼の類〕の一種であるプーカPooka（Puca, Phookaとも）のせいだといわれることもあるようである．

●私の母は1901年，ダービーシャー州バクストンの生まれだが，彼女によれば，9月30日以降はセイヨウヤブイチゴの中に「魔女が入り込んでいる」ので，摘んではならないという．［エイヴォン州バース，1988年1月］

●［ミッドランド地方では］10月31日以降，決してセイヨウヤブイチゴを摘んではならないとされていた．魔女が小便を引っかけるから，というのである．

［サマーセット州サンフォード・ブレット，1993年10月］

●ハロウィーンHALLOWE'ENになるとプーカPookaが出てくる．彼らはセイヨウヤブイチゴの上を這い回ると考えられており，この日以降は誰もセイヨウヤブイチゴの実を口にしない．［IFCSS MSS 500: 113, オファリー州］

●ハロウィーン（10月31日）以後はセイヨウヤブイチゴを食べてはならないとされていた．というのも，プーカPooka（いたずら好きの妖精の1種）が唾を吐きかける——なかにはもっとひどい悪さをするという人もいた——とされていたからである．［ロングフォード州レナモア，1991年4月］

19世紀中頃のサセックス州では，10月11日だけ，セイヨウヤブイチゴの実を摘むのを禁止されていたようである．

●［アランドルの近くに住むある農家の主婦は］毎年，セイヨウヤブイチゴのジャムを大量につくる習慣があるが，この秋は，届いた果実の量が希望よりも少ないのに気づいて，手伝いに来ている婦人に「お前さんのとこの子どもさんたちに，もう3，4パイント〔1パイントは約0.57リットル〕集めてきてもらえないかね」と声をかけた．するとこの婦人は「奥さん！」と声を荒げた．「今日が10月の11日だということをご存じないんですか」．そして「それはわかってるけど」という返事を聞くと，今度はこうまくしたてた．「そりゃああんまりですよ，奥さん！　それなのに子どもらにセイヨウヤブイチゴを集めろなんて！　10月10日に悪魔がセイヨウヤブイチゴの実に唾を吐きかけてまわるのは，誰だって知ってることじゃありませんか．それに，もし11日にその実を食べたりしたら，本人かまわりの人間が死んだりひどいめにあったりするってことだって．いいえ，なんとおっしゃられても，子どもらを10月11日にセイヨウヤブイチゴを採りに行かせるのだけはお断りです」．［Latham, 1878: 14］

逆にヘリフォードシャー州では：

●ロスの近くのダドナーに住むある老庭師は，セイヨウヤブイチゴは食べないほうがいいぞとよくいっていた．「ヘビの通った跡がついとるからな」というのである．またこれとは別に，この地方の人びとは比較的最近までセイヨウヤブイチゴを口にしなかった，という話を聞いたこともある．［Leather, 1912: 21］

ハンプシャー州では，セイヨウヤブイチゴの実が熟する9月末から10月のはじめ頃に「おなじみ」の晴天続きの一時期がBlackberry Summerと呼ばれている［Britten and Holland, 1886: 46］．しかし他の地域では概して，この実が熟す時期は不吉と考えられていた．たとえばデヴォン州では：

●猫は，セイヨウヤブイチゴが実をつける時期には，あまり体調がよくない．これはクルーズ・モーチャッド出身のある男性から聞いた話として，M·C·S·クルーズCruwys夫人が伝えている．

馬もやはりこの時期，体調がすぐれない．チャドリー・ナイトンのK·E·F·ベイトBate嬢の報告によれば，この話は同地でよく耳にするという．

この他ニワトリについても，多くの地域で同様のことがいわれているが，こうした観察はおそらく，冬を前にした動物たちが体験する生理的変化を捉えたものであろう．［Brown, 1953: 217］

●ジャック・ハーリーJack Hurleyによれば，ウォチェットで，自ら死を選んだ若者の葬儀に参列していたとき，ある婦人から「よくいわれることですが，もうじきセイヨウヤブイチゴが実をつけますね」とささやかれた．彼にはこれが，秋という季節は人の力の衰え，人生の下り坂を象徴するので，人の気を滅入らせ，時に自殺という結果を招くこともありえるのだ，とほのめかしているように感じられたという．［Patten, 1974: 15］

●9月に生まれた猫は，Blackberry Kittensと呼ばれ，たいてい小さくて弱く，育てにくい．また他の季節に生まれた猫よりもいたずら好きで，人のいうことを聞かない．
［オックスフォード，1987年8月］

しかしドーセット州西部では，いわゆるblackberry chickensは「きまって上物」とされていた．

●われわれには，180羽のニワトリ全部を抱えて冬を越す余裕はなかった．……そこで私は，村からギャピーじいさんを呼び，年をとった雌鶏を50羽，かごに入れて引き取ってもらった．……ところがその数日後，小屋から抜け出していた年寄りの雌鶏が1羽，よちよち歩きの雛11羽を従えて，草むらからひょっこり出てきた．デージーばあさんはこれを見るなり「blackberry chickensだわ」と喜びの声を上げた．「遅生まれはきまって上物っていうけど，こんなに遅い時期に生まれたのを見るのははじめてだわ！」．
［Eastwood, n. d.: 80］

セイヨウヤブイチゴは，墓地に植えられたり，供えられれたりすることもある．

●死者が出歩いたりしないように，墓のまわりにセイヨウヤブイチゴが植えられた．
［ノーサンバランド州ウォートン，1984年10月］

●［ハートフォードシャー州］ブラフィングでは，ある「古老the Old Man」が再び安らかな眠りを得ることになった．墓に通じるフリース・レーンを掃き清め，墓にセイヨウヤブイチゴを供える伝統的な儀式が無事終えられたからである．

この「古老」は，いったん「天寿を全うした」のだが，棺を教会の墓地へ運ぶ途中，担い手が石につまづいて棺を落とし，棺が壊れ蓋が開いた拍子に息を吹き返し，その後再婚までしたという．そして本当に息を引き取る間際に，フリース・レーンを毎年掃き清めて石ころを取り除いておくよう，また墓にセイヨウヤブイチゴを供えて羊が近寄らないようにするよう命じ，金を遺したのである．
［1957年10月8日付 'Evening Standard'紙］

セイヨウヤブイチゴはやせた土地でも，長くアーチ状に伸びる苗条（ほふく茎）を出してすばやく生い茂る．ほふく茎は，再び地面についたところで発根し，新たに株を殖やしてゆくのである．

●両端が地面に根を下ろしている〔セイヨウヤブイチゴの〕枝〔茎〕の下をくぐって悪魔に身を売り渡せば，その人はカード遊びで非常な幸運を得ることができるとされている．
［IFC MSS 782: 257, ケリー州, 1941年］

●両端が根を下ろしている枝の下をくぐれば，カード遊びでつきまくるとされている．またそうした枝をくぐると，とても体力がつき，かつ身体が丈夫になるともいわれる．
［IFC MSS 450: 163, ケリー州］

●［ウェールズでは］くる病RICKETSを患う子どもたちが週に3度，セイヨウヤブイチゴの枝の下を這わされた．この療法は，歩きはじめの遅い幼児にも用いられた．
［Trevelyan, 1909: 320］

●［ヘリフォードシャー州に住む］ある婦人は，百日咳WHOOPING COUGHを患う孫を抱き上げ，白黒まだらの馬の吐く息を吸い込ませて治療していた．この子の姉もひどい咳をしていたことがあったが，このときには白黒まだらの馬がいなかったので……9日の間，毎朝両端が根を下ろしているセイヨウヤブイチゴの枝の下をくぐらせた．すると彼女は快方に向かった．……また最近ウェブリーでも，とても効き目があるというのでこの方法が試されたが，ここでは子どもは1日だけ，ただしその朝に9回続けてくぐらされ，また供えものとしてバターを塗ったパンがアーチの下に置かれた．この話を聞かせてくれた人によれば，「女の子は，自分の咳をパンとバターとともにそこに置いてきた」のだという．［Leather, 1912: 82］

●百日咳の療法として広く行なわれてきたのは，両端が根を下ろしてアーチをつくっているセイヨウヤブイチゴの下を這ってくぐり抜ける，というものである．……モンマスシャー州のウォルヴズヒュートンでは，1937年になってもまだこの療法が行なわれていたようである．この療法が人気を博しているのは，whoop〔百日咳に特有の「ゼイゼイ」という吸気性笛声〕とhoop〔輪くぐりの輪〕の語呂合わせのおかげだという人もいる．［Simpson, 1976: 108］

●［スタッフォードシャー州では，百日咳を治すのに］セイヨウヤブイチゴの茂みの中から，両端が地面に根を下ろしている枝を探して，3日の間，毎朝日の出前に子どもにその下をくぐらせたり上を越えさせたりする，という方法をとった．そしてその間，次の言葉を繰り返す：

枝の下，そして枝の上に
百日咳が残ってくれますように

Under the briar, and over the briar,
I wish to leave the chin cough here. ［Raven, 1978: 51］

●［サマーセット州では］ヘルニアを治療するのに，患者を，もとの根から離れたところにも根をつけたセイヨウヤブイチゴの下をくぐらせた．［K. Palmer, 1976: 114］

●［ドーセット州では］3日間，毎朝日が昇るときに太陽に向かってセイヨウヤブイチゴの下をくぐれば，できものBOILSを完全に治すことができるとされている．［Udal, 1922: 255］

●［コーンウォール州の］ゼナーでは，にきびを治す方法の1つに，セイヨウヤブイチゴの茂みのまわりを9回まわる，というものがある．［Deane and Shaw, 1975: 135］

イースト・アングリア地方では，「セイヨウヤブイチゴの中でも他より大ぶりの実をつける種がMULBERRY（＝クロミグワ）の名で呼ばれることがある」［Evans, 1969: 13］．したがって，子どもたちが「さあ，mulberryの低木の周りをまわりましょう（Here we go round the mulberry bush）」とはやしながら遊ぶゲームは，上記のようなセイヨウヤブイチゴを用いた療法に由来するのかもしれない．

子どもたちは，セイヨウヤブイチゴの実のみではなく，茎を食べることもあった．

●［1920年代のクランドルで］彼女は，友だちと一緒に学校から帰る途中に，……〔セイヨウヤブイチゴの〕若い枝を手折って皮をむき，その茎を食べた．みずみずしくて甘い味がしたという．［ハンプシャー州フリート，1993年3月］

●私は，1928年シュロップシャー州のシュルーズベリーで生まれた．子どもの頃，毎年その時期になると，セイヨウヤブイチゴの若枝の皮をむいて食べた．

［サマーセット州ポーロック，1993年10月］

Bread and butter

サマーセット州における，ヨウシュツルキンバイ SILVERWEED の異称．

Bread and cheese

BENT GRASS（コヌカグサ属の数種），HAWTHORN（サンザシ属の数種），ヨウシュツルキンバイ SILVERWEED，コミヤマカタバミ WOOD SORREL の異称．

Bread and cheese plant

ドーセット州における，コミヤマカタバミ WOOD SORREL の異称．

Break your mother's heart

COW PARSLEY（シャク属の1種）の異称．

Broad bean 学 *Vicia faba* **ソラマメ**（マメ科ソラマメ属）

ハンティンドンシャー州では，ソラマメは2月14日に種を蒔くとよいとされている．

●聖ヴァレンタインの祝日には，
ソラマメはすべからく土の中にあるべし．

On St Valentine's Day
Beans should be in clay. ［N & Q, 4 ser. 1: 361, 1868］

一方ウィルトシャー州では，3月のはじめの2日間がよいとされる．

●エンドウ PEA とソラマメは，聖デイヴィッドの日と聖チャドの日に蒔け．
天気がよくても悪くても．

Sow peas and beans on David and Chad
Whether the weather be good or bad. ［Wiltshire, 1975: 113］

ソラマメ1株を育てるには，種を4粒蒔いておかなければならない，という考え方は広く見られた．

●1粒はミヤマガラスのために，
1粒はカラスのために，
1粒は腐らせるために，
1粒は育てるために．

One for rook,
One for crow,
One to rot,
One to grow. ［ケンブリッジシャー州ウィッケン，1993年3月］

ソラマメの花の匂いは，しばしば媚薬APHRODISIACの働きをすると考えられた．

● ［1920年頃，オックスフォードシャー州では］花盛りのソラマメ畑ほど性欲をかきたてる匂いを放つ場所はない，とされていた． ［Stewart, 1987: 98］

● ［両大戦の間の時期，サフォーク州では］エンドウやソラマメは性欲をかきたてる［と信じられていた］．……また鴨の卵にも同様の催淫効果があるといわれていた．

しかし，こうした伝統的な媚薬の中でもっとも効果があるのは，ソラマメの花の匂いであった．というのもこの匂いは，男性の情欲を刺激するだけではなく，女性をもその気にさせてしまうからである．なかなか想いを遂げられないでいる若者に対してはよく，次のような知恵が授けられた．「彼女をソラマメの畑へ連れて行け．もしそこにイバラだの有刺鉄線だのがあったら，おぶってそれを越えさせてやるんだ．そうすりゃ彼女はもうお前のもんだよ」． ［Barrett, 1967: 97］

● セットフォード近くの農場で働いていたとき，われわれの宿舎の脇にあった畑にソラマメが蒔かれていたのを覚えている．そしてこれが生長して花が咲き，甘い匂いを発散させる数週間の間，毎日のように「もうじきかみさんが子を宿すIt wouldn't be long before the missus was calving」という歌が聞こえてきたものだった——ちなみにお断りしておくと，私にはこの匂いは何の効き目もなかった．この歌をうたっていたのは，サフォーク育ちの2人の若いオーナーたちだった．

［サフォーク州ウェスト・ストウ，1991年1月］

ソラマメのさやの中にある白い綿毛は，いぼWARTSの治療薬として広く用いられている．

● いぼを治すには，ソラマメのさやを開けて豆を食べたあと，さやの内側をいぼにこすりつける．そして最後に，このさやを土に埋めておく．そうすればさやが腐るまでに，いぼはなくなっているだろう．これは月明りの下で行えば，より大きな効果が得られる． ［ワイト島，ライド，1988年11月］

● われわれ子どもたちの手や足にできたいぼを取り除くために，母はソラマメのさやの内側——柔らかい綿毛が生えている——を利用した．これは1940年代から50年代にかけてのことである．

私はこの治療法のことを数年前，かかとに大きな痛みを伴ういぼができるまでは，すっかり忘れてしまっていた．このいぼを取ろうとして，市販の薬をあれこれ使ってみたが効果がなく，そんなときにふと，このソラマメのさやのことを思い出したのである．幸運にもソラマメが実っている時期だったので，日に2，3回，いぼをさやでこするようにした．すると1週間も立たないうちに，いぼは消えてしまった． ［サマーセット州チャード，1991年2月］

しかし残念ながら，この治療法は常にうまくいくとは限らないようである．

● 私はかつて，いぼを取り除くのにソラマメを使ってみるよう勧められたことがあり，実際にこれを試してみたのだが，いぼは取れなかった．私の教わった方法は，いぼをさやで1度こすって，そのさやを土に埋めるというだけのものだったので，うまくいかなくても特に驚きはしなかったが．

［ウェスト・サセックス州ワージング，1991年9月］

ほとんど記録が残されてはいないが，ソラマメを用いた次のような民間療法も行なわれていたようである．

● horse bean［ソラマメの1品種］を2，3粒，チョッキのポケットにしのばせておく——これはのどの渇きを抑える確実な方法である．［Taylor MSS, リンカーンシャー州］

● 百日咳WHOOPING COUGHを治す方法：その子を抱いて，花の咲いているソラマメの畑に入り，畦道をを行ったり来たりして，その強い匂いを吸い込ませる．

［Taylor MSS, サフォーク州スプロートン］

ドーセット州西部では：

● 昨晩ジョン・W氏が訪ねてきた．彼は咳COUGHが出るとこぼし，3月に風邪を引いたら，ソラマメの花が咲くまでは治らないといっていた．

［ドーセット州ソーンコム，1982年4月］

→豆粒BEAN

Bronchitis　気管支炎

フキタンポポCOLTSFOOT，ビロードモウズイカMULLEIN，NETTLE（イラクサ属の1種），セイヨウノコギリソウYARROWを用いて治療した．

Broom 学 *Cytisus scoparius* **エニシダ**（マメ科エニシダ属）

● 私は［サセックス州に住む］ある善良な老紳士の知遇を得たが，彼は……5月いっぱい，自宅でエニシダの緑枝を持ち込むのを厳しく禁じていた．その理由として彼は，よく次の格言を引用したものだった．

もし5月にエニシダで家の中を掃けば，
その家のあるじを掃き出してしまう．〔broomには「ほうき」の意もある．〕

If you sweep the house with broom in May,
You'll sweep the head of that house away

そして，5月のエニシダと死とを結びつける迷信は，その花にまで及んでいる．気の毒なことに長く肺病CONSUNPTIONを患い，その末期の病状にある娘さんがおり，彼女は花を見るといつも顔を輝かせていたのだが，ある朝，ベッドの上に明るい色の新鮮な春の花々をあしらった花束がベッドの上に置いてあるのを見て，ひどく不安げで悲しそうな顔をしたことがあった．そこで私が花の香りが嫌いなのかねと尋ねると，「とんでもありません」と強い調子で答えた．「とてもいい香りですわ．でもその黄色いエニシダの花だけは，捨ててくださるとありがたいですね．なぜって，5月に花の咲いたエニシダを家の中に持ち込むと，死が一緒についてくるっていいますでしょう」．［Latham, 1878: 52］

● ［1900年頃にレディングに生まれた］ヒルダは，母から「エニシダは絶対に家にもち帰らないで．それからmay［＝HAWTHORN（サンザシ属の数種）］もね」と言われたのを覚えている．彼女の母はまたこうも言っていたという．

5月にエニシダを家に持ち込むと
一家を家から掃き出してしまう．

If you bring broom into the house in May
It will sweep the family away. ［エディンバラ，1984年3月］

エニシダは，黄疸JAUNDICEとリウマチRHEUMATISMに効く民間薬としても用いられた．

● ［ノーフォーク州では］エニシダ（その花・茎・根）を煮出して漉したものを少量，黄疸の治療薬として与える． ['Folk-lore', 36: 257]

● 50年ほど前，スタッフォードシャー州タンストールの薬草商は，地元の田園地帯でエニシダの枝を集めていた．これを短く切って小分けに包み，リウマチの治療薬として販売したのである．この枝に沸騰した湯を注いで茶剤とするよう指示していたようである． [Steel MSS, 1978: 38]

プランタジネット家the Plantagenetsの家名の由来となった，プランタ・ゲニスタPLANTA GENISTAと呼ばれる植物は，一般にエニシダを指すと考えられている．

Bruises　打ち身

打ち身の治療に用いられてきた植物には，BLACK BRYONY（タムス属の1種），BUTTERCUP（キンポウゲ属の数種），COMFREY（ヒレハリソウ属の数種），セイヨウトチノキHORSE CHESTNUT，タマネギONION，ROYAL FERN（ゼンマイ属の1種），サボンソウSOAPWORT，SOLOMON'S SEAL（アマドコロ属の1種），木材WOOD，ツノゲシYELLOW HORNED POPPYなどがある．

Bruseroot

ツノゲシYELLOW HORNED POPPYの異称．

Buck's horn plantain　㊫ *Plantago coronopus*（オオバコ科**オオバコ属**の1種）

イースト・アングリア地方ではかつて，star of the earthあるいはearth starの名でも呼ばれていた．

● ［1683年頃］ニューマーケットの荒地にはStar of ye Earthが生育しており，これは狂犬に噛まれたときの治療に著しい効力を発揮する．動物であれ人であれ，糖蜜およびその他数種の薬草とともにワインに入れ煎じたものを処方する．

この植物は［サフォーク州］エルデンの近辺ではEarth Starと呼ばれ，全草をすりつぶしてバターあるいはミルクと水で捏ねたものを，狂犬に噛まれた羊に与える．治療にあたってはこれを2，3度繰り返す． [Newton MSS]

● ［昔ながらの狂犬病HYDROPHOBIAの治療薬は］buck's horn plantainであった．この植物はかつて……ウェスト・グラモーガン州のあたりにはたくさん生えていた．……その根と葉を煮出して蜂蜜で甘みをつけ，これを患者に与えた． [Trevelyan, 1909: 313]

Bull-faces / bull-fronts / bull-toppings　→ TUFTED HAIR GRASS（コメススキ属の1種）

Bullums

デヴォン州における，BLACKTHORN（サクラ属の1種）の果実の異称．

Bulrush 学 *Typha latifolia* **ガマ**（ガマ科ガマ属）

●ガマ――1967～8年頃，ハンプシャー州ウィンチェスターで，イチン川の川べりに住むアイルランド人一家の子どもが，ガマを家に持ち込んだことがあった．この女の子は同じ日に，熱湯の入ったやかんで火傷をしてしまったが，その場に居合わせた叔母（南アイルランド出身）はすぐさま，これはガマのせいだといって，ガマを細かく砕いて，家の外へ捨ててしまった．

［イースト・サセックス州ファイヴ・アッシェズ，1983年4月］

●ガマとクジャクの羽根を家に持ち込むのは不吉だ，と聞かされている．

［スタッフォードシャー州リーク，1983年8月］

Bulrushes

ウィルトシャー州における，MARSH MARIGOLD（リュウキンカ属の1種）の異称．

Bum-pipes

バンフシャー州における，セイヨウタンポポDANDELIONの異称．

Burdock 学 *Arctium* spp.（キク科**ゴボウ属**の数種）

●［コーンウォール州で］ピスキーPiskiesあるいはピクシーPixiesと呼ばれる妖精もしくは「小人」の仲間たちは，夜になると，畑のまわりで激しく子馬を乗り回したり，子馬のたてがみを編んだり，burdockのBilly Buttons［いがのついた果実のこと］をからませたりして楽しむといわれている．［Davey, 1909: 261］

●われわれエセックス州の子どもたちはよく，burdockのいがのついた実をこっそり友達の背中に投げつけて遊んだ．もしそれが背中にくっつけば，その子には恋人がおり，しばらくして落ちるようなら，好きな人はいるが片想いだというのだった．当時私はチグウェルとヘイノートの間の片田舎に住んでいたが，その20年後，同じエセックス州内のウィタムでも，私の子どもたちが同じ遊びをしていた．

［ノース・ヨークシャー州ヤフォース，1990年1月］

→GOOSEGRASS（ヤエムグラ属の1種）

burdockのいがのある果実は，イギリスの最も謎めいた慣習の1つであるBurry Man（いが男）の衣装に欠かせないものとなっている．ロージアン州のサウス・クイーンズフェリーでは毎年8月の第2金曜日――フェリー・フェアFerry Fairの前日――に，「Burry Manが町じゅうの家々を訪ねてまわり，家の主人から陽気な歓迎の言葉となにがしかの施しとを受け取る」[Hole, 1976: 39]．

●1971年にBurry Manの役を演じたのは，ジョン・ハートJohn Hartという地元の墓堀人で，彼はこの役を何年も前から続けている．前の週の夕方，近くの使われなくなった石切り場に出向いていがのある実を集めておき，その後町役場の一室で，これらのいがと茶色い紙を使い，42枚の四角いパッチをつくって扮装の準備をする．木曜日の夕方には，山高帽をクロセ編みのレースで覆い，それに70本のバラROSEと1本のダリア――この数は伝統的に決まっている――を「植えつける」．

当日は朝の7時から町役場で，助手の助けを借りて扮装する．まず作業着の上からつなぎを着用し，伝統的な黒い長靴をはく．そして頭からバラクラヴァ帽〔ウールの目出し帽〕を後ろ前にかぶり，目と鼻と口にあたる部分に穴をあける．胴回りには，助手にユニオン・ジャックを巻きつけてもらい，さらに例のパッチを体中に貼りめぐらす．また手に持って歩く2本の笏も，ユニオン・ジャックで包み，花で飾って準備しておく．仕上げに，身体の前と背中にバラの花を4つずつ取りつけ，こうして10時には町役場を出る支度が万端整うことになる．　[Sykes, 1977: 144]

身支度を終えたBurry Manはまず町長を訪問したのち町へと繰り出し，パブがあるごとに足を止めながら，町全体を巡回する．そして夕方に町役場へと戻り，集めた金を助手たちと山分けする．この慣習の起源については，はっきりしたことは何もわかっていないが，19世紀の半ば以前にさかのぼる記録は残されていないようである．イギリスの民俗を扱った一般的な書物には次のようにある．

●この風変わりな慣習の由来をめぐっては，2つの説が存在する．ひとつは，Burry Manは中部ヨーロッパの「木の葉男Little Leaf Man」やイングランドの「緑のジャック JACK-IN-THE-GREEN」と同様に，植物の生育を司る霊を擬人化した存在だとするものであり，もうひとつは，古代のスケープ・ゴートの遺物だとするものである．後者の仮説によれば，Burry Manはスケープ・ゴートの場合と同様に，地域共同体のすべての悪を一緒に運び去ってもらうために，村から追い出されたのだという．　[Anon., 1967: 92]

さらにもうひとつの仮説によれば，これは「〔スコットランド王〕マルコム3世の王妃，気高き聖マーガレット〔1045頃-1093〕のサウス・クィーンズフェリーへの上陸を記念するものである．この町の名もまた，この王妃（クイーン）に由来している」[Hole, 1976: 40]．

ジプシーは，リウマチ RHEUMATISMの予防あるいは治療にburdockを用いたという．

●葉あるいは花――もっといいのはすりつぶした種子――の煮出し汁は，リウマチの症状を和らげる．ジプシーたちの中には，リウマチの予防薬として，この種を入れた小さい袋を首から下げて歩く者もいる．　[Vesey-FitzGerald, 1944: 23]

Burnet rose　㊫ *Rosa pimpinellifolia*（バラ科**バラ属**の1種）

●ブリストル水道に浮かぶ小さな島々――スティープ・ホーム島，フラット・ホーム島，サリー島，それにバリー島――では，季節はずれのburnet roseの開花は，船の難破や災害の前兆と考えられていた．　[Trevelyan, 1909: 99]

Burns　やけど

やけどの治療に用いられてきた植物には，トチャカ CARRAGEEN，野生のセロリ CELERY，ニレ ELM，コタニワタリ HART'S TONGUE FERN，ヤネバンダイソウ HOUSELEEK，セイヨウキヅタ IVY，セイヨウバクチノキ LAUREL，地衣類 LICHENS，PENNYWORT（ウンビリクス属の1種），プリムローズ PRIMROSE，ST JOHN'S WORT（オトギリソウ属の数種）などがある．

Burra / burri-stikkels

シェットランド諸島における，HEATH RUSH（イグサ属の1種）の異称．

Butcher's broom 学 *Ruscus aculeatus* **ナギイカダ**（ユリ科ナギイカダ属）

●イングランドのいくつかの地域では，肉屋がこの植物を，肉やまな板に止まるハエを追い払うために――そしてあわよくば，その鋭いとげで刺し殺すために――使うことがあるという〔英名butcher's broomは「肉屋のほうき」の意〕．しかし［ワイト島に住む］われわれの間でのナギイカダの使い方は，もう少し穏やかなもので，クリスマスの大きなサーロイン・ステーキの傍らに，実のついた枝を添えたり，教会や家庭でクリスマスの飾りつけをするのに，他の常緑の植物とともに用いたりする程度である． [Bromfield, 1856: 509]

●［以下は1881年生まれの大おばの話を，1966年に書き留めたものである］．水腫DROPSYを治すには，ナギイカダを煮たもので患部を湿布するとよい．

[ベルファスト，1991年2月]

Butterbur 学 *Petasites hybridus*（キク科**フキ属**の1種）

●［コーンウォール州］ヴェリアンの教会墓地には，悪疫に斃れた者たちがおおぜい葬られている．彼らの墓には今後，plaguewort〔「悪疫の草」の意〕――butterburのこと――以外の植物が生えることはないだろう．

[コーンウォール州セント・アーバン，1992年2月]

●われわれは子どもの頃，butterburとCONVOLVULUS（セイヨウヒルガオ属の数種）には毒があるものとすっかり信じ込んでいて，あえてこれを摘もうとする者はいなかった．しかしbutterburが葉をつけるようになると，われわれはその葉をrat leavesと呼んでよく知っていたので，その中でも安心して遊ぶことができた．

[ランカシャー州ブラックバーン，1994年4月]

●子どもの頃，butterburのクリームをつくってもらい，これをにきびや腫物SORESに塗ったのを覚えている． [ダラム州コザーストーン，1994年4月]

Buttercup 学 *Ranunculus* spp., especially *R. repens*（キンポウゲ科**キンポウゲ属**の数種．特に**ハイキンポウゲ**）

ミッドランド地方の田園地帯では，common meadow buttercup〔*Ranunculus acris*〕がcrazyの名でも呼ばれていた：

●手に一杯のbuttercupを取って戻ってきた子どもたちを，地元の婦人は「そんないやな花は捨てておしまい」と叱りつけていた．「その花の匂いを嗅いだら，気が変になるんだから」． [N & Q, 5 ser. 5: 364, 1876]

buttercupは人を狂わせる，というこの俗信自体は過去のものとなってしまったようだが，その呼称には今なおその名残りをとどめている．

●わが家の庭の面倒を40年間，2代にわたって見てくれた庭師は，ハイキンポウゲ *Ranunculus repens*をcraziesと呼んでいた．

［グロスターシャー州ミンチンハンプトン，1991年1月］

20世紀の子どもたちの間には，buttercupを使えば，バターが好きな人かどうかを見分けることができる，という俗信が広く見られる．

● 私は1943年にリッチフィールドで生まれた．……その人がバター好きかどうかは，本人のあごの下にbuttercupを近づけて，黄色い照り返しがあらわれるか否かで見分けることができる．［ドーセット州ストラットン，1983年9月］

● その人が純金にも比すべき人間かどうか，あるいはバターが好きかどうかを知るために，buttercupをあごの下にかざす．［ハンバーサイド州ラングトフト，1985年7月］

● 86歳になる私の母は，子どもの頃，ノーサンバランド州ハイアム・フェラーズに住んでいたが，……あごの下にbuttercupをかざし，肌に照り返しが見えるか否かで，その人がバターを好むかどうかを確かめたことを覚えている．

［エセックス州ウォールサム・アビー，1991年3月］

時には，バターが豊かな金色を帯びるのは，buttercupのおかげだと考えられることもあった．

● もし牧草地にたくさんのキンポウゲ生えていれば，その土地は肥沃だと考えられる．キンポウゲは，雌牛がもたらす牛乳を芳醇にし，またその牛乳からつくるバターの色をよくする．［IFCSS MSS 375: 93, コーク州］

多くの人びとにとって，バターはなかなか手の届かない貴重品であり，その代わりに脂汁やマーガリンで我慢しなければならなかった．それゆえバターは富の象徴とされることもある．

● ［1930年代のウォリックシャー州ショッタリーで，息子の洗礼式を終えた］エルゼは［帰宅するなり］，息子のあごの下にキンポウゲをかざし，「この子は金持ちになるわよ！」といった．［Hewins, 1985: 69］

buttercupは，民間薬としても広く用いられてきたようである．

● ［コーンウォール州では，ハイキンポウゲcreeping buttercupが］時にKennel HerbまたはKenning Herbの名で呼ばれることもあった．これはこの植物から，眼の潰瘍〔ものもらい〕――この地ではKennelsあるいはKenningsと呼ばれる――を治す軟膏がつくられたためである．［Davey, 1909: 10］

● 打ち身BRUISES，腫物SORES，虫さされ，肌あれなど，皮膚に関するあらゆる悩みを解消する薬〔のつくり方〕：buttercupの花を，ワセリン1/2ポンドと一緒に平鍋に詰められるだけ詰め，45分とろ火で煮る（煮立たせないこと）．これを熱いうちにモスリン布で漉し，小さいポットに入れておく．冷めたら使用できる．

［ドーセット州ソーンコム，1986年4月］

● リウマチrheumatismの患部にbuttercup（crowfootとも呼ばれる）を当てて包帯で巻いておくと，その関節のまわりに潤いを与え，具合がよくなるとされたいた．

［メイオー州コング，1992年1月］

→タガラシ CELERY-LEAVED BUTTERCUP

Butterflies　チョウ

チョウを殺すのに，セイヨウバクチノキ LAUREL を用いることがある．

Butterwort　㊫ *Pinguicula vulgaris*（タヌキモ科**ムシトリスミレ属**の1種）

インナー・ヘブリディーズ諸島のコロンゼー島では，butterwortは：

●ハリエニシダ WHIN やセイヨウネズ JUNIPER とともに，魔女 WITCHES の呪力から身を守ってくれるとの俗信があり，またこれを食べた雌牛は，さまざまなごたごたを引き起こす「妖精の矢」や超自然的な災いから守られているともされた．噂によるとマクリンズでは，ある家に生まれたばかりの赤ん坊がすり替えられないように見張っていた婦人たち——妖精 FAIRIES は健康でかわいい赤ん坊を欲しがっており，隙あらばこれをさらって，代わりに弱って覇気のない子を置いていこうとして機をうかがっていると考えられていた——の耳に，妖精が2人，窓のそばまで寄ってきて，次のような会話を交わすのが聞こえてきたという．「あの赤ん坊を連れていこう」と一方の妖精．しかし「いや，駄目だ．それはできない」と相棒．「この子の母親は，butterwortを食べた雌牛の牛乳でつくったバターを口にしていたからな」．　[McNeil, 1910: 105]

他にbutterwortは，初期キリスト教時代の宣教師と結びつけられることもある．

●私は，ソーエー島（スカイ島の近くに浮かぶ小島）に住むおばから聞かされた言い伝えのことをよく憶えている．後になって私はこの話の出所が，ジョン・マクレーJohn Macraeという島の語り部であることをつきとめた．1840年代（頃だったと思う）に，かつて帆船の船乗りや漁師を生業としていた，この語り部の甥にあたる男が，ジョンから聞いたこの地に伝わる物語をたくさん話してくれたからである．……この伝承は，島の泥炭質の荒地にヒースにまじって咲く，小さな花——お恥ずかしいことに，花の名は知らないのだが——にまつわるものである．それによれば，この花が生えているところはすべて，かつて聖モールルーダ ST MOALRUDHA がその杖で地面に触れた場所なのだという．おそらくこの話は，聖モールルーダが残した足跡の広さ，大きさを示そうとするものだろう．実際のところ，この聖人の宣教先はきわめて広範囲にわたっている．

　また北アイルランドの著名な地質学者，チャールズワース Chalesworth 教授から聞いた話では，教授の若い頃，アントリム州ではこの花がSt Patrick's spitないしはSt Patrick's staff（「聖パトリックの串」ないしは「～杖」の意）の名で呼ばれており，それに関連して，聖パトリック ST PATRICK にまつわる次のような伝承が知られていたという．あるとき聖パトリックは，沼地を渡っているあいだに杖をなくしてしまい，代わりになるような木を見つけることもできなかった．そんなとき聖人はこの植物を見つけ，茎が長くて丈夫なのを見て，杖として使うことにした．すると先端（ちょうど杖のように曲がっている）に咲いた花は決してしおれることがなく，またこの「杖」が触れたところからは，新たにこの花が生えたという．この植物は，まっすぐに伸びた茎の先端に小さな花をつける．目立った特徴は，葉が地面に沿って平たく放射状に伸び広がることである．

［ウィルトシャー州ソールズベリー，1985年11月］

よく似た環境下に自生するBOG ASPHODEL（キンコウカ属の1種）やSUNDEW（モウセンゴケ属の数種）などと同様に，butterwortは羊や牛の病気の原因になると考えられており，このためイギリス北部では，rot-grassあるいはsheep-rotなどの名で呼ばれることもあった［Grigson, 1987: 312］．

butterwortはまた，チーズ製造の際に〔凝乳酵素として〕用いるレンネットRENNETの代用品として広く使われており，〔スコットランド南部の〕ラナークシャー州では，earning grassの名でも呼ばれることがあった．

● ［ノース・カントリー〔イングランド北部の諸州〕では，チーズのレンネットのことをearningと呼ぶが］動詞earnには元来「牛乳を凝結させる」という意味がある．この植物がこう呼ばれるのは，まさにこうした特性を有しているからである．

［Britten and Holland, 1886: 163］

C

Cabbage 学 *Brassica oleracea* var. *capitata* **キャベツ**（アブラナ科アブラナ属）

アイルランドでは広い範囲で，キャベツがハロウィーンHALLOWE'ENの恋占いlove DIVINATIONに用いられてきた．

●ハロウィーンの夜には，男の子も女の子もキャベツ畑に行って，それぞれが最初に行きあたったキャベツを引き抜く．そうすることによって未来を占うのである．すなわち，引き抜いたキャベツに少し土がついていれば，その男の子は将来裕福な妻をもち，同様に，茎が長いキャベツなら背の高い妻，短ければ小柄な妻，茎が曲がっていれば心の曲がった妻をもつことになる，などと占うわけである．この夜，キャベツ畑の持ち主は一晩中寝ずの番をしなければならないこともしばしばで，さもないとキャベツは全滅の憂き目にあってしまう．

[IFCSS MSS 812: 155, オファリー州]

●［ダウン州の］少女たちは，目隠しをして2人ずつペアになり，手に手をとって庭あるいは畑へ出かけて，最初に出くわしたキャベツを引き抜いてくるように教えられたものだった．そのキャベツの大きさや形——大きいか小さいか，まっすぐか曲がっているか——で，未来の配偶者の容姿や背丈がわかるから，というのである．また，もし根に土がたくさんついていれば裕福，ほんの少ししかついていなければ貧乏だといい，custoc（芯）の味が甘いか苦いかによって，未来の花婿の性格や気質がわかるともされた．さらに一番最後には，runt（茎）を戸口につるし，それぞれに数字とボーイ・フレンドの名を割り当てる．例えば，3番目のruntはバーニー，というようにである．そしてもしその晩，その家に3番目に入ったのが本当にバーニーだったら，それは吉兆と考えられた． [Pollock, 1960: 62]

イングランドでは：

●私の愛はキャベツのように
しばしば2つに裂かれています，
葉は他の人に，
でも芯（ハート）はあなたに捧げます．

My love is like a cabbage
Often cut in two,
The leaves I give to others,
The heart I give to you

といった詩を，ヴァレンタイン・カードや女子生徒のサイン帳などにしばしば見かける．シェットランド諸島では：

●ハロウィーンには，根のついたキャベツが丸ごと，開いた窓や煙突から投げ込まれた．これは一般には好意的に受け止められていたが，わが家に誇りを感じている主婦の中には，面白からず思っている人もいたかもしれない．

［シェットランド州ラーウィック，1994年3月］

キャベツがよく育つように，伝統的にさまざまな方法が試されてきた．

●キャベツは常に新月の日〔→月 MOON〕またはその翌日に植えられた．また害虫を寄せつけないよう，畝にセージ SAGE または THYME（イブキジャコウソウ属の数種）を植えたものだった．［デヴォン州バーンスタプル，1991年5月］

●植えつけ用の穴の底に薄く切ったルバーブ RHUBARB の小片を置いておくと，アブラナ属植物のこぶ病の予防になる．（これは本当に効く！）

［ウェスト・サセックス州ホーステッド・キーンズ，1991年2月］

キャベツはまた民間薬としても用いられてきた．

●解熱：キャベツの葉を温め，足の裏に貼りつける．

［IFCSS MSS 880: 331, ウェクスフォード州］

●［ジプシーたちは］脚が腫れると，そこにキャベツの葉を巻きつける．……知り合いの年配の女性も，膝が腫れたときにキャベツの葉をまわりに巻きつけていて，後になって聞くと，これはとてもよく効いたと言っていた．つい昨年の話である．

［UCL EFS MSS M3, ケンブリッジ州ホークストン，1963年10月］

●［〔アイルランドの〕カヴァン州からリートリム州にかけての地域では］脈瘤性の潰瘍 ULCERS および潰瘍全般の治療に，新鮮な牛の糞が用いられた．また，新鮮な緑色をしたキャベツの葉を使うこともあり，こちらの方がより一般的な治療法であった．

［Logan, 1965: 52］

●キャベツ（kell と呼ばれていた）：キャベツの葉（kell bled）を温めて化膿した傷にあてると，膿や異物——たとえばとげなど——を吸い出すのにとても効果がある．

［シェットランド州ラーウィック，1994年3月］

●第二次世界大戦の直後，まだ子どもだった私は，ある密猟者と一緒に田舎を歩きまわった．この私の旧友は，二日酔いをなおすのに，きまって「キャベツ水」を飲んでいた．また風邪 COLDS や流感で頭痛 HEADACHE がひどいときには，キャベツの葉をちぎってそれをしがんだものだったが，これはこの地方で比較的よく行なわれている方法でもあった．［デヴォン州バーンスタプル，1991年5月］

アイルランド・フォークロア協会 Irish Folklore Commission が1937年から38年にかけて行なった学童フォークロア調査 Schools' Folklore Scheme には，しばしば次のような「なぞなぞ」が寄せられている．

●縫い目をつくらずにつぎ布の上につぎ布を重ねるものなあに？　この謎を解い

たら，半ズボンを1着買ってあげよう．——答えはキャベツ．

［IFCSS 500: 90, リマリック州］

19世紀には，キャベツの野生種（wild cabbageまたはsea cabbage〔*B. oleracea*〕と呼ばれた）が食用として採集されたこともあった．

●葉は生のままではとても苦いけれども，繰り返し洗えば食べられるようになるし，また海辺の町ではしばしば煮て食べていた．ドーヴァーでは，少年たちが崖から集めてきて売り歩いていた．［Pratt, 1857, 1: 21］

ジャージー島では19世紀から20世紀のはじめにかけて，茎の長さが20フィートにもなることで有名な，巨大なキャベツが広く栽培されており，その葉をちぎっては，牛に与えていた．また生長点が開花の兆しを見せると，葉をすべて刈り取ってしまい，食用に供したり家畜の餌にしたりしたが，木質の茎は食用に適さないので，主にステッキとして利用された．このステッキの生産者として有名だったのはヘンリー・チャールズ・ギーHenry Charles Gee氏で，1870年代から1928年まで，サンテリエにあった自分の店でこれを販売していた．ヴィクトリア朝時代の後期には，ギー氏は，年間500本から600本のステッキを売り上げたが，彼の娘が商売のあとを継いだ1930年代後半までには，1年にわずか150本ほどになってしまった．ワード・ロックWard Lockのチャネル諸島ガイド（第6版，1907年頃刊）が伝えるところによれば，「この［キャベツの］ステッキを求める旅行客の熱気を称して，〈ジャージー熱Jersey fever〉なるユーモラスな語まで生まれており，行楽客のほとんどが，思わず手を出してしまう」．ジャージー島では少なくとも1969年までは，この巨大なキャベツの栽培風景を見ることができたようである［Parker and Stevens Cox, 1974］．

Cactus　サボテン

●1964年から1966年にかけて，どの種であれサボテンを家の中に持ち込むのは不吉であるとする俗信の類が，ケンブリッジで2例，グランチェスターで1例，計3例報告されている．情報提供者の1人である女性は，この植物は「非常に不吉」なので，自分は絶対に欲しくないし，誰かにあげたりするつもりもない，とも語っている．［Porter, 1969: 43］

●［コーンウォール州では］サボテンのとげが成長するにつれて，人の苦労もまた大きくなる，と言われた．［Deane and Shaw, 1975: 135］

●ハンガリーでは，サボテンを家の中に置くのは不吉だとされている．同国からイングランドへ移住してきたおばは一時，サボテンを集めていたことがあり，妹が訪ねてきてこれを見て恐がったときも，サボテンが不吉だなんて，ハンガリーの迷信にすぎないわよ，と諭していた．ところがこの妹さんは，イギリスから帰って数週間後に急逝された．この訃報を聞いたおばは，サボテンを全部捨ててしまい，今では絶対に家に入れようとはしない．

［ロンドン，ゴルダーズ・グリーン，1882年5月］

水分がほとんどない気候条件に適応しているので，栽培下のサボテンについては，しばしば過剰灌水が問題になる．

●月名のスペルにRの文字が含まれる9月（September）になったら，サボテンの水やりは中止すべきである．サボテンには，月名のスペルにRの文字が含まれている間〔9月～4月〕は，灌水を行なってはならない．これを実行したので，今年はサボテンがよく花をつけた．これはとても有効で実用的なルールである．

［ロンドン，バロンズ・コート，1985年8月］

●クリスマスの朝，幸運を祈って，皆でサボテンに水をやる．

［SLF MSS，シェフィールド，1970年1月］

Calvary clover 学 *Medicago intertexta*（マメ科**ウマゴヤシ属**の1種）

●ロンドンのウェスト・スミスフィールドにあるセント・バーソロミュー・ザ・グレートSt Bartholomew the Great教会ではここ数年，修復費用捻出のために四旬節の期間中，Calvery cloverという3つ葉の植物のさやを1つ6ペンスで販売し，これまでに総額120ポンドを集めている．この植物はさまざまな意味で興味深い．各小葉の基部には大きなしみがあって新しい血痕を連想させるが，これは植物の生長につれて次第に薄れていく〔英名のCalvaryは，後述にもあるようにキリストが磔刑に処されたカルワリアの丘のこと〕．またそのさやは螺旋状に巻いて球状になっており，その際，縁に生えているとげも巻き込まれて絡みあっているが，このよじれをほどく（簡単にほぐれる）と，茨で編んだ冠にきわめてよく似た形になる．この種は聖金曜日GOOD FRIDAYに蒔くのがならわしになっているようである．

［N & Q, 8 ser. 12: 26, 1897］

●一般にクローバーCLOVERと呼ばれているものの中には葉に赤い斑点をもつ種があり，これはキリストが，カルワリアの丘〔ゴルゴタの丘の別名〕で十字架にかけられたときに流した血に由来するといわれる．乾燥したさやを伸ばして円形にすると，小さな茨の冠のような形になる．また3枚の小葉をもつ葉は，言うまでもなく聖三位一体を象徴している． ［Chope, 1931: 124］

Campion 学 *Silene* spp.（ナデシコ科**マンテマ属**の数種）

●赤や白の花をつけるcampionを，その花の形からの連想で私はいつも「プディングの袋pudding bag」と呼んでいた．付近一帯の家庭で食卓に供される，袋に入れてゆでられたプディングに形が似ていたからである．これはスエット（牛脂）を混ぜてつくるダンプリングやプディングで，農場で働く人びとはこれを常食としていた．また「ベッドフォードシャーのしくじりBedfordshire clanger」と呼ばれていたプディングもあり，これは，スエットを混ぜ込んだパン生地を使い，肉とジャムとをこの生地で仕切り，混じりあわないようにして包み込んだものであった．

［ベッドフォードシャー州フェルマシャム，1993年3月］

→RED CAMPION/SEA CAMPION（ともにマンテマ属の1種）

Cancer　癌

癌の治療に用いられてきた植物には，スミレ VIOLET やヨーロッパイチイ YEW などがある．

Cannabis　→アサ HEMP

Caper spurge　㊫ *Euphorbia lathyris*　**ホルトソウ**（トウダイグサ科トウダイグサ属）

●この植物はモグラをよせつけないという説もあるが，これはわが家の庭では効果があったためしがない．……この植物が1株庭園にあれば，魔女 WITCHES から守ってもらえるというので，ジャージー島の人びとはこれを herbe d'chorchi（教会の草）と呼んでいた．[Le Sueur, 1984: 74]

Carl doddies

スコットランドにおけるヘラオオバコ RIBWORT PLANTAIN の異称．また，curly doddie と同じく「シェトランド諸島における，野生のランの総称」[Tait, 1947: 74]．

Carling Sunday　豆の主日

ノース・カントリー〔イングランドの北部諸州〕における，受難の主日 PASSION SUNDAY の異称．この地方には，この日にエンドウ PEA を食べるならわしがある〔carling はこの豆の異称．詳しくはエンドウの項を参照のこと〕．

Carnation　㊫ *Dianthus caryophyllus*　**カーネーション**（ナデシコ科ナデシコ属）

アメリカ合衆国では，カーネーションは母の日 MOTHER'S DAY（母親訪問日 MOTHERING SUNDAY の項も参照）と結びつけられている．

Carrageen　㊫ *Chondrus crispus*　**トチャカ**（藻類，スギノリ科ツノマタ属）

Irish moss の名でも知られている．

●ヘブリディーズ諸島の主婦たちは現在でもなお，おいしいミルク・ゼリーをつくるのにトチャカを用いている．このゼリーは風味豊かで，心地よい海の香りがする．[Newton, 1951: 106]

●トチャカは，やけど BURNS の治療に用いることがある．[IFCSS 213: 93, リートリム州]

トチャカの英名 carrageen は，アイルランドのウォーターフォードの近くにある，小さな海辺の町 Carragheen に由来するという説明が広く行なわれているが，これは誤りで，こうした名をもつ町は実在しない [Mitchell and Guiry, 1983]．

Carrot　㊫ *Daucus carota*　**ニンジン**（セリ科ニンジン属）

ヘブリディーズ諸島では：

●この日［ミカエル祭 MICHAELMAS〔＝9月29日〕］に男性の来客があると，家の娘はこの客人に野生のニンジンを手渡すことになっている．キャンベル Campbell さんという老婦人はこれについて次のように話してくれた．「ミカエル祭に先立つ1週間のあいだじゅう，私たちはせっせと野生のニンジンを集め，それを砂地に隠しておきました．ミカエル祭がやってくると，私たち女の子はそれを取ってきて料理して食べ，ダンスをしたり，歌をうたったりして楽しい1日を過ごしました．男の子たちにはまた別の楽しみがあり，彼らは，私たちの隠したニンジンを見つけて盗み出そうとはりきっていました．私たちはいつも，ニンジンを持ち帰るときに最初に出会った人と，家に帰りついてから最初に顔を合わせた人に，このニンジンをいくらか渡さなければならないことになっていました」．

[Goodrich-Freer, 1902: 45]

ジャマイカから移住し，現在ブリストルに住んでいるある女性によると：

● BEETROOT（ビートの栽培品種）とニンジンのジュースは，とても身体によい飲み物である．これは下痢 DIARRHOEA を予防する．[Francis, 1988: 95]

Catarrh　カタル

カタルの治療に用いられてきた植物には，EYEBRIGHT（コゴメグサ属の数種）や ST JOHN'S WORT（オトギリソウ属の数種）などがある．

Cedar　㊫ *Cedrus libani*　**レバノンスギ**（マツ科ヒマラヤスギ属）

● ダービーシャー州のブレットビー・パーク Bretby Park には，イングランド最古の――あるいは少なくともそれに近い――レバノンスギの古木がそびえ立っている．……これは1676年の2月に植えられたものである．……現在では大枝の大半が失われ，ごくわずかを残すのみとなっている．大枝が落ちた傷跡はすべて鉛で注意深くシールされ，残った枝はひとつひとつ鎖で支えられている．

この木の大枝は，〔木を所有する〕一家の誰かが亡くなるたびに落ちるという言い伝えがある．この一家の歴史は痛ましいものであった．最後の伯爵は，旅行から戻るとすぐに，若くして，子をもうけることもないままに世を去った．伯爵の妹はカーナーヴォン Carnavon 卿に嫁していたが，彼女の死もまた，長く記憶に留められることになるだろう．こうして最近また相次いで大枝が落ちたために，この老木は見るも哀れな姿となったわけである――堂々とそびえ立つ幹は裸同然のありさまで，頂部に人為的に支えられた枝がわずかばかり残されているにすぎない．[Evershed, 1877: 40]

● ダービーシャー州のブレットビーにあるレバノンスギは，木のどの部分も崩れ落ちることがないように，主な枝が鎖で支えられている．この木は一時期，カーナーヴォン Caernavon 伯爵家［綴りは原文ママ］の所有に帰していたことがあり，またこの木には，大枝が落ちると一家の誰かが死ぬという言い伝えがあった．そして，この木の大枝が最後に落ちたのは，〔第5代〕カーナーヴォン伯が〔H・カーター Carter に同行して〕ツタンカーメンの墓を発見した後，現地で急死したときのこと〔1923年〕であったという．[Wilks, 1972: 133]

→予言の木 PROFETIC TREES

Celandine　㊫ *Ranunculus ficaria*（キンポウゲ科**キンポウゲ属**の1種）

pilewort（痔疾の草）と呼ばれることもある．

● この一帯では，種蒔きをするのは，Llygad Elrill すなわち celandine の花が咲く頃がよいとされていた．これは4月のはじめ頃にあたる．

〔グウィネズ州ラニュークリン，1991年4月〕

W・ターナーWilliam Turnerはその著書『薬草名Names of Herbes』(1548) の中で，celandineにfygwurtの名をあてているが，このfyg (fig) もやはり「痔疾PILES」を意味する古語である．時代が下ると，上述のようにpilewortと呼ばれるようになったわけだが，これはその塊根の形が痔を連想させるためで，したがって外徴説DOCTRINE OF SIGNATURESに基づき，celandineは痔疾の治療に用いられることもあった．

●［ガーンジー島では］新鮮なラードを煮立たせ，それをこの花で漉すことによって痔の薬をつくる． 〔Marqund, 1906: 45〕

●［コロンゼー島では，celandineの］根が現在でもなお，痔疾や魚の目CORNSなどの治療に用いられる． 〔McNeil, 1910: 96〕

●pilewort〔＝celandine〕は……田舎ではしばしば痔疾の治療薬として用いられており，この俗称もまたそれに由来している．ジプシーたちもやはり痔の薬としてこれを常用している（複数のジプシーたちから，小枝を1，2本ポケットにしのばせておくだけで完全に治すことができる，という話を聞いたことがある）．軟膏として使用するほか，煮出し汁を1日に4回服用するのも効果的だという．

〔Vesey-FitzGerald, 1944: 27〕

●皮膚の洗浄液：celandineの葉を1つかみ，半リットルほどの煮立たせた湯の中に入れ，ろ過して冷ます．この液をリント布につけて顔に塗ると，皮膚を引きしめて毛穴をふさぎ，しわをとる効果がある． 〔ハンバーサイド州ドリフィールド，1985年7月〕

Celery 学 *Apium graveolens* **セロリ**（セリ科オランダミツバ属）

●リウマチRHEUMATISMにかかったときは，セロリの種子を煎じて飲むとよい．

〔IFCSS MSS 919: 10, ウィックロー州〕

●最近，父の旧友に逢う機会があったが，父が泌尿器系の病気を患っている旨を伝えたところ，彼は「とてもよく効くから」といって，煮たセロリをたっぷり食べるようすすめなさい，と教えてくれた．

〔SLF MSS, ハンバーサイド州ウェスト・バタウィック，1970年3月〕

●あらゆる腫物SORESに効く軟膏：セロリの緑の葉を，家庭にある固形ラードで炒め（塩を入れないよう注意すること），これを裏漉ししたものを壺に入れておき，さまざまな用途に用いる． 〔Taylor MSS, ノーフォーク州ノリッジ〕

●野生のセロリもまた，やけどBURNSの治療に効果があることが知られている．〔デヴォン州〕エクセターのある紳士は，第一次世界大戦の直後に，次のような治療の例を目のあたりにしている．その頃，当時15歳であった彼の妹が後頭部と肩にやけどを負ったが，あまりにひどいので地元の医者も匙を投げてしまった．すると近くに住んでいたある年老いた薬草家がこれを聞き，自分がなんとかしようと声をかけてくれた．彼は野生のセロリを集めてきて煮え湯をくぐらせると，患部をまずその煮汁に浸し，その後セロリで湿布をした．この処置は見事に効を奏したが，聞くところによるとこれは乳房の炎症にも効くという． [Lafonte, 1984: 83]

Celery-leaved buttercup 学 *Ranunculus sceleratus* **タガラシ**（キンポウゲ科キンポウゲ属）

●この植物は全草に，非常に強い刺激成分を含んでいる．すりつぶしたものを身体のどこかに塗ると，数時間のうちにそこには水膨れができる．各地を放浪する乞食たちが，同情を引くために，この植物を使ってわざと腫物SORESをつくることも知られている． [Lightfoot, 1777: 291]

●この植物は全草に著しい腐食性があり，乞食たちはこの植物を使って足に潰瘍ULCERSをつくり，これを見世物にして人びとの同情心をかきたてようとする． [McNeill, 1910: 95]

Centaury 学 *Centaurium* spp.（リンドウ科**ケンタウリウム属**の数種）

●［スコットランドではGENTIAN〔リンドウ属およびチシマリンドウ属の数種を指すこともある〕の名でも呼ばれ］，マリー湾の海岸べりでは，これを煎じたものを強壮剤として飲む． [Britten and Holland, 1886: 202]

●子どもの頃［1915年頃］，メリオネスシャー州のトーウィンで，休日になると老婆が砂丘でcentauryを集めて大きな束をつくっているのを見かけた．これは「強壮剤」にするということだった． ［オックスフォードシャー州チャールベリー，1991年2月］

●common centaury（*Centaurium erythraea*）の葉と花の煮出し汁は，「鎮静剤」として用いられた． ［シリー諸島，セント・メリーズ島，1992年9月］

Chamomile 学 *Chamaemelum nobile* **ローマカミツレ**（キク科ローマカミツレ属）

●ローマカミツレの根には，歯の痛みTOOTHACHEを抑える効能がある．痛む歯に直接あてるとよい． [IFCSS MSS 1128: 26, コーク州]

●ローマカミツレの花を乾燥させたものをとろ火で煮て，洗髪の仕上げに使うリンスに混ぜておくと，ブロンドの髪にすばらしい輝きが出る．これはまた神経痛NEURALGIAの薬として飲用することもあった． ［ウェスト・ミッドランズ，クィントン，1993年4月19日］

Change-of-the-weather

サマーセット州における，ルリハコベSCARLET PIMPERNELの異称．

Charcoal 木炭

ALDER BUCKTHORN（フラングラ属の1種）からは，上質の木炭を得ることができる．

Charles II, King チャールズ2世

〔1651年，ウースターの戦いに敗れた〕国王チャールズ2世は，シュロップシャー州ボスカベルで，オークOAKの木に隠れて難を逃れたとされる．

Charlock 学 *Sinapis arvensis*（アブラナ科**シナピス属**）

アイルランド・ゲール語では，praiseachあるいはprushiaと呼ばれる．今日では有害な雑草として知られているが，かつては食糧難の折に食用とされることもあった．1757

年，フィリップ・スケルトンPhilip Skelton師は：

●自らの司牧下にある貧しい人びとの実情を知るために［ドネガル州の］田舎を訪ねてまわったが，……そこで彼は多くの悲しむべき場面を目にすることになった．……ある小屋で，皆がゆがいたprushiaだけで朝食を済ませているを見て，この粗末な食べ物を味見してみたが，吐き気を催すようなひどい味がした．しかし翌朝彼は，貧しい人たちと同じものを食べて苦しみをともにしようと，自分の朝食もprushiaを集めて調理したものにしてくれと申し出た．そしてこの食事を一両日ほど続けたが，胃がそれを受けつけなくなってしまったので，すぐさま意を決して，この地の人びとに与えるオートミールを買うべく，バリシャノンの町へと出かけていった． ［Burdy, 1792: 122］

19世紀初頭のキルケニー州でも，春先になると，貧しい人びとの食卓にはしばしば「charlockすなわち*Sinapis arvensis*と，なにがしかの他の雑草」といった粗末なものが並ぶことになったとの報告がある［Tighe, 1802: 483］．20世紀に入っても，飢饉の折には：

●食用になるpresha［＝praiseach］を手に入れるために，何マイルも歩きまわった．この植物は夏になると黄色い花をつけるが，人びとはよく，これを大量に集めて煮たものだった． ［IFCSS MSS 1112: 19, ドネガル州］

こうした記録からも，アイルランドではcharlockの葉が食用とされていたことがわかる．一方スコットランドでは，食糧難に見舞われると，その種子を食用としていたらしく，たとえば1884年に書かれたある記録には次のようにある．

●1年のうち約3ヵ月は，備えの穀物が尽きてしまい……wild mustardすなわちcharlockの種子でパンをつくり，これを食用にした．このパンは「reuthieパン」と呼ばれていた――reuthというのは，オークニー諸島におけるこの種子の呼び名である． ［Drury, 1984: 49］

こうしてみると，食用となる野生植物を紹介する最近の書物が，charlockについてはほとんど言及していないのは奇異なことというべきだろう．R・メイビーRichard Mabeyの『無料の食物Food for Free』（1972）でも，charlockは見出し語として立てられてはおらず，ただ「コハコベCHICKWEED」の項の中で，早春のサラダの「かさ上げ」にこの植物が使えることに触れているだけである．

Cheese rennet

LADY'S BEDSTRAW（ヤエムグラ属の1種）に対して広く用いられている異称．

Cheeses

ウスベニアオイMALLOWの果実に対して広く用いられている異称．

Chequers

ケント州およびサセックス州における，WILD SERVICE TREE（ナナカマド属の1種）の果実の異称．

Cherry 学 *Prunus* spp.（バラ科**サクラ属**の数種）

●母はよく，サクランボの柄を煎じたものは膀胱炎の特効薬だといっていた．私は両大戦の間に，ロンドンの薬局まで買いにやらされたことを覚えている．

［ロンドン，W1からの投書，'Country Life'誌，1971年12月30日号］

イングランドの古い祝歌（キャロル）の中には，cherryが重要な役割を演じているものがある．これは，養父ヨセフ——伝統的に妻よりもずっと年上だとされる——が，妻が身ごもったのを知ったときのことを歌ったものである．それによれば，2人でcherryの果樹園の中を歩いていたときのこと，マリアからサクランボを1つ取ってくれるよう頼まれたヨセフは「いかにも非難がましく」こういった．「おまえに子を授けた人に取ってもらうがいい」．するとキリストは母の胎内からcherryの木に声をかけ，母がサクランボを取りやすいように，枝を低く下げてくれと頼む．cherryの木は従順にこの言葉に従い，それを見たヨセフは悔い改めた，というのである［Keyte and Parrott, 1992: 440］．

日本のサクラ（ヤマザクラ *Prunus serrulata*）——郊外の庭園などに広く見られ，華やかに花を咲かせる——は，1945年に広島および長崎に投下された原爆の犠牲となった，何千もの人びとを偲ぶシンボルとなっている．この原爆記念日（8月6日および9日）には，サクラの木の植樹が行なわれたり，すでに植えられたサクラの木を囲んで追悼集会が催されたりする［編著者自身による観察報告，ロンドン，ストレタム，1984年8月5日］．

→エゾノウワミズザクラ BIRD CHERRY／セイヨウミザクラ WILD CHERRY．また，サクランボの核を使った数え歌については→果実の核 FRUIT STONES．

Cherry laurel →セイヨウバクチノキ LAUREL

Chestnut 学 *Castanea sativa* **ヨーロッパグリ**（ブナ科クリ属）

●栗の実を粉末にしたものは痔疾 PILES に効く．ジプシーの中には，痔の予防に，栗の実を入れた小さな袋を首からかけている者もある．ただしこの袋は，絶対に絹でつくってはならないとされている．［Vesey-FitzGerald, 1944: 23］

●［戦時中のサセックス州で］私のいとこはある婦人から，彼女が面倒を見ている他の学童たちと一緒に，甘いクリの葉を集めてきてほしいと頼まれたことがある．集めてきてくれた皆に咳 COUGHS の薬をつくってあげるから，といわれたのだという．［ウィルトシャー州メルクシャム，1990年4月］

→セイヨウトチノキ HORSE CHESTNUT

Chickweed 学 *Stellaria media* **コハコベ**（ナデシコ科ハコベ属）

●arvi（＝コハコベ）は，土質さえよければどこにでも生育するとされている．

［シェットランド州ラーウィック，1994年3月］

コハコベを用いてつくる伝統的な民間薬には次のようなものがある．

●［イングランド北東部では］ハチによる刺し傷 STINGS の腫れを和らげるために，この草を患部に生のままであてる．この方法はよく用いられる．［Johnson, 1853: 43］

●［オークニー諸島では］葉をすりつぶしたものを，炎症を起こした患部に湿布す

る.　[Spence, 1914: 100]

●腕や脚の痛み：コハコベを煮て，その煮出し汁を痛みのある部分にすり込む.　[IFCSS MSS 790: 161, ダブリン州]

●コハコベの軟膏は，しもやけCHILBLAINS，発疹RASHES，リウマチRHEUMATISM，および関節の不調を治療するのに用いることができる．水洗いしたコハコベ半ポンドにラードを半ポンド加え，とろ火で2時間煮たものをモスリン布で漉し，これを壺に入れて保存する．　[インバーネスシャー州ボート・オブ・ガーテン，1991年11月]

食用になる野生植物を紹介した近年の書物にも，コハコベが取りあげられている.

●コハコベは，園芸家たちの間ではたいそう――セイヨウヒルガオBINDWEEDに次ぐくらいに――憎まれている雑草ではあるが，あらゆる食用野草のうちでも，最も柔らかくておいしいものの1つである.　[Mabey, 1972: 92]

Chicory　㊫ *Cichorium intybus*　**チコリー**，キクニガナ（キク科キクニガナ属の1種）

ジプシーたちは，チコリーの根を煎じたものを黄疸JAUNDICEの治療に用いた.

[Vesey-FitzGerald, 1944: 23]

Chilblains　しもやけ

しもやけの治療に用いられてきた植物には，リンゴAPPLE，BEETROOT（ビートの栽培品種），BITTERSWEET（ナス属の1種），BLACK BRYONY（タムス属の1種），コハコベCHICKWEED，セイヨウヒイラギHOLLY，タマネギONION，ジャガイモPOTATOなどがある.

Childbirth　出産

出産時の陣痛を和らげるのに，漂着種子SEA BEANSが用いられることもあった.

Children's pastimes　子どもの遊び

ヒナギクDAISYの鎖をつくる，ヘラオオバコRIBWORT PLANTAINの花序で遊ぶといった伝統的なもののほかにも，子どもたちは創意工夫によって，植物を使ったさまざまな遊びを新たに考案している.

●以下にあげる遊びのほとんどは，私が小学生の頃にやっていたものである．手のこんだ玩具やコンピューター・ゲームになじんだ現代の子どもたちは，こんなふうに遊べといわれてもとまどうばかりだろうし，親たちもまた，危ないからと気が気でないことだろう．しかしわれわれが子どもの頃は，その時代でも屋内で遊ぶ玩具はいろいろとあったのだが，それらを家にうっちゃったまま，戸外で長い時間を過ごしていたように思う．私が住んでいたのは小さな町［＝ウィンチェスター］のはずれで，かなり控えめな家でも大きな庭があったし，通りをうろついていて，何かと遊びの種を見つけることも多かった.

ヒルガオ属の1種［＝LARGE BINDWEED］：つりがね状の花に口をあてて息を吹き込むと，花が破裂する．どうということはないのだが，何となく面白かった.

オオバコ属の植物（葉の細いもの［例えばヘラオオバコRIBWORT PLANTAINなど］）：「ミサイル遊び」に使った．花序の付け根に輪をつくり，そのすぐ下をもって茎を勢いよく引くと，花序の部分が飛んでゆく．条件にあった茎を選ぶのがコツだった．

hardheads（KNAPWEED〔ヤグルマギク属の1種〕の蕾）：やはり「ミサイル遊び」に使った．ただしこちらはただ投げるだけだった．

セイヨウハシバミ HAZEL：弓矢をつくるのに使った．

ハナビシソウ［＝Californian poppy］：「帽子」を脱がせて遊んだ――花を萼と一緒に摘むのである．

ヒマワリ［＝*Helianthus annuus*］：茎を豆鉄砲に用いた．［ロンドン，リー，1993年4月］

●花や植物は，子どもたちの遊びや気晴らしに欠かすことのできないものであった．小さな女の子たちは，摘んだ花々を使って，ままごと遊びに必要な材料を調えた．たとえば，ヒナギク DAISYの小花は米やココナッツになったし，スイバ SORRELの種子をガラス瓶にぎっしりと詰めて少し水を加えると，ジャムそっくりに見えた．PINEAPPLE WEED（シカギク属の1種）の頭花は，人形遊びの「午後のお茶（アフタヌーン・ティー）」に出す，すてきなカップケーキになった．

そうしたままごと遊びの中でいちばん役に立ったのは，おそらく DOCK（ギシギシ属の数種）であろう．その種子はさまざまな形をしており，そのふくらみに応じて砂糖，豆，穀粒など，さらには荒塩としても使うことができた．茎はたいていルバーブ RHUBARBに見立てられ，葉もまたさまざまな使われ方をしたが，最も多かったのはおそらくにしんの燻製で，次いで他の魚の切り身や薄切りのベーコン，といったところであった．花はまた，もっと手の込んだ「工芸品」に仕立てられることもあった．ヒナギクの鎖や，さまざまな花を編み込んだネックレス，押し花のコレクションなどがそれで，押し花は絵画さながらに額縁に入れて飾ることもあった．

花はこのように主として女の子の遊びに用いられ，男の子たちが使うこともあるが，その場合にはもっと「好戦的」な使い方になる．たとえば，花芯の固い花はすべて，パチンコの弾として利用することができる．

［シェットランド州ラーウィック，1994年3月］

Chimney-sweeps / chimneysweepers

WOOD RUSH（スズメノヤリ属の1種）の異称．

Chinese New Year celebrations　中国式の新年祝い

中国式に新年を祝う際に用いられる植物には，モモ PEACHやマンダリン TANGERINEなどがある．

Chives　㊫ *Allium schoenoprasum*　**エゾネギ**（ユリ科ネギ属）

●何年か前，息子――当時4歳くらいだったと思う――が百日咳 WHOOPING COUGHの激しい発作に襲われていたときのことである．一人の老婆がわが家の前で足を止めて，庭にエゾネギが生えていないかね，と尋ねた．彼女は私に，バターとエゾネギをはさんだサンドイッチをつくって，発作が一段落するごとにそれを食べさせるようにいい，そうすれば息子は4日でよくなるだろうと教えてくれた．
これを言われた通りに実行したところ，息子は彼女の言葉通りによくなった．

［エイヴォン州アップヒル，1993年1月］

Christmas　クリスマス

クリスマスと関連の深い植物には，セイヨウヒイラギHOLLY，セイヨウキヅタIVY，セイヨウヤドリギMISTLETOEなどがある．

Christmas Eve　クリスマス・イヴ

HOLY THORN（セイヨウサンザシの栽培品種）は，この日にも花を咲かせるという言い伝えがある．またこの日に行なう恋占いlove DIVINATIONで用いられる植物には，アサHEMPなどがある．

Christmas greenery　クリスマスの葉飾り

セイヨウヒイラギHOLLY，セイヨウキヅタIVY，セイヨウヤドリギMISTLETOEなどの常緑の植物は，クリスマスの祝賀行事において長く重要な役割を果たしてきた．研究者の中には，この時期に葉飾りを用いるのは，太古の習俗の名残りだとする説を唱えるものも少なくない．

●キリスト教の時代がはじまるはるか以前から，自然界において他のあらゆるものが枯死するなかでなお常緑を保つ植物は，不死の生命のシンボルと考えられ，植物の再生を願う魔術的な儀礼の中で用いられてきた．ヨーロッパおよび西アジアでは，冬至の日に行なわれる儀礼のために，神殿や聖所は常緑の植物で飾られた．古代ローマでは，元日には家々がセイヨウバクチノキLAURELやゲッケイジュBAYで飾られ，また12月に1週間にわたって繰りひろげられるサトゥルナリア祭では，葉冠を身につけたり，これを捧げ物としたりした． ［Hole, 1976: 50］

しかし，クリスマスに緑を室内に持ち込むこの習慣は，この祝いの時期に住まいに少しでも彩りを添えようと，手近にあった常緑植物を利用したことからはじまったにすぎない，という考え方もまた，太古の習俗の名残りであるとする上記の説をしのぐとはいわないまでも，少なくとも同程度の説得力はあるように思われる．実際はともかくとして，葉飾りは本来，クリスマス・イヴCHRISTMAS EVEの日より前に室内に持ち込んではならないといわれており，またたいていは十二日祭（1月6日）の夜までに――稀に元日までに，とされることもある――取りはずしておかなければならないことになっている．

●A：「クリスマス・ツリーCHRISTMAS TREESは，イヴの日より前に室内に持ち込んじゃいけないっていうわ」．
B：「セイヨウヒイラギは十二日祭の夜までにはずしておけ，ともいうわね」．
A：「そうね，でも少し残しておくと縁起がいいって話もあるわよ」．

［ケンブリッジ，1985年11月］

●クリスマスの葉飾りは十二日祭の夜までに家の外に出しておくこと，そしてセイヨウキヅタとクリスマス・ツリーは燃やさないようにすることが，最も大事だといわれていた． ［ダヴェッド州セント・デイヴィッズ，1991年10月］

●クリスマスの飾りつけに使ったセイヨウヒイラギやセイヨウキヅタは，十二日祭の日が過ぎてから取りはずし，Pancake Night〔＝告解火曜日 SHROVE TUESDAY の夜〕まで取っておく．そしてこの夜，パンケーキを焼くときに火にくべて燃やす．

［IFCSS MSS 755: 122, キルデア州］

●［以下の話は〔ウェスト・ヨークシャー州の〕ブラッドフォードで1961年，キャスルフォードで1962年に採録したもの：］セイヨウヒイラギを少しだけ残しておくほかは，常緑の植物をすべて，元日までに取りはずしておかなければならない．そして残したセイヨウヒイラギは，告解火曜日にパンケーキを焼くとき，火にくべて燃やさなければならない． ［McKelvie MSS, 1963: 176］

Christmas tree　クリスマス・ツリー

クリスマス・ツリーは，たいていの家庭はもちろん，ショッピングセンターや公共の施設などにおいても，クリスマスの祝いになくてはならないものとなっているが，そのイギリス諸島における歴史は，それほど古いものではない．クリスマス・ツリーのアイデアを最初に考案したのは，マルティン・ルター Martin Luther（1483-1546）だとされている．

●ある年のクリスマス・イヴ CHRISTMAS EVE に，無数の星の輝く晴れた冬空の下を歩きまわった後で，彼は子どもたちのために，キリストが降臨した夜の満天の星空をイメージして，たくさんの蠟燭をつけた1本の木を立てた． ［Miles, 1912: 265］

しかし，われわれが今日イメージするようなクリスマス・ツリーについての最も古い記録は，これまで確認されているところでは，1605年のものであるという．それによれば：

●シュトラスブルクではクリスマスの日，居間にモミの木を立て，それに，さまざまな色の紙でつくったバラ ROSE の花や，リンゴ APPLE，ウエハース，金箔，キャンディーなどをつりさげた． ［Miles, 1912: 256］

イギリス諸島にクリスマス・ツリーが登場したのは，19世紀前半以降のことで，その頃，3つのルートを通じて渡来してきたようである．すなわち，国王ジョージ3世の軍隊に仕えていたヘッセンの兵士たち，宮廷に仕えていたドイツ人たち，イングランドの各都市に移住してきたドイツの商人たちの3ルートである［Hole, 1976: 53］．1800年には，〔ジョージ3世の〕王妃シャーロット Charlotte が：

●クリスマス・イヴをドイツ式に祝った．われわれの背丈の倍ほどもあるモミの木の全体が小さな蠟燭で飾られ，あちこちの枝に小さな蠟人形をつるされた．プレゼントとして，アーモンドとレーズンを交互に並べて糸に通したものをはじめ，男の子には縄とび用のロープ，年上の女の子には，ドレス用のモスリンの生地，モスリンのハンカチ，すてきなネックレス，それにイヤリングなどが用意された．

> そして，王妃と王女たちの手でこれらが配り終えられるとすぐに，ツリーに飾られたすべての蠟燭の火が消され，それを機に子どもたちはそれぞれ思い思いの遊びに熱中しはじめた． [Combermere and Knollys, 1866: 419]

しかし，クリスマス・ツリーが広く一般に知られるようになったのは，1841年にヴィクトリア女王とアルバート公がウィンザー城にツリーを飾ってからのことで，この様子が新聞などで大きく報道・紹介されたため，これ以後ツリーを飾るのが流行するようになった．しかし1912年になってもまだ，ツリーは「裕福な人びとの贅沢品」[Miles: 264] にすぎないと考えられていた．

この頃クリスマス・ツリーは裕福な一家の邸宅のみに設けられ，小さな家の住人やその子どもたちはそこに招かれ，豪華に飾りつけられたツリーを見て目をまるくしていたのであろう．しかし時代が下って，とりわけ電飾が利用できるようになってからは，屋外にもツリーが立てられるようになり，今日では，どれほど逼迫した財政状況にある市町村でも，主だった繁華街にライトアップしたツリーを立てるようになっている．このように公共の場に設けられたツリーとして，記録に残されている中で最も古いのは，カリフォルニア州パサデナ市のものであるというが [Hole, 1976: 54]，イギリスでいちばんよく知られているのは，毎年ロンドンのトラファルガー広場に立てられるツリーである．このツリーは1947年以来，第二次世界大戦中のイギリスのノルウェーに対する支援への謝意の証しとして，オスロ市民からロンドン市民に寄贈されているものである．

クリスマス・ツリーには時としてセイヨウヒイラギHOLLYが用いられることもあった（そしておそらく今日でも稀には使われているだろう）が，一般的には，さまざまな針葉樹を用いることのほうが多いようであり，なかでも人気が高いのはドイツトウヒNORWAY SPRUCEである．1992年12月12日付 'The Times'紙によれば：

> ●イギリスではクリスマスのシーズン中に，500万本以上の売り上げが見込まれている．価格の相場は，ドイツトウヒが1フィートあたり約2ポンド，コーカサスモミ Nordmann firになると1フィート約4ポンドといったところである．

これに加えて，ツリーの模造品も多数出回ることになる．1990年代の初頭には，環境問題への関心の高まりをうけて，クリスマス・ツリーのリサイクル運動が盛んになった．この運動には，Friends of the Earthをはじめとする環境保護団体［編著者自身による観察報告，サマーセット州グラストンベリー，1992年1月］が推進するものと，地方自治体当局が中心になって行なうものとがあった．

> ●「クリスマス・ツリーをリサイクルしましょう」
>
> ケンジントン・アンド・チェルシー特別自治区The Royal Borough of Kensington and Chelseaでは，公園の管理を委嘱しているセルコ社Serco Ltd.の協力のもと，地域の皆さんにクリスマス・ツリーをリサイクルする機会を提供しています．
>
> 区民の皆さんは，お使いになったクリスマス・ツリーを，1993年1月4日から15

日の間に，ホランド・パークにあるセルコ社の圃場までご持参ください．……ツリーは細断・粉砕して，公園内の低木の苗床のマルチとして使用します．

［ロンドン，ケンジントン・アンド・チェルシー区立図書館の掲示，1993年1月］

一方，ロンドンのハムステッド地区では1992年，再植のためにツリーを回収するサービスがはじめられた．

●クリスマス・ツリーを使って環境にやさしい新ビジネスをはじめたのは，フランソワ・ハートウェルFrançois Hartwellさんとその弟，ルーファスRufusさん．

2人は友人ならびに森林委員会Forestry Commissionからツリーの提供を受け，これをクリスマスまでにロンドン市民のもとに届ける．そしてこのツリーは，十二日祭の日の夜までに戸口に出しておけば，兄弟が回収して，再植のためにウェールズに送り返してくれるという．……

またツリーの利用客には，木の手入れの方法を説明したパンフレットが一緒に手渡される．［1993年12月14日付 'The Times'紙］

ツリーの価格は30～75ポンドと，従来の使い捨てツリーのほぼ5割増しであったが，1年目には30名の利用客があり，この結果に気をよくした2人は，この事業を1994年には全ロンドンに拡大することを決めたという［同上］．

Chrysanthemum 学 *Dendranthema* cv. **キク**（キク科キク属の栽培品種）

ヨーロッパのいくつかの地域では，キクは葬式の花FUNERAL FLOWERSとして好んで用いられ，万聖節ALL SOULS' DAYとも深い関わりをもっている．こうしたことから，キクの花を家の中に持ち込むのは不吉だとされることがある．

●私のヘアドレッサーはイタリア出身の女性だが，イギリス人と結婚してもう何年もこちらに住んでいるので，イギリス風の生活習慣を身につけている．しかし彼女の母親は，イタリアから出てきてしばらくこちらに滞在していたとき，娘がキクの花をもらったのを見るとひどく取り乱し，「あの人たちはみんなおまえが死ねばいい，死んでほしいと思っているんだよ」とまくしたてたことがあった．イタリアでは葬式のときにキクを使うので，この花は死と結びつけて考えられている．したがって，この花を誰かに贈るのは，相手に「あなたなんか死ねばいいのに」といっているようなものなのである．娘のヘアドレッサーの方はしかし，そんなのはイタリアの迷信でしょ，私は気にしないわ，と受け流していた．彼女はこちらでの暮らしが長いし，また結婚してこちらに来たのがとても若い頃のことだったこともあって，一向に気にならなかったのだろう．

［ロンドン，ストレタム，1994年3月］

Cineraria 学 *Pericallis hybrida* **シネラリア**（キク科ペリカリス属）

●シネラリアは，時に「悪魔の花da devil's flooer」と呼ばれることもあり，家の中に置くのは不吉とされる．［シェットランド州ラーウィック，1994年3月］

Clan badges　氏族の標章

スコットランドの各氏族には，それぞれのシンボルとして特定の植物を身につける慣習があり，その起源についてはしばしば，古代にさかのぼるものと説明されている．しかしこの慣習は実際には，主として1822年以降に行なわれるようになったもののようである．この年，国王ジョージ4世のエディンバラ訪問があり，これを祝ってさまざまなスコットランド特有の儀礼——その多くは出自の怪しいものだったが——が復活させられたり，新たにはじめられたりしたのである．

●われわれの歴史がはじまった頃は，1人の人間，あるいは1つの集団を他から区別するためには，ごく簡単なシンボルでことが足りていた．スコットランドの各氏族もはじめは，タータン・チェックのパターンや色によって，それぞれが識別されていたのである．

しかし，次第にこれだけでは不都合が生じ，植物の標章を援用せざるをえない局面が増えるようになった．このためにそれぞれの氏族をあらわすシンボリックな標章として，植物の小枝や枝で帽子やかぶとを飾るという方法が採用されたのである．この古い慣習は，1822年に国王陛下が領国の北の都を来訪された際に，今一度復活することになった．スコットランドの忠臣たちはこの慶事を迎えるにあたり，陛下に敬意を表すべく，各自が出身氏族の標章を身につけてホリールード・ハウスHolyrood House宮殿に臨んだのである．　[Phillips, 1825: 13]

どの植物がどの氏族に「属している」ものであったかについては，大方の点では意見の一致を見るが，それでも若干の混乱がないわけではないようである．以下にあげるリストは，H・フィリップスHenry Phillipsの『フローラル・エンブレムFloral Emblems』(1825) にあるものを若干編集の上転載したものである．

〔氏族名〕	〔植物〕	〔氏族名〕	〔植物〕
Buchanan	BIRCH（カバノキ属の1種）	Grant	CRANBERRY（ツルコケモモ）
Cameron	OAK（オーク）	Gunn	roseroot（イワベンケイ）
Campbell	BOG MYRTLE（セイヨウヤチヤナギ）	Lamont	CRAB APPLE（リンゴ属の1種）
Chisholm	ALDER（ハンノキ属の1種）	MacAllister	heather（ヒース）
Colquhoun	HAZEL（セイヨウハシバミ）	MacDonald	HAREBELL（イトシャジン）
Cumming	SALLOW（ヤナギ属の1種）	MacDonnell	LING（ギョリュウモドキ）
Drummond	HOLLY（セイヨウヒイラギ）	MacFarlane	cloudberry（ホロムイイチゴ）
Farquharson	FOXGLOVE（ジギタリス）	MacGregor	SCOTS PINE（ヨーロッパアカマツ）
Ferguson	POPLAR（ポプラ）	MacIntosh	BOX（ツゲ属の1種）
Forbes	BROOM（エニシダ）	MacKay	club rush（アブラガヤ属フトイの類）
Frazer	YEW（ヨーロッパイチイ）	MacKenzie	deergrass（アブラガヤ属の1種）
Gordon	IVY（セイヨウキヅタ）	MacKinnon	ST JOHN'S WORT（オトギリソウ属の数種）
Graham	SPURGE LAUREL（ジンチョウゲ属の1種）	MacLachlan	ROWAN（セイヨウナナカマド）

MacLean	CROWBERRY（ガンコウラン属の1種）	Ogilvie	HAWTHORN（サンザシ属の数種）
MacLeod	COWBERRY（コケモモ）	Oliphant	SYCAMORE（セイヨウカジカエデ）
MacNab	'ROSE bush berries'（バラの実）	Robertson	BRACKEN（ワラビ属の1種）
MacNeil	BLADDER WRACK（ホコリタケ属の1種）	Rose	DOG ROSE（イヌバラ）
MacPherson	variegated BOX（斑入りのツゲ類）	Ross	bearberry（ウワウルシ）
MacQuarrie	BLACKTHORN（サクラ属の1種）	Sinclair	CLOVER（クローバー）
MacRae	fir clubmoss（ヒカゲノカズラ属の1種）	Stewart	THISTLE（アザミ属の数種）
Menzies	ASH（セイヨウトネリコ）	Sutherland	smaller cat's-tail grass（ミノボロ属の1種か）
Munroe	eagle feathers（鷲の羽根）		
Murray	JUNIPER（セイヨウネズ）		

Clary 学 *Salvia verbenaca*（シソ科**アキギリ属**の1種）

● clary（wild sageと呼ばれることもある）は，この地方［コッツウォルズ］では，グレート・ブリテン島をローマ人ROMANSが占領していたときの遺物と考えられている．兵士たちが島内を進軍した際に，種子を落して帰ったというのである．その根拠としてこの地の人びとが好んであげるのは，この植物がしばしばいにしえの「ローマ人の道Roman road」に沿って繁茂しているという事実である．［Briggs,1974: 119］

Cleavers →GOOSEGRASS（ヤエムグラ属の1種）

Clover 学 *Trifolium* spp. **クローバー**（マメ科シャジクソウ属の数種）

4枚の小葉（ふつうは3枚）をもつクローバーの葉は，古くから「幸運」のシンボルと考えられている．

● 4つの葉をもつクローバーを見いだしし者，それを有り難がりて崇め奉る．己が将来の栄達，もはや神の福音さながらに疑いなきことなればなり．

［'Gospelles of Dystaues', part 2: XV, 1507］

●野原を歩いていて4つ葉の草を見つけたら，ほどなく何かよいことにめぐりあうだろう．［Melton, 1620: 46］

●［ウェールズでは］4つ葉の変種を見つけるのは幸運なことであり，結婚が近いのを予言するものと考えられた．またこれを身につけたり，枕の下に入れたりしておくと，心が朗らかになり，陽気なるともいわれた．そして幸運のしるしとして，人にあげたり，人からもらったりした．［Trevelyan, 1909: 95］

●私がまだ小さかった頃，［1900年前後にバークシャー州レディングで生まれた］ヒルダは，いつも私に「4つ葉のクローバーを見つけたら，必ず願い事をしなさい」といっていた．［エディンバラ，1984年3月］

● 4つ葉のクローバーは，見つけた人に幸運をもたらす．

［キルデア州メイヌース，1991年2月］

●［ケンブリッジシャー州ホースヒースには］靴の中に4つ葉のクローバーを入れてい

る女の子がいたが，これは，そうすれば最初に出会った男の人と結婚できるという言い伝えがあったからである． [Parsons MSS, 1952]

4つ葉のクローバーはまた，〔ふつうは見えないはずの〕妖精FAIRIESを見たり，その魔力を破ったりする力を授けてくれると考えられていた．1840年代に刊行された，〔イギリスの民俗学者〕M·A·デナムMichael Aislabie Denhamの著書には，次のような記述が見られる．

●ノーサンバランド州南部では，「4つ葉のクローバー」には妖精の活動を妨げたり，その姿を見えるようにする力があり，彼らのもたらす害悪から身を守ってくれると考えられていた．また「5つ葉」のものにも同様の効果があるとされていた．私は人びと盛んにこのことを口にしていたが，たとえばチャットChatto氏からは次のような話を聞かされた．「ずいぶん昔のことになるが，ネザーウィットンに住む女の子が，ミルクをしぼって桶に入れ，これを頭にのせて家に帰る途中，野原でおおぜいの妖精が跳ねまわっているのに気づいた．ところが指さして教えても，一緒にいた仲間たちにはいっこうにそれが見えなかった．帰ってすぐ家の者にこのことを話したが，そのときは，おまえのものを見通す力が，皆より勝っていたんだろうよ，というような話に落ち着いたらしい．ところがしばらくしてその原因がわかった．その子のweise［頭上に桶を乗せて運ぶ際に，桶の下にあてる草でつくった輪］が，4つ葉のクローバーを編み込んだものだったんだよ——なにしろ4つ葉のクローバーはその束を，いやそれどころか1本だけでもこれを身につけていれば，妖精の方で姿を隠そうとしても，これを見透すことができるといわれているからな．悪霊が人間の姿をしていても，その正体を見破れるともいうし，呪術や降霊術，魔術をあやつるやからにも鼻が利くようになるらしい」． [Hardy, 1895: 142]

コーンウォール州における民間伝承の収集で名高いR・ハントRobert Huntも，1865年に刊行された民話集の中で，同様の逸話を紹介している．

●セント・ベリアンのボスフランカンに住むある農夫は，デイジーという名のすばらしい雌牛を飼っていた．赤褐色の肌に白斑をもつこの牛はでっぷりと太っていて，喉の垂れ肉や乳房を，いつも草地に引きずっていた．バケツさながらの乳房をもち，次から次へと子牛にミルクをやり続けていたが，まだ2ガロンほどは搾れそうに見えるときでも，だいたい1ガロンほど出し終えたところで，それ以上は決して出そうとはしなくなってしまうのだった．……

夏至前後のある日のこと，乳搾りの娘がひとりで，夕方のいつもより遅い時間に仕事にかかり，……最後にデイジーの乳を搾った．するとバケツは満杯になり，頭の上まで持ちあげることができないほどだった．そこで娘は腰掛けから立ちあがるとき，バケツを頭の上にもっとしっかりと固定するために，ひとつかみの草やクローバーをむしって，バケツの下に置く輪の中に詰めておいた．ところが，彼女がこれを頭に乗せるとすぐさま，何百，何千もの侏儒(こびと)たちが四方八方から押し寄せてこの雌牛のまわりに群がり，ミルクの中に手を入れてクローバーの花の上に振りかけ，それをしゃぶっているのが目に入った．……

おかみさんが農場と屋敷の間にある庭で待ちかまえていて，何をもたもたしていたの，と声をかけてきたので，今しがた目にしたことを打ち明けたが，おかみさんは，あんたが4つ葉のクローバーでももっていたんじゃないかぎり，そんな話は信じられないね，とけんもほろろだった．しかしこのとき彼女は，草をひとつかみ，頭に載せる輪の中に入れておいたのを思い出した．蠟燭の灯のもとで確かめてみると，3つ葉のクローバーの束の中に，4つ葉のものが1本混じっていた．

[Hunt, 1881: 107]

●それからずいぶん後のことになるが，ペンディーンに堅物で通っている家政婦がおり，名をナンシー・トレギアNancy Tregierといった．……ある土曜日の午後，ナンシーは靴を一足買いに，ペンザンスの町まで歩いてでかけることにした．ペンディーンの入江近くには，知り合いの老女，ジェニー・トレイヤーJenny Trayer――魔女だという噂もあった――が住んでいたので，ペンザンスに何か用はないかと声をかけようと立ち寄ってみると，……ジェニーは軟膏をつくって，それをあわただしく夫のトム――定職についておらず，そのときも家にいた――の目に塗っているところだった．ナンシーの顔を見るとジェニーは，この軟膏を煙突の脇のかまどの中にさっと隠し，トムのほうは用があるからといって立ち上がり，2人を残してそそくさと出ていった．ジェニーはひとしきり他愛のないお愛想をいったあと，ペンザンスまで行くなら何か飲んでいきなさいよといって，貯蔵室に瓶を取りにいった．好奇心の旺盛なナンシーはこの機を逃さず，緑色をした軟膏の入った壺に指を入れると，きっと目にいいのだろうくらいに考えて，ジェニーが戻ってくるまでに，それを右の目に塗っておいた．……

その頃のペンザンスの市場は，もっぱら大通りの両側にひろがっており，……ナンシーは通りに沿って歩きながら，少し用事を片付けては，世間話に花を咲かせていた．するとこのマーケット・ジュー・ストリートのまんなかで，ナンシーは誰あろうトム・トレイヤーに出くわしたのである．彼はあちこちの店から，靴やらストッキングやら糸束やらピュータ製のスプーンやら，売りに出ている品物をとにかく片っ端から拝借していた．これを見たナンシーは彼のところに歩みよってその腕をつかむと，「トム，こんなことして恥ずかしくないの？　真っ昼間におおぜいの人の目の前で売り物に手をつけてポケットにしまいこむなんて，厚かましいにもほどがあるわよ」とまくしたてた．トムは声をかけられるとひどく驚いた様子だったが，ややあって「ああ，ナンシー，おまえさんかい．わしが見えるのはどっちの目だね？」と逆に聞いてきた．そこでナンシーはまず左の目を閉じてみたが，なにも変わらなかった．次に右目を閉じてみたが，やはり前と同じようにトムの姿が見えた．ところが何度かまばたきをしているうちに，どちらの目でもトムが見えなくなってしまった．彼女が驚いたのはいうまでもない．それでもトムが「さあナンシー，右目かね，左目かね」とせっつくので，「おかしいわね」といいながらナンシーは「どうしたのかしら．左の目がなんだか変だわ」と答えた．するとトムは，

「そうかい，じゃあ右目は私が見えるんだね？」

こういって指を彼女の右目にあてた．そしてその瞬間から，ナンシーの右目は光を失ったという．

　ジェニーの軟膏は，ある特定の月齢の日に集められた4つ葉のクローバーでつくったものだとされている．この軟膏を塗ると，妖精の世界が目に見えるようになり，また自らの姿を他から見えなくすることができる． [Hunt, 1881: 109]

アイルランドでは：

●ディングルの町では昔，大きな祭が行なわれていたが，……そこにひとりの見世物師があらわれた．彼の出し物は，1羽の雄鶏の脚に長くて重そうな材木を結びつけ，雄鶏にこれを曳かせて通りを歩かせるというものであった．少なくとも人びとは皆，雄鶏が曳いているのは材木だと信じ込んでいて，皆が彼のあとを追い回した．……そして見物の人だかりは日に日に大きくなっていった．

　ところがそこに，小柄な体にイグサ RUSH をどっさりと背負い込んだ老人が通りかかった．何ゆえの人だかりかと気になったので，その中をのぞき込んでみたところ，彼が目にしたのは，雄鶏が小さな藁の束を曳いて歩いているだけの光景だった．そこで，揃いもそろって気でもふれたのかと心配になった老人が，どうしてそんなふうにあの雄鶏を追っかけまわすんだい，と声をかけると，何人かが口々に「あのとんでもない奇跡が目に入らんのかね？」「あんなに大きな材木を雄鶏が曳いてるんだぞ」と答えてきた．

　それを聞いて老人は，「雄鶏が曳いてるのは，藁の切れっぱしじゃないか」と言い返したが，見世物師は耳ざとくこの声を聞きつけた．彼は老人のところへ寄っていき，そのイグサは全部でいくらかねと尋ね，老人の言い値を払ってそれを買い取った．彼にしてみれば，倍の値段を払ってもいいぐらいのところだったのである．背中のイグサの束を見世物師に引き取ってもらうと，老人は人だかりの後を追いはじめた．今や彼の目には，雄鶏が脚に結びつけられた重い材木を曳いている姿しか映っていなかったのである．結局この老人は，雄鶏を追いかけてディングルの町中を歩きまわることになった．

　なぜこんなことが起こったかというと，この老人は，それと知らずに背中のイグサの中に，4つ葉のシャムロック SHAMROCK を1本紛れ込ませていたのである．このため老人の目には，他の人びとが見ていたのとは違った光景が見えたのであり，見世物師のほうも，このイグサに相場の3倍もの値を払っても惜しくはなかったわけである． [O'Sullivan, 1966: 225; ケリー州ダンカンにて採録]

この逸話に関しては，アイルランドだけでも57の異なるヴァージョンが採録されているが［MacNicholas et al., 1990: 84］，ヨーロッパに目を移しても，スカンジナヴィアからルーマニアにかけての広範な地域で確認されており，その起源は13世紀にまでさかのぼるという［MacNicholas, 1992: 210］.

アイルランドの伝説によれば，4つ葉のクローバーは，雌馬が最初の子馬を産み落とした場所にだけ生えるともいう［O'Sullivan, 1966: 280］.

● ［ウェックスフォード州の人びとが広く信じているところによれば］雌馬がはじめての子馬を屋外で産み落とし，しかもその雌馬自身が初子である場合には，その場所に4つ葉のシャムロックが生える．［Clark, 1882: 83］

ヘブリディーズ諸島のバラ島で1976年に採録されたものの要約によると：

● 子馬は生まれるとすぐ，脚で立ちあがろうとする前に，鼻の穴からdubhliath［クラウン硬貨ぐらいの大きさの塊で，鵜あるいは兎の肝臓のように見える］を取り除くためにくしゃみをする．［この話の語り手は］若い人たちに見せるるために1つ手元に置いているが，これを7年間とっておくと，そこから4つ葉のクローバーが生えてくる．4つ葉のクローバーは探したからといって見つかるものではない．

［SSS MSS SA 1976. 196. A7］

一般には，4つ葉のクローバーを見つけるのは幸運なこととされているが：

● アイルランドで不吉なものの中に数えられることがあるものをもうひとつあげるとすれば，それは4つ葉のクローバーである．ある年のこと，私は4つ葉のクローバーを1本見つけ，それを摘んで日曜日，教会に行くときに祈禱書にはさんでおいた．すると近くに座っていた婦人から「そんなもの早く捨てておしまいなさい．さもないと不幸な目にあいますよ」とささやかれた．私自身，それを身につけていたからといって，特に幸運な目にあったという覚えはない．

［ロスコモン州バラハダリーン，1984年10月］

アイルランドの人びとは，3枚の小葉をもつシャムロックを三位一体のシンボルとみなしているが，シャムロックはクローバーの1種だと考えられることも多いので，4つ葉のクローバーと聞いて落ち着かない気分になる人がいたとしても驚くにはあたらない．

これまでの常識では，4つ葉のクローバーを見つけることができるのは，非常に幸運な人か，さもなければ根気よくこれを探してまわる人に限られると考えられてきたものである．しかし今日では，4枚の小葉をもつ葉のみをつけたこの植物が商業的に栽培されている．

● ここで自らの育てた何百万株の4つ葉のクローバーを見下ろしているのは，チャールズ・T・ダニエルズCharles T. Daniels氏．氏はフロリダにある自らの農場で，4つ葉のクローバーだけを栽培している．この栽培はおそらく，通常の3つ葉の種から偶然の突然変異で生じた4つ葉の株をもとにはじめられたものと思われる．しかし氏の成功は明らかに，単なる幸運というよりは自身の好判断の賜物である．

> ダニエルズ氏は現在，このクローバーをプラスチックのケースに収めて幸運をもたらす新商品に仕立てあげ，ラインナップを揃えて世界各地に輸出している．
>
> ［'Observer Magazine', 1974年8月4日号］

> ●われわれはアメリカ合衆国に，4つ葉のクローバーを専門に栽培するクローバー農場があるのを発見した．いくつかあるこうしたクローバー農場のうちの1つは，1.5エーカーの敷地に2棟の大きな温室を備え，そこで無数のクローバーを栽培している．肥料には，4つ葉のクローバーをたくさん生じさせるために，（生物発生学的に処理された）極秘の成分が加えられているという．
>
> 毎日約10,000本が収穫され，それぞれがプラスチックのケースに収められて「幸運」のお守りとして販売される．ただしこの農場が販売しているのは「葉」のみで，植物自体は売り物ではなく，また肥料に加える成分は企業秘密となっている．
>
> ［Wenis, 1990: 24］

しかし，「4つ葉のクローバー」の株を入手することも不可能ではないようである．ただしこれらは〔シャジクソウ属の〕本来のクローバーではなく，カタバミ属 *Oxalis* の植物のであることが多いようだが．

> ●かつて私は4つ葉のクローバー（斑入りの葉をもつかわいい小さなロックガーデン植物）を1株手渡され，庭に植えておくようにいわれたことがある．もし枯れたりしたら不幸になるところだったが，幸いなことにうまく育ってくれた．その後別の家に移ったとき，この植物はそのまま残しておいたが，これは，根づかなければならないのはおまえのほうだと諭されたからである．こうしたことを教えてくれたのも先にクローバーをくれた人で，終生を農夫として送った人物である．
>
> ［ダービーシャー州マーストン・モンゴメリー，1983年3月］

> ●去る4月，希少種を栽培しているケント州の農場を訪ねた際，「自分の幸運を家庭で育てましょう」と銘打った，「幸運を呼ぶ魔法の4つ葉のクローバー」を栽培するためキットを購入した．家に帰ると注意書きに従って栽培をはじめ，4つ葉のクローバーが芽を出すのを待ったが，一向に何も起こらなかった．そこでこのキットを制作したサリー州にある農場に手紙を書き，交換を依頼した．するとしばらくして返事があり，ふつうのゼロックスでコピーして「顧客サービス部・トレーシー」と署名された謝罪文書——この手の苦情処理にとてもよく慣れているようだった——と一緒に，替わりのキットが送られてきた．このキットは最初のものより本格的で，「オランダ製」と記されていたが，やはり芽は出なかった．どちらの場合も，クローバーが芽を出すはずの球根は，本来のクローバーとは全く関係のない，カタバミ属のもののようだった．またオランダ製のキットのイラストも，クローバーではなくカタバミ属の植物のようであった．
>
> ［ロンドン，ストレタム，1991年5月］

小葉が2枚しかないクローバーの葉が神秘的だと考えられていたことをうかがわせる記

録も時折見受けられる.

●次に紹介するまじないは，ケンブリッジシャー州で，少年少女が将来の夫あるいは妻の名を知りたいと思ったときに用いるものである．clover of twoというのは，小葉が2枚しかないクローバーの葉のことである．

クローバーを，それも2つ葉のクローバーを，
右足の靴の中に入れておきなさい
するとあなたは，畑や通りや街角で
最初に出会った若者か，
それと同じ名をもつ人と結ばれるでしょう．

A clover, a clover of two,
Put it in your right shoe
The first young man (woman) you meet
In field, street, or lane,
You'll have him (her) or one of his (her) name. [N & Q, 1 ser. 10: 321, 1854]

→CALVARY CLOVER（ウマゴヤシ属の1種），アカツメクサRED CLOVER，シャムロックSHAMROCK，シロツメクサWHITE CLOVER

Clown's all-heal

17世紀に用いられた，MARSH WOUNDWORT（イヌゴマ属の1種）の異称．

Cockies and hennies

マリーシャー州における，セイヨウミヤコグサBIRD'S-FOOT TREFOILの異称

Coconut 学 *Cocos nucifera* **ココヤシ**（ヤシ科ココヤシ属）

●数か月前，ストレタムのミッチャム・レーンで，小さな新聞販売店の前を通りかかったところ，店の入口で，何人かのインド人たちがココヤシの実を割っており，実が割れるたびに，皆はとても嬉しそうな顔をして，大口をあけて笑いながら握手しあっていた．昨日，そのうちの1人にいったい何をしていたのかと聞いてみたところ，インドでは，新しく商売をはじめた家の戸口でココヤシの実を割るのは，非常に縁起のいいこととされているんですよ，と教えてくれた．

［ロンドン，ストレタム，1989年12月］

ココヤシの実は，〔ヒンドゥー教の春の祭である〕ホーリー祭の「プラサドprasad」すなわち捧げ物とするにふさわしいものと考えられており，しばしば祭の際に焚く祝火にくべられる．1994年3月26日，南ロンドンのストレタム公園で行なわれたホーリー祭の祝火には：

●他の食べ物に混じって，たくさんのココヤシの実を入れたポリエチレンの袋が投げ込まれた．祭に加わっている人に，どうしてココヤシの実を入れるのかと尋ねてみたところ，「ココヤシの実は〔ヒンドゥー教の〕あらゆる祭礼や婚礼にふさわしい捧げものとされています．というのも，われわれにとってココヤシの実は神

聖な果物で，その中に含まれる水分もまた非常に清浄だと考えられているからです」ということだった．

また別の人からは次のような解説を聞くことができた．「ココヤシの実はプラサドprasad，すなわち捧げものとして火にくべられるのです．これはココヤシが非常に多産かつ有用だからで，この実はあらゆる部分を利用することができますし，また豊饒のシンボルともなっています．だからわれわれは，婚礼を含め，あらゆる祭の場でココヤシの実を用いるのです」．

このイベントを告知するポスターには，ココヤシの実を火の中から取り出してはならないとの注意書きがあったが，実際のところは，ほとんどとはいわないまでも，かなりたくさんの実が，長い柄のついた柄杓で取り出されていた．そしてくすぶったままの実は，「持ち帰って食べ」たり，「持ち帰って祭壇の前に供え」たりするのだという．またその場で割って食べているものもあった．

［編著者自身による観察報告］

また，インドにおける植物の民間伝承について記した書物の中には，この点について次のように述べられている．

●世界中のどこであれ慣習というものは，その儀礼の背後にある本来の意味を失い，シンボルとしてのみ残っていることが多いが，ココヤシの実の奉献の場合も，まさにそうである．太古の昔，とりわけバドラ・カーリーBhadra-Kaliの神殿などでは，神々の機嫌をとるために人身供犠が行なわれていた．しかし時代が下って人びとが啓蒙されると，人間の代わりに動物を奉献したり，さらにはココヤシの実を象徴的な意味での捧げ物とするようになったのである．ココヤシの実は丸く，また外果皮が繊維質なので人間の頭部に似ているし，表面にある2つの黒い斑点は，2つの目を思わせる．すなわち植物界に属するもののうち，人間の頭部に最も似た存在の1つなのである．そしておそらくはこれこそが，人間を生贄とする代わりに，それを象徴的に示す捧げ物として，ココヤシの実が選ばれた理由であろう．

［Gupta, 1971: 35］

→コーラナッツ KOLANUT

Coffee substitutes　コーヒーの代用品

コーヒーの代用品として用いられる植物には，キショウブ YELLOW IRIS などがある．

Colds　風邪　→咳 COUGHS

Coltsfoot　㊫ *Tussilago farfara*　**フキタンポポ**（キク科フキタンポポ属）

●昔から葉を煎じたものが咳 COUGHS に効く薬として用いられている．また葉をタバコ TOBACCO のように吸う習慣も，今なお広く行なわれている．　［Pratt, 1857, 2: 59］

●気管支炎 BRONCHITIS に――フキタンポポの葉を1つかみ，1クォート〔約1.14リットル〕の水に入れ，とろ火で煮る．これを冷ましたものを，症状が緩和されるまで，2時間ごとに少しずつ服用する．蜂蜜を加えて甘みをつけてもよく，またうがい薬

として用いてもよい．　　　　［ハンバーサイド州ラングトフト，1985年7月］

●フキタンポポの茶——咳にとてもよく効く．［ドーセット州ポートランド，1991年3月］

●［コロンゼー島では，フキタンポポの葉が］タバコの代用品として用いられていた．

［McNeill, 1910: 137］

Columbine　学 *Aquilegia vulgaris*　**セイヨウオダマキ**（キンポウゲ科オダマキ属）

●セイヨウオダマキのしぼり汁は，腫物を治すのに用いられる．また同じ目的でその葉を湿布薬として利用することもある．　　　　［IFCSS 1075: 139, ドネガル州］

Comfrey　学 *Symphytum* spp.（ムラサキ科**ヒレハリソウ属**の数種）

医薬として利用することを目的に庭で栽培される，数少ない草本のうちの1つである．

●ランカシャー州で用いられている植物の地方名として私が知っているのはたったひとつ，heartseaseのみである．これはcomfreyのことで，しばしば薬草として裏庭で栽培される．　　　　［ロンドン，トゥーティング，1987年8月］

●comfreyの葉を広げて関節炎ARTHRITISの患部にあてると，痛みを和らげ，炎症を取り除いてくれる．　　　　［ティローン州オーマ，1986年10月］

●comfreyは捻挫SPRAINSの治療に用いられる．その根をすり潰したものを患部に塗り，8時間そのままにしておく．　　　　［IFCSS 500: 75, リマリック州］

●1940年代のこと，子どもだった私は学友たちとともに，デヴォン州のビーアでcomfreyを集め，その地に住む，白魔術をあやつる魔女〔善行を施すとされる〕のところへ持っていった．すると彼女は，たしか大袋1個を6ペンスほどで買い取ってくれた．

また数年前へブリディーズ諸島で，友人が足首を捻挫したことがあったが，このとき彼は，comfreyで湿布をしてもらっていた——これは効き目抜群だったようである！　　　　［ケンブリッジシャー州ガートン，1986年6月］

●いとこの脚の，足首から膝までにかけての部分に潰瘍ULCERSができたことがあった．医者からもらった軟膏はまったく効かなかったが，ある人が彼女に，comfreyの葉の煮出し汁に，1日2～3回脚を浸すといいよ，と教えてくれた．1週間あまりこれを続けると，潰瘍は郵便切手ぐらい［の大きさ］まで小さくなった．

［カンブリア州ウィンダミア，1988年11月］

●ランカシャー州の坑夫から，comfrey（の葉の煮出し汁）は打ち身BRUISESや捻挫の治療に広く用いられているという話を聞いたことがある．

［アーガイル州オーバン，1990年10月］

●comfreyはつねに栽培しておきなさい——その根と葉は，万能薬として利用できます．　　　　［グレーター・マンチェスター，ストックポート，1991年4月］

comfreyはまた，家畜の飼料や薬草としても重んじられている．

●comfreyは非常に有用な草本で，その葉は豚の餌としてすぐれているし，根もまた，家禽の翼が折れたときにつける軟膏をつくるなど広い用途をもつ．

［IFCSS MSS 515: 148, リマリック州］

●数週間前，森で仕事をしていたときのこと，行き会った男の連れている犬が少し脚をひきずっていたので，とうしたのかねと声をかけると，獣医の話じゃ関節炎らしいな，でも「土地に昔から伝わる処方」を試す前の状態に比べたら，ずいぶんよくなったんだよ，と教えてくれた．彼によれば，この処方は犬の痛みを和らげただけではなく，命まで救うことになったのだという．なぜなら彼はそれまで，この犬が苦しむのを見かねて安楽死させようかと考えていたからである．その処方というのは：

乾燥したcomfreyの葉	大さじ2杯
りんご酢	大さじ1杯
蜂蜜	小さじ1杯
水	1パイント

comfreyを水の中に入れてこれを沸騰させ，1時間とろ火で煮る．これを漉した液に，酢とはちみつを加える．

分量——毎日，ワイングラス1杯分（20ml）を服用する

この薬は日持ちがするので，一度にたくさんつくって瓶に入れてある，ということだった．ただし発酵するので，定期的に蓋をゆるめるよう気をつけること，とも教えてくれた．［サフォーク州ウェスト・ストウ，1991年10月］

comfreyが食用に供されたことを示す記録も時折見られる．

●ラウス州では，ボイン川の河口に臨むバルトレーをはじめとする各地で，comfreyがホウレンソウに似た野菜として利用されていた．［Synnott, 1979: 37］

Companion planting　混植

有機園芸や，殺虫剤を用いない園芸についての指南書の中でしばしば推奨されているのが，植物どうしに互いの健全な生育を助けさせるために，あるいは互いの害虫を寄せつけないようにするために，「共栄植物companion plants」を混植するという方法である．

●デヴォン州北部では，キャベツCABBAGEは常に新月の日，あるいはその翌日を選んで植えられ，その際，害虫を寄せつけないようにするため，畝の間にセージSAGEもしくはTHYME（イブキジャコウソウ属の数種）を植えたものである．またニンジンCARROTやタマネギONIONの間には，同じ理由から［アフリカン・］マリゴールド[AFRICAN] MARIGOLDが植えられた．（同地にはこうした美しい混植菜園がたくさんあった！）

［デヴォン州バーンスタプル，1991年5月］

共栄植物の詳細なリストについては，H・フィルブリックPhilbrick／R・B・グレッグGregg『共栄植物Companion plants』（1991）を参照．

Conker　**コンカー**　→セイヨウトチノキ HORSE CHESTNUT

Conquerors

チェシャー州における，セイヨウトチノキ HORSE CHESTNUT の果実の異称.

Constipation　**便秘**

便秘の治療に用いられてきた植物には，ミツガシワ BOGBEAN，BRACKEN（ワラビ属の1種），ノボロギク GROUNDSEL などがある．またモルモット（テンジクネズミ）やウサギに対しては，セイヨウヤブイチゴ BLACKBERRY とイチゴ STRAWBERRY の葉が用いられた.

→下剤 PURGATIVES

Consumption（**肺病**）→肺結核 TUBERCULOSIS

Contraception　**避妊**

避妊のために用いられてきた植物には，NETTLE（イラクサ属の1種）などがある.

Convolvulus　→セイヨウヒルガオ BINDWEED／LARGE BINDWEED（ヒルガオ属の1種）

Convulsions　**全身けいれん**

全身けいれんの予防に用いられてきた植物には，PEONY（ボタン属の数種）などがある．またその治療に用いられてきた植物には，BITTERSWEET（ナス属の1種），TEAPLANT（クコ属の数種），TRAVELLER'S JOY（センニンソウ属の1種）などがある.

Coriander　㊫ *Coriandrum sativum*　**コエンドロ**，コリアンダー（セリ科コエンドロ属）

●［1991年に，シーク教徒の庭師から聞いた話：］種を地面に蒔き，裸足で踏みつけてその皮を破るとともに土の中に押し込む．これで万事うまくいく.

［ウォリックシャー州リーミントン・スパ，1993年1月］

Cork oak　㊫ *Quercus suber*　**コルクガシ**（ブナ科コナラ属）

デヴォン州の南部には「願い事のコルクの木 wishing cork tree」と呼ばれる1本の木があり，その樹皮を小さく区切ったものが一般向けに販売されている．1988年に受け取ったクリスマス・カードの中にはこの樹皮の小片が添えられているものがあり，その能書きには次のようにある.

●クーム・イン・ティンヘッドの村には，樹齢350年に及ぶ，1本の立派なコルクガシの古木がそびえ立っている．この木は自らの周囲に不可思議な力をたたえており，そこである種の儀礼を執り行なった者たちに，幸運をもたらしてきた．この儀礼はその起源を，ロンドンで疫病が猖獗をきわめた1665年にまでさかのぼることができる．その当時，津々浦々から人びとがこの木のもとに押し寄せ，木のまわりを3度歩いてまわり，その間に願かけをした．ある者は健康を，ある者は幸運を，そしてまたある者は，妻あるいは夫が得られますようにと願いごとをしたのである．そしてその後，期待を裏切られた者はほとんどなかったという．……今日に至ってもなお，［このコルクガシの木の］一片を求める手紙が世界各地から寄せられている.

またコルクは一般に，けいれん CRAMP を防ぐ力をもつと考えられている.

●ケンブリッジシャー州において，けいれんの予防策としてこれまでに記録されてきた方法には次のようなものがある．夜の発作を防ぐため，枕の下にコルクを入れておく／ベッドの足もとに，コルクをいくつか紐でつなぎ合わせたものを置いておく／コルクをポケットにしのばせておく／コルクのバスマットの上に立つ，などである． [Porter, 1969: 78]

●けいれんを防ぐために，夜，瓶のコルク栓を袋に詰めたものをベッドの中にしのばせておく——わが家でいつも行なっていた方法である．

[ベッドフォードシャー州フェルマシャム，1993年4月]

Corn　穀類（オオムギBARLEY，エンバクOAT，あるいはコムギWHEAT）

●穀草の茎から節をとって，いぼWARTSのひとつひとつにあててゆく．これらの節はひとつだけ残して包みに入れ，残したひとつは頭越しに投げる．その後で十字を切っておけば，いぼは消えてなくなる． [IFCSS MSS 1075: 111, ドネガル州]

Corn cleavers　㊫ *Galium tricornutum*（アカネ科**ヤエムグラ属**の1種）

ベッドフォードシャー州ではかつて，corn cleaversの果実がpin bursの名で呼ばれていた．同州の：

●ポディントンに住むレース職人たちは，指を守るために，その果実を集めてピンの頭のカバーとして使ったものだった． [Dony, 1953: 359]

Corn cockle　㊫ *Agrostemma githago*　**ムギセンノウ**（ナデシコ科ムギセンノウ属）

かつてはどこにでも生えている雑草であったが，今日ではあまり見かけなくなっている．ヘリフォードシャー州では復活祭の日に，コーン・ショーイングCORN-SHOWINGの催しが行なわれるが，この行事の目的は，芽生えたばかりのムギセンノウを麦畑から取り除くことにあったようである．

●復活祭の日，田舎ではコーン・ショーイングを行なう慣習がある．コムギ畑からムギセンノウを取り除くために，グループをつくって畑に出かけてゆくのである．彼らはあらかじめケーキ，リンゴ酒，それに——私が聞いた話では——あぶったチーズを用意しておき，最初に畑でムギセンノウを見つけて取り除いた者が，女の子からの最初のキスと，ケーキの最初の一切れを手に入れることができる．

[Fosbroke, 1821: 73]

新約聖書のたとええ話に出てくる「毒麦TARES」は，ムギセンノウを指すと考えられることもある．

Corn dolly　コーン・ドリー

イギリス諸島の，穀類CORN〔本書では麦類，とくにオオムギBARLEY，エンバクOAT，コムギWHEATを指す〕の栽培が行なわれている地域全体，それにヨーロッパの他の多くの地域でもまた，刈り入れの際に，畑の一部分を最後まで残しておき，ある種の儀礼を行ないながらそれを刈り取る風習が見られる．そうして最後まで残したものには，撚りあわせたり，束ねて編んだりして飾りつけがほどこされる．ウェールズでは：

●麦の刈り入れの際，最後に収穫する畑の中央に一束だけ残しておくようにする．そして刈り入れを終えた人びとがめいめいに鎌をもって集まってくると，小作頭がその残った束を3つに分け，それぞれ地面から数インチほどの部分を残して，雌馬の尻尾を編むのと同じように手際よく編みあげる．こうして準備が整うと，刈り手の中から選ばれた6人あるいは8人（それ以上のこともある）がこの麦束から少なくとも10ヤードほど離れたところに立ち，地上すれすれに狙いを定めて，鎌を水平に投げつける．その目的はもちろん，編んだ麦束を地面から切り離すことである．もし全員が失敗したときは，小作頭自身がこれを刈り取ることになっている．［Peate, 1971: 177］

アイルランドでは，刈り入れに参加した者全員が，最後の麦束めがけて鎌を投げ，腕を競う催しが広く行なわれていた［Gailey, 1972: 7］．またイングランドでも，第一次世界大戦によって，あるいはそれと時を同じうして農村の生活に大きな変化が生じるまでは，同様な場面が各地で見られたし，スコットランドの僻地ではさらにその後少なくとも20年間は，同様の風習が続いていたようである．N・ミッチソンNaomi Mitchisonは1973年に，〔アウター・ヘブリディーズ諸島の〕ノース・ウイスト島に接する小島，ヴァレー島で刈り入れの手伝いをしていたときに出会った体験を，次のように語っている．彼女はそのとき，それと気がつかずに最後の麦束を刈り取って縛った．すると：

●2人の老人が私の方に近づいてきたので，はっきりとはわからないものの，何かことが起こったらしいのがわかった．……2人は，私自身が麦束であるかのように，麦わらで結った縄を私の腰のまわりに巻きつけた．彼らは真剣な面持ちで，ゆっくりと言葉を交わしていたが，ゲール語だったので私には何を話しているのか全くわからなかった．しかししばらくすると，1人がようやく英語で話しかけてくれた．「家に帰ってからも，縛った縄はそのままにしておくことじゃ．そうすれば願い事が叶うというからの」．今になって考えてみると，このとき私は明らかに，生贄のケラッハcailleach（老婆，あるいは処女の意）と見なされていたのだろうが，当時の私は相当に動揺していたし，また私の願い事は，残念ながら叶わなかった．おそらく縄をほどくのが早すぎたのだろう．［Mitchison, 1973: 252］

最後に残った麦を刈り取る方法としては，上で（I. C. Peateの論文を引いて）紹介したように「鎌を投げる」のが最も一般的だったようだが，地域によっては，特定の人間がそれを刈り取る，という方法がとられていることもあったようである．スコットランドの高地地方［Ross, 1976: 1943］やアイルランドのいくつかの地域［Danaher, 1972: 191］では，畑で刈り入れの仕事に関わった中で最も若い者が選ばれることになっていた．また同じアイルランドでも，その畑の地主が最後の麦束を刈り取ることになっていたところもある［Danaher, 1972: 191］し，マン島では，刈り入れに従事した若い女性の中から1人が選ばれ，仰々しくそれを刈り取ったという［Killip, 1975: 174］．さらに〔アイルランドの〕カーロー州では，未婚の女子がおのおの手に鎌をもって刈り入れを行ない，最後の麦束を刈り取った者は，1年以内に結婚するとされていた．しかしアイルランドではところによって，最後の麦束を刈っり取ったり束ねたりした者は，結婚しないまま死ぬとされることもあった［Danaher, 1972: 191］．

オークニー諸島のラウジー島にすむ農夫たちは，穀類の栽培に関してはイギリス諸島の中で最も厳しい環境におかれていたが，彼らには，最後に刈り入れを行なった畑の一角を，刈り取らずにそのまま残しておくならわしがあった．それらは「野鳥のために」手をつけずにおくのだという［Marwick, 1975: 69］．

最後までとっておいた麦束，あるいはそれを用いてつくる装飾品の名称はさまざまである．オークニー諸島では，最後に刈り取られた麦束からbikko（雌犬）がつくられ，ある時期になると麦わらの集積場の目立つ場所か，農場の建物の中のどこかに置かれた［Marwidk, 1975: 69］．イングランドではbaby，dolly（これが現在のところ，伝統的なもの意外も含めての，麦わらでつくる飾りや人形の最も一般的な呼び名である），maidenなどと呼ばれたが，ウェールズでは，caseg fedi（収穫の雌馬）またはcaseg be fedi（収穫の雌馬の切れ端）という名が広く用いられた．さらにこのほかにも，y wrach（妖婆（ハッグ））の名がペンブルックシャー州のウェールズ語圏，カーディガンシャー州からカマーゼンシャー州西部にかけての地域，カーナーヴォンシャー州の一部地域で，またneckの名がペンブルックシャー州の英語圏やイングランドの一部地域でそれぞれ用いられてきた［Deane and Shaw, 1975: 183; Whitlock, 1977: 150］し，アイルランドの大部分［Danaher, 1972: 191］やスコットランドのゲール語圏ではcailleach（老婆あるいは妖婆（ハッグ））と呼ばれた．またスコットランドのそれ以外の地域の中には，carlin（老婆）の名を用いてきたところもある［Peate, 1971: 183］．

このようにイギリス諸島において，麦わら細工や最後に刈り入れた麦束に与えられてきた名が，必ずといっていいほど女性を示唆している点は注目に値しよう．ヨーロッパの他の地域では，最後の麦束に女性であることを示すような名を用いることはそれほど一般的ではなく，corn cow（穀類の雌牛）といった名で呼ばれることもないわけではないが，たいていは雄牛，猫，山羊，雄の小牛，豚，狼など，単に動物名をあてることのほうが多かったようである［Peate, 1971: 183］．J・フレーザーJames Frazerは『金枝篇Golden Bough』（1922）の中で，自らが「穀物の母Corn Mother」と名づけた存在に多くの頁を割き，それらが人間の女性または動物として表現されることが多い点を詳述している（45-50章）．彼はこうした発想の起源を，古代ギリシアの神々にまでさかのぼって考察しているが，この学説はほぼ半世紀にわたって学界に多大な影響を与え続け，第一線の学者たちに広く迎えられてきた一方で，それ以外の一般層にもまた多いに刺激を与え，多くの追随者を生んでいる．

●昔，マン島にルアーンLuanという名の慈悲深い女性が住んでいた．彼女は女神だったので，常に最大の敬意をもって遇されていた．彼女はまた自身が穀物の霊でもあり，彼女の助けなしにはどんな作物も生育しなかった．そして作物を収穫する際，翌年もまた穀物がよく育つようにするためには，彼女の霊を冬の間じゅう生かしておくようにしなければならなかった．刈り入れが進むと，女神はまだ刈り取られていない生きた麦の中に身を隠す．すると刈り入れをしている者たちは残った麦を取り囲み，自分が女神を地面から切り離すはめにならないことを祈りながら，めいめいに鎌を投げつける．そうして一番最後まで残った麦束には女神自身の霊が宿っていると考えられた．これはmheilleaと呼ばれ，細心の注意をもって大切に扱われた． [Davies, 1949: 9]

しかしながら今日の民俗学者たちは，こうした推論に与しない傾向にあるようである．

飾りつけをするための麦束を刈り取った直後に行なわれる儀礼にも，何種類かのパターンがあったが，コーンウォール州，デヴォン州北部およびその他のいくつかの地域で広く行なわれていたのは，「クライ・ザ・ネック Cry the Neck」と呼ばれるものだった．最後の麦束を刈り取った者は，その束を高く掲げて，「手に入れたぞ！（I have it !)」と3度叫ぶ．これを受けて他の者たちが大声で「何をだね（What have' ee?)」と3度尋ねると，今度は「首だ！（A neck !)」と3度叫び返す．すると農夫たちの間に喝采が起こり，皆にリンゴ酒とケーキがふるまわれる [Deane and Shaw, 1975: 183]．W・ホーン William Honeの『エヴリディ・ブック Every-Day Book』には1826年，デヴォン州北部から次のような情報が寄せられている．

●私は，20人あまりの男たちがその叫び声をあげるのを1，2度耳にしたことがある．時には同じくらいの数の女性の声がそれに加わることもあった．3年ほど前には，付近で刈り入れが行なわれている高台の土地にいると，この「ネック」の叫びがあちこちから，一晩のうちに6，7回も聞こえてきた．その中には，4マイルほども離れているはずの場所からの叫び声も混じっていた． [Hone, n.d.: 586]

コーンウォール州では，この風習は1920年代までにほとんど消失してしまい，グウィーク近辺に住む2人の農夫のみが細々とこれを続けているような状態であったとされている．しかし1928年の晩夏に，セント・アイヴズ・コーンウォール伝統保存協会St Ives Old Cornwall Societyの手によって，トウェドナックの教会近くにあったH・ダンスタン Hugh Dunstan氏所有の農場において復活させられた [Jewell, n.d.]．その後これ以外の地域のコーンウォール伝統保存協会もこの「クライング・ザ・ネック crying the neck」を復活させ，1970年代の半ばには，セント・ジャスト，マドロン，ペンザンス，ヘルストン，マリオンの各協会が，毎年この催しを行なうまでになった．現在ではこの行事のあと，引き続いて短い礼拝が行なわれ，コーンウォール語で聖書日課が朗読されるか，もしくは主の祈りが唱えられる．マドロンでは，この礼拝は教区教会とメソジストの礼拝堂において，1年交替で行なわれている．こうした礼拝のあとにはなにがしかのもてなしがあり，これは紅茶にビスケットもしくは肉入りパイといった軽食から，収穫を祝う手の込んだごちそうまでさまざまである [コーンウォール州ラーンストン，1976年11月]．

しかしこうした「去勢」された行事は，かつて他の地方で行われていた勇壮で荒々しい儀礼からすれば，別物に近いものとなってしまっている．スコットランドの高地地方をはじめとするいくつかの地域では，この飾りつけた麦束，すなわちcailleachは1人の若者の手によって，まだ収穫の終わっていない近隣の農場に運ばれ，刈り入れを行なっている人びとの前に投げつけられるのが普通だった．そしてこの若者は役目を終えると，来たときよりもさらにすばやく駆け戻らなければならなかった．というのも，もし捕まったりすればひどい罰が待ち受けていたからで，髭や髪の毛を剃られるかもしれなかったし，服を剥ぎ取られて袋だたきにされた上で，裸のまま送りかえされることもあった［Ross, 1976: 144］．農夫たちにとって，cailleachを受け取るのはとても縁起の悪いこととされていた．アイルランド，およびイギリス諸島の他のいくつかの地域では，妖婆（ハッグ）あるいは魔女は兎に身を変えて雌牛の牛乳を盗みにくると信じられており，したがってcailleach（妖婆（ハッグ））は，農場から農場へと追い立てられて，教区の中でいちばん最後に収穫される畑にたどり着くことになった．そしてこの畑の持ち主は，翌年までこのcailleachを「養って」おかなければならないのである［Danaher, 1972: 191］．スコットランド高地地方の西部やヘブリディーズ諸島では，この最後の麦束はgobhar bhacach（足の悪い山羊）と呼ばれていたが，これらの地域でもやはり，この麦束を収穫の遅れている近隣の農場に投げ込んだりしたら，血なまぐさい争いごとが起こる可能性があり，刈り入れを最後に終えることになった者はきわめて不幸だと考えられていた．というのも，次のような俗信が広く行なわれていたからである．

●家畜を失ったり，人の死やら事故やらに襲われたりと，
gobhar bhacachを抱えた不運な奴には災難が降りかかる．

Loss of cattle, loss on account of death and accident
Will befall the luckless one of the gobhar bhacach. ［Ross, 1976: 144］

ウェールズでは，「雌馬」〔最後の麦束の呼称．上述参照〕を刈り取った者は，穀物の収穫がすべて終わったことを示すために，それを農家の居間まで持っていくのがならわしであった．そしてその際しばしば，あらかじめ連絡を受けていた召使の少女たちに待ち伏せされて，水，もしくは何であれ手近にあった液体を浴びせられるという騒ぎがもちあがることになった．そしてもし「雌馬」を濡らさずに居間のテーブルまで運ぶことができれば，その農夫には，収穫を祝って行なわれるその後の宴において名誉ある席が与えられるが，失敗した場合は，テーブルの脚元に座らされたり，罰金を払わされたりした［Peate, 1971: 178］．

乾いたままで持ち込まれる「雌馬」を幸運のしるしとするのは，ウェールズ全域に広く見られる考え方で，地域によっては，召使の少女たちによって水浸しにされてしまった「雌馬」は，屋内に持ち込んではならないとされることもあった．アイルランドでも，最後の束を運ぶのはやはりそれを刈り取った者の役目であり，また彼に対してはさまざまないたずらがしかけられた．最も広く行なわれたのは，本人および麦束に向かって水をかけるというものであったが，リートリム州では，これがその後12か月の間，旱魃を防ぐまじないになると考えられていた．またクレア州では，麦束とそ

の運び手に対して聖水の撒布が行なわれていた［Danaher, 1972: 191］.

1940年代の終わり頃に，デヴォン州北部，マーティンホーの教区教会において，装飾をほどこした麦束の展示が行なわれたことがあった．教会のガイドブックにはそれについて，次のような解説がある．

●それ（the nek〔＝麦束〕）は，最初に刈り取った束を使って編みあげられる．その際，3つの部分に編み分けられるが，これはそれぞれ「土」「空気」「水」をあらわしている．彼ら（刈り入れに関わった者たち）が，このnekを手にした男のまわりに集まってきて円陣をつくると，男は，3度おじぎをしてから「首だ，首を取ったぞ（The nek —I've got 'im)」と叫び，この円陣を突破しなければならない．まわりの者たちは皆，水を入れた壺などをもってnekに水をかけようとするが，もし男がこのnekを濡らさずに屋敷もしくは教会まで届けることができれば，よい収穫が期待でき，逆に濡らされてしまえば多くは望めないとされていた．

ここでは，収穫の最後にではなく，はじめに麦束の飾りつけが行なわれている点が異例であるといえよう．

刈り入れの最後に行なわれていた催しの数々は，今日では完全に姿を消してしまったが，その後麦束を使った装飾品づくりだけは人びとの手で復活させられ，収穫が機械化される以前のそうした活動を偲ばせるものの1つとなっている．現在，たいていは伝統的なデザインを踏襲した，さまざまな手のこんだ飾りが，熟練した技術をもつ男女の職人たちによって制作されているが，彼らは，自らのつくる装飾品もしくは人形（ドリー）の由来を，たいていフレーザーの『金枝篇』を引き合いに出して説明しようとするので，これらは普通，太古の豊饒のシンボルもしくは「母なる大地」を体現する存在とされているようである．また現代のコーン・ドリーには欠かすことのできないものとなっている，さまざまな色のリボンは，麦畑のさまざまな要素を反映したものだとされている．たとえば最もよく使われる赤色と青色はそれぞれ，かつてよく畑に紛れ込んでいたヒナゲシ POPPY とヤグルマギク CORNFLOWER をあらわすといい，黄色いリボンは熟した穀粒を，緑色のそれは生育途上の若い穀草を示しているという［Peter Oakley（コーン・ドリーの職人），1970年10月］.

全体を見渡してみると，こうした説明はあまり正確なものとはいえそうにないが，職人たちの関心が，人形（ドリー）の起源を詮索することよりも，どちらかといえば複雑で優美なデザインの追求に向かうのはごく自然なことであろう．職人たちの中には幸運にも，伝統的なデザインを記憶し，後の世代にそれを伝える先達を見いだして教えを乞うことのできた者もあり，また地方の博物館をまわって人形（ドリー）を捜し求め，それらにならって制作を進める者たちもいる．しかし大多数は，このテーマを扱った書物やパンフレットからデザインを入手しているようである［Lamberth, 1969 and 1977; Sanford and Davis, 1964］.

この工芸品がはじめて復活された頃には，職人たちは，適当な長さの中空の麦藁を手に入れるのに苦労したものだが，関心が高まるにつれ，コーン・ドリーの職人たちが必要とする分だけ，古い品種を栽培する農家もあらわれるようになった．またストロー用の長い麦わらを使うこともあり，「人形（ドリー）づくり」が学校や婦人協会などの団体の教室で教えられる際にもこれが用いられた．

コーン・ドリーは現在，全国各地の工芸品店で買うことができる．また「古風な」カントリー・パブにもしばしばこの人形が飾られている．それらの精巧なデザインは感嘆に値するが，収穫の終わりに慌ただしくつくられたり，悪天候で農作業ができないときの時間つぶしに編まれたりしていた往時からすれば，大きな変容を経てきたこともまた確かであろう．現在，人形（ドリー）につけられる名はたいてい，形の特徴と，それがつくられはじめた州名とが組み合わされている．たとえば，コーン・ドリーを扱った一般向けの本［Lambeth, 1977］には，「ヘレフォードシャーの扇」，「サフォークの蹄鉄」，「ケンブリッジシャーの傘」，「ノーサンプトンシャーの角」などが紹介されている．またコーン・ドリーが商業的規模で製作されるようになるにつれて，人形（ドリー）は家庭に平和と繁栄をもたらす，といった俗信がささやかれるようにもなった［サリー州ニュー・モールデン，1978年9月］．

コーン・ドリーについては，翌年の春に蒔くための穀類の種子を保存するという実用的な目的をもっていたという指摘もある．たしかに，刈り入れの最後に残った一角は比較的雑草が少ない点，種子を保存するのに適しているだろうし，また実際にイギリス諸島には，コーン・ドリーからとった穀粒が蒔かれていた地域もあったという［Gailey, 1972: 22］．しかし残念ながら，飾りつけをした麦束や最後の麦束から取った穀粒を翌年に蒔くことが，イギリス諸島全域で広く行なわれていた形跡を示す資料は見あたらないようである．

コーン・ドリーを最終的にどのように処理するかは，イギリス諸島の中でも地域によってさまざまである．たいていは翌年の刈り入れが済んで新しいものと取り替えられるまで，農家の厨などにかけておかれたようで［Danaher, 1972: 198; Leather, 1912: 104; Peate, 1971: 178］，地方の歴史民族博物館におなじみの，田舎家の厨や炉端の展示でも，しばしばコーン・ドリーの姿を見かけることがある．農場によっては形が崩れてしまうまで取っておくところもあったようで，中には何年分もの人形をためこんでいる家もあったという［Danaher, 1972: 198; Peate, 1971: 178］．

スコットランドでは，cailleachは翌年に畑で耕作［Ross, 1976: 143］，もしくは刈り入れ［Mitchison, 1973: 253］をはじめる際，馬に食べさせた．アイルランドでも同様に，力をつけるために馬に与えたり，卵を多く産ませるために鶏の餌としたりした．またドネガル州の人びとは，最後の麦束で聖ブリギッド ST BRIGID の十字架をつくった［Danaher, 1972: 198］し，アイルランドの他の地域では，最後の麦束には病気を治す力があると信じられ，病気の動物に与えたり，妊娠中の雌牛に食べさせたりした［Danaher, 1972: 198; Gailey,

1972: 22]．燃やして灰にするときは，その穀粒は皮膚病に効く軟膏をつくるのに用いられたし，リーシュ州では，穀粒は鶏に投げ与えられ，最初にこれにありついた雄鶏が，聖マルティヌスの祝日〔11月11日〕の前夜――この日には家畜を屠って血を流すならわしがあった――に屠られるべき犠牲として選ばれることになった．さらにレンスター地方の北部では，「麦束の埋葬」と呼ばれる不気味な儀式が行なわれることもあった．まずは最後の麦束を盗み出し，それに犠牲となる者の名を記す．そしてこれを刃物で突き刺したり，殴りつけたりして「殺し」てから「埋葬」する．すると犠牲者は，麦束が土の中で腐ってゆくにつれて体調を崩してそのまま死に至るといい，彼または彼女の命を救うには，その麦束を見つけ，掘り出して燃やしてしまうしかないのだという［Danaher, 1972: 198］．

Cornflower ㊫ *Centaurea cyanus* **ヤグルマギク**（キク科ヤグルマギク属）

●青い花を咲かせるヤグルマギクは……伝統的にハロー校Harrow Schoolの花とされており，卒業生たちはこの花を常日頃から，そしてまたとりわけ競馬のロイヤル・アスコット開催のような「とっておき」の行事の折などには必ずといっていいほど身につけている．実際のところこの花は，出身校を示す徽章のような存在となっていて，ありふれた小さな花であるにもかかわらず，卒業生たちの間に強い連帯意識を呼び起こす．毎年恒例となっている，クリケットの，イートン校Eton Schoolとハロー校の対抗試合では，ヤグルマギクがひときわ目立っている．……わが友人たちの多くは，毎年この日のために花を手に入れようとあれこれ苦心しているようで，中には自分で栽培をはじめてしまった者までいる．

［ポーイス州ランドリンドッド・ウェルズからの投書，'This England' 誌，1988年春］

●いつ頃からハロー校でヤグルマギクを身につけるようになったのか，はっきりしたことは不明だが，おそらくは19世紀にさかのぼる話だろうと思われる．特にイートン校とハロー校の対抗試合の際には決まって身につけるが，イートンもハローも青色を基調とした制服なので，イートン・ブルーとの違いを際立たせるために，ヤグルマギクが選ばれたのだろう．学校の外で見かけるのはイートン校対ハロー校の試合の時くらいだろうが，学内では開花の時期になると，あちこちにヤグルマギクが飾られる．［ハロー校，1994年1月］

●息子が，ロンドン南部のダリッジにあるアレンズ校Alleyn's Schoolに在学していた頃，創立記念日にはすべての学生，教職員および来訪者がヤグルマギクの花を身につけていた．これは，ヤグルマギクの花が好きだった創立者E・アレンEdward Alleyn〔1566-1626〕を偲んでのことだという．

［カナダ，オンタリオ州からの投書，'This England' 誌，1988年夏］

●アレンズ校とダリッジ・カレッジでは，創立者の記念日（6月21日に最も近い土曜日．1619年の6月21日に，ジェームズ1世から神の賜物財団Foundation of God's Gift設立の開封勅許状が下されたからである）には，全校の学生がヤグルマギクを身につけた．

またその翌週の土曜日は，ジェームズ・アレンズ女子校James Allen's Girls' Schoolの創立記念日とされており，この日は同校の女学生たちがヤグルマギクを身につけた.

ダリッジ・ヴィレッジにある財団の聖堂には，祭壇背後の飾壁に……ヤグルマギクが描かれている．これはベツレヘムの馬小屋〔におけるキリスト生誕〕の場面を描いたものだが，いくつかの特別な描き込みがある――すなわち，幼な子キリストのもとを訪れる3博士のうちの1人はE・アレンの顔をしており，またそこにはさらに2人の特別な「訪問者」として，草創期の頃の同校の制服を着た2人の少年が描かれているのである．そしてそのうちの1人は聖堂のミニチュアを，もう1人は1束のヤグルマギクを，それぞれ手にしている．……

こうして創立記念日をヤグルマギクで祝う伝統は，記録をさかのぼると（おそらく）1620年の6月にはじまったものと思われ，それ以来欠かすことなく続いているようである．毎年6月になると，われわれは何千本もの花を使用する．すなわち，3校がそれぞれ1つずつ，直径2.5フィートの大きな花輪を創立者の墓の上に捧げ，そのうえ週末になるとダリッジでは（教職員，学生，卒業生，保護者など）6000人以上がヤグルマギクを身につけることになる．したがってこの時期，ロンドンの他の場所でヤグルマギクを手に入れるのはまず不可能だろうと思う.

［ロンドン，ハーン・ヒル，1994年1月］

●休戦記念日Armistice Day〔11月11日〕には，［ヤグルマギクが］二度の大戦で戦死したフランスの兵士たちを悼むため，赤いヒナゲシPOPPYと一緒に売られていた．かなりの数の人びとが，この2つの花を並べて身につけていた．全国的な現象であったかどうかは不明だが，少なくともロンドンにはこの光景が広く見られた.

［グロスターシャー州チェルトナムからの投書，'This England'誌，1988年春号］

Corn marigold 学 *Chrysanthemum segetum* **アラゲシュンギク**（キク科キク属）

●しぶとい雑草で，カーロー州ではMogue Tobinの名で知られている．これはこの雑草のせいで他の作物の栽培ができなくなり，農場を追われるはめになったという農夫から聞いた話である． ［Booth, 1980: 110］

またインナー・ヘブリディーズ諸島のコロンゼー島では，アラゲシュンギクは「疼痛を和らげるのに用いられた」［McNeill, 1910: 136］という.

Corns 魚の目

魚の目の治療に用いられてきた植物には，CELANDINE（キンポウゲ属の1種），セイヨウオオバコGREATER PLANTAIN，ヤネバンダイソウHOUSELEEK，セイヨウキヅタIVY，PENNYWORT（ウンビリクス属の1種）などがある.

Corn-showing コーン・ショーイング

ヘリフォードシャー州で復活祭の日に行なわれた催し．麦畑から〔雑草である〕ムギセンノウCORN COCKLEを取り除くのが目的であった.

Corn spurrey 学 *Spergula arvensis* **オオツメクサ**（ナデシコ科オオツメクサ属）

●meldi（＝オオツメクサ）が大量に生えているのは，［その土地が］もっと肥料を必要としていることを示す．［シェットランド州ラーウィック，1994年3月］

Corn thistle

CREEPING THISTLE（アザミ属の1種）の古い異称．

Corpus Christi 聖体祭

13世紀以来，ローマ・カトリック教会では，三位一体の主日Trinity Sunday〔聖霊降臨祭WHITSUNの次の日曜日〕の後の木曜日に，聖体に関する教義の確定を記念して，聖体祭を行なう．この日には，荘厳ミサの後，聖別されたパンとぶどう酒のうちにキリストが現在することへの信仰の証しとして，この聖体を奉持して行列を行なうならわしとなっている．

●古代には世界各地で，重要な人物の通り道に，敬意のしるしとして花を撒く慣習が見られた．教会はこの慣習を，聖体祭の行列の際，神聖なる（聖体の）秘蹟をたたえるために採用したのである．そしてヨーロッパではいくつかの地域で，この慣習がより大がかりな形で行なわれるようになり，通り全体が花で覆われることもあった．イタリアのいくつかの町では今日でもなお，行列が通る全行程に花のじゅうたんが敷かれ，その図案には，福音書の中のいくつかの場面が採られている．［ウェスト・サセックス州アランドル，聖母と聖フィリップ・ハワード司教座教会Cathedral of Our Lady and St Philip Howard，アンソニー・ホェールAnthony Whale師，1990年3月］

イギリスで最もよく知られている聖体祭の「花のじゅうたん」は，ウェスト・サセックス州アランドルにあるローマ・カトリック教会の司教座教会に，毎年用意されているものだろう．

●この「花のじゅうたん」の伝統は1877年，第15代ノーフォーク公によって，ローマ郊外のストリ村のものを範としてはじめられた．第一次世界大戦中は行なわれなかったようだが，1919年には再開され，以来ずっと続いている．その製作はすべて教区民の手で行なわれる．［Anon., n.d.: 23］

近年は，聖体祭の2日前の火曜日に，中廊（長さ97フィート）の端から端までが幅6フィートの花のじゅうたんで覆われ，これは翌水曜日1日と，ミサ当日（木曜日）の午後5時30分まで一般に公開される．デザインは毎年変わるが，用いられる植物はたいてい同じである．明るい色を散らすのには主としてキクCHRYSANTHEMUMが用いられ，さらにカーネーションCARNATIONによって微妙なアクセントが添えられる．また背景に敷く暗色には，ローソンヒノキ（→CYPRESS）が用いられる．［編著者自身による観察報告（1980年）／「フラワー・レディー」主任のS・スマートStella Smart夫人，1978年3月および1980年8月］

ロンドンでも，少なくとも2つのアングロ・カトリックの教会において，聖体祭の後の日曜日に向けて花のじゅうたんが用意される．ノッティング・ヒルの諸聖人教会All Saints Churchでは第二次世界大戦前後からずっと，毎年この日のために，アランドルのものとよく似たじゅうたんが敷かれている．

●じゅうたんのデザインはいろいろと変わってきたが，現在は西インド諸島出身の教区民が描いたものを使用している．まず原画が中廊の床にチョークで描かれる．現在のそれは3つの部分——十字架，聖体と聖杯，鳩——からなっている．使用する花は，それに先立つ数週間にあらかじめ集めておかれるが，聖体祭がいつになるかによって購入する花は変わってくる．この祝日は毎年移動するので，年ごとにその時期に合った花を選ぶようにしているのである．集まった花のほとんどは花弁をはずして使うので，あまりもちがよくない．たいていは前日に準備をするが，翌日の夕方になるともう萎れはじめてしまっている．この花のじゅうたんはあくまで，神聖なる聖体の秘蹟において，行列がその上を歩くために用意されたものであるから，当日のミサが終わるまでは，この上を歩いてはならない（その後は行列に加わって歩く人びとによって踏みしだかれる）．じゅうたんの製作には教区全体が関わっており，前日の午後いっぱいかかって，教区民たちが仕あげてくれるのだが，これは大変な重労働である．

［J・フェアヘッドJeremy Fairhead師，諸聖人教会，1987年9月］

ベルグレーヴィア地区のボーン通りにある聖マリア教会St Mary'sでは，一風変わったじゅうたんがしつらえられる．

●われわれが聖体祭で行なう行列がいつごろからはじまったのかは不明［とはいえおそらくはこの教会が建てられた1874年以前にさかのぼるものではあるまい］だが，本教会では，他でしばしば行なわれているように，花のじゅうたんの上を歩くことはしない．聖体行列の先頭で，小さい女の子がバラROSEの花びらを撒きはするが，床の上のじゅうたん自体は，葉と香草でつくられる．香草には甘い香りのする，食用のものを用いることが多く，時にバーベナや香料用ゼラニウムが混じっている場合もある．使用される植物がそれぞれいかなる意味をもっているのかは私にはわからないが，このとき教会が，あたかも芳香の漂う森の中を思わせるような，特別な香りに満たされることはたしかである．

［J・ギリングJohn Gilling神父，聖マリア教会，1987年10月］

Cosmic plant　→カルマ植物KARMIC PLANT

Cotton sedges

COTTON GRASS（ワタスゲ属の数種）の異称．

Cotton grass　㊫ *Eriophorum* spp.（カヤツリグサ科**ワタスゲ属**の数種）

●bog cottonあるいはcotton sedges（いずれもcotton grassを指す）——当地ではlukki-minni's ooと呼ぶ——を摘みとって屋内に持ち込むのは，きわめて不吉なこととされている．

［シェットランド州ラーウィック，1994年3月］

Cotton thistle　㊫ *Onopordum acanthium*（キク科**オオヒレアザミ属**の1種）

「スコットランドのアザミScottish thistle」は，しばしばこの種を指すものと考えられる

（→SCOTCH THISTLE，THISTLE）．また，1587年にノーサンプトンシャー州のフォザリンゲイで処刑された，スコットランド女王メアリ・スチュアート〔1542-87〕と結びつけられることもある．

●村をひとまわりして帰ってくると，すぐさまある老婆が，Queen Mary's Thistle――オオヒレアザミ属 *Onopordum* の植物――でも集めていたのかね，と声をかけてきた．言い伝えによればこの植物は，メアリ女王の従者が……フォザリンゲイにもたらしたものだという．［'Pharmaceutical Jounal' 誌, 1875年6月12日号：997］

Couch grass 学 *Elytrigia repens*（イネ科**エリトリギア属**の1種）

ジプシーたちの間では，couch grassを冷水に浸してつくった滲出液は，解熱と胆石の治療に有効とされていた［Vesey-FitzGerald, 1944: 24］．

Cough flannel

デヴォン州における，ビロードモウズイカ MULLEINの異称．

Coughs and colds　咳と風邪

咳や風邪の治療に用いられてきた植物には以下のものがある．クロスグリ BLACK CURRANT，BLACK SPLEENWORT（チャセンシダ属の1種），ヨーロッパグリ CHESTNUT，フキタンポポ COLTSFOOT，セイヨウニワトコ ELDER，EYEBRIGHT（コゴメグサ属の数種），セイヨウニレ wych ELM，セイヨウカキオドシ GROUND IVY，ニガハッカ HOREHOUND，セイヨウワサビ HORSE-RADISH，MOUSE-EAR CHICKWEED（ピロセラ属の1種），ビロードモウズイカ MULLEIN，タマネギ ONION，RAMSONS（ネギ属の1種），ルバーブ RHUBARB，ヘンルーダ RUE，セイヨウウツボグサ SELF-HEAL，ルタバガ SWEDE，カブ TURNIP，セイヨウノコギリソウ YARROWなど．また3月に風邪に罹ると，ソラマメ BROAD BEANの花が咲くまでは治らないとされることもある．

Cow parsley 学 *Anthriscus sylvestris*（セリ科**シャク属**の1種）

19世紀に記録されているcow parsleyの地方名を見ると，その多くは，この植物が不吉だと考えられていたことを物語っているようである．一例をあげると，badman-oatmeal（悪人のオートミール），de'ils meal（悪魔の食事），de'il's/devil's oatmeal（悪魔のオートミール），devil's parsley（悪魔のパセリ），naughty man's oatmeal（ならず者のオートミール）などがある［Britten and Holland, 1886: 567］．

ごく最近には：

●cow parsleyを家に持ち込んではいけない．蛇がついてくるから．

［サウス・グラモーガン州セント・ブライズ・スーパー・エリー，1982年10月］

などとされることもあるようだが，cow parsleyに関する現代の民間伝承の中で最もよく知られているのは，その花を摘んで家の中に持ち込むと，その人の母親が死ぬ，というものである．

●私の子どもの頃ヨークシャー州では，茎が長い割にはとても小さな白い花をつけるこの植物を摘もうとする者はいなかった．草丈があってとても美しく，優美な感じがするので，私は幾度となくこれを摘みたいという誘惑にかられたものだが，この花はStepmother's Blessing（継母の祝福）だのMOTHER DIE（母の死）だのと呼ばれているから，決して摘んではいけないと言われていた．私はもちろん母が大好きだったので，継母などは願い下げだったが，もしこの花を摘んだりしたら，本当にそうなってしまうぞ，と言い聞かされていたのである．改めて言うまでもなく，この野草は現在でもあちこちによく茂っているが，これは私の子どものころも同じだった．［シュロップシャー州マーケット・ドレイトン，1983年3月］

●私は子ども時代をエセックス州のチグウェル，オンガーおよびアップミンスターで過ごしたが，母はcow parsleyをkill your mother quick（おまえの母をすぐ殺せ）と呼んで，絶対に家に持ち込ませてくれなかった――そんなことをしたら私が死んでしまうわよ，と言って．またQueen Anne's Lace（アン女王のレース）という呼び名［やはりこの植物の別名］はふつう，そのレース風の外見によるものとされているが，彼女（アン女王〔1665-1714〕）の子がすべて夭逝したことを暗示するのだという話もある．［エセックス州ウィタム，1983年5月］

●道端に生えている野生のcow parsleyのことはよくご存じでしょう．私たちは，この花を摘んだりしないようよく言い聞かされましたし，break your mother's heart（母さんを悲しませろ）と呼んだりもしました．［ロンドン，ウィンブルドン，1983年11月］

こうした民間信仰はおそらく，この植物を家に持ち込むと，細かい花びらが落ちやすく，ちらかりがちであることから生まれてきた――あるいは少なくとも何らかの関連がある――のだろう．興味深いのは19世紀の植物名に関する辞典類に，mother-dieがcow parsleyの異称としては記載されていないことである．J・ブリテンJames Britten／R・ホランドRobert Holland『植物英名辞典A Dictionary of English Plant-names』（1878-86）にも，Mother Deeの名こそあがってはいるが，あくまでRED CAMPION（マンテマ属の1種）の異称として紹介されているにすぎない［Britten and Holland, 1886: 342］．しかし，すでに19世紀の終わり頃には，cow parsleyはこれと似た含みをもつ別名で呼ばれていたようである．

●私の母は1899年に〔ケンブリッジシャー州の〕クロイドンで生まれたが，母の両親はいずれもサフォーク州の出だったので，サフォーク州の親戚のところに遊びに行くことがあった．母がよく口にしていたところによれば，同地ではcow parsleyがbreak-your-mother's heartと呼ばれていたらしく，彼女の母もまたこの名を使っていたという．［デヴォン州オタリー・セント・メリー，1993年3月］

cow parsleyが不吉とされていたことは，この植物に与えられた他のさまざまな異称からもうかがうことができる．

●私は子どもの頃，〔サフォーク州の〕イプスウィッチ近くに住んでいたが，その当時はcow parsleyをDead Man's Flesh（死人の肉）と呼んでいた――おそらくはこの植物が墓地にたくさん生えていたからだと思う．ずっと後になるまで，この植物の他の名前は知らなかった．［サフォーク州ストウマーケット，1985年9月］

● cow parsleyはbad man's baccy（悪人のタバコ）と呼ばれていた．

［ノーサンバランド州コーブリッジ，1993年1月］

●数年前に80歳で亡くなったある老人は，cow parsleyをshit-parsley（いまいましいパセリ）と呼んでいた． ［ケンブリッジシャー州ウィッケン，1993年3月］

● cow parsley＝devil's porridge（悪魔の粥） ［ダブリン，1993年5月］

また，cow parsleyを漠然と聖母マリアST MARY THE VIRGINと結びつける伝統も存在するようである．ドーセット州ではこの植物がMy Lady's lace（聖母のレース）と呼ばれていたし，サマーセット州［Grigson, 1987: 209］およびアイルランドでは，Lady's laceの名が記録されている．

●［アイルランドでは］cow parsleyをLady's laceと呼んでいた．私は，雇っていたメイドが「Lady's laceは祭壇に飾ると素敵ですよね」と言ったことがあるのを覚えている．5月は聖母の月であり，子どもの頃，わが家でも「5月の祭壇」をつくったものだった． ［サフォーク州イースト・バーグホルト，1993年2月］

スコットランドの中西部では，cow parsleyはdog's flourish（犬の花盛り）という名で通っている――「片田舎に住む70代の老婦人によれば，〈道端の犬が通ったあとに次々と生えてくるからですよ！〉ということだった」［ダンバートンシャー州ヘリンズバラ，1991年2月］．

〔グロスターシャー州西部の〕ディーンの森では：

● cow parsleyは豚の餌であった．木こりは皆，少なくとも1頭の豚を飼っていて，しばしば食べ残しの代わりに，cow parsleyにBRACKEN（ワラビ属の1種）の新芽やセイヨウヤブイチゴBLACKBERRYの新梢などを混ぜたものを，餌として与えていた．ただしこの餌は子豚に与えてはならず，さもないと「そいつを縫う」はめになるとされていた．あまりにも成長が早くなりすぎて，子豚の皮膚が破れてしまうというのである． ［グロスターシャー州シンダーフォード，1993年11月］

Cowslip 学 *Primula veris* **キバナノクリンザクラ**（サクラソウ科サクラソウ属）

かつてはプリムローズPRIMROSEと同様に，上下逆さまに植えると赤い花を咲かせる，という俗信が広く行き渡っていた．

●［チェシャー州において］キバナノクリンザクラに関してささやかれていた奇妙な俗信というのは，この植物を上下逆さまに植えると赤い花が咲く，というものだった． ［Hole, 1937: 48］

また，キバナノクリンザクラの花でつくった，「ティスティ・トスティ tissty-tossty」と呼ばれる芳しいボール玉を使う恋占いlove DIVINATIONもかつては盛んに行なわれていたが，現在では，いわゆる中年以上の年齢層に属する人びとの思い出の中にのみ生きるにとどまっている．

●［ヘリフォードシャー州では］キバナノクリンザクラの花でボール玉をつくると，これを放りあげながら同じことば［「金持ち，貧乏人，乞食，農夫，いかけ屋，仕立屋，小作人（Rich man, poor man, beggar man, farmer, tinker, tailor, plough-boy）」］を何度も繰り返し唱え，これを玉が地面に落ちるまで続ける．もしくは，次のような呪文を唱えてから玉を放りあげる．

ティスティ・トスティ，本当のことを教えておくれ，
私は誰と結婚するの？

Tisty-tosty, tell me true,
Who shall I be married to?

そしてこの玉が落ちてくるまで，現在の恋人の名や恋人になる可能性のある人の名などをいくつか唱え続ける．[Leather, 1912: 63]

●聖霊降臨祭WHITSUNの日には，外でキバナノクリンザクラを集めてこれを家に持ち帰る．帰ったらまず椅子を2脚用意し，その間に長さ約12インチの紐を渡す（縄をなうときの要領で）．次に花序だけをむしり取って，それをバランスよく紐にひっかけてゆく．花は多ければ多いほどよい．これが終わったら紐を巻き，両端を結びあわせてボール玉をつくる．

そして次のように唱えながら，この玉を前や後に何度も放りあげる：

ティスティ・トスティ，本当のことを教えておくれ，
私は誰と結婚するの？
いかけ屋，洋服屋，兵隊，船乗り，
金持ち，貧乏人，乞食，泥棒．

Tisty-tosty, tell me true,
Who am I going to be married to?
Tinker, tailor, soldier, sailor,
Rich man, poor man, beggarman, thief.

これを繰り返しているうち，ボール玉から一番最後の花がはずれ落ちたときに唱えた職業をもつ人と結婚することになるとされていた．

［ドーセット州ソーンコム，1976年6月］

ウェールズの子どもたちは，同じような方法で，自分が何年生きられるかを知ろうとしたようである．

●キバナノクリンザクラは今でも，子どもたちがちょっとしたかわいいテストを行なうのに用いられている．……彼らはその花を使ってボール玉をつくると，次のように唱えながら放りあげ，右手だけを使って落ちてきた玉を受けとめる．

ピスティ，ポスティ，4と40，
私は何年生きられる？
1年，2年，3年，4年

Pisty, posty, four-and-forty,
How many years shall I live?
One, two, three, four

と玉が落ちるまで続け，落ちたときの数字がその子の寿命を示すのである．

[Trevelyan, 1909: 97]

1920年代の後半から1930年代の前半にかけて，セヴァーン・ヴェイル〔セヴァーン川河口付近の一帯〕では：

● [〔グロスターシャー州〕アーリンガムにあった祖父の農場の] 牧草地にはキバナノクリンザクラがたくさん生えていた．叔母はわれわれ子どもたちを野原へ連れていき，そこでこの花のボール玉をつくってくれた．当時私はおそらく3，4歳で，どんなふうにしてボールをつくったかは覚えていないが，直径4インチくらいで，花だけでできていた！　われわれがこれをを放りあげるたびに，彼女は次のように唱えていた：

ティスティ・トスティ，キバナノクリンザクラのボール玉よ，
どこに落ちるか教えておくれ．
ダーズリーか，ユーリーか，コーリーか，キャムか，
フランプトンか，フリサーンか，アーリンガムか？

Tisty Tosty cowslip ball
Tell me where you're going to fall?
Dursley, Uley, Coaley, Cam,
Frampton, Fretherne, Arlingham?

最後にあがっている名は，すべてセヴァーン・ヴェイルの地名である．

[デヴォン州ハーバトンフォード，1992年10月]

他の地域では，キバナノクリンザクラのボール玉が単なる玩具や飾りとしてつくられることもあった．

●ドッジ・ボールはキバナノクリンザクラでつくる．まず1フィートほどの長さのより糸を手に入れると，茎の部分は捨てて，花びらだけをできるだけ均等になるように，下向きに糸に取りつける．糸がほぼ一杯になったところで，両端からたぐり寄せてボールをつくる．子どもたちはこのボールに大喜びで，いつまでこのまま遊んでいられるかと気をもみながら，手を上にあげてひらりと身をかわす．

[IFCSS MSS 825: 123, リーシュ州]

●子どもの頃［約50年前］私はキバナノクリンザクラ—— paigleと呼ばれていた——のボールをつくり……皿に水を張ってその上に浮かべた．

[ケンブリッジシャー州ウィッケン，1993年3月]

ノッティンガムシャー州のランブリーには，「キバナノクリンザクラの日曜日Cowslip Sunday」を祝うならわしがあった．

●数週間前私は，ランブレーの教会を訪れ……祭壇の正面にかかっている美しい布に目を奪われた．それにはどんぐり，ツタの葉，キバナノクリンザクラをあしらった，目もあやな刺繍がほどこされていたのである．……牧師の説明によれば……キバナノクリンザクラが描かれているのは，この村の「キバナノクリンザク

ラの日曜日」を記念するものだという．かつて5月の第1日曜日の当日，あるいはそれに先立つ数日の間，子どもたちはこの花をせっせと集めさせられた．そして当日になると，村の通りには売店が立ち並び，ノッティンガムから大勢の客が馬車に乗って，キバナノクリンザクラを買いにやって来たのだという．幸いなことに，このならわしは1970年以前に取りやめになったそうである．

［ノッティンガムシャー州ニューアーク，1992年3月］

地のワインをつくる人びとの間で，キバナノクリンザクラが重んじられることもあるようである．

●キバナノクリンザクラのワインは黄疸JAUNDICEに効く．

［ドーセット州ポートランド，1991年4月］

●母の用いていた治療法：はしかMEASLESに罹ったときには，（自家製の）キバナノクリンザクラのワインを飲ませる．［ウェスト・ミッドランズ，クィントン，1993年4月］

また子どもたちはよく，キバナノクリンザクラの花の蜜を吸った．

●［オックスフォードシャー州キンガムで子ども時代を過ごした私は］キバナノクリンザクラの花から蜜を吸った．［オックスフォードシャー州ファームーア，1993年7月］

●間もなく私は75歳になるが……［子どもの頃われわれは］キバナノクリンザクラの花を摘んで，その甘い蜜を吸ったものだった．

［ウォリックシャー州シップストン・オン・スタウアー，1993年9月］

Crab apple 学 *Malus sylvestris*（バラ科**リンゴ属**の1種）

●この時期［ミカエル祭MICHAELMAS〔9月29日〕の前後］，イングランド西部の村娘たちは，生け垣のあたりを行ったり来たりしてcrab appleを集め，家に持ち帰って物置に入れておく．そしてこれを並べて，自分に求婚してくれそうな男性たちの頭文字をつくり，旧ミカエル祭の日〔10月10日〕まで待つ．この日が来たら，並べたものを調べてみて，最も完全な形を保っている頭文字をもつ男性が，一番強い愛情を持ってくれており，将来の夫として最もふさわしいということになる．

[Brand, 1853: 56]

結婚相手としてふさわしい条件を備えた何人ものボーイフレンドと付き合っておきながら，結局のところ平均以下の男性を選んでしまった女性を話題にするときには，しばしばcrab apple（おそらくはむしろ味の酸い栽培種がイメージされているのだろうが）を使った言い回しが用いられる．

●私は子どもの頃――1960年代の初頭――ドーセット，デヴォン，サマーセットの3州の州境のあたりに住んでいたが，おばのうちの1人が，「果樹園を隅から隅まで探しまわって，結局crabしか見つけられなかった」と言われているのを耳にしたことがある．［ロンドン，ストレタム，1991年5月］

またダートムーアの東のはずれでも，遅くに結婚した糸紡ぎの女性が，「果樹園で一番甘いりんごを探していながら，最後にgrab（＝crab）を摘んだ」などと言われたという

[Dunsford, 1978: 209]．似た表現はケント州でも用いられたが，ただし同地では，相手をとっかえひっかえする男女の双方を指して用いられた［ケント州シェパーズウェル，1979年10月］．

Crack willow 学 *Salix fragilis*（ヤナギ科**ヤナギ属**の1種）

●ブッカム公園でcrack willowの木を切り倒していたサセックス州出身の2人の男たちは，この木をWidow's Willow（やもめの柳）と呼んでいた．何の前ぶれもなく枝を落として，木を切っている者に怪我を負わせることがあるからだという．

［サリー州グレート・ブッカム，1979年10月］

Cramp けいれん

けいれんの予防に用いられてきた植物には，「トガリネズミのトネリコshrew ASH」，コルクガシCORK OAK，ジャガイモPOTATOなどがある．また胃けいれんの治療には，CREEPING THISTLE（アザミ属の1種）やセイヨウワサビHORSERADISHが用いられた．

Cramp-thistle

ウォリックシャー州における，虫こぶのあるCREEPING THISTLE（アザミ属の1種）の異称．

Cranberry 学 *Vaccinium oxycoccos* **ツルコケモモ**（ツツジ科スノキ属）

●カンバーランド州の州境近くにあるロングタウンでは，ツルコケモモはかなり重要な商品となっており，実が熟す時期になると5～6週間の間，市の立つ日ごとに貧しい人びとの手で販売され，日に20ポンドから30ポンドもの売り上げがある．その後この実は王国の各地に送られ，かのクランベリー・パイの材料となる．

[Lightfoot, 1777: 203]

Crazies / crazy

いずれもBUTTERCUP（キンポウゲ属の数種）の異称．

Creeping buttercup →BUTTERCUP（キンポウゲ属の数種）

Creeping cinquefoil 学 *Potentilla reptans*（バラ科**キジムシロ属**の1種）

●下痢DIARRHOEAをしているマン島猫（腹を下しやすい）には，*Potentilla reptans*の根の煮出し汁を飲ませる．［マン島，マリュー地区：1965年のマン島民俗調査］

Creeping thistle 学 *Cirsium arvense*（キク科**アザミ属**の1種）

かつてはcorn thistleの名でも知られていた．

●［ウォリックシャー州における］けいれんCRAMP［の治療法］：cramp-thistleの「ふくれた茎」，すなわち開花したsoldiers（＝corn thistle）の茎によく見られる虫こぶを用いる．

[Bloom, 1920: 245]

→THISTLE（アザミ属の数種）

Crested dog's-tail 学 *Cynosurus cristatus*（イネ科**キノスルス属**の1種）

●［ヨークシャー州の］子どもたちは夏の間，よくdogtail grass（*Cynosurus cristatus*）を使って「木（ツリー）」や「人形（ドリー）」をつくる．まずこの草を一握り集めて束にし，そのまわりに別の穂を巻きつけて固定する．そしてさらにたくさんの穂を，束の下の方まで，一定の間隔を置いて結びつける．こうすると，束から穂が両わきに向かって突き出し，木の枝に似た姿になるのである．リンカンシャー州では，一人前の男たちもまた，日曜日の午後などに，似たような細工をして楽しんだものである．こうした「木」は，できあがったものを恋人にプレゼントしたりすることもあったようだが，暇つぶし以外の何らかの目的をもってつくられるわけではないようだった．

［Fowler, 1909: 296］

●昨年の夏，母は私に，自分が「木（ツリー）」と呼んでいるものの作り方を教えてくれた．これはおそらく，コーン・ドリー CORN DOLLY の遠い親戚にあたるといってよさそうなものだが，Crested dog's tail grass（*Cynosurus cristatus*）という特定の草がないとつくることはできない．まずこの草を撚って3つの束をつくり（花序もつけたままにする），別の束の花序の部分を巻きつけて，この3つの束を縛ってゆく．……

花序を3本の束のまわりに巻きつけた後で，茎の部分を3本の束のまわりに1回巻きつけ，その端をこの輪に通して締めつける．それからこの茎の束を下に折り曲げ，はじめの3本の束と揃える．この繰り返しで，全体が長くなるにつれて，胴回りの方も太くなってゆく．母の説明では，こうしてできあがったものをさらにいくつも組み合わせると「木」になるということだったが，実際にどのような形に仕上げるのかについては，彼女の話は曖昧なままだった．……

また私は母のほかにも，同様のものをつくったことがあるという女性（母と同じサリー州ヘーズルミアの住人）を見つけたが，彼女の記憶するところでは，これは Rats Tail（ネズミの尾）と呼ばれていて，つくり方はもっと簡単だったという．手順は似たようなものだが，枝分かれさせたりすることはなかったようである．

［Conquer, 1970: 145］

●［〔コーンウォール州〕トルーロー近郊のショートレーン・エンド校では，1934年から38年にかけて］dog's-tail grass の花をつけた穂を集め，コーン・ドリーのような束をつくった．

［コーンウォール州セント・デイ，1994年4月］

Crop circles　クロップ・サークル（ミステリー・サークル）

1970年代の後半，生育途中の麦畑の中に，突如として〔作物の一部がなぎ倒されたりして〕大きな円（サークル）があらわれるようになった［Delgado and Andrews, 1989］．これらの円（サークル）が特に頻繁にあらわれたのはハンプシャー州およびウィルトシャー州だったが，両州には有史以前の遺跡が多く，また1960年代から1970年代にかけて，UFO の活動ではないかと取りざたされた事象がしばしば見られもしたので，何かと注目を集めることとなった．この比較的単純な図形には，さまざまな秘教的な解説が加えられる一方で，風あるいは鳥たちのしわざにすぎないと受け流されることも少なくなかった．また1980年代に入ると，このクロップ・サークルを，いわゆる「妖精の輪 FAIRY RINGS」に関連する古い民間伝承に結びつけようとする動きも見られるようになった［Rickard, 1990: 62］．

1980年代を通して，観察される円（サークル）の数は毎年増加の一途をたどっていった．そして

80年代の終わり頃から，とりわけ90年代の初頭にかけては，麦畑の中には複雑なパターン――絵文字（ピクトグラム）――も出現しはじめた［Delgado, 1992］．これらのパターンのいくつか（それに初期の円のいくつかも）はいたずらにすぎないことが確認されたものの，残りのものについては説明がつかないままとなった．とはいえこうした絵文字（ピクトグラム）が，風や鳥や動物の通常の活動から生み出されたものでないのは明らかであろう．この点，さまざまな仮説が行なわれたものの，ついに最後まで見解の一致を見ることはなかったようである［Noyes, 1990］．この絵文字（ピクトグラム）は，先史時代の遺跡を結んだとされる仮説的な直線や神秘的な力があると考えられる地点に沿ってあらわれるのだと解説を加える者もいれば，「太古の叡知が導き出し，何千年も前に人間の意識のうちに植えつけられた，ある種の宇宙原理……をあらわし」ており，この惑星の環境状態の絶望的な悪化を憂い，単に憂慮の念を表明するのみならず，事態の改善に向けての協力の方法を探るためにも〔人類との〕交信を望む」知性を持った地球外生物によりつくられた，と説く者もあった［Green, 1990］．

しかし，1991年の秋に多くの人びと――〔ハンプシャー州〕サウサンプトンに住む60代の男性2人も含まれていた――が，円（サークル）や絵文字（ピクトグラム）をつくったことをを認めて以来，この問題に対する関心は衰えはじめたようである［Schnabel, 1993］．

Crotal 学 *Parmelia* spp.（地衣類，ウメノキゴケ科**ウメノキゴケ属**の数種）→地衣類 LICHENS

Crowberry 学 *Empetrum nigrum*（ガンコウラン科**ガンコウラン属**の1種）

●スコットランド高地地方の人びとはよくこの実を口にするが，それほど好ましい味のする果実ではない．またこの実を明礬水で煮出したものは，紡いだ糸をくすんだ黒色に染める染料 DYES として用いられる． ［Lightfoot ,177: 613］

Crowdy-kit

デヴォン州における，WATER FIGWORT（ゴマノハグサ属の1種）の異称．

Crowdy-kit-o'-the-wall

デヴォン州における，BITING STONECROP（マンネングサ属の1種）の異称．

Crow garlic 学 *Allium vineale*（ユリ科**ネギ属**の1種）

crow onion および wild onion の名でも知られている．

●［ウォリックシャー州における百日咳 WHOOPING COUGH の治療法：］crow onion の鱗茎をすりおろし，フランネルの靴下に入れる．そしてその子が靴を履く前にこれを履かせる． ［Bloom, 1920: 246］

Crown imperial 学 *Fritillaria imperialis* **ヨウラクユリ**（ユリ科バイモ属）

●ヨウラクユリがいつもその中に水をためているのは，われらの主〔キリスト〕がそばを通りかかったときに，頭を垂れるのを拒んだことを悔い，泣いているからである． ［Hole MSS］

ヨウラクユリは，5月祭の花輪 MAY GARLANDS に加える花として，とりわけ人気が高かった．

●5月祭の日，子どもたちは花輪をもって［バッキンガムシャー州ロング・クレンドンの］村中をまわった．花輪は，半円の形にたわませた柄に結びつけたり，まっすぐな柄に沿って並べたりとそのスタイルはさまざまだが，いずれもいちばん上にはヨウラクユリを戴いていた．かつてはたいていの庭に，このユリが植えられていたものである．この日，小さな女の子たちは晴れ着を身にまとって大きな農家を訪ねては，そのたびになにがしかの小遣いをもらった． ［Donald, 1973: 31］

Crown of thorns　茨の冠

キリストの茨の冠は，BLACKTHORN（サクラ属の1種）やHAWTHORN（サンザシ属の数種）を用いてつくられた，という伝説がある．

Cuckoo flower　学 *Cardamine pratensis*　**ハナタネツケバナ**（アブラナ科タネツケバナ属）

lady's smockの異称でも知られている．

●私の母はあまり迷信深いほうではなく，ハナタネツケバナのことも好いていたので，われわれは母のためにこの花をたくさん摘んであげたものだった．しかし近所の人たちは，「不幸」をもたらすからといって，決してこの花を家に入れようとはしなかった． ［オックスフォードシャー州ブライズ・ノートン，1992年8月］

●ハナタネツケバナは昔も今も，［5月祭の］花輪［MAY］GARLANDSに混じったりしないように気を配られてきたが，現在では，このルールがどこでも厳密に守られている訳ではなさそうである．オックスフォードシャー州で5月祭の日の朝，子どもたちが通りをかついでまわる十字架をかたどった花飾りには，ほとんどいつもこの「禁じられた花」がたくさん含まれているが，それが「不幸」を暗示していることには誰も気づいていないようである． ［Hole, 1976: 131］

●［ケンブリッジシャー州］ホースヒースでは，ハナタネツケバナあるいはlady's smockが，Headaches（頭痛）とも呼ばれ［ており，また子どもたちは決して近づかないように言い聞かされ］ていた．この花の香りが頭痛HEADACHEの原因になると考えられていたからである． ［Parsons MSS, 1952］

●ハナタネツケバナ＝lady's mock．私の祖母はこの花を――「病気を連れてくるから」といって――決して屋内に持ち込まなかった．

［サマーセット州トーントン，1994年4月］

このほか同様に不吉と考えられている花には，COW PARSLEY（シャク属の1種）やHAWTHORN（サンザシ属の数種）などがある．

●ダービーシャー州では，Lucy Locketはハナタネツケバナの別名である．子どもたちはこの花を集めながら，次のように歌う：

Lucy Locketが雨の中でなくしたポッケの中身を，
Milnerが見つけ，Millerが麦粒の山に隠す．

Lucy Locket lost her pocket in a shower of rain,
Milner fun'it, Miller grum it in a peck of grain.

［'Journal of American Folklore'誌, 8:83, 1895］

Cuckoo pint →LORDS AND LADIES（アルム属の1種）

Cuckoo's bread and cheese

ラドナーシャー州における，コミヤマカタバミ WOOD SORREL の異称.

Cucumber 学 *Cucumis sativus* **キュウリ**（ウリ科キュウリ属）

ガーンジー島には，キュウリの種を早く蒔きすぎないよう警告する，次のような歌がある.

●3月にキュウリを蒔いたら，小袋も大袋も出番なし.
4月に蒔いても，実りは雀の涙ほど.
私は5月に蒔いて，おまえさんよりたくさん手に入れる.

Seume tes coucaombres en mars, tu n'éras pas d'faire de pouque nic sac,
Seume les en avril, tu n'éras aen p'tit,
Mé, j'les seum'rai en mai, et j'en erai pus-s-que té. ［De Garis, 1975: 122］

Cudbear 学 *Ochrolechia tartarea*（地衣類，トリハダゴケ科**ニクイボゴケ属**の1種）

→地衣類 LICHENS

Curly doddie →CARL DODDIES（ヘラオオバコ RIBWORT PLANTAIN の異称）

Cutfinger

オックスフォードシャー州における，PERIWINKLE（ツルニチニチソウ属の数種）の異称.

Cut-flower

サセックス州における，セイヨウカノコソウ VALERIAN の異称.

Cuts 切り傷

切り傷の治療に用いられてきた植物には以下のものがある：DOCK（ギシギシ属の数種），ジギタリス FOXGLOVE，GREATER MEXICAN STONECROP（マンネングサ属の1種），セイヨウオオバコ GREATER PLANTAIN，ノボロギク GROUNDSEL，セイヨウワサビ HORSERADISH，ホンアマリリス JERSEY LILY，地衣類 LICHENS，ドイツスズラン LILY OF THE VALLEY，マドンナ・リリー MADONNA LILY，ウスベニアオイ MALLOW，タマネギ ONION，ORANGE LILY（ユリ属の数種），ST JOHN'S WORT（オトギリソウ属の数種），セイヨウカノコソウ VALERIAN，WATER FIGWORT（ゴマノハグサ属の1種）.

Cyclamen 学 *Cyclamen* spp.（サクラソウ科**シクラメン属**の数種）

Cyclamen は数多くの植物誌の中で，出産 CHILDBIRTH の際の陣痛を和らげるものとして推奨されてきた.

●陣痛に苦しんでいる妊婦の首に〔シクラメンの〕根をかけると，分娩が早くなる.しかし，すでに子をもうけている女性がこれを利用したり，これをまたいだりするのは非常に危険である. ［K'Eogh, 1735: 115］

Cypress 学 *Chamaecyparis* spp. (especially *C.lawsoniana*) ／× *Cupressocyparis leylandii*（ヒノキ科**ヒノキ属**の数種，特に**ローソンヒノキ**／レイランドヒノキ属の**レイランドヒノキ**）

● ［1920年代：］庭に小さいcypressの木を2本植えるのには，その家の平和と繁栄を願う意味があった． ［クルーイド州コルウィン・ベイ，1992年6月］

さらに〔アイルランドの〕メイオー州においても，cypressは好影響もたらすものと考えられていたらしく，同地ではジャガイモPOTATOを植えるとき「cypressを1本畝に挿しておき，収穫のときにはcypressの枝を1本燃やす」［Salaman, 1949: 117］という．

聖体祭CORPUS CHRISTIの「花のじゅうたん」をつくるときにも，しばしばcypress〔特にローソンヒノキ〕が用いられ，アイルランドではとりわけ都市部において，枝の主日PALM SUNDAYに，ナツメヤシpalmの代わりとして用いられる［編著者自身による観察報告，ダブリン，1993年および1994年5月］．なおこの植物の枝の主日との関連については，ヨーロッパイチイYEWの項も参照のこと．

D

Daffodil 学 *Narcissus* spp., especially *N. pseudonarcissus* **ラッパズイセン**（およびスイセン属の数種，ヒガンバナ科）

家禽の飼育POULTRY-KEEPINGを生業とする人びとは，ラッパズイセンとプリムローズPRIMROSEを家に持ち込むことを嫌うようである．

●［ヘリフォードシャー州では］雌鶏が卵を抱いているときにラッパズイセンが家に持ち込まれると，ひよこが生まれないという．［Leather, 1912: 17］

●［デヴォン州ハートランドでは］その年に卵からかえって育つガチョウのひなの数は，季節のはじめに家の中に持ち込まれるラッパズイセンの数によって決まるとされている．［Chope, 1932: 154］

●ガチョウのひなが卵からかえる前に，家の中にラッパズイセンを持ち込むのは不吉である．［マン島，1982年春のマン島民俗調査］

ラッパズイセンの生育地は，かつてそこに宗教上の施設のあったことを示すとされることもある．

●［1797年の記録によると，デヴォン州，トリントン近郊のフリスルストークでは］村人たちがこの植物をGregoriesと呼んでいるが，興味深いことに，これは隣接する修道院の属する修道会（聖グレゴリオの教会法典the Canons of St Gregory修道会）の名称と一致していた．［Britten and Holland. 1886: 541］

●ハンプシャー州およびワイト島には，ラッパズイセンはかつて修道院のあった場所を示すという俗信が広く見られた．ワイト島，ブレーディングのはずれにある「聖ウリアンの林St Urian's Copse」は，プリムローズとラッパズイセンの花がたくさん咲くことで有名だが，ラッパズイセンは，林を抜ける小道の，かつて修道院があった側だけに生える，と語り継がれている．［Boase, 1976: 115］

●ロンドンには，ラッパズイセンの群落らしい群落はただ1か所，アビー・ウッドAbbey Woodにあるのみだが，同地の地名は，レズニー修道院Lesney Abbeyを記念してつけられたものである．

［南ロンドン植物学会South London Botanical Instituteの会員，1979年3月］

ウィルトシャー州のフォヴァントでは，1918年に亡くなった兵士たちを悼むために，ラッパズイセンが用いられていた．

●1914年から18年にかけての大戦中，ウィルトシャー州のフォヴァントには，オーストラリア軍たちの大きな兵営があったが，同地では1918年にインフルエンザが流行し，多くの兵士たちが亡くなった．彼らは近くの教会の墓地に埋葬されたが，そのとき以来今日まで，この地の学童たちは毎年決まった日に，墓に1本ずつラッパズイセンの花を供える．［ドーセット州ピンパーン，1992年1月］

ただしこの慣習は，ずいぶん前に行なわれなくなってしまったようで，1994年6月の時点で確認したところでは，フォバントの牧師も校長も，全く思い当たる節がない様子だった．ちなみにオーストラリアの兵士たちは第二次世界大戦中にもラッパズイセンと結びつけられたことがある——ただしこの花になぞらえてこきおろされているのだが．1993年1月12日付 'The Times' 紙の記事によれば：

●このたび新たに公開された戦時中の陸軍省War Officeの文書の中には，1942年のシンガポール陥落に際してのオーストラリア兵の弱腰を非難するくだりが見られ，オーストラリアの退役軍人たちは，怒りをもってこれを否定している．同文書にはたとえば次のような一節がある．「オーストラリア人はラッパズイセンのようで，見栄えはいいが，中味のほうは全くもって臆病yellowである」．

ラッパズイセンはリーキLEEKとともに，ウェールズのシンボルとなっている．

●ラッパズイセンは，古くから〔ウェールズの守護聖人〕聖デイヴィッドSt Davidと結びつけられてきた．これはラッパズイセンが，この聖人の祝日ST DAVID'S DAY〔3月1日〕にはじめて花をつけるとされているためである．エンブレムとしては，古くからあるリーキよりも扱いやすく，3月1日にはウェールズ州の全学童が，本物であれ造花であれ，とにかくこの花をひとつ身につける．［Hole, 1950: 45］

1990年以来，「全国ラッパズイセンの日National Daffodil Day」の運動が，マリー・キュリー・キャンサー・ケアMarie Curie Cancer Care〔癌患者の負担軽減のための活動を行なう慈善団体. 1948年設立〕によって推進されている．

●土曜日は「全国ラッパズイセンの日」である．この日イギリス各地では，マリー・キュリー・キャンサー・ケアへの寄付と引き替えに，この春の花が何百万本と配られることになる．全国から総計20,000ポンド以上の寄付が集まるものと見込まれている．

同団体はラッパズイセンを，新しい希望と生命のシンボルとして，また癌患者の看護や癌の治療・研究などに関して多大な進展を促すためのマークとして採用したのだという．［1990年4月5日付 'Balham and Tooting Guardian' 紙］

これとほぼ時を同じくして，アイルランド癌協会Irish Cancer Societyも，やはりラッパズイセンをシンボルとして採用している．

シリー諸島では：

●チャールズ皇太子は，シリー諸島の空地の「地代」として，毎年1本のラッパズイセンを受け取る——これを「支払う」のは当地の環境トラストである．

［シリー諸島，セント・メリーズ島，1992年9月］

Dainties

バンフシャー州における，セイヨウタンポポDANDELIONの異称.

Daisy 学 *Bellis perennis* **ヒナギク**（キク科ヒナギク属）

ヒナギクは多くの地域で，春の到来を告げる花とされてきた.

●「まだ春が来たとは言えんようじゃな」と，ある年老いた農夫が話しかけてきた.「片足で12本のヒナギクを踏みつけられるようにならんことにはな」.

[N & Q, 2 ser. 3: 343, 1857]

●片足で7本の——ところによっては9本とも——ヒナギクを踏みつけられるようになってはじめて，春が来たと言える．ただしこのヒナギクの本数に関しては，隣人どうしですら異なっているようである.

[ケンブリッジシャー州ウィッケン，1993年4月]

ヒナギクは，しばしば恋占いlove DIVINATIONにも用いられた.

●ウェールズでは，恋人が心変わりをしたのではないかと心配になった女の子たちは，それを確かめるためにヒナギクの花を用いる．花をひとつ摘んで，次のように唱えながら花びらを1枚ずつ引き抜いてゆくのである．「あの人は私を愛しているかしら？——とっても／少しだけ／心から／全然」．そして最後の花びらをむしったときに唱えた言葉が，質問の答えになる. [Trevelyan, 1909: 97]

●ヒナギクの花びらを1枚ずつ引き抜いていく——「あの人は私を愛している／愛してない」と唱えながら. [グウィネズ州ラニュークリン，1991年4月]

「ヒナギクの鎖」はふつう，まずその茎を裂いてすきまを開け，そこ別のヒナギクを差し込む，という方法でつくられる．子どもたちがこうして遊んでいる様子は，至るところで見受けられる.

●子どもの頃……私たちは，継ぎ目のないヒナギクの鎖をつくって，首からかけたり，髪に飾ったりしたものだった. [ノッティンガム州ハイソン・グリーン，1985年10月]

●子供たちは首からかけて遊ぶために，ヒナギクの鎖をつくった．茎の端のほうを少し爪で裂いて，次の花の茎を通せるぐらいのすきまを開け，順々にヒナギクをつないでゆき，首のまわりにかけられる長さにするのである.

[ウースター，1991年10月]

それほど一般的ではないが，ヒナギクの花をイグサRUSHに通して鎖をつくることもある.

●イグサを使ってヒナギクの鎖をつくる方法は次の通りである．もし手に入れたイグサの端がもろくなっているようなら，あらかじめその部分は取り除いておく．そしてヒナギクの花を付け根のところから摘みとり，これをイグサの尖ったとげの先に突き刺す．この要領で花をひとつずつ刺してゆき，一杯になったらイグサをたわめて丸い輪をつくり，細く尖った先をもう一方の太くなった端に突き刺す．これで出来上がりである. [IFCSS MSS 500; 447, リマリック州]

あまり説得力はないようだが：

●子どもたちをヒナギクの鎖や花冠で飾る慣習は，妖精FAIRIESにさらわれないようにとの願いをこめたものだという説もある．ヒナギクは太陽のシンボルなので，魔除けの力をもつとされている． ［Briggs, 1976: 87］

アイルランド南西部では1943年に：

●「ヒナギクにペニーをPenny for Daisy」という新年を祝う昔ながらの慣習が，例年通り元日に，子どもたちの手によって行なわれた．大勢の子どもたちは，めいめいに1943年の最初の花を集め，それと引き換えになにがしかの小銭（ペニー）を受け取るのである． ［1943年1月8日付‘Munster Express’紙］

ヒナギクはまた全英祝日EMPIRE DAY〔連邦祝日Commonwealth Dayの旧称．5月24日〕と結びつけられることもあり，女生徒たちはこの日，ヒナギクの花を身につけた．

●［学校に通っていた1920年代初頭の頃のことで］もうひとつ覚えているのは，5月24日の全英祝日である．この日，授業はお休みになり，皆で国を称える歌をうたった．町長夫妻をはじめとするお偉方も列席され，女生徒は全員ヒナギクを身につけていた． ［ドーセット州ブリッドポート，1985年2月］

●全英祝日には，われわれの学校でも特別な式典が行なわれていた．帝国全土の草地にヒナギクが生えていると聞かされていたが，体操服にピンで止めるための2～3本を集めるのにも非常に苦労した．まわりには草地がほとんどなかったので，友人たちと近くのオリンピアまで出かけていった．そこでわれわれは，半私有の道に沿って鉄柵で隔てられた幅の狭い草地に，ヒナギクの花がたくさん咲いているのを見つけて大喜びしたが，摘みとるには鉄柵ごしに腕を伸ばさねばならず，これがまた一苦労だった．とはいえこうしてわれわれは例年，なんとか花を手に入れることができた．［ウォリックシャー州ストラトフォード・アポン・エイヴォンからの投書，‘The England’誌，1988年冬号］

●［1920年代の南ロンドンで］「全英祝日の前に，大きな家を訪ねては，お宅の庭のヒナギクを摘んでもいいですか，って聞いてまわったのを覚えてる？」

覚えてる，だって？ ……私の眼前に，大きなドアへと通じるタイル敷きのた通路を歩く私たち2人の姿が浮かんだ．……そして「あのう，お宅のヒナギクを摘ませていただけませんか？」と尋ねる小さな声もまたよみがえってきた．

アールスフィールドの高台にあるヒナギクの草地は，全英祝日には一面ミルクのように白かった．そしてこのあたりにすむ裕福な人びとの多くは，ヒナギクを摘みとり，草地を再び緑に戻すわれわれを喜んで迎えてくれた．われわれは大英帝国を祝うために，こうして集めたヒナギクを学校へ持っていったものだった．しかし今日では「ヒナギクを集めよ．ヒナギクはわれらが偉大さのシンボルなり」というスローガンも，全く聞かれなくなってしまった．

そう，この花はまさしくシンボルだった．中央の黄金色はわれわれイギリス本国を示し，花びらのほうは，われわれに絶対的に従属し，不離一体の関係にある植民地をあらわしていたのである．［Chamberlain, 1990: 164］

17世紀には，骨折の治療に用いるためにヒナギクが珍重された．

●小さいDaisie〔＝ヒナギク〕は，他のDaisie［＝フランスギクOX-EYE DAISYを指す］よりも評判が高い．折れた骨を再び接合するのに役立つからで，それゆえイングランド北部の人びとは，この花をBanwortと呼んでいる．私はこの名を40年前，〔スコットランド南部〕カーコズウォルド教区のケイバラで，また1676年の5月31日には，私の生まれたカンブリア州で耳にしたことがある．［Threlkeld, 1726: 23］

20世紀には：

●［〔ヘブリディーズ諸島の〕コロンゼー島では，ヒナギクが］薬用の軟膏を調合する際の主要成分の1つとされていた．［McNeil, 1910: 134］

●［ドーセット州南部に住む友人から］次のようなできものBOILSの治療法を教わった．「まず片足で7本から9本のヒナギクを踏みつけることのできる場所を見つけなさい．そしてそこでヒナギクを摘んで食べるのです」．［Rawlence, 1914: 84］

Dame's violet 学 *Hesperis matronalis* **ハナダイコン**（アブラナ科ハナダイコン属）

●（1928年から1939年にかけて）サリー州ミッチャムに住んでいたわれわれの間では，庭に――それも裏門や裏の戸口近くに――ハナダイコンを少し植えておくのは縁起のいいことだとされていた．また，われわれはこの花をSWEET ROCKETと呼んでいた．［ケンブリッジシャー州パストン，1993年11月］

Dandelion 学 *Taraxacum officinale*, agg. **セイヨウタンポポ**（キク科タンポポ属［集合種］）

セイヨウタンポポの花を摘むと寝小便をする，という言い伝えは，都市部も含め広く行き渡っている．

●私の子どもの頃（1950年代）ブリクストンでは，セイヨウタンポポの花を摘んだら寝小便をすると信じられていた．

［ハートフォードシャー州セント・オールバンズ，1979年11月］

●セイヨウタンポポ：とても縁起の悪い花で，摘んではならないとされた．〔スコットランドの〕ファイフ州の子どもたちは（1930年代に），セイヨウタンポポをpee-the-beds（ベッドに小便）と呼んでおり，これを摘んだ子は皆から馬鹿にされた．

［スイス，アプル，1983年2月］

●あるアイルランドの婦人から，セイヨウタンポポを摘んで家の中に持ち込むと，その晩寝小便をするわよと言われたことがある．

［ダヴェッド州カペル・ヘンダー，1983年9月］

●また別の日，私が7歳になるかならぬかの頃に，セイヨウタンポポを摘んだことがあった――すると祖母から，セイヨウタンポポで遊んでいると寝小便をするかもしれないよ，と諭された．［ダヴェッド州，ボウ・ストリート，1984年3月］

●［1949年に生まれた私の］子ども時代には，友人の2人に1人はセイヨウタンポポを摘むのを恐がっていた——セイヨウタンポポを摘むと寝小便をするようになる，というのが事実として広く受け入れられていたのである．

［ベルファスト，1991年2月］

この俗信に基づいて，セイヨウタンポポにはさまざまな地方名が与えられている：pee-beds［カンブリア州クラッパーズゲート，1985年10月］，pee-in-bed［ランカシャー州アクリントン，1982年3月］，pee-the-bed［ベルファスト，1991年2月］，pee-the-beds［ドーセット州パークストーン，1991年6月］，piss-i-beds［ハンバーサイド州ラングトフト，1985年3月］，pissimire［ハンバーサイド州ラングトフト，1985年3月］，piss-in-the-beds［オファリー州デインジアン，1985年1月］，pisterbed［ロングフォード州レナモー，1991年4月］，pittly beds［ノーサンバランド州コーブリッジ，1993年1月］，wet-the-bed［グレーター・マンチェスター，ストックポート，1984年3月］，wet-the-beds［ロンドン，ストレタム，1983年5月］．

ヨーロッパ大陸でもセイヨウタンポポは，オランダ語でpisse-bed，またフランス語でpissenlitなどと呼ばれることがあり［Grigson, 1987: 393］，こうした俗信や命名はイギリス諸島だけに限ったものではないようである．

また子どもたちは，時刻を知ったり，稀には将来を占ったりするのにも，セイヨウタンポポの「時計」——咲き終えて冠毛をつけた頭花——を使うことがある．

●セイヨウタンポポが黄色い花びらを失って，ふわふわした丸い綿毛をつけると，子どもたちはこれを摘み，息を吹きかけることで時刻を知ることができると考えたものだった．1吹きを1時間と数え，1時からはじめる．そして綿毛のついた種が全部なくなると，今何時なのかがわかるというわけだった．

［オファリー州デインジアン，1985年1月］

●子どもの頃，すなわち1920年代のノッティンガムシャー州では……われわれは時刻を知るのためにセイヨウタンポポを吹いた．［アーガイル州オーバン，1990年10月］

●われわれはよくセイヨウタンポポの種子を吹きながら次のように唱えたものだった——「(自分が結婚するのは) 今年／来年／いつか／全然」．

［グウィネズ州ラニュークリン，1991年4月］

●幼い頃に，いわば母の膝の上で知ったことだが，……セイヨウタンポポの綿毛は，短く息を吹きかけて，誰かが自分を愛してくれているかどうかを占うために用いられることがあった．息を吹きかけるたびに「彼は私を愛してる／愛してない」と唱えながら，種子が無くなるまで続けると，最後の一吹きでその答えが出る．［ウースター，1991年10月］

セイヨウタンポポの種子は時として，秋の落ち葉と同様に，もし手でつかみとることができれば幸運だとされることもある．

●セイヨウタンポポ，あるいはそれに似た植物の空中に浮かんでいる綿毛を，幼い子どもたちは「妖精FAIRIES」と呼び，その1つを手でつかむことができればラッ

キーだと考えている．［ロンドン，サウス・ケンジントン，1979年11月］

●第二次世界大戦中，子どもだった私は，スコットランドのエルギンへ疎開していた．……もう1つタブーとされていた植物はセイヨウタンポポで，これは寝小便の原因になるとされていた！　しかし私は，他の子どもたちと同様に，綿毛をつけたセイヨウタンポポを摘むことについては全くためらったりはしなかった．この小さい「パラシュート」をすっかり吹き飛ばしてしまうまでに何回息を吹きかけるかによって，時刻を知ることができたし，われわれは空中に浮かぶ種子を妖精だと信じていたので，吹き飛ばすことによって囚われの妖精を自由の身にしてやることもできた．また，もし空を飛んでいる妖精を捕まえたら，放す前に願い事をし，それから風に乗せて飛ばしてやったものである．

［ハートフォードシャー州スティーヴニッジ，1993年1月］

とりわけアイルランドでは，セイヨウタンポポはさまざまな病気の治療に用いられた．

●セイヨウタンポポdanelion［綴り原文のママ］の乳液は，あらゆる病気に効く万能薬である．［IFCSS MSS 550: 274, ティペレアリー州］

●セイヨウタンポポ：葉の煮出し汁を飲むとよい．これは何にでも効くとされている．また葉を生のまま食べてもよい．シーハンSheehan氏は，胃の具合を治すのにこれを用いていた．［IFCSS MSS 313: 310a, コーク州］

●葉を用いてつくるセイヨウタンポポ茶は，汎用の強壮剤［であった］．

［エセックス州セント・オージス，1989年2月］

●セイヨウタンポポの根の煮出し汁を漉して飲めば，肺病CONSUMPTIONに効く．

［IFCSS MSS 200: 73, リートリム州］

●腎臓障害KIDNEY TROUBLES：セイヨウタンポポの葉を口中で噛み，その液汁を飲む．グリフィンGriffin夫人によれば30年ほど前，ノラ・オキャラハンNora O'Callaghanの病気は……この方法で治ったという．［IFCSS MSS 450: 162, ケリー州］

●セイヨウタンポポのワインは，消化不良INDIGESTIONと腎臓障害に効く．

［ドーセット州ポートランド，1991年4月］

●人びとはよく出かけていって……セイヨウタンポポを摘み，家に持ち帰って煮出し汁をつくった．これは心臓が悪い人［→心臓病HEART TROUBLE］によいとされていた．［IFCSS 589: 205, クレア州］

●［セイヨウタンポポは］黄疸JAUNDICEによく効く治療薬であった．バターミルクとともに煮て，沸騰したら植物は捨てて煮出し液を飲む．［IFCSS MSS 717: 217, ミース州］

●タンポポ茶：まずナイフを使ってセイヨウタンポポを根元で刈り取り，かなり固くなるまで天日で乾かす．そしてやかんで湯を沸かし，煮え湯を上から注ぎかけ，漉したものを瓶に保存する．これを飲むと，神経過敏NERVESにとてもよく効いた．［IFCSS MSS notebocks 442c, ケリー州］

●いぼWARTSの薬草療法：セイヨウタンポポの乳液をいぼにつけて乾かす．これをできるだけ何度も繰り返す．するとそのうちにいぼは黒みを帯びるようになり，最後には落ちる．［ハンバーサイド州ラングトフト，1985年7月］

●私の母は，セイヨウタンポポの乳液を，指のいぼを取るのに用いていた．［ケンブリッジシャー州ヒストン，1989年1月］

●ポースノッキーに住む年配の友人から聞いた植物の地方名：……bum-pipes＝セイヨウタンポポ．これはDOCK（ギシギシ属の数種）の葉と同様に，刺し傷の痛みを和らげるのに用いられた．［エディンバラ，1991年12月］

●NETTLE（イラクサ属の1種）による刺し傷を治すには，あたりを見回してもしセイヨウタンポポが近くにあれば，その乳液を擦り込むとよい．傷はすぐによくなる．［IFCSS MSS 50: 295, ゴールウェー州］

家禽の飼育POULTRY-KEEPINGに携わる人びとの間では，セイヨウタンポポは七面鳥の餌として評価されていた．

●セイヨウタンポポは七面鳥にとてもよい．食べさせると強く，丈夫になる．［IFCSS MSS 500: 238, リマリック州］

●われわれは，非常にデリケートで育てにくい七面鳥の若鳥の飼育に，セイヨウタンポポを大量に使用した．葉を刻み，スクランブル・エッグか煮抜きの卵と混ぜて与えた．［ティペレアリー州ピルタウン，1991年4月］

また正しいかどうかはともかく，子どもたちは，セイヨウタンポポの葉がカイウサギのための理想的な餌だと考えていたようである．

●ポースノッキーに住む年配の友人から聞いた植物の地方名：……daintiesまたはdenties＝セイヨウタンポポの花と葉を指す．葉はカイウサギの餌にするために摘む．［エディンバラ，1991年12月］

セイヨウタンポポの花を使ってつくる自家製のタンポポワインは，とても人気がある．

●タンポポワインをつくるのに使うセイヨウタンポポの花は，聖ジョージの祝日ST GEORGE'S DAY（4月23日）に摘みとるべきである．［ロンドン，ウィンブルドン，1983年11月］

●自家製のワインづくりを楽しむ人びとの間では，タンポポワインは伝統的に4月23日につくられる．［Atkins, 1986: 37］

Dane's blood

DWARF ELDER（ニワトコ属の1種）およびセイヨウオキナグサPASQUE FLOWERの異称．

Danewort →DWARF ELDER（ニワトコ属の1種）

Darnel 学 *Lolium temulentum* **ドクムギ**（イネ科ドクムギ属）

新約聖書のたとえ話に出てくる「毒麦TARES」〔「マタイによる福音書」13:24-30〕は，一般にはこの植物のことだと考えられている．

Dashel

コーンウォール州における，THISTLE（アザミ属の数種）の異称．

Dead man's bells

マリーシャー州における，SEA CAMPION（マンテマ属の1種）の異称.

Dead man's flesh

サフォーク州における，COW PARSLEY（シャク属の1種）の異称.

Deadman's mittens

シェットランド諸島における，AUTUMN GENTIAN（チシマリンドウ属の1種）の異称.

Death　死

19世紀のデヴォン州およびコーンウォール州では，家族の誰かが亡くなったときは，鉢植えの植物に黒いクレープをかけて覆うのがならわしであった.

● [コーンウォール州では] 死者があると……植物に黒いクレープをかけ，喪に服させる．さもないとその植物も頭を垂れ，枯れてしまうとされた.

[Deane and Shaw, 1975: 135]

C・パスコーCharlotte Pascoeはその著書『セント・ヒラリー逍遥Walks about St Hilary』(1879) の中で，次のように記している.

●私はこの眼で，わが教会の婦人が育てていたモクセイソウに，小さい黒い旗がついているのを見たことがある．彼女の話では，お孫さんが火事で気の毒なことになってしまって以来，この植物もしだいに弱りはじめたのだが，喪章をつけてからはまた元気になったという.

このモクセイソウだけでなく，ペンザンスに住む彼女の娘のところの植物もまた，この火事のあとやはりしおれはじめたが，それぞれに黒い布切れを結びつけると，なんとか元通りになったらしい [Radford, 1961: 268].

→葬式の花FUNERAL FLOWERS

Denties

バンフシャー州における，タンポポDANDELIONの異称.

Devil　悪魔

悪魔と結びつけられることのある植物には，セイヨウヤブイチゴBRAMBLE，COW PARSLEY（シャク属の1種），ジギタリスFOXGLOVE，パセリPARSLEY，パースニップPARSNIP，セイヨウウツボグサSELF-HEALなどがある.

Devil's bit scabious　学 *Succisa pratensis*; syn. *Scabiosa succisa*（マツムシソウ科**スッキサ属**の1種）

●この植物は……かつてforebitten moreあるいはbitten-off rootなどとも呼ばれていた．この植物の根が一風変わった形をしているのは，誰かにかじられたからだという解釈が行なわれるようになったが，地下においてそうした行為をなすことができるのは，言うまでもないことながら，悪魔DEVILをおいてほかにはなかった．そしてさらには，悪魔はこれを悪意をもって行なったのだ，という物語まで付け加えられることになった．悪魔はこの草があらゆる種類の病気に効くことを知り，人間がこれほど貴重な薬を用いることができるのを妬んだ，というのである．イングランドでは現在，この植物はdevil's bit（悪魔のひとかじり）と呼ばれているが，ドイツでも同じ意味をもつteufels abbissの名で知られている．……［また異説によれば］悪魔がこの根を用いて災いをなしたので，神の母は人びとに憐れみの心を示され，悪魔からこの根を取りあげて，そうした行ないができないようにしてくださった．ところが，力の源を取りあげられた悪魔は大いに腹を立て，腹いせにこの根をかじった．そしてそれ以後，根は元の形を取り戻せずにいるのだという．

［Friend, 1884: 50］

●グロスターシャー州では，［fire-leavesという］名がPlantains（オオバコ属の植物），より厳密には*Plantago media*（オオバコ属の1種，HOARY PLANTAIN）の葉を指して用いられる．一方ヘリフォードシャー州では，この名がワイ川の洲に生い茂る*Scabiosa succisa*（Devil's bit）に対して用いられているという．しかしながら，この2つの植物がともにfire-leavesと呼ばれているのは，実は同じ理由によるのである．というのもわれわれは，グロスターシャー州の農夫がオオバコの葉を，またヘリフォードシャー州の農夫がDevil's bitの葉を，それぞれ同じように力まかせにしぼって，水分が出てくるかどうか確かめているのを見たことがあるからである．もし水分が残っていると，その作用によって新しく積み上げた干し草の発酵が進み，しまいには発火することもあるのだという．またそもそもどちらの植物も，牧草には向いていない．こうした厚い葉をもつ植物は，通常の牧草よりも乾燥に時間がかかるからである．　［'Gardeners' Chronicle'誌，1870年8月11日号：738］

→FIRE GRASS（＝ヘラオオバコRIBWORT PLANTAINの異称）／HOT WEED（＝ワレモコウGREAT BURNETの異称）

Devil's flooer

シェットランド諸島における，シネラリアCINERARIAの異称．

Devil's ha'pence

ケント州における，ゴウダソウHONESTYの異称．

Devil's hatties

マリーシャー州における，SEA CAMPION（マンテマ属の1種）の異称．

Devil's tobacco

スタッフォードシャー州におけるHOGWEED（ハナウド属の1種）の異称．

Diabetes　糖尿病

糖尿病の治療に用いられてきた植物には，REFLEXED STONECROP（マンネングサ属の1種），ピーナツPEANUT，PELLITORY OF THE WALL（ヒカゲミズ属の1種）などがある．

Diarrhoea　下痢

下痢の予防に用いられたきた植物には，BEETROOT（ビートの栽培品種）やニンジンCARROTなどがある．またその治療には，ビルベリーBILBERRY，HEDGE VERONICA（ヘーベ属の数種），クロミグワ MULBERRY，オーク OAK，ラズベリー RASPBERRY，ナズナ SHEPHERD'S PURSE，TORMENTIL（キジムシロ属の1種），WOOD AVENS（ダイコンソウ属の1種）などが用いられた．さらに，マン島猫の下痢の治療には CREEPING CINQUEFOIL（キジムシロ属の1種）を用いる．

Diphtheria　ジフテリア

ジフテリアは，オオバイボタ PRIVET によって引き起こされることがある．

Disco grass

ラドナーシャー州における，PURPLE MOOR GRASS（ヌマガヤ属の1種）の異称．

Divination　占い

恋占い love divination に用いられる植物，および植物性の材料には以下のものがある：リンゴ APPLE，セイヨウトネリコ ASH，ゲッケイジュ BAY，BRACKEN（ワラビ属の1種），キャベツ CABBAGE，キバナノクリンザクラ COWSLIP，CRAB APPLE（リンゴ属の1種），アマ FLAX，FRUIT STONES（果実の核），GOOSEGRASS（ヤエムグラ属の1種），アサ HEMP，セイヨウキヅタ IVY，KNAPWEED（ヤグルマギク属の1種），セイヨウバクチノキ LAUREL，オレンジ ORANGE，ORPINE（マンネングサ属の1種），フランスギク OX-EYE DAISY，エンドウ PEA，ヘラオオバコ RIBWORT PLANTAIN，RYE GRASS（ドクムギ属の1種），カブ TURNIP，セイヨウノコギリソウ YARROW など．

→鉱脈占い師 DOWSERS

Dock　㊫ *Rumex* spp.（タデ科**ギシギシ属**の数種）

dock の葉は，NETTLE（イラクサ属の1種）による刺し傷の治療薬として広く用いられた．

● 私は11歳まで，地元の小学校に通っていたが，……5月29日には全児童がオーク OAK の葉を1枚身につけなければならず，それもできればオーク・アップル oak apple〔と呼ばれる虫こぶ〕のついたものが望ましいとされた（この日，すなわち王政復古記念日が Oak Apple Day と呼ばれるのはこのためである）．そしてオークの葉を身につけていない者は，nettle で刺されるという罰を受けることになった――そのための nettle はまわりにいくらでも生い茂っていた．刺された者たちは皆「dock の葉よ，dock の葉よ，おまえは中に入れ．nettle の傷よ，nettle の傷よ，おまえは出ていけ（Dock leaf, dock leaf, you go in; Sting nettle, sting nettle, you come out）」と唱えながら，刺されたところを dock の葉でこすっていたものである．

［コーンウォール州ドブウォールズ，1985年1月］

● nettle で刺されたときは，dock の葉をこすりつければ治る．われわれの子どもの頃は，こうして痛みを和らげたものだった．私は1951年に生まれたので，これは1950年代から60年代にかけての話である．［キルデア州メイヌース，1991年2月］

● docken すなわち dock の葉は……nettle による刺し傷に効くとされていて，「dock の葉よ，dock の葉よ，nettle の傷を治せ」と唱えながらすりつけたが，これは実際にはあまり効果がなかった．本当によく効く薬は，地際の新葉の出ている部分にあった．この葉がふんだんに含んでいる液汁を滴らせてすりこむと，刺し傷はじきに治った．［ロングフォード州レナモー，1991年4月］

→セイヨウワサビHORSERADISH

W・コールズWillisam Colesは，1656年に刊行した『薬草療法Art of Simpling』の中で次のように述べている．

● dockの種子を女性の左腕につけておくと，不妊に効く．

ずっと時代が下ってからも，ドネガル州では：

●左のわきの下に，dockの種子を詰めた袋をはさんでおけば，その女性には不妊の心配はない． [St Clair, 1971: 58]

dockはこのほかにも，さまざまな病気の治療に用いられてきたようである．

●［オックスフォードシャー州］デディントン近くの鉄鉱石の採石場で働いている坑夫たちは，腕によく特異な腫物SORESをつくっていたが，これはdockの根を輪切りにしてその新鮮な切り口を腫物にこすりつければ治ったという．

また血BLOODをきれいにするには，若いdockの根もしくはフキタンポポCOLTSFOOTの葉に熱湯をかけ，その薬湯を飲めばよいとされることもあった． [C., 1951: 13]

●できものBOILSの治療薬：dockの根を手に入れられるだけかき集めて，とろみが出てくるまで煮つめ，これを飲ませる． ［ドーセット州ソーンコム，1977年9月］

●リウマチRHEUMATISMの治療薬：dockの葉を集めて念入りに乾燥させたのち，患部の関節のまわりに巻きつける（これで完全に治ると言われている）．

［ドーセット州ソーンコム，1986年4月］

●子どもの頃，私（現在91歳）の一家はマン島に住んでいたが，家計は苦しく，医療費を捻出する余裕などはなかった．ある日のこと，芝を刈っていた父が，手を滑らせて鎌で脚をひどく切ってしまった．しかし父には仕事を休む気はなく，母の助けを借りてなんとか自分で治そうとした．そこで私は毎日放課後になると，dockの大きな葉を集めにいき，それを母が麺棒ですりつぶして，傷口に直接塗布した．すると切り傷CUTSはじきに治り，その後も特に問題はなかった．

［デヴォン州ティヴァートン，1991年2月］

●子どもの頃，すなわち1920年代には，nettleの刺し傷や日焼けSUNBURNの痛みを和らげるためにdockの葉を集めたものである．……その葉を腕や脚のまわりに巻きつけるのである． ［クルーイド州コルウィン・ベイ，1992年6月］

●私の父は大工だっが，暑い日に仕事に行くときはいつも，両足のブーツに1枚ずつ，dockの葉を（葉脈を上にして）入れていたものだった．家に帰ってくると取り出すのだが，父はよく，汗ばんだ足にはこれがいいんだ，と言っていた．……父は足を悪くしたことはなく，よく歩いて遠出をしていた．

[SLF MSS, サウス・ヨークシャー州スタニントン，1970年9月]

医薬関係以外にも，dockは次のような用途にも用いられたようである．

●農夫たちは，タバコTOBACCOの湿気を適度に保つために，タバコ入れにdockの葉を1枚入れていた． ［ドーセット州ピンパーン，1992年1月］

●私の知り合いに，タバコの湿気を保つのにdockの葉を使う人がいる——ちなみに彼はジャマイカ出身である．　［ロンドン，サウス・ケンジントン，1994年2月］

●年配の牧夫たちは，土地を耕しているときにdockの根を見つけると，拾いあげて自分たちの馬に与えていた．　［イースト・サセックス州ロドメル，1992年12月］

●Docken——種子をむいて軽くゆでたものは，家禽に与える普通の餌に混ぜるかたちで広く用いられていた．また茎はかごBASKETSを編むのに利用されたが，その際，しなやかさを保つには塩分を吸収させねばならないため，数時間海水に浸したり，塩をふりかけたりしておく必要があった．

［シェットランド州ラーウィック，1994年3月］

Doctrine of Signatures　外徴説

ある病気の治療薬となる植物は，その病気を暗示するなんらかの特徴，すなわち「外徴signatures」を備えているとする学説で，16世紀から17世紀にかけて練りあげられた．この説が，教養ある人びとの間でどの程度まで受け入れられていたかをあとづけるのは容易なことではないが，大多数の貧しい，文字の読めない人びとがこの説を信じるようになるにあたっては，おそらくこうした教養層も一役買っていたと考えるべきだろう．ただし公平な目で見て，20世紀に入ってから出版された一般向けの書物の中では，この学説がいささか強調されすぎているきらいがなくもないように思われる．

この学説の歴史に関しては，A・アーバーAgnes Arberがその著書『近代植物学の起源Herbals』(1938) の中で見事に要約してくれている．それによれば，最初にこの説を唱えたのは，テオフラストゥス・ボンバスト・フォン・ホーエンハイムTheophrastus Bombast von Hohenheim (1493-1541)，すなわちラテン風の別名パラケルススParacelsusのほうで世に知られたかの人物であるという．ホーエンハイムは，植物に関しては不十分な知識しかもちあわせていなかったものの，多彩な経歴の持ち主で，晩年には一時期，バーゼル大学の教授をつとめたこともあった．そしてこのあとを受け継いだのが，〔イタリアの自然哲学者〕ジャンバティスタ・ポルタGiambattista Porta〔1535?-1615〕で，1588年にナポリで刊行された『植物指針Phytognomonica』の中で彼は，この説を熱烈に支持し，かつこれを敷延して内容をふくらませている．たとえばこの著書の中でポルタは，長命の植物は人の命をながらえ，他方短命の植物を口にすると命を縮めることになる，と説いている．

イギリスに——その熱のこもった記述によって——この説を紹介する役割を果たしたのは，ウィリアム・コールズWilliam Coles〔1626-62〕の一連の著書であった．その著『薬草製剤の技術Art of Simpling』(1656) の第17章において，コールズは次のように宣言している．罪（原罪）と悪魔DEVILとによって，人類はさまざまな病の大海へと投げ込まれたけれども，憐れみぶかき神は，そうした人類のために植物を用意したまい，かつは「それらに明瞭な外的特徴を与えて，そこから正しい用法が読みとれるように御配慮くださったのである」と．しかしコールズといえども，すべての植物に「外徴」を発見したわけではなかった．そこで彼は同書の第18章でこの問題を取りあげ，神はある種の植物には「外徴」をもたせることによって手引きをお与えにはなったが，一方では，人間を「怠惰なのらくら者やうつけ者」として創造したわけではないので，人間がその創意工夫によって長所を発見できるように，いくらかの植物については，しるしを付すことなく残しておかれたのだ，と説いている．コールズはこの1年後にも，『エデンのアダム Adam in Eden』と題された，さらに大部な著作を刊行しているが，その中にはたとえば，次のような記述が見られる．

● ［レタス LETTUCE の］茎や葉を傷つけると乳液が出てくるが，これは，この植物を生で，あるいは煮て食べれば，乳母の体内にふんだんに乳がつくりだされることを示す明瞭な「外徴」である．［Coles, 1657: 186］

● 髪の毛のように木から垂れ下がっている長いコケ long Mosse は，毛髪が抜け落ちるのを予防するのにこの上なく適しているが，これはその「外徴」によるものである．［Coles, 1657: 31］

コールズがこの本を執筆していた当時には，まだコケ類 MOSSES と地衣類 LICHENS との区別が行なわれていなかった．ここで彼が触れている「長いコケ long Mosse」も，実際にはサルオガセ属 *Usnea* の〔地衣類〕サルオガセ beard lichen のことであろうと思われる．ちなみに，サルオガセ属の数種をはじめとする各種の地衣類から得られるウスニン酸を含有するシャンプーは，現在でも健康食品店の店先に並んでいる［編著者自身による観察報告．ロンドン，ストレタム，1993年9月］．

この学説は，16世紀の末頃にはすでにドドネウス Dodoens（1517-85）をはじめとする学者たちによって否定されていたにもかかわらず，18世紀に出版された書物の中でも依然として取りあげられた．さらに時代が下ると，今度は民間伝承を扱った一般書の中でしばしば紹介されるようになったが，果たして外徴説が書物という枠を離れ，正真正銘の民間信仰として根づいていたかどうかを見きわめるのは容易なことではなかろう．

また外徴説の説くところは，占星術的植物学 ASTROLOGICAL BOTANY を奉じる学者たちの説と必ずしも矛盾するわけではないように思われるのだが，コールズは，代表的な占星薬草学者であるニコラス・カルペパー Nicholas Culpeper（1616-54）の著作中の謬見を明らかにするのを自らの義務と考えていた節があり，実際，聖書の冒頭にある言葉を「証拠」として引きあいに出して批判を試みている．神は3日目に植物を，4日目に天体をおつくりになった．したがって後からつくられた被造物が，先に創造されたものに影響を及ぼすとは考えられない，と［Lownes, 1940 を参照］．

Dodder 学 *Cuscuta epithymum*（ヒルガオ科**ネナシカズラ属**の種）

● Herbe d'emeute（騒ぎを起こす草）……〔dodder は〕その強力な性質からこの名で呼ばれる．ガーンジー島の農夫たちは，角のある牛の手当てをする際，非常用としてこの草を用いることがある．摘んだばかりのこの草をひとつかみ，キャ

ベツCABBAGEの葉で巻いて牛に食べさせるのである. [Marquand, 1906:41]

Doddering dickies

ヨークシャー州における，QUAKING GRASS（コバンソウ属の1種）の異称.

Dog daisy

フランスギクOX-EYE DAISYの異称.

Dog oak

ノーサンプトンシャー州における，コブカエデFIELD MAPLEの異称.

Dog rose 学 *Rosa canina* **イヌバラ**（バラ科バラ属）

●「1945年から50年にかけて，ハートフォードシャー州東部の学校ではやっていたいたずらの中でも……とにかくかゆくて困ったのは，バラの実rose hipの中の種についた毛を取り出し，これを誰かの首筋に入れる，というやつだ——これをやられるともう，風呂に入ってすっかり着替えてしまうしか手がなかった」.

「そのいたずらは確かにありました．やられた本人が言うんだから間違いありません．サリー州サットンの学校に通っていた頃（1936年～39年頃），襟首に入れられたことがありました．秋の年中行事って感じでしたよ！」.

他にダラム州や，1950年代のランカシャー州ブラックプール，1970年代のドーセット州などにも同様のいたずらがあったようである．[1991年11月にロンドンで開催された，イギリス諸島植物学会Botanical Society of British Islesの総会に出席した会員たちの談話]

第二次世界大戦中からその後の数年間にかけて，イングランドの北東部およびその他のいくつかの地域の子どもたちは，バラの実のシロップをつくるのに使うバラの実を集めたものだった.

●ノーサンバランド州，およびダラム州北部の一部地域に住む子どもたちは，バラの実を集めて売っていた．私も何年かにわたって，秋になると友人たち数人と一緒に収穫を行なった.

このバラの実集めをはじめたのは，私たち一家の友人N・パティソンNorman Pattisonさんで，彼はアンドルー・レバー・ソルトAndrews Liver Saltの製造元でもあったスコット・アンド・ターナーScott and Turner社の，ニューカースル・アポン・タインのギャローゲートにある工場で働いていた.

この会社に入った頃，彼は配送係の運転手だったのだが，第二次世界大戦の前に，会社がデルローザDelrosa〔ベビー用のバラの実のシロップの商品名〕をつくりはじめると，会社のために自分でバラの実を集めるようになり，やがてこれに奥さんや友人，親戚などが加わった．このパティソン夫人は，かつてジャロー・グラマー・スクールの女子体育の先生をしていて，やはり教師だった私の叔母の大の親友でもあった．そして私が1941年，同校に入学したときには，元の教師仲間の少なくとも2人が，彼女に協力していた．この2人の先生は9月からから10月にかけて，土曜日（日曜日にやった記憶はない）ごとに生徒（ほとんどが女子だった）をいくつかのグループに分けて校外に送りだし，生け垣からバラの実を摘んでくるように命じていたのである．このバラの実集めは，それぞれの担当科目——2人は地理と生物の先生だった——の野外学習を兼ねていたので，とげが痛いことを除けば，私たちにとっては大歓迎だった．

私たちが集めたバラの実は，スコット・アンド・ターナー社が，重さをはかった上で，1ポンドにつき3ペンスを払ってくれた．また同社からは，バラの実のシロップの増産に協力していただくことによって，生徒さんたちはどれほど戦時協力体制に貢献していることか，といった内容の感謝状が届いたとも聞いている．このバラの実のシロップは戦時中，私たちにとってビタミンCの貴重な補給源であり，健康維持のためになくてはならぬものだったのである．

私は同校を卒業してカレッジに入る1948年まで，この野外学習に参加した．

〔タイン・アンド・ウィア，ヘイワース，1985年12月〕

●私は今年で48歳になるが，これまでずっと現住所から1マイル以内のところに住んできた．15歳で学校を卒業するまでの数年間，私はよく気の合った学友数人と，暇を見つけてはバラの実を集めにいった．そしてこれを学校に持参すると，係の先生（テンパリーTemperleyさんという名の女の先生だった）が重さをはかり，1ポンドあたり3ペンス（旧通貨単位の）を払ってくれた．こうして集められたバラの実はまとめて袋に詰めて保管され，定期的にある会社が引き取りにきた．これは確か，ニューカースル・アポン・タインのギャローゲートにあるスコット・ターナー社で，同社はバラの実のシロップをつくっていたのである．

私はこのバラの実集めにかなり熱中していて，自転車を持っていたので，学友たちの知らない，バラの実がたくさんとれる遠くの場所までひとりで出かけていくこともあった．

その結果，最終学年のときには約23ストーン〔＝146.05キログラム〕もの実を集めることができた．これはこの年いちばんの収穫量で，たっぷり4ポンド以上を稼いだ上に，シロップの瓶6本——会社はボーナスとして50ポンド毎にシロップの瓶1本をくれた——と，一等賞であることを示すバッジ（かなり前に紛失してしまったが）とを手に入れた．　〔タイン・アンド・ウィア，ワイドオープン，1985年11月〕

●先の大戦中，私はバラの実集めに加わった．これは私の学校——〔エセックス州〕アップミンスターのゲインズGaynes校——が，戦時協力体制の一環として取り組んでいたさまざまな試み——配給台帳の記入から剃刀の刃の回収（！）までやった——のひとつであった．戦時体制下のの活動であるから，言うまでもなく報酬は一切なかった．

われわれは，バラの実rose hipsとサンザシの実hawthorn hawsを一緒にして，Hipseyhawsという名で呼んでいた．これはひとつながりの語であって，2語に区切って使うことは決してなかった．　〔ノース・ヨークシャー州ヤフォース，1990年1月〕

スコット・アンド・ターナー社はその後ウィンスロップ薬品Winthrop Laboratoriesに買収され，バラの実のシロップの生産も，同社によって引き継がれた．

●われわれは現在バラの実を，国内の代理店を通して入手している．この業者は，国際市場から原材料を調達し，種子を取り除いて半分に割り，乾燥させた上で納入してくれる．現在の最大の入手先はチリである．

［ウィンスロップ薬品の大口買付主任，1986年1月］

子どもたちがイヌバラの実や若枝を口にすることもあった．

●［私はインヴァネスシャー州の生まれだが：］バラの実は食用になるとされていた．喉に引っかかりやすいので，種子のまわりにある柔らかい毛は取り除いておかなければならなかったが，皮は柔らかくてとても甘かった．われわれはこの実をmuckiesと呼んでいた． ［ウェスト・ミッドランズ，ソーリハル，1991年3月］

●われわれは，スイバSORREL，ヨーロッパブナBEECHの葉，それに野バラの若枝などを食べた． ［ケント州ファーンバラ，1993年1月］

●今年で78歳になる私の従兄弟は，野バラが若枝を出しはじめると，これを手折って付け根のところをしがんだといい，またこの若枝をbaconと呼んでいたという． ［ノーサンバランド州コーブリッジ，1993年2月］

野バラの茂みにしばしば見られる虫こぶmoss gallは，robin's pincushionなどの名でも呼ばれ，かつてはさまざまな病気の予防に用いられた．

●百日咳WHOOPING COUGHの発作を予防するのにいちばんよいとされているのは，病人の首から，野バラによく見られるこぶを首飾りにしてかけることである．このこぶは，ここサセックス州ではRobin Redbreast's Cushionの名で呼ばれている．

［Lathum, 1878: 38］

●［シュロップシャー州では］野バラの虫こぶは，歯の痛みTOOTHACHEを抑えると考えられている．「歯が痛むときにたまたま野バラのこぶを見つけたら，それを懐に入れておけば痛みはとれる」． ［Burne, 1883: 194］

●［ウィルトシャー州でcanker roseと呼ばれている］イヌバラの虫こぶは，タマバチ*Cynips rosae*［現在ではふつう*Diplolepis rosae*の学名で知られる］によってつくられる．リウマチRHEUMATISMに効くまじないとして，この虫こぶをポケットにしのばせておくとよい，という話をしばしば耳にする． ［Dartnell and Goddard, 1894: 23］

●ウェールズでは，眠れなくて困っている人は，これ［虫こぶ］を枕の下に入れておけば安らかな眠りにつくことができるとされている（→不眠症INSOMNIA）．ただしこれはしかるべき時期に取り除いておかなければならない．というのも古い言い伝えによれば，さもないとその人は二度と目を覚まさなくなってしまうからである． ［Trevelyan, 1909: 98］

●アクスホーム島〔リンカンシャー州北西部の一部地域を指して用いられた旧称〕では，緑色をした野バラのtossel（虫こぶ）を集めて家にかけておくと，百日咳の予防に

なるとされていた. [Rudkin, 1936: 28]

●野バラのボール玉Briar-ball：野バラにできる虫こぶのことで，［ノーザンプトンシャー州の］少年たちは，むち打ちの罰を受けずにすますためのまじないとして，これを上着の袖口に入れておく. [Baker, 1854: 78]

Dog's dick

ウォリックシャー州における，実をつけたLORDS AND LADIES（アルム属の1種）の異称.

Dog's flourish

スコットランド中西部における，COW PARSLEY（シャク属の1種）の異称.

Dog's mercury 学 *Mercurialis perennis*（トウダイグサ科**ヤマアイ属**の1種）

●スカイ島では，Lus-glen-Bracadaleと呼ばれており，唾液の出をよくするためにその煮出し汁を服用することがあるという. [Lightfoot, 1777: 621]

Dool tree →首かせの木JOUG TREE

Dowsers 鉱脈（水脈）**占い師**

鉱脈（水脈）占い師が〔その枝を占い棒として〕利用する植物には，セイヨウハシバミHAZELやTAMARISK（ギョリュウ属の1種）などがある.

Dropsy 水腫

水腫の治療に用いられてきた植物には，エニシダBROOM，ナギイカダBUTCHER'S BROOM，ジギタリスFOXGLOVE，PELLITORY OF THE WALL（ヒカゲミズ属の1種）などがある.

Drunkenness 酩酊

酔いを醒ますのに，オランダワレモコウSALAD BURNETを用いることがあった.

Duckweed 学 *Lemna minor* **コウキクサ**（ウキクサ科アオウキクサ属）

いわゆる「子ども部屋のボーギーNURSERY BOGEY」の1つである「緑の牙のジェニーJENNY GREENTEETH」は，リヴァプールの近辺，およびイングランド北西部のその他のいくつかの地域において，コウキクサが生い茂っている池と結びつけられてきた.「緑の牙のジェニー」は，これらの地域では今日でもなお，子どもたちを恐がらせて，危険な場所に近づけないようにするのに一役買っているかもしれない. しかし一方では，Jenny (Jinnyとも. 書物以外ではこちらの名で呼ばれることのほうが多いようである) Greenteethというのは，コウキクサの別名にすぎないとされることもある.

●現在，ランカシャー州の東部に住む年配の人びとはたいてい，よどんだ池の水面を覆う緑色の苔をJenny Greenteethと呼んでいるようである. 一方で私は母や乳母から，歯を磨かないと，いつかJenny Greenteethにつかまってこうした池に引きずり込まれてしまうわよ，としばしば言い聞かされたものだったし，年配の人の中には，同様の脅し文句を耳にした経験をもつ人がたくさんいるようである.

[N & Q, 10 ser. 1: 365,1904]

●私はランカシャー州（現在ではチェシャー州）ウィッドネスの西のはずれにある，アプトン地区およびクロントン地区で育った. リヴァプールから12マイルほど内陸に入ったところである．このあたりは昔も今も，ほとんどの土地が農地となっているが，多くの農場にはいくつかの〔水のたまった〕穴——決して「池」ではない——があった．おそらくは以前に泥灰土を掘った跡と思われ，中には，縁が急斜面になっているものもある．私のような年代の者にとってJinnyはおなじみの存在だが，といってもこれは，よどんだ水面を覆う緑色の草，すなわちコウキクサの呼び名にすぎなかった．子どもたちは，くだんの穴にうっかり近寄りすぎたりすると，Jinny Greenteethに気をつけなさい，と注意を受けたものだが，これは単に，水の中に落ちるとこの草にからまって出られなくなる，という意味であり，魔女WITCHESのような存在を暗示するところは全くなかった．

[マージーサイド，ウールトン，1980年12月]

●私の子どもの頃，チェシャー州では，池などのよどんだ水面に浮かんでいる明るい緑色の水生植物（ごく小さな葉がかわいい歯のようだった）が，Jenny Greenteethと呼ばれていた．これを知った私は，もし誰かが池に落ちても，この緑色の浮きかすのような植物がその人を覆い隠してしまうので，そこからJenny（あるいはJinnyとも）Greenteethがその人を「捕えた」というようなことが言われるようになったのだろうと想像したものだった． [チェシャー州グレート・メルス，1980年12月]

一方では，池の水面にコウキクサが生い茂っているのは，深みにJennyが潜んでいるしるしだとされることもあったようである．

●子どもの頃，というと50年ほども昔のことになるが，リヴァプールの近郊に住んでいた私は，人びとを深い池に引きずりこむという妖精FAIRIESの一種，Jenny Greenteethのことがとても恐かったのを覚えている．またしばしばJennyは，コウキクサで覆われた池にいると言われていた． [ロンドン，ケンジントン，1979年11月]

●［私は今年で34歳になるが］幼い頃よく母から，池にはGinny Greenteethが住んでいるから近づいてはいけないよ，と言い聞かされたものである．しかし，Ginnyに関して他に思い出すことができるのは，彼女は，緑色の小さな葉をもつ水草の1種に水面を覆われているような池に住んでいるということだけである．

母の話では，Ginnyは池の水面を芝生のように見せかけ，その上を歩いても大丈夫だと思わせることによって，子どもたちを池の中へ誘き寄せるということだった．そして子どもがその緑の上に足を乗せるやいなや，その緑が破れて水中に落ち，やがてGinnyに捕えられて溺死させられるが，水面では緑の水草がすぐに破れ目を閉じるので，子どもがそこにいたという証拠はすっかり隠されてしまう，というのである．私を本当に震えあがらせたのはこの最後のくだりで，これを聞いて以来，私は池に近づくことができなくなってしまった．そしてさらには，今ではそうした池の数もずいぶん減っているというのに，自分の子どもにまでGinnyの話を聞かせている始末である．

私の知る限り，Ginnyが池の水面の上に姿を見せたことはなく，したがって彼女がどんな外見をしているのかについては皆目見当がつかない.

［マージーサイド，アービー，1980年11月］

しかし，68歳になる老婦人の話では，その昔Jenny Greenteethは，〔マージーサイドの〕ファザカーリー地区の，モス・ピッツ・レーンの脇にある2つの池に住んいるとされていて，「淡い緑色の肌に，緑の歯と，とても長く伸びた緑の髪の毛と，長い爪の生えた長い緑の指とをもち，がりがりに痩せていて，顎は尖り，とても大きな目をしていた」という［マージーサイド，ベビントン，1980年11月］.

またJennyは時に，水辺から遠くはなれたところいるとされることもある．1930年代のリヴァプールの子どもたちの間では，古くからあるセント・ジェームズ墓地が彼女のすみかだというのがもっぱらの噂で，近くに来ると皆足を速めたというし，1940年代のチェシャー州南部では，子どもたちは線路に近づきすぎるとJennyに捕まるよ，と言い聞かされていたという［Vickery, 1983: 249］.

Dug's lug

シェットランド諸島における，キショウブYELLOW IRISの異称.

Dulse 学 *Rhodymenia palmata* **ダルス**（藻類，ダルス科ダルス属）

●この海藻（ダルス）は，バリカースル付近では珍味として人気が高い．春になると，引き潮のときに岩場でこれを採集する人びとをよく見かける．われわれは生でかじったりもしたが，ふつうは乾燥させて店先で売られている．特に（とても古くからの慣習だが）8月の末日にバリカースルで開かれる収穫祭の市Lammas Fairでは，大々的に店頭に並ぶことになる．［アントリム州バリカースル，1991年1月］

Dwarf cornel 学 *Cornus suecica* **エゾゴゼンタチバナ**（ミズキ科ミズキ属）

●果実はみずみずしくて甘く，スコットランド高地地方の人びとは，これが大いに食欲を増進させるものと考えている．そしてゲール語での呼称［Lus-a-chraois（大食いの植物）］もこれに由来している．［Lightfoot, 1777: 12］

Dwarf elder 学 *Sambucus ebulus*（スイカズラ科**ニワトコ属**の1種）

デーン人が殺戮された場所に生育するという俗信が広く知られており，このためdanewort（デーン人の草）もしくはDane's blood（デーン人の血）などの名でも知られている．この点に関してはすでに17世紀に，J・オーブリーJohn Aubreyが次のように記している．

●Danes-blood（*ebulus*）は，［ウィルトシャー州の］スロートンフォードSlaughtonford付近に多く見られる．この地では過去に，デーン人との大きな戦いが行なわれたことがあり，そのため住民たちはこの名をつけた〔Slaughtonは「虐殺」を意味するslaughterに通じる〕のである．［Aubrey, 1847: 50］

同様の俗信はスカンジナヴィア半島でも知られていたようである．カール・リンネCarl Linnaeusは1741年5月29日，〔スウェーデンの〕スモーランド地方に生育する「謎の植物」について調査にあたっている．

●野原にはhound's tongue［*Cynoglossum officinale*（ムラサキ科オオルリソウ属の1種）］およびMannablod［Man's blood（＝人間の血）］と呼ばれる植物のほかは，ほとんど何も生えていなかった．

mannablodあるいはmanna-wort［man's herb（＝人間の草）］と呼ばれるこの草は，スウェーデンではよく話題にのぼる植物である．……というのもこの草は，ここカルマル城の付近一帯以外には，世界のどこにも見られないとされていたからで，ここではかつてスウェーデン人とデンマーク人の間で戦闘が行なわれたが，その際に流された血BLOODの跡からこの草が生えたというのである．それだけにわれわれは，これが*Ebulus*あるいは*Sambucus herbacea*（＝dwarf elder）以外の何ものでもないと気づいたときには非常に驚いた．……この草はドイツでは広範に見られるほか，〔スウェーデンの〕ベクシェ周辺にも野生しているし，庭園などでもしばしば見かける植物である． [Asberg and Stearn, 1973: 40]

また，J・パーキンソンJohn Parkinsonは『植物の劇場Theatrum Botanicum』（1640）の中で，dwarf elderとデーン人が結びつけられる理由について，別の観点から次のように述べている．

●この植物がDanewortと呼ばれるのは，その強い下剤効果のゆえと考えられる．これを用いると何度も激しい排泄を催すことになるが，そうして苦しんでいる者を指してわれわれは，デーン人Danesと一騒動おこしている，と表現することがあるからである． [Parkinson, 1640: 210]

ワイト島では：

●装蹄師や馬の獣医が，興奮剤として，また馬の毛づやをよくするためにこの植物を欲しがっているという話を聞いたことがある．チャイン荘からローズ崖にかけての地域のように，特定の場所でこの植物を見かけなくなっているのも，あるいはこのせいかもしれない．地元の人の話では，かつてこの地方にはいくらでも生えていたということであった． [Bromfield, 1856: 231]

→WHITE BRYONY（ブリオニア属の1種）

またアイルランドでは：

●ラウス州中部のウィリアムズタウンやマリンクロスの付近では，……dwarf elder（*Sambucus ebulus*）――この地方ではshe-elderと呼ばれる――が，雌牛の乳房や乳首にできる潰瘍ULCERSに効く薬を調合するのに用いられた． [Synnott, 1979: 37]

Dyer's broom

ヒトツバエニシダDYER'S GREENWEEDの異称．

Dyer's greenweed 学 *Genista tinctoria* **ヒトツバエニシダ**（マメ科ヒトツバエニシダ属）

●かつては［カンブリア州］ケンダルの近辺にたくさん見られた植物．現在ではほとんど採りつくされてしまったけれども，リンネが*Genista tinctoria*と名づけ，Dyer's Broomという名でも広く知られているこの植物は，近隣の荒地や湿地から大量にケンダルに持ち込まれ，染色業者に売られたものだった．乾燥させたものを煮沸すると，美しい黄色の染料DYESを取りだすことができたのである．布を染めるときには，あらかじめ媒染剤である明礬水で煮てからこの黄色の染料に浸す．そしていったん乾燥させた後，[有名なケンダル・グリーンの色を出すために] ホソバタイセイwoadから抽出した青色の液体に浸す． [Nicholson, 1861: 238]

Dyes　染料

染料として用いられてきた植物には以下のものがある．ALPINE MEADOW-RUE（カラマツソウ属の1種），AMPHIBIOUS BISTORT（サナエタデ属の1種），ビルベリーBILBERRY，ミツガシワBOGBEAN，セイヨウヤチヤナギBOG MYRTLE，CROWBERRY（ガンコウラン属の1種），ヒトツバエニシダDYER'S GREENWEED，フクシアFUCHSIA，ハリエニシダGORSE，セイヨウハシバミHAZEL，ギョリュウモドキHEATHER，IRISH SPURGE（トウダイグサ属の1種），LADY'S BEDSTRAW（ヤエムグラ属の1種），地衣類LICHENS，ルピナスlupin，オーク・アップル（ナラリンゴ）OAK apples，タマネギONION，PINEAPPLE WEED（カミツレ属の1種），ヒナゲシPOPPY，ペルシアグルミWALNUT，WHITE WATERLILY（スイレン属の1種），キショウブYELLOW IRISなど．この点についてのさらに詳細な情報は，S・グリアソンGriersonの『色彩の大鍋The Colour Caldron』(1986) を参照のこと．

E

Earache　耳の痛み

ヒナゲシPOPPYは耳の痛みの原因になるとされることがある．またその治療に用いられる植物には，セイヨウトネリコASH，BEETROOT（ビートの栽培品種），タマネギONION，ヤナギWILLOWなどがある．

Earaches

ノッティンガムシャー州における，ヒナゲシPOPPYの異称．

Early purple orchid　㊫ *Orchis mascula*（ラン科**ハクサンチドリ属**の1種）

●ハクサンチドリ属の1種に，チェシャー州でGethsemane（ゲッセマネ）と呼ばれているものがある．この植物はかつて十字架の根元に生えていたため，葉の上に〔キリストの〕血BLOODが滴ったとされている．それゆえその葉には以来ずっと，暗いしみがついているのだという．［'Quarterly Review' 誌，1863年7月号：231］

●私は1950年代に，〔サマーセット州〕イルミンスターのチリントンに住むD夫人（敬虔なカトリック教徒である）から，ランの葉に見える赤い斑点は，キリストが十字架にかけられたときに，その血が滴って落ちたところだと聞かされたことがある．［エイヴォン州ラドストック，1982年3月］

●私は，グロスター近くのハードウィックという村で生まれ育ったので，子どもの頃の記憶というと，もっぱらこの村の暮らしぶりに関するものばかりである．当時，Tom Thumbの名で呼ばれることもあったearly purple orchidは，家の中に持ち込むのはあまり好ましくないとされていた．死DEATHを招くと考えられていたからである．［スタッフォードシャー州ニューカースル・アンダー・ライム，1983年3月］

early purple orchidの根系はふつう，2個の大きな塊茎からなり，やや睾丸を思わせるところがある．そのためこの植物は，愛の営みや生殖と関連づけられることがある．

●根の煮出し汁をヤギの乳に混ぜて飲むと強い催淫効果が得られ，受胎を促進するとともに，生殖器官の機能を高める．［K'Eogh, 1735: 49］

●［スコットランド北東部には：］愛を勝ちとるためのさまざまな方法があった．たとえば，まずランの根を掘り出す（古い根は消耗しているので，水に入れると浮かんでしまう――これは「憎しみ」である．新しい根は重く，水に投げ入れると沈む――これは「愛」である．なぜなら愛より深く沈むものはないからである）．そしてこの根――「愛」の根――を乾燥させ，すりつぶしておいて，惚れ薬として密かに飲ませる．すると強い愛を生じさせる．［Gregorm 1874: 106］

●ウィックロー州では，early purple orchidはMogra-myraと呼ばれ，惚れ薬としてこの上ない効力をもつと考えられている． [Kinahan, 1881: 117]

●このランは，媚薬APHRODISIACとしてマンドラゴラMANDRAKEと肩を並べる存在である——過度の欲情はイチゴSTRAWBERRYの葉の茶を飲めば鎮めることができる．

［アントリム州ラーン，1992年1月］

シェイクスピアの『ハムレット』の中でLONG PURPLESと呼ばれている植物については，多くの注釈者がこれをearly purple orchidだとしているが，その是非をめぐる議論についてはLORDS AND LADIES（アルム属の1種）の項を参照のこと．

Earning grass

ラナークシャー州における，BUTTERWORT（ムシトリスミレ属の1種）の異称．

Earth star

イースト・アングリア地方における，BUCK'S HORN PLANTAIN（オオバコ属の1種）の異称．

Easter eggs　イースター・エッグ

復活祭の日に用いる卵は，ハリエニシダGORSEやタマネギONIONを用いて染めることがある．この点に関してのより詳細な情報については，V・ニューアルNewallの『復活祭の卵An Egg at Easter』（1971）を参照のこと．

Easter Eve　復活祭の前夜

この夜，墓を花で飾るならわしがある．→花飾りの主日FLOWERING SUNDAY

Easter ledges

カンブリア州における，イブキトラノオBISTORTの異称．

Easter lily　㊫ *Lilium longiflorum*　**テッポウユリ**（ユリ科ユリ属）

●復活祭の日，教会は——少なくともわれわれの教会は——死者たちの霊に捧げるために買い求められたユリの花——オランダカイウARUM LILY，それに最近ではたいていテッポウユリ*Lilium longiflorum*も——で飾られる．

［サリー州パーリー，1983年4月］

ただし，アイルランドで1916年に起こったイースター蜂起と関わりのある場面で「イースター・リリーEaster lily」と呼ばれているのは，オランダカイウのことである〔同項を参照〕．

Eczema　湿疹

湿疹の治療に用いられてきた植物には，GOOD KING HENRY（アカザ属の1種）やセイヨウキヅタIVYなどがある．

Eelgrass　㊫ *Zostera marina*　**アマモ**（アマモ科アマモ属）

シェットランド諸島では，marlieの名でも知られている．

●故W·H·ロバートソンRobertson氏の話によれば，かつて〔メインランド島の〕ウィズデール湾の入口近くにはmarlie〔＝アマモ〕がたくさん見られ，時には小舟が航行できるよう，水路を切り開かなければならないこともあったという．また秋の嵐の後などは海岸にたくさんのアマモが打ち寄せられるので，これを集めて，家畜の敷わらや，マットレスの詰め物として利用したが，マットレス用のものは，ことのほか念入りに乾燥させる必要があったという．ウィズデール地区では，こうした慣習が1920年代まで続いていたようである．またオークニー諸島ではかつて，畑の肥料や屋根葺き材THATCHとして用いられていた．[Scott and Palmer, 1978: 339]

●ノミ避けになると信じられていたので，集めて乾燥させ，マットレスの詰め物として利用した．［シェットランド州ラーウィック，1994年3月］

Ealworm　線虫

線虫の寄生を防ぐのに，ハゼリソウPHACELIAが用いられることがある．

Egg and cheese

サセックス州における，コミヤマカタバミWOOD SORRELの異称．

Eggs and bacon

各地で広く用いられてきた，セイヨウミヤコグサBIRD'S-FOOT TREFOILの異称．

Egyptian plant　→カルマ植物KARMIC PLANT

Elder　㊫ *Sambucus nigra*　**セイヨウニワトコ**（スイカズラ科ニワトコ属）

boor treeもしくはbour treeの名でも呼ばれることがある．イギリス諸島における民間伝承の流れの中でも，セイヨウニワトコは，最も謎に満ちた植物の1つといえるだろう．一方で魔女WITCHESとなじみの深い植物として恐れられるかと思うと，他方では，ハエFLIES除けの効果をもつなど，さまざまな害から身を守ってくれる点や，また医薬として広い用途をもつ点が評価されてもいるのである．

●植物全体から麻酔性の匂いが香っている．その木陰で眠るのは健康によくない．[Withering, 1776: 186]

●［アイルランドのリートリム州，およびウォーターフォード州をはじめとする南部諸州では］bore treeすなわちセイヨウニワトコは，イスカリオテのユダJUDAS ISCARIOTが首を吊った木だとされている．その根拠は，葉に「不快な匂い」があるからであり，またそれにもまして果実が，もともとは備えていたはずの大きさや芳香を失い，大きさといい味といい，何の価値もない存在となってしまっているからである．[Anon., 1916: 425]

●〔オックスフォードシャー州の〕ベックリーでは，セイヨウニワトコの木を燃やすと呪いがかかると言われていました．ですから，決してこの木を切ってはならないのです．またウートンでは，セイヨウニワトコは「魔女の木」だと言われていて，この木を使って編み垣を直したりするのはもってのほかです．魔女に力を与えることになるからです．この木のどこかに傷をつけると，そこから血が出てくる，という話もあります．［オックスフォードシャー州の婦人協会のグループ，1950年代］

●Tramman［＝セイヨウニワトコ］を燃やすのは不吉なことである．というのもこれは妖精FAIRIESの木だからである．［マン島，レザイアー：1975年頃のマン島民俗調査］

●マン島では，セイヨウニワトコはふつう妖精の木とされていて，切り倒したり，切った木を燃やしたりするのは縁起の悪いことと考えられている．私は1992年，林業に携わっているある男性がいかにも嬉しそうに，家の庭のすぐわきにある野原で，セイヨウニワトコの大木が風に吹き倒されたんだよ，おかげでこの木を切る勇気のあるやつを探す手間が省けたよ，と話しているのを聞いたことがある．

［マン島，ユニオン・ミルズ，1993年10月］

●セイヨウニワトコの花——ワインのため，あるいは食用として花を摘むのはかまわないが，この木は「魔女の友人」なので，決してその材を家に持ち込んではいけない． ［デヴォン州アシュレイニー，1983年7月］

●セイヨウニワトコ——花・材ともに，家に持ち込むのは不吉である．なぜなら(a)魔女の木だから．／(b)イスカリオテのユダがセイヨウニワトコの木で首を吊ったから．／(c)もしセイヨウニワトコの花の下で眠り込んだら，その匂いの毒にあたり，二度と目を覚まさないから． ［ハンバーサイド州ドリフィールド，1985年3月］

●小屋のまわりの生け垣で薪を集め，上機嫌で荷を担いで戻ったところ，セイヨウニワトコが少し混じっていたため，どうしてこの木を家の中に持ち込むのよ，と責められてしまった．この木を火にくべるのは不吉だとされていたからである．

［ダヴェッド州ボウ・ストリート，1984年10月］

●私の知っている不吉な植物はただひとつ，セイヨウニワトコの木である．年寄り連中は皆，この木を不吉だと考えており，私も次のように聞かされたことがある．家の近くにセイヨウニワトコの木があるのは健康によろしくない，よく言われるように，その家の住人は肺結核TUBERCULOSIS——昔アイルランドでは「肺病CONSUMPTION」といったものだが——に罹りやすいのじゃ，と．

しかしその当時，肺結核は国内全域で猛威をふるっていたのだから，こうした言い伝えが果して何らかの役に立つものだったのかどうか，私にはわからない．とはいえ私の故郷の人びとは，セイヨウニワトコの木がどれほどの老木になり，またどれほど朽ち果てようとも，決してこれを切り倒したり火にくべたりはしなかった．またセイヨウニワトコの枝や木切れを決して家の中に持ち込ませなかったし，子どもや動物をセイヨウニワトコの笞で叩くことすら御法度であった．

［キルデア州キル・ヴィレッジ，1984年10月］

●家の菜園にセイヨウニワトコが生えていると，やがてその地所から一家の家名が消え去ることになる． ［コーク州スキバリーン，1993年1月］

●オックスフォードシャー州のロールライト・ストーンズRollright Stones〔リトル・ロールライトにある巨石群〕をご存じですか？　ここにある石は，その数を数えることができません——数えるたびに数が違ってしまうのです．また隣の野原には，King Arthur（アーサー王）と呼ばれる石があり，配下の騎士たちの名をもつたくさんの石に取り巻かれています．そしてその近くにはいくつか，セイヨウニワトコの茂みがあります．子どもの頃，私たちは自転車に乗って出かけていっては，なんとか石を数えようとしたものでしたが，家を出るときによく，セイヨウニワトコの花や実を摘むと石になってしまうよ，と言い聞かされました．にもかかわらず私たちは，恐る恐る順番に実や花を摘んだりしたのですが，石になった者は誰もいませんでした． ［サリー州ミッチャム，1986年5月］

しかし，19世紀の前半には：

●ちょうどセイヨウニワトコの花が咲く頃にあたる夏至祭の前夜MIDSUMMER'S EVEに，人びとがKing Stone（王の石）のところに集まり，これを囲んで輪をつくるならわしがあった．そしてこのときにセイヨウニワトコの木に切り込みを入れると，木は血を流し，「王の頭が動いた」という． ［Evans, 1895: 20］

場合によっては，あらかじめセイヨウニワトコの木に許しを請うておけば，何事もなく木切れや果実や花を手に入れることができたようである．

●ある日のこと，近くの家の赤ん坊が病気になったと聞いてお見舞いにいったのだが，特にどこも悪くなさそうだったので，母親にその旨を告げると，わけを話してくれた．「全部うちの亭主がとんまなせいなんですよ．揺り籠の揺り子がとれちまったのがそもそものはじまりなんですがね，亭主ときたら，新しいのをこしらえるのに，よりによって〈ニワトコ婆さんOld Lady〉のお許しもいただかずに，セイヨウニワトコの木を切っちまったんです．もちろん婆さんの方は怒り心頭で，赤ん坊のところに飛んでくるなり力まかせにつねりまくるんで，うちの赤ん坊の顔はもう真っ黒になっちまいました．それであわてて揺り子をはずしてセイヨウトネリコesh〔=ASH〕でつくったものにかえたら，こうして元通り元気になったってわけなんです」．

これは私にとって全く耳新しい話だったので，裏づけをとっておく価値があるように思えた．そこで，家に帰るとすぐさま，裏庭で薪割り――彼自身はこれを「焚きつけをぶち割るchopping kindling」と言っていたものだが――をしているジョニー・ホームズJohnny Holmesじいさんのところへ行った．そして折を見て，セイヨウニワトコを一束差し出し，「こいつをぶち割るのは別に恐くないんだろうね？」と聞いてみた．するとすぐさま「ああ，恐くないとも」と答えが返ってきた．「そいつは生きてねえからな．だけど生きた奴は，〈ニワトコ婆さんOld Gal〉のお許しなしにぶち割るわけにはいかねえぞ．こいつだけは何があっても願い下げだね」．……（その許しを得るには）「ちょっとずるいかもしれねえが」次のように唱えるだけでよいのだという．「ニワトコ婆さんOwd Galよ，おまえさんの木を少しわけとくれ．わしも木になったらお返しをするから」． ［Heanley, 1901: 55］

また，セイヨウニワトコの木を割ったり切り倒したりするときは，3回おじぎをした上で次のように唱えなければならないともいう：

●ニワトコ婆さん，ニワトコ婆さん，

おまえの木をいくらかわけておくれ,
私が死んだら
私の分をわけてやるから.

Old Woman, Old Woman,
Give me some of your wood
And when I am dead
I'll give you some of mine [レスターシャー州ウィティック,1983年8月]

● [1930年代のスタッフォードシャー州で：] 母から,セイヨウニワトコの花か実が欲しいときは,こう声をかけておくのが大事だと教えられた.「ニワトコ母さん Mother Elder, どうかお恵みを……」. [コーンウォール州ポンサヌース,1993年11月]

セイヨウニワトコは不吉だとする証言が数多く見られる一方で,この木が恵みや庇護をもたらすとする記録もまた少なくない.

● [ノーサンバランド州で] ある老人から,彼の叔母は,衣類がいたまないようにと,衣装箱にいつもbour treeすなわちセイヨウニワトコを入れていた,という話を聞いたことがある. [Hardy,1895: 325]

● ウェールズ南部では,セイヨウニワトコの木が立っている場所,あるいはその近辺に家を建てるのは,非常に危険なこととされていた.

しかしながらかつては,セイヨウニワトコを牛小屋や馬小屋の入口に植えておけば,牛や馬を魔術や妖術の類から守ってくれるともいわれていた.

[Trevelyan, 1909: 103]

● [スコットランドでは,セイヨウニワトコは] しばしば魔女除けとして,古い農家や田舎家の近くに植えられていたものだった. [Webster: 1978: 342]

● [ガーンジー島では,セイヨウニワトコは] 聖なる木であり,魔術から身を守ってくれるすぐれた力をもつと考えられていたので,頻繁に出入りする裏口の,できるだけ近くに植えておくのがよいとされていた. [McClintok, 1987: 33]

● [アイルランドでは] セイヨウニワトコが家の近くに生えていれば,縁起がいいとされている.ことにそれが「自生」であればなおさら申し分がない.

[バークシャー州ブラックネル,1984年8月]

● 母は,床の模様を描くのに,セイヨウニワトコの葉を使っていた.赤い絵の具で葉のまわりを縁どるのである.また母はこの木の葉で十字架をつくることもあった.

これは古くからある慣習で,その起源は母の祖母の時代にまでさかのぼる.それゆえ,時間のかかる作業だったにもかかわらず.続けてゆかなければならなかったのである. [ダヴェッド州ボウ・ストリート,1984年3月]

● セイヨウニワトコ：この木はBoortreeと呼ばれていた.……葉の煮出し汁は,薬として豚に飲ませた.この薬をつくるためと,もうひとつ,稲妻LIGHTNING除けになると考えられていたことから，セイヨウニワトコはどの家にも1本植えられていた．今は跡形もないけれども，かつては家が建っていたところなどに，ぽつんとセイヨウニワトコだけが立っているのを見かけることもある．

［ロングフォード州レナモー，1991年4月］

●わが家に代々語り継がれてきた言い伝えの中には……魔女除けのためにセイヨウナナカマドROWANとセイヨウニワトコを植え，これは決して切ってはならない，というものがある．　［ドーセット州パークストーン，1991年6月］

●子どもの頃，エセックス州ブレントウッドの近くにあった叔父の農場には，庭のはずれの木製の便所のまわりに，セイヨウニワトコが植えられていたのを覚えている．ほかのいくつかの便所のまわりにも，やはり同じように植えられていたように思う．セイヨウニワトコは，1つの根が枯れても，落ちた枝や小枝から別の根が生えてくるので，寿命は「ほとんど永遠に近い」と言われていた．またこの木は，邪悪な妖術——誰も「魔女」という言葉は使わなかったが，その内容は容易に推測できた——を寄せつけなかったため，「敬意」をもって遇されてもいた．

［ノース・ヨークシャー州ヤフォース，1990年1月］

またセイヨウニワトコはもっと日常的に，ハエを寄せつけないようにするために，便所などの建物のまわりにも植えられていた．

●ミッドランズ〔イングランド中央部諸州〕の昔風の農家では，北側につくられた家畜小屋の窓の外には，必ずといっていいほどセイヨウニワトコの茂みが見られる．これは，ハエやアブをはじめとする虫たちがセイヨウニワトコの葉を嫌うとされているためで，この木は，木陰をつくるほかに，虫除けにもなるのである．同じ理由から，セイヨウニワトコの葉のついた小枝は，ミツバチの群れを移動させたり，追い払ったりするのにも用いられる．　[N & Q, 11 ser. 12: 489, 1915]

●去年か一昨年の夏に［コーンウォール州の］ある屠殺場を視察したとき，ハエがいないことに気づいてその点を指摘したところ，それは数フィート離れたところにセイヨウニワトコの茂みがあるからで，セイヨウニワトコの枝のあるところなら，どんな建物だってハエは寄りつきませんよ，と教えられた．　[Peter, 1915: 123]

●家のそばにはいつも，セイヨウニワトコの木が1本植えられていた——これはハエを寄せつけないようにするためだったと思う．

［オックスフォードシャー州ディドコット，1991年2月］

●何人かの友人から聞いた話では，セイヨウニワトコがため桶のそばや便所の外に植えられているのは，その匂いがハエを寄せつけないからである．

［ケンブリッジシャー州ホースヒース，1991年4月］

●亡くなった父は若い頃，農場で働いていた．……馬を御すときには，ハエを寄せつけないようにするため，皆がよくするように，セイヨウニワトコの葉を何枚か馬具にくくりつけていたものである．　［エセックス州セント・オージス，1989年2月］

●ノーサンバランド州出身の妻によると，子どもの頃，母親がよくセイヨウニワトコの花で薬をつくってくれたという．そして家族全員が，たちの悪いノーサンバランドのブヨを寄せつけないようにするため，それで顔を洗ったそうである．けれどもそれはあまりいい匂いのものではなく，他の子どもたちも嫌がっていたので，妻はうまく機をうかがっては，それを洗い流すようにしていたという．

［ノーサンバランド州ヘクサム，1988年6月］

●約20年前，ケンブリッジシャー州のガートンにあったわが家の庭で，プラムの木の地上約6フィートのところに，ミツバチの小さな群れ（いわゆる「分封cast」）が巣をつくったことがあった．すると近くに住んでいた，C·G·パックPuckさんという，もと羊飼いで，終生ミツバチを飼い続けていた老人（現在84歳）が，ミツバチを捕かまえに来てくれた．彼はまず女王蜂を群れから引き離し，木の下にうつぶせに置いた小さな箱の中に入れた．そして，セイヨウニワトコの小枝を1本取ってくれるように頼むと，ミツバチはこの匂いが嫌いなのだといって，これを群れから9インチほどの高さのところにかざした．すると夕方になるまでに，ミツバチの群れははすっかり箱の中におさまってしまった．……こうしたセイヨウニワトコの用途を彼は，生まれ故郷であるケンブリッジシャー州南部のトリップロー村で，養蜂家の父上から教わったのだという．　［ケンブリッジシャー州ガートン，1988年5月］

マン島では：

●古い家にはそれぞれ戸口のわきに，trammonすなわちセイヨウニワトコの木が植えられているが，この木は，ピュノデレーPhynodderreeという名の一種の牧神を宿らせるためのものである．この牧神は多くの幸運をもたらすだけでなく，野良仕事を手伝ってくれることすらあるという．　［1926年1月27日付 'Daily News' 紙］

●［妖精は］セイヨウニワトコの木でぶらんこをしたりして遊ぶのが好きだといわれており，マン島では，セイヨウニワトコの木は常に妖精の木と考えられていた．そして玄関のわきや庭などに，「妖精のために」といってtrammanの木を植えていない農家は一軒もなかった．そうした木の多くは今もなお残っており，中には1本の木がやがて茂みを形成し，家が朽ち果てたあとを覆い隠してしまっていることもあるが，それとても，かつてそこに一軒の家が建っていたことを示す確かな証しなのである．……風が枝を揺らすと，ほら妖精がtrammanの木に乗っているよ，などといわれたもので，この木を切ってしまった家や農場は，妖精に見捨てられるともされた．ただし，こんな事態はめったに起こるはずはなかった．というのも，妖精が嘆くからといって，木を切るどころか，trammanの枝を手折ろうとする者すらいなかったからである．　［Killip, 1975: 35］

災いをもたらすのか，それとも身を守ってくれるのかという点は別にして，セイヨウニワトコに関する民間信仰の大部分は，保護や保全といった主題と結びついているようである．ここで1940年代の薬草家たちの著作から，セイヨウニワトコの評価が端的に示されているものを2例ほどあげてみよう.

● [友人のジプシーは] およそ地上に生えている木の中で，最もすぐれた薬効をもつのはセイヨウニワトコだと言っていたが，確かにそうかもしれない.

[Quelch, 1941: 78]

● [セイヨウニワトコの] 際立った特徴は，あらゆる方面の役に立つという点である. [Ransom, 1949: 55]

したがって，セイヨウニワトコをめぐるさまざまな民間信仰については，少なくともそのいくらかは，この貴重な資源を守ろうという意図のもとに生まれたものと考えることができよう.

セイヨウニワトコが花をつけている間はあまり天候がよくない，という言い伝えもあった. ハンプシャー州のベイジングストーク近辺では，この一時期のことを指してelderbloom winter（セイヨウニワトコの花の冬）と呼んでいたらしく［ロンドン，メイダ・ヒル，1982年12月］，チェシャー州でも：

●天候占いでは，セイヨウニワトコの花が咲きはじめた頃に天気が崩れると，花がしぼむまでどしゃぶり（チェシャーの方言ではdrabblyという）が続くとされている. [Hole, 1937: 49]

F・ベーコンFrancis Bacon（1561-1626）は，いぼWARTSを取るには「セイヨウニワトコの緑枝」でこすり，その枝を「堆肥に埋めて腐らせるよいとされている」と書いている［Bacon, 1631: 258］が，同様に：

● 1954年に15才の少女から寄せられた情報によると，彼女は祖父から，セイヨウニワトコの小枝を手折って，それをいぼにあてて，

いぼよ，いぼよ，お膝のいぼよ，
消えてなくなれ，1，2，3.

と唱え，その後この枝を便所に捨てるように教えられたという. [Opie, 1959: 315]

おそらくセイヨウニワトコは，すべての野生植物の中でも，民間薬として最も広く用いられているものといえるだろう.

● [ディーンの] 森における「薬の女王」はellum blow tea（セイヨウニワトコの花茶）であった. ……春に集めた花を紙袋に入れて密閉し……台所に……つるして乾燥させる. 冬には決してくしゃみをしないように気をつけなければならなかった. さもないと，この袋の出番となったからである. 乾燥させた花を一握り水差しに入れると，これに熱湯を注いでふきんで覆い，浸出するのを待つ――こうしてできあがったひどい匂いの茶を，無理やりのどに流し込まなければならなかったのである. 私はこれが大嫌いで，この茶の猫のような匂いは今でもよく覚えている. しかしこの茶は，ねんざSPRAINSや関節の痛み，できもの，さらには化膿した指―

—いわゆる「ひょうそ」——などの治療に湿布として利用することもあり，さながらあらゆる目的にかなう万能薬の趣があった．用途になかったのは，おそらく便秘 CONSTIPATION くらいのものだったろう．セイヨウニワトコの実もまた人気があった．砂糖とともに煮てシロップをつくり，漉したものを瓶に入れて保存し，冬の咳どめや風邪薬として使うのである．……70歳以上になる木こりで，このellum blow teaを知らない者はひとりもいないだろう．

［グロスターシャー州シンダーフォード，1993年11月］

●セイヨウニワトコの実を羊肉の脂肪で揚げたものは，できものや潰瘍 ULCERS の治療に用いられる． ［IFCSS MSS 414: 43, クレア州］

●セイヨウニワトコの根の煮出し汁を飲むと，リウマチ RHEUMATISM が治るとされている． ［IFCSS MSS 700: 35, ミース州］

●セイヨウニワトコの花を煮え湯の中に入れてつくった煎じ汁は，痔疾 PILES の痛みを和らげる． ［ウェスト・サセックス州ホーステッド・キーンズ，1991年2月］

●〔セイヨウニワトコの〕葉からは，羊肉の脂肪をベースにして緑色の軟膏をつくることがあった．またクリーム色がかった白色の花からは，肌の色つやをよくするElderflower Water（ニワトコ水）がつくられた．さらにこの花を天日干しにしたあと紙袋に入れて保存すれば，ひどい咳 COUGHS を鎮めたり，痰を切ったりする薬にもなった．花の時期になると私はいつも，少しばかり摘んできては花茶をつくっている．花を一握り入れたカップに煮え湯を注ぎ，10分間浸出させればできあがりである．牛乳やフルーツ・ジュースを少し加えてもよい．

［ロングフォード州レナモー，1991年4月］

●流感や発熱 FEVERS に効く薬：

40オンス入りのウイスキーを1瓶〔用意する〕．

熟したセイヨウニワトコの実を摘み，水洗いしたものを1ポンド量っておく．

実はフォークを使って果柄を（できるだけ）取り除いてから，空瓶に入れる．

砂糖1/4ポンドを加える．

これにウイスキーをまるまる1本分（入りきらなければ入るだけ）注ぎ，瓶を一杯にする．

しっかり封をして，3か月置いたあとでこれを漉す．

なお，ウイスキーは度の強いものを用いること．

用量：こうしてできあがったElderfire（ニワトコ火酒）を（できるだけ熱い）湯で割って，グラスに1杯飲む．このときいっしょに蜂蜜をスプーンに2，3杯舐めるようにする．これを毎晩（もっと頻繁に服用してもよい）繰り返すこと——インフルエンザや発熱なら，2晩も続ければ十分である．効き目は折り紙つきである． ［ケリー州キラーニー，1991年9月］

●［1987年に94歳で他界した母は］春になるとよく，セイヨウニワトコの花を集め，乾燥させていたものだった．冬になって，われわれが風邪をひいたり，インフルエンザに罹ったりすると，この花を水差しに入れて熱湯を注ぎ，暖炉にかけてとろ火で煮ていた．そして夜，これを漉して砂糖を入れ，ペパーミント・オイルを2，3滴加えたものを飲まされた．夜ティーカップに1杯，翌朝さらに半杯を飲まなければならなかった．

この薬は，発汗作用によって熱を下げると考えられていた．私が肺炎PNEUMONIAを患ったときにも，母はこの花茶に浸した熱いフランネルで湿布をしたり，昼に夜にこれを飲ませたりしてくれたらしく，あのときは大変だったわよ，とよく話してくれた． ［ウスターシャー州ヒル，1991年10月］

●3人の子どもがまだ小さかった頃，気候が冬型になると（このケアンゴーム山脈の麓のあたりまでくると，ただならぬ寒さになることもある），セイヨウニワトコの花のワインをつくり，子どもたちが学校から帰る時間を見計らって，ティーカップを3つに砂糖壺，セイヨウニワトコの花のワイン1瓶をそろえ，またやかんに湯を沸かしておいて，帰ってきたらすぐにトディtodyをつくってやった．おかげで子どもたちは，風邪を引いたことも，インフルエンザに罹ったこともなかった．

［インヴァネスシャー州ボート・オブ・ガーテン，1991年11月］

セイヨウニワトコの花や実は，自家製のワインづくりを楽しむ人びとの間でも広く集められている．花は料理にも用いることができるし［O'Ceirin, 1980: 91］，実はクロスグリBLACK CURRANTなどの代用品としても好まれている．さらに葉は，タバコTOBACCOの代用品として利用されることもある．

●弟や友人たち，それに私自身も，市販のタバコを買う金がないときは，いつもセイヨウニワトコの葉を吸っていた．われわれはセットフォード・チェイスの森で遊ぶことが多かったが，そこへ行く日は決まって，道すがらセイヨウニワトコの小枝を折り曲げて――完全に折ってしまうのではなく――おいたものだった．こうして樹液の流れを断っておけば，小枝についている葉が乾いて，火をつけたときに辛くて強烈な味がすることがわかったからである．われわれはまた，葉はほんの少しだけ湿っていたほうが，いっそう味がよくなることも知っていた．とはいえこれはまさしく試行錯誤の連続で，時には葉が湿りすぎていて，うまく火がつかないこともあった．吸うときには，さまざまなセリ科の植物UMBELLIFERSの茎にごく軽く詰めてこれに火をつけるのである．．……実際のところわれわれは，市販のタバコよりもこちらのほうが好きなくらいだったが，残念ながら冬の間は手に入れることができなかった． ［サフォーク州ウェスト・ストウ，1992年11月］

セイヨウニワトコの材は，その髄に特徴があり，容易にこれを取り出すことができる．

●［コロンゼー島では］バグパイプ吹きに憧れる少年たちが，［セイヨウニワトコの］若い枝でバグパイプの指管をつくっていた．この若い枝には髄がいっぱい詰まっているが，これは簡単にくりぬくことができたのである． ［McNeill,1910:130］

●haw-blowers〔セイヨウサンザシの実を吹いて飛ばす玩具〕は，セイヨウニワトコの枝の髄をくりぬいてつくる．その穴にサンザシの実を入れて吹き飛ばすのである．

［IFCSS MSS 700: 338, ミース州］

●教区の人びとはよく，おもちゃの鉄砲をつくっていた．まず長さ1.5フィートほどのセイヨウニワトコの枝の中身をくりぬく．そしてこれとほぼ同じ長さの棒をその穴に通せば，鉄砲のできあがりである．［IFCSS MSS 867: 132, キルケニー州］

●今世紀のはじめ頃，デヴォン州各地の子どもたちは，セイヨウニワトコを使ってポップ・ガンpop-gun（空気銃）をつくったものだった．セイヨウニワトコの髄をくりぬいて中空にし，これとは別にセイヨウハシバミHAZELの木切れで押し棒をつくる．そして口に入れて嚙んだ紙をセイヨウニワトコの枝の中に詰め込み，力をこめて押し出すのである．これはとてもおもしろかった．［Lafonte, 1984: 35］

●かつてboor tree（＝セイヨウニワトコ）には別の用途もあった．適当な長さに切ったものを乾燥させ，中心にある白い髄をくりぬく．そしてそこに鉛を溶かして流し込むのである．冷え固まるとこれは，旅行の際の護身用や，夜間の外出用の手ごろな武器として用いることができる．……1894年生まれの私の叔母は，実際にこの棒をもった人を見た覚えがあるといっていた．［ロングフォード州，1991年4月］

●［ケンブリッジシャー州ホースフィールドには］冬季の給餌用に，セイヨウニワトコの材で小さな樋をつくっている養蜂家がいた．指くらいの太さの小枝を5～6インチの長さに切り，一方の端を細く削り，髄を取り除いて，この端を巣箱の出口のところに差し込み，ミツバチに餌を与えるのに使っていた．［Parsons MSS, 1952］

Elecampane 学 *Inula helenium* **オオグルマ**（キク科オグルマ属）

●今は亡き祖母は，いわゆるヴィクトリアン・レディーであったが，オオグルマをあらゆる病気の治療に用いていた．［アイル・オヴ・ワイト州ライド，1988年11月］

この報告を裏づけるもののひとつとして，伝統的なマミング劇mummers' playの中で医師役の語る口上をあげることができよう．オオグルマelecampaneの名，もしくはその訛った形が頻繁に出てくるからである．トマス・ハーディThomas Hardy〔1840-1928〕は1920年，劇団ハーディ・プレイヤーズHardy Playersが小説『帰郷』〔1878〕を舞台に乗せるべく準備をすすめていた際に，こうしたマミング劇のうちのひとつをまだよく覚えていて，医師役の叫ぶ次のようなせりふを諳んじてみせたという．

●そうとも，そのうえにこの小さな瓶に入ったオオグルマalicampaneは
死者をよみがえらせ，もう一度歩かせるだろう．

Yea, more; this little bottle of alicampane
Will raise dead men to walk again. ［Stevens Cox, 1970: 450］

もっと具体的な例としては，オオグルマは〔ウェールズの〕グラモーガン地方では，恐水病HYDROPHOBIAの治療に用いられていた．

●60年ほど前，ブリッジエンドに住むある老婆が……庭でオオグルマを栽培して

いた．この老婆は家畜の狂水病を治してくれるという評判で，近隣の農夫たちが診てもらいに来ていた．彼女の使う煎じ薬には，牛乳やニワトリの羽根が混ぜられていたようだが，それ以外の成分は秘中の秘とされていて，結局それを明かさぬまま，墓場まで持っていってしまった． [Trevelyan, 1909: 314]

Elm 学 *Ulms* spp. **ニレ類**（ニレ科ニレ属の数種）

かつてこの木はウォリックシャー州の至るところに見られ，そのためWarwickshire weed（ウォリックシャーの草）の名で呼ばれることもあった [Grigson, 1987: 241]．またこの地方に伝わる歌によれば，ニレの葉は，いくつかの作物の種を蒔くのにふさわしい時期を知らせる目印でもあったようである．

●ニレの葉が，ネズミの耳ほどの大きさになったら，
恐れることなくオオムギBARLEYの種を蒔け．
ニレの葉が，雌牛の目ほどの大きさになったら，
こう叫ぶとしよう，「急げ，みんな，急ぐんだ！」
ニレの葉が，シリング硬貨ほどの大きさになったら，
蒔きたいならインゲンマメKIDNEY BEANを蒔け．
ニレの葉が，ペニー硬貨ほどの大きさになったら，
少しでも収穫が欲しいなら，インゲンマメを蒔かねばならぬ．

When the elmen leaf is as big as a mouse's ear,
Then to sow barley never fear;
When the elmen leaf is as big as an ox's eye,
Then says I, 'Hie, boys, Hie!'
When elm leaves are as big as a shilling,
Plant kidney beans, if no plant 'em you're willing;
When elm leaves are as big as a penny,
You must plant kidney beans if you want to have any. [R. Palmer, 1976: 62]

またガーンジー島では：

●ニレの葉が芽を出すのを見たら，
種袋を持ち出し，オオムギを蒔け．

Quànd tu veit la fieille d l'orme,
Prends ta pouque et seme ton orge. [De Caris, 1975: 121]

19世紀のベッドフォードシャー州では，1本のニレの木が，悪寒AGUEの治療薬として頼りにされていた．

● 1880年から1890年にかけての時期に，ベッドフォードシャー州のシルソーに住んでいた友人から，次のような話を聞いたことがある．

シルソーからモールデンに向かう道の，2つの村のほぼ中間あたりに，右に折れる緑の小道があり，ボウモンツ・ツリー・レーンBeaumont's Tree Laneと呼ばれて

いる．ボウモンツ・ツリーというのは，この小道の入口のところに立っていたニレの木で，この場所にボウモントBeaumontという名の人殺しが葬られたとき，その身体を貫いた杭から生えたとされている．（1880～90年の時点からさかのぼって）30～40年前くらいまで，この地方で悪寒に悩まされていた人びとは，髪の毛を一房，もしくは足の指の爪をこの木に釘で打ちつけることで，これを癒そうとしたのだという．この友人は，そうした釘が木に打ち込まれているのを，自らの目で見たことがあるとも言っていた． ［'Folk-lore' 誌, 56: 307, 1945］

このほかに，ニレを使った療法としては次のようなものがある．

● ［テムズ川の上流に位置する］村々では，風邪COLDSをひいたり，のどが痛くなったりしたとき，［オウシュウハルニレ *Ulmus glabra* の］若い細枝の内皮をはがし，そのまま噛んだり，煮出し汁を飲んだりする．寒い時期にはこの汁は固まって茶色のゼリー状になり，味は悪くない．子どもの頃私は，年老いた祖母にやり方を教わりながらよくこの薬をつくり，飲んだことがある． ［Williamas, 1922: 275］

● ニレの樹皮の煮出し汁をつくり，これをやけどBURNSに塗って治療したことがある． ［IFCSS MSS 190: 115, リートリム州］

● 黄疸JAUNDICEを治すには，新鮮な牛乳にニレの樹皮を入れて2時間煮る．終わったら樹皮を取り出し，黄疸を患っている人にこの牛乳を飲ませる． ［IFCSS MSS 850: 56, キルケニー州］

● ［ジプシーたちは，野生のアンゼリカANGELICAをタバコTOBACCOとして吸っていたが］時折これに，乾燥させて砕いたニレの葉を詰めることもあった． ［デヴォン州バーンスタプル，1992年9月］

Emetics　催吐剤

催吐剤として利用されてきた植物には，セイヨウヤチヤナギBOG MYRTLEやDODDER（ネナシカズラ属の1種）などがある．

Empire Day　全英祝日（5月24日〔＝連邦祝日Commonwealth Dayの旧称〕）

この日と関連が深い植物に，ヒナギクDAISYがある．

English stonecrop　学 *Sedum anglicum*（ベンケイソウ科**マンネングサ属**の1種）

● ［スコットランド高地地方では］白またはピンク色のstonecrop（*Sedum anglicum*）は珍味とされ，Biadh an t-Sionnaidh，すなわち「王子の食べ物」もしくは「君主の食べ物」という名が与えられていた． ［Bennett, 1991l 57］

Esh

セイヨウトネリコASHの異称．

Everlasting pea　学 *Lathyrus latifolius*　**ヒロハノレンリソウ**（マメ科レンリソウ属）

● 20年ほど前に私は，片田舎の線路の土手でnarrow-leaved everlasting pea（*Lathyrus sylvestris*）を見つけた．そしてその種をわが農場の道端に蒔いてみたところ，今や1マイルほどにわたって生い茂っている．8月の第1週には，この花が咲いているのを見るためだけに，何マイルも先から人びとがやってくる．

土地の人びとの中には，この植物をPharaoh's Peas（ファラオのエンドウ）と呼ぶ者もいる．近くのウィーブリーの村に住む人がエジプトに旅行し，ピラミッド内の王家の墓から見つかった〔この植物の〕種を持ち帰ったという噂があるためである．［ノーサンプトンシャー州ラシュトン，1985年7月：ただし，1992年8月に実地を検分したところ，この植物は*L.latifolius*すなわちヒロハノレンリソウbroad-leaved everlasting peaであることが確認できた］

上にあがっているレンリソウ属の2つの植物は，どちらの種であれ，エジプトおよびその周辺の国々で確認された記録はなく，この伝説は根も葉もない噂にすぎないようである．

Everlasting sin / sin

シュロップシャー州における，SLENDER SPEEDWELL（ネナシカズラ属の1種）の異称．

Eyebright　㊫ *Euphrasia* spp.（ゴマノハグサ科**コゴメグサ属**の数種）

●この植物は，眼の痛みに効くという評判がある一方で，これを使ったためにあやうく失明しそうになった例もあり，権威ある医師たちは，この類のものをつけるのは益より害の方がが多いと明言している．しかし，スコットランド高地地方の住人たちは，今日でもなおこの慣習を保持しており，牛乳で煮出し汁をつくり，鳥の羽根をそれに浸して患者の眼に塗布している．［Lightfoot, 1777: 323］

●葉の煮出し汁は咳COUGHSを鎮める．また外用の水薬として用いると眼を強め，その痛みを抑える．……私は，ジプシーがこの葉をフキタンポポCOLTSFOOT――これも薬用タバコTOBACCOの素材としてよく知られているが――と混ぜて吸うのを見たことがある．喘息ASTHMAやカタルCATARRHに効くということだった．ジプシーたちはまた，これをさまざまな眼の病気の治療薬としても利用している．

［Vesey-FitzGerald, 1944: 24］

Eye complaints　眼の不調

眼の不調や病気を治すのに用いられてきた植物には，BUTTERCUP（キンポウゲ属の数種），EYEBRIGHT（コゴメグサ属の数種），GREATER CELANDINE（クサノオウ属の1種），セイヨウカキオドシGROUND IVY，ドクニンジンHEMLOCK，ウスベニアオイMALLOW，ラズベリーRASPBERRY，ルリハコベSCARLET PIMPERNEL，オニナベナTEASEL，モクアオイTREE MALLOWなどがある．

F

Fairies　妖精

妖精と深い関わりがあると見なされてきた植物には，クローバーCLOVER，セイヨウニワトコELDER，ジギタリスFOXGLOVE，GUERNSEY LILY（ネリネ属の1種），RED CAMPION（マンテマ属の1種）などがある．また，妖精除けの効果をもつとされるのは，BUTTERWORT（ムシトリスミレ属の1種），HAWTHORN（サンザシ属の数種），プリムローズPRIMROSEなどである．さらに，セイヨウタンポポDANDELIONなどの，空中を漂う綿毛のついた種子がfairiesの名で呼ばれることもある．

Fairies' petticoat

チェシャー州における，ジギタリスFOXGLOVEの異称．

Fairy-cap

アイルランドにおける，ジギタリスFOXGLOVEの異称．

Fairy flax　㊫ *Linum cathariticum*（アマ科**アマ属**の1種）

学名が示す通り，かつては下剤PURGATIVEとして用いられていた〔種小名の*cathariticum*は「下剤の」の意〕．ヘブリディーズ諸島のコロンゼー島では，20世紀のはじめ頃までこの使用法が生きていたという［McNeill, 1910: 108］．

Fairy foxglove　㊫ *Erinus alpinus*（ゴマノハグサ科**エリヌス属**の1種）

ヨーロッパ大陸の原産だが，イギリスではロックガーデン用の植物として広く栽培されており，ところによっては帰化していることもある．

● fairy foxgloveは，紫色の小さな花を咲かせる植物で，イングランド北東部では，石塀などにとぎれとぎれに生育しているのを見かける．同地の言い伝えによると，この植物はローマ人ROMANSの軍隊が歩を進めた場所にのみ生えるというが，確かにウォールWall村（言うまでもなく，ノーサンバランド州にあるこの村の近くには，ハドリアヌスの長壁Hadrian's Wall〔イングランド北辺の防御のためにハドリアヌス帝が築いた塁壁〕の一部が残っている）にも見られる．［ノーサンバランド州ヘクサム，1990年6月］

Fairy ring　妖精の輪

草地の中に，ある種のキノコの生長につれて形成される暗緑色の草の輪のこと，またはtoadstoolと呼ばれる毒キノコが環状に生えたものをいう．J・オーブリーJohn Aubreyによれば：

● 1633年から34年にかけて，すなわち私が［ウィルトシャー州の］ヤットン・ケネルにあるラテン語学校Latin Schoolに入学してグラマー・スクールでの生活をはじめた頃のことである．副牧師のハートHart氏がある晩，丘を越えてやってきたエルフもしくは妖精たちにたぶらかされたことがあった．暗くなりはじめた頃，この地の人びとに「妖精の踊りfairy dances」と呼ばれているもの——すなわち妖精たちが草原につくる緑の輪——が近づいてきたと思う間もなく，彼は無数の「小人たち」に取り巻かれていたのである．彼らは踊ったり歌ったり，また奇妙な小さな音をたてたりしていて，非常に驚かされたけれども，後になって聞いたところでは，一種魔法にかかったような状態で，その場を動くことができなくなってしまったという．……彼は自分がどうなってしまったのかもよくわからないままその場に倒れ込んだが，すると小人たちは彼の全身をつねりはじめた．……彼らはその後しばらくして立ち去ったようだったが，翌朝，日が昇る頃になってようやく目を覚ましてみると，自分がなぜか草原の，「妖精の踊り」の輪の真ん中にいたのだという．［Ramsbottom, 1953: 114］

しかし時代が下るとともに，この輪が妖精たちによってつくられたという俗信が学者たちの間で真面目に取りあげられることはなくなり，18世紀の後半までは，落雷によるものだとする説が有力だった［Ramsbottom, 1953: 116-18］．そして1792年にはW・ウィザリングWilliam Witheringが，同年に刊行された『イギリス植物の系統的分類Systematic Arrangement of British Plants』の第2版の中で，妖精の輪はある種のキノコの生長の結果生じたものであることを明らかにした［Withering, 1792: 336］．同書の*Agaricus oreades*（現在では*Marasmius oreades*の学名で知られる〔ホウライタケ属のキノコの1種〕，fairy-ring champignonのことである）についての記述の中で彼は，「草地などに見られることのある，茶色い裸地の輪，もしくは濃い緑色の輪——いわゆる「妖精の輪」——は，このキノコの生長に伴ってつくりだされるものと確信している」と断言しているのである．今日の学者たちの間では，「妖精の輪」がキノコの生長に伴って引き起こされる現象であるとするウィザリングの説は広く受け入れられているが，その反面で巷間には，古い俗信が今なお生き残っているようでもある．

●時として草地の真ん中に，円形もしくは環状に草が一段と豊かに生い茂っているのを見かけることがある．これは「妖精の輪」で，そのまわりを走ったり歩いたりするのは不吉なこととされているが，妖精の通り道にあたるのはその周囲なので，内側を通り抜けるのは差し支えない．［IFCSS MSS 36: 236, リーシュ州，1930年頃］

●［ハンプシャー州の］草地の中にできるtoadstool〔と呼ばれる毒キノコ〕の輪や，濃い緑色をした草の輪は，夜中に妖精たちがダンスをする場所を示すしるしである．その輪の中へ足を踏み入れるのは不吉なこととされている．［Heather, 1941: 117］

しかし，「妖精の輪」が「幸運」と結びつけられている例もまた見られる．

●妖精の輪（toadstoolの生える草地に見られる濃い緑の輪）は，幸運や願いごとの成就へと導く力が潜む場である．［ウォリックシャー州リーミントン・スパ，1993年1月］

→クロップ・サークル CROP CIRCLES

Fairy thimble

ジギタリスFOXGLOVEの異称.

Fairy thorn →一本立ちの木LONE BUSH

Fat goose

GOOD KING HENRY（アカザ属の1種）の異称.

Fat hen 学 **Chenopodium album シロザ**（アカザ科アカザ属）

現在では厄介な雑草としか見られていないが，かつては食用とされていた.

●葉を煮てつぶし，これにバターをつけて，ホウレンソウのように食べた.

［McNeill, 1910: 161］

●この植物はわれわれの地方にはいたるところに生えていて，私もただの雑草としか見ていなかったのだが，あるとき，かつて青野菜の少ない時期には，この雑草——シロザ——を野菜として利用していたのだと聞かされた.

［ベッドフォードシャー州モールデン，1993年4月］

Father's Day 父の日

由緒正しい母親訪問日MOTHERING SUNDAYと違って，6月の第3日曜が「父の日」とされるようになったのは，1970年代のはじめに，グリーティング・カードのメーカーや，同様の関連商品を扱う諸企業によって，全くの営利目的で導入されて以来のことである．しかしすでに1977年には，サリー州ミッチャムのロンドン・ロード墓地でもいくつかの墓に「父の日の花輪」が供えられるようになっており，花屋にとっても新たな「かきいれどき」になりつつあったようである.

リンカンシャー州カートン・イン・ホランドのセント・ピーター・アンド・セント・ポールSt Peter and St Paul教会には，最近亡くなった教区民のリストを掲示している一角があり，そのリストの下には，追悼のための切り花をいける花瓶をのせる棚がしつらえられている．1990年の6月下旬にここを訪れたとき，この棚を見ると，「いつまでも，そしてとりわけこの父の日には，あなたのことを忘れずにおります」といった内容の書き込みのあるカードを添えた花瓶がたくさん置かれていた.

Feast Sunday 祝祭の主日

●［ケンブリッジシャー州の］ヒストンでは，7月の第1日曜は「祝祭の主日」である．この日の夕食には一家が顔をそろえ，「初物」の野菜を口にするならわしとなっている．エンドウPEA，ニンジンCARROT，それにジャガイモPOTATOは，晴雨にかかわらず必ず聖金曜日GOOD FRIDAYに植えられ，その最初の収穫を——たとえそれ以前から収穫がはじまっていても——この日にはじめて口にするのである．今年26歳になるわが息子を含め，この町の人びとは今なおこの慣習を守っている．この「祝祭の主日」のならわしは，少なくとも1894年にまでさかのぼり，かつてはよそに働きに出ている女の子にとって，家族の元へ帰るのを許される，ほぼ唯一の機会だったものである． ［ケンブリッジシャー州ヒストン，1989年1月］

これと似た習慣は各地で広く行なわれていたようである.

●［私の一家は，レスターシャー州コールヴィルの近郊にあるウィティック村の出だが］ジャガイモを少し早めの聖金曜日の日に植えて，ウィティックの徹夜祭Whitwick Wakeにゆでるのに間に合わせていた. ……この祭は，洗礼者聖ヨハネ教会St John the Baptist Churchの記念日にあわせて行なわれていた.

［エセックス州ホーンチャーチ，1992年8月］

Fennel 学 *Foeniculum vulgare* **ウイキョウ**（セリ科ウイキョウ属）

●ハエFLIESを寄せつけないようにするために，馬具にウイキョウの小枝をはさんでおく. また地元で獲れ，よく食卓にものぼるサバの料理に使うソースをつくるのにも利用される. ［ジャージー島，サンサヴォワール，1993年5月］

Fern →BRACKEN（ワラビ属の1種）

Fever 発熱

発熱の予防に用いられてきた植物にはホソバウンランTOADFLAX，同じく治療に用いられてきた植物にはセイヨウニワトコELDERなどがある.

Feverfew 学 *Tanacetum parthenium* **ナツシロギク**（キク科ヨモギギク属）

●煮出し汁を漉し，痛みを和らげるのに用いる. ［Taylor MSS, ノーフォーク州アトルバラ］

Fever-plant

ヨークシャー州における，セイヨウノコギリソウYARROWの異称.

Fevertory

ウィルトシャー州における，FUMITORY（フマリア属の数種）の異称.

Fiddle-wood

WATER FIGWORT（ゴマノハグサ属の1種）の異称.

Field gentian 学 *Gentianella campestris*（リンドウ科**チシマリンドウ属**の1種）

● Field gentian = sôta（「甘い」の意で，実際に甘い味がする）は，消化不良に効く. またridin' girseの名でも知られており，発情しにくい雌牛に――おそらくは一種の媚薬APHRODISIACSとして――与えられることもあった.

［シェットランド州ラーウィック，1994年3月］

Field maple 学 *Acer campestre* **コブカエデ**（カエデ科カエデ属）

19世紀後半のデヴォン州では，コブカエデがしばしばオークOAKと呼ばれており，王政復古記念日Oak Apple Dayにも，オークとして身につけられていた.

●私は，コブカエデが一般にオークと呼ばれているのを知って驚いた. 今年はちょうど聖霊降臨祭の翌月曜日Whit-Mondayが王政復古記念日Oak-apple Day（5月29日）にあたっていたが，この日，朝早くからブラッドリーの森に散歩に出かけた私は，そこでコブカエデを身につけた大勢の子どもたちを見かけたので，どうしてコブカエデを身につけているのかと尋ねてみた. するとそのうちのひとりが「おじさん，今日は王政復古記念日だよ. オーク・アップルoak-apple〔本来は虫こぶのついたオークの小枝のことである〕をもってなかったら，つねられたり刺されたりするんだよ」と教えてくれた．そこで「そうかい，じゃあおじさんも1本手に入れておかなきゃならんな」と答えると，別のひとりが威勢よく「これをあげるよ」と差し出してくれた．ところがこれは，他の子どもたちが身につけているのと同じ，コブカエデの枝だったので，「これはオークじゃないよね」と確かめてみたが，子どもたちは異口同音に「オーク・アップルだよ」と答えてきた．その後大人たちにも話を聞いてみたが，やはり同じ誤りをしている人がかなりいるようであった．

［Friend, 1882: 41］

ノッティンガムシャー州では，カエデが王政復古記念日にやはりオークの代用品として——ただし両者の区別はついていたようだが——用いられることがあったようである．

●中には，それ［オーク］を手に入れることができずに，dog oak（＝カエデ）を身につけてなんとか［NETTLE（イラクサ属の1種）で刺されるという］罰を逃れようとする者もいるが，このごまかしがばれると，もっと厳しく罰せられるのがならわしである．

［E., 1884: 382］

Field scabious 学 *Knautia arvensis*（マツムシソウ科**クナウティア属**の種）

●［ダービーシャー州のジプシーたちによれば］葉を煎じたものは肺を強め，また肋膜炎にも効く．

［Thompson, 1925: 163］

Fig 学 *Ficus carica* **イチジク**（クワ科イチジク属）

コーンウォール州セント・ニューリン・イーストにある教会の南壁からは，イチジクの木が生えている．この木については，あまり名を知られてはいないが，殉教した聖女で〔この地の守護聖人でも〕ある聖ニューリナSt Newlinaの杖STAFFから芽を吹いたものだという言い伝えがある．

●私の先任者の1人が1930年代に記録している伝承によれば，キリスト教に入信した王女聖ニューリナは，自らの杖をこの地に植えて，そこに教会が建つよう祈ったという．しかし，イチジクの木が生えている壁は14世紀につくられたものだし，イチジクがこの国に入ってきたのは16世紀になってからのことだとも聞いている．……この木は時折剪定をしてやらねばならないが，この作業に関わった者は不思議と——偶然の一致とは思えないほど——不幸に見舞われることが多く，命を落とす者も少なくない．

［P・デニーPeter Denny師，セント・ニューリン・イースト，1978年1月］

1970年代後半にはこの木を描いた絵葉書も販売されており，そこには次のような詩が添えられている．

●その昔，今なお地名に名を残す，
聖ニューリナは当地を訪れ，
自らの杖を植えるとこう祈った．

「ここに神の教会が建ちますように」.
人は言う，このイチジクは聖人の杖，
決して枯らしてはいけないと.
恐るべき呪いがかかっていて，
葉を摘む者は棺桶行きだと.

In ancient days Newlina came,
The Saint who gave this place its name.
Her staff she planted and she prayed,
'Let here a Church to God be made.'
This fig tree is her staff folks say;
Destroy it not in any way,
Upon it lies a dreadful curse,
Who plucks a leaf will need a hearse.

しかし，1958年6月1日付 'Sunday Express' 紙には次のような記事が見える.

●このほど4人のコーンウォール人が「死の呪い」に挑み，見事に生還した．ニューキー近郊のセント・ニューリン・イーストにある古い教区教会の壁からは，1本のイチジクの木が生えており，その傍らには「呪い」についての警告が掲示されている――いわく，この木の葉1枚でも摘みとろうとした者には，1年以内に死が訪れるだろう，と.

ところが，今をさかのぼることちょうど12か月前に，この村の男性4人がこの木の剪定を行なったのである．そのうちの1人は昨日……こう語ってくれた．「この木を剪定する気があるかと聞かれたときには，〈もちろんやるとも．わしは迷信家じゃない〉と言ってやったんだ．ところがその後間もなく，木を切り出しに行ったら，そのうちの1本が倒れてきて，3月ほど仕事を休んじまったよ」.

それじゃあ「呪い」を信じる気になりましたか，と質問をぶつけてみると――「いいや，ちっとも．あんなもん，話題づくりのほら話にきまっとるわ」.

E・サーストン Edgar Thurston は，『コーンウォール州の樹木 British and Foreign Trees in Cornwall』(1930) の中でこのイチジクの木を紹介し，その写真を載せてもいるのだが，奇妙なことに聖ニューリナの伝説については全く触れていない．サーストンは民間伝承に強い関心をもち，この本の中でも結果的に樹木や低木に関わりのないことにまで触れているほどであるだけに，この点は重要な意味をもっているような気がしてならない．果たしてこれはサーストンの見落としだろうか？　それともこの本が書かれた数年後に，教区の牧師がつくり話を――採録したのではなく――でっちあげたのだろうか？

1913年には，ハートフォードシャー州にある3つの「不信心者の墓 ATHEISTS' TOMBS」に関しての記録が残されている．そのうちの1つは，ワットフォードの教会の南側にある，祭壇型の墓（現存しない）についてのもので，この墓石には，何も記されていないかわりに，そこからイチジクの木が生え，よく繁っていたという．伝説によれば，埋葬されていたのはある貴婦人，もしくは地元では名の知れた農場主で，息を引き取る前に，葬るときは手にひとつ1つイチジクをもたせてほしいと頼んだ上で，次のように言い遺したという――墓の向こうに別世界が広がっているという話がもし本当だったら，このイチジクから木が生えるだろう，と［N & Q, 11 ser. 8: 425, 1913］．

●ワットフォードのイチジクの木をご存じですか．あそこの教会の敷地に生えている伝説の木のことです．その伝説というのはこうです．何十年も前のことですが，この地には1人の不信心者がいて，教区牧師は，改心させようと熱心に説得を続けたのですが，結局彼は，もし神がいるなら，私の墓からイチジクの木が生えるだろう，と言い遺して亡くなったのだそうです．もう長いことワットフォードには行っていませんので，この木がまだ残っているかどうかはわかりませんが．

［ロンドン，ルイシャム，1986年4月］

イングランドのいくつかの地域では，枝の主日 PALM SUNDAY〔復活祭直前の日曜日〕を「イチジクの主日 Fig Sunday」と呼ぶことがあった．

●私の家は何世代も前から，バッキンガムシャー州北部のノース・マーストンという村に住みついており，私自身もこの地で，幼年期，少女期，そしてその後の時代の多くを過ごしました．この地方には，枝の主日にイチジクを食べるならわしがあって，この日は「イチジクの主日」と呼ばれていました．その理由については「マルコによる福音書」11章13節を御覧ください．

この地域には後から新しく移ってきた人も多いので，この慣習が今でも続いているかどうかはわかりませんが……私は今でもこの日にはにイチジクを食べるようにしています．［ロンドン，ボウ，1990年4月］

湖水地方では：

●聖金曜日 GOOD FRIDAY〔復活祭直前の金曜日〕には，フィグ・スー Fig Sue を飲むならわしがあります．……なぜ聖金曜日だけなのかはわかりませんが．作り方はこうです．イチジクの実4オンスを1パイントの水に入れ，柔らかくなるまでとろ火で煮ます．そしてこれを裏ごしして，砂糖大さじ1杯と，すり下ろした生姜を1つまみ加えておきます．さらにエール2パイントを火にかけてこのピューレを加え，煮立ってきたらお出しします．［カンブリア州クラッパーズゲート，1985年10月］

Figwurt（fygwurt）

16世紀に用いられた，CELANDINE（キンポウゲ属の1種）の異称．

Fingers and thumbs

ドーセット州における，セイヨウミヤコグサ BIRD'S-FOOT TREFOIL の異称．

Fire　火事

火災除けになると考えられてきた植物には，キンギョソウ ANTIRRHINUM，BITING STONECROP

（マンネングサ属の1種），ヤネバンダイソウ HOUSELEEK などがある．

Fire grass

ヘラオオバコ RIBWORT PLANTAIN の異称．→ FIRE-LEAVES / HOT WEED

Fire-leaves

ヘリフォードシャー州における，DEVIL'S BIT SCABIOUS（スッキサ属の1種）の異称．また，グロスターシャー州における HOARY PLANTAIN（オオバコ属の1種）の異称．

Fisherman's baskets

ラドナーシャー州における，セイヨウミヤコグサ BIRD'S-FOOT TREFOIL の異称．

Fishing　漁

漁をはじめる時期を知らせるとされてきた植物には，ALDER（ハンノキ属の1種）やジギタリス FOXGLOVE などがある．

Fits　ひきつけ

ひきつけの原因になるとされた植物には，セイヨウナツユキソウ MEADOWSWEET などがある．

Flax　学 *Linum usitatissimum*　**アマ**（アマ科アマ属）

lintの名でも知られている．

● ［スコットランドの北東部では，ハロウィーン HALLOWE'EN の日の］夜の帳が降りる頃，少女たちはアマの種lint-seedを一握り手にしてひそかに家を抜け出し，畑の畝を歩きながらその種を蒔いて，次のような言葉を繰り返した．

アマの種よ，おまえを蒔いてやるから，
アマの種よ，おまえを蒔いてやるから，
どうかあの人が私の恋人になって，
追いかけてきて捕まえてくれますように．

Lint-seed I saw ye,
Lint-seed I saw ye,
Lat him it's to be my lad
Come aifter and pu' me.

すると左の肩越しに，将来自分の連れあいになる男性のまぼろしが，いわばアマを引き抜くようなしぐさをしながら畝を横切るのが見えたという．　[Gregor, 1874: 103]

これと似た占い DIVINATION は，アサ HEMP を使って行なわれることもあった（同項を参照のこと）．

Fleas　ノミ

ノミと関連の深い植物には，オオスズメノテッポウ MEADOW FOXTAIL GRASS やムギクサ WALL BARLEY などがある．またこの虫を寄せつけないようにするために，セイヨウヤチヤナギ BOG MYRTLE やアマモ EEL GRASS などが用いられた．

Flea wood

ノーサンバランド州における，セイヨウヤチヤナギBOG MYRTLEの異称.

Flies　ハエ

ハエを寄せつけないようにするために用いられた植物には，セイヨウニワトコELDER，ウイキョウFENNEL，ミドリハッカMINT，エゾヨモギギクTANSYなどがある.

Floss

シェットランド諸島における，小ぶりで丸い果実をつけるイグサRUSHの異称.

Flower communion　花の拝領式

●東ヨーロッパのユニテリアン派の信徒たちの間で，70年近くにわたって連綿と続けられてきた「花の拝領式flower communion」と呼ばれる儀式が，最近では西ヨーロッパや北アメリカでも広く行なわれるようになっている．これに参加する人びとは皆，切り花を持ち寄り，式のはじめに，これを聖堂の前方に用意された大きな容器に集めておく．そして式が終わると，人びとは列をつくって前に進み，各自，持ってきたのとは別の花を手に取り，家に持ちかえって，テーブルや暖炉の上などに……自らの属する会派がその輪を広げつつあることを示すシンボルとして飾っておくのである.

［ハムステッドにある］われわれの教会でも，これに類した儀式を年に1回執り行なっている．ただしわれわれの場合，はじめに葉だけを使った飾りを背景として用意しておき，式の開始が近づくと，皆は列をつくって前に進み，花を1本ずつ受け取って，葉でつくった背景の上の，好きな場所にこれを置く．こうしてこの礼拝の中心をなす飾りが，参加者全員によってつくりだされるのである．この飾りは，その花々が織りなす漠然とした多様性を意識的に利用して，差異を受け入れることによって美が生み出されることを象徴的に祝うとともに，そうした差異を脅威と見なすことなく，逆にそれを受け入れることによって生まれる強さを示そうとするものである.　［ロンドン，ハムステッド，1993年10月］

Flowering currant　㊫ *Ribes sanguineum*（ユキノシタ科**スグリ属**の1種）

●妻は，赤い花を咲かせるflowering currantを決して家に持ち込もうとはしない．以前に母親から，この植物は家に不幸をもたらすと聞かされたからだという（その理由についての説明はなかったらしい).　［チェシャー州シェイヴィントン，1983年3月］

Flowering Sunday　花飾りの主日

ウェールズでは地方によって，枝の主日PALM SUNDAYがSul y Blodauすなわち「花飾りの主日」と呼ばれることがあり，かつてこの日には，墓を花で飾りつける慣習が広く行なわれていた．Sul y Blodauという呼称自体は，早くも15世紀のウェールズ語文献に見られるが，これが枝の主日のみと結びつけられるようになったのは，19世紀の後半になってからのことのようである［Owen, 1978: 80]．南部ウェールズの都市部では，19世紀の末頃にこの慣習が盛んになり，1896年には，カーディフの墓地を何千もの人びとが訪れ,「墓地への道は，さながら定期市の日のような様相を呈して」いたという［'Byegones' 誌, 1896年9月9日号］. この慣習は今日でもなお——その重要度は低くなっているとはいえ——続けられており，ウェールズの多くの地域ではこの日，たいていはラッパズイセンDAFFODILの花束を供えるなどして，墓に特別の飾りつけがほどこされる［サウス・グラモーガン州セント・フェイガンズ, 1983年4月］.

一方ラドナーシャー州では，墓の飾りつけは復活祭の日に行なわれた. R·F·キルヴァートRobert Francis Kilvert〔1840-79〕は，1870年4月16日付の日記の中で次のように書いている.

●私がケヴン・イ・ブラーンに向けて出発した頃は，墓地にはまだ花をもった人はほんの数人しかいなかった. しかし，復活祭前夜EASTER EVEの伝統的な美しい牧歌がはじまる頃になると，人びとは墓を飾るための花をもって，四方八方から続々と集まってきた. 町や近隣の村の子どもたちも，花の入った籠と，芝に穴を開けるためのナイフをもってやってきていた. 道路は行きかう人びとで活気にあふれ，墓地の中も，大勢の女性や子どもたちが——男性も幾人か混じっていたが——墓石の間を縫うように歩きまわったり，花で飾られた，墓の前の緑の盛土の上にひざまずいたりしていて，大変混みあっていた. ……さらに一日の仕事を終えた人びとも，続々と墓地を目指してきているようであった. ［Plomer, 1977: 30］

またアイルランドの一部地域では，その地の祝日に同じような慣習が行なわれていたようである.

●墓に飾りつけをする慣習は，ラウス州の南部および中部では，少数の例外を除き，どこの教区でも行なわれている. それぞれの教区や教会には，それぞれの守護聖人にちなんだ祝日がある. そしてそうした祝日，もしくは直後の日曜日には，その教区の教会で死者のためのミサが行なわれ，墓は皆，その季節の花で美しく飾られる.

それぞれの墓石の上には，2フィート半から3フィートの高さの花の十字架が置かれる.

墓石自体はコケMOSSもしくは常緑樹で覆われ，まわりに切りそろえたBOX（ツゲ属の1種）やpalm［ここではヨーロッパイチイYEWを指す］で囲いがつくられる. そして赤と白，ピンクと白，紫と白など，さまざまの色を組み合わせた花輪がその中に置かれる. 人びとは四方八方から墓地へと集まり，身内の死者のために祈りを捧げるとともに，花飾りの出来栄えについてあれこれと批評を加える.

［IFCSS MSS 675: 93, ラウス州］

→万霊節ALL SOULS' DAY

Flower Parade　フラワー・パレード

リンカンシャー州のスポールディングでは1959年以来，毎年5月の第1土曜日に，フラワー・パレードが行なわれ，観光客に人気の高い年中行事となっている. パレードは,チューリップTULIPをはじめとする切り花で入念に飾りつけられた20基ほどの山車によって構成される．スポールディングの周辺で商業的な球根生産がはじまったのは1890年頃のことだったが，当時はまだ切り花用の栽培が主で，1920年代に入る頃には，その花畑を目指して観光客がひっきりなしに押し寄せるようになった．さらに1935年には，国王ジョージ5世ならびに王妃メアリの在位25周年の祝賀がちょうどチューリップの花の時期に重なったが，このとき球根の生産者たちは，赤，白それに「青」のチューリップを際立たせるように工夫して植え，これが大変な反響を呼ぶことになった．しかしこのとき町の交通が大混乱に陥ってしまったため，翌年，交通をはじめとして，この花の季節に生じるあらゆる問題について責任をもって対処する「チューリップ花期対策委員会Tulip Time Committee」が公式に設置された．

しかし年とともに，切り花用に生産される球根の数は次第に減少し，多くの生産者がチューリップの乾燥球根のみを行なうようになった．球根用に栽培するチューリップは，新しい球根を早く発育させるために，その花を取り除くのが普通である．したがって観光客向けの，チューリップの花の咲いた畑は少なくなってしまい，代わって花を切り取られた畑ばかりが増えることとなった．このため，全国農民組合National Farmers' Unionのスポールディング支部は1959年，第1回のフラワー・パレードを企画し，思惑通り当初から大勢の観光客を獲得した．

●それぞれの山車の原型となる鋼鉄の骨組みを担当するのは，地元の鍛冶屋，G・ドッドGeoff Dodd氏で，彼はその熟練した手わざで，それぞれのテーマにあった形をつくってくれる．次にこの骨組みに覆いをかけて，花を固定することができるようにする．覆いの素材には，1985年までは藁のむしろが用いられていたが，現在は発泡スチロールに取って代わられているようである．そして最後に，パレードのはじまる24時間前から，何百人ものボランティアが夜を徹して，優雅な花飾りを織りあげてゆく．チューリップの花はひとつひとつ針金で器用に取りつけられ，最後には山車全体が文字通りチューリップで覆いつくされる．山車の中には，長さが50フィートにもなるものもあるが，1台あたり50万個ものチューリップの花が用いられ，これに地元の「花の愛好会Flower Lovers' Club」の面々によってつくられたフラワー・アレンジメントが付け加えられる．そしてさらにはその他の色鮮やかな春の花々や春らしい素材によって，彩りが添えられてゆく．こうしてできあがった山車は言うに言われぬ美しさを湛えており，毎年見物にやってくる観光客が，そのつど感動のあまりため息をもらしたとしても，何ら驚くにはあたらないだろう． [Simpson, 1987]

春が遅い年には，チューリップの代わりにラッパズイセンDAFFODILを用いなければならないこともあったようである［1986年4月28日付'The Times'紙］．また逆に春が早い年には：

●早く咲きすぎたチューリップの花が何千本も摘み集められた．これらは5月4日にリンカンシャー州スポールディングで行なわれる，毎年恒例のフラワー・パレ

ードのために冷蔵されるという.　［1991年4月25日付 'The Times' 紙］

→花合戦 BATTLE OF FLOWERS

Flowers　花

1920年代，ロンドンの貧民街に住む子どもたちは，舗装道路に食べ物が落ちているのを見つけると，喜んで拾い食いをしたものだった――「無駄なければ欠乏もなし，拾って食べよ」．しかし，落ちているのが花となると話は別だった，というのも，「もし小さい子がその花の方に近寄って手を伸ばそうとしたら，他の子どもたちは〈花を拾えば，熱も拾う〉などと言いながら，あわててその子を制止した」［Gamble, 1979: 94］ものだからである．同様に：

● 地面に落ちている花を拾いあげるのは，不吉なこととされていた．（家の中に病気を持ちこむ！）　［グウィネズ州アベーディヴィ，1983年7月］

こうした俗信はおそらく，都市部に住む貧しい人びとにとって，花を買ったり手にしたりするのは，家の中に埋葬を待つ亡骸が安置されているときのみであった時代に端を発したものだろう．こうした状況下に置かれた子どもたちが，花を病気や死と結びつけるようになったとしても，驚くにはあたらないだろう．あまり一般的ではなかったのだろうが，花を完全に家から締め出してしまうこともあったようである．

● ［ウスターシャー州］インクバローの農家のおかみさんが，アローチャーチに住む母を訪ねてきたことがあり（1887年頃だったと思う），わが家の庭でバラをもらって帰ったのだが，家に戻る途中でこれを，1本，また1本とこっそり捨てていった．母はこれに気づいたが，そのわけについても察しがついていたようだった――花を屋内に持ち込むと，ニワトリに災いをもたらす，とされていたからである．　［Partridge, 1917: 311］

● 1903年生まれの母――祖母もやはりそうだったが――は，家族に不幸をもたらすといって，いかなる種類の花であれ，それを家の中に入れようとはしなかった．　［チェシャー州マクセルズフィールド，1982年4月］

時には，野生の花だけに限って避けられることもあった．

● 家の中に入れると不吉だとされている花：ライラック LILAC，および野生の花すべて．　［グウィネズ州カーナーヴォン，1993年3月］

● 私は68年前，リンカンシャー州で生まれた．……われわれは外へ遊びに出かけるたびに野の花を摘んだものだが，それを家の中に持ち込むのは絶対に許されなかった．したがってジャムの瓶に活けて，窓枠の外側に置いておくしかなかった．母は野生の花は不吉だといって，決して家に入れようとはしなっかった．中でもとりわけ忌み嫌っていたのは，May blossom（5月の花）―― HAWTHORN（サンザシ属の数種）のことである――であった．　［オックスフォードシャー州ウィートリー，1993年6月］

劇場関係者の間には：

● 舞台上には生きた花を置くべきではない，という迷信がある．もしこれが倒れたりしたら，役者が足を滑らせる危険があるからさ，と教えられたこともあるが，私としてはこの説明には納得していない．　［ロンドン，パディントン，1990年7月］

地方によっては，生理中の女性が触れてはいけないとされるものの中に，花が含まれていることがある．

●私はハンプシャー州のベイジングストーク近辺で少女時代を過ごしたが，母から，生理の期間中は決して花に手を触れてはならない，もし触れたりしたら，花がしおれて枯れてしまうから，と教えられた．［ロンドン，メイダ・ヒル，1982年12月］

→葬式の花 FUNERAL FLOWERS，赤い花 RED FLOWERS，紅白の花 RED AND WHITE FLOWERS

Flower service　花の奉仕

ドーセット州ブリッドポートのセント・メリーズSt Mary's教会では，1970年代まで長年にわたって，「花の奉仕flower service」〔と呼ばれる慈善活動〕が行われてきた．1905年5月の'Bridport News' 紙の記事［Udal, 1922: 42より引用］によると，この奉仕の起源は，少なくとも1788年——町で日曜学校がはじまった年——にまでさかのぼることができるという．しかし，後年の活動形態が鉄道輸送に大きく依存したものである点を考えると，20世紀型の「花の奉仕」は，19世紀の中後期のいずれかの時点からはじまったものであろう．

●5月の第一日曜日は，日曜学校の祝日Sunday School Festival Dayと決まっていた．子どもたちはこの行事を心待ちにしていて，ほとんどの少女はこの日，新しい服と帽子——たいていは白色のもの——を身につけた．最近の5月の気候のように肌寒かったら，その下に温かい下着を何枚か重ね着しなければならなかったことだろうが．前日の土曜日には，一駅汽車に乗って隣のパワーストックまで皆で出かけ，あらかじめ花を摘んでおく．このあたりの野原には，プリムローズ PRIMROSE，キバナノクリンザクラ COWSLIP，BLUEBELL（ヒアキントイデス属の1種），それに野生のヒアシンスなどがたくさん咲いていたのである．中でも一番素晴らしかったのはキバナノクリンザクラで，もちがよく，いつまでもよい香りを放っていた．そして〔当日になると〕子どもたちは皆で町中を行進し，自分がつくった花束を見てもらってから，それをもったままで教会へと向かった．その際花束には，自分の名前と住所を記したラベルをつけておくことになっていた．子どもたちの他に両親や親戚を含めて200人以上がつめかけるので，教会は満杯になるが，そんな中で礼拝を終えると，最後に牧師が内陣の段のところで，花束を盆に載せて受け取るのである．花束はその後，段ボール箱——時には12箱か，それ以上になることもあった——に詰めて駅へと運ばれ，3時30分発のパディントン行きの列車に積み込まれた．そしてパディントン駅で荷ほどきをされ，その日のうちに老人や病人，恵まれない人びとなどのもとに届けられることになっていた．

花をもらった人からはたいてい，次の日曜日までにお礼の手紙が届くので，それらは日曜学校の中で朗読される．後になると，主要道路では交通量が多くなったため，当日の行列は短くなった．またその後，英国国有鉄道のわが町へ通ずる支線は廃止されてしまったので，花束はまずトラックで（15マイルほど離れた）ドーチェスター駅まで運ばれ，翌朝ロンドンに着くように発送されるようにもなった．そしてこれを，ウェストミンスターのセント・ステファンズSt Stephen's教会の婦人たちが受け取り，教会の老人クラブに届けてくれている．礼状の中には，これまで見たことのなかった野の花が届きました，と記されているものもあれば，80歳の老婦人からは，ドーセット州に住んでいた少女時代の思い出を綴った手紙が届いたこともあり，これらの花束が，都会に住む人びとに鄙の香りを届け，ささやかな喜びをもたらしていたことは確かだろう．しかし，皆で花を摘むことに対して苦情が寄せられるようになったため，この活動は1970年代に中止になった．

［セント・メリーズ教会の日曜学校の教師，F·T·レコードRecord氏，1985年2月］

Fool's parsley ㊫ *Aethusa cynapium*（セリ科**アエトゥサ属**の1種）

● 51年前，私は病気の母のために野の花を摘みにいったことがあった．われわれは祖母に面倒を見てもらっていたが，摘んだ花をもって家に近づくと，祖母に「そのMOTHER DIE〔＝fool's parsleyの異称〕を家に持ち込んじゃあいけないよ，縁起が悪いからね」と言われたので，悲しかったけれども，その花はごみ箱に捨てた（母はその数週間後に亡くなった）． ［チェシャー州シェイヴィントン，1983年3月］

→COW PARSLEY（シャク属の1種）

Forebitten more

DEVIL'S BIT SCABIOUS（スッキサ属の1種）の旧称．

Forsythia ㊫ *Forsythia* spp.（モクセイ科**レンギョウ属**の数種）

● 1950年代のウィルトシャー州でのことだが，私の祖母は，不吉だからといって，ミモザMIMOSAを家の中に持ち込むことを許さなかった．forsythiaもやはり持ち込んではならなかったが，ミモザの場合ほどうるさくは言わなかった．

［ロンドン，ウィンスモア・ヒル，1984年5月］

Foxglove ㊫ *Digitalis purpurea* **ジギタリス**（ゴマノハグサ科ジギタリス属）

アイルランドでは，fairy thimble（妖精の指ぬき）とも呼ばれている．foxgloveという名はふつう，folk's［すなわちfairies'］glove（妖精の手袋）が転訛したものと考えられている．J・ブリテンJames Brittenによれば：

● foxgloveという名は，いかなる点から見ても，キツネのレナードReynardとは何の関係もなく，むしろ妖精FAIRIESあるいは「小さき民」と関わりのある語である．後者から派生したという説については，この植物の他の呼称からも完全な裏づけが得られよう．この植物はたとえば，ノース・カントリー〔イングランド北部諸州〕ではWitches' Thimbles，アイルランドではFairy-cap，ウェールズではManeg Ellylln（＝妖精の手袋），チェシャー州ではFairies Petticoat，イースト・アングリア地方ではFairy-thimbleなどと呼ばれているのである． ［'Science Gossip'誌，1870年2月1日号：43］

しかし，リートリム州で採集された次のような俗信は，ジギタリスが妖精の植物であるというよりも，むしろ妖精にとって危険な植物であることを示しているようである．

● もし子どもが気難しかったり，怒りっぽかったり，あるいはまた健康だったのが急に病気がちになったりして，妖精の子ではないかと疑うに十分な理由があるときは，その疑いがあたっているかどうかを確かめるために，次のようなやり方を試してみるとよい．まずlusmore（＝ジギタリス）をとってきてその液汁をしぼり，子どもの舌に3滴と，両方の耳にそれぞれ3滴ずつを垂らす．そして次に，そのジギタリスをシャベルに載せて（誰かに押さえてもらいながら）家の戸口までもっていき，そこで「もしおまえが妖精なら，おまえに用はない」と唱えながら，シャベルの上でジギタリスを3度揺する．こうすれば，もしその子が妖精の子だったら，死んでしまうが，もしそうでなければ，その子はきっとよくなるだろう．

［Duncan, 1896: 163］

ジギタリスを「不吉」であるとしたり，戦争の前兆とみなしたりしている記録も散見される．

● ［1950年代，スタッフォードシャー州のタットベリー付近では］ジギタリスを摘むのは不吉なこととされ，また家のなかに持ち込むのは固く禁じられていた．この植物は家に魔女WITCHESもしくは悪魔DEVILを呼び込むとされていたからである．

［ハートフォードシャー州スティーヴニッジ，1982年5月］

● 1914年の夏に，記録的な数のジギタリスが生い茂ったことがあった．それを見て［スタッフォードシャー州出身の］ある老人はこう言った．「気に入りませんなあ，奥さん．こりゃあ戦争の前触れでさあ．ジギタリスは兵隊だっていいますから」．

［Hodson, 1917: 452］

子どもたちは，ジギタリスの花をふくらませ，ポンとはじかせて遊ぶ．

● ［コーンウォール州では，ジギタリスはpop dockという名で知られているが］そのうちのdockは大きな，ざらざらした葉をもっているところから，またpopのほうは，子どもたちが花をふくらませ，破裂させて遊ぶところつけられたものである．

［Britten and Holland, 1886: 153］

● ［1920年代のグロスターシャー州，ディーンの森で］われわれは方々をうろつきながら，snompers〔＝ジギタリス〕をはじかせて遊んだ．美しいピンク色のジギタリスの花の穂を取ってきて……花をひとつひとつはずし，親指と人差し指でつまんで空気を閉じ込め，両端から押しこんでゆくと，小さくポンと快い音をたてて破裂した．

［Foley, 1974: 18］

この地方では同様に：

● ［私の祖父母はそれぞれ1856年／1860年の生まれだが，以下はその2人から聞かされた話である：］snomperあるいはsnowper（こちらはcowと韻を踏んでいる）＝ジギタリスのこと．おしゃべりな子どもはよく次のようにたしなめられた――「口を閉じなさい．まるでsnowperの中にいるマルハナバチみたいじゃないか」．ハチをジギタリスの花に閉じ込めて，腹立たしげにブンブンうなっているのを聞くのも，夏の間の楽しい暇つぶしだった！　［グロスターシャー州シンダーフォード，1993年11月］

ガーンジー島では，ジギタリスはclaquetと呼ばれているが，「その名の由来は，この花を手のひらの上で破裂させ（claquer），ポンという音をたてる子供の遊びにあり」，またジギタリスの開花は，サバ漁をはじめるべき時期を告げる指標と考えられている．

● ジギタリスの花が咲いているのを見かけたら，
釣道具を舟に乗せ，
サバ漁に出かけるがよい．

Quand tu vé epani l'claquet
Met tes leines dans ten baté
En t'en vâs au macré.　［Marquand, 1906: 39］

デヴォン州北部のハートランドでは，ジギタリスは聖ネクタンSt Nectan――あまり名を知られてはいないが，同教区の教会はこの聖人に捧げられている――と結びつけられてきた．比較的新しいものと思われるその伝説によれば，聖ネクタンは妹とともにウェールズからコーンウォールに渡り，さらにハートランドを目指したが，途中ストークで盗賊に襲われ，首をはねられてしまった．しかし2人の旅程は遅れることはなかった．というのも，聖人は自らの首を拾いあげると，そのまま旅を続けたからである．そして聖人の傷口から滴った血BLOODが落ちた場所には，次々とジギタリスが芽を吹いたという［Dunsford, 1981: 176］．今日では，この守護聖人の祝日である6月17日に最も近い日曜日，朝の歌ミサSung Eucharistの前に，「ジギタリス行列Foxglove Procession」が行なわれ，「活況を呈して」いる．ただし，教区の機関誌は1909年以来発行が続けられているが，この行列に関する記事が見えるのは1927年以降で，この年当時の牧師は，聖ネクタンの祝日の午後3時の晩課の後に，行列を行なうことを企画していたようである［ハートランド教区の牧師，L・コールソンLouis Coulson師，1982年1月］．

民間薬としては：

● シュロップシャー州では，ジギタリスの葉は猩紅熱に効くとされており，子どもたちは1年中ずっと，底にその葉を入れた靴を履いていた．

［ベッドフォードシャー州ヘインズ，1984年8月］

● lus mor――fairy thimbles（ジギタリス）の柔らかい葉．中心部にあって，そこから花茎が伸びるもの――は，切り傷CUTSの治療に有効である．葉裏のやや固いすじを引き抜いてから，これを火で温めて傷口にあてる．［IFCSS MSS 1128: 26, コーク州］

ジギタリスは，伝統的な民間薬を学術的に再検討することの重要性を示すものとしては，イギリスにおける代表的な事例の1つとなっている．1775年，水腫DROPSYに効くとされていたシュロップシャー州の伝統的な民間薬についての見解を求められたW・ウィザリングWilliam Withering〔1741-1799〕は，すぐさま，調合されていた20種ほどの薬草のうち，重要な有効成分はジギタリスの葉であることをつきとめた．そこで彼は，他の療法で効果が得られなかった患者たちに，ジギタリスの葉を，さまざまな分量で，またさまざまな形をとって処方し，10年後，自身の患者163名に，他の医師たちの治療を受けた患者の分も加えて実験結果を公表した．その論文の中で彼は，こうした薬効が利尿作用によるものであることを明らかにするとともに，「心臓の活動に対して，他の薬によってはまだ観察されたことがないほどの影響力をもつ点についても報告することができた」[Withering, 1822: 103]．また彼と同時代の学者の中には，ジギタリスの葉が肺結核TUBERCULOSISの治療に有効であると主張するものもあったが，これを裏づけるようなデータは全く得られなかったという．ちなみに今日では，ジギタリスから抽出される成分——ただし実際に用いられるのはケジギタリスMediterranaean woody foxglove (*Digitalis lanata*) だが——は，もっぱら心臓疾患の治療に用いられている．

Francismass →聖フランキンの祝日ST FRANKIN'S DAYS

Frawcup

テムズ・ヴァレー地方における，FRITILLARY（バイモ属の1種）の異称．

Freckles　そばかす

そばかすを消すのに用いられてきた植物には，FUMITORY（フマリア属の数種），ヨウシュツルキンバイSILVERWEED，SUNDEW（モウセンゴケ属の数種）などがある．

Friendship bush

ハンプシャー州における，ローズマリーROSEMARYの異称．

Fritillery　学 *Fritillaria meleagris*（ユリ科**バイモ属**の1種）

●かつて5月上旬の日曜日には，「フローカップ・サンデーFrawcup Sunday」と呼ばれる催しが行なわれていた．ハドナム，カディントン，ディントン，フォード，マーシュ，〔グレート／リトルの〕両キンブルといったテムズ・ヴァレーの村々ではこの日，子どもたちがいちばんの晴れ着に身をつつみ，5月の花で編んだ花輪をかぶって，家々の戸口を訪ね，当地ではfrawcupの名で知られている，楽しげでかわいらしいfritillaryの花束を配ってまわったものであった．わが村でも一定の年齢以上の人びとは，暖かい初夏の日差しの到来を告げ，豊かな自然の恵みを約束するこの楽しい行事のことをよく覚えており，思い出すたびに，強い郷愁の念にとらわれるようである．　［バッキンガムシャー州ウェストン・ターウィル，1987年6月］

Fruit　果実

●その年の初物にあたる果実を手に入れたら，願い事をしなさい．

［ミドルセックス州エッジウェア，1977年3月］

●その年の初物が——果物であれ野菜であれ——手に入ったとき，人びとはよく願い事をした．必ずといってもいいくらいだった．

［ウィルトシャー州グレート・ベドウィン，1991年1月］

Fruit stones　果実の核

● 1935年から45年頃にかけて，子どもたちの間では次のような遊びがはやっていた：サクランボの種（核）の数え歌――〔願いごとをしながらこう唱える：〕「今年，来年，いつか，全然」．ただし唱えるとき，お告げを聞こうとしている願いごとの内容は，誰にも知られてはならない．　［ウェスト・サセックス州ワージング，1980年1月］

Fruit trees　果樹

果樹が季節はずれに花をつけるのは，災いの前兆とされている．

● 実が熟すころにリンゴAPPLEの花が咲くのは，
誰かの命が失われることの確かなしるし．

A blossom on the tree when the apples are ripe
Is a sure termination of somebody's life.　［N & Q, 9ser.12: 133, 1903］

● ハンプシャー州のベイジングストーク近辺では，果樹が季節はずれに花をつけるのは，戦争の起こる前兆だと信じられていた．　［ロンドン，メイダ・ヒル，1978年3月］

● 小さい頃祖父から，「季節はずれに咲いている」花は，それを家に持ち込むのはもちろん，摘んだりすることさえ不吉だと言い聞かされた．12月から1月にかけての時期に，CHERRY（サクラ属の数種）やセイヨウスモモPLUMの小枝が1つ2つ花をつけるのはままあることだが，これは「悪魔DEVILがそれに手を触れた」ためで，そうして悪魔は自らの影響力を家に持ち込ませようとしているのだ，とも教えられた．　［ノーサンプトンシャー州トースター，1982年8月］

● 実のならない果樹には，（鉄の）釘が打ち込まれていることがある．これはその木への捧げ物なのかもしれない．　［Taylor MSS, ノーフォークシャー州マティシャル］

Fuchsia　㊫ *Fuchsia* spp.　**フクシア**（アカバナ科フクシア属の数種）

● フクシアの花を煮ると，濃い赤色の染料DYESになる．　［IFCSS MSS 1112: 453, ドネガル州］

● ［1950年頃に聞かされた話：］フクシアは不吉なので，家に持ち込んではいけない．　［マージーサイド，ブロンバラ，1990年11月］

● Honeysuckle＝フクシアのこと（現在でもアントリム州およびダウン州ではこの名で呼ばれている．生け垣に生えていて，子どもたちはその蜜を吸う）．　［ダウン州ホリウッド，1991年12月］

Fumitory　㊫ *Fumaria* spp.（ケシ科**フマリア属**の数種）

かつてウィルトシャー州ではfevertoryとも呼ばれ，この植物をを蒸留することによって，そばかすFRECKLESを消す化粧水がつくられていた．

● きれいで神々しい肌になりたければ，
fevertoryで顔を洗いなさい．　［Dartnell and Goddard, 1894: 55］

またオークニー諸島では：

● 寄生虫WORMSにやられている子どもには，この植物の液汁を飲ませた．子馬にも与えたが，もちろんこの場合，分量はずっと多くなった．　［Spence, 1914:101］

Funeral flowers　葬式の花

人類の歴史の比較的早い時期から，植物は死者を悼む儀式と関わりをもってきたようである．他の儀式についてもいえることだが，花や常緑の植物は，式に彩りを添えるために，容易に調達できる唯一の素材であることが少なくなかった．考古学的な発掘調査によって，古代人の葬制についてはいくらか明らかになっている部分もあるし，また大がかりな葬儀に関してはさまざまな記録文書が残されてもいる．しかし，やむを得ないこととはいえ，一般の人びとがどのようにして死者を葬っていたのか，という点については，これまでのところ，ごくわずかなことしか知られていない．

式に彩りを添えるという役割の他に，死を悼むために用いられる植物は，その香りによって死体の腐臭を隠すという点でも重要な存在であった．昔の人びとの多くは，早まって埋葬してしまうことを大変恐れていた．その点，その「遺体」が本当に「死んでいる」かどうかを確かめる最も簡単な方法はおそらく，腐敗の兆候がまぎれもなくあらわれるまでそのままにしておくことであったろう．それゆえ遺体は，命の火が完全に消えたことを確認するため，1週間ほど埋葬せずにそのまま置いておかれることも多かったのである．

●ウェールズ人の親戚は……めったに家に花を置かなかった．ただし不幸があったときだけは例外で，これはもちろん冷凍していないままの遺体が発する臭いを隠すためであった．　［クルーイド州グロナント，1994年4月］

牧師の娘として生まれたエミリー・ブロンテEmily Brontëは，1847年に（エリス・ベルEllis Bellの筆名で）刊行された小説『嵐が丘Wutherng Heights』の第16章で，19世紀はじめのヨークシャー州における，上流社会の葬儀の様子を簡潔に描写している――月曜日の朝早く，子を産んですぐに亡くなったキャサリン・リントンCatherine Lintonの遺体は，棺におさめられ，花や香りの強い葉で覆われて，金曜日の葬儀まで蓋を開けたまま居間に置いておかれるのである．

それから約1世紀後の1914年1月4日，ダラム州のサウス・シールズで，前途有望なある若いボクサーが亡くなった．その未亡人は晩年になってから，彼の死の直後の状況を次のように回顧している．

●〔夫の死は〕もはや過去のことになってしまったのだ．ただひとり，市場のハンコックHancockばあさんを除いては．おばあさんはサンドイッチと，紅茶の入ったポットとを届けにきてくれた．その部屋でものを温めるには火を使うしかなかったので，私はやかんに湯を沸かすことすらできなかった．かわいそうなジョニーの腐敗が進むのを恐れて，火をたくのを控えていたからである．すでにウイスキーを2本，あの人ののどに流し込んだけれど，それでも腐敗は日に日に進んでいた．……ジョニーがあの部屋で埋葬されるのを待っている間，ほとんど誰も訪ねてはこなかった．あの人は死んだのだ．……そうしてあの人と一緒に時が過ぎていくのを待っている間，私は自分が何をしているのか，またその日が何日なのかすらほとんど分からないような状態になっていた．何十となく届けられた，たくさんの花や花束を置く場所をつくるために，ベッドは片づけてしまったので，私はずっと椅子で寝るようにしていた． [Robinson, 1975: 75]

また民謡「不幸な放蕩者The Unfortunate Rake」の一節には，腐臭を隠すために花が使われていたことがひときわ明確に表現されている．この歌はおそらく，18世紀の中頃につくられたものだが，その後も「若い船乗りが打ちのめされてThe Young Sailor Cut Down」あるいは「ラレードの街角The Streets of Laredo」などと題名を変えつつ，イギリスやアメリカで多くの歌手に歌い継がれている．その典型的な歌詞は次のようなものである．

●棺をかつぐ友6人と，
つきそう町の娘6人を連れてきて，
皆に赤いバラROSEの花束を持たせてやってくれ．
運ぶとき臭いが気にならないように．

Get six of my comrades to carry my coffin,
Six girls of the city to bear me on,
And each of them carry a bunch of red roses,
So that they don't smell me as they walk along. [Lloyd, 1967: 220]

これとは逆に，正統派ユダヤ教徒たちの共同体のように死後すぐに埋葬を行なう社会では，葬儀と花の結びつきが稀薄な点も注目に値しよう．

19世紀のシュロップシャー州北部では，貧しい人びとの棺には，ニオイアラセイトウwallflowerやバラなどの花がおさめられた [Burne, 1833: 299]．モンマスシャー州では時として，ヘンルーダRUE，ヤナギハッカhyssop，アブシントWORMWOODといった，悔い改めを象徴する植物が棺に入れられることもあった [Wherry, 1905: 66]．また20世紀のはじめ頃，オックスフォードシャー州のいくつかの村では，庭にあるすべての薬草——ただしTHYME（イブキジャコウソウ属の数種）は除いて——が棺の中に並べられたという [Parker, 1923: 325]．

かつてはこうして棺の中におさめたり，墓所に並べたりしていた花や常緑の植物は，現在ではふつう花輪や花束のかたちをとって，棺の上に置かれたり，亡骸を墓におさめた後で，墓に飾られたりするようになった．今日広く行われている，死者に花の捧げものをするというならわしは，19世紀の後半にはじまったようである．メソジスト派の牧師であったH・フレンドHilderic Friendは，この慣習を次のように賛えている．

●亡くなった友人の棺に花輪を贈るというううるわしい慣習が……広がりつつあるが，これは死者を悼む方法としてはまことに優美で，いかにも心のこもった感じがあり，実に感動的である．この点，女王ならびに王室はすでに幾度も範を示してくださっており，われわれもまた時を移さずこれを見習うべきだろう．

[Friend, 1884: 8]

C・バーン Charlotte Burne によれば，シュロップシャー州では，花輪は1870年代のはじめ頃までは一般に用いられていなかったという［Burne, 1883: 299］．しかし19世紀末には，こうした葬儀用の花輪をつくる技術はすでに完成の域に達していたようで，花屋では，より一般的な花輪や花束に加えて，「天国の門 pearly gates」「ハート hearts」「崩れ落ちる柱 broken columns」「主を欠く椅子 empty chairs」といった，手の込んだデザインをもつ花輪が製作されるようになっていた．そして貧しい人びともまた，葬式には高価な，手の込んだ花輪を用いた．ロンドンの貧民層の実態調査を行なったC・ブーズ Charles Booth は，その報告の中で最もひどい状況にあった地区の1つに住む，敬虔なローマ・カトリック教徒の婦人の一家を紹介している．それによれば，この婦人は2階の1室に2人の娘とともに住んでいたが，娘の1人が亡くなったとき，隣人たちは，値の張る花輪やたくさんの花を贈り，棺を覆うとともに部屋中を一杯にして，弔意を示したという．またブーズによれば，葬式を派手にすることにもっともこだわったのは，魚屋，猫の餌の商人，それに行商人であったともいう［Fried and Elman, 1969: 63/247］．

1901年2月に執り行なわれたヴィクトリア女王の葬儀は，花飾りに8万ポンドもの大金が費やされたと推定されるなど，無類の贅を尽くした装飾がほどこされた．

●スペインの摂政女王〔イザベル2世，1830-1904〕からは，高さ7フィートの花輪が贈られ，クィーン・ヴィクトリア街の商社は，スミレ VIOLET，ゼラニウム GERANIUM，ミモザ MIMOSA だけでつくった，5フィート×7フィートの王旗を捧げた．またオーストラリアからは，最高級のランを使った大きな花輪が，ウェストミンスター校の官費卒業生たちからは，ピンクと白の花をあしらった12フィートもある花輪が届けられた． ［'Graphic' 誌，1901年2月1日付追悼特集号．］

●女王のお気に入りであったドイツスズラン LILIES OF THE VALLEY は，ブライトン市の市長および市民から贈られたものをはじめ，多くの花輪に取り入れられていた．ちなみにブライトン市の花輪は周囲が15フィートもあり，何千もの花々——白と紫のラン，ドイツスズラン，白バラ，オランダカイウ ARUM LILY——を使ってつくられていた． ［1901年2月5日付 'The Times' 紙］

しかし，このように奢侈をきわめた装飾をほどこされた葬儀からすれば，地方にすむ貧しい人びとのそれは，全く対照的なものであった．ある農夫の記憶している，20世紀初頭のオックスフォードシャー州における葬式の風景は次のようなものであった．

●花輪を買う金などはなかった．棺はしばしばむき出しのままで，時に道端の野の花が少し載せられる程度だった． ［Stewart, 1987: 12］

これとほぼ同じ頃，アバディーンシャー州のグレン・ゲアンでは，誰かが亡くなると牧師の夫人が

●そのたびに庭の花で花輪を編み，棺の上に載せるようにしていた．針金でつくった丸い輪にコケ MOSS や緑の葉をからめて下地をつくり，それにユリ LILY や季節

の花々を取り混ぜてあしらうのである．また亡くなったのが幼い子どものときは，セイヨウキヅタ IVY にスノードロップ SNOWDROP，キバナノクリンザクラ COWSLIP，スミレ VIOLET などをあしらった花束を用意していた．この質素な捧げものが，しばしば唯一の飾りになっていた． [Fraser, 1973: 164]

20世紀の後半になると，火葬に付される割合が圧倒的に多くなり，今日では，かつて花代にあてていた費用を，思い思いの慈善事業に寄付することも少なくないようである．たとえば，1993年2月4日付 'Shropshire Star' 紙には24件の死亡公告が掲載されているが，そのうちの14件には，供花については一族からのもののみを受けつけるので，それ以外の方の志は各種慈善事業の寄付にまわしてほしいという依頼が添えられている．以下，供花を一切受けずすべて慈善事業への寄付を，としているものが4件，供花または寄付のいずれか，としているものが2件，「病院への供花もしくは寄付」を依頼しているものが1件で，残り3件は供花に全く触れていなかった．

とはいえ，いくつかの保守的な共同体の葬儀においては今日でもなお，意を凝らした花飾りが捧げられている．1965年5月，ノーフォーク州のカースター・オン・シーで行なわれたジプシーの婦人の葬儀では，アーチ型の屋根をもつ幌馬車をかたどった花輪が2つ，棺の上に載せられていた．またその数か月後のフリントシャー州では，ジプシーの婦人の棺に，犬，鳥籠，マッチとタバコの箱，椅子，クッション，五徳，イノシシの頭，馬の首輪など，さまざまな形をした花輪がたくさん置かれていた [Sanderson, 1969: 185]．さらにそれから12年ほど後のことになるが，1977年4月8日付 'Balham and Tooting News' 紙には，ジプシーたちの間で尊敬を集めていたリーダーの葬儀の模様が報じられている．それによれば，2頭の黒い馬に引かれた霊柩車を先頭に，自家用車とトラックからなる葬儀の行列が長々と続き，トラックの荷台には，花や花飾りがたくさん積まれていたが，花輪の多くは馬と犬の形をしていたという．

市の立つ日に大道芸を披露する旅芸人たちのグループもまた，仲間の葬儀には手の込んだ花飾りをつくる．そして花を供えた人びとのリストは，彼らが発行している週刊誌 'World's Fair' に掲載される [Dallas, 1971: 51]．おそらくは葬儀への参列がかなわないことが多いため，代わりに手の込んだ花輪を贈るのがならわしになったのだろう．

多数の死者が出た災害の後にも，大がかりな花飾りが用意されることが多い．1966年，ミッド・グラモーガン州では，ぼた山の一部が崩れて村を呑み込み，144名の犠牲者を出す事故があったが，このとき：

● 遺体を収容するために掘られた，長さ80フィートの2本の細長い穴の上には，世界各地から届いた何百という花輪――なかには南アフリカの坑夫たちからのものもあった――をあわせてつくった，高さ100フィートの十字架が立っていた．

また崩れたぼた山に押しつぶされてしまった，パンテグラス Panteglas 校の校舎をかたどった花輪もあり，壁は白とピンクのカーネーション CARNATION，屋根はセイヨウバクチノキ LAUREL の葉でできていた． [1966年10月28日付 'The Times' 紙]

同様に，95名のファンが亡くなった，1989年のヒルズバラのサッカー・スタジアムでの事故の後，あるクラブのホームグラウンドには次のような「異変」が見られた．

●日ごとにアンフィールド——リヴァプール・フットボール・クラブの誇り高きホームグラウンド——に押し寄せる人びとの数は増していった．

そして，グラウンドはやがて持ち寄られた供花で埋めつくされ，アンフィールド全体が霊廟と化したのである．　［1989年4月21日付 'Daily Mirror'紙］

葬儀の際はもちろん，墓地において全く花を用いない人びともあり，その1例として，正統派ユダヤ教徒をあげることができる．彼らは花を喜びと結びついたものとしてイメージしているため，喪に服す場にはそぐわないと考えているのである．とはいえ，進歩的な，あるいは改革派のシナゴーグで礼拝を行なっているユダヤ人たちの間では，異教の伝統を取り入れていこうとする傾向が強くなっているため，やがては花で墓を飾ったり，さらには葬儀の際に花を用いたりするようにもなるかもしれない．ただし正統派教会は，ユダヤ教とキリスト教の差異を曖昧にするものとして，こうした傾向に懸念を示している［エセックス州イルフォード，1977年7月］．正統派ユダヤ教徒の墓地は，墓の上にに一切花が見られないのが特徴で，慰霊の碑だけがびっしりと並ぶその光景は，さながら不毛の荒野を思わせる．

キリスト教の場合はふつう，葬儀の後，墓の上にはさまざまな花の供えものを残したままにしておき，枯れたり腐ったりしたものについては，墓地の管理人の手で取り除かれる．そしてその後も折にふれて墓の上には花束や鉢植えが供えられるが，時にはわきに小さな花壇がしつらえられることもある．こうした営みが，多くの人びとにとって大きな慰めとなっていることは明らかだろう．また火葬場には，たいてい「追憶の庭garden of remembrance」が設けられており，愛する故人を偲ぶため，そこにふつうのバラ——場合によってはそれ以外の低木のこともある——を植えてもらうことができる．これらのバラは，決まった規格のラベルをつけてぎっしりと植えられているが，しばしば墓標に似た役割を果たしており，墓に花を供えるのと同じようにして，その根元に切り花が置かれているのを頻繁に見かける［編著者自身の観察報告，南ロンドン火葬場，1993年6月／西ロンドン火葬場，1981年8月］．

故人の命日や，クリスマスCHRISTMAS，復活祭，母親訪問日MOTHERING SUNDAY，父の日FATHER'S DAY，花飾りの主日FLOWERING SUNDAY，それに（ポーランド人にとっての）万霊節ALL SOULS' DAYといった祝祭日には，身内が集まって故人を偲ぶことが多く，墓地もまた自然とにぎやかになる．1970年代のクリスマスの時期には，たいていの花屋で，墓の飾りつけに使うためのものとして，かなり安っぽいつくりの花輪やリースを売っていた．その材料によく使われていたのは，プラスチック製の実を針金でくくりつけたセイヨウヒイラギHOLLYであり，他に，白または藤色のスイレンに似た派手なプラスチック製の造花や，やはりプラスチック製の，小さなオランダカイウや赤いポインセチアなども見かけた［編著者自身による観察報告，ロンドン，トゥーティング，1975年12月］．クリスマス用の花輪やリースは現在でも製作されているが，墓よりも自宅の玄関に飾るのが一般的になっている．1990年代になると，クリスマスの時期の墓の飾りつけには，切り花をもちいることが多くなっているようである［編著者自身による観察報告，サリー州ミッチャム／ロンドン，ウェスト・ノーウッド，1993年12月］．

一般の人びとの墓は，没後数十年もたてば顧みられなくなることが多いものだが，著名人の場合はいささか事情が異なっている．バッキンガムシャー州エイルズベリーのセント・メリーズSt Mary's教会にあるレディ・アン・リーLady Anne Leeの墓碑には，16世紀の後半に彼女がここで永遠の眠りについて以来，新鮮な赤い花が片時も絶えたことがないとされている［Gascoigne, 1969: 12］．しかし，この墓に赤い花（冬には赤い実）を捧げる風習は，実際には比較的新しくはじめられたもののようであり，おそらくは墓碑に記された次のような銘文もまた，このならわしが定着する上で，なにがしかの役割を果たしたものと思われる．

●友よ，彼女が眠るこの大理石の墓に，
深紅の花を絶やすことなかれ．
彼女の霊は確かに天上の神のみもとに安らぎ，
徳に満ちたその生涯への報いを受けしものなれば．

Good fre'd sticke not to strew with crims'o flowers
This marble stone wherin her cindres rest
For svre her ghost lyes with the heave'ly powers
And gverdon hathe of virtvovs life possest

R・ギブスRobert Gibbsはその著『エイルズベリーの歴史History of Aylesbury』(1855) の中で，この墓碑を詳しく紹介しているが，墓碑を赤い花で飾るこのならわしについては全くふれていない［Gibbs, 1855: 33］．また，大規模な修復を終え，教会の活動が再開されたことを祝って1979年に制作された記念の小冊子には，次のように紹介されている．

●彼女の願いは1世紀以上にわたって尊重されており，墓の上に赤い花あるいは赤い実を供える人影が絶えることはない． ［Viney, 1979］

ロンドンのホワイトホールにあるチャールズ1世の騎馬像には，1649年に処刑台の露と消えた王を悼んで，毎年花輪や花束が捧げられている［Brentnall, 1975: 176］．王は1660年代に英国国教会によって列聖されており，像の基部に置かれている花の大部分は地味なものではあるが，添えられたカードに記された一文を読むと，王が聖人にして殉教者というその称号にふさわしい人物であったことを信じる，花を捧げた人びとの真摯な熱意が伝わってくる［編著者自身による観察報告，1973年1月28日］．

17世紀の名士の中で，現在もなおその死が悼まれている人物として，さらにもうひとり，日記作者として名高いS・ピープスSamuel Pepys〔1633-1703〕の名をあげることができる．彼は1703年，ロンドンのハート街にあるセント・オレイヴズSt Olave's教会に葬られたが，例年，命日にあたる5月26日もしくはその前後に慰霊祭が行なわれている．式にはロンドン市長もしくは市の高官が参列し，この日記作者の墓にセイヨウバクチノキLAURELの葉飾りを供えるならわしとなっている［Brentnall, 1975: 177］．

またトラファルガーの海戦（1805）の戦勝記念日にあたる10月1日には，現在ポーツマスの乾ドックに保存されている旗艦ヴィクトリーVictory号の後甲板の，ネルソン卿が斃れた場所に，セイヨウバクチノキの葉飾りが1つ置かれるという［Boase, 1976: 175］．

しかし時として，ふとしたことから名もない人びとの墓（あるいは墓らしきもの）に注目が集まることもある．そうした「墓」の中でも最もよく知られているのは，サフォーク州ニューマーケットから3マイルほど離れたチプナム・モールトン間の交差点にある，「少年の墓Boy's Grave」と呼ばれる小さな塚であろう．地元ではこの「墓」をめぐって，互いに似通い絡みあったいくつかの伝説が語られている．そのうちの1つによれば，ある羊飼いの少年が羊を一頭見失ってしまい——結局この羊は後になって戻ってくるのだが——盗んだと責められたのを苦にして自殺してしまったという．しかし第二の伝説では，あるジプシーの若者が眠り込んでいるうちに家畜の群れからはぐれてしまい，家族の元へ帰るのが恐くなって首を吊ってしまったともいい，さらにこれとは別に，若者はこの不注意の罰として，まわりから無理やり首を吊らされたのだと伝えられることもある．この「墓」は，道路工事の人夫やジプシーたちによってこまめに手入れをされていて，絶えず花が供えられているという［Porter, 1974: 40／'English Dance and Song' 誌, 27: 13, 1964］．

1970年代以降，とりわけ1980年代に入ると，死者の出た交通事故や暴力事件の現場に，花が供えられている光景が頻繁に見られるようになった．

●数年前に，ロンドンから伸びる国道A10号ケンブリッジ線のエンフィールド付近で起こった死亡事故の現場では，一般大衆の間にある種の宗教的意識が目覚めてゆく過程を見てとることができる．この地の道路わきに植えられたセイヨウトチノキHORSE CHESTNUTの並木のうちの1本は，常に花輪や花綱で飾られている．これはもともとは，事故で息子を失った母親がひとりではじめたものだったのだが，やがて他の人びとも——おそらくは「願いの井戸」にコインを投げ込むのと同様の，幸運の願う気持ちから——ここにささやかな供えものをするようになったのである．また南ロンドンのバーンズ公園では1973年に，ロック・ミュージシャンのマーク・ボランMarc Bolanが自動車事故で亡くなったが，その原因となったセイヨウカジカエデSYCAMOREの木には，15年を経た現在でもなお，花や，ファンレターや，その他の思いを込めた品々が絶えることはない．［Milner, 1992: 138］

●先日イーリング地区で起きた自動車事故で，2人のティーンエージャーが亡くなったが，親友だった2人の命を奪ったこの事故の現場は，悲しみに暮れる家族の手で，色鮮やかに飾られている．

19歳のウェイン・ダンWayne Dunneと18歳のステファン・ウェズリー・シェイクスピアStephen Wesley Shakespeareの2人は無二の親友だったが，先週の月曜日，アクトンのガナーズベリー通りで運転中に立ち木に衝突し，帰らぬ人となった.

2人の家族は今週になって，この木を花やメッセージで飾り，2人の死を悼む墓碑とした. ［1990年1月10日付 'Ealing Guardian' 紙］

Furze →ハリエニシダGORSE

Fuzz

ドーセット州における，FURZE（→ハリエニシダGORSE）の異称.

G

Gaa-girse

シェットランド諸島における，シャジクモ類STONEWORTの異称.

Gale

セイヨウヤチヤナギBOG MYRTLEの異称.

Galingale 学 *Cyperus longus*（カヤツリグサ科**カヤツリグサ属**の1種）

●galingaleは，ジャージー島のノルマン・フランス語ではhanと呼ばれており，かつてはアサHEMPの代わりに，紐や綱の材料として用いられ，床に敷くマットをはじめとして，牛を繋いでおく綱や馬の手綱などがつくられていた．HandoisやLes Hanniethe など，この島には，かつてそこにhanが生えていたことを示す地名がたくさん見られる．［ジャージー島，サンサヴォワール，1993年5月］

Gall-stones 胆石

胆石の治療に用いられてきた植物には，COUGH GRASS（エリトリギア属の1種）などがある．

Garland Sunday 花輪の主日

リートリム州では：

●7月の最後の日曜日が「花輪の主日」と呼ばれており，現在でもこの日には，若者たちが花輪を編み，これを特定の井戸のまわりに供える．キルトゲールト教区では，Tober-a-donyと呼ばれる井戸にこうした捧げものが供えられるが，この井戸のそばの山腹には洞穴のような裂け目があり……ここにも同じように花輪が供えられる．［Duncan, 1983: 182］

この「花輪の主日」は，アイルランドの他の地域でも祝われており，ところによってはGarlick Sundayの名で呼ばれることもある．古いケルトの祭であるルーナサLughnasa祭の名残りとされているが，たいていの地域では，この日に初物のジャガイモを口にするのがならわしとなっている．

Garlic 学 *Allium sativum* **ニンニク**（ユリ科ネギ属）

吸血鬼を扱った近年の小説や映画の中では，吸血鬼やその他の邪悪な力を撃退するのには，ニンニクが有効だということになっている．

●ニューヨーク発：このたびサザビーズSotheby'sのオークションに「吸血鬼撃退キットvampire killing kit」が出品された．キットの中味は，ニンニクの粉末，聖書，木製の杭，銀の弾丸をつくるための鋳型，中にピストルを隠した十字架といったところである．しかしながら，19世紀のマホガニー製のケースに収められているとはいえ，中身の大部分はおそらく，せいぜい15年前のものだろうとされている．

[1994年1月10日付 'The Times' 紙]

●私の同僚は最近，自分の嫌いなある人物と一緒に働かなければならないことがわかったとき，背後から刺されないように，肩甲骨の間に，ニンニクの小片を紐でつないだものと十字架とを下げておかなきゃならんな，と言っていた．こうして自分がくだんの人物を嫌っていることを表現したわけだが，聞いている方としては，実に洗練されたやり方だという印象を受けた．

一方10年ほど前，マン島に移住してきたある金持ちが，お抱えの庭師（やはり移住者だったが）をさしたる理由もなく解雇したことがあった．すると不当な扱いを受けたこの庭師は，この金持ちの家の門柱を野生のニンニク（*Allium ursinum*）で飾りつけた．金持ちの方はこの意味を察してひどくうろたえていた．

[マン島，ダグラス，1992年4月]

とりわけアイルランドでは，ニンニクが民間薬として珍重されており，第一次世界大戦の頃までは広く栽培されていた [McBride, 1991: 83]．

●白癬 RINGWORM の治療には，ニンニクを煮たものを患部にあてるとよい．

[IFCSS MSS 98: 154, メイオー州]

●黄疸 JAUNDICE：ニンニクの鱗茎2つを細かく刻み，少量の水を加えて煮る．加熱している間，これに埃が入らないように注意する．煮汁が茶色になったら，鍋から清潔な器に移して少し冷ます．そしてこれを患者に，できるだけ熱いまま飲ませる．これは一度飲めば効く．私自身もこの方法で治った．

[IFCSS MSS 790: 36, ダブリン州]

●第一次世界大戦の頃まで，ニンニクは万病に効く薬として用いられていた．薄切りにしたニンニクを靴の中に入れて足の裏にあてておくと，百日咳 WHOOPING COUGH が治るとされた． [アントリム州ラーン，1992年1月]

聖金曜日 GOOD FRIDAY に植えられたニンニクは特に効き目が強い，という俗信も広く行き渡っていた．

●聖金曜日に植えたニンニクを甘い牛乳で煮て，水薬として飲ませると，人間，家畜，家禽のどんな病気でも治る． [IFCSS MSS 990: 71, キャバン州]

●ニンニクを聖金曜日に植えれば，植えた人はその年の間，熱を出さない．

[IFCSS MSS 232: 29, ロスコモン州]

イングランドには，ニンニクを用いた民間療法の記録はあまり残されていないが，それでも薬草家たちはこの植物を広く推奨している．

●それほど昔のことではないが，ケンブリッジシャー州で行なわれていた百日咳の療法に，患者の靴の中にニンニクを入れるというものがあった．

[ケンブリッジシャー州ガートン，1985年10月]

●調査の結果，ニンニクには，血液中のコレステロールの値を下げ，ある種の心臓発作を予防する効果があることがわかり，健康食品業界は，この新しいビジネス・チャンスに色めき立っている．イギリスのニンニク市場はこの3年の間に倍増しており，現在の年商は約1千万ポンドにのぼっている．また全国で約50万人が毎日，無臭の錠剤を飲んでいる．　[1991年3月6日付 'The Times' 紙]

Garlick Sunday　→花輪の主日 GARLAND SUNDAY

Geese and gullies

シュロップシャー州における，SALLOW（ヤナギ属の1種）の花の異称．

Gentian

リンドウ属 *Gentiana* およびチシマリンドウ属 *Gentianella* の植物数種に対して用いられる一般名．また CENTAURY（ケンタウリウム属の数種）もこの名で呼ばれることがある．

〔→AUTUMN GENTIAN / FIELD GENTIAN〕

Geranium　学 *Pelargonium* spp.　**ゼラニウム**（フウロソウ科テンジクアオイ属の数種）

●鉢植えの植物に冷めた紅茶を与えている人は現在でも少なくないが，これは植物全般，そしてとりわけゼラニウムの生育を促進するとされている．また私の大おばの1人はよく，「ゼラニウムは足の指が濡れるのを嫌うのよ」と口にしていたものだった．われわれがあまり水をやりすぎないようたしなめるためである．彼女はいつも台所の窓際に，料理の匂いがこもった空気をきれいにするために，よい香りのするゼラニウムを置いていた．　[ノーサンバランド州コーブリッジ，1993年3月]

Germander speedwell　学 *Veronica chamedrys*（ゴマノハグサ科**クワガタソウ属**の1種）

● blind flower（目くらましの花）—— *Veronica chamedrys* のこと．ダラム州（ハートリプール）の子どもたちによれば，この花を1時間じっと見つめていると，盲目になるという．　[Britten and Holland, 1886: 50]

→ヒナゲシ POPPY

アイルランドのマンスター地方では，この植物は jump-up-and-kiss-me（飛びあがって私にキスして）の名で通っていた．

●この名とその意味するところはよく知られているようで，この花を1つでも身につけていると，皆の笑い者になってしまう．　[Britten and Holland MSS]

またアイルランドでは，黄疸 JAUNDICE の治療薬として広く用いられた．

●黄疸：blue bell と呼ばれる草［ここでは germander speedwell のこと］を手に入れる．そしてこの草をミルクで煮て病人に飲ませる．この植物の他の名は聞いたことがない．　[IFCSS MSS 290; 159, オファリー州]

● speed-well-blue —— この地方によく生えている草で，黄だんの治療薬とされている．　[IFCSS MSS 440; 348, ケリー州]

ガーンジー島では，germander speedwell の茶は「消化不良 INDIGESTION と胃の痛みによく効く治療薬と見なされていた」[Marquand, 1906:42]．　→ SPEEDWELL（クワガタソウ属の数種）

Gethsemane

チェシャー州における，EARLY PURPLE ORCHID（ハクサンチドリ属の1種）の異称.

Gingerbeer plant →カルマ植物 KARMIC PLANT

Gis an'gullies

シュロップシャー州における，SALLOW（ヤナギ属の1種）の花の異称.

Glasswort → MARSH SAMPHIRE（アッケシソウ属の数種）

Glastonbury thorn → HOLY THORN（セイヨウサンザシの栽培品種）

Goat's beard 学 *Tragopogon pratensis* **キバナムギナデシコ**（キク科バラモンジン属）

●［1946年のサマーセット州では］goat's beardは正午になると花を閉じるとされていた──「ジャックは正午になると寝る」〔Jack-go-to-bed-at-noonはこの植物の異称〕というわけである.　［ウォリックシャー州リーミントン・スパ，1993年1月］

キバナムギナデシコは，野菜として栽培されているバラモンジン（*T. porrifolius*）にごく近縁の種で，かつては食用とされていた．1660年の記録には以下ようにある.

●この植物の根を柔らかくなるまで煮て，パースニップ PARSNIPと同様にバターを添えて出すと，とてもおいしい料理になる．これはこの根に上品な風味があるからで，しかもその液汁はパースニップやニンジン CARROTよりも健康によい．この根はまた，生のままサラダとして食べることも多い.　［Ewen and Prime, 1975: 118］

God's hand leaf

グロスターシャー州における，セイヨウカノコソウ VALERIANの異称.

Goldenrod 学 *Solidago* spp.（キク科**アキノキリンソウ属**の数種）

●友人のもとにgoldenrodを少し届けたところ，彼女はひどくうろたえて，どうしてもそれを家に入れようとはしなかった．彼女は，それを庭に植えるのさえ不吉だと考えていたようである.　［ダービーシャー州アレントン，1983年3月］

●細菌の感染で炎症を起こしている部分の治療──花を咲かせているgoldennrodを引き抜いて，吊り下げて乾燥させておく．そしてこれを30分間平鍋で煮て，手足の患部を煮え立ったままの［原文ママ］この液に浸す.

［SLF MSS，イースト・ヨークシャー州オールバラ，1972年4月］

Good Friday **聖金曜日**（復活祭直前の金曜日）

●人びとは聖金曜日に，エンバク OATなどの穀物の種をまくのを好む．というのも地元では，この日に種をまいた植物はよく育つと信じられているからである．また女性たちはしばしばこの俗信にあやかって，聖金曜日に花を植えたり，接ぎ木やさし木をしたりする.　［IFCSS 350: 135，コーク州］

●聖金曜日は，作物の種を蒔いたり木を植えたりするのに適した日と考えられていた．その日に植えた植物は何であれ丈夫に育ち，また実りが多いとされた.

［IFCSS MSS 450: 167，ケリー州］

アイルランドでは，聖金曜日に植えたニンニク GARLICは，薬草として用いる場合，特によく効くと信じられていた.

Good Friday plant

サマーセット州における，LUNGWORT（ヒメムラサキ属の数種）の異称.

Good King Henry 学 *Chenopodium bonus-henricus*（アカザ科**アカザ属**の1種）

ごく近縁の種であるシロザFAT HENと同様に，かつては野菜として食されていた．ジョン・レイJohn Rayは1660年に次のように記している.

●この植物の若い芽を煮え立った湯の中に入れて15分間煮たものに，バターと塩で味つけして食べる．これはアスパラガスに似た，美味しくて健康によい食べ物になる. [Ewen and Prime, 1975: 78]

20世紀においても：

●mercury——ところによってはgood King Henryとも呼ばれるこの「リンカンシャー州のホウレンソウ」は，当地ではmercuryというよりもmarcuryに近く発音され，かつては庭などでもごく普通に栽培されていた．わが家では今でも常にこの植物を栽培して食用にしており，庭にはこれを植えるためのかなり大きな苗床がある．多年生なのでほとんど手がかからず，どんな天候でも育つ．……mercuryは，ブロッコリーやケールなどの季節が終わり，エンドウPEAなどの豆類が出てくるまでの端境期を埋めてくれる．われわれはこれをホウレンソウのようにゆでて食べるのだが，私は，熱いままのものも冷めたものも好きである．また私は花も大好きだし，時には葉をはぎとり，これをpoor man's asparagus（貧乏人のアスパラガス）と称して口にすることもある．祖母はよく，この植物は根が深いから，鉄分やミネラル分が多いんだよ，と言っていたので，私はずっと，自分が風邪COLDSや伝染病に強い抵抗力をもっているのはこのおかげだろうと信じてきた.

[リンカンシャー州ウォッシンバラ，1994年3月]

●1930年代の［ケンブリッジシャー州］アイズラムで，ある男性が語ったところによれば，子どもの頃「壊血病SCURVY」と滲出性の湿疹ECZEMAを，1人の老婆から教えられた次のような方法で治したという．……「彼女は私に，markeryを水とともにすりつぶし，それを飲むように教えた．おかげで壊血病が治り，足が汗でむれがちだったのも治った」．ちなみにこの男性によれば，markeryとは「人によってはfat gooseあるいはgood King Henryと呼ぶこともある」植物のことだという.

[Porter, 1974: 47]

またディーンの森では：

●私の母方の祖父母（それぞれ1856年／1858年の生まれ）の話：good King Henryの新鮮な葉を煎じて飲んだ——これは膀胱［の病］を治すためだった.

[グロスターシャー州シンダーフォード，1993年11月]

Gooseberry 学 *Ribes uva-crispa* **セイヨウスグリ**，グーズベリー（ユキノシタ科スグリ属）

●赤ん坊BABIESはセイヨウスグリの低木の下で見つかる——私（1905年生まれ）は

小さい子どもの頃，数人の伯母からこう教えられたものだが，伯母たちにしても本気でこれを信じていたはずはなく，本当のことを説明する手間を省いただけのことだろう．［バークシャー州レディング，1987年2月］

● 1975年7月のことだが，同僚の1人は，自宅のセイヨウスグリがわずか3つしか実をつけなかったのをこぼすかたわら，冗談めかして，もっとも自分の家族は最近また1人増えたわけだから，〔赤ん坊をもたらすという〕この木にこれ以上の負担をかけるのは酷ってもんだがね，と付け加えた．［ロンドン，ストレタム，1992年9月］

● 1983年の終わり頃，「キャベツ畑人形Cabbage Patch Kids」という名の高価な手作りの縫いぐるみがアメリカ合衆国から輸入されたことがあった．合衆国では子どもたちに，赤ん坊はキャベツCABBAGE畑から生まれてくると教えていたのである．ちなみにこの縫いぐるみは「買う」のではなく「養子としてもらい受け」なければならなかった．また1983年12月には，南ロンドン，ストレタムのミッチャム・レーンにある雑貨店パールズPearl'sのショーウィンドーに，「セイヨウスグリの茂み人形Gooseberry bush doll／2.5ポンド」というラベルをつけた縫いぐるみ――こちらは大量生産されたもののようだった――が陳列されていた．

［編著者自身による観察報告］

セイヨウスグリは夏の最初の果物として，聖霊降臨祭WHITSUNをはじめ，この時期に行なわれる村の祭や祝宴などの席で伝統的に食されている．

● 聖霊降臨節に子羊の肉とセイヨウスグリを口にする慣習があることはよく知られているが，この町〔スタッフォードシャー州リッチフィールド〕でもこのならわしは宗教的な意味をもつものとして今日に受け継がれている．当地で今年の聖金曜日GOOD FRIDAYと聖土曜日に屠られた子羊の数は252頭にのぼっており，これ以外にも市場では，各地の肉屋が持ち込んだたくさんの子羊が売られていた．

［1830年6月4日付 'Lichfield Mercury' 紙］

サマーセット州のストーク・サブ・ハムドンの村人たちはかつて，丘の上で「セイヨウスグリ祭Goosebery Feast」を楽しんでいだらしく，1875年にはこれが「一風変わった古い習俗」として紹介されている［1875年7月15日付 'Pulman's Weekly News' 紙］．しかしこれはどうやら19世紀の終わり頃までには途絶えてしまったようである［ストーク・サブ・ハムドン，1975年12月］．またデヴォン州のドルーズテイントンでは，「聖霊降臨祭の次の日曜日，すなわち三位一体の主日に行なわれるテイントン・フェアTeignton Fair」には，セイヨウスグリの果肉入りパイとクリームを口にするのがならわしになっている［デヴォン州ウォークリー，1975年4月］．コーンウォール州のヘルストンは，7月の第3月曜にグーズベリー・フェアGooseberry Fairが催されていたが［Palmer and Lloyd, 1972: 168］，同様の行事はサマーセット州のヒントン・セント・ジョージでも，旧暦の夏至祭の日Old Midsummer's Day（7月5日）に行なわれたという［Watson, 1920: 276］．

セイヨウスグリの栽培と展示会への出品は，18世紀を通じて，チェシャー州，ランカシャー州，およびミッドランズ地方〔イングランド中央部諸州〕において，ちょうど今日のリーキLEEKやカボチャPUMPKINの栽培熱に似たブームとなった．1740年代には，マンチェスター近辺で「セイヨウスグリ・クラブ」が結成されたが，それから1世紀ほどの間に，セイヨウスグリの栽培品種は722種を数え，また催された「セイヨウスグリ展示会」は171回にのぼった．このブームは，とりわけ自宅で手織機を使っていた職工たちの間に広がったようだが，力織機の発達とともにこうした人びとは田舎家を離れて町に移り住むようになり，セイヨウスグリを栽培する空間も限られるようになった．こうしたこともあって，「セイヨウスグリ展示会」は，第一次世界大戦後にはほとんど行なわれることがなくなってしまった．今日まで残っている展示会は10あるが，そのうちの1つはヨークシャーのエグトン・ブリッジで，残りの9つはチェシャー州で行なわれている．1800年に結成された「エグトン・ブリッジ・古式セイヨウスグリ協会Egton Bridge Old Gooseberry Society」は，現在およそ120名の会員を擁し，毎年8月の第1火曜日に展示会を行なっている［Smith, 1989: 109］．

ドーセット州では：

●私の祖母の口癖：「セイヨウスグリの皮がおまえの敵をすっかり覆い隠してしまいますように」．［ドーセット州ソーンコム，1978年4月］

アイルランドでは，セイヨウスグリのとげが，ものもらいSTYESを治すのに有効だとされていた．

●ものもらい：セイヨウスグリのとげを10本選びとり，9本を目にあてがい，10本目は捨てる．そしてその9本を土に埋めておく．それらが朽ちると，ものもらいはなくなる．［IFCSS MSS 212: 370，リートリム州］

●セイヨウスグリのとげで，9日間続けて毎朝ものもらいの上に十字を切り，その後そのとげを土に埋めておけば，ものもらいは消える．［IFCSS MSS 800: 53，オファリ州］

Goosegrass　学 *Galium aparine*（アカネ科**ヤエムグラ属**の1種）

●goosegrassのくっつきやすいいがは，草丈のあるこの草の茂みの中を抜けたりすると衣服についてくるが，当地ではこの植物はsweethearts（恋人たち）の名で呼ばれており，このいがをつけているのは，恋人と一緒にいたことの動かぬ証拠とされている．［ハンバーサイド州ドリフィールド，1985年7月］

●私は1920年代から1930年代にかけて，サセックス州およびケント州で子ども時代を過ごしたが，女の子の背中にgoosegrass〔のいが〕を投げて，それがくっついたことに気づかないようなら，その子には恋人sweetheartがいると言われていた．またその子がいがに気づいてはらい落とせば，そのいががこの子の将来の恋人のイニシャルの形になると言われていた．［サリー州ファーナム，1985年12月］

→リンゴAPPLE，BURDOCK（ゴボウ属の数種），オレンジORANGE

ガーンジー島では，この植物はla coue（しっぽ）と呼ばれていた．

●この奇妙な名は，この島の子どもたちが万愚節All Fools' Dayの日〔4月1日〕によくやる遊びに由来している．子どもたちは，くっつきやすいいがのついたこの草の茎葉をこっそり相手の背中につけて，「しっぽだ！しっぽだ！La coue! La coue!」とはやしたてるのである． [Marquand, 1906: 42]

その名が示すように〔goosegrassは「ガチョウの草」の意〕，この植物は家禽の餌としても広く用いられていた．

●この［ワイト］島では，［goosegrassを］細かく刻んだものをガチョウのひなに与える． [Bromfield, 1856: 240]

●私が子ども時代を過ごした1950年代のドーセット州では，若いgoosegrassは，幼い家禽，とりわけ若い七面鳥に向くよい餌だと考えられていた．生け垣から集めてきて，鋏で刻んで与えるのである． [ロンドン，ストレタム，1983年12月]

●われわれは1羽の雌鶏を添わせて七面鳥を飼っていたことがあったが，他の青物が手に入らない時期には，cleavers（＝sweethearts）を集めてまわったものだった．……猟場の番人たちも，若いキジの餌にこの草を使っている．

[ドーセット州チャーマス，1994年1月]

Goosy gullies

シュロップシャー州における，SALLOW（ヤナギ属の1種）の花の異称．

Gorse 学 *Ulex europaeus* **ハリエニシダ**（マメ科ハリエニシダ属）

furzeあるいはwhinの名でも呼ばれている．黄色い花をつけるハリエニシダは，エニシダBROOMと同様に，家に持ち込むのは不吉だとされることがある．

●言うまでもなくmay［＝HAWTHORN（サンザシ属の数種）］は家の中に持ち込んではならなかったが，ハリエニシダやライラックLILACもやはりそうだった．不吉とされていたからで，私は子どもの頃，これらの花は決して室内に持ち込んではいけないよ，ときつく言われていた． [ガーンジー島，セント・ピーター・ポート，1984年4月]

●ハリエニシダ，セイヨウキヅタIVY，オランダカイウARUM LILY——これらはいずれも，家の中に持ち込んではならなかった． [ジャージー島，サントーバン，1984年4月]

●60年以上も前，私が両親と〔ケリー州〕リストーアルの町に住んでいた頃のことである．……町から2，3マイルほど川を下ったところに，一面ハリエニシダに覆われた，何エーカーもある茂みがあった．……ある年の早春，私は，田舎育ちで野の花が大好きだった母に，ハリエニシダの花を1束，持ち帰ってやることにしたのだが……母からは，気持ちはうれしいけれど，どこかに置いたりせず，すぐにそれを家の外に出してちょうだい，今後は二度とその花を家の中に入れないでね，と言われてしまった．母はこの花をこの上なく不吉なものと見なしていたが，後年私はこうした俗信が，この地方に広く行き渡っていることを知った．

[ケリー州バリバニオン，1984年10月]

●ファイフシャー州に住んでいた数年前のことである．寒さの厳しい年で，他の野の花はまだ咲いていなかったので，私はとてもきれいなこの［ハリエニシダの］花を摘むことにした．すると帰り道で出会った年配の婦人に，きれいですね，と声をかけられたので，この婦人を喜ばせようと思って「どうぞお持ちください」と花を差し出したのだが，「あら，なんてことをなさるんです．whin（ハリエニシダ）の花を人に渡すなんて縁起でもないわ．私たちきっと仲違いをすることになりますよ」と言われてしまった．私は笑って「それは存じませんでした．でも知らずにしたことですから，きっと大丈夫ですよ」と受け流しておいたが，数日後，不運にも私はくだんの婦人が気を悪くするようなことを口にしてしまった．怒った彼女は大変な剣幕であれこれと私を責め，最後にこう言った．「whinの花をくれたのはこういうわけだったのね」．［'Weekly Scotsman'誌，1898年のクリスマス特集号］

● 1979年10月，ロンドンで教師をしていた20代の女性から次のような話を聞かされた．彼女が子どもの頃，最初に通ったハンプシャー州の学校には，ハリエニシダの花には竜が住んでいる，あるいはこの花から竜が生まれた，という言い伝えがあって，子どもたちは皆，この花に手を触れるのを恐がっていたという．

［ロンドン，ストレタム，1993年2月］

しかし，広く知られている諺では，ハリエニシダの花はキスと結びつけられている．

● whin（ハリエニシダ）の花が咲いていない（out of blossom）とき，キスは流行らない（out of fashion）．［アントリム州バリカースル，1991年1月］

ハリエニシダの木は，THISTLE（アザミ属の数種）と同様に，生えている土地が肥沃であることを示すともされている．

●［ケリー州の諺：］「ハリエニシダの下には金，イグサRUSHの下には銀，ヒースの下には飢饉がある（An t-or fe'n aiteann, an t-airgead fe'n luachair agus an gorta fe'n bhfraoch)」．［Lucas, 1960: 186］

● 当地の諺：「BRACKEN（ワラビ属の1種）の生えるところには金，ハリエニシダの生えるところには銀；ヒースの生えるところには貧困」．

［カンブリア州ニュートン・リッグ，1988年9月］

ハリエニシダの花は，イースター・エッグEASTER EGGに色をつける際などをはじめ，染料DYESとしても広く用いられている．

● whin（ハリエニシダ）……は黄色い花を咲かせるが，この花でウールを染めることができる．その方法は以下の通りである．湯を沸かし，沸騰したらwhinの花を入れ，そのまましばらく火にかけておく．煮終えたらこれにウールを浸し，色素を吸着させる．しばらくして引きあげれば，美しい黄色に染まっているはずである．［IFCSS MSS 212: 61，リートリム州］

● 復活祭の日，われわれは村中のwean（ハリエニシダ）の花をかき集めて，大きな丘のある野原に出かけた．そこで火を焚いてまずは紅茶を入れ，それから大きなシチュー鍋で，持っていった卵をすべて固ゆでにする．ゆでている途中，子どもたちには分からないように，こっそりweanの花を鍋に入れておく．すると卵はきれいな黄色に染まるが，子どもたちはこれを魔法だと思っていたようだった．卵がゆであがったら，それをもって丘の上に登り，下に向かって転がした．

［ロンドンデリー州カースルロック，1989年2月］

● ［1920年代から30年代にかけてのマリーシャー州バーグヘッドでは：］イースター・エッグを染めるのに，母親たちは，タマネギの皮かwhin（ハリエニシダ）の花を用いたものだった．［エディンバラ，1991年10月］

ハリエニシダは現在では，雑草同然の扱いを受けているが，かつては燃料や家畜の飼料に用いられたり，遮蔽物として植えられたりと，多いに活用されていた．A·T·ルーカスLucasは，アイルランドにおけるこの植物の用途について広範な調査を行なっているし［Lucas, 1960／1979］，A·ハリスHarrisもまた，ヨークシャー州イースト・ライディングにおける利用法を調査している［Harris, 1992］．

● furze（ハリエニシダ）は，ノルマン人たちが，家畜用の囲い垣をつくるためにアイルランドに持ち込んだものだが，十分にその役割を果たしているようである．

［ノース・ヨークシャー州サウス・ステインリー，1992年3月］

●私は，隣に住む老人が，whin（ハリエニシダ）の太い枝を使って，家の煙突を掃除しているのを見たことがある．やり方は簡単で，枝の両端に1本ずつロープを結びつけ，これを煙突の上から落し込む．そして屋根から降りて台所に向かい，〔落ちてきた〕ロープをつかんで，煤やごみのついたハリエニシダの枝を引き降ろすのである．［アントリム州グリン，1992年2月］

● Fuzz moots＝ハリエニシダの根のこと．われわれはよくこれを引き抜いて家に持ち帰り，台所のかまどにくべたものだった．母は，熱くてきれいな炎を出して燃えるのがすばらしいと言って，石炭よりもこの根の方が好きなくらいだった．ちなみにこれは1935年頃の話である．［ドーセット州マーティンズタウン，1991年5月］

セント・フェイガンズにあるウェールズ民俗博物館the Welsh Folk Museumには，クルーイド州ドルウェンにあった，ハリエニシダの粉砕機が復元されている．

●ハリエニシダは，彼らの［馬の］餌として欠かせないものであった．このためかなりの規模で栽培されていたが，食べやすくするためには，すりつぶすか，細かく刻むかしなければならなかった．小作農たちははじめこれを自らの手で行なっていたが，やがて水力粉砕機を使うようになった．……1800年頃までには，［展示されているような］金属製の大きく重い歯でハリエニシダをすりつぶすタイプの水力粉砕機がかなり普及していた．しかし1850年には，たいていの農夫は，もっと手軽で値段も安い手動の機械を使うようになっていた．［William, 1991: 24］

アイルランドでは，ハリエニシダは駆虫剤VERMICIDEとして用いられ，また黄疸JAUNDICEの治療にも役立てられていた．

● whin（ハリエニシダ）を……刈りとって粉末にする．そしてこれを，駆虫剤とし

て馬に与える． [IFCSS MSS 212: 61, リートリム州フェナー]

●ハリエニシダの花をひとつかみ牛乳で煮出し，これを漉したものを，寄生虫をもっている疑いのある子どもに飲ませた． [アントリム州グリン，1992年2月]

●ハリエニシダの花の煮出し汁を，黄疸の薬として使った．

[IFCSS MSS 500: 76, リマリック州]

聖パトリック ST PATRICK がハリエニシダに呪いの言葉をかけたという伝説に関しては，イグサ RUSH の項を参照．

Gout　痛風

痛風の治療に用いられてきた植物には，ALDER（ハンノキ属の1種），GROUND ELDER（エゾボウフウ属の1種），セイヨウワサビ HORSERADISH，エゾヨモギギク TANSY などがある．

Gout weed　→GROUND ELDER（エゾボウフウ属の1種）

Gowk's thumles

スコットランド北東部における，イトシャジン HAREBELL の異称．

Grab

デヴォン州における crab の異形．→CRAB APPLE（リンゴ属の1種）

Grandfather's weatherglass

サマーセット州における，ルリハコベ SCARLET PIMPERNEL の異称．

Granny-jump-out-of-bed / Granny-pop-out-of-bed

LARGE BINWEED（ヒルガオ属の1種）およびヒロハヒルガオ HEDGE BINDWEED の異称．

Granny's toenails

ケント州における，セイヨウミヤコグサ BIRD'S-FOOT TREFOIL の異称．

Grape　㊫ *Vitis vinifera*　**ヨーロッパブドウ**（ブドウ科ブドウ属）

●ヨーロッパブドウの木の下の黒猫――誰もわざわざ探しだして殺したりはしなかったけれども，幸運にも猫，それも黒猫が死んでいるのを見つけたら，それをヨーロッパブドウの木の根元に埋めておけば，木の育ちがよくなると言われていた．「黒いブドウは黒猫によって育つ」というわけである．

[ケンブリッジシャー州ウィッケン，1993年3月]

Grape hyacinth　㊫ *Muscari armeniacum*（ユリ科**ムスカリ属**の1種）

● BLUEBELL（ヒアキントイデス属の1種）と grape hyacinth――野にあるうちは幸福をもたらすが，家の中に持ち込むとおぞましい憂鬱をつれてくる，とされている．看護婦として働きはじめた頃，私はこの迷信を何とか「打ち破ろう」としたものだった．しかしこれらの花は，本当に何か人をすぐさま気難しく不機嫌にするような「エッセンス」を放っているとしか思えなかった．……花を外へ持ちだすと，場の雰囲気はすぐに明るくなるのである．私はかれこれ40年近くもこの実験を続けていたが，結局あきらることにして，今では bluebell と grape hyacinth は屋外に置いている． [ケンブリッジシャー州パストン，1993年11月]

Grass 草

クリスマスCHRISTMASの時期に緑の草がふんだんに目に入るのは，その翌年に多くの死者が出ることの前兆である，という俗信は広く行き渡っている．

● ［ドーセット州に古くからある言い伝え：］教会墓地がクリスマスの日，牧草地のごとくに緑色ならば，夏至祭の頃までにそこは耕された畑のごとくになることだろう． ［Udal, 1922: 267］

● 「緑のクリスマスは教会墓地を肥やすA green Christmas, a fat churchyard」——「緑の」というのは，霜も降りず，雪も降らない穏やかな天候であることを意味する．また「教会墓地を肥やす」というのは，穏やかなクリスマスの日を迎えた結果，死者が増えて教会墓地が一杯になる，ということである．人びとは，病原菌などが死ぬということもあって，この時期はむしろ厳しい天気になることを望んでいる． ［オファリー州デインジアン，1985年1月］

子どもたちや田舎の人びとは，さまざまな草の，水分の多い若い茎をしがむ．

● ［現在私は老齢年金の受給者だが］子どもの頃，デヴォン州バドリー・ソルタートンの近くにある私立学校に通っていた．……われわれは……「味のよい」植物についての心得があった：セイヨウタンポポDANDELION，スイバSORREL，ごく若い新芽，セイヨウヤブイチゴBLACKBERRY，イチゴSTRAWBERRY．

［デヴォン州プリマス，マットリー地区，1993年1月］

● ［私は今年70歳になるが，これまでずっと田舎で暮らしてきた．］外へ出かけると必ず，草の水っぽい部分をしがんだものである．

［ノーサンバランド州コーブリッジ，1993年1月］

●私は70歳近くになるが，ノーフォーク州で生まれ育った．……［子どもの頃］われわれは草の花茎をしがんだが，鞘葉からそっと引き抜くと，軟らかくて水気が多く，のどの渇きを癒すにはうってつけだった．

［グウェント州トゥー・ロックス，1993年3月］

→BENT GRASS（コヌカグサ属の数種）

時には，NETTLE（イラクサ属の1種）による刺し傷の治療に，さまざまな草が用いられることもある．

●刺し傷のまわりが草の水分で湿るようになるまで擦り込みながら．次の言葉を繰り返す：

nettleよ，出ていけ．草よ，入ってこい．

Nettle come out, grass go in.

私自身も試してみたが，これは確かに効くようである．

［SLFMSS，ハンバーサイド州スカンスロップ，1969年11月］

草の葉を鳴らして遊ぶこともあった．

●私は草で笛WHISTLESをつくったことはなかったが（男の子の遊びということにな

っていたからである)，よく草の葉の間に息を吹き入れて，鋭い音をたてて遊んだものである．［ウィルトシャー州グレート・ベドウィン，1992年2月］

●両手の親指どうしをくっつけ，関節とつけ根を押しつけるようにして，そのすき間に草の葉を1枚はさむ．そしてここに息を吹き込むと，笛のようなかん高い音をたてることができる．草の葉は関節とつけ根の2か所だけで支えるようにし，狭くしたすき間に思い切り息を吹き込むと，驚くほど大きな音を出すことができる！［シェットランド州スキャロウェー，1994年2月］

●両手の親指の間に草の葉をはさんで息を吹き込むと，かん高い笛のような音を立てることができるが，これをやると，まわりの人びとは眉を顰めることが多い．この音は「風を巻き起こし」，海上の舟を危険に陥れるとされているからである．

［シェットランド州ラーウィック，1994年3月］

Grave flooer

シェットランド諸島における，白花のスイセン NARCISSUS の異称．

Gravel　腎臓結石

腎臓結石の治療に用いられてきた植物には，PARSLEY PIERT（アファネス属の1種）などがある．

Great burnet　学 *Sanguisorba officinalis*　**ワレモコウ**（バラ科ワレモコウ属）

●［この植物は］ブレックノックシャー州およびラドナーシャー州の一部地域では「熱い草 HOT WEED」と呼ばれており，大量に混じっていると，乾し草に熱をもたせるとされている．［ポーイス州ランドリンドッド・ウェルズ，1991年9月］

→ヘラオオバコ RIBWORT PLANTAIN

Greater celandine　学 *Chelidonium majus*（ケシ科**クサノオウ属**の1種）

●［ワイト］島の人びとは，この植物のしぼり汁や煮出し汁を子どもの黄疸 JAUNDICE の治療薬としてよく用いている．［Bromfield, 1856: 26］

●［コーンウォール州では］greater celandine は，*Ranunculus repens*［ハイキンポウゲ BUTTERCUP］と同様に，眼が痛むときにつける軟膏の原材料として広く名声を博している．同地では眼にできる潰瘍が kennig あるいは kennel と呼ばれていることから，この植物は kennig herb の異名をもっている．また，この植物の黄色い乳液は，いぼ WARTS を取る治療薬としてよく用いられている．［Davey, 1909: 23］

●私は5年ほど前まで数年間，ある大きな医師養成病院の管理部門に勤務していた．その間，右手の親指にとても大きないぼができたことがあり，職場柄あれこれと治療をほどこしてもらったのだが，いっこうに効果がなかった．また退職にあたっては，餞別代わりに外科で切除してもらったりもしたのだが，数週間経つと同じところにまたいぼができてしまった．

ところがその数週間後，ウスターシャー州から出てきた人に会ったとき，幸運にも彼は私のいぼに気づき，それならすぐ治りますよ，と声をかけてくれた．彼によれば，greater celandineの茎から取った液を5晩続けて塗ればいぼは消える，ということで，ウスターシャーに帰るとすぐに，この植物を何本か送ってくれた．3週間後には，いぼは跡形もなくなり，再発する気配もまったくない．

この治療法は……「既存のいぼ治療」で効果の得られなかった人びとに関心をもってもらえるのではなかろうか．

［ロンドン，ハイゲートからの投書，'Hornsey Journal' 誌，1956年8月17日号］

●ケント州アシュフォードでは，greater celandineは，いぼの治療に頻繁に用いられていた．茎を折って，出てきたオレンジ色の液をいぼにすり込むのである．

［イースト・サセックス州ベックス・ヒル・オン・シー，1991年2月］

greater celandineの鮮やかな黄色をした汁液には，ケリドニンchelidoninやケレリトリンchelerythrinをはじめとする，数種のアルカロイドが含まれており［Clapham et al., 1962: 102］，各地の人びとから与えられたさまざまな異称にも，この植物がいぼの治療薬として評価されている，もしくは評価されていたことがうかがわれる——たとえば，デヴォン州ではwart flower（いぼの花），グロスターシャー州ではwart wort（いぼの草）［Britten and Holland, 1886: 484］，サマーセット州ではwart plant（いぼの植物）［Grigson, 1987: 50］となど呼ばれることがあったようである．

Greater Mexican stonecrop 学 *Sedum praealtum*（ベンケイソウ科**マンネングサ属**の1種）

●わが家には，あまり他では見かけることのない植物（*Sedum praealtum*）がある．ブラジルの友人が送ってくれたもので，彼らはこれを出血BLEEDINGを止めるのに用い，内出血を抑えるのにも利用している．私も切り傷CUTSをしたときに試してみたが，確かに効くようである．ひとつかみ取って傷口に貼りつけるだけで，出血が止まるのである．［ロンドン，アールズ・コート，1985年10月］

Greater plantain 学 *Plantago major* **セイヨウオオバコ**（オオバコ科オオバコ属）

BITING STONECROP（マンネングサ属の1種）やWATER FIGWORT（ゴマノハグサ属の1種）と同じように，子どもたちは「バイオリン」をつくるのにセイヨウオオバコを用いた．

●［私が子ども時代を過ごした1930年代ミドルセックス州ヘストンでは，greater plantainの］葉を1枚取って，葉柄を半分くらい裂いて固い葉脈を露出させ，これでバイオリンをつくった．（私の子どもたちは今，これで「ギター」をつくっている！）

［コーンウォール州セント・アーヴァン，1992年2月］

●広葉のオオバコbroad-leaved plantain：親指の爪で葉柄に切れ目を入れて，その下の方をそっと引くと，葉脈があらわになって「バンジョー」のできあがりである．［ロンドン，リー，1993年4月］

大人たちはセイヨウオオバコの葉を，皮膚病の治療に用いた．

●私の亡くなった両親は，第二次世界大戦後にポーランドから移住してきたが，母は時々，ある種の植物を治療薬として使っていた．……セイヨウオオバコの葉の湿布は，魚の目CORNSや潰瘍ULCERSに使っていた．［ケント州ブロムリー，1991年4月］

●セイヨウオオバコはよく効く治療薬で，切り傷CUTSや打ち身BRUISESには，葉をあてて包帯を巻いておけば治った（葉のざらついた面は血や膿などの吸い出しに，滑らかな面は傷の癒合に，というふうに使い分ける）．また種をつけた穂は，鳥籠に差し込んでおけば，ヒワなどの小鳥が種をつついて食べた．

［ロングフォード州レナモー，1991年4月］

●wavverinすなわちセイヨウオオバコの葉は，切り傷，やけどBURNS，腫物SORESの治療に用いた．［シェットランド州ラーウィック，1994年3月］

Greater stitchwort 学 *Stellaria holostea*（ナデシコ科**ハコベ属**の1種）

●Piskie，Pixie，Pixy——数年前まで〔デヴォン州〕プリマスの周辺では，これらがstichwortの正式な呼び名であった．今でも子どもたちの間では，この花を摘んでいると「ピクシーのまどわしpixy-led」にあう，と言われている［この「ピクシー（小妖精）のまどわし」にあうと，よく知っている場所なのに道に迷ってしまい，家に帰れなくなってしまうとされている］．［Friend, 1882: 44］

●コーンウォール州の多くの地域では，子どもたちはこの花を決して摘もうとしないが，これは，そんなことをすればきっとクサリヘビADDERに噛まれると信じているからである．また他の地方では，stichwortの花にはピクシーpixsieあるいはピスキーpisky〔と呼ばれる小妖精〕がいて，昼間は隠れているが，日が暮れてからこの花を摘んだりすると，必ず「ピクシーのまどわし」にあって道に迷うなど，「小さき民」にひどい目にあわされる，とされることもある．［Davey, 1909: 73］

●MOTHER-DIE（母親の死）：「いじめ」の1つで，非常に気の弱い子，とりわけマザコンのひとりっ子を標的にして，精神的な苦痛を与えようとするもの．そうした子はまず，greater stitchwortを摘め，さもないとお母さんが死んでしまうぞ，と脅され，言われた通りにすると，今度は，その花を捨てろ，さもないとお父さんが死んでしまうぞ，と言われるのである．こうしていじめの犠牲になってしまうと，その後気のやさしい子どもたちから，あんなのはうそっぱちだから気にするな，と慰められても，全く頭に入らないようだった．このいじめは，いわば肉体的ないじめにどうにか耐え抜いた子に対する「とどめの一撃」だったのである．1920年代から30年代にかけての〔ウェスト・ヨークシャー〕デンビー・デールの近辺ではよく行なわれていたが，その後は見かけなくなった．

［SLF MSS，ハートフォードシャー州ウェリン・ガーデン・シティ，1976年4月］

●greater stichwortは，当地ではふつうsnapjacksの名で知られている．子どもたちは，この実でぱちんと音をたてて（snap）遊ぶ．［ドーセット州ソーンコム，1993年1月］

●私は1930年代に，「ガール・ガイドとボーイ・スカウトのための自然研究記章」交付の試験官をしていた．……植物に詩や物語を結びつけておくと記憶の助けになったし，またなによりそのこと自体が非常に楽しかった．……greater swich-wort：われわれは脇腹が痛むと，この花をしがんだものだった．

［サマーセット州チャード・ジャンクション，1985年5月］

Greater tussock sedge 学 *Carex paniculata*（カヤツリグサ科**スゲ属**の1種）

ワイト島，それにもちろん他の地域でも，greater tussock sedgeの「長くて固い茎」は，屋根葺きに使う葺きわらの，質は劣るけれども安価な代用品として用いられた．

［Bromfield, 1856: 553］

Great horsetail 学 *Equisetum telmateia*（トクサ科**トクサ属**の1種）

● great horsetailは，このあたりではあまり見かけないが，ウィッチウッドまで行くと大きな群生地があり，私の少年時代［1915年頃］には，近くの農夫たちがシチュー鍋をそれでごしごし磨いているのを見た覚えがある．

［オックスフォードシャー州チャールベリー，1991年2月］

Ground elder 学 *Aegopodium podagraria*（セリ科**エゾボウフウ属**の種）

●痛風GOUT：gout weed（別名はground elder）の煮出し汁を1日2回飲む．友人はこの10年間，これのおかげでとても体調がよいようである．

［UCL EFS MSS M4，ロンドン，キルバーン，1963年9月］

Ground ivy 学 *Glechoma hederacea* **セイヨウカキオドシ**（シソ科カキドオシ属）

●息子が陸軍に入隊したとき，たっぷり射撃訓練をやらされ，硝煙で眼が充血して，ひどく痛むようになった．そこで何か痛みを和らげるものを送ってほしいと言ってきたのだが，どうしていいのかわからなかったので，夫に，村に住んでいたジプシーの女性に聞いてきてもらうことにした．すると彼女は，セイヨウカキオドシを手に一杯分シチュー鍋に入れ，ひたひたに水を加えて20分ばかりとろ火で煮るよう教えてくれた．これを冷まして漉した液で眼を洗えというのである．これを息子に送ってやったところ，彼の眼はすぐによくなった．この液は，油性のものに近いくらいなめらかで感じがよく，また香りもいいので，今でも私は時々ローションとして使うようにしている．

［ウォリックシャー州シップストン・オン・スタウア，1993年9月］

●その葉は，咳COUGHS止めの煎じ薬をつくるのに，各地の村々で広く用いられている．またこの植物には独特の苦味があるため，国内でホップの栽培が一般的になる前の，昔のイギリスの家庭では，ビールの醸造にも用いていた．このためかつてはale-hoofあるいはtun-hoofとも呼ばれていた〔aleはビールの1種，またtunは醸造用の大酒樽のこと〕．最近でも，ビールの濁りを取るためにセイヨウカキオドシを樽の中に入れることは少なくないが，こうしたビールは，いくつかの皮膚病の治療薬として用いられることもある．［Pratt, 1857, 2: 64］

●春になるとこのあたり（バークシャー州およびオックスフォードシャー州）では，セイヨウカキオドシ（Robin run in the hedgeとも呼ばれる）の葉で煎じ薬をつくる習慣がある．そして子どもたちは朝食前に，これをワイングラスに一杯分飲まされる．肌をきれいにし，血を冷ますとされているからである．［Taylor MSS］

Groundsel 学 *Senecio vulgaris* **ノボロギク**（キク科キオン属）

●ひどい切り傷CUTSに対して：ascension（都市部ではgroundsel〔＝ノボロギク〕と呼ばれる）を10分間煮て，これを湿布する． ［Taylor MSS，ノーフォーク州ベーコンスロップ］

●［コーンウォール州ロストウィジエルでは］悪寒AGUEに対して：ノボロギクをひとつかみ小さいリネンの袋に入れ，肌に接する側に穴をたくさん開ける．そしてこの袋をみぞおちにあてがい，よくなるまで2時間おきに取り替える．

［Deane and Shaw, 1975: 123］

●ヒマシ油が子ども向きの安全で効果的な下剤PURGATIVEとして広く用いられるようになるまで，アイルランドでは，ノボロギクを1枝か2枝（年齢に応じて）牛乳に入れて煮出し，漉したものを，便秘の幼児に与えたものだった． ［Moloney, 1919: 30］

●火曜日にわれわれはJ・ハウスJoby House氏夫妻を訪ねた．夫妻はかつてヘウッドに住んでいたことがあった．［ハウス氏はわれわれに］便秘CONSTIPATIONのときは，ノボロギクにラードを加えて煮たものを飲めば「どんなにひどくてもお通じがくるよ」と教えてくれた．氏によれば，かつて妹のルーシーLucyさんがひどい便秘を患ったことがあり，ある朝医者を呼ぶと，5時までもつかどうか，と言われてしまった．そこでハウス夫人は，パートウェー・レーンに住んでいるジプシーのペンフォールドPenfold夫人を訪ね，この治療法を教わってきたのだという．その日の午後，医者がやって来る頃にはもう，ルーシーさんはあちこちで便意をもよおし，大忙しのありさまだったが，医者はルーシーさんの死亡証明書まで用意してきていたので，怒った氏はこれを破って燃やしてしまったという．

［ドーセット州ソーンコム，1991年3月］

Guernsey lily 学 *Nerine sarniensis*（ヒガンバナ科**ネリネ属**の1種）

●Guernsey lily（*Nerine sarniensis*）は古くから，ガーンジー島の国花とされている．……島にこの花が咲くようになった由来については，当地の妖精伝説の中で次のように語られている．あるとき妖精の王が，麗しのミシェル・ド・ガリMichele De Garisの心を首尾よく射止め，彼女を，遠く離れた自らの王国に連れ帰ろうとしたが，彼女は残していく家族のことを気遣い，自分がいなくなると皆がどれほど悲しむことだろうと心を痛めた．そこで彼女は，恋人の妖精に，せめて自分を思い出すよすがとなるような，小さな形見を残してくれるように頼んだ．すると王は彼女に球根を1つ与え，彼女はこれを，妖精の舟に乗って故郷の島を離れる前に，ヴェイゾン湾に臨む砂浜に植えた．その後，悲しみに暮れる母親が娘を探してこの砂浜にやって来ると，この球根から育った植物が，花——深紅に妖精の金粉をちりばめた，無香の美しい花——を咲かせていたという． ［De Garis, 1975: 120］

Guernsey lilyは南アフリカ原産だが，1680年以来ガーンジー島と関わりをもつようになった，もしくは栽培が行なわれるようになったとされている．しかしその来歴については諸説があり，活発な論議が交わされているものの，未だ決着をみていない．これまでのところ，互いに相いれない以下の4説が知られている．第1に，王政復古の後，1661年から1670年にかけてこの島に幽閉されたジョン・ランバートJohn Lambert将軍によってもたらされたとするもの．第2に，難破船に積まれていた球根が海岸に流れついて浜辺に根を下ろし，これをもとにチャールズ・ハットンCharles Hattonが栽培をはじめたとするもの．ちなみにハットンの父は1662年から1670年にかけて，この島の総督をつとめている．第3に，座礁してこの島に立ち寄った日本あるいは中国の船の乗組員が，球根をJ·J·de·ソーマレズJurat Jean de Sausmarez（1609-91）に贈ったのがはじまりだとするもの．そして第4に，中国帰りの船員が，旅館の主人に球根を贈ったことから——という4説である．以上のうちの前3者については，Guernsey lilyが島にもたらされたとする時期はほぼ一致しているため，A·H·ユーインEwenとA·R·de·カルタレCarteretは1974年，これらの要素をすべて取りいれた新たな仮説を世に問うている［Ewen and de Carteret, 1974］.

Gypsophila 学 *Gypsophila paniculata* **シュッコンカスミソウ**（ナデシコ科カスミソウ属）
baby's breath（赤ん坊の息）の名でも知られており，シュッコンカスミソウの小さな白い花は，結婚式の花束にもしばしばあしらわれている．おそらくは単に見栄えのよさを考えてのことにすぎないのだろうが，中には次のような説を唱える者もいる．

● baby's breathと名づけられているのはまことに意味深長で……花束を取り巻く雲のようにあしらわれているこの小さい花々には，明らかに「多産」の意が込められている． ［Baker, 1977: 77］

● baby's breathの愛称で呼ばれることもある*Gypsophila paniculata*は，結婚後子宝に恵まれることを祈って，花嫁のもつ花束に加えられる． ［Bloxham and Picken, 1990: 82］

H

Hackberry

スコットランド北東部における，エゾノウワミズザクラ BIRD CHERRY の異称.

Hairy brome　学 *Bromopsis ramosa*; syn. *Bromus ramosus*（イネ科**ブロモプシス属**の1種）

●子どもたちが，*Bromus ramosus* の稈（茎）から分枝をはぎとり，その先端の細い部分で，イモリを捕えるための輪なわをつくるのを見たことがある．首にこの輪なわをあてがわれても，イモリは全く動じる様子を見せなかった.

［レスターシャー州サイストン，1991年1月］

Hairy vetch　学 *Vicia hirsuta*　**スズメノエンドウ**（マメ科ソラマメ属）

新約聖書のたとえ話の中で語られる「毒麦 TARES」は，時にこの植物を指すとされることもある.

Halfwood

ウォリックシャー州における，TEAPLANT（クコ属の数種）の異称.

Hallowe'en　**ハロウィーン**

ハロウィーンと関連の深い植物には，リンゴ APPLE，キャベツ CABBAGE，アマ FLAX，カボチャ PUMPKIN などがある．→万霊節 ALL SOULS' DAY

●果物を保存するときは，11月1日の前夜〔10月31日の夜，すなわちハロウィーン〕までにすべての準備をすませておかないと，プーカ Pooka〔いたずら好きな妖精の一種〕に駄目にされてしまう，と言う人もいる.　［IFCSS MSS 589: 18，クレア州］

リンゴ，ナシ PEAR，HAWTHORN（サンザシ属の数種），オーク OAK の植えつけに関して，17世紀の諺は次のよう忠告している：

●万聖節 All-hallow-tyde に植えたときは，よく育つように命ぜよ．
聖燭節 Candlemas〔2月2日〕に植えたときは，よく育つように懇願せよ．

Sett them at All-hallow-tyde, and command them to grow.
Sett them at Candlemas, and entreat them to grow.　［Aubury, 1847: 105］

Hanging tree　**首吊りの木**

「フォート・ウィリアムの首吊りの木 Fort William Hanging Tree」の伝説については，首かせの木 JOUG TREE およびオーク OAK の項を参照.

Harebell　学 *Campanula rotundifolia*　**イトシャジン**（キキョウ科ホタルブクロ属）

スコットランドのいくつかの地域では，bluebell の名でも知られている．スコットランドの北東部では：

●bluebell（*Campanula rotundifolia*）は，バカン地方〔グランピアン州の北東部〕の一部地域ではthe aul man's bellと呼ばれて恐れられ，摘まれたりすることなく放置されていた．他に，gowk's thumlesと呼んでいる地域もあった．［Gregor, 1881: 148］

●［イングランド北東部に住む］われわれの子どもたちは，よくこの鐘形の花にに息を吹き込んで遊んでいる．そうしておいて，これを手の甲にまっすぐに立て，もう一方の手でぴしゃんと叩いて破裂させるのである．［Johnston, 1853: 135］

→ジギタリス FOXGLOVE

Hart's tongue fern 学 *Phyllitis scolopendrium* **コタニワタリ**（シダ類，チャセンシダ科コタニワタリ属）

●デヴォン州の子どもたちの間では，コタニワタリにまつわる優雅な伝説が知られている．それによれば，かつてキリストは，他に頭を休める場所がなかったとき，この植物を枕としてお使いになったことがあった．そしてそのお礼として，やんごとなき頭から御髪を2本残していかれた．コタニワタリはこれを聖遺物として大切に扱い，今もなお成熟した茎〔葉柄〕にとどめているのだという——そういうわけで子どもたちは，その2本のとび色の毛を見つけるたびに，皆に見せびらかすのである．［Marson, 1904］

●［ワイト］島の民間療法では，コタニワタリの新鮮な葉が，悪い脚（丹毒の吹き出物）を冷やす外用薬として用いられる．［Bromfield, 1856: 634］

●コタニワタリの葉を燃やし，これをやけど BURNS につけると治る．

［IFCSS MSS 500: 74, リマリック州］

●コタニワタリは，湯傷 SCALDS ややけどの治療薬として用いられた．その裏側を上にして患部にあて，完全に治るまで，必要に応じて葉を新しいものに取りかえた．［IFCSS MSS 650: 128, ウォーターフォード州］

Hassocks　膝ぶとん

〔教会などで使う〕膝ぶとんをつくるのに，TUFTED HAIR GRASS（コメススキ属の1種）が用いられることがあった．

Hawthorn 学 *Crataegus spp.*（バラ科**サンザシ属**の数種）

アイルランドでは，たいていwhitethornの名で知られている．イギリス・フォークロア学会The Folklore Societyが，1982年3月から1984年10月にかけて行なった「不吉な」植物の調査では，採集された全524項目のデータのうち，hawthornに関係するものが123項目（23.5％）にのぼっており，これは2番目に多かったライラック LILAC に関する項目の2倍以上の数であった．

●シェパーズ・ブッシュで（1920年頃に）ほら穴遊びをする子どもたちは，その中を飾るのに，ライラックとhawthornの花だけは決して使おうとしなかった．

［ミドルセックス州イースト・ベッドフォント，1978年9月］

●先の大戦の直前，私は〔デヴォン州〕トーキーの下宿屋にしばらく滞在していた．

当時私はまだ10代の若さで，迷信などは一顧だにしていなかった．ある日のこと，下宿屋のおかみさんにあげるつもりで，私は香りのよい花をつけたhawthornのすてきな枝を1本，手折って持ち帰った．おかみさんも自分と同じように，この美しい花を見て喜んでくれるだろうと思ったのである．ところが残念なことに，おかみさんはその花を一目見るや，私の方に向かって飛んできた．そのときの彼女の怒った顔は今でもよく覚えている．彼女は「すぐに捨ててしまいなさい」と叫び，「おまえさんは，この家に葬式を持ち込もうとしているんだよ」とまくしたてた．この敵意に満ちた反応に，私が驚きまたショックを受けたことは言うまでもないだろう．彼女はその後もことあるごとに，おかげで夫が体調を崩しただの，彼女の母親だったら（hawthornだけでなく）私も一緒に放りだしていたところだだのと，この件を蒸し返した．［ウェスト・サセックス州ワージング，1982年8月］

●［ウィルトシャーに住んでいた私の祖母は］hawthorn（mayと呼んでいた）を摘むと子どもが死ぬことになる，と言っていた．

［スタッフォードシャー州ブラートン，1983年3月］

●私（今年で73歳になる）の子どもの頃は，hawthornの花を家に持ち込むのは不吉だと考えられていた．わが家のかかりつけの医師はかつて——当時すでに80歳を越えていたが——この迷信の起こりを次のように解き明かしてくれた．may（＝hawthorn）の花が咲く時期には．花粉が原因で胸やのどの病気が多発することが多く，そのため人びとは，この時期に飾りつけのために家に持ち込まれることの多かったmayの花と病気とを結びつけたのだろう，と．しかし私は，この花が不運な月と見なされている5月（May）——5月に結婚すれば，いつかそれを悔いる日が来る，などと言われるように——と結びつけられたせいではないかと思うこともある．［スタッフォードシャー州オードリー，1983年3月］

●私の両親は，may（＝hawthorn）の花を家に持ち込むのは，とても不吉なことだと言っていた．子どもの頃，3度ほどこの花を家に持ち帰ったことがあったが，そのつど私は，1週間以内に重い病気を患い，病院にかつぎ込まれてしまった．……父親の説明によれば，これはキリストの茨の冠CROWN OF THORNがhawthornでつくられていたからだという．［ダービーシャー州ミックルオーバー，1983年3月］

●チェシャー州の片田舎に住まいを移したとき，その家の売主であった農夫から，［hawthornは決して切ってはいけない，と］教えられた．さもないとミツバチに花粉を供給できなくなり，リンゴの収穫が望めなくなる，ということだった．

［スタッフォードシャー州ニューカースル・アンダー・ライム，1983年3月］

●私は子どもの頃（1952-58）ダービーシャー州のサンディエーカーに住んでいたが，妹と私は母から，mayの花は不幸をもたらすから，家に持ち込んではいけないよ，と言い聞かされていた．またこの花を家に持ち込むと，不幸を呼び込むだけではなく，夏を雨続きにする，ともされていた．

［ダービーシャー州ハーツヘイ・ヒル，1983年3月］

●私は子ども時代をエセックス州のチグウェル，オンガーおよびアップミンスターで過ごしたが，……may（セイヨウサンザシ *Crataegus monogyna*）は……家に持ち込んではならない，……必ず死を招くというほどではないにしても，確実に病人［が出る，ということであった］．花の咲いているmayの生け垣の下に座るのも不吉とされていたが，それ以外のことは特に問題ないようだった．

［エセックス州ウィタム，1983年5月］

●私がまだ学校に通っていた頃なので，かれこれ40年以上も前になりますが，生徒たちからとても嫌われていたある先生が，気の毒なことに階段から落ちてしまわれたことがあり，これは彼女が，hawthornを活けた花瓶を教室に持ち込んだせいだ，と言われていました．サリー州レッドヒルでのことです．どうしてそんなふうに言われるようになったのかは，ちょっと私には見当がつきませんが．

［匿名の電話，1983年7月］

●5歳くらいの頃だったと思うが，（それをやってしまった後で）mayの花を屋内に持ち込むと，その人の母親の死を招くことになる，と聞かされて恐くなったのを，今でもよく覚えている――実際のところこの花は，同地ではMOTHER-DIE（母親の死）の名でも知られていた．私がこの迷信を知ったのは，現在はマンチェスターの郊外ということなっているフリックストン村に住んでいた，1958年頃のことである．……幸いなことに，母は25年後の今日でもなお健在なので，この迷信は根拠のないものだと請け合うことができる．……もっとも私はそれ以後二度と，この花を持って家の敷居をまたぐことはなかったが．［ロンドン，チズウィック，1983年7月］

●私はアイルランド南部（ロングフォード州）の農場で生まれ育った．そこで禁じられていたことといえば……5月の祭壇を準備していたときに教えられたのだが……孤立した（単立の）のhawthornの木を切ると，死あるいは病気を招くということだった．［ロンドン，サウスフィールズ，1984年4月］

→一本立ちの木LONE BUSH

研究者の中には，（たとえばE·メイプルMapleのように）現代の人びとがhawthornの花に対して抱く恐怖心の源を，キリスト教以前の時代に行なわれていた5月祭May Dayにおける祭祀の記憶にまでさかのぼって考えようとする者たちもいる［Maple, 1971: 31］．儀礼に則って「5月祭の女王May Queen」を生贄に捧げる前に，hawthornの花冠をかぶせられていたからだ，というわけだが，言うまでもないことながら，こうした見解は確たる裏づけをもたず，あくまで推論の域を出ていない．

ケンブリッジ大学のある人類学者によれば：

●hawthornを家に持ち込むのは不吉とされている．この植物が，クリスマスの葉飾りCHRISTMAS GREENERYや復活祭のヤナギWILLOWとは対照的に，家から締め出されることになったのは，これが寝室における夫婦の和合よりも，野外での奔放な交

歓を連想させるからである．[Goody, 1993: 256]

中世の愛の寓意をめぐる物語の中にも，しばしば「緑のhawthorn (greene hawthorne)」が登場するが，これはやはり，精神的な愛に対立するものとしての肉体的な愛のシンボルとして解釈されている［Eberley, 1989: 41］．

hawthornの花については，聖母マリア崇拝との関連が示唆されることもある．

● may（＝hawthorn）にまつわる迷信は，カトリック信徒がその信仰ゆえに迫害を受けていた時代にまでさかのぼる．

5月（May）――聖母マリアに捧げられた月であった――の間，カトリック信徒たちは，各家庭にある，聖母に捧げられた小さな祭壇を飾るのに，mayの花を用いていた．このため反カトリックの役人たちは，この花が家に持ち込まれるのを目にすると，それをカトリック信徒の家と考えてしかるべき行動に出たのである．こうしてこの花は，持ち込まれた家に「不幸」をもたらしていたわけである．［イースト・サセックス州イースト・グリンステッドからの投書，1982年5月16日付 'Sunday Express' 紙］

しかしこの説には，歴史的事実と相いれないところがあるようである．

● 5月が聖母月とされるようになったのは，ようやく18世紀になってからのことであった．これはナポリではじまり，主としてイエズス会士たちの手によって，イタリア全土，アイルランド，さらにはカトリック圏全体へと広められたのである．［Warner, 1978: 281］

同様に：

● 実際，「5月の祈禱 May Devotions」は19世紀半ばになってはじめて，イタリア人司祭のジェンティーリ Gentili博士によってこの国にもたらされたものである．しかしこの祈禱ははじめ，「外国で発案された慣行」として，あまり受け入れられなかった．この聖母マリアと5月の結びつきを一気に広めたのは，その後独自の準典礼をつくりあげたカトリックの一派であった．その準典礼に盛り込まれた聖歌，行列，戴冠式などは，公式の典例の中には全く見られないものだったが，教区の聖職者たちはつりこまれるようにして，次々とこれを採用していった．

［エイヴォン州ポーティスヘッド，1982年6月］

1866年，'Gentleman's Magazine' 誌には次のような投書が寄せられている．

● 当地の住民たちの間では，サンザシ特有の匂いは，「ロンドンの大疫〔1664-45〕の際の腐臭と全く同じだ」という考えがかなり一般的であることを知った．これは過去2世紀にわたって代々受け継がれており，大疫の際の実体験から生まれた言い伝えであろう．［Gomme, 1884: 206］

後に〔アメリカの〕詩人S･プラス Sylvia Plath〔1932-63〕もまた，「hawthornの死臭」について触れている．

イギリス諸島に自生するサンザシ属の2種，common hawthorn（*Crataegus monogyna*, セイヨウサンザシ）とMidland hawthorn（*C. laevigata*, 古い文献ではしばしば*C. oxyacanthoides*とも）とは，しばしば交雑するが，アマチュアの植物学者，R·P·マレーMurray師〔1842-1908〕は1900年5月21日付の書簡の中で，次のように記している．

●われわれはスイスにいた頃，*C. monogyna*も*C. oxyacanthoides*もよく見かけた．後者は*C. monogyna*よりも1～2週間早く開花する．私はよく*C. oxyacanthoides*の方を，飾りつけのために大量に採集したが，その匂いは，採集したときには，もう一方の種とほとんど変わらないけれども，しばらくすると決まって腐肉のような悪臭を発するようになった．時には30分以内に悪臭に変わってしまうこともあった．*C. monogyna*については，こうした変化が起こった記憶はない． [Allen, 1980: 119]

その後，動物の組織が腐敗しはじめるときに生じる成分の1つであるトリメチルアミンtrimethylamineが，hawthornの花に存在することが確認されている［Challenger, 1955: 266］．比較的最近までは，遺体は死後1週間ほど家に置いておき，その後に埋葬するのがならわしであったため〔→葬式の花FUNERAL FLOWERS〕，たいていの人は死臭や腐臭がどのようなものかをよく知っていた．この点を考えると，hawthornの花が家から締め出されたとしても驚くにはあたらないように思われる．

しかし一方では，hawthornの花が，病気の回復を早めるために室内に持ち込まれていたという，一風変わった事例も報告されている．

●［ノース・ヨークシャー州エイトンの］旧郵便局通りでチフスが発生したときのことである．すでに8人が亡くなり，さらに家族のうちの数人が病に冒されている一家があったが，医師（メギンソンMegginson博士）は，この患者たちが皆，健康を取り戻そうとする気力を失ってしまっていることに気づいた．そこで医師は母親に，花の咲いているhawthornの大きな枝を手折ってきて，家中に置くように言った．母親が言われた通りにすると，やがて病人に活力が戻り，自らよくなろうとする意欲を見せるようになった． [Dickinson MSS, 1974: 41]

もう1つ，hawthornを吉兆とみなす次のような事例もある．

●かつてサフォーク州のたいていの農家には，5月の1日に満開のhawthornを一枝取ってきた召使には，朝食の際にクリームを一皿与えるならわしがあった．この慣習は現在は廃れてしまったようだが，……旧暦であったしても，5月祭の日〔旧暦の5月祭は，現行より11日遅れの5月12日にあたる〕にhawthornの花が咲いているのはめったにないことであった． [Forby, 1830: 426]

またアイルランドでは，hawthornがしばしば5月祭の日に，護符として用いられたようである．

●昔は5月祭の日になると，年配の人びとがwhitethorn（＝hawthorn）の花を家に持ち込み，食器棚の上などに置いたものだった．そしてそのまま翌月までそこに置いておくのがならわしであった．この花には，邪悪なものを寄せつけない力があると考えられていた． [IFCSS MSS 413: 35, ケリー州]

● 5月祭には……聖土曜日に調製された聖水を振りかけたwhitethornの枝を，村の畑に突き刺しておいたものだった．これは「妖精たちFAIRIES」が作物を持ち去るのを防ぎ，よい収穫をあげるためということだった． [IFCSS MSS 825: 139, リーシュ州]

hawthornを護符として用いる慣習としては，他にも次のような例がある．

● 子牛の後産をhawthornの木にかけておくと，雌牛の発熱の予防になる．その現場を目撃したという報告が1件［ハンプシャー州から］寄せられている． [Heather, 1940: 406]

●［ラドナーシャー州には］「枝焼きburning bush」という独特の儀式があった．これは「コムギWHEATの黒穂病」を防ぐためのもので，豊かな収穫を得るには欠かせない儀式として，長年にわたって行なわれていた．用いる「枝」は，直角に生えた4本の小枝だけを残して剪定したhawthornの枝であった．元日の朝早くに，農場の男たちは皆で，わら束と，ビールやリンゴ酒をしこたま抱え，さらにこの「枝」をかついで出かけてゆき，コムギ畑を次々と訪ねてまわった．そしてそれぞれの畑で火を焚き，それに枝をかざして燃やすのだが，燃え尽きてしまわないように気をつけなければならなかった．すべての畑でこうして火を焚いた後，「枝」もしくはその燃え残りを屋敷に持ち帰り，翌年の元日まで注意深く取っておくのである．……この慣習はかなり広範に行なわれていたので，元日の早朝には，この地方全体が「星空のようにきらきら輝いていた」という． [Howse, 1949: 296]

セイヨウサンザシの園芸品種のなかには，通常の開花時期である晩春だけではなく，冬にも花を咲かせるものがあり，これはふつうGlastonbury thornまたはHOLY THORNの名で知られている〔詳細は同項を参照〕．アイルランドでは，hawthornの孤立木は，しばしば「妖精の木fairy tree」もしくは「一本立ちの木LONE BUSH」と見なされ，切り倒したり，傷つけたりしてはならないとされている．

hawthornにまつわる迷信が数多く見られることから，キリスト教以前の時代のイギリス諸島には「thorn崇拝」があったとする説［Cornish, 1941］や，この木が至高の女神と結びつけられていた［Graves, 1948］とする説も唱えられている．

「Mayが終わるまで〔もしくは「Mayがあらわれるまで」〕，決して衣類を捨ててはならない（Cast ne'er a clout 'til May is out）」という諺の意味するところをめぐっては，諸説があって一定しない．これは，冬の衣類をしまい込むのは，may（＝hawthorn）の花が咲くまで待て，ということなのだろうか，それとも，5月（May）が終わるまで待て，ということなのだろうか？

●このMayは確かにサンザシのことをいうのであって，決して月の5月ではない．私はデヴォン州で少年時代を過ごしたが，この諺の通り，Mayの花が咲きはじめるとすぐに，セーターなどは脱いでいいよ，と言われたものだった．そして年配の人びとがそれを口にするたび，ここにも春が来たな，と感じたものである．

［デヴォン州バーンスタプル，1992年9月］

しかし，1993年6月5日付 'Daily Telegraph' 紙上に掲載された投書は，5月説もhawthorn説も退けた上で，次のように説いている．

●Mayというのは，「1回4ペンスの安娼婦」をしていたMavis（May）Dennisonという名の女性のことである．彼女は1840年代の半ば頃，〔ロンドンの〕スピタルフィールズのイチー公園のあたりで野宿をしていた．彼女は実にしたたかな大酒飲みの老婆で，毎年冬になると留置場に「泊まる」ようにしていて，5月の終わりか6月のはじめ頃になると，夏に向けてたっぷりと栄養をとり，生き返ったようになって出所していた．この言い回しは，同時代の人びとがこうした彼女のふるまいを——おそらくはからかい半分に——指して口にしていたもので，それを後の時代のわれわれが，諺と勘違いして引用するようになったのである．

子どもたちは，若いサンザシの葉をbread and cheese（チーズつきのパン）と呼んでよく口にしているが，かつて食糧難の折などには，大人もこれを食べることがあった．1752年には：

●収穫が不作に終わったのに引き続いて，すぐに牛の病気が流行し，当地の人びとは，たくさんの家畜を失った．貧しい人びとはますます苦しくなり，中でもすでにして社会から見捨てられ，恐れられるとともに蔑まれていたキングスウッドの炭鉱夫たちの困窮ぶりはひどいものだった．……そんな折も折，ブリストルからコムギが輸出されるという噂が森中を駆けめぐり，これによってくすぶっていた不満に火がつき，公然たる反乱が引き起こされることになった．1753年5月，何百という屈強な炭鉱夫たちが，ブリストルに向かって行進した．……空腹に苦しんでいた彼らは，道端に生えていた緑のhawthornの小枝で，からっぽの胃を満たそうとした．そしてこれを，苦々しい皮肉を込めてBread and Cheeseと呼んだのである．

［Lindergaard, 1978: 8］

その後も：

●86歳になる母は，ノーサンプトンシャー州のハイアム・フェラーズで子ども時代を過ごしたが，当時の子どもたちにとってhawthornの若い葉芽はご馳走で，bread and cheeseと呼ばれていたのを覚えているという．

［エセックス州ウォルタム・アビー，1991年3月］

●私が青年時代を過ごしたノーフォーク州では，確かにhawthornはbread and cheeseと呼ばれていた．私の母もノーフォーク州の出だったが，やはりこの名を知っていた．土地の老人（故人）から聞かされたところでは，葉がパンに，黄色味を帯びた果実がチーズに見立てられているらしく，実の核を取り除いてから，これを2枚の葉でサンドイッチにしたためにこの名で呼ばれるようになったのだという．今の私にはこれが正しくないことはわかるけれども，それでも一風変わっていて，面白い説明のように思える　私は本当のチーズは嫌いだが，毎年hawthornが新しい葉をつけはじめる頃になると，プリムラPrimulaという銘柄のチーズを少し買い，この葉をたっぷり散らしてサンドイッチをつくる．香ばしい実の香りが移り，とても美味である．［サフォーク州ウェスト・ストウ，1991年5月］

●私はレスターシャー州で育ったが，……われわれはよくhawthornの新芽（bread and cheeseと呼んでいた）を生で食べたり，刻んだ脂身のベーコンと一緒に，牛脂を使ったローリーポーリーroly-poly〔プディングの1種〕の詰め物にして食べたりした．……とても美味しかった！［ハンプシャー州フリート，1994年4月］

時にhawthornの実（hawsと呼ばれる）も食べられることがあった．

●私の母は，1901年にダービーシャー州バクストンで生まれたが，hawthornの果実をaigie berries，またその葉をbread and cheeseと呼んでいた．彼女の若い頃，子どもたちはどちらもよく食べていたらしいが，それほど食欲をそそるというわけではなく，まあ食べられる，というところだったという．

［エイヴォン州バース，1983年1月］

●私はインヴァネスシャー州の出身だが，……hawthornの木の実は美味しく食べることができた．中心の固い核のまわりに，厚くて甘い皮があるのである．この実はboojunsと呼ばれていた．［ウェスト・ミッドランズ，ソーリハル，1991年3月］

●［イングランド北東部では］少年たちは秋になると，集団で熟したhawthornの実（haw）を集めに出かけるが，そのとき，核が2つある実をとりわけ熱心に探す．彼らはもったいをつけてこれをBull-hawと呼んでいる．核のまわりの果肉をしゃぶってしまうと，ドクニンジンHEMLOCKの中空の茎でつくった空気鉄砲にこの核を入れ，これをを撃ちあって遊ぶ．また彼らはhawが，歯に「嘘のしるし」を残すと信じている．つまり，ある少年がその日についた嘘の数は，〔実を食べた後に〕歯についた黒い点の数によって知ることができると考えており，もし黒い点が全くなければ，身の「潔白」が証明されたことになるのである．［Johnston, 1853: 78］

Hayfever　枯草熱

枯草熱の治療に用いられてきた植物には，ミドリハッカMINTなどがある．

Hazel　㊫ *Corylus avellana*　**セイヨウハシバミ**（カバノキ科ハシバミ属）

●スコットランド高地地方からは，迷信が完全に一掃されてしまったわけではなく，同地の住人の中には，この木自体を不吉なものと見なす者たちがいる一方で，その実（堅果）が2つ自然に結合したものは縁起がよいと考えている者たちもおり，これが手に入ると非常に喜ぶ．彼らはこれをCnò-chomblaichと呼び，魔除けの護

符として身につけている．［Lightfoot, 1777: 587］

●［ラドナーシャー州では］セイヨウハシバミの尾状花（lamb's tail〔子羊のしっぽ〕とも呼ばれる）を家に持ち込むのは……不吉なことされている．農夫たちは，そんなことをしたら，羊の出産に悪影響が出ると考えている．［Howse, 1949: 207］

→ラッパズイセン DAFFODIL

●［イースト・アングリア地方では］赤ん坊の目の色——青い目をして生まれてくることが多い——がやがてとび色に変わるようにと願って，彼ら［両親］はセイヨウハシバミの小枝を，赤ん坊の背中に縛るか，もしくは生まれた部屋に束にしたものをかけておく．［Porter, 1974: 19］

また国内の多くの地域に，次のような俗信が見られる．

●秋にセイヨウハシバミがたくさん実をつけるのは，春に赤ん坊がたくさん生まれるしるしである．［ドーセット州チャーマス，1994年1月］

19世紀の初頭，サリー州のいくつかの教区では，一風変わった慣習が見られた．

●この教区［キングストン・アポン・テムズのオール・セインツ教区］に限られたものではないが，ミカエル祭 MICHAELMAS〔9月29日〕の前夜，会衆が皆でセイヨウハシバミの実を割るという儀式が今もなお行なわれている．この馬鹿げた儀式の起源や意義は不明だが，かつては「ハシバミの実割りの主日 Cracknut Sunday」が祝われたこともあり，代官の選挙と縁の深いものとして，今だにこれを記憶している者も少なくない．［Biden, 1852: 58］

野生のセイヨウハシバミの木の実（堅果）は，貴重な蛋白源として活用されるとともに，この木が豊富にある地域では，人びとに副収入をもたらすこともあった．

●［ドーセット州の］クランボーン・チェイス一帯にある，アシュモアをはじめとする村々では，セイヨウハシバミの実を摘みに遠出をするのが，毎年恒例の大きな行事となっていた．村の女性たちの大半はこの日，大人も子どもも，特別にあつらえたカンヴァス地の服を身にまとい，nammit（noonmeat＝昼食の意）をもって森へ出かけていった．収穫された実は，デザート用，または（主として）染物用として，業者が買い取ってくれた．1シーズンの稼ぎが村全体で200ポンドを超えることもしばしばで，たいていの家ではこの稼ぎを，少なくともその年1年分の地代の支払にあてようと皮算用をしていた．しかしこの慣習は，現在ではほとんど行なわれなくなった．今では，実を買ってくれる染物業者はほとんどおらず，2度の大戦の間に価格がひどく下落したので，割に合わなくなってしまったのである．それでも戦時中は少し値を上げ，1939年から1945年までの間は，実1ポンドあたりが6ペンスになった．現在では1ポンドあたり4ペンスに下がり，この仕事を続けているのは，子供と老人だけになってしまった．［Dacombe, 1951: 44］

このように収穫した実が商品価値をもっていたことを考えると，無節操な輩が季節はずれに木の実を採って，本来の分け前以上のものを手に入れようとするのを防ぐため，さまざまな「タブー」が設けられるようになるのはごく自然なことといえよう．イングランドの北部では，未熟な実はチャーンミルク・ペグChurnmilk Pegやメルシュ・ディックMelsh Dickといった妖精たちに守られているとされていた［Briggs, 1976: 75/285］．また，日曜日には実を摘んではならず，さもないと悪魔DEVILの気を引くことになる，という俗信も広く見られるが，こちらはあまり真面目に受け取られることはなかったようである．

●私の祖母は……［サリー州］ミッチャムの生まれだが，日曜日に実を摘もうとして森へ出かけた，よこしまな男の話をよく聞かせてくれた．この男は，木から実をを取るたびに実がどんどん増えていくので，肝をつぶして逃げ帰ったという．

［Emslie, 1915: 161］

木の実採りの遠出は気の置けない楽しいものだったが，時には少々はめを外した馬鹿騒ぎになることもあった．そのため「木の実採り」は，求愛——それもあまりたしなみのない——の婉曲表現となった．たとえば有名な民謡「木の実採りの娘 The Nutting Girl」の中でも次のように歌われている．

●ケントあたりのすてきな娘が
5月のある朝，木の実採りに出かけた．
それなら僕らも行こうじゃないか，木の実採りへ，木の実採りへ，
おのおの青の花形帽章をつけ，身なりも万端ととのえて．

It's of a brisk young damsel who lived down in Kent
And she rose one May morning and she a nutting went.
Then a nutting we will go, a nutting we will go,
With a blue cockade all in our hats we'll cut a gallant show.

娘がこんな季節はずれの時期に木の実採りをしていると，若い農夫の声がして：

●男の妙なる歌声に，すぐさま心をとらえられ，
森の寂しさに耐えられなくなった哀れな娘は，
集めたわずかばかりの木の実をすっかり投げ捨てた……
すると男は娘を木陰に誘い，その場にそっと横たえた．
娘が言うには「ああ，世界がぐるぐる回ってるわ」．

He sung so melodiously it charmed her as she stood,
She had no longer power in that lonely wood to stay,
And what few nuts that poor girl had she threw them all away . . .
So he took her to some shady grove and gently laid her down
She said 'Young man, I think I see the world go round and round.'

そしてこの歌は，最後を次のような戒めの言葉で締めくくっている．

●長居をしすぎて農夫の歌声を聞くはめになったら，
春にはおそらく，農夫の赤ん坊の世話に追われているだろう．

For if you stay too long and hear the ploughboys sing,
Perhaps a young ploughboy you may get to nurse up in the spring. [Purslow, 1972: 1]

またR·タングRuth Tongueは，年配のサマーセットの召使から聞かされたという歌を紹介している［Tongue, 1967: 54］．これは日曜日に木の実採りに出かけて，悪魔DEVILと情を交わしてしまった娘のことを歌ったものである．

●ある若い娘が愚かにも，
日曜だというのに木の実採りに出かけた．
そこで全身黒ずくめの紳士に出会い
誘われるままに身を横たえた．
これというのも日曜に木の実採りに出かけたせい．

Oh there was a maid, and a foolish young maid,
And she went a-nutting on Sunday.
She met with a Gentleman all in black,
He took and he laid her a-down on her back,
All a-cause she went nutting on Sunday.

そしてこの交わりの結果，角としっぽをもった赤ん坊が生まれてきたという．

セイヨウハシバミの杖は，ヘビsnakesに対して毒性をもつと信じられていた．

●7月から8月にかけてわれわれは，〔ウェールズの〕ガウアー半島にある，ポート・アイノンからほど近いオヴァトンという村に滞在していた．同地では今年，クサリヘビADDERが異常発生し，羊が1頭，これに咬まれる騒ぎにもなった．……私はこれを見て，若い農夫に傷口をアンモニアで洗うようすすめたが，彼は「いや，ground-ash（エゾボウフウ属の1種），エゾヨモギギクTANSY，それにセイヨウハシバミの葉でつくった湿布薬で治します」と答えた．そこで「どうしてセイヨウハシバミの葉を使うのかね」と尋ねると，面白い答えが返ってきた．「セイヨウハシバミの木は，ヘビ，とりわけにクサリヘビの奴にとっては毒なんです．実際のところ，この木の茂みの中やまわりには，地べたを這いずりまわるこの連中は全然おりませんよ」． ［'Folk-lore' 誌，7: 89, 1896］

●アイルランドから外国（とりわけアメリカ合衆国とオーストラリア）へと人びとが移民しはじめた頃，彼らはしばしば，ヘビを殺すために，セイヨウハシバミの棒を携えていった．この棒で一発お見舞いすれば，ヘビはすぐさまあの世行きである！ ［IFC MSS 462: 310，カーロウ州，1937-8年］

弾力があって，またたやすく裂くこともできるセイヨウハシバミの幹は，木工用にも広く用いられた．

●［アイルランド人の旅行者たちが］雨露をしのぐのに最もよく用いていたのは，やはりテントだった．これはセイヨウハシバミの枝を折り曲げて骨組みをつくり，その上から油に浸した袋またはカンヴァス地の布をかけたもので，2つのタイプがあったが，そのうちの小型の方は高さが腰くらいまでしかなく，「編み垣wattle」テント，または「折り曲げbender」テントと呼ばれていた.

[Gmelch and Kroup, 1978: 18]

鉱脈（水脈）占い師DOWSERSは，しばしば二股になったセイヨウハシバミの枝を用いたが，金属棒の方がはるかに感度が高い，という意見——少なくとも1人の占い師はそう証言している［Naylor, 1991: 17］——もあったようである.

●占い棒virgula divinatoriaは，ウェールズの鉱夫たちの間では高く評価されている．しかし，石炭あるいは鉛鉱石の鉱脈と，一片のセイヨウハシバミの枝との間に，どのような共感現象が見られるのかを解き明かすのは容易なことではなかろう.

[Evans, 1800: 404]

●先頃，ひどい旱魃に苦しむシリー諸島に水脈占い師が呼ばれた．これはコーンウォール州チェイスウォーターに住むD·ウィルキンスDon Wilkins氏で，彼はセイヨウハシバミの枝を使い，深さ100フィートの岩盤に，ブライア島の住民70名に水を供給する水源を2つ，見事に探りあててみせた.［1992年4月23日付 'The Times' 誌］

オックスフォードのピット・リヴァース博物館Pitt Rivers Museumには，サマーセット州の鉱脈（水脈）占い師が用いていた二股のセイヨウハシバミの枝が展示されている.

●アイルランドでは今日でもなお，ホームスパン（手織りのラシャ布）を染めるのに，セイヨウハシバミを使うことがある.［IFCSS MSS1112: 358, ドネガル州］

Headache　頭痛

頭痛の原因になるとされる植物には，ヒメフウロHERB ROBERTやヒナゲシPOPPYなどがある．またその治療には，キャベツCABBAGE，ヒヨスHENBANE，スミレVIOLET，ヤナギWILLOW，セイヨウノコギリソウYARROWなどが用いられることがある.

Headache flower / headache plant

ヒメフウロHERB ROBERTの異称.

Headaches

ノーサンバーランド州における，ヒナゲシPOPPYの異称.

Head lice　ケジラミ

ケジラミの駆除に用いられてきた植物には，メグサハッカPENNYROYALなどがある.

Heartsease

ランカシャー州における，COMFREY（ヒレハリソウ属の数種）の異称．またWILD PANSY（スミレ属の数種）の異称としても広く用いられる.

Heart trouble　心臓病

心臓病の治療に用いられてきた植物には，セイヨウタンポポDANDELION，ジギタリスFOXGLOVE，ROCK SAMPHIRE（クリトムム属の1種），オランダガラシWATERCRESS，WILD PANSY

（スミレ属の数種）などがある．

Heather 学 *Calluna vulgaris* **ギョリュウモドキ**，ハイデソウ（ツツジ科ギョリュウモドキ属）

● ling heather（*Calluna vulgaris*〔＝ギョリュウモドキ〕）の頂芽は，Fraochとも呼ばれているが……水で煮ると黄色味を帯びた染料DYESとなる．実際のところこの植物は，それ以外にもきわめて広い用途をもっている．まず第一に，これは家の屋根葺き材THATCHとしてよく用いられてきた．現在スコットランドの高地地方に残っている数少ない屋根葺き職人たちは，ギョリュウモドキこそが，このゲール人の地では最良の屋根葺き材だと言ってはばからない．第二に，これはベッドをつくるのにも用いられるが，「先端を上，根を下にして」マットレスに詰めるので，心地よい香りと安らかな眠りを得ることができる．そしてさらには，革なめしの工程で用いられたり，エール醸造の過程で，その若い新鮮な花芽を使うこともあった（これは時として現在でも使われている）．したがって，歌や物語の中で賛えられたり，海外に移住したスコットランド出身者たちが恋しがったりしたとしても，何ら驚くにはあたらないのである！ [Bennett, 1991: 58]

●［アバディーンシャー州バラターに住む］リーズLeys夫人は，かつて自家製のエールとして人気の高かった「ギョリュウモドキのエール」のつくり方をよく覚えていた．仕込みの時期は，ギョリュウモドキの最盛期である8月から9月にかけてで，大きな平鍋を紫色の花で一杯にし，ひたひたになるくらいまで水を加えて1時間煮る．そしてこの煮汁を漉して大きな洗い桶に移し，ショウガ，ホップHOP，ゴールデン・シロップを加える．これをもう1度煮立てて漉し，冷ましてから酵母を入れる．数日後，酵母の泡を桶の底に残すようにして注ぎ分ければできあがりである．

[Fraser, 1973: 178]

→ホワイト・ヘザーWHITE HEATHER

Heath rush 学 *Juncus squarrosus*（イグサ科**イグサ属**の1種）

● Heath rush＝burraとも呼ばれる．荒野を歩いたり，そこで仕事をしたりするとき，人びとはよくこの茎（burri-stikkel）をしがむ．しかしあまりたくさんしがみすぎると，兎唇（みつくち）になるといわれている．このburri-stikkelは今世紀に入ってからも，炉辺用のブラシをつくるために採集されていた．またheath rushは常に固い乾いた土地に生育するので，次のような諺がある——「burraの上はまともに歩いてよいが，floss［＝柔らかいイグサRUSH］には近づくな（stramp(step) fair on da burra; keep wide a da floss）」．

burri-stikkelにはもう1つ，これを一握り固く縛って，それでポットをごしごしこすり洗いをする，という使い方もある． ［シェットランド州ラーウィック，1994年3月］

→イグサRUSH

Hedge bindweed 学 *Calystegia sepium* **ヒロハヒルガオ**（ヒルガオ科ヒルガオ属）

→LARGE BINDWEED（ヒルガオ属の1種）

Hedge veronica 学 *Hebe* spp.（ゴマノハグサ科**ヘーベ属**の数種）

●［私はかつてコーンウォール州に住んでいたが］私の知る限り，同地でVeronicaの葉を下痢DIARRHOEA止めに使っているのはうちの家族だけだった．この植物の葉を，上から順に最も小さい対生葉まですっかりむしりとり，6枚ほどを食べるのである．

［デヴォン州］プリマスに住んでいた数年前のこと，私は同地の博物館が催した，薬用植物とその民間伝承についての展示を見にいった．するとそこにVeronicaが展示されていて，胃の病気に対してマオリ族が用いる，という解説が添えられていた．……私の曾祖父は，紅茶を運ぶためのクリッパー型快速帆船に乗っていたという話を聞いたことがあったので，もしかすると彼はニュージーランドへ行ったことがあり，そこからこの知識を持ち帰ったのではないかという考えが頭に浮かんだのを覚えている． ［スペイン，アリカンテ州カルペ，1991年11月］

●子どもたちは，Hedge veronica（*Hebe × franciscana*）の，まだ開く前の茎端の葉芽を取ってきて，小舟をつくって水に浮かべて遊ぶ．上の葉を折り返して帆にし，下の葉はそのまま船体にするのである． ［シリー諸島，セント・メリーズ島，1993年9月］

Heead-vahk

ハンバーサイド州における，ヒナゲシPOPPYの異称．

Hellebore 学 *Helleborus* spp.（キンポウゲ科**クリスマスローズ属**の数種）

かつてはbear's footの名でも知られていた．1762年2月1日に：

●［ウィルトシャー州］フィッシャートン・アンガーで，2人の幼い子どもが，寄生虫WORMSの駆除に効果があるとされていた植物，bear's footを食べ，その数時間後に亡くなった．この植物には2種があり，1つは草丈2フィートで，葉は濃緑，辺縁が少し紫がかった白い花をつける［*Helleborus foetidus*, 英名stinking hellebore］．現在開花中だが，これは有毒である．もう1種は，草丈が1フィート以下，葉は鈍緑色で，緑色の花をつける［*H. viridis*, 英名 green hellebore］．こちらは寄生虫の駆除にに有効である． ［'Wiltshire Family History Society Journal' 誌，46: 6, 1992］

この約1世紀後，ワイト島では，stinking helleboreが

●子どもの寄生虫の駆除に効果のある民間薬とされ，このためしばしば家の庭などにも植えられている．しかしこれは非常に作用が激しく，頻繁に重い副作用を伴ったので，現在はほとんど用いられていない． ［Bromfield, 1856: 15］

Hemlock 学 *Conium maculatum* **ドクニンジン**（セリ科ドクニンジン属）

●サフォーク州では，眼の痛みに効く薬が真正のドクニンジンの葉からつくられた．……葉を細かく刻んで，天日塩，代赭石と混ぜあわせるのである．ただしできあがった軟膏は，悪い眼ではなく，健全な方の眼に塗った． ［Porter, 1974: 43］

Hemp 学 *Cannabis sativa* **アサ**，タイマ（アサ科アサ属）

かつて繊維作物として大規模に栽培されていたアサは，現在ではグラスあるいはマリファナなどと呼ばれる違法な快楽性ドラッグとして使用するために，ひそかに栽培されることも多い．19世紀には，アサの種子は恋占いlove DIVINATIONに広く利用されていた．1880年代のガーンジー島では：

●若い娘たちの間で，アサの種子を蒔けば，……将来の夫の姿を見ることができるとされていた．ただし次のように唱えながら蒔かなければならなかった．

アサの種よ，おまえを蒔くから，アサの種よ，大きくなっておくれ．
私の本当の恋人がやってきて，刈り取ってくれるように．

Hemp-seed I sow, hemp-seed grow,
For my true love to come and mow.

そして終わったらすぐに，鎌で脚を切られないように，家の中に駆けこまねばならないが，そうして走りながら後ろを振り返ると，不思議なことに蒔いた種は瞬く間に立派なアサになっており，待ち焦がれている恋人がそれを刈り取っている姿をかいま見ることができるという．［Stevens Cox, 1971: 10］

●［オックスフォードシャー州ウルヴァカットに住む］カルカットCalcutt夫人の母親はおそらく，〔同地で〕アサの種を蒔いて占いをした最後の女性になったと思われる．……彼女はクリスマス・イブの深夜，友だちと2人で，アサの種をもって教会の墓地へ行き，種を左の肩越しに投げながら，次のように唱えた．

アサの種を蒔きますから，
アサの種を蒔きますから，
私の夫になる人は，
後についてきて刈ってちょうだい．
一張羅や晴れ着じゃなくて，
いつもの服を着てきてね！

I sow hempseed,
Hempseed I sow,
He that is to be my husband,
Come after me and mow,
Not in his best or Sunday array,
But in the clothes he wears every day!

しかしこのあとすぐに，一緒にいた友だちはひどくおびえてしまった．このとき彼女は棺桶を見たのだという人もあったが，彼女が何を見たにしろ，あるいは何を見たと思ったにしろ，確かなのはその後間もなく彼女が亡くなってしまったということである．そして村の人びとは，その後自分の娘たちにこの占いをするのを禁じたことからもわかるように，彼女が教会の墓地で行なったことが，その死

の原因になったと考えていたようである．[Parker, 1923: 324]

この慣習はところを変えてもほとんど同じような形で行なわれており，大きな相違点は，占いを行なう日取りくらいのものであった．最も広く行なわれていたのは，夏至祭の前夜MIDSUMMER'S EVEだったようだが［Wright, 1940: 12］，その他にも，ダービーシャー州やデヴォン州では聖ヴァレンタインの祝日の前夜ST VALENTINE'S EVEに［Wright, 1938: 152］，イースト・アングリア地方の一部地域では聖マルコの祝日の前夜（4月24日）に［Wright, 1938: 187］，ノーフォーク州では聖マルティヌスの祝日の前夜（11月10日）に，それぞれ行なわれていた．なお1887年に刊行されたトマス・ハーディThomas Hardyの小説『森林地の人びとThe Woodlanders』にも，アサの種を使った占いをする場面が出てくる．

→アマFLAX

Henbane 学 *Hyoscyamus niger* **ヒヨス**（ナス科ヒヨス属）

ジョン・レイJohn Rayが1660年に記録しているところによれば：

●ヒヨスHyoscyamusの種子は，石炭の上に置くと，非常に不快な匂いのする煙を出す．この煙をチューブを使って口と鼻に通すと，時に鼻や歯に繁殖する小さい虫（vermiculi）を追い出す．これらの虫は，水をはった鉢で受けて捕らえれば，よく観察することができる．[Ewen and Prime, 1975: 75]

ヨークシャー州ラスの教区牧師もまた，1817年10月17日付の日記に，次のように書き記している．

●フェイバーFaber氏は，友人から聞いた話なのだがと断った上で，歯の痛みTOOTHACHEについて次のような説明を聞かせてくれた——とはいえ彼自身もこの話を信じているようだったが．その話というのはこうである．ある種の小さい短命な蝶がたまたま口の中に入ると，不潔な歯に巣をつくって卵を産みつける．やがてこの卵からはごくごく小さな幼虫がかえり，この虫はすぐさま歯の神経を食べはじめる，というのである．彼はまたその治療法についても教えてくれたが，それによると，まずヒヨスの種を手に入れ，よく乾燥させてから錫の漏斗の中に置いて火をつけ，その先から立ちのぼる細い煙を痛む歯にあてるようにする．するとこの幼虫はすぐに死んでしまうらしく，彼の友人はこの処置をほどこしたあと，唾の中に出てきた数匹の幼虫をレンズではっきりと確認したという．[Aitkin, 1944: 128]

同様に：

●田舎の人びとは，歯痛を治すために［ヒヨスを］タバコのようにして吸っているが，そのあと時として全身けいれんCONVULSIONSを起こすことがある．[Pratt, 1857, 1: 128]

しかしジョン・ジェラードJohn Gerard〔1545-1607〕は，早くからこの治療法を否定している．

●国中を徘徊して歯を抜くのを商売にしている大道薬売りたちは，［ヒヨスの］種子を，人の歯から虫を追い出すためと称して使っている．彼らはこの種を皿の上で燃やし，その炎の上に患者の口を近づけさせるのである．中には商魂たくましく抜け目のない連中もいて，彼らは水の中に絹糸の短い切れ端を入れ，これを患者に見せて，治療をほどこした口やその他の患部から，この小さな虫が出てきたのだと思い込ませようとする．［Gerard, 1597: 284］

またB・ヴィジー＝フィッツジェラルドVesey-FitzGeraldによれば，ジプシーたちは，ヒヨスを頭痛HEADACHEや神経痛NEURALGIAの治療薬としてよく用いていたという［Vesey-FitzGerald, 1944: 25］．

Hen's apple

インヴァネスシャー州における，セイヨウシナノキLIMEの果実の異称．

Herb Robert 学 *Geranium robertianum* **ヒメフウロ**（フウロソウ科フウロソウ属）

ヒメフウロが不吉な植物と見なされていたという記録が散見されるが，これは，この植物がヘビSNAKESもしくは頭痛HEADACHEのいずれかと結びつけられていたことによるものであろう．

●私はグロスター近くのハデックという村で生まれたので，幼時の記憶は同地でのものだが，その頃ヒメフウロはsnakes flowerとも呼ばれ，茎からヘビが出てくるというので，決して摘んだりはしなかった．

［スタッフォードシャー州ニューカースル・アンダー・ライム，1983年3月］

●茎が赤く，ピンクの花をつけるsnakes food〔＝ヒメフウロ〕を，われわれはいつも避けるようにしていた．［ドーセット州ポートランド，1991年3月］

アイルランドでは，ヒメフウロを民間薬として用いることもあった．

●かなり昔のことになるが，腎臓障害KIDNEY TROUBLESを患う人びとは，小さいピンクの花を咲かせている草を，その汁液がすっかり出てしまうまで煮て，これを冷まして飲んでいだ．痛みを取り除いてくれるということだった．この草の名はヒメフウロである．［IFCSS MSS 975: 27, カヴァン州］

●ヒメフウロを牛乳で煮出したものを家畜に飲ませると，伝染病が治る．

［IFCSS MSS 575: 354, ティペレアリー州］

Hinney flooer

シェットランド諸島における，LOUSEWORT（シオガマギク属の1種）の異称．

Hipseyhaws

エセックス州における，イヌバラDOG ROSEやHAWTHORN（サンザシ属の数種）の実の異称．

Hoary cress 学 *Lepidium draba*（アブラナ科**マメグンバイナズナ属**の1種）

●全国小自作農組合Smallholders Unionはこのほど，あらゆる雑草の中でもおそらくは最も有害なものと思われるwhitlow-pepperwort（*Lepidium draba*〔＝hoary cress〕）を，絶滅の恐れのある保護植物のリストから除外することを決めた．この植物は元来，フランスのフランドル地方もしくはその周辺からわが国に渡来したものである．1809年の悲惨なワルヘレン遠征Walcheren Expeditionからわが軍が〔ケント州の〕ラムズゲイトに引き揚げてきたとき，兵士たちは船上で用いていた寝わらや敷きわらなどを白亜坑に投げ込んだが，トンプソンThompsonという名の農夫が後に〔この植物の種のついた〕これらのわらを，堆肥にするために手押し車で畑に持ち出したのである．おかげでこの草は一帯に大いに繁殖し，Thompson's Curseの名で知られるようになったわけだが，その後次第にイングランド各地に広がり，現在はノース・カントリー〔イングランド北部諸州〕を侵しつつあるようである．これは実に厄介な雑草で，根の長さが数フィートにもなることがある．

[1915年4月6日付 'Westminster Gazette' 紙]

Hoary plantain 学 *Plantago media*（オオバコ科**オオバコ属**の1種）

グロスターシャー州ではかつて，Fire-leavesの名で知られていた．

→DEVIL'S BIT SCABIOUS（スッキサ属の1種）

Hogweed 学 *Heracleum sphondylium*（セリ科**ハナウド属**の1種）

● HAWTHORN（サンザシ属の数種）の花，ライラック LILAC，Devil's Tobacco［=hogweed］——これらはいずれも，家に持ち込むのは不吉とされている．

［スタッフォードシャー州リーク，1983年3月］

●当地では，hogweedの茎は巻きタバコの代用品として用いられ，boys' baccaとも呼ばれていた．ジプシーたちがよくこれを吸っていた．

［デヴォン州バーンスタプル，1992年9月］

●［コーンウォール州の］子どもたちは，hogweedの生の茎でskeetすなわち水鉄砲をつくって遊ぶ．このため子どもたちはこの植物をskeet-plantと呼んでいる．

[Davey, 1909: 220]

Holly 学 *Ilex aquifolium* **セイヨウヒイラギ**（モチノキ科モチノキ属）

イギリス諸島の全土を通じて，クリスマスCHRISTMASと最も関連の深い植物であり，イングランドの一部地域では，実際にChristmasという単純な名で呼ばれることもあるようである [Grigson, 1987: 115]．

●私は今年で70歳近くになるが，生まれ育ったのはノーフォーク州である．……祖父はセイヨウヒイラギをhollyと呼んだことがなく，いつもChristmasと呼んでいた．

［グウェント州トゥー・ロックス，1993年3月］

両者がこのように密接な関わりをもつことになった原因の1つとして，セイヨウヒイラギの葉はそれらしく描くのがきわめて容易であるという点を考えてみることができるかもしれない．職場のパーティであれ昼食会であれ，クリスマスを祝う催しの通知には，必ずといっていいほどセイヨウヒイラギの小枝の図案が添えられているからである．しかしそれはともかくとして，枝の主日PALM SUNDAYに関して，この日が来るまでは「枝」〔palmは本来はナツメヤシを指すが，さまざまな植物で代用される〕を家に持ち込んではならないとされるのと同様に，セイヨウヒイラギもまた，クリスマス以外の時期に家に置くのは不吉だとされることが少なくないようである．

●クリスマス・イヴCHRISTMAS EVEの前に，セイヨウヒイラギを家に持ち込むのは不

吉である.　［サウス・グラモーガン州セント・ブライズ・スーパー・エリー，1982年10月］

●ローズRose・Bさんの母親は，夏に病気をしたことがあったが，そのとき彼女は，セイヨウヒイラギを家に持ち帰って飾っていた．すると母親を見舞いにきたある人から，セイヨウヒイラギを家の中に持ち込むなんて，お母さんが病気になったのは全部あなたのせいよ，と責められたという．そしてローズさん自身もそれを聞いて，自分が母を病気にしたのだと考えるようになり，ひどく落ち込むことになった．そうしたことを軽く受け流すにはまだ若すぎる年齢だったからで，ずいぶん後になるまでこのことを気に病み続けたらしく，今はこのことを一切思い出さないようにしている，と言っていた．　［ドーセット州ソーンコム，1982年12月］

時には，クリスマスの期間中であっても，セイヨウヒイラギを室内に置くのは危険だとされることがある．

●われわれはトレーラー・トラックをセイヨウヒイラギとセイヨウキヅタIVYで飾りつけ，……クリスマス・キャロルを歌いに出かけた．そして3晩目を歌い終えた頃，セイヨウヒイラギの枝が1本，トレーラーの床に落ちているのを見つけたスチュワートStewart・F君（9歳）が，これを拾いあげて「家に持って帰ってもいいですか？」と聞いてきたので，「いいとも，でもその飾りは明日になったら全部取り外すから，もっとたくさんあげられると思うよ」と答えておいた．彼はとても喜んでいたが，私は，土地の子にしてはちょっと変だな，と感じた．すると案の定，数分後には泣きそうな顔をして戻ってきて，枝をトレーラーの床に投げだすとこう言った．「やっぱり持って帰れないや．母さんが，縁起が悪いから家に入れちゃ駄目だって言うんだ」．　［ドーセット州ソーンコム，1983年1月］

●私の母は，決してセイヨウヒイラギを家に入れようとはしなかった．

［ダービーシャー州アレントン，1983年3月］

とはいえ，このように厳しく締め出されてしまうことは比較的まれで，クリスマスに先立つ数週間，たくさん実をつけたセイヨウヒイラギの枝は花形商品としてひっぱりだこである．

●セイヨウヒイラギには主要市場で，1握り1.25ポンド，1抱え5ポンドの値がついている．入荷先は，これを格好の副収入源にあてこんで生け垣に栽培している農家と，許可の有無にかかわらずこれを集めてまわるジプシーたちで，その割合はほぼ半々といったところである．

ロンドンのサウスオールにあるウェスタン・インターナショナル・マーケットWestern International Marketの業者に商品を納入している何世帯かのジプシーの家族は，セイヨウヒイラギだけで今年，1,500ポンドもの売上があるものと見込んでいるという．

今年のセイヨウヒイラギの総売上高は，卸売価格で50万ポンドを超えそうな勢いで，これを1枝あたり20ペンスから30ペンスで売る小売商の利益がどれほどの額にのぼるかは，神のみぞ知る，といったところだろうか．

［1980年12月24日付 'The Times' 紙］

こうしてクリスマスの時期には，たくさん実をつけたセイヨウヒイラギの木は頻繁に手折られることになるが，一方では，この木を切り倒したり，傷つけたりしてはならない，という俗信も広く見られる．

●ジョーンJoanさんは……おそらくは1910年頃の生まれで，これまでずっと〔イースト・サセックス州の〕ホーヴと〔ハンプシャー州の〕ハヴェントで暮らしてきたと思われるが……彼女によれば，自分の知るかぎり，農夫たちはセイヨウヒイラギを切るのは不吉だと信じていて，生け垣を剪定するときも，この木を避けてまわりだけ刈っているほどだという（しかし，今やハンプシャー州南部では農業がすっかり機械化されてしまったこともあり，私自身が見たところでは，農夫たちがこうしたことに気を使っている様子は全くうかがえない）．［ハンプシャー州ハヴァント，1982年8月］

●セイヨウヒイラギの木は決して切ってはならないとされている．……ある農場主は，セイヨウヒイラギの木を切ってしまいたいと思ったものの，縁起が悪いとされているのを知っていたので，これを雇っている農夫の1人に頼もうとした．しかしこの農夫は，言うことを聞かなければ馘にするぞと脅しても，木を切ろうとはしなかった．

結局この農場主は，これを「取るに足りない迷信」として気にかけていない人を探し出して木を切ってもらったのだが，この人は，それまでどこも悪くなかったのに，木を切ってから3週間とたたないうちに亡くなってしまった．

［スタッフォードシャー州バウンダリー，1983年3月］

●ノーフォーク州では，クリスマスの時期に実のついた枝を手折るのは別にして，それ以外の場合にセイヨウヒイラギの枝を切るのは不吉だとされていた．かつてトレーラーの運転手をしていた知り合いは，機械を使って生け垣を剪定する際，セイヨウヒイラギのあるあたりにくると生け垣から機械を離し，それを避けるようにしていたものである．［ノーフォーク州イースト・タッデナム，1984年10月］

●ウスターシャー州北部では，生け垣でよく目につく木はセイヨウヒイラギである．これは，生け垣を剪定する際，この木を切るのは不吉だとされているからである．［ウースター，1991年1月］

●私は，枯れでもしていないかぎり，セイヨウヒイラギの木は切らせない．

［ノース・ヨークシャー州サウス・ステインリー，1992年3月］

時には，セイヨウヒイラギの大枝や低木が，さまざまな針葉樹の代わりにクリスマス・ツリー CHRISTMAS TREE として用いられることもある．

●私は子ども時代をウォリックシャー州の農場で過ごした．すなわち1920年代の後半になるが，その頃のわが家のクリスマス・ツリー CHRISTMAS TREE は，セイヨウヒイラギの大枝の束であった．これを梁からつるし，普通のツリーと同様に，き

らびやかな飾りつけをほどこすのである．［ヘリフォード州モーディフォード，1991年12月］

●私の母はコーンウォールの「詩人（バード）Bard」で，同地に伝わる慣習を保存することを常々心がけていたようだった．わが家ではクリスマス・ツリーに，マツ類PINEの木ではなく，低木（bush）のセイヨウヒイラギを使っていた．「モミの木」がよく用いられるようになったのは，おそらく1914年から18年にかけての大戦の後のことだろう．輪を2つあわせてセイヨウヒイラギで縛ったものも，やはりbushの名で呼ばれており，これはコーンウォール州独特の，伝統的なクリスマスの飾りつけであった．［スペイン，アリカンテ州カルペ，1991年12月］

●母方の祖父母は，ドーセット州のモスタートン，そして後にはコースカムに住んでいたが，1950年代から1960年代前半にかけて，クリスマス・ツリーにはいつも大きなセイヨウヒイラギの低木を使っていた．午後になると子どもたちは，風船をもらって遊んだが，このセイヨウヒイラギにあたると風船は破れてしまうので，いつも誰かが泣いていた．［ロンドン，ストレタム，1992年5月］

クリスマスに使ったセイヨウヒイラギの後始末には，さまざまな条件がつけられていたようだが，共通しているのは，それを燃やしてはならないということである．

●私は70歳近くになるが……クリスマスが終わって飾りつけをはずした後，その中のセイヨウヒイラギを家のかまどにくべる者には災いがふりかかるとされていた．これは［ノーフォーク州出身の］祖母がタブーとしていたことの1つで，役目を終えた飾りは，外のこやし置き場まで捨てにいかなければならなかった．

［グウェント州トゥー・ロックス，1993年3月］

他の果樹FRUIT TREESの場合と同様に，セイヨウヒイラギがたくさん実をつけるのは，冬の寒さが厳しくなることの前兆とされた．

●［1916年に〔スタッフォードシャー州〕リッチフィールドで生まれた私の母によると］セイヨウヒイラギにたくさん実がなるのは，厳しい冬になるというしるしである．［ドーセット州ストラットン，1983年9月］

●人びとは，セイヨウヒイラギの木が赤い実をたくさんつけているのを見ると，今年の冬は寒さが厳しいぞと言いあったものだった．長く続く雪と霜の季節に備えて，自然が小鳥たちのために十分な餌を準備していると考えたからである．

［オファリー州デインジアン，1985年1月］

●巷でよく耳にする言い伝えを信じるとすれば，セイヨウヒイラギがたくさん実をつけるのは，冬の寒さが厳しいものになることの知らせであるという．はじめは緑色をしているので目立たないが，実がつきはじめるのはほぼ今頃の時期のことである．私はこの地方で，今年ほどセイヨウヒイラギの実がたくさんなっているのを見たことはない．わが家の庭にある低木までがはじめて実をつけたほどで

ある．［サリー州ライゲイトからの投書，1990年7月9日付‘The Times’紙］

●もしクリスマスにセイヨウヒイラギの低木がたくさん実をつけていたら，それはその冬の間，ひどい悪天候の日が多くなることのしるしであり，自然が小鳥たちのために餌を用意しているのである．［キルデア州メイヌース1991年2月］

セイヨウヒイラギは民間薬としても，しもやけCHILBRAINSの治療に用いられることがあった．

●当地でのしもやけの治療法——患部をセイヨウヒイラギの枝で叩く．これを血が出るまで続ける．［ノーフォーク州グレート・プラムステッド，1989年10月］

●［ウィルトシャー州で］私はよく，セイヨウヒイラギの実を粉末状にしてラードと混ぜ合わせ，これをしもやけの患部に塗ったものである．［Whitlock, 1976: 167］

またセイヨウヒイラギはかつて，小鳥を捕えるために用いる粘着力のある物質，すなわち鳥もちBIRD-LIMEをつくるのにも用いられていた．

●鳥もちは，セイヨウヒイラギの樹皮の煮出し汁に，その3分の1の分量の堅果油を混ぜあわせてつくる．［McNeill, 1910: 110］

Holy thorn 学 *Crataegus monogyna* cv. ‘Biflora’（**セイヨウサンザシ**の栽培品種，バラ科サンザシ属）

Holy thorn（Glastonbury Thornとも呼ばれる）は，セイヨウサンザシcommon HAWTHORNの1栽培品種で，通常の開花時期である初夏だけではなく，冬にも花を咲かせる．この木について触れている最も古い文献とされているのは，16世紀の初頭に書かれたとみられる「アリマタヤのヨセフの生涯ここにはじまれりHere begynneth thelyfe of Joseph of Armathia」という長詩である．この詩には，サマーセット州グラストンベリーの南のはずれにあるウェアリオールWearyallの丘に，3本のthornの木が生えていたことが歌われている．そしてこれらの木は：

●クリスマスに芽を吹き，緑の葉をつける．
そのみずみずしきこと，さながらナイチンゲールが
澄んだ歌声を響かせる5月の新緑のごとし．

Do burge and bere greene leaues at Christmas
As fresihe as other in May when ye nightingale
Wrestes out her notes musycall as pure glas.［Anon., 1520］

しかし，ごくかすかなものではあるが，これよりさらに400年ほど前に，すでにこのthornが存在していた形跡も見られる．かつてチェシャー州のアプルトン・ソーンでは，「ソーン飾りBawming the Thorn」と呼ばれる催しが毎年行なわれており，この祭の折には，村の中心部に生えている1本のthornの木にさまざまな飾りつけがほどこされた．そして同地に残る言い伝えによれば，この木は1125年，アダム・ド・ダトンAdam de Duttonが〔グラストンベリーから〕Holy thornの分枝を持ち帰って植えたもので，その年以来ずっとこの場所に立っている〔ただし1965年に強風に吹き倒されてしまったため現存

しない〕のだという［Hole, 1976: 26］．この伝承にわずかでも真実が含まれているとすれば，それは，すでに12世紀の初頭に，グラストンベリーにThornの木が存在していたことを示唆している点であろう．12世紀といえば，グラストンベリーの修道院では，ベネディクト会の修道士たちが，膨大な，しかしあまり重要とはいえはない聖遺物の数々をせっせと集めていた頃のことになる——残念なことにこれらはすべて，1184年の火災で烏有に帰してしまったが．したがってこの頃すでに「クリスマスの時期に花を咲かせるhawthorn」が，修道院に各地から巡礼者たちを集めるための「呼び物」の1つになっていたとしても，何ら不思議はないように思われる．

「ヨセフの生涯」の長詩は，この木の起源については全く語ってはおらず，また冬に花を咲かせるという点にもふれていない．このThornがクリスマスに花を咲かせることに言及している最初の史料は，長詩の刊行から15年後，すなわち〔ヘンリー8世による〕グラストンベリー修道院弾圧の4年前のものである．1535年8月24日，修道院に派遣されていたレイトンLayton博士はブリストルで，T･クロムウェルThomas Cromwellあてに次のような書状を認め，クリスマス・イヴに花を咲かせた木の枝2本を添えて届けている．

●小生はこの書状をお届けにあがるわが僕に，貴殿に献上すべき聖遺物を託しております．白と黒の絹でくるみましたこの2本の花枝は，クリスマス・イヴ，すなわちかのキリストが御降誕になられたまさにその日に，花を咲かせることでありましょう．メイデン・ブラッドリーの修道院長も，このことは「確認済み」だと申しておりました．［Batten, 1881: 116］

女王エリザベス1世〔在位1558-1603〕の治世には，〔グラストンベリーの〕ウェアリオールの丘に生えているThornは，2つの幹をもっていたようである．

●ある清教徒が片方の幹を切ってしまい，もう一方の，大人の背丈ほどの高さの幹のみが残された．よそから訪ねて来た者は皆，この姿を見てたいそう驚いたようである．この花は世界中の国々の人びとから非常に珍しがられ，ブリストルの商人たちは，これを海外に持ち出して売りさばいた．［Collinson, 1791: 265］

あるいは，これよりも早い時期に記されており，その意味ではより信頼の置けそうな別の記録によれば：

●エリザベス女王の治世の頃までは，この木は2本の幹をもっていた．ところが聖人づらをしたある清教徒がこれを目の敵にして，太いほうの幹を切り落としてしまった．もし彼が自分の脚を傷つけたり，飛び散った木の破片があたって目がえぐれたりという，奇蹟としか思えないような罰（とはこの話を聞かせてくれた人物の弁だが）を受けていなかったら，もう一方の幹にも手をかけていたことだろう．倒された幹は，根とは切り離されてしまったが，樹皮のわずかな部分だけはつながっており，そのまま30年以上も地上に横たえられていた．そしてその間，切られずに残ったもう一方の幹と同じように生き続けていた．その後この幹は再び切り

> 離されて溝に投げ捨てられたが，それでも前と同様に生き続け芽を吹いた．1年後，この幹は何者かによって盗まれた．誰が，どこへ持ち去ったかは不明のままである． [Rawlinson, 1722: 109]

その後ジェームス1世〔在位1603-25〕の治世になると，このThornは，珍しい庭木として喜ばれるようになり，王妃アンをはじめとする王族や貴族たちは，その挿し穂のために大枚を投じたという [Collinson, 1791: 265]．そしてこのように個人の庭園でThornを栽培する風潮が広まったおかげで，この植物は絶滅を免れたといえるかもしれない．というのも，その後〔1642-51〕に起こった内乱の折に，円頂党〔清教徒を中心とする「議会派」のあだ名〕に与する者が，「信ずる道に身を捧げんとの熱情にかられて」残ったほうの幹を切り倒してしまったからである [Taylor, 1649: 6]．1653年，グロスターの司教G·グッドマンGodfrey Goodmanはこう嘆いている．「クリスマスの日に花を咲かせていたグラストンベリーのWhite Thornが切り倒されてしまった．しかしこの暴挙に及んだ連中が罰せられたという話は聞いていない」[Rawlinson, 1722: 301]．

これに先立つ1645年には，J·エイチャードJohn Eachard師がGlastonbury Thornについての記録を残しているが，それによれば，当時，「キリストの戴いた冠」がこの木の仲間でできていたという言い伝えがあったため，枝を手折って記念に持ち帰る者がひきもきらず，この木はひどく傷んでいたという．ちなみにこの俗信は，アリマタヤの聖ヨセフが2つの聖遺物をグラストンベリーにもたらしたという伝説の中にも，巧みに取りこまれている．彼のもたらした2つの聖遺物とは，キリストの血と汗の入った銀の器（後にこれは「聖杯」と混同，もしくは同一視されるようになったようである）と，キリストの茨の冠CROWN OF THORNから取られたthornの枝で，後者はこの地に植えられるとすくすくと育ち，キリスト生誕の時期に花を咲かせて，自らが聖なる存在であることを証明してみせた，というのである [Hole, 1965: 39]．

しかし，エイチャードがこれを書きとめた70年後に，グラストンベリーのある宿屋の主人が語ったとされる口伝によれば，このThornは，アリマタヤの聖ヨセフがもたらした杖から生えたことになっている [Rawlinson, 1722: 1]．広く知られている伝説によれば，〔キリストの死後〕使徒たちは世界各地に旅立っていったが，聖フィリポは，聖母マリアのおじにあたるともいわれるアリマタヤの聖ヨセフとともにガリアの地に遣わされた．そして数年後，聖ヨセフはこの使徒のもとを去って，11名の弟子とともにブリテン島を目指し，紀元63年，グラストンベリーにたどり着くと，この地にイギリス最初の教会を建てたとされている [Hole, 1965: 35]．先の口伝は，こうして聖ヨセフがグラストンベリーに着いたとき，ウェアリオールの丘で休息をとり，杖を地面に突き立てたところ，そこから最初のHoly Thornの芽が出て，やがて木になった，というのである．時には，この奇蹟のおかげて，聖ヨセフはこの地に腰を落ち着ける気になったとされることもあるようである．

さらにもう1つ別の伝説によれば，聖ヨセフははじめウェールズ，あるいはサマーセット州のおそらくはバロー湾のあたりに上陸したのだが，土地の人びとがあまり好意的でなかったため，放浪を続けて，やがてアールヴィラカスArviragus王の国にたどり着いた．ヨセフは王を改宗に導くことはできなかったけれども，それでも王はヨセフを気に入り，一行にイニスウィトリンYnyswitrin，すなわちグラストンベリーの地を与えた．この土地の人びともまた，新しい信仰にほとんど関心を示さなかったが，ヨセフが杖を地面に突き刺して祈りを捧げるや，その杖がすぐに花をつけはじめたのを目にすると，宣教師たちの説教に真剣に耳を傾けるようになった［Anon, n.d.: 6 and 23］．またヨセフはこの奇蹟をクリスマスの日に行ったので，それ以来，このThornはこの日に花を咲かせるようになったともいう［Wilks, 1972: 98］．

時代が下ると，こうしたさまざまな伝説の中にはなにがしかの真実が含まれていて，このThornは実際に聖地から，あるいは少なくとも地中海圏からもたらされた株に由来している，という仮説も行なわれるようになった．この木が冬期に開花するのは，中東原産のサンザシ属植物の変種であるからに他ならない，というのである［Batten, 1881: 125］．グラストンベリーの聖ヨハネSt John's教会の教区牧師，A･クラークソンAlan Clarkson師もこれを受けて，1977年，教会再建のための資金を募るパンフレットの中でこう訴えている．「伝説がどうあれ，Thornの木がこの地で2000年近くも命脈を保っていることは確かであり，しかもこの木は，パレスチナの地からもたらされたものなのである」．また近年の研究でも，サンザシ属植物に関して次のような報告が見られる．

●北アフリカで晩秋から初冬にかけて開花する植物に，*C[rataegus] monogyna*の個体群があり，これは形態学的にもグラストンベリーのHoly Thornにかなり類似した点が見受けられる．［Christensen, 1992: 111］

ロンドンの自然史博物館の植物標本室には，「*Oxyacantha autumnalis,* from Wells（採集地ウェルズ），Joseph of Arymathaea rod（アリマタヤのヨセフの杖）」というラベルをもつ，サンザシ属植物の，葉をつけた若い新梢が保存されている．この標本は元来，1745年にロンドンの薬種商R･ニコルズRobert Nicolls氏が薬種商協会Apothecaries' Companyに提供したコレクションの一部で，その後1862年に同協会から博物館に寄贈された「貴重な植物群a valuale series of plants」に含まれていたものである［Vickery, 1991: 81］．

18世紀には，ウェールズのある粉屋が，自宅から徒歩ではるばるこのThornを訪ねていったこともあったという．彼が知っていた英語の単語はStaff of Josephの3語のみであったが，グラストンベリーにたどり着くにはこれで十分で，彼はこの木の枝を手にして，意気揚々と引き揚げていったそうである［Bett, 1952: 139］．

1752年には暦法の改正が実施された〔英国議会は1751年，それまでのユリウス暦に代わってグレゴリオ暦（現行の太陽暦）を翌年より導入することを決め，そのため同年の9月3日から13日の11日間を暦から削除した〕が，その際にもこのHoly thornは，かなりの関心を集めることになった．というのも，この木が新旧いずれの暦に従ってクリスマスの花を咲かせるかが，人びとの関心の的となったからである．'Gentleman's Magazine' 誌の1753年1月号は，1752年のクリスマス・イヴすなわち12月24日には，グラストンベリーにある何本かのThornの木が花を咲かせるかどうかを確かめようとして，何百もの人びとがこの地に集まったと報じている．しかしこの日には1つとして花が開くことはなかった．そして木は，旧暦のクリスマス・イヴ，すわわち1753年1月5日に集まった人びとの前で花を咲かせ，彼らの目を楽しませるとともに，新しい暦の正当性への疑念をさらに強めるに足る材料を示してみせたのである．ただし同誌は，1793年の後の号には，次のような投書を掲載してもいる――このThornが旧暦のクリスマス・イヴに開花したという記事をハルの新聞で読み，グラストンベリーの教区牧師に問い合わせてみたところ，新暦のクリスマス頃か，あるいはむしろそれより早い時期にすっかり満開になっていたという返事が帰ってきた，と〔'Gentleman's Magazine' 誌，1753: 578〕．

またバッキンガムシャー州のクウェイントンでは，グラストンベリーの木の「血を引く」とされるthorn〔の開花〕を見るために，2000人以上が集まったという．

● しかし蕾すら見あたらなかったので，新暦の12月25日は，クリスマスの日などではない，ということで皆の意見は一致し，したがってこの日には，例年のように教会に出向いて皆で楽しく過ごすのはやめようと申し合わせた．そして次第にことが大きくなり，やがては近隣の村の牧師たちも，人びとをなだめるために，今まで通り旧暦のクリスマスの日（公現祭）を聖なる日とする，という公示を出したほうが賢明だろう，と考えるようになった． 〔'Gentleman's Magazine' 誌，1753: 49〕

そして今世紀の初頭になってもなお，旧暦のクリスマス・イヴの日にHoly Thornを訪問する人びとが跡を絶たなかった．

● Holy Thornは，十二日祭の前夜〔＝1月5日．旧暦ではクリスマス・イヴの日にあたる〕の，キリストが生まれたとされる12時前後に花を咲かせると信じられている．そしてこの花は，真夜中の12時に開くと，約1時間後には落ちてしまうとも言われ，この間に手折ったthornの小枝は，その後1年間取っておくと幸運をもたらすともされていた．かつては大勢の人びとがこの時間に花が咲くのを見に詰めかけたもので，私自身も1908年，［ヘリフォードシャー州］ワームズリーまでこれを見にいった．すでに40人くらいの人が来ていたが，暗かったので，花は蠟燭の光でかろうじて確認できる程度だった．白い小さな蕾がいくつか開いたように見えたのだが，これはおそらく，蠟燭が発する熱のせいではないかと思う．この年は寒さがとても穏やかで，実際には，花は数日の間咲いていたようだった． 〔Leather, 1912: 17〕

またヘリフォードシャー州のキングストン農場の庭園に植えられている1本のthornの木には毎年，周囲の何マイルも隔たった土地から人びとが訪れ，「ケーキとリンゴ酒のふるまいを受けた」〔Leather, 1912: 17〕という．しかしこうした陽気な集まりは，一歩間違えば迷惑この上ない狼藉へとはめを外しがちなもので，こうした招かれざる客の訪問をやめさせるために，自らの土地に生えているthornを切り倒してしまうこともあったようである．1878年の1月，サマーセット州クルーカーンの近くでは：

●先の土曜日，真夜中に開花するといわれているHoly thornを見物しようと，ヒューイッシュとウルミングストーンの間にある1軒の農場に，大群衆が詰めかけた．あいにくの天気で人びとはいらだっていたが，木のほうも，蕾はついていたものの前の年ほどには花を咲かせなかった．すると人びとは歌をうたったり，口喧嘩したりしはじめ，あげくのはてには石を投げる者まであった．農場主はたまりかねてこのthornの木を引き抜き，家の中に持ち込んだが，人びとはお返しとばかりに主に石を投げつけた．おかげで手のつけようのない乱闘騒ぎになったようだが，その後の経過の詳報については，治安判事の法廷に譲ることとしよう．

[1978年1月10日付'Pulman's Weekly News'紙]

同様に：

● 1844年，ドーセット州サットン・ポインツに住むケインズKeynesさんの庭に，1本のHoly Thornがお目見えした——といってもごくわずかの間だったが．この木は，有名なグラストンベリーのThornの挿し穂から育てられたというふれこみだったので，旧暦のクリスマス・イヴの真夜中には，きっと花を咲かせるだろうと，150人もの見物客が押しかけた．おかげであたりは大変な騒ぎになり，塀が壊されたばかりか，この植物自身も痛めつけられて，まもなく枯れてしまった．

[Waring, 1977: 68]

以上のような背景を考えればさほど驚くにはあたらないだろうが，このHoly thornを切り倒そうとする者に災難がふりかかる，という言い伝えも数多く見られる（そしてこれらの多くは，アイルランドにおいて「一本立ちの木LONE BUSH」を傷つけようとする者にふりかかる災難と非常によく似ている）．早い時期の例としては，木を切ろうとしたところ，とげが飛んできて斧をふるった者の目にあたり「隻眼になってしまった」[Howell, 1640: 86]というものがあるが，その後ヘリフォードシャー州のクレンガーで，自宅の庭に生えていたこの木を切ろうとした者はこれよりは幸運で，警告を受けるだけで許されている．「その木の幹から血が滴ったので，驚いたこの男はただちに作業を中止した！」[Leather, 1912: 17]．またウスターシャー州のアクトン・ビーチャムでは，ある農夫がthornの木を最後まで切りおおせているが，1年と経たぬうちに片腕と片脚を折り，そのうえ家が半焼する憂き目にあっている[Lees, 1856: 295]．

例年クリスマスの少し前になると，グラストンベリーの聖ヨハネ教会の墓地にあるThornの木の小枝が，女王（もしくは王妃）ならびに皇太后に献上されている．1929年，当時のグラストンベリーの教区牧師が，義理の姉妹が王妃メアリの女官をしていた関係もあって，王妃に枝を1本献上したのがはじまりらしいが，これは宗教改革以前のしきたりを復活させたものだ，という指摘もある［Anon., 1977］．1973年12月20日付の'Western Daily Press' 紙にも，この慣習はスチュアート王朝期にはじまったとの記事が見えるし，バースならびにウェルズの司教J·モンタギューJames Montagueが，やはりグラストンベリーにある不思議なペルシアグルミ WALNUT の木の枝と一緒に，Holy Thornをジェームズ1世の王妃アンに献上したという記録も残っている［Rawlinson, 1722: 112］．現在ではクリスマスの1週間ほど前に，Thornの木のまわりで簡単な儀式が執り行なわれている．聖ヨハネ幼年学校St John's Infants' Schoolの子どもたちがキャロルを歌ったり，リコーダーを演奏したりするなか，グラストンベリーの教区牧師兼市長の任にある人物が，この木から枝を切り取るのである．そしてクリスマスの朝には，女王は食卓の上に，皇太后は書きもの用のテーブルの上に，それぞれこの枝を置いているという．その後教区牧師には，グラストンベリーの人びとに謝意を伝えるよう希望する旨を記した書状がお二方の女官から届けられ，これらは教会の掲示板に貼り出される［Vickery, 1979: 12］．

この儀式に使われていた聖ヨハネ教会の墓地の木は，1991年のはじめ頃に枯れてしまったが，幸いなことに墓地には別の若木が育っており，またグラストンベリーには他にも，聖ベネディクトSt Benedict's教会に隣接する修道院の地所をはじめ，家々の庭などでもHoly thornを見かけることができる．

Honesty 学 *Lunaria annua* **ゴウダソウ**，ギンセンソウ（アブラナ科ゴウダソウ属）

● ガーンジー島の一部の家庭には，衣装だんすの中に，幸運を願って乾燥させたゴウダソウの束を掛けるならわしがある．1973年のW.I.（婦人会）の集会で，ある会員から聞いた話では，結婚して間もない頃に訪ねてきた地元の婦人が，花嫁がたんすにかけておくゴウダソウをもっていないことを知ると，とても心配して，すぐにこれを届けにきてくれたという．この会員は，それ以後数回住まいを移しているが，今だにこのゴウダソウを衣装だんすに掛けているらしく，また，その後彼女が折にふれて尋ねてみた限りでは，このならわしを知っている人はかなりの割合で，幸運を呼ぶため実際に自宅にゴウダソウを置いていることが多いようだ，とも教えてくれた．なお同様の話は，この集会に出席していた他の婦人たちからも聞くことができた．［DeGaris, 1975: 119］

● Money-in-both pockets＝ゴウダソウのこと．［ケント州ヘッドコーン，1993年1月］

しかし一方では：

● 私はヨークシャー州の出だが，どういうわけか嫌われてしまっている植物の例として，もうひとつ私が知っているのは，ゴウダソウである．私の父は，さまざまな不幸をもたらすからといってゴウダソウを嫌っており，家の中はもちろん，庭にも置こうとはしない．種子のさやがとても美しいので，私としてはとても残念なのだが，不快な思いをする人がいるとわかっている以上，あえて家に持ち込むわけにもいかないだろう．［ケンブリッジシャー州ステッチワース，1991年12月］

●ケント州のアシュフォード近辺で用いられているゴウダソウの呼び名：Devil's Ha'pence. ［イースト・サセックス州ベクスヒル・オン・シー，1991年1月］

Honey-sookies

シェットランド諸島における，LOUSEWORT（シオガマギク属の1種）の異称．

Honey suck

ドーセット州における，アカツメクサ RED CLOVER の異称．

Honeysuckle 学 *Lonicera periclymenum* **ニオイニンドウ**（スイカズラ科スイカズラ属）

woodbineの名でも知られている．甘い香りのするニオイニンドウの花は，時として家の中に持ち込んではならないとされていることがある．

●フェンランド〔イングランド東部のウォッシュ湾に臨む低地帯〕では，この花は，若い娘がいる家には決して持ち込まれなかった．淫らな夢を見せることがあるとされていたからである．もし家の中に持ち込んだりしたら，じきに結婚式を迎えることになる，というわけである． ［Porter, 1969: 45］

●最近までわが家はスコットランドに住んでいたが，……ニオイニンドウは決して家の中には入れなかった，一家に不幸をもたらすといわれていたからで，また身につけてもいけなかった． ［スイス，アプル，1983年2月］

●エヴァンズEvans夫人はチェシャー州の田舎家に引っ越したとき，その家の売主であった農夫から，ニオイニンドウは決して切ってはいけません，もし切ったりしたら，干し草の2度目の収穫ができなくなりますよ，と教えられたという． ［スタッフォードシャー州ニューカースル・アンダー・ライム，1983年3月］

●この村にはかつて，素人とはいえかなりの知識をもった薬草通がいたが，彼は，ニオイニンドウはのどを痛めるから，決して家に持ち込んではいけないと言っていた． ［ダヴェッド州カペル・ヘンダー，1983年9月］

その名〔honeysuckleは「蜂蜜を吸わせる」の意〕からも連想される通り，ニオイニンドウの花からは花蜜を吸うことができる．

●子どもの頃（私は1943年の生まれである）われわれはよくニオイニンドウの花を摘み，花の基部の先端を取り除いて「ジュース」（花蜜）を吸ったものだった． ［エイヴォン州クリーヴドン，1993年3月］

アイルランドでは，ニオイニンドウは黄疸JAUNDICEの治療に用いられていた．

●woodbine〔＝ニオイニンドウ〕の樹皮は，黄疸によく効く治療薬である． ［IFCSS MSS 190: 167，リートリム州］

●黄疸は，キャフリーCaffrey夫人のところへ行けば治してもらえる．彼女はまずwoodbineを噛み，それを患者の額にすり込んで，祈りを唱える． ［IFCSS MSS 800: 122，カヴァン州］

アルスター地方の一部地域では，フクシアFUCHSIAがニオイニンドウと同じhoneysuckleの名で呼ばれている．

Honeysuckle stick　ニオイニンドウの杖

サセックス州では：

●とりわけ若い男性が好きな女性に求愛する際には，「ニオイニンドウの杖」をもっていると幸運が得られるとされていた．ねじれた外観をもつこの杖は，実はセイヨウハシバミ HAZEL の木の枝で，ニオイニンドウが巻きついたセイヨウハシバミの枝から，ニオイニンドウを取り去ったものに他ならない．愛する女性のもとを訪ねるときには，この杖を1本もっていくと，相手の気持ちを自分の方になびかせ，求愛を成功に導くことができる．[Williams, 1944: 59]

Hop　㊫ *Humulus lupulus*　**ホップ**（クワ科カラハナソウ属）

●［ヘリフォードシャー州に伝わる俗信：］

聖金曜日 GOOD FRIDAY と復活祭に雨が降ると，
ホップの出来はよくなるが，干し草の出来は悪くなる．

Rain on Good Friday and Easter Day
A good crop of hops, but a bad one of hay.　[Leather, 1912: 245]

●［ジプシーたちの民間療法では：］ホップを1オンス，1パイントの熱湯に入れて煮たものを，食事の少し前に時折服用するようにすると，食欲 APPETITE 不振によく効く．またホップの湿布は坐骨神経痛 SCIATICA や腰痛 LUMBAGO を和らげ，花を煎じた汁は，子どもたちの寄生虫 WORMS の駆除に有効である．さらに，ホップをモスリンの袋に入れてこれを枕にすれば，不眠症 INSOMNIA が治る．[Vesey-FitzGerald, 1944: 25]

Horehound　㊫ *Marrubium vulgare*　**ニガハッカ**（シソ科ニガハッカ属）

●［ダービーシャー州のジプシーたちによれば：］ニガハッカの葉の煮出し汁は，咳 COUGHS と風邪に効く……効果的な強壮剤である．[Thompson, 1925: 162]

Horse bean　→ソラマメ BROAD BEAN

Horse chestnut　㊫ *Aesculus hippocastanum*　**セイヨウトチノキ**（トチノキ科トチノキ属）

セイヨウトチノキはバルカン諸国の原産だが，1576年にはじめて西ヨーロッパに移入され［Bean, 1914, vol. 1: 170］，1699年には，ウィンザーでこの木がたくさん植栽されるまでになっていたようである［Hadfield, 1957: 392］．

しかし，セイヨウトチノキの実〔コンカー CONKER とも呼ばれる〕を使った「コンカーズ conkers」という遊びが広く行なわれるようになったのは，かなり後になってからのことで，J·ブリテン Britten と R·ホランド Holland が『植物英名辞典 A Dictionary of English Plant-names』(1878-86) の刊行を準備していた頃には，このゲームはまだごく少数の，ところどころの地域で知られているにすぎなかったようである．ブリテンは自ら少年団を組織していたし，またホランドの方は子だくさんだったにもかかわらず，彼らはこのゲームのことをほとんど知らなかったらしく，辞典には，彼らの直接の経験に基づく記述は見られないからである．同辞典でコンカー conker に関する記述が見られるのは，以下の2項目である．

●CONQUERORS：*Aesculus hippocastanum* L.〔＝セイヨウトチノキ〕の果実を指す．チェシャー州．この地方の子どもたちは，この果実に紐を通してぶつけ合う．そして壊れないで残ったものがconqueror（征服者）である．

●KONKER-TREE：*Aesculus hippocastanum* L.のこと．サマーセット州．「コンカーズKonkersの名で知られているゲームは，この植物の果実を使う」．

また‘OBLIONKER’の項目には，以下のような補足的な情報が添えられているが，これは，‘Notes and Queries’誌（5 ser. 10: 378, 1878）から採られたものである．

●この語［=oblionker］がヘリフォードシャー州のレドベリーでよく用いられていると聞いて，私はその町にすむパイパーPiper氏に手紙を書いた．氏はこの州の遺風に多大なる関心を抱いている紳士である．氏からの返信は次のようなものだった：oblionkerというのは，少年たちがセイヨウトチノキの実を使ってやるゲームのことです．勝負する2人は，1フィートほどの長さの紐をこの実に通し，抜け落ちないように端に結び目をつくっておきます（紐の代わりに黄色いヤナギWILLOWの枝を使うこともできます）．そして，交互に自分の実を相手の実にぶつけ，相手の実を割った方が勝者になります．先に攻める権利があるのは，2人のうち，次の呪文を先に唱えた方です．

オブレ・オブリ・オー，
僕が一番．

Oble, obli, O,
My first go.

また，ぶつけるときには，次のように唱えるのがならわしです．

オブリ・オブリ・オンカー
僕の実の勝ちさ．

Obli, obli, onker,
My nut will conquer.

こうして仲間の実を一番多く壊したセイヨウトチノキの実が，それにふさわしい栄誉を獲得することになりますが，その際，負かした相手がそれまでに獲得していた全得点が，勝者に加算されます．ローマ人がこの地を征服する以前から，キムリック人〔イギリス諸島に住んでいたケルト人の1種族〕の子どもたちがこのゲームに興じていたことは，疑いを容れません．

このoblionkerという呼称は，少なくとも1940年代までは使われていたようである．

●先の大戦の後，ウスターシャー州に住まいを移したとき，私はコンカーズが決まってObly-Onkersと呼ばれているのに気づいた．そしてこの地の子どもたちは，ゲームに先立って厳かに次のような歌をうたっていた．

オブリ・オブリ・オンカー
僕のとっておきのコンカー，

オブリ・オブリ・オー
僕のとっておきよ，行け！

Obly, obly-onker
My best conker,
Obly, obly O,
My best go! ［デヴォン州シドマス，1991年10月］

このゲームは，1920年代に入る頃までにはかなりの広範囲で人気のある遊びとなっていたらしく，1914年には次のような記録が残されている．

●少年たちは「コンカーズconkers（conquerors）」と呼ばれるゲームの材料にするのに，これら［セイヨウトチノキの木］の実を集めようと躍起になっていて，実が自然に落ちる前に棒や石を投げて落とそうとするので，いくつかの地域では，公共の植栽樹としてのこの樹種の価値が著しく低下している． ［Bean, 1914, vol. 1: 170］

この問題はその後も絶えず関係者を悩ませてきたようで：

●そろそろ〔グロスターシャー州〕チュークスベリーの町議会も，クィーンズ・ロードから，conker tree〔＝セイヨウトチノキ〕を取りはらう決議を採択すべきではあるまいか．子どもたちがセイヨウトチノキの実を目がけて木切れや棒切れを投げつけるので，われわれは毎年，さまざまな危険に身をさらすはめになっている．子どもたちの行動には無理からぬところもあるが，車のドライバーや車自体がこうむる被害は，一体誰が負担してくれるというのだろうか．まったく迷惑千万な話である． ［1989年10月12日付 'Gloucestershire Echo' 紙に掲載された投書］

conkerという呼称は，一般にはconqueror（征服者の意）が転訛したものと考えられているが，中にはこれに異を唱える人もある．

●ウッドストック・ロードWoodstock Road校には住み込みの管理人がいるが，この人の話によれば，コンカーズconkersと呼ばれるゲームは，はじめはセイヨウトチノキの実ではなく，カタツムリやタマキビガイなどの殻を使って行なわれていたという（したがってconkerは元来，little conch〔小さい巻き貝〕の意である）．私は一度，彼が少年たちに，赤熱した焼き串を厚い布でくるんで手にもちながら，貝殻に紐を通す穴を開けるやり方を教えているのを，わきで聞いていたことがある．しかし，わが一族のジョージGeorgeおじさんは，自宅にconker tree〔＝セイヨウトチノキ〕を植えているほどの「コンカーズ通」だが，彼の記憶によれば，昔のコンカーズは，2つの貝殻を自分の手の中で競わせる遊びで，2つの貝殻の底を合わせて左右の手のひらではさみ，両手の指を絡めて，どちらかの貝殻が壊れるまで力をかけてゆく，というものだったという． ［Rolph, 1980: 33］

同様に：

●［コンカーズは］カタツムリの殻を押し潰して遊ぶ，昔のゲームの末裔である．

この名称はしたがって，conch（巻き貝）と同語源であり，conquerorとは無関係である．［Hadfield, 1957: 392］

とはいえ，実際にこのゲームを楽しむ者たちにとっては，conkerの語源についての詮索などは二の次で，彼らの関心はひとえに，どうすればゲームで優勝できるか，という点に集まっている．

● ［ノース・ヨークシャー州エイトンでは：］コンカーズに関して，もしセイヨウトチノキの実が木から落ちるとき，地面につくまでに手でつかむことができれば，その実はきっと100点以上を稼ぐだろうと言われている．［Dickinson MSS, 1974: 38］

● ［1930年代，サウサンプトンのノーザム地区では］ゲームに勝てるように実を固くする方法はいろいろあった．コンカーを半焼きにする場合もあり，パラフィンに浸ける者もいたことだろう．ケンKenの友人であったジンジャー・ブレイクGinger Blakeは，父親から，焼く前に一晩便所の水に浸けておくとよい，と教えられたという．ケンは私に，ジンジャーのコンカーは目下のところ敵なしだが，奴のコンカーには全然勝ちたいと思わないよ，と打ち明けてくれた．［Sharman, 1977: 60］

● 7歳になる私の息子は最近，コンカーズを一戦交える前に，自分の実を強化するのに電子レンジを使っていた．

［バッキンガムシャー州ストーク・ポージズからの投書，1987年9月28日付 'The Times' 紙］

しかし大部分の子どもたちはあえてこうした小細工をせず，とったままの実で満足している．1940年代のウェスト・ヨークシャー州シップリーでは：

● 10月になると，たいていの少年たちはセイヨウトチノキの実，すなわちコンカーを集めたものだった．こうしてコンカーを採りにいくのをconkingと表現したが，正確にいうとこれには，ただ何気なくその実を探すことを示す場合と，週末に行なわれる徹底的な採集を指す場合とがあった．そして後者のような計画的な遠出の際には，各地のセイヨウトチノキの特性や公園の管理人に関して綿密な情報収集が行なわれた．たとえば，ピンク色の花を咲かせる木は，質の悪いwater conk，すなわち水気が多くてゲームには役に立たない実をつける傾向にある，などといった情報である．また彼らが「パーキーparkie」すなわち公園の管理人に気を使ったのは，彼らの中にはそうでなくても少年たちを嫌う者が多い上に，石や棒切れを投げて木からコンカーを落とす「コンクス落としthrowing for conks」を楽しむ連中をとりわけ目の敵にしているからである．時には，コンカーを集めること自体が目的になることもあった．コンカーはなかなか魅力的な形をしているし，そもそも少年たちは，何であれものを集めるのが好きだからである．とはいえそうした場合でも，建前上はゲームのため，といって集めるのではあったが．

コンカーズのゲーム用には，大きな実を選んで穴を開け，紐に通しておく．そして挑む相手が決まると，いち早く掛け声——たとえば「ファギー・スマック

fuggy smack」といった――を叫んで先攻の権利を取る．すると相手は紐でぶら下げている自分のコンカーを高く掲げ，狙いをつけやすいようにする．たいていは大勢が興奮して見守る中，こうして交互にぶつけあい，どちらかのコンカーが割れるまでこれを続ける．そして勝ったコンカーにはoner（1人抜き）という称号が与えられ，もう1度勝つとtwoer（2人抜き），というように位があがっていく．ただし，負けた方のコンカーがもっていたスコアは勝者に加算されたので，もしtwoer（2人抜き）がfiver（5人抜き）を負かせば，一気にeighter（8人抜き）になった．このためゲームで優勝したコンカーのもつスコアは，信じられないくらい大きな数字になるのが常であった．戦いを勝ち抜いたコンカーは，くたびれたり裂けたりしていないか念入りに調べられ，万全を期すために紐を通し直したりすることもままあった．もし外側の殻がひどく削り取られていても，仁が残っていれば，それを酢に浸けて，それまで以上に強固にすることも可能だった．チャンピオンになったコンカーは，たくさんのお菓子やはじき玉，あるいはカンゾウの根などと交換することもできたが，やはり持ち主がそのまま大事に取っておくのが普通だった．そしてこうした「歴戦の強者」が参加するゲームには，大勢の観客が集まったものであった．

どんなゲームでも見られることだが，コンカーズにもいかさまをする方法があった．最もたちが悪いのは，相手のコンカー自体ではなく紐に狙いをつけて紐を相手の手から引き離し，地面にたたきつけようとするものであった．汚い手であるのは明らかだが，わざじゃないんだ，という言い逃れができるのでなかなかやっかいだった．したがって時には，こうしたアンフェアなプレーに罰則を設けることもあり，仕掛けられた方が「糸狙いだstrings」とアピールすれば，フリーの一打が与えられた．ただし，こうした一打を獲得すると一見得をしたようにみえるのだが，必ずしもそうとはいえない．もし自分のコンカーにひびがはいっていれば，一撃を加えたときにこちらが割れてしまうこともあるからである．打った瞬間にコンカーの破片が四方に飛び散ったので勝ったと思ったのだが，紐を確かめてみると，負けたのは自分の方だった――というようなことも稀ではない．また，興奮のあまり闘っている2人ともが紐を放してしまうこともある．とりわけ紐がもつれあったりした場合はなおさらだが，こうなると飛び散ったコンカーの破片がどちらのものかで一悶着がもちあがる．当事者どうしはもちろん真剣そのものだが，やじ馬にとっては，これもまた楽しみのひとつだった．

10月も半ばを過ぎると，コンカーズのシーズンは終わりを告げ，少年たちのエネルギーは「かがり火の夜Plot Night」のための「遠出progging」に注がれることになる．すなわち，11月5日に焚かれる大かがり火にくべる薪などの材料を集めるのである．しかし抜け目のない少年たちは，優勝したコンカーを来年まで大切にしまっておいたものである．そしてシーズンが来ると，last-yearers（昨年のチャンピオン）だのeighteeners（18回抜き）だのといった，強さ自慢の称号とともに，それらを持ちだしてくるのである．［Ogden, 1978: 71］

時には大人たちが，チャリティーの基金集めのために，コンカーズの選手権大会を開催することもある．こうしたイベントの中で最も有名なのは，ノーサンプトンシャー州のアシュトン村で行なわれている「世界コンカー選手権the World Conker Championships」である．この大会は1965年にはじまったものだが，今や村の芝地で催される祝宴の中心的な呼び物になっている．そして，1965年から1989年までの間にこの大会が集めたチャリティーの基金は，45,000ポンド近くにのぼっている．メインの競技は成人男子によるもので，そのルールは以下の通りである．

●1. この競技は，アシュトンの芝地で10月の第2日曜に開催する．
2. 競技参加者数は128名を上限とする．
3. コンカーと紐はすべてアシュトン・コンカー・クラブAshton Conker Clubが支給する．
4. 各選手は，どちらかのコンカーが砕けるまで，交互に3度打つ．
5. 競技終了時に壊れていないコンカーを手にしている選手が勝者となるが，何らかの障害のために［たとえば紐がもつれるなどして］コンカーの一方または双方が，競技を継続ができない状態に陥った場合には，そのゲームは無効とし，今一度最初から競技を行なう．
6. 上記の障害を3度起こした時点で，その選手は失格となる．
7. 競技中の紐の長さは，打つ時点で8インチ以下でなければならない．
8. 各ゲームには世話役2人が立ち合うが，その判定は絶対である．

最近では，女子（1988年に開始）や子ども（1986年に開始）のためのより小規模な競技会も行なわれている．1990年の競技会終了後には，チャンピオンのコンカーが競売にかけられ，45ポンドで競り落とされた［編著者自身による観察報告，1990年10月14日／世界コンカー選手権大会のプログラム，1990年］．

また1973年にデヴォン州のグッドリーで開催されたコンカー選手権には，485名のエントリーがあったという．

●先日グッドリーで行なわれたコンカー選手権の決勝では，前回の優勝者，G・ヒルGordon Hill氏が，M・ブレロックMargaret Bleloch夫人の厳しい挑戦を受けることになった．

デヴォン州北部のこの村で毎年1回，チャリティー目的で開催されているこのイベントにおいて，ブレロック夫人は，力強く正確なスイングによって，一時は二代目の女性チャンピオン誕生かと思わせるほどの活躍を見せた．2年前には，A・ビドグッドAlison Bidgood夫人が，地元のヒル氏を破って，初代の女性チャンピオンに輝いていたが，今年はヒル氏が王座の防衛に成功した．

〔1973年11月6日付 'Western Morning News' 紙〕

この9年後には，グッドリーにあるニュー・イン the New Innの主人が，1960年代にはじまったこの競技会は，毎年10月下旬もしくは11月上旬の週末に2週続きで引き続き開催されていることを報告している．イベントを主催するのは，この店の主人および何人かの顧客で，参加者が使うコンカーは，彼らが穴を開け，紐を通し，番号を付したものである．各競技者は，参加費として15ペンスを支払うが，これらの収益はすべて地元の慈善団体に寄付される．

1982年には，ロンドンでも小規模ながら同様のイベントが行なわれたことが報じられている．

●ノッティング・ヒルのポルトベロ通りにある酒場（パブ），ザ・サン・イン・スプレンダー The Sun in Splendour亭の主人，D・エヴァンズ David Evansさんは，昨年からコンカー選手権を主催しているが，2年目の大会を終えたばかりの昨晩，趣のあるこの古い競技は，今後秋ごとに大いに流行するだろうと予言してみせた．

「大変な人出で酒場はすし詰め状態になったので，会場を外のビアガーデンに移さざるをえなかったが，競技は偉大なるスポーツマンシップに則って行なわれていた．お客さんはそれぞれのひいきを決めて熱心に声援を送っていたが，サッカー場のようなトラブルは一切なかったし，喧嘩もいがみあいもなかった．パブ中がゲームに熱中し，その面白さときたらコンピューター・ゲームの比ではなかったね」．

ちなみに激しい6ラウンドのゲームの末，チャンピオンのタイトルと副賞である1.5ガロンのビールをさらっていったのは，35歳のロンドン在住の美術商，N・トゥーヒッグ Norman Twohig氏であった．〔1982年9月30日付 'Evening Standard' 紙〕

コンカーズのゲームは，イギリス諸島以外ではほとんど行なわれていないようである．

●アルバニア南部にあるギロカスタルの町をはじめて訪れたとき，私は同地に *Aesculus hippocastanum*〔＝セイヨウトチノキ〕が街路樹として植えられているのを見て感動した．われわれのガイドによれば，アルバニアの子どもたちもやはりコンカーズをして遊ぶという．〔Akeroyd, 1990: 20〕

●ハンガリーの学童たちは，セイヨウトチノキの実を集めておもちゃの動物をつくるが，コンカーズのゲームは知られていない．〔ブダペスト，1984年10月〕

●1983年の秋，アメリカ人の同僚の息子2人が遊びにきたとき，コンカーズを知らないといっていたので，かなりの時間を割いてやり方を教えてやった．

〔デヴォン州エクセター，1984年10月〕

●ルクセンブルク大公国で何より不思議なのは，たいていの少年少女たちがセイヨウトチノキの木のそばを通りかかっても，足元に広がっている木の実（コンカー）のじゅうたんに，全く関心を示さないことである．

ところが私の子どもたちはコンカーを見ると興奮して飛びかかるので，逆にまわりの人をひどく驚かせてしまう．ごく最近も息子は通りがかりの人から「その実を食べてはいけませんよ」と注意されていた．

［ルクセンブルクからの投書，1989年10月27日付'The Times'紙］

イギリスの子どもたちも，ハンガリーの子どもたちと同じようにセイヨウトチノキの実を玩具として用いることがあった．

●子どもの頃，私自身はセイヨウトチノキの実で，まったく別の遊び方をしていた．この実は，人形の家の家具をつくるのにとても便利だったのである．

つやがあってふっくらとしているセイヨウトチノキの実は，食堂の椅子の座部にぴったりだった．脚にはガラスの頭のついた長いピン，背もたれには薄い木切れにウールをからませたものを用いたこの「作品」を，私（7歳の頃の話である）はとても気に入っていた．

［ノーフォーク州ノリッジからの投書，1989年10月27日付'The Times'紙］

あまり一般的ではなかったが，セイヨウトチノキの葉柄を使って行なうゲームもいくつかあった．〔ノーフォーク州〕ノリッジの近辺では，この葉柄はknuckle-bleeder（こぶし突き）と呼ばれ：

●少年たちはかわるがわる，葉柄の枝に近い方の端で相手のこぶし（knuckle）を突く．

［Britten and Holland, 1886: 292］

● 1950年代のダービーシャー州チェスターフィールドでは，［セイヨウトチノキの］葉柄を使った遊びが行なわれていた．1人が葉柄の両端をもつと，相手はその内側に別の葉柄を入れ，直角になるようにあてがってから同じように両端をしっかりとつかむ．そして互いに引っぱりあい，相手の葉柄を切ろうとするのである．勝った方はまた新しい葉柄の挑戦を受けることになる．

［ポーイス州ランドリンドッド・ウェルズ，1991年9月］

先の両大戦の戦時下には，セイヨウトチノキの実が軍事目的のために採集されたこともあった．第一次世界大戦の火ぶたが切られて間もない1915年，イギリスはコルダイト〔無煙火薬の一種〕の生産に不可欠な，アセトンの入手に頭を悩ませることになった．それまでの主たる入手先であったアメリカからの供給が不安定でしかも費用がかさむようになったため，国内に新たな供給源を見つけなければならなくなったのである．そこで〔時の軍需相〕D·ロイド·ジョージLloyd Georgeは，その当時マンチェスター大学の化学の教授であったC·ヴァイツマンChaim Weizmannに，アセトンの新たな製造法を調査するよう命じた．ヴァイツマンは当初，トウモロコシからアセトンをつくる方法を開発したが：

● 1917年には，輸送状況の悪化に伴い，輸入を必要最小限にとどめざるをえなくなったため，さらに他の実験をはじめた．そしてその年の秋には，セイヨウトチノキの実が豊作だったこともあって，この実に含まれるデンプンをトウモロコシの代用として使うことになり，全国的規模での採集運動がはじまったのである．

ロイド·ジョージはこの功績を賛えてヴァイツマンに何らかの栄誉が与えられるよう計らおうとしたが，この打診に対してヴァイツマンは，個人的な栄誉は望まない代わりに「ユダヤ民族がその名を世界に知らしめたかの聖地への，ユダヤ民族の帰還」を希望する旨を伝えた．ロイド·ジョージ〔当時首相〕は，この件について外相A·J·バルフォアBalfourと協議し，その結果：

● ヴァイツマン博士は，外相と直接コンタクトをとるようになった．そしてこれがきっかけとなって，長期にわたる調査検討の後，かのバルフォア宣言〔1917〕が生まれたのである．〔「パレスチナにユダヤ人の民族的郷土を設立する」ことをうたった〕この宣言はシオニズム運動の「後ろ盾」的な存在［となり，やがては1948年のイスラエル建国を導くこと］となった． [Lloyd George, 1938: 349]

1942年には，全国婦人連合会National Federation of Women's Institutesの機関誌に，次のような呼びかけが掲載されている．

● セイヨウトチノキの実（外側の緑の殻を取り除いたもの）が緊急に必要とされています．収集は軍需省（医薬品供給局）の主導で行なわれており，皆さんの地区でも収集グループが組織されつつあります．

「コンカー」収集のためのグループは，目下学生やボーイ・スカウトなどの間で組織されつつあり，受け入れ用の倉庫もたいていの地区に開設されています．各学校，婦人会，婦人義勇隊，ボーイ・スカウトなどの責任者に問い合わせていただければ，最も近い倉庫の位置をお答えいたします．セイヨウトチノキの実（外側の緑の殻を取り除いたもの）を倉庫に直接お届けいただいた場合は，重さcwt（112ポンド）あたり7/6ポンドをお支払いします．この収集は戦争協力の活動としてまことに価値の高いものであり，また急を要しています．

どうか皆さん，収集に御協力ください．

地主の皆さんにも，各地所内での収集の奨励をお願いいたします．

[Kitchen, 1990: 69]

最近では，1993年10月28日付 'The Times' 紙に次のような記事が掲載されている．

● 近々にも地主たちは，海外の製薬会社に売るための換金作物として，セイヨウトチノキの栽培をはじめることになるかもしれない．

エディンバラの森林委員会の研究員たちはドイツの製薬会社から，コンカーに含まれる天然の化学成分であるエスキンaescinを，最も多く産するセイヨウトチノキの系統についての研究を委嘱されている．この物質はヨーロッパ大陸においては捻挫SPRAINSや打ち身BRUISESの治療に用いられており，とりわけスポーツ医療の現場では重宝がられているという．

この化学物質ははじめ，トルコ人たちの間で馬の打ち身の治療に用いられていたらしく，委員会によれば，これがhorse chestnutという名の起こりだという．

コンカーにはこの他にも，痔疾PILESやリウマチRHEUMATISMの予防，さらには衣蛾MOTH除けなどにも用いられてきた．

●［1970年頃のサマーセット州で］ビルBillじいさんは，長年痔に悩まされていて，……あれこれと治療を試みたが，いっこうに効果がなかった．……ある日のこと，ポケットにコンカーをしのばせておくといいかもしれないと人から教えられると，すぐさまやってみようと言いだし，……言われたとおり，ポケットにコンカーを入れて，その後はできるだけそのことを考えないようにした．すると驚くべきことに，数日後には痔がおさまりはじめ，ほどなくすっかりよくなったのである．医者にも見せに行ったが，医者のほうでも自分の目が信じられない，といった様子だった．……そんなわけで，コンカーをもたないビルじいさんに出くわすことは決してないだろう——少なくとも彼が生きているうちは．［K. Palmer, 1976: 113］

●リウマチの予防には，ポケットにコンカーを入れておくとよい．

［ロンドン，ケンジントン，1979年10月］

●近いうちにコンカーをいくらか集めてこなくては．今年はまだやっていないが，毎年私は採ったばかりの新鮮な実を，衣蛾除けのために衣装だんすにつるすようにしている．［ロンドン，ベイズウォーター，1980年10月］

●衣蛾除けの効果があるからといってコンカー（セイヨウトチノキ）を勧められたのは15年ほど前のことだが，それ以後私の衣類が蛾にやられたことはない．教えられたとおりに，小さい合成樹脂製の袋にコンカーを入れ，紐で縛ってウールの服の間につるしたり，毛皮のコートにつけたりしている．1年の間に，コンカーはしだいにしなびていくので，おそらくはその間に，人間にはそれとわからないような，何らかの衣蛾に有害な気体を発しているのではないかと思う．なおコンカーを袋に入れるときは，リスなどにかじられていない，無傷のものを選ぶことが大切である．傷がついていると腐るからである．

［エイヴォン州バースからの投書，1990年10月31日付 'Independent' 紙］

またドイツ占領下のガーンジー島では，乾燥させたセイヨウトチノキの葉が，タバコTOBBACOの代用品として用いられていた［McClintock, 1975: 99］．

Horseradish 学 *Armoracia rusticana* **セイヨウワサビ**（アブラナ科セイヨウワサビ属）

●フェンランド〔イングランド東部のウォッシュ湾に臨む低地帯〕では，生まれてくる赤ん坊BABIESの性別を簡単に知るには，夫婦がそれぞれにセイヨウワサビを1かけら，枕の下に置いて寝るとよいとされている．もし夫のセイヨウワサビの色が妻のものよりも早く黒色に変わったら，生まれてくる子は男の子で，その逆であれば女の子だというのである．［Porterz, 1969: 12］

セイヨウワサビの葉は，表面の様子がDOCK（ギシギシ属の数種）の葉に似ているが，そのためもあってか，NETTLE（イラクサ属の1種）による刺し傷の治療に，dockの代用品として用いることができる．

● nettleのとげで怪我をしてしまったときは，dockの葉をすりこめば痛みが和らぐ（われわれは子どもの頃，いつもセイヨウワサビの葉をdockの葉と呼んでいた――厳密に言うともちろん誤りなのだが）． ［エセックス州セント・オージス，1989年2月］

他の用途としては：

● ［フェンランドでは］セイヨウワサビを切り傷につけると，出血BLEEDINGを止めるとともに，傷口をぴったりと癒合させるので，ほとんど傷跡が残らないとされていた．……またセイヨウワサビは，胃けいれんstomach CRAMPに効く治療薬とも見なされていた． ［Porter, 1958: 118］

● ［それぞれ1856年／1858年の生まれである私の祖父母によれば］ひどい風邪COLDSをひいたときは，セイヨウワサビをすりおろして，その蒸気を吸入したものだという．またセイヨウワサビの根を掘り起こしてすぐに煮たものは，寄生虫WORMS――当時はあまり衛生状態がよくなく，宿しているものは少なくなかった――の駆除のために服用した． ［グロースターシャー州シンダーフォード，1993年11月］

● ジプシーたちの間に見られる坐骨神経痛SCIATICAや痛風GOUTの治療法：新鮮なセイヨウワサビを削って，ホワイト・ヴィネガーに漬ける．そして患部をこの液に浸したり，漬け込んだセイヨウワサビで湿布したりする． ［Taylor MSS］

Horse wort

PARSLEY PIERT（アファネス属の1種）の異称．

Hottentot fig 学 *Carpobrotus edulis*（ツルナ科**カルポブロツス属**の1種）

● Hottentot fig（*Carpobrotus edulis*および*C. acinaciformis*）――いずれも庭園を抜け出して野生化しており，至るところに見られる――は，薬草として利用できる．肉厚の葉を切ると汁液が滴るが，これをすりこむと日焼けSUNBURNの痛みを和らげる効果がある． ［シリー諸島，セント・メリーズ島，1992年11月］

Hot weed

ブレックノックシャー州およびラドナーシャー州における，ワレモコウGREAT BURNETの異称．→FIRE GRASS

Houseleek 学 *Sempervivum tectorum* **ヤネバンダイソウ**（ベンケイソウ科クモノスバンダイソウ属）

● いにしえの著述家たちは，これをIovis barba，すなわち「ユピテルの髭」と呼び，どんな家であれこの植物を植えてさえいれば，稲妻LIGHTNINGや暴風雨の害を受けることはないという，いささか迷信がかった見解を示している．

［Bullein, 1562／Grigson, 1987: 183に再掲］

● ［ケント州では］家屋を火災FIREから守るため，新居に移る1日前に，ヤネバンダイソウの根を植えておく．またその葉は，やけどBURNSの薬と考えられている．

[N & Q, 4 ser. 4, 507, 1869]

●ヤネバンダイソウ（*Sempervivum*）が大火事や稲妻から家を守る，というヨーロッパ各地に見られる俗信は，アイルランドでもやはり広く行き渡っている．わら葺き屋根はもちろんだが，それ以外の材料でつくられている場合でも，家の屋根やポーチの張り出し屋根の上もしくは周囲に，それ用にスペースを設けてこの草を植える習慣は，アイルランドのすべての州で見かけることができる．houseleekの名は広く知られているが，それ以外にもコーク州の一部地域ではroofleek，ゴールウェー州とメイオー州ではbuachaill ti，リマリック州西部とケリー州ではluibh a' toiteain，クレア州とティペレアリー州ではtoirpin，オファリー州とウェストミース州ではwaxplantなどの名でも呼ばれていた．この植物はまた，火事から家を守るという働きのほかに，薬草としても評価されていた． [Ó'Danachair, 1970: 25]

●Ice plantすなわちヤネバンダイソウ：もしこの植物が家の屋根に生えていれば，あなたが一文無しになることはないでしょう．

[サフォーク州ラッシュミア・セント・アンドルー，1989年2月]

ヤネバンダイソウは伝統的な民間薬としても広く用いられてきた．

●コーンウォール州では，ヤネバンダイソウの葉が，魚の目CORNSを取るための湿布に用いられる． [Davey, 1909: 193]

●［リンカンシャー州］ウィラトンでは，ヤネバンダイソウはやけどに効くとされていた．……また唇の痛みを和らげるには，ヤネバンダイソウの葉を1枚，唇の間に挟んでつぶすと「クリーム」がしみ出てくるが，これが非常によく効く．さらにどこにできたものであれ，腫物SORESの治療にはヤネバンダイソウを使うとよいともいう． [Rudkin, 1936: 27]

●眼の痛みを治すのに彼らが用いていた方法は，家にたくさん植えられていたヤネバンダイソウの汁液をコップにしぼり，これを布に浸して眼につけるというもので，こうすればすぐに痛みはおさまった． [IFCSS MSS 50: 298, ゴールウェイ州]

●私がはじめてこれ［ヤネバンダイソウ］を知ったのは，15歳ぐらいの時だった．その夏の，よく晴れ渡ったある日のこと，私は1軒の田舎家の前に集っている男たちの列に加わった．この家は壁に水しっくいwhitewashを塗り，わらで屋根を葺いた伝統的なスタイルの田舎家で，わら葺きの屋根は，切妻の軒端（bargeと呼ばれていた．現代の建築用語ならvergeというところだろうが）の部分が，モルタルで固めた板石で縁どられていた．

前日にこの家の老人が亡くなったので，私は村人たちと一緒に葬儀に参列したのである．棺が待機しているサイドカーに運びこまれるのを待っている間，私はその軒端に生えている植物に興味をそそられた．そこで隣にいた年配の男に

「軒端に生えている草は何でしょう」と尋ねると，

「そいつはBuachaill a' tigheだよ」と教えてくれた．そして私が，そんな名前はは

じめて聞きました，と言うと，ややあってから私の方に向き直り，声をひそめてこう言った．「不思議な草なんだよ，あれは．若い娘がやっかいなこと（不慮の妊娠）になったりすると，母親はあの草をいくらか集めてきて煮出し，それを娘に飲ませる．そしてしばらくすると今度は，高い壁の上から飛び降りなさい，と命じるんだ．これで万事OK，ってわけさ」．

数年前私は，この話を地元の若い農夫に話してみたのだが，彼もやはりこう教えてくれた．

「まったくその通りです．なにしろついこないだも，この草を使ったばっかりですから．ウォルターWalter・Cが私のところに来て，雌牛が子を産んだあと，後産が出てこないんだが，何かいい薬はないかね，と聞いてきたので，私はBuachaill a' tigheを一瓶用意してやりました．これを持ち帰って飲ませたところ，ウォルターの雌牛は数時間後に後産を出し，元気になったそうです」．

Buachaill a' tigheというのは，アイルランド人が*Sempervivum tectorum*〔＝ヤネバンダイソウ〕につけているさまざまな呼称の1つである．私ならこれを「家の管理人」と訳す．
［メイオー州キルタマー，1983年4月］

●世紀の変わり目頃，私の両親は農業を営んでいたが，あるときひとりのジプシー女が戸口にやって来ると，当時4歳だった私の弟が手に包帯をしているのを見て，この男の子の手はどうしたの，と尋ねので，母は「牛に白癬RINGWORMをうつされたのよ」と答えた．

するとそのジプシーは，「壁に薬がかかってるじゃないの．ヤネバンダイソウを煮出して，この子の手に塗ってやるといいよ」と教えてくれた．

これはいぼWARTSの治療にも用いられた．［カンブリア州アームウィット，1988年10月］

●私の義父はノーフォーク州で育ったが，彼がとびひIMPETIGOに悩まされていたとき，訪ねてきたジプシー女は，ヤネバンダイソウをちぎって，これで患部をこすりなさい，と勧めたという．ヤネバンダイソウは田舎家の屋根によく植えられていたが，義父（いまだ健在）によれば，この療法はよく効いたそうである．
［イースト・サセックス州ベクスヒル・オン・シー，1991年2月］

Hungry-grass　ハングリー・グラス

アイルランドには，ある種の草を踏みつけると急に疲れを覚えることになる，という俗信が広く行き渡っていた．この草は時にQUAKING GRASS（コバンソウ属の1種）と同定されることもあるようだが，実のところは，特定しえないと考えたほうが適当ではないかと思われる．人びとが「ハングリー・グラス」を踏んだと訴えるのは，とりわけアルコールが出されるイベントの帰り道であることが多いようなので，疲労の原因は実はアルコールなのではないかと疑われるふしがあるからである．

●Fairgurthaすなわちhungry-grass：山の中には不思議な草むらがあって，この草を踏むと力が抜けて空腹になり，歩くことができなくなってしまうという．山で行き倒れの人が見つかると，この人はfairgurthaを踏んだのだ，とささやかれることになる．この草を踏みつけたために歩き続ける力を失った，というのである．

[Kinahan, 1881: 109]

● fear gortaを踏みつけてしまった場合に備えて，人びとは歩くとき，オートミールを一握り携えていたものだった． [IFCSS MSS 232: 21, ロスコモン州]

● Hungry Sodは，メイスタウンの地にある．ある日のこと，故ジョージ・カーGeorge Carr氏は何人かと連れだって狩りに出かけ，まる1日楽しんだ．……ところがゆっくりと家路をたどっている途中，カー氏はこの草を踏んでしまい，空腹の余り家まで歩くことができなくなってしまった．仕方なく仲間は彼をかついで運んだが，家に着くなり気を失ってしまい，ベッドにかつぎこまれることになった．それでも十分に食事を摂るようにしていると，そのうちによくなった．

[IFCSS MSS 790: 65, ダブリン州]

● 市場や定期市などからの帰り道ではよく，feur-zorcaを踏んで，急に力が入らなくなってしまう人がいた．この草を踏むと，何か食べない限り，一歩も前に進むことができなくなってしまうのである．feur-zorcaは，スラヴェリーのマーモーをはじめ，さまざまな場所に見られる．

カルヴァに住んでいる私の祖父，ウィリアム・マクローリンWilliam McLaughlinによれば，ある日のこと，若者1人を連れてクロンメニーから帰る途中，ここを通りかかったあたりでその若者は力が入らなくなってしまったという．祖父はポケットにケーキを少しもっていたので，これを食べさせると，また歩けるようになったということだった． [IFCSS MSS 1112: 390, ドニゴール州]

Hydrangea 学 *Hydrangea macrophylla* **アジサイ**（ユキノシタ科アジサイ属）

● 近年，花屋で売っている鉢植えのアジサイを家に持ち込むのは不吉である，という迷信がまたぞろ広がりつつあるようである．この俗信は，過去にケンブリッジで3度，チャタリスでも1度記録されている．青色の花のほうが，ピンクの花より縁起が悪いとされているようだ． [Porter, 1969: 45]

● ［私はミッチャムの生まれで，60歳を優に超えているが］祖母は，家にアジサイを置くのを嫌がっていた．そして私もこの俗信を受け継いでいる．

［ケンブリッジシャー州パストン，1993年11月］

アジサイの花は，色が豊富であり，また比較的丈夫で長持ちすることから，ピーク・ディストリクトの井戸飾りWELL-DRESSINGの材料として好んで用いられ，またかつてはジャージー島の花合戦BATTLE OF FLOWERSでも，山車を飾るのにしばしば用いられていた．

Hydrophobia　狂水病

恐水病の治療に用いられてきた植物には，BUCK'S HORN PLANTAIN（オオバコ属の1種）やオオグルマELECAMPANEなどがある．

I

Ice plant
ヤネバンダイソウ HOUSELEEK，およびこれに似た多肉質の植物の異称.

Impetigo　とびひ（膿痂疹）
とびひの治療に用いられてきた植物には，ヤネバンダイソウ HOUSELEEK などがある.

Impotence　性的不能
性的不能の治療に用いられてきた植物には，セイヨウトネリコ ASH などがある.

Indigestion　消化不良
消化不良の治療に用いられてきた植物には，セイヨウタンポポ DANDELION などがある.

Infertility　不妊
植物を用いて不妊を治す方法としては，次のようなものがあった.〔シュロップシャー州〕アシュトン・オン・クランに生えているヨーロッパクロヤマナラシ BLACK POPLAR の木切れ，もしくはメグサハッカ PENNYROYAL を使う．あるいはデヴォン州ストーク・ゲイブリエルにあるヨーロッパイチイ YEW の木のまわりを歩く．さらに女性の不妊に対しては，DOCK（ギシギシ属の数種）を使うこともあった.

Influenza　インフルエンザ
インフルエンザの治療に用いられてきた植物には，セイヨウニワトコ ELDER やセイヨウノコギリソウ YARROW などがある.

Insanity　精神錯乱
BUTTERCUP（キンポウゲ属の数種）は，精神錯乱の原因になるとされることがあった.

Insomnia　不眠症
不眠症の治療に用いられてきた植物には，ホップ HOP やレタス LETTUCE などがある.

Iris　→ミナリアヤメ STINKING IRIS／キショウブ YELLOW IRIS

Irish moss　→トチャカ CARRAGEEN

Irish spurge　㊫ *Euphorbia hyberna*（トウダイグサ科**トウダイグサ属**の1種）
Yellow root plant の名でも知られている.

●ゴールウェー州の人びとは，これ［Irish spurge］を「すばらしい薬」として馬や牛に与えるが，人間には強すぎると考えられている．それでも時に悪ふざけとして，知らない人に飲ませたりすることもある．実際2，3年前には，ゴートに住んでいる人がそうして飲まされたことがあるそうで，目撃者の1人によれば，この人は「狂人のように通りを駆けずりまわっていたが，しだいに身体全体が大きく腫れてきたので，破裂しないようにと，友人たちは干し草用のロープを巻きつけて縛っておかなければならなくなった」という．また同地にはこの薬の抽出法に関して，奇妙な俗信がみられる．まず1インチほどの根（この中にもっとも強力な成分が含まれている）を用意し，これを削って煮立たせた液体――ふつうは紅茶――の中に入れると，エキスが抽出されるというわけなのだが，人びとが固く信じているところによれば，この際，根を「上向きに削れば上向きに作用し，下向きに削れば下向きに作用し，上下両方向に削ればあらゆる方向に作用して，人を破裂させる」という． [Hart, 1873: 339]

●私はブラックウォーター・ヴァレーに住む田舎の人びとが，この植物を大量に石でつぶし，その塊を川に投げ込んで，サケやマスを麻痺させるのを見たことがある． [NHM MSS，1860年代に活躍したH·J·ライデンRydenの植物標本]

● Irish spurgeは，ケリー州およびコーク州西部ではBaine caoinの名でよく知られており，魚毒として用いられる．川の堤に生えているこの草を引き抜き，小川や川に投げ込むのである．その白い浸出物（多くのトウダイグサ属の植物に共通して見られる）は，えらの細胞組織を破壊して呼吸を妨げる，サポニンsaponinを含有している． [ダブリン，1992年3月]

● yellow root plant〔=Irish spurge〕は，茎が中空になっていて，傷をつけるとそこから白い乳液状の物質が滲み出してくる．この液が手についたりすると，水ぶくれの元になるが，当地の老人たちは，コートに仕立てるフリースの生地を染めるのにこれを用いていたし，また魚を捕る際にも使われていた．水を張った錫の箱にこの草を入れて汁液を滲み出させたものには魚を麻痺させる効果があり，これを使えば容易に魚を捕ることができた．少年たちは，こうして水面に浮いてきた魚を捕らえては，家に持ち帰ったものであった．さらにこの草は，病気にかかった雌鶏に与えられることもあった． [IFCSS MSS 450: 90，ケリー州]

このように植物から採った魚毒を用いる例は，世界各地，とりわけ熱帯には数多く見られるが，イギリス諸島において確認されているのは，この一例のみである．

Irish tea

カーロー州における，乾燥させたBLACKTHORN（サクラ属の1種）――タバコTOBACCOの代用品として用いられた――の異称．

Italian weed

ヨークシャー州における，YELLOW CORYDALIS（プセウドフマリア属の1種）の異称．

Ivy 学 *Hedera helix* **セイヨウキヅタ**（ウコギ科キヅタ属）

●［マリーシャー州ローシスの出で，今年73歳になる私の祖母によれば：］次にあげるような植物は決して家の中に持ち込んではならない．……セイヨウキヅタ――非常に危険である． ［ノッティンガムシャー州スタントン・オン・ザ・ウォルズ，1983年1月］

●セイヨウキヅタは……クリスマスCHRISTMASの飾りつけに使ってはならないとさ

れていた．セイヨウヒイラギHOLLYは，棚の上に置かれたり花瓶に活けられたりしていたが，セイヨウキヅタは決して用いられなかった．

〔エセックス州ウィタム，1983年5月〕

●私はこれまで，セイヨウキヅタを家に入れたことはない——ずっと不吉な植物だと信じてきたからである．〔ハンバーサイド州クリーソープス，1991年2月〕

しかし一般的には，クリスマスの時期だけは家の中に持ち込んでもよいとされていることの方が多いようである．

●セイヨウヒイラギとセイヨウキヅタはクリスマス・イヴCHRISTMAS EVEまでは家に持ち込んではならないし，また1月6日までにには持ち出さなければならない．

〔スタッフォードシャー州バウンダリー，1983年3月〕

Irish ivy（*Hedera helix* ssp. *hibernica* 'Hibernica'）は，通常のセイヨウキヅタよりも葉が大きいのが特徴だが，〔スコットランドの〕ダンバートンシャー州ロスニースでは：

● 1940年代から50年代にかけて，女生徒たちは教会の近くの壁から……garden Irish ivyの葉を取ってくると，これをブラウスの中にしのばせてこう歌った．

大好きなセイヨウキヅタよ，
懐におまえをしまいましょう，
このあと最初に話しかけてくれた若者が，
私の未来の夫になるでしょう．

Ivy ivy I love you,
In my bosom I put you,
The first young man who speak to me
My future husband he will be.

〔ダンバートンシャー州ヘリンズバラ，1991年2月〕

洗濯日には，セイヨウキヅタが広く用いられていたようである．

●私たちはよく，ざらついたセイヨウキヅタの葉をつるごと引きに行かされたものです．この葉を刻んで，柔らかくなるまでとろ火で煮出し，煮汁を使い古しの器に取っておきます．葉の方は捨ててかまいません．そして御主人のセージの背広をこの液に浸し，とりわけ折り襟や首回り，袖口などを古い洋服ブラシでこすります．それからきれいな布を敷いて，全体にアイロンを掛けると，新品のようになります．ドライ・クリーニングよりはるかに安上がりです．

〔ロンドンデリー州カースルロック，1989年2月〕

●私の若い頃，ドーセット州では，とろ火で煮たセイヨウキヅタの葉，というよりもむしろその煮出し汁が，濃紺のサージの服のてかりを消すのに用いられていた．〔デヴォン州シドマス，1991年11月〕

セイヨウキヅタは，民間薬としても広く用いられ，とりわけ魚の目CORNSの治療などによく使われていた.

●魚の目を治すのにセイヨウキヅタを煮たものを使うのは，コーンウォール州だけではない．第二次世界大戦中，われわれ一家がウェールズ北部に住んでいたとき，同居していた地元の老婦人は，私の母の魚の目を治すためにセイヨウキヅタの葉を煮て，それで湿布をしてくれた．これは5日間貼ったままにしておくように言われていたのだが，3日目になると母は，指ごと抜けてしまうような感じがするといって包帯を外してしまった．すると痛む魚の目はきれいに取れていて，その後再発することもなかった．［スペイン，アリカンテ州カルペ，1991年11月］

●［1970年代に］私がエアーシャー州の海辺の村フェアリーで出会った若い女性は，自分の魚の目を治すのに，セイヨウキヅタの葉を酢に漬けて薬をつくっていた．使っているセイヨウキヅタの種類は，Irish〔ivy〕だと言っていた．

［ダンバートンシャー州ヘリンズバラ，1991年2月］

●今や私は70代も半ばにさしかかろうとしているが，2歳くらいの小さな子どもの頃，火の中に落ちて大やけどBURNSをしたことがあった（と今は亡き母がよく話してくれた）．どんな薬を用いたのか，母は決して明かそうとはしなかったが，おそらくは旅回りの女性から，痕が残らないようにやけどを治す軟膏をもってきてあげましょう，などと声をかけてもらったのだろう．そしてわらにもすがる思いでこの軟膏を用い，ことなきを得たのである．ありがたいことに，やけどの痕も残さずにすんだようである．

私はその後30年がかりで，この薬が何であったかをつきとめることができた．ここに移ってきた頃，近くに住んでいたかなり御高齢の婦人と親しくなったのだが，ふとしたことから彼女は若い頃，私の生まれ故郷（〔コーク州〕カンターク）の近くに住んでいて，彼女自身の言葉を借りれば「やけどの膏薬」をつくっていたことがわかったのである．彼女から聞いたところでは……そのつくり方は以下のようなものだったという．まず緑色をしたセイヨウキヅタのよい葉を選び，洗って乾燥させる．次に葉を新鮮なラードに入れて火にかけ，ラードが豊かな緑色になるくらいまで煮出す（煮ている間に葉はパリパリになる）．そしてこのラードを漉して広口の瓶に入れておけば，何年ももつという．私はこの薬でやけどが治るのを実際に目にしたこともある．［コーク州バリクロー，1990年10月］

●セイヨウキヅタの葉を編み合わせて「セイヨウキヅタ帽Ivy Cap」をつくり，これを頭皮に病気（吹き出物の一種）をもつ子どもにかぶらせるならわしがあった．これはよく効いた．［ロングフォード州レナモー，1991年4月］

●私はセイヨウキヅタのつるを用いた治療法を知っている．33年前に［ダービーシャー州で］私の息子は湿疹ECZEMAに悩まされていた．私たちはそのころ地元のジプシーたちから「婆さんジプシー」と呼ばれている老婆と知りあいになったが，……ある日のこと彼女は，息子の「皮膚を楽に」してあげられるよ，と声をかけてくれた．そして葉をつけたのままのセイヨウキヅタ——彼女はこれをRobin-run-in-the-hedgeと呼んでいた——のつるを茂みから採ってくると，次のように指示した．このセイヨウキヅタを3時間煮て，そのまま24時間おいたあと，この「べっとりとした薬」を患部にすりこみなさい，と．そしてこの教えの通りにやってみたところ，驚いたことに，本当に息子の湿疹はおさまったのだった．

［シリー諸島，セントメリーズ島，1992年9月］

ウォリックシャー州では．セイヨウキヅタは病気にかかった羊SHEEPに与えるとよいとされていた．「もし病気の羊がセイヨウキヅタを食べなければ，やがて死ぬことになる」[Wharton MSS 1974: 196]．

またチャネル諸島では，ドイツ軍の占領下におかれていた時期（1940-45），セイヨウキヅタの実を煮たものを食用としていた [Bonnard, 1993: 26]．

Ivy-leaved crowfoot 学 *Ranunculus hederaceus*（キンポウゲ科**キンポウゲ属**の1種）

インナー・ヘブリディーズ諸島のコロンゼー島では，ivy-leaved crowfootを石にはさんですりつぶしたものは，「瘰癧（るいれき）KING'S EVILを治す湿布の主要成分の1つとして用いられた」[McNeill, 1910: 95]．

Ivy-leaved toadflax 学 *Cymbalaria muralis* **ツタガラクサ**（ゴマノハグサ科キンバラリア属）

● 「私たちはこれ［ツタガラクサ］をwall rabbits（壁のウサギ）って呼んでるわ」．

「どうしてそんなふうに呼ぶの？」

「花を下に向けて，こんなふうに横からつまむと，ウサギの頭みたいに見えるからよ」．

［ドーセット州アボッツベリー，1983年5月］

同様の理由で名づけられたと思われる他の異称としては，Somerset monkey-jawsやmonkey mouthsなどがある．またデヴォン州ではnanny goat's mouths，rabbit-flower，rabbitsなどとも呼ばれた [Grigson, 1987: 297]．

J

Jack-go-to-bed-at-noon

キバナムギナデシコ GOAT'S BEARD の異称.

Jack in the Green　緑のジャック

木材や木の枝を組み合わせて円錐形の骨組をつくり，全体を葉で覆ったものに，すっぽりと身を包んだ男もしくは少年のことである．かつては5月祭May Dayの祭典には欠かせない存在とされ，都市部ではとりわけ煙突掃除夫たちの5月祭の祝宴と結びつきが深かった．

この「緑のジャック」の起源については，中世の教会建築に共通して見られる「葉飾り」の意匠を体現した存在であるという説［Raglan, 1939］や，古代の農耕儀礼——「植物神に捧げるために毎年行なわれた供犠の劇」——が，かたちを変えつつもかろうじて現代まで生き延びたものだとする説［James, 1961: 288］が主流を占めていた時期もあった．しかし1970年代になると，「葉飾り」から「緑のジャック」へ，という仮説にはかなり無理があること［Basford, 1978］，また「緑のジャック」は18世紀末に，物乞いの1パターンとして生まれたものであること［Judge, 1978］が示されるようになった．とはいえ，「緑のジャック」を復活させようとするグループの間では，旧来の説が依然として支持されているようである．

●ヘースティングズの「緑のジャック」は，例年5月祭の公休日に，国中から集まってくるモリス・ダンス〔イングランドの民族舞踊〕のダンサーたち（今年は48チーム！）に混じって歩いているのを，市内のあちこちで見かけることができる．

これは，葉で覆われた高さ10フィートほどの「茂み」で，その先端は花冠で飾られている．そして1人の男性がこの中に入り，何人かの「グリーン・マン・キーパーGreen Man Keeper」を供として引き連れてまる1日，街を練り歩くのである．この日の終わりには，「夏の精を解き放つ」ためにこの「ジャック」は「殺され」，花や葉は，幸運のしるしとして見物客に配られる．

［イースト・サセックス州ヘースティングズ，1993年3月］

Jacks

シリー諸島における，WILD GLADIOLUS（グラジオラス属の1種）の異称.

Jade plant

MONEY TREE（クラッスラ属の1種）の異称.

Japanese knotweed 学 *Fallopia japonica* **イタドリ**（タデ科ソバカズラ属）

はじめ観賞用としてイギリス諸島に導入されたイタドリは，1880年代になると庭園の外に出はじめ，今日では，荒地などでごく普通に見られるまでになっている．

●［ウェールズでは］1920年代以降，豆鉄砲をつくるときにイタドリを使うことが多くなった．しかしその頃はまだウェールズ北部のいくつかの地域では，特に名前をもたず，単に野生のルバーブRHUBARBの1種と見なされていた．そして1930年代以降になってようやく，一般にcegidあるいはcecs［茎が中空の植物，の意］の名で呼ばれるようになった．したがって，この植物がウェールズの植物民間伝承——あるいは少なくとも子どもたちの間の民間伝承——に定着したのはこの時期のことと考えられるかもしれない．私は子ども時代を1950年代のウェールズ北部で過ごしたが，われわれは豆鉄砲をつくる際，よくこの植物を用いたものだった．そのためもあってわれわれはこの植物をpeashooter（豆鉄砲）と呼んでいだが，今でも，「川のほとりにpeashooterが生えている」といった言い方をすることがあるので，これは現在まで生き残っているといえるだろう．ただし，1980年代にウェールズ北部の学童たちを対象に行なった実地調査では，こうした用例については全く確認できずじまいだった． ［サウス・グラモーガン州カーディフ，1994年1月］

Jaundice **黄疸**

黄疸の治療に用いられてきた植物には以下のものがある．セイヨウメギBARBERRY，ミツガシワBOGBEAN，エニシダBROOM，チコリーCHICORY，キバナノクリンザクラCOWSLIP，セイヨウタンポポDANDELION，ニレELM，ニンニクGARLIC，GERMANDER SPEEDWELL（クワガタソウ属の1種），ハリエニシダGORSE，GREATER CELANDINE（クサノオウ属の1種），ニオイニンドウHONEYSUCKLE，NETTLE（イラクサ属の1種），プリムローズPRIMROSEなど．

Jaundice tree

コーンウォール州における，セイヨウメギBARBERRYの異称．

Jenny / Jinny Greenteeth **緑の牙のジェニー**（ジニー）

「子ども部屋のボーギーNURSERY BOGIES」の1種で，コウキクサDUCKWEEDに覆われた池などと関連が深い．またそれとは別に，コウキクサの異称でもある．

Jersey lily 学 *Amaryllis belladonna* **ホンアマリリス**（ヒガンバナ科アマリリス属）

●私の母の一族はケント州の出で，母自身は首までどっぷりと迷信に漬かったような人だった．……わが家でpink belladonna lilyと呼ばれていた植物（*Amaryllis*）——確か別にnaked lilyの名でも知られていたと思うが——は，家に持ち込むと縁起が悪いとされていた． ［オーストラリア，ヴィクトリア州ニコルソン，1983年7月］

●ホンアマリリスの花弁をブランデーに浸し，樟脑を少し加え，ねじぶたのついた広口びんに入れて，1か月ほど置いておく．かつて当地ではこれを……ひどい切り傷CUTSの治療に用いていた．葉を1枚取って傷口に当てると，ひどくしみるが効き目は確かである． ［ジャージー島，サンローラン，1993年4月］

Jew guts

デヴォン州におけるTRAVELLER'S JOY（センニンソウ属の1種）の異称.

Johnsmas-flooer

シェットランド諸島における，ヘラオオバコRIBWERT PLANTAINの異称.

Joseph and Mary

ドーセット州における，LUNGWORT（ヒメムラサキ属の数種）の異称.

Joseph's coat of many colours

ロンドン南部における，LUNGWORT（ヒメムラサキ属の数種）の異称.

Joug tree　首かせの木

かつてスコットランドでは，地方の封建領主たちが絞首台として用いていた木は，joug tree（首かせの木）またはdool tree（悲しみの木）と呼ばれていた．これらはたいていセイヨウカジカエデSYCAMOREの木で，「予言の木PROPHETIC TREE」としての働きをもつこともあった.

●「首かせの木」というのは地方の領主が使う絞首台のことであった．スコットランドでは，封建領主が人びとの生殺与奪の権を握っていたのである．しかし人びとの怨みが積み重なってゆくせいか，これらの木はしばしば領主の一族にとって不吉なものとなり，大枝が落ちると一族の誰かが死ぬ，などとされることも少なくなかった. [Briggs, 1971: 541]

なお「フォート・ウィリアムの首吊りの木Fort William Hanging Tree」の伝説については，オークOAKの項を参照のこと.

Judas Iscariot　イスカリオテのユダ

イスカリオテのユダに関連のある植物には，セイヨウニワトコELDERなどがある.

Jump-up-and-kiss-me

マンスター地方における，GERMANDER SPEEDWELL（クワガタソウ属の1種）の異称.

Juniper　㊫ *Juniperus communis*　**セイヨウネズ**（ヒノキ科ネズミサシ属）

かつてはsaffern，Saffron，savinなどの名でも知られていた.

●セイヨウネズの木を切ると，その人は1年以内に死ぬ，と言われた．このためウェールズの多くの地域では，セイヨウネズの老木は大切に守られ，最後は「自らの意思で死なせる」すなわち自然死を迎えさせるのがならわしになっている.

20年前，グラモーガン州に住んでいた農夫から，「セイヨウネズの老木が切られて」すぐに，一家から3人の死者が出て，その後も災難に見舞われたという話を聞かされたことがある. [Trevelyan, 1909: 105]

またセイヨウネズは，堕胎用の薬としても広く用いられた．このためサマーセット州では，bastard killer（私生児殺し）の名で呼ばれることもあった [Grigson, 1987: 24]．スコットランド女王メアリ・スチュアート（1542-87）の宮廷には4人の女官がいたが，全員がメアリという名前であった．そしてそのうちの1人，メアリ・ハミルトンは，自らが身籠もったことを悟ると，すがるような思いで堕胎薬ABORTIFACIENTであるセイヨウネズ（savin）に頼った．このメアリ・ハミルトンの悲劇に題材を取ったバラッドは数多く残されているが，そのうちの1つはこう歌っている．

●彼女は花咲く庭に出て
セイヨウネズを取ってきた．
しかしあらゆる手を尽くしても，
お腹の子の息が絶えることはなかった．

She's gone to the garden gay
To pu' of the savin tree;
But for a' that she could say or do,
The babie it would not die. ［Child, 1889: 387］

オックスフォードのピット・リヴァース博物館Pitt Rivers Museumには，1914年に寄贈された「長さ約4.5インチのsaffron［＝セイヨウネズ］の小枝5本ほど」が標本として保存されており，寄贈者がこれに添えた覚え書には次のようにある．

●避妊法――生理がないのに気づいた女性は，この包みに入っているのと同量のsaffronを1パイント用の水差しに入れ，熱湯を半パイント注いでから，水差しの口をモスリンで覆って，その上に皿を載せておく．そうして湯をsaffronに浸透させ，冷めるのを待ってからモスリンで漉し，これを毎朝ワイングラスに1杯，4日続けて飲むようにする．またsaffronの小枝を1本ずつ，両足の靴の中に入れて，9日間その靴を履き続ける．こうしておけば，足が暖まるとsaffronがストッキングを通して足に滲み出してくるのである．この包みにおさめた小枝は，［ある］オックスフォード［の女性］が実際に靴の中に入れていたものである．

近年になっても：

●最近私は，地元の薬剤師に，長年このお仕事をなさっているようですが，「セイヨウネズ錠剤」というのを御存知ありませんか，と聞いてみた．よく婦人雑誌などで「婦人の友」といううたい文句の小さな広告――「遅れていませんか？お悩みですか？〈ジューノー社のセイヨウネズ錠剤Juno juniper pills〉をどうぞ」――を見かけたものですが，と．すると「知ってますとも」という返事で，茶色と緑色の箱に入ったやつですよね，でもここ5，6年は見てないなあ，と言いながらカタログを調べてくれた．そして――「ああ，ありました，まだ手に入りますよ．〈ジューノー社のセイヨウネズ錠剤〉ですね」．……ピルの時代になっても，いまだ需要があるようである． ［ウィルトシャー州グレート・ベドウィン，1993年7月］

リンカーンシャー州南西部では：

●毛づやをよくするために，農夫たちはよく［Saffernを］馬に与えていた．

［Wright, 1905, 5: 200］

K

Karmic plant　カルマ植物

●それは「エジプト植物Egyptian plant」「宇宙植物cosmic plant」あるいは「カルマ植物karmic plant」――業(カルマ)の中にある植物というわけである――など，さまざまな名で呼ばれている．紅茶の中に入れておくと，そのうち2つに割れてくるので，上側の「娘植物」を取り出す．これは紐状の，薄い膜のようなものだが，取り出したら別のカップに入れ，紅茶を注いでおく．するとこれが成長して，最後には底の方に沈んで，カラメル色あるいは肌色を帯びるようになる．こうして「娘植物」を3つつくり，月曜日に3人の人に渡すと，渡された人びとはこの植物を3週間手元において，それぞれにまた「娘植物」をつくって別の3人に渡してゆく――ちょうど「連鎖手紙(チェーン・レター)」のように．「母植物」の方は，乾燥させて亜麻布でくるみ，「保護者」すなわち護符として手元に保存する．紅茶（砂糖を茶匙に半杯加える）の中で成長してゆく間，時々酢のような匂いがしたり，小さな気泡が見られたりする．またこの間に小さな虫がこの中に落ちると，その虫は薄い肉質の膜で覆われてしまう．ちなみにこの植物は，すでに齢5,000年を超えているという．

［ロンドン，ウォンズワース，1992年10月］

この神秘的な「植物」は，子どもたちの飲み物である「ジンジャービールgingerbeer」をつくる種gingerbeer plant――酵母菌と細菌の1種からなる――に似ているようでもあり，あるいはまた，ティー・サイダーtea-ciderと呼ばれる飲み物〔日本でいう「紅茶キノコ飲料」のことで，英語圏ではKombuchaとも呼ばれる〕をつくるための「植物」と同じものかもしれない．

●これ〔ティー・サイダー〕は東洋の一部地域で非常に人気を呼んだもので，砂糖を入れた紅茶を，酵母菌や細菌の1種を主成分とする「菌」で発酵させてつくる．しばらくおくと，表面にどろっとしたゼラチン状のあくができてくる．

［Ramsbottom, 1953: 213］

Karo　学 *Pittosporum crassifolium*（トベラ科**トベラ属**の1種）

●［シリー諸島では］熟すとくっつきやすくなる*Pittosporum*の実はpobbleと呼ばれており，子どもたちはこれを集めてpobble fightsという遊びに使う．

［ノーサンプトンシャー州ウッドニュートン，1992年6月］

Kell（Kale）

シェットランド諸島における，キャベツCABBAGEの異称．

Kennel herb

コーンウォール州における，BUTTERCUP（キンポウゲ属の数種）の異称.

Kenning herb

コーンウォール州における，BUTTERCUP（キンポウゲ属の数種）およびGREATER CELANDINE（クサノオウ属の1種）の異称.

Kidney bean →インゲンマメ RUNNER BEAN

Kidney troubles 腎臓障害

腎臓障害の治療に用いられてきた植物には，ANNUAL KNAWEL（スクレランツス属の1種），セイヨウタンポポ DANDELION，HERB ROBERT（フウロソウ属の1種），PELLITORY OF THE WALL（ヒカゲミズ属の1種）などがある.

Kidney vetch 学 *Anthyllis vulneraria*（マメ科**アンティリス属**の1種）

チャネル諸島では，kidney vetchの葉が，傷口からの出血BLEEDINGを止めるのに用いられた［Bonnard, 1993: 23］.

Kill-your-mother-quick

エセックス州における，COW PARSLEY（シャク属の1種）の異称.

Kingcup →リュウキンカ MARSH MARIGOLD

King's evil（scrofula） 瘰癧（るいれき）

瘰癧の治療に用いられてきた植物には，IVY-LEAVED CROWFOOT（キンポウゲ属の1種）とフランスギク OX-EYE DAISY などがある.

Kiss me quick

ドーセット州における，ベニカノコソウ RED VALERIANの異称.

Knapweed 学 *Centaurea nigra*（キク科**ヤグルマギク属**の1種）

● バッキンガムシャー州では今でも，若者たちはknapweedで恋占いlove DIVINATIONをしている．……占いに使うのは，小花をすべて取り去った花床で，これらを3つ懐に入れておく．そして取り出してみたときに，その中の1つが大きくなっていたら，その人は本当の恋人であるという．［Friend, 1884: 14］

ガーンジー島では，knapweedはherbe de flonの名で呼ばれていた.

● Flonには2つの違った意味があり，Un flonといえば人間の身体にできる腫物やできもののことだが，le flonといえば産後の雌牛の乳房にしこりができる病気のことを指す．これを治すには，黒いknapweedをひとつかみ取り，半時間ほど煮立てて，患部をその煮汁に浸す．［Marquand, 1906: 41］

Knuckle-bleeders

ノーフォーク州における，セイヨウトチノキ HORSE CHESTNUTの葉柄の異称.

Kolanut コーラナッツ（アオギリ科コラノキ属植物 *Cola* spp.の種子）

ナイジェリア生まれの作家B·エメチェタ Buchi Emechetaは1963年，17歳のときにロンドンに移ってきた．1975年，第二作の出版を記念して催したパーティーで：

●エネンモーEnenmohさんは，〔私の第二作〕『二級市民Second-Class Citizen』を1冊手に取ると，ウイスキーを瓶の半分ほどそれに注ぎかけ，さらにはコーラナッツを割ってその上に振りかけてお祈りをはじめたので，居並ぶ客人たちは度肝を抜かれることになった．私がイギリス随一の作家になりますように，そしてまた私の子どもたちがそれ以上に偉くなりますようにと，西イボIbo族の神々に祈りを捧げてくれたのだが，これはエネンモーさんにしてみれば，その場に居合わせた最年長の男性として，当然のことをしたまでのことだった．私が物書きを一生の仕事にしようとしているのを知って，私に天分を授けてくれた祖先に感謝を捧げるとともに，才能を無駄に使うことのないように導いてくださいと，父になりかわって祈ってくれたのである． 〔Emecheta, 1986: 185〕

→ココヤシ COCONUT

Konker-tree

サマーセット州における，セイヨウトチノキ HORSE CHESTNUT の異称.

Ku-tree

コーンウォール州における，モクアオイ TREE MALLOW の異称.

L

Laburnum　㊫ *Laburnum anagyroides*　**キングサリ**（マメ科キングサリ属）

● Laburnum winter（キングサリの冬）——キングサリが花を咲かせる頃にやってくる肌寒い気候の1時期こと．　［サリー州グレート・ブッカム，1979年10月］

Lad's love

SOUTHERNWOOD（ヨモギ属の1種）の異称．

Lady's bedstraw　㊫ *Galium verum*（アカネ科**ヤエムグラ属**の1種）

この植物のいくつかの地方名，たとえばよく知られているcheese rennetや，ゲール語名のlus an leasaichなどからもうかがわれるように，lady's bedstrawの茎の煮汁は，牛乳を凝固させるために広く用いられている．

●アラン島や，アウター・ヘブリディーズ諸島のいくつかの島では，人びとはこの草から調合した強い薬を，牛乳を凝固させるレンネットRENNET〔凝乳酵素〕として使用している．またジュラ島，南北ウイスト島，ルイス島などでは，この植物の根を，非常に鮮やかな赤色の染料DYESとして利用すると教えられた．

［Lightfoot, 1777: 116］

●チェシャー州の，それもとりわけ最良のチーズがつくられているナントウィッチ付近の人びとは，それ〔=Lady's bedstraw〕をレンネットとして用い，これを使ってつくったチーズを，そうでないものよりもずっと大切にしている．

［Gerard, 1597: 968］

● Maidens hair = lady's bedstraw：祖母［1858年生まれ］はときどき，レンネットが手に入らないと，牛乳を凝固させるのにこの植物を用いていた．

［グロスターシャー州シンダーフォード，1993年11月］

バークシャー州の片田舎では：

●現在でも一般に需要のある唯一の植物は *Galium verum*〔=Lady's bedstraw〕で，新聞紙にはさんで乾燥させたものを，衣蛾MOTHを防ぐために，衣装だんすや衣装箱の中に敷いている．　［オックスフォード，1993年12月］

Lady's lace

COW PARSLEY（シャク属の1種）の異称．

Lady's milksile

チェシャー州における，LUNGWORT（ヒメムラサキ属の数種）の異称．

Language of Flowers　花言葉

19世紀には，花言葉についての書物が数多く出版されており，それらの記述に沿ってふさわしい花を選び，相手に贈ることによって，さまざまな感情を表現することが可能であった．これらの書物は当時とても人気があり，また魅力的な挿絵が添えられていたこともあって，他の多くの出版物とは異なって後々まで残ることにもなったが，にもかかわらず実際のところは，利用するというより，さっと目を通すだけ，ということが多かったのではないかと思われる．本によって取りあげる花が違っていたり，また同じ花に異なる意味が与えられていたりすることもしばしばで，実際にこの手段によって自分の気持ちを伝えようとすれば，かなりの確率で誤解を招くことになるのは避けられなかったはずだからである．

花言葉の起源については，元来トルコで発祥したもので，これを〔書簡文作家の〕M･W･モンタギューMary Wortley Montagu〔1689-1762〕がはじめてイギリスに紹介したのだとされることが多い．しかし彼女がトルコから書き送った書簡の中で述べている，花などを使ったコミュニケーションの方法は，どちらかというと記憶術の体系の一部であって，花自体に意味づけを行なおうとしたものではなく，ここで問題にしているような「花言葉」の発達とは，直接の関連をもつものではない [Halsband, 1965: 387-9 /464-5]．

こうした意味で，花言葉の初出といえそうなのは，1818年にパリで出版されたC･de･ラ･トゥールCharlotte de La Tourの『花言葉Le Langage des Fleurs』である．〔イギリスにおいて〕その後に刊行された同じテーマを扱う書物は，たいていこのラ･トゥールの著作に多くを負っているようで，植物によっては，ラ･トゥールが行なった意味づけをそのまま踏襲したために，イギリスにおいてはそぐわない印象を与えるものもあるし，またフランス語からの翻訳が適切でなかったために，意味が変わってしまっているものもある．もちろん，シェイクスピアをはじめとする自国の伝統に配慮して，意識的に意味を変えていることもあり，たとえばローズマリーROSEMARYは，ラ･トゥールのものでは「あなたの存在は私を元気づけます」という花言葉が与えられているが，イギリスでは「追憶」と結びつけられることになった．さらには，宗教上の理由から異なる意味を与える場合もあった．トケイソウPASSION FLOWERなどはその一例で，ラ･トゥール，および後続のイギリスの書物では「信仰」をあらわすとされていたが，その後，「宗教的迷信」という意味を与えることが多くなった．しかしその一方では，1861年にロンドンで刊行された，ガムリー･ハウスGumley House女子校編『カトリックの花言葉The Catholic Language of Flowers』などに見られるように，「瞑想」とも結びつけられていたようである．

1870年代には，J･イングラムJohn Ingram『フローラ・シュンボリカFlora Symbolica』の刊行（1869）に刺激されたこともあって，花言葉に対する関心が再び高まった．この10年の間に出版された書物は，世紀の前半に栽培されるようになった観賞植物の数が急増したことを反映して，広範な情報を取り入れとうとした結果，花によっては2つ以上の意味が与えるようになった [Elliott, 1984: 63].

現在でもなお，花言葉に関する書物は新たに刊行され続けており，いかなる読者層がこれらを買い求めているのかは興味深いところである．また植物に関する民間伝承を扱った一般向けの書物の中でも，花言葉についてふれていることが少なくない．

● 白花のタチアオイ hollyhock は「女性の向上心」を象徴する．…… [ニオイニンドウ HONEYSUCKLE の] 花言葉は「性急なご返事はしたくありません」である．

[Addison, 1985: 135/137]

とはいえ全般的に見て花言葉は，あくまで文学的な性格のものであり，「民俗」との関わりとなると，仮にあったとしてもごくわずかなものにとどまっているように思われる．なお，フランスおよびアメリカ合衆国における花言葉の展開については，J･グディ Goody『花の文化 The Culture of Flowers』(1993) の，第8章および第9章を参照のこと．

Large bindweed / Hedge bindweed 学 *Calystegia silvatica / C. sepium* (ヒルガオ科**ヒルガオ属**の1種) **／ヒロハヒルガオ** (ヒルガオ科ヒルガオ属)

この両種は convolvulus の名でも知られている．

● convolvulus の花のつけ根にある緑色の小片を，「おばあちゃん，ベッドから出て (Granny pop out of bed)」と言いながら締めつけると，白い花弁が飛び出す．これはロンドンで母とおばから教えてもらった． [ロンドン，ハムステッド，1987年9月]

● 1988年の秋，E･ディマー Emily Dimmer (7才) が学校の友だちから聞いたといって教えてくれた話：bindweed —— *Calystegia sepium* あるいは *C. silvatica* —— の萼と苞葉を締めつけると，花冠が飛び出す．このとき，「おばあさん，おばあさん，ベッドから出てください (Grandmother, Grandmother, jump out of bed)」と繰り返す．

[ケンブリッジシャー州ガートン，1989年5月]

● 「おばあちゃん，ベッドに入って，おばあちゃん，ベッドから出て (Granny jump into bed, Granny jump out of bed)」と唱えながら，bindweed の花を締めつける．

[ケント州シティングバーン，1991年8月]

● convolvulus を使ったこの遊びは，当地の子どもたちの間でも知られているが，唱える言葉が少し違っている：「おばあちゃん，ゆり椅子から飛び出して (Granny jump out of the rocking chair)」． [シリー諸島，セントメリーズ島，1992年11月]

インヴァネスシャー州およびその周辺では：

● つる性植物の convolvulus は，bee traps (ミツバチの罠) と呼ばれていた．というのは，われわれは子どもの頃，ミツバチがその花に入るのを見つけると，花の口を親指と他の指とではさみ，閉じ込めて遊んだからである．こうしてミツバチが逃げようとして大きな羽音を立てるのを聞いたり，振動を感じ取ったりして楽しんだのである．しかしミツバチの動きがかなり激しくなってきたら，十分に距離をおいてから逃がしてやるようにしていたので，1匹たりとも殺したことはない．

[ウェスト・ミッドランズ，ソーリハル，1991年4月]

Laurel 学 *Prunus laurocerasus* **セイヨウバクチノキ**（バラ科サクラ属）

cherry laurelの名でも知られている．

●［ケンブリッジシャー州ホースヒースでは：］愛が本物であるかどうかを確かめるには，セイヨウバクチノキの葉を1枚取り，そこに針で恋人の名を書き，その葉を胸の心臓のあたりにとめておくとよいとされていた．もしその文字が赤くなればよい知らせだが，黒くなったときは，その若者は愛してくれていないというしるしだった．［Parsons MSS,1952］

●セイヨウバクチノキの葉を摘んで，その裏にとげで自分の名前を書き，服の内側に入れておく．するとやがて体温で暖められて，名前がくっきりと浮かびあがってきた．［デヴォン州プリムストック，1993年1月］

●かつてわれわれは，セイヨウバクチノキの葉を「秘密の手紙」に利用した――葉の裏に針でメッセージを書いて（あるいは引っ掻いて）おくと，しばらくたってから，文字が茶色に変わって浮かびあがるのである．また，タバコTOBACCOの缶に入れて，採集したチョウを殺したり，おとなしくさせたりするのにもこの葉を利用した．［ノーサンプトンシャー州ウッドニュートン，1992年6月］

かつてはセイヨウバクチノキの葉を，牛乳を使った料理の風味つけに用いることもあった．

●ある老婦人はプディングをつくるとき，小麦粉を牛乳でときながら，そこにセイヨウバクチノキの葉を入れていた．「アーモンドのようなとてもいい香りがつくのよ」とのことであったが，自分で試してみたことはない！

［デヴォン州プリマス，1993年1月］

クリスマスCHRISTMASの時期には，八百屋や，ときに肉屋などでも，飾りつけにセイヨウバクチノキを用いることがある［編著者自身による観察報告，ロンドンのチェルシー／ストレタム／トゥーティング，1983年12月］．

敬愛する故人を偲ぶ式典には，しばしばセイヨウバクチノキの葉で編んだリースが捧げられる．〔ロンドンの〕チャリング・クロス・ロードの南端にあるE·カヴェル〔1865-1915〕の像には，毎年1月，セント・トマス病院St Thomas's Hospitalの看護婦たちによって，彼女が1915年，〔連合国側の兵士約200名を脱出させた廉でドイツ軍により〕ブリュッセルで処刑されたことを悼んで，セイヨウバクチノキのリースが供えられる．また9月の第2土曜日は，ロンドンのロイヤル・アルバート・ホールRoyal Albert Hallで催されるBBCプロムナード・コンサートの千秋楽にあたるが，この夜，演奏者の2人がコンサートの創始者であるヘンリー・ウッドHenry Wood（1869-1944）の胸像に，この植物のリースを捧げる［編著者自身による観察報告，1993年9月11日］．さらにトラファルガーの海戦（1805）の戦勝記念日にあたる10月21日には毎年，ポーツマスの乾ドックに繋がれているネルソン卿の旗艦ヴィクトリーVictory号の後甲板に，同様のリースが捧げられる［Boase, 1976: 175］．こうして目下のところセイヨウバクチノキのリースは，古典古代において勝者の頭を飾るという役割をつとめていたゲッケイジュBAYのリースに，ほぼ完全に取って代わっているようである．

●セイヨウバクチノキの葉を煮て漉したものをラードと混ぜ，やけどBURNSの治療に用いる． [IFCSS MSS 575: 324, ティペレアリー州]

●この地方には白癬RINGWORMを患っている者が多かったが，これの治療には，セイヨウバクチノキの葉から抽出した液に無塩バターを混ぜてつくった軟膏を用いた． [アントリム州グリン，1992年2月]

またイギリス諸島に住むヒンドゥー教徒たちは婚礼に際して，マンゴーMANGOの代わりにセイヨウバクチノキの葉を用いることがある．

Laver 学 *Porphyra* spp.（藻類，ウシケノリ科**アマノリ属**の数種）

●この地方で食用にするために採集されている海藻の中で，最もよく知られているのがlaverである．長時間煮込んだものを，レモン汁や食用油，バターなどで味つけをして食べる．またスコーンなどの焼菓子の中に混ぜ込むこともある．……デヴォン州には，これを煮て熱いうちに食べるのが好きな人びともいれば……冷ましてからサラダにして食べる方がいい，という人もいる．

この海藻はコーンウォール州，デヴォン州およびペンブルックシャー州において，とりわけ大量に収穫されている．またこの海藻はスコットランドではslaak，アイルランドではslokeと呼ばれている．この国でlaverを最もよく口にするのはウェールズ南部の炭鉱夫たちで，カーディフの市場の店先にはたいてい，焼きたてのlaver入りパンが並んでいる． [Yarham, 1944: 814]

● *Porphyra*すなわちlaverは，薄くてきめの細かい，赤色をした海藻だが，ウェールズ南部やデヴォン州，コーンウォール州の各地では，現在でも食材として用いられている．サラダにすることもあるが，一般的には煮たものを朝食の一皿とする．……18世紀には，捕鯨船の船員たちが乗船する際，しばしばこの海藻をもたされていた．彼らはこれを，油をたっぷり使って炒めて食べたのである．

[Chapman, 1950: 152]

●［サマーセット州マインヘッドでは］夏休みの間，海岸でlaverを集めて家に持ち帰り，これを浴槽や流しで洗って乾燥させおいた．そしてこれをベーコンとともに炒め，朝食の一皿としたのである．この料理はlaverbreadと呼ばれていた．

[ベッドフォードシャー州フェルマシャム，1993年3月]

Leaf 葉

●［ウェスト・サセックス州では］散りゆく落葉を空中で捕らえることができたら，その後12か月の間，幸福が続くとされた． [Latham, 1878: 9]

●［約60年前，私が学校に通っていた頃まことしやかにいわれていたところによれば］もし落ち葉が服の上に落ちて止まったら，それを捨てずに，通学用のカバンに入れて大切にとっておくとよい．そうすれば幸運がやってくるから．

［サリー州ブッカム，1979年11月］

● ［私が子ども時代を過ごした1920年代のノッティンガムシャー州では］落ちてゆく葉を途中で捕まえるのは，とても幸運なこととされていた．

［アーガイル州オーバン，1990年10月］

はかなく散りゆく落葉樹の葉はしばしば，人間の死すべき定めのシンボルとみなされてきた．〔スコットランドの〕詩人W·C·スミスWalter Chalmers Smith（1824-1908）もこう歌っている．

●汝はすべてのものに，その大小にかかわらずひとしく生を与え，
すべての生あるもの中で，まことの生を生きる．
われらも木の葉に異ならず，芽を吹き葉を繁らせるも一時のことにて，
やがては萎れ朽ちゆく——汝には何事の変化もなけれど．

To all life thou givest — to both great and small;
In all life thou livest, the true life of all;
We blossom and flourish as leaves on the tree,
And wither and perish — but nought changeth thee.

［New English Hymnal, 1986, no. 377］

あるいは，イングランド南部の民謡にも：

●人の命とて，葉の命とどれほどの違いがあろう．
人には人の季節があるのだから，悲しむにはあたらない．
広い下界で楽しく陽気にふるまう者も，
やがては葉のように萎れ，消え去るさだめ．

What 's the life of a man any more than a leaf,
For a man has his season and why should he grieve?
Below in the wide world he appears fine and gay,
Like the leaf he shall wither and soon fade away. ［R. Palmer, 1979: 216］

Leek 学 *Allium porrum* **リーキ**，ニラネギ（ユリ科ネギ属）

ウェールズにおいてリーキは，国のシンボルという栄光ある地位を，より華やかで装飾として身につけやすいラッパズイセンDAFFODILと分かちあっており，聖デイヴィッドの祝日ST DAVID'S DAY（3月1日）をはじめとして，しかるべき日になると人びとはしばしば，この植物を身につける．しかしなぜリーキがこうした役回りが与えられるようになったかについては，推測の域を出るような説明は見あたらない．

●ラテン作家たちによれば，古代エジプトではリーキが聖なるシンボルとされ，この植物にかけて誓うことは，彼らの神々の1柱にかけて誓うに等しいことであったというが，だからといって私は，この地でも同様に，リーキはドルイド僧たちによって，聖なる存在としてその神学に取り込まれたのだろう，といった仮説を唱えて世を騒がすつもりはない．また，オーエンOwen氏の古物蒐集家の力量には

一目置いているものの，ウェールズに広く見られたキムホルサCymhorthaと呼ばれる習俗にその起源を求めようとする彼の見解に与するつもりもない．これは種蒔きや収穫の際に見られる習俗で，その日の仕事を遺漏なくこなすために，皆で集まって互いに助けあおうとするものだが，集まるにあたって男たちは，その場でふるまわれる夕食のスープに入れるためのリーキを，挨拶代わりに持参するのがならわしだった．そして氏によれば，リーキを持参する際にこれを帽子のバンドにはさむのはごく自然なことであり，国はこうした風景からこの植物を記章とするに至ったのだ，というのだが…….

国王ジェームズ〔1世〕は，「王の警句Royal Apothegms」において，この植物が選ばれたのは，黒太子〔エドワード，1330-1376〕の死を悼んでのことだと記しているが，この勇敢な若者と悪臭を放つこの植物の間にいかなる関係があるのか，という点については何も教えてくれない．またウェールズの古記録を渉獵したところで，真実に近づくことができそうな記述が見あたるわけではない．これらの史料が引きあいに出すのはたいてい，ウェールズが勝利を収めたある戦いのことで，その際リーキ畑が戦場となったため，兵士たちは味方から敵と間違えられないように——彼らは前もって，敵の助命には一切耳を貸さないことを決めていたからである——この植物を取って身につけていた，というのである．聖デイヴィッドの導きのもとに行なわれたこの戦いは，5世紀末に起こったとも，あるいは6世紀初頭のことだともされ，さまざまに伝えられているが，それとは別にまた，633年，カドワラドルCadwalladr王がヨークシャー州のHethfieldすなわちハットフィールドHatfieldでサクソン人を打ち負かした戦いがこれにあたるとされることもある．ただし言うまでもなく，これらはすべて，あくまでも「伝説」でしかない．

［Wilkinson, 1858: 137］

しかしながら，このように起源が明確ではないにもかかわらず，この植物は，国のシンボルとして不動の地位を保っている．

●聖デイヴィッドの祝日に見られるならわし——アングルシー島では，男の子たちがリーキを身につけるのは正午までで，午後からは，女の子たちがこの聖デイヴィッドのエンブレムを身につけることになっている．午前中にリーキを身につけていなかったり，あるいは正午を過ぎても身につけていたりするのがばれると，その少年は容赦なくつねられることになった．女の子の場合はこの逆になる．

［N & Q, 5 ser. 7: 206, 1877］

聖デイヴィッドの祝日の翌日にはたいてい，伝統的なウェールズの民族衣装を身にまとった小さな女の子が，刈りそろえたリーキを背の高い近衛兵にプレゼントしようとして背伸びをする姿を紹介する写真が，新聞の紙面を飾ることになる．

●昨日，ウェールズ近衛部隊第1大隊の主催する聖デイヴィッドの祝日の祝賀会が，サリー州パーブライトの兵営で行われ，会場では〔ミッド・グラモーガン州〕マーサー・ティドヴィル出身の軍旗護衛下士官P・アットウィールPhil Atweelさんが，〔同州〕ブリッジエンドに住む，J・オドリスコルJoanne O'Driscollさん（4歳）からリーキを贈られた． ［1989年3月2日付 'The Times' 紙］

国際ラグビー同盟Rugby Union Internationalの主催で例年行なわれているイングランド対ウェールズの定期戦は，両国のサポーターたちにとって，しかるべきシンボルをさまざまなスタイルで身にまとい，自らの熱意のほどを示す格好の場となっている．

●応援に欠くことのできないアイテムといえば，まずはウェールズのチーム・カラーである，紅白のストライプ柄のウールのスカーフだが，この他にもサポーターたちは，竜をあしらったウェールズの国旗を肩からかけたり，リーキやラッパズイセンの飾りを身につけたりしていた．本物のリーキを身につけている者も何人かいたが，ひときわ目立っていたのは，紅白のスカーフと国旗を身にまとい，頭には背後にリーキをくくりつけた炭鉱夫のヘルメットをかぶるという，入念ないでたちのサポーターであった．年配の人びとの中には，毛糸でつくった小さいリーキを，服の襟にピンで留めている人もあり，また白いボール紙や緑色のクレープ・ペーパーなどでつくった，高さが3〜4フィートもあるリーキをかついでいる若者たちのグループもあった． ［編著者自身による観察報告，1980年2月16日］

イングランド北東部の各地では1880年代の半ば以降，秋に行なわれる展示会に出品するための大型のリーキの栽培が，余暇の楽しみとして盛んに行なわれるようになった．1893年には，クロスゲート・ムーアの「鉢植え・温室リーキ・クラブ'Pot and Glass' Leek Club」の16人の会員たちが，第7回の展示会を開催しているが，このときの一等の賞品は，毛布2枚と写真1葉だったという［Calderbank, 1984: 11］．また1895年には，やはりクロスゲートにあるラムスデンLamsden氏の宿屋（イン）で展示会が開かれた：

●それぞれの展示は3本のリーキから構成されていた．一席と賞金の1ポンド15シリング（1ポンド75ペンス）を獲得したのはW・ゴライトリーGolightly氏で，以下二席（賞金1ポンドと羊の心臓）はW・ロブソンRobson氏，三席（賞金15シリング（75ペンス）と「動物の心臓」）．はT・ステュワートStewart氏であった．なお単品として最も高い評価を受けたリーキを出品したロブソン氏には，特別賞が贈られた． ［Calderbank, 1984: 12］

展示会に出品されるリーキには，主として2つのタイプがあった．すなわち，普通に八百屋の店先で見られるような，長くて細長いタイプのものと，もっと短くてがっしりとした，鉢植えのリーキの2種である．また展示会によっては，両者の中間にあたるジャンルを設けていることもあった．

●しかしどの程度の長さで，鉢植えのリーキと中間のリーキ，また中間のリーキと長いリーキを分類するのかという線引きに関しては，しばしば混乱が見られる． ［Calderbank, 1984: 9］

それぞれの展示（スタンド）は通常1対のリーキで構成され，最も強い関心を集めるのは，たいてい鉢植えのリーキである．イングランド北部のリーキ展示会の審査員は伝統的に，リーキの長さと太さを重視する傾向にあったが，王立園芸協会Royal Horticultural Societyが定めた審査員のためのガイドラインでは，リーキの状態や密度，それに全体のバランス（たとえばスタンドを構成する各々のリーキの形や大きさが，全体として適度なバランスを保っているか，といった点）に関して審査を行なうように指導している．北部の審査員たちもたいていは，この王立園芸協会のガイドラインを考慮に入れているが，それでもやはり，スタンドの中のリーキの大きさに関心が集まりがちなようである．自身でもリーキを栽培している彼らにしてみれば，大きくて品質のよいリーキをつくるにはたいへんな努力を必要とするが，小さいもので申し分のない出来のものをつくるのは比較的やさしいことがよくわかっているからである．

9月半ばから10月の終わり頃にかけて，イングランド北部や，その他のリーキ栽培が盛んになってきた地域では，地元の新聞がリーキ展示会の記事や写真を数多く掲載する．1974年9月14日付 'Rugeley Times' 紙には次のような記事が見える．

●先週末，〔スタッフォードシャー州〕ハンゼイカーのポプラーズ・インPoplars Innで催されたポプラーズ・リーキ展示会では，出品者29名に対し，ほぼ500ポンド相当額の賞品が提供された．1人3点を出品したが，そのいずれもが，栽培者自身が編みだした門外不出の「栽培法」に従って育てられたものであった．……月曜日には，展示会の成功を祝って，ポプラーズ・インで「食いしん坊夕食会」が催され，リーキのスープやリーキのサンドイッチをはじめ，リーキを使った料理があれこれと，会員およびその家族にふるまわれた．

なお結果は以下の通りであった．一席：A・クラークClarke氏（賞品はミシン）／二席：S・ボルトBolt氏（賞品は戸棚）／三席：C・ジェソップJessop氏（賞品はたんす）／四席：E・フェッチFetch氏（賞品はキルト・毛布・シーツ）／五席：B・ジョーンズJones氏（賞品はテーブル・ランプ）／……二十四席：S・デイヴィスDavies氏（賞品はアイロン）／残り5名には参加賞として，それぞれ現金6ポンドが贈られた．

しかしもっと北の，展示会が頻繁に行なわれている地域になると，新聞の扱いはかえって小さくなる傾向にあり，1～2行の紹介文と，入賞者のリストだけで終わっていることも少なくない．

●〔ノーサンバランド州〕ブランシュランドのリーキ展示会では，野菜と花が織りなす印象的な光景が展開されたが，一席のトロフィーを獲得したのは，145.1立法インチの巨大なリーキであった．

これはP・エヴァリットEveritt氏の出品したリーキで，最大のライバルであったK・ヘッペルHeppel氏の作品を抑えて優勝をさらった．ヘッペル氏はこのあと，雪辱を期して中級の部にもエントリーし，ここで一席を獲得した．花の部では，J・ダーンフォードJohn Durnford師の祈りが聞き届けられ，彼の花のコレクションが一

席となった. ［1990年9月21日付 'Hexham courant' 紙］

1992年には，次のような記事も見られた.

●全国鉢植えリーキ協会Natonal Pot Leek Societyは現在，1,000名の会員を擁し……スコットランドからサマーセット州に至る各地に支部をもっている.

ニューカースル世界博Newcastle Exhibition World Openのリーキ展示会は，9月26～27日，〔ノーサンバランド州〕アシントンのノーザン・クラブNorthern Clubで開催される. 一席の賞金は1,300ポンドである. なおこのイベントには，ニューカースル・ブラウン・エール・タマネギ重量コンテストNewcastle Brown Ale Heaviest Onion Challengeも併せて開催され，こちらの一等賞金は850ポンドである.

［1992年9月12日付 'Hexham Journal' 紙］

Lemon 学 *Citrus limon* **レモン**（ミカン科ミカン属）

●われわれはレモンのジュースをしぼったあと，その皮を捨てずに，瓶に入れて少量の蜂蜜を加え，その上から熱湯を……レモン1個あたり少なくとも水1パイントの割合で注いだものであった. これを1晩寝かせたあと，1日に何度でも，飲みたいだけ飲む. 冷水でもできるが，より長い間浸しておく必要がある. にきびや吹出物PIMPLESは2，3日で治る. ［サマーセット州チャード，1991年9月12日］

Lemon balm →セイヨウヤマハッカ BALM

Lemon verbena 学 *Aloysia triphylla* **コウスイボク**（クマツヅラ科アロイシア属）

●［デヴォン州］ノーザムのある女性から，「コウズイボクの挿し木を育てることのできる人なら，未婚のままで死ぬことはない」という言い伝えがあると聞かされたことがある. ただしこの女性はそのとき，いたずらっぽく目を輝かせながら，でも私だって育てられるんですから，眉唾かもしれませんけどね，と付け加えた.

［Chope, 1929: 126］

●レモンの香りのするコウスイボクの葉は，全身をきれいにしてリフレッシュするための茶をいれるのに用いられた. ［デヴォン州プリマス1993年4月］

Lesser celandine →CELANDINE（キンポウゲ属の1種）

Lesser spearwort 学 *Ranunculus flammula*（キンポウゲ科**キンポウゲ属**の1種）

インナー・ヘブリディーズ諸島のコロンゼー島では，lesser spearwortはチーズを製造する際のレンネットRENNET〔凝乳酵素〕の代用品として用いられた［McNeil, 1910: 96］. またチャネル諸島では，lesser spearwortの蒸留液は，「毒を飲んだとき，すぐにそれを吐かせるための薬として土地の人びとがよく用いていたという」［Bonnard, 1993: 13］.

Lesser yellow trefoil 学 *Trifolium dubium*（マメ科**シャジクソウ属**の1種）

1893年に行われた調査では，シャムロックSHAMROCKを，植物の種としてはlesser yellow trefoilのことだと考えている人が最も多く，調査対象者の51％が，シャムロックとはこの実在の種のことだ，と答えている［Colgan, 1893］. また1988年に行われた同様の調査でも，やはり全体の46％が，この植物こそ「本当の」シャムロックだ答えるという，同じような結果が得られている［Nelson, 1990］.

Lettuce 学 *Lactuca sativa* **レタス**（キク科アキノノゲシ属）

●かつてレタスは，病を癒す不思議な力の他に，愛情をかきたてる力も有していると信じられていた．……中世の媚薬や魔法の薬には，しばしばレタスが加えられていたし，また，若い女性がサラダにして食べたり，汁液あるいは種子でつくった煎じ薬を飲んだりすると，妊娠しやすくなるとも言われていた．

数年前には，この俗信の最新の例がサリー州リッチモンドで確認されたが，ただしこれは何かの拍子に情報が錯綜したためか，逆の意味になってしまったものであった．すなわち，庭にレタスをたくさん植えすぎると，若妻の妊娠を妨げるというのである．1951年に 'Daily Mirror' 紙は，この件に関して何通かの投書を掲載しているが，そのうちの1通（7月20日掲載）は，この植物を食べると，花嫁の身体によくないというのは本当ですか，と尋ねている．しかしまた別の投書（7月26日掲載）では，ある女性が次のように記している．「何年もの間子どもに恵まれませんでしたが，専門家からレタスをたくさん食べるように，そして夫にも少し食べさせるようにと忠告を受けました．すると6か月もたたないうちに，最初の子を身籠もりました」．［Radford, 1961: 217］

●不眠症：夕食にレタスを食べること．［Taylor MSS，ノーフォーク州アシュビー］

Liberty cap 学 *Psilocybe semilanceata*（キノコ類，モエギダケ科**シビレダケ属**の1種）

magic mushroomの名でも知られているキノコliberty capは，含有する幻覚性の成分シロシビンpsilocybinを求めて採集されることもある．

●恋人の心臓をサーベルで一突きにした元兵士が，昨日殺人罪で投獄された．

当時農場で働いていたP·アルビストンPaul Albistonが凶行に及んだのは，彼がmagic mushroom入りの醸造酒を飲んだ後のことだった．……

その日彼は，決して度を越して飲んではいなかった——しかし，自分でつくったliberty capすなわちmagic mushroom入りの醸造酒を口にしたあと，急に暴れだしたという．［1992年6月5日付 'Daily Mail' 紙］

magic mushroomは，エディンバラ近辺でとりわけ盛んに用いられているようである．同市の南部では：

●私は，人びとがmagic mushroomを採集している場所をいくつか知っている．クロンダイク·ガーデン·センターKlondyke Garden Centreの真向かいには「隠れ家」があるし，またフロッグストーン·ロードFrogstone Road沿いの西側，ちょうどプリンセス·マーガレット·ローズPrincess Margaret Rose病院の真向かいにあたる，よく子馬が草を食んでいる，壁で囲われた草地や，ブレード·ロードBraid Roadのはずれの，ブラックフォード·ヒルBlackford Hillに沿って広がる囲いのない草地——こちらはよく牛が草を食んでいる——にも生えている．これらの場所では，3～4人のグループが，ドラッグとして使うためにこのキノコを探しているのをよく見

かける.　[エディンバラ，1993年11月]

シビレタケ属*Psilocybe*のキノコは，他のさまざまな種が，世界各地で幻覚剤として広く用いられている［Guzmán, 1983: 33］.

Lichens　地衣類

地衣類のうち，キウメノキゴケ*Parmelia caperata*（ウメノキゴケ科ウメノキゴケ属），*P. saxatilis*（ウメノキゴケ科ウメノキゴケ属の1種），*Xanthoria parietina*（ダイダイキノリ科オオロウソクゴケ属の1種）の3種は，井戸飾りWELL-DRESSINGの素材として用いられる．また，サルオガセ科サルオガセ属*Usnea*の数種は，外徴説DOCTRINE OF SIGNATURESに基づき，脱毛の防止によいとされている．さらにかつては，いくつかの種が染料DYESとして用いられることもあった.

● ［ウェールズ北部の］土地の人びとは，*L[ichen] omphalodes*［現在は*Parmelia omphalodes*（ウメノキゴケ属の1種）の学名で知られている］を尿に浸して糊状にし，天日で乾燥させる．そしてこれに明礬を加えて褐色の染料をつくる．この種と*L. tartarius*［現在の学名は*Ochrolechia tartarea*（トリハダゴケ科ニクイボゴケ属の1種)］は非常にたくさん採れるので，貧しい人びとはこれらを集め，乾物商に1ポンドあたり1ペンスという安値で買い取らせている．とはいえ彼らは，1日に20～30ポンドを収穫する．これらの植物からは，次のような方法で，arcellまたはarchilと呼ばれる美しい染料を得ることができる．まずこれらを乾燥させてから，刻み目を入れた大きな石の下に置き，円を描くようにしてすり潰してゆく．次にこれを大きな水槽に入れ，石灰および尿と混ぜあわせる．こうして6か月間放置するが，その間毎日攪拌するようにする．水分が蒸発するにつれて，粘り気を増して泥のような状態になり，さらにはブドウのかすのようになってくる．それくらいまで固まったら，小さく切って広い部屋で乾燥させる．時には粉末状になってしまうこともあるが，これを樽に詰めて使用に備えるのである．この物質からは，紫色，ピンク色，灰色，深紅色などの非常に美しい色を得ることができる．　[Evans, 1800: 197]

● ［シェットランド諸島で］old granny's scrottyieと呼ばれているのは，ハリス・ツイードに用いられることでもよく知られている茶色の地衣類（CROTALと総称される）で，ほとんど紫色に近い光沢をもった栗色をつけるための染料として用いられる．……

これら茶色のcrotal（*Pamelia saxatilis, P. sulcata, P. omphalodes*〔いずれもウメノキゴケ属の1種〕）は，この北辺の地における主要な天然の染料であり，最も古くから使われ，最も単純で，しかも最もふんだんにとれる染料の1種なのである．……これらの植物は，陸上において海藻のごとくに繁茂する．……1ガロン用の鍋一杯に採集するのはたやすいことである．老人たちは，これらを掻き落とすのに貝殻を用いていた．……〔これらを用いて染物をする〕作業の中でただ1つやっかいなのは，毛糸の束を，染めむらが起こらないよう，糊状になった地衣類の中でまんべんなく広げることである．……

grey-beard lichenの名で知られるハマカラタチゴケモドキ *Ramalina scropulorum*［現在の学名は *R. siliquosa*（サルオガセ科カラタチゴケ属）］もまた，当地にはふんだんに見られる．……この地衣類もまた，crotalと同様に扱いは簡単だが，その〔染料としての〕効果はずっと緩やかである．［Venables, 1956: 138］

●現在でもアイルランドのホームスパンは……crotalで染められている．海岸の岩場に生えているものを採集するのだが，非常に手に入りにくい．またやけどBURNSや切り傷CUTSを治すのに有効な成分を含んでおり，こうした目的で使用される場合には，goldenbrandの名で呼ばれる．crotalには2種があり，1種は緑色，もう1種は黄色の染料として用いる．crotalは石や，ある種の樹木にも生えることがある．［IFCSS MSS 1112: 54, ドネガル州］

Lightning　稲妻

稲妻から守る力をもつとされてきた植物には，BITING STONECROP（マンネングサ属の1種），セイヨウニワトコELDER，ヤネバンダイソウHOUSELEEK，ST JOHN'S WORT（オトギリソウ属の数種）などがある．

Lightnings

ノーサンバランド州における，ヒナゲシPOPPYの異称．

Lilac　㊫ *Syringa vulgaris*　**ライラック**（モクセイ科ハシドイ属）

花をつけたライラックを摘み取ったり，家に持ち込んだりすると不運をもたらす，という俗信は広く見られる．

●1970年頃，ある老婦人を訪ねたときのことである．庭に植えられたライラックがきれいな白い花を咲かせていたが，彼女は，庭に出るのがつらくてとこぼしていたので，では庭に出て花をつけたライラックを切ってきましょう，と申し出てみた．すると彼女は，ありとあらゆる口実をならべて私を止め，最後には，その花を家に持ち込むのは不吉なのよと教えてくれた．彼女はランカシャー州の出だが，長らくワージングに住んでいる．［ウェスト・サセックス州ワージング，1982年2月］

●私は常々，ライラックは不吉だと聞かされてきた．ライラックの香りはとても強くて，われわれにとっては何でもないが，病人には強すぎるようである．またミツバチもライラックを嫌っている．［ケント州ターンブリッジ・ウェルズ，1983年3月］

●かねがね私は，近所に住む婦人が庭に植えているライラックの木を，感嘆の念をもって眺めていた．6月になるとこの木は，美しい紫色の花をつけ，実に生き生きとして見えた．そこである日のこと，私は勇気を奮い起こして，その婦人にライラックの花を少し分けてください，と頼み込んでみた．すると彼女は私をじっと見据えてこう言った．「庭にある他の花でしたら，どれでもさしあげましょう．でもライラックだけはいけません．必ず不幸をもたらすって言いますから」．

［ロスコモン州バラハダリーン，1984年10月］

●父によれば，ライラックはかつて棺桶か墓（どちらだったかははっきりしない）の内張りに使われていたことがあり，そのために人びとはライラックを家に入れようとしないのだという．[ノーフォーク州ゴールストン，1991年4月]

ライラックが花を咲かせている間は，子牛を買うのには良くない時期だとされる．

●農業についても同様の言い伝えがあるかどうかは知らないが，「ライラックが咲いている間は，決して子牛を買わないこと．一番値が上がる時期で，しかも子牛が下痢SCOURをしやすい頃だから」と言われている．これは確かにあたっているようだが，下痢に関しては，この時期，雌牛がみずみずしい草を食んで，ミルクをたっぷり出すからだろうと思う．[ドーセット州ソーンコム，1982年5月]

ウェールズでは：

●ライラックの花は天候の変化を知らせると考えられていた．普段より長い間閉じていればよい天気になるが，急に開花するのは雨が近いしるしだった．またライラックが急に萎れて色あせてしまうと暑い夏になり，開花が遅れると雨の多い年になるとされた．[Trevelyan, 1909: 96]

この他に家に持ち込むと「不吉」だとされることがある花としては，FORSYTHIA（レンギョウ属の数種），HAWTHORN（サンザシ属の数種），スノードロップSNOWDROPなどがある．

Lily　ユリ

→オランダカイウARUM LILY，ホンアマリリスJERSEY LILY，マドンナ・リリーMADONNA LILY，ORANGE LILY（ユリ属の数種）．なおSTAR OF BETHLEHEM（オオアマナ属の1種）は，時に聖書の「野の百合」だと考えられることもあった．

Lily of the valley　㊫ *Convallaria majalis*　**ドイツスズラン**（ユリ科スズラン属）

HAWTHORN（サンザシ属の数種）をはじめとする，他の多くの白い花と同様に，ドイツスズランは，家に持ち込むと不幸の原因になるとされることがある．

●ドイツスズラン：庭園で栽培すると幸運をもたらすが，家に持ち込むと不幸を招く——理由は不明．[ハンバーサイド州ドリフィールド，1985年3月]

●ドイツスズランを家に持ち込むのは不吉である．

[ドニゴール州ダンキニーリー，1986年2月]

サセックス州では：

●古くから語り継がれている伝説によれば，彼［聖レオナルド］は実際にホーシャム近くの聖レオナルドの森St Leonard's Forestに住んでおり，この地で竜を殺したこともあるという．この戦いは長く激しいものだったので，神はレオナルドの勇気を賛え，彼の血BLOODが滴ったすべての土地から，野生のドイツスズランが生えるように計らったとされている．[Simpson, 1973: 34]

コーンウォール州のヘルストンでは，毎年5月8日（ただし日曜もしくは月曜——同地で市の立つ日——にあたる場合は日をずらす）にファリー・ダンスFurry Dance祭が催されるが，このダンスに参加する者たちは伝統的に，ドイツスズランの花を身につけることになっている．

●朝の7時に，この日最初のダンスである「早朝のダンスEarly Morning Dance」がはじまる．これに加わるのは若者たちで，後に控えている年長者たちと同様，狭い通りをすり抜けたり，家々の庭や屋敷を通り抜けたりしながら，街中を踊ってまわる．彼らは全員，この祭にとって特別な花であるドイツスズランを身につけている． ［Hole, 1976: 75］

ドイツスズランは，時に民間薬として用いられることもあった．

●わが家の隣人――おそらく当時すでに70代後半か80代の前半だったものと思われるが――から聞いた話では，田舎に住んでいた彼の母は，切り傷CUTSやすり傷を，かなりの重傷と思われるものも含めて，ドイツスズランの葉で治していたという．新鮮な葉を取って傷にあて，包帯で止めていたそうで，その様子を詳しく教えてくれた． ［ケンブリッジシャー州ガートン，1989年8月］

Lime 学 *Tilia ×vulgaris* **セイヨウシナノキ**（シナノキ科シナノキ属）

●私はインヴァネスシャー州の出だが，……セイヨウシナノキの果実はやわらかくて甘く，hen's appleの名で呼ばれていた．

［ウェスト・ミッドランズ，ソーリハル，1991年3月］

●私は70数年前にドーセット州で生まれたが，子どもの頃，村の遊び仲間から，セイヨウシナノキcommon limeの葉で，耳をつんざくような音のする草笛WHISTLESの鳴らし方を教えてもらったことがある．6月になるとこの葉は十分に大きくなり，しかもやわらかみがあるので，笛を鳴らすのに最も適した状態になる．つい最近も，孫たちの前でこれをやってみせたのだが，どうにかまだやり方を覚えていたらしく，うまく音が出て，彼らはとても喜んでいた．葉をぴんと張った状態で唇に押しつけるのがこつである． ［デヴォン州シドマス，1992年12月］

Ling →ギョリュウモドキHEATHER

Livelong

ORPINE（マンネングサ属の1種）の異称．

Live-long-love-long

サセックス州における，ORPINE（マンネングサ属の1種）の異称．

Liver fluke 肝臓ジストマ

羊の肝臓ジストマの治療に，MALE FERN（オシダ属の1種）を用いることがあった．

Lone bush / Fairy tree 一本立ちの木／妖精の木

●おそらくアイルランドでは――rath，dun，lissといった，伝説に登場する「妖精FAIRIESのとりで」を別にすれば――ある種の木ほど，妖精の仲間たちと密接に結びついているものはないだろう．田舎に行くとたいてい，そう遠くない野原などに，ぽつんと1本だけ生えている木があるものだが，こうした木は地元では，妖精に守られていると考えられていることが多い． ［Mac Manus, 1973: 51］

このような言い伝えをもつのはHAWTHORN（サンザシ属の数種）の木であることが多かっ

たが，他の種類の木でも，ぽつんと離れて立っていれば，やはりこうした「一本立ちの木」とみなされることが少なくなかったようである．

●アイルランドで［hawthornと並んで「一本立ちの木」と見なされることが多いものを］，その「力」の順にあげていくと以下のようになる：セイヨウハシバミHAZEL／BLACK-THORN（サクラ属の1種）／bourtree――イギリスでいうところのセイヨウニワトコELDER／sally［=SALLOW（ヤナギ属の1種）］／ALDER（ハンノキ属の1種）／セイヨウヒイラギHOLLY／BIRCH（カバノキ属の1種）／オークOAK――とりわけ山地などに生えている幹のねじれたオーク／エニシダBROOM／ヨーロッパアカマツscots fir〔=SCOTS PINE〕．またセイヨウナナカマドROWANについても，このような扱いを受けている木を，私は個人的に2例ほど知っている． ［Mac Manus, 1973: 52］

アイルランド・フォークロア協会Irish Folklore Commissionが1937年から38年にかけて行なった学童フォークロア調査Schools' Folklore Schemeに寄せられた情報は，現在同協会の保管庫に収められているが，その中にはこうした「一本立ちの木」に関するものが多数含まれている．

●バリダフにあるおじの農場の近く，スマイズSmythe夫人の所有する大きな畑の真ん中に「一本立ちの木」がある．

人びとはこの木を切るのはよくないと言っていたが，ある日のこと，一人の男が溝の覆いをつくるためにこの木を切ろうとして，鋸(のこぎり)をもってやって来た．

彼が鋸を樹皮の内側に進めると，「それ以上切ったら後悔するぞ」という声が聞こえたが，かまわず彼は切り続けた．すると半分まで切ったところで，今度は血が噴き出しはじめたが，それでもやめようとはせず，さらに奥まで鋸を進めていった．

しかしそのくらいまで切ったあたりで，さすがにわが身が心配になり，血を流している木に鋸の刃を残したままで家に逃げ帰ったが，1週間とたたないうちにこの男は亡くなったという．

この木は今でもそこに立っており，男が切ったところから上は朽ちてしまったものの，切り株自体はしっかりしている． ［IFCSS MSS 717: 103，ミース州］

●この先のキルキガンの野原にはrath〔「妖精のとりで」の呼称．上述参照〕があり，そのrathの中には1本の木が生えていた（rathの中にぽつんと立っている木に触れるのは不吉だとされている）．垣根をつくるのに使おうとしてこの木を切った男がいたが，その後で家に帰ってみると，馬が小屋で死んでいたという．

［IFCSS MSS 919:216，ウィックロー州］

●［アルスター地方の］とある運河の水際に「一本立ちの木」が生えていた．この運河を開いた会社は，工事をはじめるにあたり，この木を切るために人を派遣したが，木を切ると，木っ端は飛び散るもののすぐに元通りになってしまうので，この男は仕事をあきらめざるをえなかった．

この木は会社にとって非常にやっかいな存在で，馬にひかせた曳き舟が木のところまでくると，いったん綱をゆるめて人の手でこの木をくぐらせねばならず，大きな時間のロスを招いていた．そこで会社は，この木を切ってくれた人には10ポンドを支払うと公表したのだが，誰も引き受けようとはせず，木は今日まで残っている．[IFCSS MSS 1020: 243, カヴァン州]

●アイルランドのドネガル州で休暇を過ごした私は，戻ってくるとすぐに，そこで知った「妖精の木」のこと――同地には，これらの木には触れてはならないという古くからの言い伝えがあった――を年老いたおばに話した．数年前に私は，おばから次のような話を聞かされていたからである．その昔，外で遊んでいた彼女の息子たちが，「妖精の木」の根元で見つけたのだといって，豆のさやのようなものをいくつか持って帰ってきたことがあった．おばがそのうちの1つを開けてみると，中には小さな男の妖精が入っていた．赤い帽子をかぶり，緑の上着とズボンを身につけていて，小さな人形のようだったが，これを見た彼女は息子たちを叱りつけ，持ち帰った奇妙な豆をすべて元の場所に戻させた．きつく叱っておいたので，彼らは二度とこの過ちを繰り返すことはなかったという．[バークシャー州ブラックネル，1984年8月／1991年に現地で確認したところ，この木はHAWTHORNであった]

しかしこのように妖精を実際に目にしたという話は他にあまり例がなく，比較的よく見られるのは，「一本立ちの木」の近くで光を見たという報告である．

●私はロンドンに来て30年近くになるが，それまでは生まれ故郷のドネガル州グレンティースに住んでいた．同地では，「妖精の木」のことはとてもよく知られていた．

わが家の近くには，こうした木を切ったあとに建てられたという家があり，この家に住む男性は皆気がおかしくなったが，女性には何も起こらなかった．私は夜中にこの家のまわりが光っているのを見たことがあるが，現在はもう誰も住んでおらず，光があらわれることもない．しかし同地では今でも，これに類するできごとが絶えない．[ロンドン，1984年9月]

イングランドでは，密輸業者が自分たちの隠れ家の近くに人を近づけないようにするために，幽霊が出るという怪談を広めたことがあったが，これらの「妖精の木」にまつわる伝承にも，同様の背景があるのかもしれない．少なくとも「一本立ちの木」のいくつかは，非合法活動のために人びとが集まる場所の目印となったことをきっかけにして，特別な木と見なされるようになった可能性があるのではないだろうか．19世紀に残された次のような記録も，こうした推測の妥当性を暗示しているように思われる．

●フィークルからゴートへ抜ける人気のない山道の，クレア州とゴールウェー州の州境にほど近いあたりに，そうした木が1本生えていた．当時まだ子どもだった私がその木に注目するようになったのは，フィークルの牧師から，この木が「妖精の木」だとされていることを聞かされたからである．牧師はその木の根元の，地肌があらわになった場所を指さして，あれは妖精がダンスをした跡だよ，と教えてくれた．飢饉が数年続いた頃（1848-52）には，この不毛の土地に草が生えるようになったので，妖精たちはこの地を離れたといわれていたが，その後また戻ってきたようだった．［Kinahan, 1888: 266］

→HOLY THORN（セイヨウサンザシの栽培品種）／記念樹MONUMENT BUSH

Long purples

シェイクスピアの『ハムレット』〔第5幕〕で言及されている植物名．通例EARLY PURPLE ORCHID（ハクサンチドリ属の1種）またはLORDS AND LADIES（アルム属の1種）と同定されている．

Lords and ladies　学 *Arum maculatum*（サトイモ科**アルム属**の1種）

cuckoo pintあるいはwild arumなどの名でも知られている．

●子どもの頃，私は乳母から，クサリヘビADDERは［lords and ladiesを］食べて毒をつくるから，これを摘んではいけないよ，と言い聞かされていた．［デヴォン州の］ノース・トートンでは，この植物はsnakes' meat（ヘビの肉）と呼ばれていた．また1939年に……あるポルトガルの婦人から聞いた話では，同国のフィゲイラ・ダ・フォズで，彼女は看護婦から，やはりこれと同じ理由で，この植物を摘み取らないように言われたという．［Brown, 1952: 298］

●両親から，クサリヘビはwild arum〔=lords and ladies〕の実を食べることで牙から出す毒を蓄えるのだ，とよく聞かされた．当地ではこの植物はparson in the pulpit（説教壇の牧師）あるいはsnakefood（ヘビの餌）の名で呼ばれていた．こうした言い伝えはもちろん事実ではなかったが，実が有毒である点に注意を喚起する意味で役に立っていたようである．［デヴォン州バーンスタプル，1991年5月］

●ケンブリッジシャー州東部では，cuckoo pint〔=lords and ladies〕を家に持ち込むと，近づいた人が皆，肺結核TUBERCULOSISに罹ると信じられていた．［Porter, 1969: 42］

●幼い（そして無邪気な）子どもの頃，われわれは学校で（女の子に），おまえたちは絶対にcuckoo pintにさわっちゃいけない，さもないと赤ん坊ができちゃうぞ，などといったものだった．このばかげた言い伝えがどこから広まったのかは知らない．［ドーセット州ソーンコム，1982年3月］

lords and ladiesが妊娠PREGNANCYと結びつけられるようになったのは，おそらくこの花の肉穂花序がいくぶん陰茎の形に似ているためであろう．同じ理由からこの植物は媚薬APHRODISIACと見なされるようにもなった．1601年に出版されたJ·リリーJohn Lylyの戯曲『愛の変容Loves Metamorphosis』には，この植物の古名wake robinを用いた次のような台詞がある．「彼らはwake robinをたくさん口にしたゆえ，愛のために眠ることができない」［Grigson, 1987: 430］．

lords and ladiesはウォリックシャー州でも1940年代から50年代にかけて，陰茎と結びつけられていたようである.

●子どもたちは実をつけたcuckoo pintに，dog's dick（犬のペニス）というあだ名をつけ，これを口にしては笑いあっていた．そしてわれわれにとって，これをじっと見つめるのはとても勇気のいることだった．

［ハンプシャー州オールダーショット，1994年4月］

EARLY PURPLE ORCHID（ハクサンチドリ属の1種）と同様に，lords and ladiesの葉には，キリストの血BLOODが染みついているという言い伝えがある．

●ウェールズ北部では，この植物は，われらが救い主の十字架の根元に生えており，そのために葉に血痕がついたという俗信がよく知られている．故ヘマンズHemans夫人が遺した詩に，この不思議な伝承を歌っているとおぼしい美しい1篇がある．

さなり，かくも深く織り込まれし徴(しるし)を，
村人は汝に告げるであろう（衷心より出でたる
褒むべき真摯さのゆえに声をひそめて）．
この花は，かのカルワリアの丘にて流されし償いの血を
分かち持つ．そのひともとが十字架の下に咲ければなり．
また器のごとく懐深きその葉は，
恐るべき苦悩の血の滴りを受けとめぬ．
神秘のしずくは染みとなりて封印され，
かくて森や丘に受け継がれたり．
そは嵐にも，また春の雨にも
決して洗い拭われることなき遺産なり．

Yes, these deep inwrought marks,
The villager will tell thee (and with voice
Lowr'd in his true heart's reverend earnestness),
And the flower's portion from th' atoning blood
On Calvary shed. Beneath the cross it grew;
And the vase-like hollow of the leaf,
Catching from that dread shower of agony
A few mysterious drops, transmitted thus
Unto the groves and hills, their sealing stains,
A heritage for storm or vernal shower
Never to blow away. ［Bromfield, 1856: 529］

ケンブリッジシャー州のフェンズ〔ウォッシュ湾に臨む低地帯〕では，lords and ladiesは聖ウィズバーガST WITHBURGAと結びつけられていた．

●前世紀，フェンズに住む老人たちの間には，……ノーフォーク州のセットフォードに修道院を建てるためにノルマンディからやって来た修道女たちが，wild arumすなわちcuckoo pint〔=lords and ladies〕をこの地にもたらしたという言い伝えがあった．それによれば，かつてイースト・ディアラムに安置されていた聖ウィズバーガの亡骸を，〔ケンブリッジシャー州〕イーリーの修道士たちが盗み出したとき，彼らは途中ブランドンで一休みしたが，そのときセットフォードの修道女たちが川岸に忍び寄り，亡骸を花で覆った．そして聖女を載せた小舟がリトル・ウーズ川を下ってゆく途中，このユリ〔=lords and ladies〕がいくつか川にこぼれ落ちたが，すると花はすぐさま根を下ろし，1時間とたたないうちに，イーリーに至るまでの川岸をすっかり覆い尽くし，さらに驚くべきことには，これらの花はすべて，夜になると光を放ったという．同地の古老たちの話によれば，世紀の変わり目頃，リトル・ウーズの教区が新設され，それにともなって新しい教会の奉献式が執り行なわれたとき，イーリーの司教は会衆に向かって，ローマ・カトリックの迷信にとらわれてはならぬと説教し，聖ウィズバーガとユリにまつわる伝説が事実無根のものであることを強調したという．

この植物の花粉は実際，黄昏時にはかすかな光を放つようである．やはり前世紀に，アイルランドの労働者たちが，ひどい飢饉に見舞われた自国を逃れ，仕事を求めて大挙してフェンズにやって来たことがあったが，このとき彼らはこのユリに，Fairy Lamp（妖精のランプ）という名をつけた．またフェンズの船頭たちは，この花を長らくshiner（光りを放つもの）と呼んでいた． [Porter, 1969: 41]

聖ウィズバーガの亡骸が小舟の上で花に覆われる様子は，ロンドンのテート·ギャラリー〔現テート·ブリテン〕にある，J·E·ミレーJohn Everett Millaisの有名な絵画「オフィーリアOphelia」を連想させる．この絵は，シェイクスピアの『ハムレット』第4幕の，オフィーリアが水死する場面に題材を取ったものだが，ここでオフィーリアは，ヤナギWILLOWの枝と野の花を使って，次のような花冠を編んでいる．

●その小枝で，あの娘は変わった花冠をつくっていました，
BUTTERCUP（キンポウゲ属の数種），NETTLE（イラクサ属の1種），ヒナギクDAISYを使い，
口さがない羊飼いたちが，いやらしい名で呼び，
無垢な乙女らがdead men's fingers（死人の指）と名づけている，
long purpleを添えて．

Therewith fantastic garlands did she make
Of crow-flowers, nettles, daisies, and long purples
That liberal shepherds give a grosser name,
but our cull-cold maids do dead men's fingers call them.

註釈者の多くは，ここでいうlong purpleはEARLY PURPLE ORCHID（ハクサンチドリ属の1種）のことを指すという見解を示しているが，次のような結論を下すシェイクスピア学者

も，少なくとも1人はいるようである．

●シェイクスピアがここで念頭に置いていたのは，wild arumすなわちcuckoo pint〔=lords and ladies〕であろう．……これはこの花の外観自体から考えてもうなずけるところだが，イギリスをはじめとする各国で，この花が一貫して——少なくとも13世紀から19世紀にかけて——男根を連想させるような「いやらしい」名で呼ばれていた事実も見逃すことはできない．［Wentersdorf, 1978: 417］

16世紀には，貴族階級が身につける，手の込んだひだ襟の仕上げに用いるデンプン糊STARCHの材料として，lords and ladiesが重宝がられていた．1560年代頃の「貴族階級の屋敷にはたいてい，デンプン糊を調合するためのたらいをはじめとする諸道具——現在ではクリーニング店以外で見かけることはなくなったが——が常備されていた．そして，洗濯，乾燥，物干し，アイロン掛けといった一連の作業は，今日の音楽や美術がそうであるように，貴族たちの立ち会いの下で行なわれた」［Prime, 1960: 37］．またJ·ジェラードGerardの観察によれば：

●最も純粋で白いデンプン糊は，Cuckowpintの根からつくられる．しかしこれは，それを扱う洗濯女の手にとって非常に有害である．というのも，これは手に切り傷や水ぶくれをつくったりするし，またひどい手荒れを引き起こし，ひりひり痛むようにもなるからである．［Gerard, 1597：686］

lords and ladiesからつくったデンプン糊はこの後，手にひどい水ぶくれを引き起こすため，あまり使われなくなったが，1797年，この植物がデンプン糊の原材料として再発見されることになった．この年，王立職業技能検定協会Royal Society of Artsは，食用に供されない素材からデンプン糊を製造する方法を発見した人に対し，金メダルまたは30ギニーの賞金を贈ると発表した．そしてこの賞を獲得したのは，ドーセット州ポートランドのJ·ギブスJane Gibbs夫人であった．

●彼女は，広くstarch-rootもしくはarrow-root〔クズウコンの英名でもある〕とも呼ばれている*Arum maculatum*〔=lords and ladies〕を使ってデンプン糊を用意した．まずその塊茎を乳鉢ですりつぶし，水を加えて液体部分をろ過し，その中の個体成分を沈殿させる．そしてこれを再度水で洗い，その後乾燥させるのである．彼女は，すでに手元に2 cwt（224ポンド）のデンプン糊の蓄えがあり，求めに応じて，1ポンドあたり11ペンスで頒布すると述べているが，これは当時の〔ポートランド〕島の教区牧師によって確認されている．［'Phytologist' 誌, 4: 1030, 1853］

そして1824年，〔ドーセット州〕ウェイマスを訪れた者は次のような記録を残している．

●［ポートランド］島では，［lords and ladiesの］根が大量に掘られており，〔島からほど近い〕ウェイマスでは，これを粉末にしたものが何百ポンドも，デンプン糊や病弱者の栄養食として販売されている．これらの粉末はまた，ケーキ，スープ，プディングなどにも利用されている．［Prime, 1960: 50］

しかし，19世紀の中頃までには，〔島で〕arrowrootをつくっているのは，年配の婦人ただ1人，といった状況になってしまったようである．

●手元に寄せられた情報によると，彼女は塊茎1ペック（8クォート）あたり，平均すると約3ポンドをつくるという．6月に多く，5月には少ないが，シーズンを通して36ポンドあれば，平均収量としては良好だと考えているようである．彼女はこれを1ポンドあたり1シリング4ペンスで売っているが，ポートランド島の人びとは，病人に与えるのによいからといって，これをとても珍重している．

［'Phytologist' 誌, 4: 1031, 1853］

Lousewort　㊫ *Pedicularis sylvatica*（ゴマノハグサ科**シオガマギク属**の1種）

この植物は「蜜のつまった花筒」をもつところから，シェットランド諸島では，bee-sookies（ミツバチ吸い）またはhoney-sookies（蜂蜜吸い）の名で呼ばれている［Tait, 1947: 79］．これはシェットランド諸島における他の異称——sookiesおよびhinney flooer（蜂蜜の花）［ラーウィック，1994年3月］——ともども，子どもたちがこの花の蜜を吸ったことを暗示しているようにも思われる．

→ WHITE DEAD-NETTLE（オドリコソウ属の1種）

Lucy arnits / arnots / barnuts

スコットランドにおける，PIGNUT（コノポディウム属の1種）の異称．

Lucy locket

ダービーシャー州における，ハナタネツケバナ CUCKOO FLOWERの異称．

Lukki-minnie's oo

シェットランド諸島における，COTTON GRASS（ワタスゲ属の数種）の異称．

Lumbago　腰痛

腰痛の治療に用いられてきた植物には，AGRIMONY（キンミズヒキ属の1種）やホップHOPなどがある．

Lungwort　㊫ *Pulmonaria* spp., especially *P. officinalis*（ムラサキ科**ヒメムラサキ属**の数種）

liverwortの名でも知られている．濃緑色の葉には，独特のクリーム色をした斑点があり，また花は，若いうちはピンク色だが，時間がたつにつれて青みを帯びてくる．このためlungwortは，こうした特徴を反映した，さまざまな地方名で呼ばれている．

● lungwortは青色とピンク色の花を咲かせるので，聖母マリアST MARY THE VERGINと結びつけられている——この2つの色は，中世の絵画の中では，聖母マリアの服の色だからである．

［ウィルトシャー州ブラットン，1983年4月］

●ソールズベリーのT･W･N･スマートSmart博士からいただいた書簡には次のようにある：「私はある老婦人に庭の草取りを頼んでいたが，彼女にそれ［lungwort］を1，2本摘んでくれないか，とお願いすると，強い調子でこうたしなめられた．「あなたはこの白い斑点が何かご存じないんですか」．「さあ，知らないなあ」．「まあ，これはマリア様の乳ですよ！　ですからこの草は決してお抜きになりません

ように．とても不吉なことだとされていますから」．　[Britten and Holland, 1886 : 481]

モンマスシャー州における異称，Virgin Mary's milk-drops（乙女マリアの乳のしずく）や，チェシャー州における異称，Lady's milksile（聖母の乳漉し）[Britten and Holland, 1886: 481] などを見ても，この俗信が広く普及していたことがうかがわれる．

●［ドーセット州］オズミントンには，わが国の他の土地と同様に，葉に斑点をもつliverwort〔=lungwort〕をめぐる，古き良き時代の甘美で素朴な言い伝えが，今もなお残っており，同地の住人たちは好んでこの花を庭に植え，Mary's Tears（マリアの涙）と呼んでいる．その伝説によれば，葉に見える斑点は，キリストが十字架にかけられたのち，聖母マリアが流した涙の跡だというのである．また……マリアの目はこの花が開き切ったときのように青かったが，こうして泣き腫したために，まぶたは蕾のように赤くなったともいう．　[Udal, 1922: 17]

サマーセット州南部における異称，Good Friday plant（聖金曜日の植物）[Macmillan, 1922: 128] もまた，おそらくは同様の伝説と結びついたものであろう．

●私は1948年にファーンダウンで生まれたが……かつてlungwortは，Joseph and Mary（ヨセフとマリア）と呼ばれていた．　［ドーセット州ハムワージー，1991年6月］

●何年か前，ウェールズとの境にほど近い，ヘリフォードシャー州キングトンにすむ親戚から，*Pulmonaria officinalis*〔=lungwort〕を数本わけてもらったことがある（これらは今も植えてある）．そのとき彼らはこの植物をSpotted Mary（斑点のあるマリア）と呼んでいた．　［ポーイス州リムニー，1991年3月］

●「この植物のほんとうの名前をご存じですか？　私は常々これをJoseph's coat of many colours（ヨセフの色とりどりの外套）と呼んできました」．

［ロンドン，サウスフィールズ，1985年6月］

●私がまだ子どもだった1950年代のことだが，ドーセットとサマーセットの州境近くにあるモスタートンに住んでいた祖母は，lungwortを観賞用として家の庭に植えていた．われわれ一族はこれをSoldiers and Sailors（兵士と水兵）と呼んでいた．

［ロンドン，ストレタム，1991年11月］

Lusmore

アントリム州における，ジギタリスFOXGLOVEの異称．

M

Madonna lily 学 *Lilium candidum* **マドンナ・リリー**，ニワシロユリ（ユリ科ユリ属）

他の白花の植物（たとえばライラックLILACやスノードロップSNOWDROP）と同様に，マドンナ・リリーは不吉とみなされることがある．

●白花のユリは葬式のしるしである．1950年代初頭のマレー半島（マラヤ連邦）では，地元の中国系の地主に，同地の英国陸軍病院British Military Hospitalにこの花を持ち込まないよう頼まなければならなかった．というのもこの花は，病院にいる人びとの多くを動揺させるからである．［チェシャー州チェスター，1984年4月］

●田舎家の庭などに植えられている白い花をつける大型のユリは，家に持ち込むと死を招くとされる．……私の夫は，遺書をつくる――勇気のいる仕事である！――ために弁護士のところに車を走らせている途中，葬式を思い出させるような強い匂いに気づいた．そこで車を止めて後部座席を見ると，前の晩に私がおばからもらったユリの花束が置かれていた（私はその匂いがいやで，家に持ち込みたくなかったのである）．夫はすぐにこの花を生け垣越しに投げ捨て，ようやく気分が落ち着いたという．［オックスフォードシャー州ブライズ・ノートン，1992年8月］

●ある人が家へ来て，庭のユリに気づいた．そして彼は，未婚の女性がいる場合にはユリを家に持ち込んではいけない，さもないとこの女性は一生結婚できなくなるよ，と教えてくれた．［ウェスト・グラモーガン州スウォンジー，1984年4月］

その名が示す通り，マドンナ・リリーは聖母マリアST MARY THE VIRGINの象徴として定着しているが，とりわけ「ウォルジンガムの聖母Our Lady of Walsingham」とは関わりが深く，この聖母はたいてい，腰を下ろして，ユリを1本手にした姿で描かれている．またパドヴァの聖アントニウスも，しばしば「幼な子イエスを抱いてユリを手に持った，どちらかというと〈柔和な〉顔つきの若者として描かれる」［Attwater, 1970: 51］．

マドンナ・リリーは，切り傷CUTSの治療薬として高く評価されていた．

●グレート・ウォルタムおよびリトル・ウォルタムに住む年配の女性の中には，今でもマドンナ・リリーの花弁をひどい切り傷の治療に使っている人がいる．効き目が早いから，ということである．［エセックス州リトル・ウォルタム，1978年1月］

●切り傷や怪我をしたとき，われわれは緑色のガラス瓶に入った薬をつけるようにしていたが，後から聞いたところでは，これはユリの葉をブランデーに浸けたものだったらしい．これを聞いたのは1911年のことで，私は今年87歳になる．

［サフォーク，ストウマーケット，1989年2月］

ドーセット州では，コムギWHEATの値段は，マドンナ・リリーを調べてみれば予言できるとされていた．すなわち「それぞれの花穂についた花の数をかぞえてゆき，最も頻繁にあらわれる数がその答えとなる．1つの花が〈1ブッシェルあたり1シリング〉をあらわす」［Udal, 1922: 257］．

Magic mushroom →LIBERTY CAP（シビレタケ属の1種）

Maiden's hair

グロスターシャー州における，LADY'S BEDSTRAW（ヤエムグラ属の1種）の異称．

Malaria（マラリア）→悪寒AGUE

Male fern 学 *Dryopteris filix-mas*, agg.（シダ類，オシダ科**オシダ属**の1種［集合種］）

● male fernは牛や羊の薬として用いる．根の煮汁を漉し，ジストマに対する治療薬として動物に与えるのである．［IFCSS MSS 232: 129, ロスコモン州］

●牧羊業者の中には，肝臓ジストマLIVER FLUKEに罹った羊に，4オンスの塩を週に1度，あるいはmale fernを月に1度与えることで治してしまう人がいた．

［Barrington, 1984: 50］

Mallow 学 *Malva sylvestris* **ウスベニアオイ**（アオイ科ゼニアオイ属）

marsh mallowの名でも知られている．

●子どもの頃，野原などで遊んでいるとき，われわれは野生のウスベニアオイの「実」――種子のことである――をcheeses（チーズ）と呼び，よく口にしたものだった．［ドーセット州クライストチャーチ，1991年5月］

●［マリーシャー州バーグヘッドの近辺で］われわれは，藤色の花を咲かせる植物の小さい種をおやつとして食べたが，その花の名前は知らない．

［エディンバラ，1991年12月］

●［リンカンシャー州の］ウィラトンでは……Marshmallow（ウスベニアオイのことである）は，敗血症BLOOD POISONINGの治療にとても有効だったので，庭などで栽培されていた．またこの植物は，種がパイの形に似ていることから，Pancakeの名でも呼ばれていた．［Rudkin, 1936: 27］

●捻挫SPRAINSと関節のこわばり：これらの症状を緩和するには，ウスベニアオイを煮て，患部によくすりこむとよい．［IFCSS MSS 350: 182, コーク州］

●ウスベニアオイの煮汁で，リウマチRHEUMATISMの患部を洗うと効果がある．

［IFCSS MSS 700: 121, ミース州］

● 1920年代のことだが，ノッティンガムシャー州に住んでいたおばには，よくウスベニアオイの葉を取りにやらされたものだった．彼女はこれを使ってすばらしい軟膏をつくったが，その処方は誰も知らなかった．この軟膏は腫物SORES，すり傷，打ち身bruisesなどによく効いた．おばの娘（今や80歳を優に越えている）に連絡を取ってみたところ，子どもの頃，母親が軟膏をつくっていたのを覚えていてくれた．彼女によると，おばはその葉をラードと一緒に，全体が薄い緑色になるまでぐつぐつ煮て，漉したものを広口瓶に入れて置いていたという．また，同じような軟膏をセイヨウニワトコELDERの花を使ってつくることもあったとも教えてくれた．［アーガイル州オーバン，1990年10月］

●ラドナーシャー州ランヴァレッドにある農場の周辺には，［ウスベニアオイの］大群落があった．農場主の話では，この植物の葉は馬の脚の捻挫を治す湿布薬として用いられていたという．［ポーイス州ランドリンドット・ウェルズ，1991年9月］

●私はサセックス州の，ケント州との州境にほど近いクラウバラで生まれ，そこで子ども時代を過ごした．……わが家ではウスベニアオイを，切り傷の治療薬として使っていた．おじの1人は，オーストラリアにいる間にヘビ（種は不明！）に咬まれたが，その傷をウスベニアオイで治したと言っていた．また，いとこが上を向いた釘を踏んでしまい，その傷が化膿したときにも，祖母はその傷口にウスベニアオイをつけて手当てをし，きれいに治してみせて，医者を驚かせたものだった．［ウスターシャー州パーショー，1991年10月］

●［コーンウォール州では］われわれが子どもの頃，目の不調EYE COMPLAINTSを訴えると，母はウスベニアオイの葉の煮汁でわれわれの目を洗ってくれた．

［スペイン，アリカンテ州カルペ，1991年11月］

→モクアオイ TREE MALLOW

Mandrake 学 *Mandragona officinarum* **マンドラゴラ**（ナス科マンドラゴラ属）

●かつて［ダヴェッド州］アベリストウィスの町に，ひとりの化学者——というより薬剤師——がいた．彼は町で一番の化学者で，庭にマンドラゴラを植えていた．10年ほど前のことになるが，彼が亡くなったとき，遺言によってこれらの植物はすべてカレッジ植物園College Botanic Gardenに寄贈することになった．移植にあたっては大勢の人——私の父を含めて——が集まったが，皆これを掘り起こすのをためらっていた．というのも，マンドラゴラを掘るのは不吉だとされていたからである．しかし，植物園の庭師は，そんなことは気にしないといって仕事にかかり，せっせと掘り起こしてしまった．彼は今でも元気に暮らしている．

［サリー州キュー，1984年7月］

●古典古代には，マンドラゴラの根を掘り起こすことに関して，非常に多くの迷信が行なわれていた．たとえば，その根を引き抜くには，まず肉を投げて飢えた犬をおびき寄せ，この犬を根に結びつけて引き抜かせればよい，といった類のものである．しかしこうした言い伝えはおそらく，薬草家たちが，自らの暮らしを守ろうとしてつくりだしたものであろう．［Stearn, 1976: 290］

イングランドでは，しばしばWHITE BRYONY（ブリオニア属の1種）の根がマンドラゴラの代用品として用いられる．

Mangel wurzel →MANGOLD（ビートの栽培品種）

Mango 学 *Mangifera indica* **マンゴー**（ウルシ科マンゴー属）

都市部に住んでいると，ヒンドゥー教徒たちの家々の戸口の上に，葉をあしらった数本の紐がかけられているのをしばしば見かける．これらの葉は，婚礼の祝いの折にかけられるもので，本来はマンゴーの葉でなければならないが，イギリス諸島においては，しばしばセイヨウバクチノキLAURELやアオキspotted laurel（*Aucuba japonica*）などで代用される．

●インドの村人たちは，マンゴーの木は，男の子が生まれるときに新鮮な緑の葉を出すと信じている．この伝統は長く続いていて，男の子が生まれた家では，戸口の上にマンゴーの葉をあしらった花綱をかけるのがならわしとなっている．また，この植物は一般に縁起のよいものと考えられており，婚礼が行なわれる家の戸口の上にも，やはりこの葉が飾られている．これにはおそらく，新婚家庭が男児を授かりますようにとの願いがこめられてもいるのだろう． [Gupta, 1971: 61]

Mangold 学 *Beta vulgaris* cv.（**ビート**の栽培品種，アカザ科フダンソウ属）

ハロウィーンHALLOWE'ENの時期に子どもたちがつくる堤灯には，カブTURNIPやルタバガSWEDE（さらに近年ではセイヨウカボチャPUMPKIN）が用いられることもあるが，最も好まれているのは，オレンジ色をした大きなmangoldの根である．まずその上部を切り取って内部をくりぬき，さらに側面にも穴を開けるが，これは人の顔の形になるようにするのがふつうである．そして中に蠟燭を1本固定し，切り取った上部で蓋にする．また持ち運びやすいように，たいていは紐をつける．

ハロウィーンを祝う伝統がない地方でも，mangoldの堤灯――広く「パンキーpunky」の名で知られている――は，11月5日に催される「大かがり火の夜Bonfire Night」に，灯火として用いられる．

●私が子どもの頃，ウィルトシャー州の村では……村を見下ろす小高い丘の上で，「大かがり火の夜」を祝っていた．われわれはこの日，前もってタールに漬けておいたほうきに火をつけて走りまわった．また，mangoldあるいはカブをくりぬき，その中に使いさしの蠟燭を入れて，グロテスクな顔をかたどった堤灯をつくったりもした． [Whitlock, 1978: 145]

●［1950年代のドーセット州西部では］「ガイ・フォークスの夜祭Guy Fawkes' Night」〔11月5日に各地で行なわれる夜祭〕には，生け垣から切ってきた枝でつくったかがり火が燃やされ，花火が打ち上げられた．このかがり火の行なわれる前日になると，私は兄弟と一緒に，mangoldをくりぬき，顔を刻んで，中に蠟燭を1本立てたパンキーをつくったものだった．そして当日の夕方には，めいめいこのパンキーを手にして，意気揚々とかがり火に出かけていった． [Vickery, 1978: 156]

サマーセット州のヒントン・セント・ジョージでは，10月の最後の木曜日に，子どもたちがパンキーをもって村中を練り歩く．この地の言い伝えによれば，パンキーは：

●元来ヒントンの主婦たちが，チズルバラの市へ出かけたままどこかで酔っぱらっている夫の身を案じて探しに行くときに用いたものであった．

この女性たちは，mangoldをくりぬいて堤灯をつくり，暗闇の中で身勝手な夫の姿を探すのに使ったのである．［1972年10月31日付 'Pulman's Weekly News' 紙］

1988年には，当時85歳の地元の婦人が新聞のインタビューを受けているが，それによれば，彼女の子どもの頃：

●私たちはよく，大きな家を訪ねて戸を叩き，「蠟燭を下さい，光を下さい」と言ってまわったものでした．そうすると人びとは，1ペンス，もしくは当時よく使っていた蠟燭用の蠟をひとかけら，分けてくださったのです．あの頃「パンキー・ナイトPunky Night」はまだ，今ほど組織だった行事ではありませんでした．村の子どもたちが勝手に集まって，自分たちだけで出かけていました．

［1988年11月9日付 'Chard & Ilminster News' 紙］

しかし近年では，大がかりな行列が催され，子どもたちもその一部に組み入れられている．

●われわれは今年，ヒントン・セント・ジョージの「パンキー・ナイト」に出かけた．着いたのは午後6時半頃だったが，通りには人影がまばらだったので，村役場をのぞいてみると，そこには大勢の人が集まっていた．パンキーをもつのはいとけない子どもたちで，1人だけルタバガのパンキーをもっている子がいたが，他は皆mangoldのものを手にしていた．それぞれのパンキーのデザインは，竜，プリムローズPRIMROSE，家などさまざまだった．そうして待つこと約45分，ようやく飾りつけられたトレーラーが到着した．トレーラーには，すでにパンキーの王と女王，それに王子と王女――皆小さな子どもたちである――と，ギターを弾く男性1人とが乗っていた．トレーラーの正面には，次のような「パンキーの歌」が掲げられていた．

今夜はパンキー・ナイト，
今夜はパンキー・ナイト……

It's punky night tonight,
It's punky night tonight . . .

やがて行列がはじまった．白い上着をはおり，シルクハットをかぶった男性がベルを鳴らしてトレーラーを先導し，これにパンキーをもった子どもたちが続いた．しかし小さな子どもたちの世話を焼こうとする大人たちがまわりに大勢群がっているため，パンキーはほとんど見えなかったし，歌も聞こえなかった．行列は村中を練り歩き，ときどき家の戸を叩き，施しを集めていた．……その後役場に戻って集会が開かれ，パンキーの審査が行なわれた．

［ドーセット州ソーンコム，1982年11月］

●今日ヒントン・セント・ジョージでは，〔パンキー・ナイトの〕全行事の利益が地元の子どもたちに還元されており，クリスマス・パーティ，夏のバス旅行，スポーツデーなどの費用にあてられている．今年の収益は125ポンドで，ここ数年では最高の額だった． ［1988年10月31日付 'Pulman's Weekly News' 紙］

Marigold 学 *Calendula officinalis* **キンセンカ**（キク科キンセンカ属）

ウィルトシャー州ではかつて，measle-flower（はしかの花）の名でも呼ばれていた．

●この植物を乾燥させたものは，当地では治療薬として比較的よく知られている．しかし子どもたちの間には，この植物にさわると病気になるかもしれない，という俗信がある． ［Dartnell and Goddard, 1894: 101］

●はしかMEASLESに効くキンセンカ茶：よく開いたキンセンカの花1ダースを沸騰させた1パイントの湯の中に入れる．そしてこれを冷まして，1日に3度，ワイングラスに1杯分を子どもに与える． ［Taylor MSS，サフォーク州ヨックスフォード］

→アフリカン・マリゴールドAFRICAN MARIGOLD

Markery

イースト・アングリア地方における，GOOD KING HENRY（アカザ属の1種）の異称．

Marlie

シェットランド諸島における，アマモEELGRASSの異称．

Marram grass 学 *Ammophila arenaria* **ビーチグラス**（イネ科アレナレア属）

●ビーチグラス――当地ではbentとも呼ばれる――は，高品質のロープROPESやかごBASKETSの製造に用いられる． ［シェットランド州ラーウィック，1994年3月］

Marsh mallow

広く用いられているウスベニアオイMALLOWの異称（またタチアオイ属*Althaea*の数種に対して，文献の中だけで用いられる呼称でもある）．

Marsh marigold 学 *Caltha palustris* **リュウキンカ**（キンポウゲ科リュウキンカ属）

kingcupの名でも知られている．アイルランドやマン島では，5月祭の前夜MAY EVE（4月30日）に，黄金色をしたリュウキンカの花が，一種の護符として用いられた．

●私がまだ4歳の子どもだった頃のこと（1910年である！）だが，ダウン州ポータフェリーで，しかるべき日に，田舎家の屋根がMayで葺かれるのを見た覚えがある．……ただしMayといってもHAWTHORN（サンザシ属の数種）のことではなく，リュウキンカだった． ［オックスフォードシャー州チャールベリー，1991年1月］

●30年以上も前の，私がまだ幼かった頃のことだが，われわれの村では，4月30日の午後遅くに，近くの草地からkingcup〔＝リュウキンカ〕を集めるのがならわしになっていた．そして私は，こうして集まったkingcupを，各家庭の郵便受けに1本ずつ，日が暮れるまでに入れてまわる役回りだった．この花は，5月祭May Dayの日すなわち5月1日の前に，悪い妖精FAIRIESが家に入り込むのを防ぐとされていた．そして村人の多く，とりわけ年配の人びとは，この迷信を深く信じており，この日が近づくとしばしば，私の家に寄るのを忘れないでね，と声をかけられたものである．May flowerと呼びならわされていたこの花を受け取ると，とても喜んでくれる人が多く，私としてはちょっとした小遣い稼ぎにもなった．私はこの役を，10代の頃まで続けていた．　［アントリム州カーンロー，1989年1月］

●妖精から身を守る力をもつものとしてとても人気があったのが，kingcupすなわちリュウキンカだった．マン島ではLus y Voaldynすなわち「ベルテーンBeltainの草」〔ベルテーンは現在の5月祭に相当するケルトの古い祭〕，あるいは広くblughtanなどの名で呼ばれ，5月祭の前夜に集める花の中には，必ずこれが入っていなければならなかった．そのため，この花の「開花の兆し」すなわち蕾のほころびは，今か今かと待ち望まれることになった．カーク・ジャーマンに住むある農夫は，18世紀後半のかなりの期間にわたって日記を書きとめていたが，その4月の後半あたりの記事を読むと，年によっては開花が遅れ，やきもきさせられたこともあったようである——「blughtanいまだ咲かず」，「blughtan開花の兆しなし」といった記述が続いたあと，ようやく月の終わり頃になって「blughtan開花」とあり，この太陽を思わせる，黄金色の小さな花が，5月祭の祝宴に彩りを添えるのに，かろうじて間に合ったようである．　［Killip, 1975: 173］

→プリムローズPRIMROSE

ウィルトシャー州西南部では，リュウキンカは時にbulrushesと呼ばれることもあったが，これは「その大きな葉の間にモーセが隠されていたというおとぎ話に由来するものである」［Dartnell and Goddard, 1894: 19］．

Marsh samphire　㊫ *Salicornia* spp.（アカザ科**アッケシソウ属**の数種）

アッケシソウ属*Salicornia*の種は，イギリスの植物相に関する書物の中では，たいていglasswortの名で記載されているが，イングランドの海沿いの地域に住む人びとは，それらをふつう，samphire，samferもしくはsamperと呼びならわしている．samphireはこれまで，長く食用として採集されてきた．

● sampion……samphireの転訛：チェシャー州のランコーン，ヘルズビーおよびその近辺には，行商の荷馬車があちこちに止まり，これをピクルス用に売っていた．　［Britten and Holland, 1886: 414］

●［ハンバー］川のそばに住む村人たちは，自家用にこの植物を採集する．煮てバターをつけて出すか，もしくはピクルスにするのである．同地にはmarsh sampireを出すパブが少なくとも1軒あるが，私の知る限りでは，これが市場で売られることはない．　［ハンバーサイド州ハル，1988年5月］

●ノーサンバランド州東部の海沿いの地域には，samphireあるいはsamferと呼ばれる植物が見られるが，人びとはこれを集めて，海水で洗って生のまま食べるか，もしくは煮たものを酢につけてピクルスにする．これは多肉植物で，食べるときにはまず歯でしごいて，固くて筋のある茎を取り除かなければならないが，なかなか美味である．しかし私は店頭でこれが売られているのを見たことはない．

［ノーサンバランド州ヘクサム，1988年5月］

しかしイースト・アングリア地方やリンカンシャー州の一部地域では，samphireは昔から，地元の市場で売るために採集されてきた．

● 私は40年以上，毎年キングス・リンの市場でsamphireを買っているが，最近ではケンブリッジの市場やフランスでも手に入れることができる．

［ケンブリッジからの投書，1988年7月29日付 'The Times' 紙］

1990年6月，ノーフォーク州キングス・リンの市場では，魚屋の店先にsamphireが並んでおり，次のようなラベルが添えられていた．

● samphireは食べられる海草です．／洗って15分間煮て下さい．／根を取り除いて，／酢かバターをつけて食べます．／冷肉や，バターを塗った黒パンによく合います．／1ポンドあたり70ペンス． ［編著者自身による観察報告］

近年samphireはおいしい食材としてとても人気があり，1981年8月に執り行なわれた皇太子の結婚披露宴にも供されたほどである．そして現在では，高級魚を扱う全国各地の魚屋で扱われている．

● Samphire／海草／1/2ポンドあたり1.20ポンド

［編著者自身による観察報告，サリー州ギルドフォード，1990年6月］

● Samphire Grass／1/4ポンドあたり75ペンス

［編著者自身による観察報告，ウェスト・サセックス州チチェスター，1991年8月］

しかしながら，この美味なる食材は目下のところ，危機的な状況におかれているようである．というのも，キングス・リンでは1991年6月，1981年に制定されたWildlife and Countryside法に基づき，地主の了解なしにsamphireを根こそぎ採集した者を法的処分の対象とすることを決めたからである．とはいえ，昔からここで採集を行なってきた人びとの権利を尊重しようとする動きもないわけではなく，少なくともノーフォーク州の海沿いの「大地主」の1人は，こうした見解に傾いているようである．

● ナショナル・トラストは，〔ノーフォーク州の〕スティフキーからソルトハウスに至る，7マイルにも及ぶ海岸を所有している．しかし「samphireを食べるのは長年の伝統です」とトラストの管理人，J・リードJoe Readさんは言う．「しかも個体数が非常に多いので，比較的少量の採集であれば，現在のところ大きな問題とは考えられません．もちろん，これが大々的な商業活動につながるようであれば，われわれはこれを阻止せざるをえませんが」． ［1991年6月25日付 'The Times' 紙］

Marsh woundwort 学 *Stachys palustris*（シソ科**イヌゴマ属**の1種）

かつてはclown's all-heal（道化師の万能薬）の名で呼ばれていた．

● ［1683年頃：］ケント州サウスフリートのスワンSwan夫人は，脚などにできる痛々しい腫物SORESを，この植物と豚の脂肪でつくった軟膏で治療していた．

［Newton MSS］

Mary's tears

ドーセット州における，LUNGWORT（ヒメムラサキ属の数種）の異称.

Mass bush　ミサの木

●アイルランドでは今でも，いわゆる「ミサの木」は崇敬の念をもって遇されている．これらはたいていHAWTHORN（サンザシ属の数種）の木で，カトリックが迫害されていた時代に，追われた司祭がミサを行なった場所だとされている．ラウス州中部のマリンズクロスやスタバノンの近くを通っているブッシュ・ロードBush Roadの名は，こうした木にちなんでつけられたものである．また，ウォーターフォード州にあるA·コングレーヴAmbrose Congreve氏の庭園に植えられている1本のhawthornの木が，やはり「ミサの木」とされており，地元の人びとはこれを剪定することさえ嫌がる．この木は，全体のエキゾチックな雰囲気にはそぐわないにもかかわらず，長きにわたって念入りに，手厚く保護されており，この庭園ではひときわ目を引く存在となっている．[Synnott, 1979: 42]

→聖ニューリナのイチジクFIGの木／一本立ちの木LONE BUSH／記念樹MONUMENT BUSH

Mat grass　㊫ *Nardus stricta*（イネ科**ナルドゥス属**の1種）

●60年ほど前，ヨークシャー州の北西部では……mat grass（*Nardus stricta*）の芝生を四角く切り取って，玄関先のドアマットとして使っているのををよく見かけた．

[Teulon-Porter, 1956: 91]

May

花をつけたHAWTHORN（サンザシ属の数種）を指して広く用いられる異称．また，アイルランドにおけるリュウキンカMARSH MARIGOLDの異称.

May-birchers　メイ・バーチャーズ（5月の枝配り人）

●19世紀前半のチェシャー州では，5月祭の前夜MAY EVEになるとメイ・バーチャーズ（5月の枝配り人）と呼ばれる一団があらわれ……日が暮れてから家々をまわり，何かの木の枝を1本，翌朝家人の目にとまるように，ひっそりと戸口において行ったものである．そしてこの枝には，称賛もしくは侮辱をあらわすメッセージがこめられており，それは選ばれた木の種類から読み取ることができるとされていた．置かれる枝には，伝えようとするメッセージと韻を踏んだ名をもつ木が選ばれるからで，たとえば「ふしだらな女性slut」には「木の実NUT」，「公明正大なfair」人には「セイヨウナシPEAR」，「陰気なglum」人には「セイヨウスモモPLUM」，「移り気なramble」人には「セイヨウヤブイチゴBRAMBLE」，「こわもてのscowler」人には「ALDER（ハンノキ属の1種，owlerと発音される）」，「売女whores」には「ハリエニシダGORSE」が，それぞれ選ばれることになった．HAWTHORN（サンザシ属の数種）の枝も使われたが，これは韻を踏む適当な言葉がなく，挨拶代わりのようなものと考えられてていた．

[Simpson, 1976: 148]

May Eve　5月祭の前夜（4月30日）

5月祭の前夜と関連の深い植物には，リュウキンカ MARSH MARIGOLD，プリムローズ PRIMROSE，ST JOHN'S WORT（オトギリソウ属の数種）などがある．

May flower

アイルランドにおける，リュウキンカ MARSH MARIGOLD およびプリムローズ PRIMROSE の異称．また，マン島におけるハナタネツケバナ CUCKOO FLOWER およびリュウキンカ MARSH MARIGOLD の異称．

May garlands　5月祭の花輪

かつてイングランドには，5月祭の日に，子どもたちが花輪をもって練り歩くならわしがあった．

●5月祭の花輪は，非常に古くから「夏のしるし」と見なされており，そのため5月祭May Dayは，「花輪の日Garland Day」と呼ばれることもあった．この「花輪」ないし花飾りは，そのスタイルや形態が刻々変化しており，長い竿の先端に簡単な花束を結びつけただけの簡単なものや，ポールに花輪を取りつけた程度のものもあれば，あらゆる種類の春の花でびっしりと覆われた，手のこんだ花輪を二重にしたもの，さらにはあまり一般的ではないが，同じようにこんもりと花で覆われた，ピラミッド型のもの——たいていは非常に大きく，高さが5～6フィートに達することも稀ではない——などもある．また時には「5月祭の人形May Doll」が，花輪の中心や，ピラミッド型のものであればその正面に置かれることもある

[Hole, 1975: 58]

子どもたちはこれらの花輪をもって，村，付近の農場，大きな屋敷などをまわった．そして暮らし向きのよい人びとは，こうした子どもたちに，なにがしかの施しをすることになっていた．F·トンプソンFlora Thompson〔1876-1947〕の自伝的エッセイ『揚げ雲雀Lark Rise』(1939) の第13章には，花輪をもって歩く子どもの立場から，この慣習の模様が描かれている．

またグロスター公妃アリス王女（1901年生まれ）の回想録には，こうした子どもたちの様子が，特権階級に属する者の視点から描かれている．彼女が子ども時代を過ごした地の1つであるノーサンプトンシャー州ボートンで：

●公園のはずれには4つの村がある．……5月1日にはその各村から，子どもたちのグループがかわるがわるやって来たものだった．女の子は花飾りをつけ，男の子は春の花でつくった花束をもち，皆で花と葉のついた枝に厚く覆われた玉座に就いている「5月祭の女王May Queen」をかつぎあげていた．子どもたちはひとしきり歌をうたうと，やがて5月柱maypoleを囲んでダンスをはじめるので，頃合いを見計らって私たちは，子どもたちを喜ばせようと，よく磨いたペニー硬貨をたくさん，彼らに向かって投げたものだった．それも，追っかけ合いや奪い合いが激しいものになるように，できるだけ遠くをめがけて． [Gloucester, 1983: 34]

花輪にまつわるこうした慣習は，今なおいくつかの場所に残っているが，それが5月祭の日に行なわれることはめったにないし，また持ってまわるのは子どもたちであっても，実際に花輪をつくるのは大人の女性たちである．ドーセット州のアボッツベリーでは，毎年5月13日の夕刻に，2つの花輪を掲げた行列が村を練り歩く．1983年には：

● 5月12日の夕方，しかるべき花々が集められ，翌日の準備をする場所として用意された小屋で，水につけて保存される．花輪づくりの仕事は，13日の午後2時頃からはじまった．花輪の飾りつけをしている35歳くらいの女性から聞いた話では，これまでは前日の晩に用意していたのだが，今年はパレードが5時半にならないとはじまらないので，当日の午後からかかることになったのだという．村の学校がなくなってしまったので，子どもたちにとってこの日は休校日でなくなり，花輪のパレードも放課後にせざるをえなくなったのである．

花輪を1つ完成させるのには3～4時間かかる．骨組みには，古い木製のものは1982年に廃棄されてしまったので，現在は青色の硬いプラスチック製のパイプを使っており，これを地元のロブスター・ポット〔ロブスターを捕るためのわなかご〕の職人が組み立てる．骨組みができあがると，まず全体をセイヨウニワトコ ELDER の葉で全体を覆い，その上に大きな花の束——それぞれの束は同じ種類の花だけでまとめられている——を取りつけてゆく．それぞれの花輪に4名くらいの人がつき，上の方から順に作業してゆくので，花束の茎の部分は，その下につけられる花束の花で隠されることになる．

花飾りは2つつくられ，一方には主として野生の花を使う．すなわち，BLUEBELL（ヒアキントイデス属の1種），COW PARSLEY（シャク属の1種），キバナノクリンザクラ COWSLIP，下垂性のスゲ，プリムローズ PRIMROSE（開花の時期が遅い時だけ手に入れることができる——「私がつくりはじめてからは，ほんの1度か2度だけ」）などで，これにライラック LILAC，リンゴ APPLE，フサスグリ currant などの栽培植物を少し加える．もう一方の花輪は栽培植物が中心で，ライラック，ストック STOCK，ニオイアラセイトウ WALLFLOWER，それにツツジ属 *Rhododendron* やツバキ属 *Camellia* の花，アセビ属 *Pieris* の葉などが用いられている．これらの中には，アボッツベリー亜熱帯植物園のオーナーから寄贈されたものも含まれているという．

午後4時45分頃，野生の花の方の花輪に使う花が足りないことがわかってちょっとしたパニックになり，大急ぎで cow parsley や bluebell が集められた．それでも5時過ぎには飾りつけが完成し，作業をしていた人や見物の子どもたちは，再び集合がかかるまで，20分ほど休憩することができた．集まってきたのは8歳から15歳までの子どもたちで，8人ずつくらいの2つのグループに分かれ，それぞれが1つずつ花輪をもった．そして，すべての家を訪問するように，また自転車に乗ったりしないように（1982年には自転車に乗って訪問し，人びとの気分を害したことがあったらしい）といった注意を受けて出発した．どちらのグループにも大人は同伴せず，すべては子どもたち自身に任されていた．訪問を受けた人びとの反応はさまざまで，花輪には何の興味も示すことなく，ただ硬貨を1，2枚渡すだけの人もいれば，花輪をじっくりと眺めている人もあった．また少数ではあるが，花飾りがやって来るのを心から待ち望んでいる人もいるようだった．しかしそうかと思うと，ある老婦人は，最近村に家を新築した裕福な人らしいのだが，子どもたちに厳しく説教をした上で，収益が意味のある慈善事業に寄付されることが証明されない限りは，びた一文出しませんよ，とはねつけていた．喜捨の金額は，2ペンスから2ポンドまでとかなり幅があった．

子どもたちは交替で花輪を運び，また2つの花輪は少し違うルートを通っていたが，少なくとも原則としては，村のすべての家が，両方の花輪の訪問を受けることになっていた．子どもたちはこの伝統を非常に誇りに感じているようで，口々に，この花輪はとても古くからの続けられてきたもので，しかも今でも残っているのはこのアボッツベリーだけだ，と教えてくれた．また彼らによれば，これは「海を祝福するための伝統」なのだという．アボッツベリーの花輪は，伝統的風物に関するたいていの書物に紹介されているが，目下のところ，村人以外からはあまり関心をもたれていないようで，この日見物に訪れていた「よそ者」は3人だけだった．

戸口の訪問は3時間ほど続けられ，この間に花輪はすっかりくたびれ，くずれてしまっていた．花輪が通った道筋は，落ちている花をたよりにすれば，簡単に辿ることができた．

かつてはこれらの花輪を，最後には海に投げ込んだものらしいが，プラスチックの骨組みを使うようになってからは，教会墓地に置かれるようになった．しかし現在の教区牧師はこの行事を快く思っていないらしく，村の子どもたちも2派に分かれているのだという．すなわち子どもたちの話では，この行事の間，聖歌隊の練習に参加している「ご立派」な子どもたちもいて「奴らは金欲しさから通っている」のだという．そして「ご立派」でない子どもたちだけが，花輪をもって歩く行事に参加するというわけである．

ちなみに集まった喜捨は，その日の終わりに，花輪についてまわった子どもたちの間に分配されていた．　［編著者自身による観察報告］

現在まで生き残っているのはアボッツベリーのものだけだが，かつてこのチェシル海岸沿いの一帯では，多くの漁村で花輪がつくられていたという［Robson MSS, 1988: 217-80］．

オックスフォードシャー州のバンプトンでは，春の公休日Late Spring Bank holiday〔5月の最終月曜日〕の早朝に，花輪をもって村を練り歩く行事が行われている．この地方では，花輪が，有名なモリス・ダンス〔イングランドの伝統的な民族舞踊〕と緩やかな結びつきをもつようになった．このダンスはかつて聖霊降臨祭の翌月曜日Whit Mondayに行なわれていたが，これが後に公休日に移されたためである．花輪を運ぶのは子どもたちであり，花輪の審査や授賞式も行なわれるが，これをつくるのはやはり大人たちである．1984年にこれを見物した人の言を借りれば，「花輪の数は例年通り，ということは，花輪をつくる老婦人の顔ぶれが例年通りだったということさ」．

Mazeerie

リンカンシャー州における，ヨウシュジンチョウゲMEZEREONの異称．

Meadow foxtail grass 学 *Alopecurus pratensis* **オオスズメノテッポウ**（イネ科スズメノテッポウ属）

● 1950年代のダービーシャー州北部では，オオスズメノテッポウの花茎から花をはぎとって，小花の花茎だけを茎に残すようにしておき，これを，前の机に座っている子どもの髪の毛に，まわしながらこっそり差し込んだものである．そしてこれをすばやく引っぱると，絡みついた髪の毛が全部抜けてしまうのである．これはとても痛かった． ［ポーイス州ランドリンドッド・ウェルズ，1991年9月］

●中国式の散髪について話していたとき，1940年代初期，ウォリックシャー州の小学校に通っていた頃の苦い思い出がよみがえってきた．私の経験では，使われたのは決まってオオスズメノテッポウだった．この植物は，ちょうど夏の学期のはじめ頃に花をつけるが，その円筒状の花穂が，あのひどいいたずらの道具として使われたのである．クリケットの試合を夢中になって観戦していると，頭にこれを差し込まれたものだった． ［ハンプシャー州ウィンチェスター，1991年9月］

●第二次世界大戦中，子どもだった私は，スコットランドのエルギンに疎開していたが，われわれが抜こうとさえしなかった草に，オオスズメノテッポウ，すなわち*Alopecurus pratensis*がある．というのも，この草にはノミFLEASがついているとされていたからである！ ［ハートフォードシャー州スティーヴニッジ，1993年1月］

Meadowsweet 学 *Filipendula ulmaria* **セイヨウナツユキソウ**（バラ科シモツケソウ属）

queen of the meadowの名でも知られている．

●〔イングランドとスコットランドの〕国境付近に住む既婚女性たちの間では，queen of the meadow〔＝セイヨウナツユキソウ〕の匂いを嗅ぎすぎると，発作を起こす原因になると言われている． [Johnston, 1853: 59]

●セイヨウナツユキソウは，ウェールズでは死をもたらす花とされている．古い物語の中でも，この花がたくさん置かれている部屋で眠り込むと，その人の死は避けられないことがほのめかされている．……また，この花がたくさん生えている野原で眠り込むのも，きわめて危険だと考えられている． [Trevelyan, 1909: 96]

● 1941年（戦時中），〔イースト・サセックス州〕イーストボーンでのことである．当時私は，野生の花を熱心に集めていたが，あるとき，Queen of the Meadow〔＝セイヨウナツユキソウ〕の，この上なくきれいな枝を，腕いっぱいに抱えて持ち帰ったことがあった．この植物はたしか，Meadowsweetの名でも呼ばれていたと思う．私はこれを，そのとき母と一緒に泊まっていた家に持ち込もうとしたが，そこでこ

Measle-flower

の家の女主人である，50がらみの婦人（陰気で心が狭く，ローマカトリックに改宗してこれを熱心に信奉していた．またとても迷信深いところがあった）と鉢合わせになった．彼女は私を見るなり，その花を家に入れないように，と言ったので，私が「どうしてですか？」と尋ねると，半狂乱になって金切り声をあげ，もしそんなことをしたら，この家は恐ろしい不幸に見舞われることになりますよ，と叫んだ．私にはいかにもばかげた迷信にしか思えなかったので，かまわず持ち込もうとしたのだが，すると彼女はいよいよ我を忘れて，またしても金切り声を張りあげ，今度は，そんなことをしたら母と私を追い出すと言い出した．最後には母が間に入って，結局私のmeadowsweetは家の外に置かれることになった．私はコレクション用にこっそり1本抜き取っておき，残りを外に置いたが，なんとも無駄なことをさせられたものである．おかげでこの愚かな女性は落ち着きを取り戻したが，それでも一晩中このことをしゃべり続けていた．私の見る限りこの女性は，家が災厄に見舞われることを死よりも恐れているようであった．

[ロンドン，ケンジントン，1983年1月]

セイヨウナツユキソウは，「不吉」とされる花の特徴——甘い香り，クリーム色の花，落ちて散らかる小さい花弁——をすべて兼ね備えてはいるが，この花を家に持ち込むことが禁じられていたという記録はわずかで，しかも曖昧なものが多い．とはいえ，1985年，ノッティンガムシャーに住むの79歳の女性が記憶していた次のような異称は，セイヨウナツユキソウが不吉とされていたことの裏づけとなりそうである．

　●子どもの頃，われわれはいつもセイヨウナツユキソウを old man's pepper（老人のコショウ）と呼んでいた．

植物名の中にあらわれる old man（老人）は，たいてい〔婉曲に〕悪魔 DEVIL を指すものと考えられている．

リンカンシャー州のレットフォード近辺では：

　●人びとはセイヨウナツユキソウをタバコ TOBACCO のようにして吸っていた．花を乾燥させたものを使うのである． [Cottam MSS, 1989: 50]

Measle-flower

ウィルトシャー州におけるキンセンカ MARIGOLD の異称．

Measles　はしか

キンセンカ MARIGOLD ははしかの治療に用いられる一方で，これにさわるとはしかに罹るとされることもある．また，この他にはしかの治療に用いられてきた植物としては，キバナノクリンザクラ COWSLIP，セイヨウヤドリギ MISTLETOE，ヒメオドリコソウ RED DEAD-NETTLE などがある．

Meldi

シェットランド諸島における，ノハラツメクサ CORN SPURREY の異称．

Mercury

GOOD KING HENRY（アカザ属の1種）の異称.

Mezereon 学 *Daphne mezereum* **ヨウシュジンチョウゲ**（ジンチョウゲ科ジンチョウゲ属）

リンカンシャー州ウィラトンでは，mazeerie（＝ヨウシュジンチョウゲ）の実が，痔疾PILESの治療薬として，錠剤のように服用されていた [Rudkin, 1936: 26].

Michaelmas **ミカエル祭**（9月29日）

この日と関連の深い植物には，リンゴAPPLE，ニンジンCARROT，CRAB APPLE（リンゴ属の1種）などがある.

Midsummer men

ORPINE（マンネングサ属の1種）の異称.

Midsummer's Eve **夏至祭の前夜**（6月23日）

この日と関連の深い植物には，ORPINE（マンネングサ属の1種），ST JOHN'S WORT（オトギリソウ属の数種）などがある.

Milkies

マリーシャー州における，シロツメクサWHITE CLOVERの異称.

Milkwort 学 *Polygala vulgaris*（ヒメハギ科**ヒメハギ属**の1種）

ガーンジー島では，herbe de paralysie（中風の草）の名で呼ばれており，中風や卒中STROKESの予防もしくは治療に用いられる. →TORMENTIL（キジムシロ属の1種）

Mimosa 学 *Acacia dealbata* **ミモザ**（マメ科アカシア属）

●母は花に関してはとても迷信深いところがあった．とりわけ気にしていたのはmay blossom〔＝HAWTHORN（サンザシ属の数種）〕，ライラックLILAC，ミモザなどである．……ミモザは，災いを前もって告げるものと見なされていた．私がこの言い伝えを知ったのは，はじめてもらった給料でミモザを一束買って帰ったのに，それを即座にごみ箱行きにされてしまったときのことである（もちろんそのときは非常に腹を立てたが）．しかしその理由については結局わからずじまいだった．

［ロンドン，ベイズウォーター，1983年7月］

Minerac herb

オファリー州における，セイヨウウツボグサSELF-HEALの異称.

Mint 学 *Mentha spicata* **ミドリハッカ**（シソ科ハッカ属）

●私は複数の老婦人から，休暇で家をあけるときには，庭からミドリハッカを摘んできて水にさし，部屋に置いておくとよい，と教えられた．これは明らかに，閉め切った家の空気を新鮮に保つためだろうと思われるが，実行したことはないので，どこまで本当かはわからない． ［グロスターシャー州チャーチダウン，1988年1月］

●ミドリハッカを花瓶にさして台所に置いておくと，ハエFLIESが寄りつかない．

［サフォーク州ラッシュミア・セント・アンドルー，1989年2月］

●わが家では，ハエを家に入れないように，ミドリハッカを窓際に置いておく．

［デヴォン州バーンスタプル，1991年5月］

●数年前，〔ハンプシャー州〕オルダーショットの友人を訪ねたとき，彼女が長年にわたって枯草熱HAYFEVERを患っていたことを聞かされた．ある年，非常に症状が重くなったときに，ちょうど1人のジプシーが訪ねてきて，庭を見てまわった後でこう言ったという．「ここにいい薬があるじゃないですか．新鮮なミドリハッカを毎日少し摘んで，モスリンの袋に入れなさい．そしてそれを枕に入れ，眠っている間に匂いを吸い込みむのです．また昼間も，少し身につけるようにするといいでしょう」．この言葉に従ったところ，友人の病気は完全に治ってしまったという．

［UCL EFS MSS M22, イースト・サセックス州セント・レナーズ・オン・シー，1963年10月］

Miscarriage　流産

流産の予防に用いられてきた植物には，ラズベリーRASPBERRYなどがある．

Mistletoe　㊫ *Viscum album*　**セイヨウヤドリギ**（ヤドリギ科ヤドリギ属）

セイヨウヤドリギについて，大プリニウス（後23-79）はこう記している．

●セイヨウヤドリギおよびそれの寄生する木（ただしこれがヴァロニア・オークValonia OAKである場合に限るが）ほど，ドルイド僧〔古代ケルト人の民族宗教の祭司〕たちが神聖視しているものは他に見あたらない．……しかしセイヨウヤドリギがヴェロニア・オークに寄生しているのは非常に稀なので，これを発見すると，盛大な儀式を執り行ない，とりわけ月齢の6日目（これら［ガリアの］諸族にとっては，月および年のはじめの日にあたる）を選んで，これを採取する．……まず「すべてを癒す」という意味の土地の言葉で月を賛えたのち，木の下で生贄の儀式と祝宴の準備を整え，2頭の白い雄牛を連れてくる．これらの牛はその角をここではじめてくくられることになる．白い祭服を身にまとった1人の祭司がその木に登り，金の鎌でセイヨウヤドリギを切り落とし，白い外套で受け止める．そして最後に，神が自らお授けになった賜物が，それを受け取るすべての人びとに幸福をもたらすよう祈りながら，生贄を屠るのである．彼らは，セイヨウヤドリギを飲み物に入れて与えると，子を産まないどんな動物にも産む能力を授け，またあらゆる毒に対する解毒剤になる，と信じている．［Rackman, 1968: 549］

イギリスでは，ここに引用した一節が主たる契機となって，セイヨウヤドリギにまつわるナンセンスな伝承が，他のいかなる植物よりもたくさん紡ぎだされることとなった．

●樹木でも低木でもないセイヨウヤドリギは，自由のシンボルである．セイヨウヤドリギの下でキスをするという慣習，日常性の束縛から自らを解き放つあの慣習の由来も，これと関連があるのかもしれない．……それは男性的なオークと対をなす女性的な存在であり，冬至における新しい生命の象徴である．［ロンドン，ヴィクトリア・アンド・アルバート博物館において開催された「クリスマスカードの150年」展に掲げられた解説文の一部，1993年11月～1994年1月］

こうしてドルイド僧という「異教」との関わりが深いとされてきたために，キリスト教では伝統的に，セイヨウヤドリギを目の敵にしている．

●セイヨウヤドリギは「異教徒の飾り」であるとして，ある教区牧師は，このクリスマスCHRISTMASにはこの植物を教会から一掃することを決めた．

にもかかわらず――この牧師の自宅の方には，セイヨウヤドリギが一枝，かけられることになるかもしれない．

この「禁令」を発したのは，ダービーのH・R・ジョイスJoyce師で，対象となったのは，同地の聖トマスSt Thomas's教会である．

彼は，教会をセイヨウヒイラギHOLLYで飾るために，教区民を招いた際にこう語ったという．「セイヨウヤドリギは異教徒が飾るものであり，いかなることがあってもキリスト教の教会にかけられてはならない」．

そして昨日もまた，「セイヨウヤドリギは，古代のブリトンBriton人たちを導いていた異教の指導者，ドルイド僧と深い関係にありました」と説明してくれたが，ただし最後にこう付け加えた．「しかし私は，各家庭でセイヨウヤドリギを使うことには反対ではありません――皆さんと同様，セイヨウヤドリギの下できれいな女の子にキスをするのは，私にとっても大変楽しいことですから」．

[1958年12月8日付 'Daily Mirror' 紙]

●［ハンプシャー州ベイジングストークの近辺では：］セイヨウヤドリギ――異教の植物であり，決して教会に持ち込んではならないとされていた

．［ロンドン，メイダ・ヒル，1982年12月］

しかしセイヨウヤドリギはクリスマスの時期，家庭での飾りつけ用としてよく売れる．

●［セイヨウヤドリギは］白く輝く実をつけるクリスマスの時期に，家庭で利用するために何マイルも運ばれてくる． [Coles, 1656: 41]

●セイヨウヤドリギは，リンカンシャー州のグリムスソープ公園では，HAWTHORN（サンザシ属の数種）をはじめとする木々について非常によく育っているが，この近辺ではここだけにしか見られない．そのため人びとは，これらのセイヨウヤドリギを採集するために，遠方から，それもとりわけロンドンやマンチェスターから，運搬用の荷車を引いてやってきたものだった．これは不法侵入にあたる上に，公園に住むアカシカの生活を脅かしたり，木々を傷めたりしたので，ウィラビー・ド・エレスビーWilloughby de Eresby男爵夫人は，セイヨウヤドリギが盗まれるのを防ぐために，クリスマス前の1か月間，公園で雇う監視人の数を増やして，領地の保全につとめることを余儀なくされた．去る12月には，14名の監視人が追加採用された． [N&Q, 5ser. 5: 126, 1876]

●今年のクリスマスは，……八百屋に行けばセイヨウヤドリギを1枝10ペンスで手に入れることができるが，これらはフランスおよびベルギーから，カリフラワー用のかごにおさめて輸入されたものである．

青果の卸売業を営むハイエス商会the House of HeyesのP・ハイエスPeter Heyes氏

は，この期間限定の取引を終える土曜日までに，彼個人だけで1000かご分の売り上げを見込んでいるという．

氏によれば，最も品質がよいのはベルギー産のもので，葉の色は濃緑色，そして実が大きく数も多いという． ［1979年12月11日付 'The Times' 紙］

かつて——少なくともイングランド北部では20世紀のはじめ頃まで——セイヨウヤドリギは，クリスマスの飾りつけに用いる植物の1つに数えられていた．

●［私は今年で70歳になるが］祖父はクリスマス·ツリーCHRISTMAS TREEの他に，特別の飾り——彼自身は「セイヨウヤドリギ」と呼んでいた——をつくってくれた．まず木製の輪2つを用意する（バター用の樽からはずしたもので，乾物屋からもらってくる．ちなみに当時はまだあらかじめ包装したバターは売られていなかった）．そしてこの2本の輪を十字に交叉させて固定し，これに色紙や緑の葉，小さなプレゼントなどをつける．さらに全体に結んだリボン，セイヨウヒイラギの実，セイヨウヤドリギなどを添えればできあがりである． ［ノーサンバランド州コーブリッジ，1993年1月］

室内にセイヨウヤドリギをかけておくことの魅力の1つに，その下では遠慮なくキスすることが許されるという点があげられよう．この慣習はイギリス特有のもの，あるいは少なくともイギリスで発祥したものとされている．

●本日ブレントフォードで報じられたところによれば，〔ロンドンの〕ハウンズロー，ステインズ・ロードにあるパブでは，クリスマス·イヴCHRISTMAS EVEに，セイヨウヤドリギの下で自分の妻にキスされるのを嫌がる男性がいたことから，客どうしのいさかいになり，女性2人が怪我をして病院に運ばれたという．

［1947年1月21日付 'Star' 紙］

●コヴェント·ガーデン〔かつてロンドンの中心部にあった卸売市場〕の業者がまとめたところによれば，今年のセイヨウヤドリギの売上は，ここ数年で最悪だという．それについて業者の1人はこう語っている．「時代が変わったんですよ．レスター広場で皆が裸になっているのを見れば一目瞭然です．もうセイヨウヤドリギは御用済みってことでしょう」． ［1972年12月20日付 'Guardian' 紙］

●ほぼ先週の間じゅう，私のクラス［中等学校secondary schoolの4年生］の男子と女子は，セイヨウヤドリギをもって追いかけっこをしていた．女の子は男の子を捕まえるたびに，その子にキスしてあげていた． ［ロンドン，ストレタム，1990年12月］

クリスマスの時期が終わったあと，セイヨウヤドリギをどう処分するかについては，さまざまなしきたりがあるようである．

●［セイヨウヤドリギは］次のクリスマスまで，ずっとかけたままにしておかなければならない．〔デヴォン州の〕チャドリー近辺では，セイヨウヤドリギは家が稲妻LIGHTNINGに撃たれるのを防いでくれると信じられている．またオタリーでは，セイヨウヤドリギは，家にパンがなくなることのないよう取り計らってくれるとさ

れている. [Brown, 1955: 355]

●次のクリスマスまで，セイヨウヤドリギは決して取りはずさないこと. [Brown, 1972: 267]

●セイヨウヤドリギの枝は，告解火曜日SHROVE TUESDAYにパンケーキを焼くとき，その下にくべるために取っておかなければならない. [ブラッドフォード，エクルズヒル，1962年]

●［〔サウス・ヨークシャー州〕コニスバラでは：］セイヨウヤドリギの枝を家に置いておけば，愛もその家に留まるので，次の年まで取っておかなければならないとされる. [McKelvie MSS, 1963: 176]

●セイヨウヤドリギは，告解火曜日にパンケーキを焼くとき，火にくべるために残しておく．またその一枝を，「魔女WITCHESを家に入れないように」次のクリスマスまで，梁にかけたままにしておく. [ウェスト・ヨークシャー州アディンガム・ムーアサイド，1993年4月]

1856年，〔グウィネズ州〕コンウィを訪れたドイツ人が，16世紀に建てられ，かなり傷みのひどい大邸宅に住んでいたある女性に，幽霊が恐くありませんか，と尋ねたことがあった．すると：

●「とんでもない」とその女性は叫んだ．「全然恐くなんかありませんわ！」しかし校長は，その家の暖炉に，ウェールズの慣習にしたがって，夏の間セイヨウヤドリギの束が詰め込まれているのを指さしてこう教えてくれた．この枝はドルイド僧たちの時代に有していた，神秘的な力のオーラを今なお保ち続けており，「あらゆる悪霊を寄せつけないのです」と．そしてこの女性はその間，少しばつが悪そうに微笑んでいた. [Linnard, 1985: 34]

デヴォン州には，セイヨウヤドリギを家の中に置いておけば，十分な食物が保証され，また稲妻から家を守ってくれると信じる者たちがいる一方で，この植物を警戒するむきもあったようである．

●［トーキーに住むある女中によると：］セイヨウヤドリギはリンゴAPPLEの木の毒で，根から悪いところを吸いあげているのである．だから，たくさんのリンゴの木が生えているところでは，木の上にセイヨウヤドリギがないと全体がうまく育たない. [Chope, 1926: 110]

●［ニュートン・アボットでは：］セイヨウヤドリギを植えて育ったら，あなたの娘は一生結婚できない. [Brown, 1959: 200]

伝統的な民間薬としては：

●［1683年頃］エセックス州……テンドリル郡のリトル・ベントリーやテンドリルのあたりでは，はじめて子を産んだ雌牛にそれ〔セイヨウヤドリギ〕を与える．雌牛の体内をきれいにするためだという. [Newton MSS]

●はしかMEASLESの治療には，HAWTHORN（サンザシ属の数種）の木についたセイヨウヤドリギを使う．これを茶にして飲むのである（ひどい味だが）．

［サマーセット州ヨーヴィル，1975年10月］

Mock orange 学 *Philadelphus coronarius*（ユキノシタ科**バイカウツギ属**の1種）

●もうひとつの話は，［1941年，サセックス州イーストボーンにある］この小さな療養院に入院していた老患者に関するものである．とても重い病を患っていたこの老婦人は，兵士あるいは士官の妻として，それまでの人生のほとんどをインドで過ごした人だった．私はよく彼女のもとを訪れ，あれこれ話をしたものだった．……しかしあるとき私は，とんだへまをやらかしてしまった．彼女を喜ばせようとして，そのころ広く（誤って）Syringaの名で知られていたバイカウツギを束にして，彼女の部屋に持ち込んでしまったのである．彼女は喜ぶどころか，「それを部屋から出してちょうだい！」と声を荒げた．私は「こんなにいい香りがするのに」と訴えてみたが，「その香りが我慢できないんじゃないの」と金切り声が返ってきた．「とにかくそれをドアの外に置いてきてちょうだい．そうしたら私がそれを嫌いなわけをお話しするから」．そして彼女の話というのはこうだった．かつてインドで暮らしていた頃，同地のヒンドゥー教徒たちは，遺体を荼毘に付す前に，全体をバイカウツギで覆っていたという．暑さがひどいので，遺体の処理は迅速に行なわれていたのだが，暑い盛りになると，4～5時間でも遅いくらいなので，その間，バイカウツギの強い香りが，死臭を隠すのに役立ったのである．それゆえこの老婦人は，残念なことにこの美しい花から死を連想してしまったのである．実際のところ彼女は，バイカウツギの香りのうちに，死臭を嗅ぎとっていたのかもしれない．

［ロンドン，ケンジントン，1983年1月］

●［それぞれ1856年／1858年に生まれた私の祖父母の話：］われわれは次のものを家に持ち込んではならないとされていた：スノードロップSNOWDROP，may blossom（=HAWTHORN〔サンザシ属の数種〕），バイカウツギ（Phildelphus）．

［グロスターシャー州シンダーフォード，1993年11月］

Mogue Tobin

カーロー州における，アラゲシュンギクCORN MARIGOLDの異称．

Moles モグラ

モグラの駆除に用いられてきた植物には，ホルトソウCAPER SPURGEなどがある．

Molucca bean →漂着種子SEA BEANS

Money-in-both-pockets

ケント州における，ゴウダソウHONESTYの異称．

Money tree 学 *Crassula ovata*（ベンケイソウ科**クラッスラ属**の1種，いわゆる「金のなる木」）

1978年1月，BBCのテレビ番組「ネイションワイドNationwide」にある女性が出演し，自らが所有する「金のなる木Money Tree」を視聴者に公開するとともに，そのインタビューの中で，これを入手して以来，自分の運勢がどれほど好転したかを語った．この番組はちょっとしたブームを巻き起こしたが，同定の結果この木は，一般に広く栽培されている多肉植物 *Crassula ovata*（*C. argentea* あるいは *C. portulacea* の学名で呼ばれることもあるがこれは誤り）であることが判明した〔同種は日本でも近年，やはり「金のなる木」としてよく知られている〕．この植物は他に，Jade Plant（ひすい植物），Tree of Happiness（幸福の木）[ロンドン，ウィンブルドン，1983年11月]，Tree of Heaven（天国の木）などの名でも呼ばれているようである．1978年の8月までには，多くのロンドンの花屋が，money tree の発根した挿し穂を仕入れ，1本50ペンスから1.5ポンドの値で売るようになった [編著者自身による観察報告]．1978年以前に刊行された文献類には，*Crassula ovata* の呼称として money tree の名はあがっていないが，この呼称自体はそれ以前から用いられていたものと思われる．

●私の母は，15年ほど前から……money tree を1本育てており，その間ずっとこの名で呼んでいる． [ロンドン，バーンズ，1986年2月]

テレビで紹介されるまで，この名はあまり知られていなかったようだが，今や money tree は，*C. ovata* の呼称としてすっかり定着した感がある．これは，民間伝承を破壊する存在として非難されがちなテレビが，逆にそうした民間伝承の，きわめて効果的な媒体として機能することもあるという実例を示している点で非常に興味深い．こうした場合，大衆的な日刊紙がしばしば追随して話題に取りあげるので，効果は一層大きなものとなる．

●このほどジョイス・ブラウン Joyce Brown さんは，本紙主催の大ビンゴ大会で2万ポンドを獲得し，本当に「木に金がなる」ことを証明してみせた．

3週間前，彼女は妹のモーリーン Maureen さんから money plant をもらい，そのとき，この木にやさしく話しかけるようにすると，きっとビンゴで勝てるわよ，と教えられた．

そして先週，このブラウンさん――ノーフォーク州ノリッジ在住の60歳――は，地元のビンゴ・クラブで，見事70ポンドを獲得したばかりだったのである．

「この木にお礼を言ってから床に入ったんです．すると翌朝，今度は〈おい，'Sun'のビンゴにあたったぞ！〉という主人の大きな声で目が覚めたというわけなんです」． [1982年8月23日付 'Sun' 紙]

同様に：

●昨日，園芸好きのおばあちゃん，クラリス・コーウェル Clarice Cowell さんは，「サン・ビンゴ」で4万ポンドを獲得したお祝いにシャンパンを開け，幸運をもたらしてくれた money plant に，感謝することしきりであった．

というのも，クラリスさんは賢明にも，本紙主催の「スーパー・サン・ビンゴ」の当選者リストに自分の名を連ねることができたのは，その室内植物のおかげだと信じているからである．……

「たわいのない言い伝えですが，この木に話しかけると幸運を招くとされていますので，私は常々声をかけるようにしているのです．先日このビンゴのことをずいぶん話しましたので，きっとそのおかげで当たったんでしょう」．

［1983年1月24日付 'Sun' 紙］

money treeを人に譲ると，一緒に幸運もついていってしまうとも言われるようである．

●私たちはこの植物を2年前，病院のバザーで買い求めた．そのとき，これは何の木かねと尋ねると，幸運をもたらすMoney Treeだが，この植物をまるごと人に譲ってしまうと，幸運も一緒についていってしまうよと教えられた．ただし挿し穂を分けてあげるのは差し支えないということだった．つい先日も，家内が〔競馬の〕グランド・ナショナルGrand Nationalで大儲けをしたばかりである．

［ロンドン，ホーバン，1983年4月］

Monkey-jaws / monkey mouths

サマーセット州における，ツタガラクサIVY-LEAVED TOADFLAXの異称．

Monkey puzzle tree　㊫ *Araucaria araucana*　**チリマツ**（ナンヨウスギ科ナンヨウスギ属）

18世紀の後半に南米のチリからもたらされ，以来ずっと，悪魔DEVILや不運と結びつけられることが多いようである．

●フェンランド〔イングランド東部のウォッシュ湾に臨む低地帯〕には，チリマツを墓地の周囲に植えておけば，埋葬の際，悪魔がのぞき見するのを妨げることができるという俗信がある．またケンブリッジシャー州では，年配の人びとの多くが，この木を不吉だと考えている．　［Porter, 1969: 63］

子どもたちの間では，チリマツの下を歩くときは口を閉じておかなければならない，という俗信が広く知られている．

●1930年代，ピーターバラ・レクリエーション・パークに，チリマツの大木があったのを覚えている．われわれ子どもたちは，ぶざまな形をしたその大枝の下を歩くときは一言も口をきいてはならず，もしこれを破ったら死よりもひどい罰を受ける受けることになると信じていた！　あるいは，〔英名に「猿monkey」が含まれる点を考えると〕口に両手をあてた〔いわゆる「三猿」のうちの〕「言わざる」と何らかの関連があるのだろうか．　［ケンブリッジシャー州ピーターバラ，1981年6月］

同様の俗信は1954年にアンガス州フォーファーで［Opie, 1959: 218］，また1979年にはロンドンのイーリングでも記録されている．一方サリー州コールズドンでは1960年，当時11歳の女生徒が次のように語っている．

●チリマツの下を通るときに話をすると，その後の3年間不運になる．

［Opie and Tatem, 1989: 260］

Monk's hood　㊫ *Aconitum napellus*　**ヨウシュトリカブト**（キンポウゲ科トリカブト属）

●ひところ私が親しくしていた，〔ドーセット州〕プールの近くに住むある女性が，自分はヨウシュトリカブトのことをOld woman in her bed（ベッドに寝ている老婆）

と呼んでいると教えてくれたことがあった．そして，覆っている花弁〔萼のことか〕を取り除きながら，「靴を履いたままで（with her shoes on）」と付け加えた．下方に突き出た葯〔2本の下萼片？〕が，両足をあらわしている，ということだったのだろう．［Linton, 1908: 15］

Montbretia 学 *Crocosmia* spp.（アヤメ科**クロコスミア属**の数種）

● montbretiaの葉は笛WHISTLESとして使った．葉の幅によって，異なる音程を出すことができた．［アントリム州ラーン，1993年10月］

Monument bush / tree　記念樹

● C·オハンロンCanon O'Hanlonは，1870年に書かれた著作の中で……いわゆる「記念樹monument bush」に関して次のように述べている．「これはたいていの場合，十字路の真ん中に植えられており」，その下にはふつう，洗礼を受けていない子どもや，流産した胎児が埋葬されている．そして「この木を切ること，それどころかその枝を手折ることさえ，冒瀆と考えられていた」と．こうした文脈においては，monument（記念の）という語がmemorial（追悼の）とほぼ同じ意味で用いられていることは明らかで，1939年にリーシュ州のキャパナローで残された次のような記録もこの点を裏づけている．「かつては，人が事故で死亡したような場合には，その場所に小さな木が植えられたものだった．ストラヘインにはこうした〈記念樹monument tree〉がある．ふつうはwhitethorn［=HAWTHORN（サンザシ属の数種）］の木が植えられ，だれもこの木に触れようとしない」．こうした木は他に，リーシュ州のアッパーウッズ男爵領にあるクールレインやロングフォード，及び同州のスカークにも見られる．また〔同州の〕ローズナリスやアーレスにも同様の木が植えられているが，これらはカトリックが法的に厳しく弾圧されていた時代にミサが行なわれた場所だという．ただしこれは後になってから付け加えられた伝説かもしれない．〈記念樹monument tree〉はまた，ロングフォード州やウェストミース州にも見られたし，さらに，ゴールウェー州バリモーのコーラカンには，道端に1本whitethornの木が生えているが，これはそこで死を迎えたある女性を悼んで植えられたもので，「ドリーの木Dolly's Bush」と呼ばれている．［Lucas, 1963: 43］

→一本立ちの木LONE BUSH／ミサの木MASS BUSH

Moon　月

●月からの影響を活かして，最もよい結果を得るための植え付けもしくは播種の時期：エンドウPEAなどの豆類，および花を咲かせて地上に実をつける野菜や植物は，月が満月へと向かっている時期に蒔かなければならない．一方ジャガイモPOTATOや根菜類は，必ず月が地平線の下にある間に蒔かなければならない．

［'Foulsham's original Old Moore's Almanack for the year 1989'］

●地上に生育する野菜の種は，新月のときに蒔く．地下に生育する野菜の種は，満月のときに蒔く．［グレーター・マンチェスター，ストックポート，1991年4月］

●［イースト・アングリア地方では：］月が満ちてゆく間に種を蒔き，月が欠けてゆく間に草を抜く．［Evans, 1971. 142］

●かつて，かごBASKETSを編む小枝は，「11月の翳りゆく月November Dark Moon」の間に［すなわち11月の，月が欠けていく期間に］採集されていた．

［コーク州ロアリング・ウォーター・ベイ，1993年1月］

●［ヘリフォードシャー州では：］月が円いときに豆粒BEANを蒔けば，さやが地面につくほどになるとされていた．［Leather, 1912: 15］

●月が欠けてゆく時期には，決して作物の種蒔き，植え付け，収穫をはじめないこと．［シェットランド州ラーウィック，1994年3月］

→潮TIDE

Morel 学 *Morchella* spp.（キノコ類，チャワンタケ科**アミガサタケ属**の数種）

現在のように野生のキノコを口にするのが流行する以前から，地方によっては，時折morelを採集して食用にすることがあったようである．

●1921年，私は［ケンブリッジシャー州ウィットルズフォードにあった］将来夫となる人の実家を訪ねた．……そこで私は，埃っぽくてしわだらけの，枯葉をまるめたような玉が，紐に通して梁にかけられてあったのにとても興味をひかれた．……後になってわかったことだが，義父の好物であったステーキやキドニー・パイ〔牛などの腎臓を使ったパイ〕には，これらの「玉」を肉汁で調理したものが必ず添えられた．義父はこれをmurrelと呼んでおり，……夜勤からの帰り道などに，よく集めてきていた．［ベッドフォードシャー州モールデン，1993年4月］

Moss コケ類

hair moss［*Polytrichum* spp.（スギゴケ科スギゴケ属の数種）］およびthyme thread moss［*Mnium* sensu lato spp.（チョウチンゴケ科チョウチンゴケ属（広義）の数種）］——これらの種はなぜか害をなす植物と見なされており，時にpoisonous spittle（毒のある唾）と呼ばれることもある．

Moth 衣蛾

衣蛾の駆除に用いられてきた植物には，セイヨウヤチヤナギBOG MYRTLE，セイヨウトチノキHORSE CHESTNUT，LADY'S BEDSTRAW（ヤエムグラ属の1種），エゾヨモギギクTANSYなどがある．

Mother die

摘みとったり家に持ち込んだりすると，母親が死ぬ，もしくは単に不幸を招くという俗信をもつ植物の異称．具体的には以下の植物がこれにあたる：COW PARSLEY（シャク属の1種），FOOL'S PARSLEY（アエトゥサ属の1種），HAWTHORN（サンザシ属の数種），ドクニンジンHEMLOCK，PLANTAIN（オオバコ属の数種），RED CAMPION（マンテマ属の1種），ヤナギランROSEBAY WILLOWHERB，UMBELLIFERS（セリ科植物），セイヨウノコギリソウYARROWなど．またGREATER STICHWORT（ハコベ属の1種）は逆に，摘み取らないと母親の死を招くとされることがあった.

Mothering Sunday　母親訪問日

四旬節の第4日曜日は,「母親訪問日Mothering Sunday」として祝われており,近年では,関連業者が営業戦略としてこれをあおることもあって,母親に贈り物をしたり,グリーティング･カードを送ったりするのがならわしとなっている.この慣習自体の起源は,宗教改革以前の時代にさかのぼると考えられている.すなわちこの時代には「四旬節の中日にあたる日曜日になると,信心深い教区民が,小教区の母教会,もしくは教区の大聖堂に,献金のために出かけていった」[Hole, 1976: 142].そしてこの日曜日はやがて一族再会の日とされるようになり,奉公人は,里帰りをして母親に会うことを許されたのである.20世紀の半ば頃までには,多くの小教区の教会が「母親訪問日の礼拝」を行なうようになり,その折にはしばしば,母親に贈るための小さな花束が配られた.

●〔この日〕多くの教会が子どもたちに,母親に贈るための花(スミレVIOLET,ラッパズイセンDAFFODILもしくはプリムローズPRIMROSE)を配る.

[SLF MSS,シェフィールド,フルウッド,1969年5月]

●[サマーセット州マーストン・マグナの]セントメリーズSt Mary's教会では,母親訪問日の家族礼拝の際,日曜学校の子どもたちや集まった信徒の子どもたちに小さい花束を配るという伝統が,教区牧師H･ド･ジャージー･ハントde Jersey Hunt師によって今年も守られ,30個ほどの小さい花束が配られた.

[1979年3月30日付 'Western Gazette' 紙]

関連業者が母親訪問日に目をつけはじめてからというもの,花屋にとってこの日は,またたくまに聖ヴァレンタインの祝日ST VALENTINE'S DAYと並ぶかきいれ時となった.そして現在に至っても,この事情はほとんど変わっていない.

また母親訪問日はしばしばMother's Day(母の日)の名で呼ばれることもあるが,この名称は本来,5月の第2日曜日を指して用いるべきものである.1914年以来,アメリカ合衆国の全土,それにやや控えめながらカナダおよびラテンアメリカの一部地域では,この日が「母の日」として祝われているからである[Hole, 1976: 143].これらの地域ではこの日,胸にカーネーションCARNATIONが飾られる──「あなたのお母さんがご健在なら赤い花を,お亡くなりになった場合には白い花を身につけます」[アメリカ合衆国,カリフォルニア州マリブ,1990年7月].

Mother's Day　→母親訪問日MOTHERING SUNDAY

Mother's heart

ランカシャー州における,ナズナSHEPHERD'S PURSEの異称.

Motherwort　学 *Leonurus cardiaca*(シソ科**メハジキ属**の1種)

●マン島でvervine(Yn Lhus)と呼ばれている植物は,昔も今も,不思議な力を有し,災いを防いでくれると考えられており,単にthe herb(薬草)と呼ばれることも少なくない.〔この名で呼ばれる2種のうち〕クマツヅラVERVAINはこの島には少なく,広く見られるのはmotherwortの方である.この両者は,時にhe-(雄の)/she-(雌の)と接頭語を付して区別することもあったようだが,今となっては,どちらがどちらを指していたのかを特定するのは難しいようである.栽培用としてvervineの根を手に入れるのに,最も良い日とされていたのは聖ヨハネの祝日の前夜ST JOHN'S EVEであったが,ただしその際,他人にこれがほしいとはっきり口に出してはならず,せいぜいそれとなく匂わせる程度にとどめなければならなかった.また,こうしたまじないの類によくあるように,この草を与える側と受け取る側は異性どうしでなければない,という人もいる. [Garrad, 1984: 78]

Mountain ash →セイヨウナナカマドROWAN

Mourning(哀悼) →死DEATH/葬式の花FUNERAL FLOWERS

Mouse-ear chickweed 学 *Pilosella officinarum*(キク科**ピロセラ属**の1種)

● mouse's earは,草の多い川の土手などに生える雑草だが,薬草として用いられることもある.完全に乾燥させてから,茶剤にして,百日咳WHOOPING COUGHを患う子どもに飲ませるのである. [Taylor MSS, サフォーク州ブライバラ]

●ケント州のアシュフォード近辺で見られた薬草療法:私の父は,mouse ear(少なくとも父はこう呼んでいた)の根を,薬局で求めた甘草と一緒に煮て,咳COUGHSや風邪の症状を和らげる飲み薬をつくった.いやな味がしたが,よくなるのは嬉しかった! [イースト・サセックス州ベクスヒル・オン・シー,1991年2月]

●かつてわれわれは,共有地へ行ってmouse-earを集めてきたものだった.母はそれを使って,咳の薬をつくってくれた. [ハンプシャー州イチン,1993年1月]

Muckies

インヴァネスシャー州における,イヌバラDOG ROSEの実の異称.

Mugger

コーンウォール州における,MUGWORT(ヨモギ属の1種)の異称.

Mugwort 学 *Artemisia vulgaris*(キク科**ヨモギ属**の1種)

コロンゼー島では:

●スコットランドの高地地方出身の人びとが,若くて柔らかい葉を,しばしば煮野菜として利用する. [Lightfoot, 1777: 469]

●老人たちは,[mugwortの]葉を(タバコTOBACCOのようにして)吸っていた. [McNeill, 1910: 137]

●[〔コーンウォール州〕トルーロー近郊のショートレーン・エンド校Shortlane End Schoolでは,1934年から38年頃にかけて]学童たちがmugger,すなわちmugwortを吸っていた. [コーンウォール州セント・デイ,1994年1月]

マン島では:

●7月5日といえば,ティンワルドTynwaldすなわちマン島議会が,1000年以上も連綿と続いてきた古式に則り，セント・ジョンズにおいて野外で開催される日である．……

1952年には，大執事キューリーKewley師により，議会においてmugwortの小枝（Bollan BaneあるいはBollan feailleoinと呼ばれる）を身につけるという，由緒正しき伝統が復活させられた．……

古い記録の中には，兵士たちが議会に出席する際には，mugwortを身につけていたと強調しているものもあり，mugwortは，古代スカンジナヴィアにおいて王への忠誠心を示す典型的なシンボル，もしくはマン島の王の植物紋章であったのかもしれない．［Garrad, 1984: 76］

Mulberry 学 *Morus nigra* **クロミグワ**（クワ科クワ属）

● 〔イングランドの〕西部諸州では，クロミグワの木が芽をふけば，じきに霜がおりなくなるとされている．［Dyer, 1889: 120］

子どもたちの遊びの1つ「さあ，クロミグワの低木の周りをまわりましょう（Here we go round the mulberry bush）」については，なぜここにクロミグワが出てくるのか，という点をめぐって――とりわけクロミグワは低木bushではなく高木treeであるだけに――さまざまな憶測を呼んできた．中にはこの遊びが，刑務所の運動場で行なわれていた囚人たちの体操に由来する，という説まであらわれることになった．

● 今年のチェルシー・フラワー・ショーの庭園の部では，レイヒル開放刑務所Leyhill Open Prisonに収監中の2人の受刑者が，銀メダルを獲得した．彼らがつかの間，屈強そうな刑務官2人に付き添われていたとはいえ，チェルシーの青空を満喫したことは言うまでもないだろう．……受賞したレイヒル・ガーデンLeyhill Gardenには，'Here we go round the Mulberry Bush'というタイトルが付されており，これはウェイクフィールドの王立刑務所HM Prisonにある旧式の運動場を再現したものだという．この運動場の中央には，見事な*Morus nigra*〔＝クロミグワ〕の木が1本生えており，かつて受刑者たちは体操の時間になると，この木の周囲を歩いたものらしい――そしてこれが，かの伝承童謡の起こりだともいう．

［1992年5月20日付 'The Times' 紙］

奇妙なことにこの遊びは，A・B・ゴムAlice Bertha Gommeが1894年から98年にかけて出版した，伝統的な遊びのコレクションの中には含まれていない．またオウピー夫妻the Opiesが1985年に公刊した「歌遊びsinging games」についての研究では，これが取りあげられているが，刑務所の運動場のクロミグワの件には一切言及されていない．

オウピー夫妻によれば：

● 1978年には，この 'Mulberry Bush' の歌に関して，まことしやかな歴史がらみのジョークが広まった．それによれば，大司教トマス・ア・ベケットThomas à Becket〔1118-70〕を暗殺する前に，騎士たちは自らの剣をクロミグワの木――これは今でも残っている――に掛け，「これがわれわれの髪結いのやり方だ（this is the way we do our hair)」と歌いながら，素手で聖人の頭皮を剥いでいったという．そしてことが終わると騎士たちは，その罪を洗い流すべく手を洗い，この木のまわりで祈りを捧げたという．[Opie, 1985: 291]

またオウピー夫妻は，この遊びの歌詞の中でmulberry bushの代わりに用いられたことのある植物の名を紹介している．すなわち，セイヨウメギBARBERRY bush（アメリカ合衆国，1882年および1900年頃），セイヨウヤブイチゴBRAMBLE bush（1849年），セイヨウスグリGOOSEBERRY bush（1840年にドーセット州で生まれた，トマス・ハーディが記している），セイヨウヒイラギHOLLY bush（ノッティンガムシャー州，1894年），セイヨウキヅタIVY bushまたはivory bush（ノーフォーク州，1894年），ウチワサボテンprickly pear（1888年にミズーリ州セントルイスで生まれた，T·S·エリオットが記している）などである．これらのうちでさらなる検討に値するのは，おそらくはセイヨウヤブイチゴbrambleすなわちブラックベリーBLACKBERRYのみであろう．

●イースト・アングリア地方では，blackberry（ブラックベリー）がmulberry（クロミグワ）の名で呼ばれることがあるが，私はこれまで，この理由を説明しようとする文献にはお目にかかったことがない．この地方の片田舎には，今でも大ぶりな実をつけるブラックベリーの種をmulberryと呼びならわしている人びとがいることは確かだが，私としては，going a-mulberrying（mulberry採りに行く）という言い回しが，大きさや種にかかわらず，ブラックベリー全般を集めることを意味している点を考えあわせると，もうすこし踏み込んだ説明が可能ではないかと思われる．……かつてクロミグワの木をもつことができたのは，裕福な人びとだけであり，普通の人びとはブラックベリーで満足しなければならなかった．そこで貧しい人びとの実であるブラックベリーを，皮肉をこめてmulberry（クロミグワ）と呼んだ，というのは，いかにもありそうなことである．……さらにもうひとつ，田舎に住む人びとがmulberryという語を広くこの意味で用いていたことをうかがわせる証拠をあげておこう．すなわち，「さあ，mulberryの低木の周りをまわりましょう（Here we go round the mulberry bush)」という歌遊びの一節である．本物のクロミグワであれば高木treeになってゆくはずで，「低木bush」というからには，ここのmulberryはブラックベリーのことでなければおかしいのである．[Evans, 1969: 13]

クロミグワとブラックベリーの混同には，長い歴史がある．古典期のラテン語では，この両種は同じmorumという語で呼ばれ，ホラティウスはこれをクロミグワの意で，一方ウェルギリウスとオウィディウスはブラックベリーの意で用いていた．それはともかくとして，この歌との関わりでいえば，ブラックベリーについて，この木の周囲を這ったり，あるいはより一般的にはその下をくぐったりすることでさまざまな病を治すことができるという言い伝えがある点も，一考に値するのではないかと思われる．この遊びの起源もしくは展開と，何らかの関わりをもっているのではないだろうか．

●イースト・アングリア地方では，クロミグワは下痢DIARRHOEAに対する「確実な治療薬」として用いられた．クロミグワの緑の葉を煎じて，その汁を飲むのである．［Taylor MSS, ノーフォーク州イースト・ハーリング］

Mullein 学 *Verbascum thapsus* **ビロードモウズイカ**（ゴマノハグサ科モウズイカ属）

●［1880年代のガーンジー島では］排尿障害を患う雌牛に対して，次のような療法が用いられた：

まずビロードモウズイカの葉を用意し，細かく刻んでふすまと水を混ぜる．そしてこれを全部雌牛に飲ませる．［Stevens Cox, 1971: 6］

●気管支炎BRONCHITISと喘息ASTHMAの治療法：ビロードモウズイカの葉を乾燥させ，陶製のパイプに詰めてタバコTOBACCOのように吸う，煙は深く吸い込まなければならない．［IFC MSS 36: 252，リーシュ州，1930年頃］

●ビロードモウズイカの全草を……を煮て，その煮汁を漉す．この飲み物は風邪COLDSや，肺病CONSUMPTIONなどの肺の疾患に対する治療薬として用いられる．

［IFCSS MSS 660: 347，ラウス州］

●私はブローントン・バロウズで，［ジプシーの］ボブ・ペンフォールドBob Penfoldが，ビロードモウズイカを指してcough flannel（咳のフランネル）と呼んでいたのを覚えている．この葉は，「アンモニアと吐根」のようにとてもよく効く咳COUGHの薬として用いられていた．［デヴォン州バーンスタプル，1991年5月］

Mumps おたふくかぜ

おたふくかぜの治療に用いられてきた植物には，オオバイボタPRIVETなどがある．

Murrain （家畜などの）**伝染病**

家畜などが罹る伝染病の治療に用いられてきた植物には，HERB ROBERT（フウロソウ属の1種）などがある．

Murrel

ケンブリッジシャー州における，MOREL（アミガサタケ属の数種）の異称．

Mushroom 学 *Agaricus campestris* **ハラタケ**（キノコ類，ハラタケ科ハラタケ属）

ハラタケはよく腐熟した厩肥に生育するが，ヨークシャー州の一部地域に見られる俗信によれば，ハラタケの生育を促しているのは雄馬の精液であるという．

●野原に馬（特に雄馬）を放牧すると，あたりにハラタケが目立つようになりがちである．……雄馬とハラタケとの関係についてはよく知られている——後者は，馬の放った精液によって発育すると考えられているのである．

［SFL MSS，サウス・ヨークシャー，ウォークリー，1969年10月］

●種付用の雄の動物を放牧している牧草地には，ハラタケがよく生えるという俗信がある．雄馬や雄牛や雄羊は，その精液でハラタケを育てる，というのである．

［SFL MSS，ハンバーサイド州エプワース，1971年5月］

Mutton rose

コーンウォール州における，シロツメクサWHITE CLOVERの異称．

Myrrh

SWEET CICELY（ミリス属の1種）の異称.

Myrtle 学 *Myrtus communis* **ギンバイカ**（フトモモ科フトモモ属）

●ウェールズではギンバイカがとても大切にされ，戸口の両脇にこの花が生えていれば，愛と平和をもたらす祝福がその家を離れることはない，と言われている．逆にギンバイカを切ることは．愛と平和の双方を「殺す」ことである．花のついたギンバイカの小枝は，花嫁が用いる他に，ウェールズの一部地域では，少女たちが初聖体に行くとき，胴着の中にしのばせることもあった．また赤ん坊の幸せを願って，ゆりかごの中にも置かれた． [Trevelyan, 1909: 105]

イギリスにおいてギンバイカが結婚式と結びつけられるようになったのは——あるいは少なくとも，この結びつきが一般的になったのは——ヴィクトリア女王以来のことといえるだろう．1840年に女王が結婚されたとき，花束の中にギンバイカを加えられていたからである．古いギンバイカの茂みには，女王が婚礼のおりに手にされていた花束の中の小枝から育ったものだとか，あるいはその末裔にあたるといった「いわく」をもつものが少なくない．

●1973年11月14日，アン王女がマーク・フィリップスMark Phillips大尉と華燭の典を挙げられたとき，……王女の花束には，ヴィクトリア女王がご成婚の折，花束に用いられていたギンバイカから育てられた一枝が入っていた．……女王お抱えの花屋であるモイゼス・スティーブンスMoyses Stevens社の支配人で，アン王女の花束の製作にあたったB·D·ハドウHadow嬢［は以下のように語っている］．……「最近では，花嫁の花束用としてのギンバイカの需要はそれほど多くありません．われわれがギンバイカを使うのは，花嫁の祖母をはじめとするご親戚にこれを育てていらっしゃる方がいて，感傷的な理由からこれを花束の中に加えてやりたいと強く希望なさっている，といった場合に限られますね」． [Baker, 1974: 28]

●私は子どもの頃，ベルファスト郊外の古い家に住んでいた．私のいた子供部屋の南側の外壁に沿って，よく花をつける美しいギンバイカの茂みがあったが，同地の言い伝えによれば，これはヴィクトリア女王がご婚礼のおりに手にされていた花束の中の一枝から育てられたものだという．

［マージーサイド，ブルームバラ，1990年11月］

●4年ほど前のことになるが，ある老婦人が，私が育成を担当している低木の苗床に，鉢植えのギンバイカ（*Myrtus communis*）をもって訪ねてきた．この植物の面倒を見てくれないかというのである．彼女は近々この地方を離れて，アパートに引っ越すとのことで，この木は，ヴィクトリア女王がご婚礼のおりに手にされていた花束の中の一枝から育てられたものだと言われているので，われわれが育成に関心を示すのではないかと思って声をかけてみた，ということらしかった．

[Verrall, 1991: 28]

N

Naked ladies

ホンアマリリスJERSEY LILYの異称.

Nanny goat's mouths

デヴォン州におけるツタガラクサIVY-LEAVED TOADFLAXの異称.

Narcissus 学 *Narcissus* spp. **スイセン類**（ヒガンバナ科スイセン属の数種）

● 甘い香りを放つ，古風な白花のスイセン——scented lily（芳香を放つユリ）あるいはwhite lily（白いユリ）の名でも呼ばれる——は，墓地の花として知られており，家に持ち込むのは不吉とされるが，庭に植える花としては人気がある.

［シェットランド州ラーウィック，1994年3月］

→PRIMROSE PEERLESS（スイセン属の1種）

National emblems　国章

イギリス諸島の各国を象徴する植物として広く認められている植物をあげると，以下のようになる.

- ラッパズイセンDAFFODILまたはリーキLEEK：ウェールズ
- アマFLAX：北アイルランド
- GUERNSEY LILY（ネリネ属の1種）：ガーンジー島
- ヤコブボロギクRAGWORT（マン島語ではCushag）：マン島．——「それほど古くからのものではない．皮肉屋で鳴らしたヴィクトリア朝時代の総督が，島の野原にたくさん生えているんだから，これを島の花にすべきだと言ったのがはじまりらしい」［マン島，ユニオン・ミルズ，1994年6月］．
- 赤いバラred ROSE：イングランド
- シャムロックSHAMROCK：アイルランド共和国．この国ではまたオークOAKが国の木とされている．
- THISTLE（アザミ属の数種）：スコットランド．

こうした国を象徴する花や植物についてのさらに詳しい情報は，J·アッシュAsch作成の一覧（1968）を参照のこと．

Navelwoert →PENNYWORT（ウンビリクス属の1種）

Nerves　神経過敏

昂ぶった神経を落ち着かせるために用いられてきた植物には，セイヨウタンポポDANDE-LOINなどがある．

Nettle 学 *Urtica dioica*（イラクサ科**イラクサ属**の1種）

●スコットランドの多くの地域で，nettleが口にされ，また健康によい食材とみなされていたのは，それほど古い話ではない．若くて柔らかい葉を集め，これを煮てすりつぶしたものに……オートミールを少し混ぜ，もう一度しばらく煮たものを食べるのである．いわば他の「青物」と同じように調理されるわけだが，この料理は昔も今も，なにがしかの薬効をもつものと考えられている．そして北部ではこうした料理が，他の「青物」を用いた料理がchapit kailと呼ばれるのにならって，nettle kailという名で通っていた．さらにnettleを使ってエールをつくることもあり（nettle aleと呼ばれた），これは黄疸JAUNDICEの治療薬として用いられていた．その醸造法は以下の通りである．まず一定量のイラクサの根を集めてよく洗い，数時間煮つめて濃い煮汁をつくる．これに酵母（barm）を加え，発酵（vrocht）させたうえで瓶詰めにすればできあがりである．最近，ある男性から聞いた話では，母親がよくこのエールをつくっていたのでしばしばこれを飲んだが，なかなか口あたりはよい，ということだった．

少なくともある地区では，nettleは「話しかけられていない」もののみが薬効をもつとされていたようである．すなわち，これを集めにいく人は，誰からも話しかけられてはならない，というのである．［キンカーディンシャー州には］次のような話がある．……

「先頃ジョリーブランズ近くの，南の通行税取立所からそう遠くないあたりに住んでいたジョーディ・タムソンGeordie Tamsonが，長患いをしたことがあった．何週間も医者に診てもらったが，いっこうによくなる気配がなく，ずっと寝たきりになっていたのである．そこで近くのダウニーズの村から「腕利きの」女性を招いて診てもらった．すると彼女はすぐさま，夕食にnettle kailを出すように指示し，ただし料理に使うnettleは，真夜中に集めた「話しかけられていない」ものでなきゃだめですよ，と付け加えた．そこで早速その晩，11時になる前に，ジョーディの友人であるケアングラッシー出身の3人の若者が，nettleが群生しているポートリーゼンのレッド・カークヤードに向けて出発した．……集められたnettleは大事に病人の許に届けられ，しかるべく調理された．病人はこれを食べるとすぐに，しかもすっかりよくなった」．［Gregor, 1884b: 377］

とりわけアイルランドには，nettleが健康によい食材として利用されたことを示す記録が数多く残されている．

●それにnettleもそうだった．われわれはそのスープをつくるために，これを採集しなければならなかった．しかしこのスープはとてもおいしかった．

［ロンドンデリー州カースルロック，1989年2月］

●母から聞いた話：約70年前，母がまだ子どもだった頃，3月になると，血BLOODをきれいにするためだといって，その1か月の間に3度，nettleを煮た料理が出た

(あるいは無理やり食べさせられた).　［キルケニー州デーンズフォート，1991年4月］

●春のうちに，若いnettleを煮たものを3度食べなさい．そうすればその年には病気に罹らない．　［スライゴー州バリモート，1994年5月］

●血液中の鉄分を増加させるには，nettleの煮汁を飲むか，その若い葉を食べるとよい．　［グウィネズ州ラニュークリン，1991年4月］

しかしnettleが花をつける頃になると，葉が固くなりはじめ，食用には適さなくなる．

●森［〔ハンプシャー州の〕ニュー・フォレスト］では，春のnettleは……ある日を境に食用に適さなくなる．……土地の言い伝えによれば，5月祭May Dayの日には，悪魔DEVILが自分のシャツをつくるためにnettleを集めるという．　[Boase, 1976: 115]

nettleは，七面鳥の若鳥の餌にも適している．

●1930年代から40年代にかけて，七面鳥を飼育する人びとは，nettleを餌として与えていた．彼らは，古いストッキングをかぶせた手にナイフを持って，nettleを刈りに野原へ出かけたものだった．中には，袋にいっぱいになるまで採ってくる人もいた．まず深鍋でIndian Meal（トウモロコシ）の薄いかゆをつくり，それからnettleを細かく刻む．私のおばは，素手で目一杯つかんで（こうするとかえって手に刺さらない）これをしぼり，よく切れるナイフで刻んでいた．そして刻んだnettleを，煮立っている薄かゆに入れてかき混ぜる．これを冷ましてどろどろになればできあがりである．　［ロングフォード州レナモー，1991年4月］

●クリスマス用に七面鳥を数羽飼っているわが家の隣人は，nettleを餌にしている――というより，nettleをその餌に混ぜている，というべきかもしれないが．

［サフォーク州ウェスト・ストウ，1992年10月］

nettleを使ったビールは，自家製のアルコール飲料として人気があり，とりわけランカシャー州ヘイシャムのものが有名である．

●1988年の8月，私はヘイシャムのオールド・レクトリー・ティー・ガーデンOld Rectory Tea Gardenを訪ねた．そこの「伝統的」なnettleビール――楽しく，爽快な気分にしてくれる，ほのかにショウガの香りのするあの飲み物――にありつくためである．隣のテーブルに座った男性――このビールをボトルごと買っていた――は，しきりに懐かしがりながら，30年前，ある老婦人が田舎家でこのビールをつくって売っていたのをよく飲んだものだと語っていた．

［ロンドン，ストレタム，1992年11月］

nettleは，とりわけリウマチRHEUMATISMの治療薬として高く評価されていた．

●私は，〔デヴォン州〕トーキーに住む老嬢たちから，nettleのとげは［リウマチの］治療に役立つと聞いたことがある．nettleを患部にあてがうのだという．

[Chope, 1935: 138]

●［デヴォン州のモートンハムステッド近辺では，nettleの］煎じ汁が［リウマチの］治療薬である［と言われている］．5年ほどこれを使っているが，とても調子がよいようである．
[Brown, 1972: 267]

●かつて，〔デヴォン州〕エクスマスのある年老いた薬草家から聞いた話：リウマチの治療には，長さ8インチほどのnettleの束を用意し，これで患部を叩く．
［デヴォン州バドリー・ソルタートン，1976年4月］

nettleはこの他にも，以下のような病気の治療に用いられてきた．

●気管支炎BRONCHITISの治療法：nettleを乾燥させ，閉め切った部屋で，これを燠火にくべて燃やす．その刺すような香りを吸い込めば，気管支炎や喘息ASTHMAの発作を和らげることができる．［ハンバーサイド州ラングトフト，1985年7月］

●胃の不調を治すために，nettleの茶をいれて飲んだ．
［ケンブリッジシャー州ヒストン，1989年1月］

●痛みを和らげる軟膏のつくり方：nettleを刻み，食塩をたっぷり加え，酢大さじ3杯，精製ラード2オンスとともに撹拌する．よく混ざりあったらこれを油紙の上で伸ばし，患部に貼りつけて，包帯で固定する．
［グレーター・マンチェスター，ストックポート，1991年4月］

●ファイフ州出身の私の友人は，もう80歳を優に超えているが，彼女は父親から，その昔，凍傷に罹った肩を治療してもらったときの様子を聞かされたことがあるという．なんでもnettleを肩の皮膚に直接あてがい，多分数日間そのままにしておくのだそうである．

nettleを取り外したあとは，そのとげによって水ぶくれができ，痛みはあったけれども，凍傷は完全に治ったという．［エディンバラ，1992年1月］

●nettleの煮出し汁は，Lily Rashに効く．Lily Rashというのは〔発疹の1種で〕，ラッパズイセンDAFFODILの仲間の植物の汁液によって引き起こされ，ふつう指に痛みやかゆみをもたらす．この花の時期に，市場へ出荷する花を採集したり，包装したりしていると，よくこれにやられる．［シリー諸島，セント・メリーズ島，1992年9月］

●野生のnettleを煎じたものは関節炎ARTHRITISに効く．
［ティペレアリー州クロンメル，1993年2月］

1952年には，ニュー・フォレストのジプシーの間でnettleが避妊薬として用いられていたという記録が残されている．靴下の底にnettleの葉を厚く敷きつめ，行為に及ぶ24時間前から，男性がこの靴下を履いておくのである．この情報を寄せたジプシーは，自分でも効果を確かめたと語っていたという［Macpherson MSS］．

王政復古記念日Oak Apple Day〔5月29日〕にオークOAKを身につけていない子どもは，罰としてnettleのとげで刺されるのが長年の伝統であった．しかし，この慣習が比較的遅くまで残っていた地域でも——少なくともその一部では——王室に敬意を表する愛国的な心情から，というよりも，オークを身につけていない子どもを追いかけまわす楽しみが捨てがたいためにこれが続けられていた，という側面があったことは否定できないようである．

●ノッティンガムシャー州ではこの5月29日，他では廃れつつある慣習がまだ今年も見られた．同地ではこの日をOak and Nettle Day（オークとnettleの日）と呼んでおり，子どもたちは朝早くから，帽子やボタンホールにオークの小枝を挿して，颯爽と出かけてゆく．彼らは出会う人ごとに「オークを見せろ」と声をかける．そしてこのとき，葉1枚でも見せることができれば，そのまま素通りできるが，もししかるべき小枝も葉ももっていなければ，顔やら首やら手やらを，nettleでしこたま叩かれることになる．ただしこうしていったん不忠誠に対する罰を受けた者にはオークが与えられるので，その後に出会う別の集団からは，被害を受けずにすむのである． ［E., 1884: 381］

コーンウォール州のリスカードからほど近いコモン・ムーアでは，5月1日はStinging Nettle Day（nettle刺しの日）と呼ばれていた．

●［私は現在84歳になるが，4歳半ぐらいの時分にコーンウォール州に移ってきた.］当地では5月1日に，Stinging Nettle Dayが祝われていた．この日われわれは学校に行く途中，小さいDOCK（ギシギシ属の数種）の葉を摘み，これにとげのあるnettleの葉を包んで食べたものだった．こうすれば，翌年のStinging Nettle Dayまで，さまざまな災厄から身を守ってくれるとされていたからである．

［デヴォン州ティーンマス，1984年11月］

デヴォン州南部やコーンウォール州の一部地域，さらにノーフォーク州クローマー近辺［Chandler 1993: 11］などでは，5月2日がSting Nettle Dayとされていた．

●私はデヴォン州ブリクサムの生まれだが，次のような歌を覚えている．

5月1日はDucking Day（水責めの日）
5月2日はSting Nettle Day（nettle刺しの日）
5月3日はPetticoat Day（ペチコートの日）

5月1日には，われわれは水を配ってめいめいの水鉄砲を一杯にし，人びとに水を浴びせた（Ducking）．夕方になると，消防隊が港へ出向き，ホースでオレンジ公ウィリアムWilliam Prince of Orangeの像を洗い，さらには市役所にもまわって同じことを繰り返した．

5月2日には，われわれはnettleをもって女の子を追いまわした．

そして5月3日には，われわれは女の子を追いまわし，〔ペチコートを見るために〕その服を捲りあげようとした． ［デヴォン州ペイントン，1984年11月］

●私がまだ若かった50年前には，5月1日といえば，実に楽しいDucking Dayであった．しかしその翌日（5月2日）はSting Nettle Dayで，この日男の子たちはとげのあるnettleを取ってきて，脚をとげで刺そうとして，すべての女の子たちを追いかけまわした．しかし言うまでもなく，彼らが私たちをうまく捕まえられることはめったになく，私たちの間には笑いが絶えなかった．それに仮に男の子が女の子を捕まえても，実際には刺すのをためらいがちで，あまりひどいことはしなかった．5月3日はPetticoat Dayであった．……男の子は，私たちがどんなペチコートを身につけているかを確かめようとして，私たちを追いまわした．

［デヴォン州ブリクサム，1984年11月］

大人が子どもを，あるいは田舎の子がぼんやりした町の子を狙ってしかける，nettleを使ったいたずらに，「今月のnettleは刺さない（nettles don't sting this month）」といってだます，というものがある．

●彼らは，「今月のnettleは刺さない」と言って，nettleの葉を固く握りしめ，その言葉の正しいことを証明してみせる．それを見て町の子がおそるおそるその葉にさわってみると，痛さのあまり叫び声をあげることになる．そこで田舎の子どもたちは，「今月のnettleは刺さない，だけど君のことは刺す！（Nettles don't sting this month—but they do sting you!）」とはやしてからかうのである． ［Opie, 1959: 61］

nettleは染料DYESとしても利用され，第二次世界大戦中には，この目的のために学童たちによる採集が行なわれた．

●かつて人びとは，nettleを使って羊毛を染めることもあった．羊毛はあらかじめ水とカリに漬けておき，染料をよく吸収するようにしばらく煮る．そして次に，たっぷり集めてきたnettleをきれいな水の中で煮立て，nettleを取り除いてからこの液に先程の羊毛を入れ，1時間ほど煮る．羊毛が緑色になったところで取りだし，よく洗ってnettleのくずをすっかり取り除いてから，これを乾燥させて紡ぐのである． ［IFCSS MSS 212: 79，リートリム州］

●戦争がはじまると，田舎の人びとの間に伝わってきたnettleの使用法についての調査が行なわれ，1942年には，各州の薬草委員会County Herb Committeeに，100トンのnettleを集めるよう指示が下り，その年のうちに，国全体で40トン以上が集められた．これはカムフラージュのための深緑の染料として用いられたり，クロロフィルなどの成分を抽出し，強壮剤その他の薬剤の原料とするのに用いられた．

［Ranson, 1949: 84］

●エリカEricaは1940年頃，ガール・ガイドの活動で，バラROSEの実とnettleを集めていた．……nettleはいったん芝生の上で乾燥させてから束ねていた．……それらがどういう運命を辿ることになるのか，彼女は全く知らされていなかった．ちなみにエリカが所属していたのは，ストックポート近くの，第2ヒートン・ムーア団2nd Heaton Moor Companyであった． ［ケンブリッジシャー州ガートン，1989年6月］

●第二次世界大戦中のある暑い夏のこと，サセックス州の学校では，nettleを集めるために班が編成された．われわれは大量の束と無数のとげを持ち帰り，運動場をいっぱいにした——おかげでその週のクリケットは中止になった．これらは乾燥させた後，まとめて送り出されたが，送り先は教えてもらえなかった．このことはすべて極秘扱いで，実家に出す手紙にも，これについてふれるのを禁じられていた．ずっと後になって，これはわが軍が使用する緑色の「ブランコblanco」〔カムフラージュのための塗料〕をつくるのに用いられていたのだという話を聞いたことがある．ありえないことではないように思えるが，それにしてもなぜあれほどまでひた隠しにする必要があったのだろうか？

［ノーサンバランド州ヘクサム，1989年8月］

●戦争中，われわれは学校でさまざまなものを集めさせられた――セイヨウシナノキLIMEの花，nettle，イヌバラ[DOG] ROSEの実などである．nettleは，大きなカンヴァスの布の上に広げて乾燥させられていた．しかし私は，nettleを集めるのはあまり好きではなかった．その頃，学校へ持参しなければならない衣類のリストには，nettle採集用の手袋が加えられていたが，これは非常に手に入りにくかった．

［ロンドン，チズウィック，1991年2月］

時にnettleは，ハエFLIES除けに用いられることもあった．

●［私がまだ子どもだった1920年代には］台所あるいは食糧貯蔵室に，採ってきたばかりのnettleを束にしてかけておくと，ハエを寄せつけないとされていた．

［アントリム州ラーン，1991年11月］

●ハエを寄せつけないようにするために，nettleをかけていたことがあった（しかし役に立たなかった）． ［ノーサンプトンシャー州ウッドニュートン，1992年6月］

Nettle stings （nettleによる）**刺し傷**

NETTLE（イラクサ属の1種）による刺し傷の治療に用いられてきた植物には，セイヨウタンポポDANDELION，DOCK（ギシギシ属の数種），草GRASS，セイヨウワサビHORSERADISHなどがある．

Neuralgia 神経痛

神経痛の治療に用いられてきた植物には，ヒヨスHENBANEなどがある．

New Year's Day 元日

この日と関連の深い植物には，ヒナギクDAISYやHAWTHORN（サンザシ属の数種）などがある．

Nipplewort 学 *Lapsana communis*（キク科**ヤブタビラコ属**の1種）

●イングランドの一部地域では，人びとがこれを煮野菜として使っているが，苦くてあまりおいしいものではない． ［Lightfoot, 1777: 445］

No blame

アイルランドにおける，セイヨウミヤコグサBIRD'S-FOOT TREFOILの異称．

Norway spruce 学 *Picea abies* **ドイツトウヒ**（マツ科トウヒ属）

クリスマス・ツリーCHRISTMAS TREEとして最も広く売られている木．

Nosebleed

セイヨウノコギリソウYARROWの異称.

Nosebleeds　鼻血

鼻血の原因になるとされてきた植物には，ヒナゲシPOPPYやセイヨウノコギリソウYARROWなどがある．ただしセイヨウノコギリソウは，鼻血の治療に用いられることもあった.

Nursery bogies　子ども部屋のボーギー

●大人がこれを恐れることはない点を考えると，子どもたちを危険な場所や好ましくない活動に近づかないようにするためだけに，わざわざ考え出されたように思える妖精たちもいる. [Briggs, 1976: 313]

こうした妖精たちは「子ども部屋のボーギーnursery bogies」と呼ばれ，その仲間と考えられるものには，リンゴAPPLEを守る「オード·ゴギーAwd Oggie」や「ものぐさローレンスLazy Laurence」，熟していないセイヨウハシバミHAZELの実を守る「チャーンミルク·ペグChurnmilk Peg」や「メルシュ·ディックMelsh Dick」，さらにはコウキクサDUCKWEEDで覆われた池などに近づく子どもを捕まえる「緑の牙のジェニーJENNY GREENTEETH」などがある.

Nut　木の実

●［1935年から45年頃にかけての，子ども時代の思い出：］仁が二つある木の実（アーモンドによくある）を見つけたら，その片方を誰か他の人にあげる．こうして木の実を分かちあった2人は，翌日（あるいは次の機会に）顔をあわせたらすぐに，「フィリップPhilip！」と叫ばなければならない．もしどちらかが忘れたら，相方には罰金を要求する権利がある．ベルギー生まれの母から教えてもらった遊びなので，おそらくはフランスの慣習なのではないかと思う.

［ウェスト・サセックス州ワージング，1989年1月］

→セイヨウハシバミHAZEL

Nutmeg　学 *Myristica fragrans*　**ニクズク**（ニクズク科ニクズク属）

●ポケットにニクズクを入れておくと，［リウマチRHEUMATISMが］治る.

[Chope, 1935: 138]

●［ヨークシャー州ウェスト・ライディングでは：］ニクズクを糸に通して，ズボン吊りにかけておくと，リウマチの予防になるとされた. [McKelvie MSS, 1963: 265]

●ポケットにニクズクを入れておくとリウマチの予防になる（ドンカスター近辺では，今日でも堅く信じられている．私のことを親身になって心配してくれている人から，ポケットに一つずつニクズクを入れてもらったことがある）.

[CECTAL SLF MSS，サウス・ヨークシャー，ドンカスター，1968年4月]

●サフォーク州生まれのある老婦人が，身につけている服の内ポケットに，いつも何かを大事そうにしまっていたので，しばらく前に私は，何を入れていらっしゃるんですか，と尋ねてみた．……それは古びた，小ぶりなもので，小さな豆のように見えたが，彼女の返事によると，ニクズクの実だということだった．「どうしてそれを身につけていらっしゃるんですか」と重ねて訊いてみると，17歳ぐらいのときに母親から，健康にいいからいつもポケットに入れておきなさい，といって渡されたのだという．……この女性は3年前ブライトンで亡くなった．91歳だった．
［Tylor MSS，サフォーク州デベナム，1925年4月］

→ジャガイモ POTATO

O

Oak　㊫ *Quercus petraea / Q. robur*　**オーク**（ブナ科コナラ属の2種）

オークは，非公式ながらイングランドの象徴（たとえば，ポンド硬貨にはアマFLAX，リーキLEEK，THISTLE（アザミ属の数種）とともに「国の植物」としてあしらわれている）とされており，またアイルランド共和国では「国の木」とされているにもかかわらず，民間伝承においてはさほど注目された形跡が見られない．民間伝承においてこの木が取りあげられるのは，主として3つのテーマに関わる場合に限られるようである．すなわち，オークとセイヨウトネリコASHにまつわる天候占いの歌に関するもの，王政復古記念日Oak Apple Day（5月29日）にオークを身につける慣習に関するもの，そして各地に生えている特定の木に関するもの，の3点である．

オークの出てくる「天候占いの歌weather rhyme」は広く各地に見られ，それゆえにまた異文も多いが，中には解釈次第で混乱を招くようなものもある．

● ［ドーセット州西部に住む］私の両親のもとを頻繁に訪ねてきていた年配の農夫は，よくこう口ずさんだものだった．

もしオーク〔の葉〕がセイヨウトネリコより先に出れば，
きっと雨が多くなるだろう．

If the oak is out before the ash,
We shall surely have a splash.

しかしその後で頭を掻きながら，「でも別の言い方もあってなあ」と付け加えるのが常だった．

もしセイヨウトネリコ〔の葉〕がオークより先に出れば，
きっと雨が多くなるだろう．

If the ash is out before the oak,
We shall surely have a soak.

彼にしてみれば，〔通例と異なってsplashを「大雨」と解釈しているため〕どちらにしても夏は雨が多いことになってしまうというわけである．［Vickery, 1978: 157］

しかし一般的には，もしセイヨウトネリコがオークより早く葉を出せば，その年の夏は雨が多くなるとされている．

● もしオーク〔の葉〕がセイヨウトネリコより先に出れば，
雨は少ししか降らないだろう．
もしセイヨウトネリコ〔の葉〕がオークより先に出れば，

きっと雨が多くなるだろう.

If the oak before the ash,
Then we'll only have a splash.
If the ash before the oak,
Then we'll surely have a soak.　［アントリム州バリカースル，1991年1月］

●イングランドの中でも，当地ではこのように言う：

セイヨウトネリコの前にオークだと雨が少なく
オークの前にセイヨウトネリコだと雨が多い.

Oak before ash — splash;
Ash before oak — soak.

［サマーセット州エンモーからの投書，1990年3月20日付 'The Times' 紙］

〔訳者註：引用の流れからsplash＝少雨，soak＝多雨と解したが，上記にもあるように，この解釈は必ずしも一定ではないようである.〕

●オークとセイヨウトネリコにまつわる天候占いの諺には非常に曖昧なところがあるが，……私はドーセットの州内で，ある意味では当然の帰結ともいえそうな，次のような歌を聞いたことがある.

もしオークとセイヨウトネリコが同時に葉を出せば，
身の毛のよだつような天気になるかもしれない.
これまで出会ったこともなく，
二度とお目にかかれないような天気に.

If oak and ash leaves show together,
Us may fear some awful weather.
This be a sight but seldom seen
That could remind we what has been.

［ドーセット州マーナルからの投書，1987年6月27日付 'Daily Telegraph' 紙］

5月29日は，王政復古記念日（Oak Apple DayあるいはRoyal Oak Apple Day）として知られ，1660年に実現した，王政の復古を祝う日となっている．この年の5月29日，国王チャールズ2世CHARLES IIは，意気揚々とロンドンに入ったわけだが，彼に関して最もよく知られているエピソードはおそらく，〔1651年に〕ウースターの戦いで一敗地にまみれて敗走する途中，ボスコベルにあった1本のオークの木に隠れて難を逃れた（後述参照），というものであろう〔この日がOak Apple Dayと呼ばれるのも，この故事に基づいてのことである〕．その後チャールズ2世は，「ロイヤル・オーク騎士団the Knights of Royal Oak」という騎士団の新設を計画したこともあったのだが，「そっと眠らせておくほうが賢明であるようなさまざまな敵意を，いたずらに目覚めさせることになるのではとの懸念から」[Yallop, 1984: 29] 結局これは断念されたという．しかし，5月29日にオーク（場合によってはコブカエデFIELD MAPLE）の葉を――できることならオーク・アップルoak apple（オークの虫こぶ）も――身につけるならわしは，20世紀に入ってからも依然として続けられていた．

●私がまだ学校に通っていた60数年前のことだが，われわれの間でOak Ball Dayと呼ばれていた日があった．その日は上着に，オークの葉もしくはオーク・ボールoak ball（オークの虫こぶ）をつけることになっており，もしつけていない者がいると，他の子どもたちからとげのあるNETTLE（イラクサ属の1種）で攻撃されたものだった．［スタッフォードシャー州グレズリーからの投書，1973年11月1日付‘Daily Telegraph’紙］

●［私は子ども時代を1920年代から30年代にかけての〔ワイト島〕イースト・カウズで過ごしたが：］王政復古記念日（5月29日）には，幸運を得るために，葉のついた小枝を身につけたものだった――そしてその枝にオーク・アップルがついていれば，いっそう幸運が期待できるとされた．［ワイト島，ライド，1988年11月］

●［チェシャー州マクセルズフィールドの近辺では：］私の祖母は1873年に〔ランカシャー州〕アドリントンで生まれたが，彼女から少なくとも一度，1946年頃だったと思うが，5月29日にはオークの葉をつけて学校に行くよう言われた覚えがある．

［ノース・ヨークシャー州スキプトン，1991年11月］

かつて王政復古記念日に身につけられていたオーク・アップル（虫こぶ）は，今日われわれが知っているような固い球状のものではなくて，5月になるとオークの木で急速に大きくなり，6月もしくは7月に成熟する，もっと大ぶりで形の悪い，スポンジのような虫こぶであった．より小さい，球状の虫こぶをつくるタマバチは，1830年頃，ある特定の目的をもって中近東からデヴォン州に移入された．タンニン酸を17%含んでいるこの虫こぶは，布の染料やインクの製造に利用できたからである［Darlington and Hirons, 1975: 151］．

王政復古記念日に，オークの葉のついた小枝がもう少し公的な形で身につけられる場合もある．ロンドンのチェルシーにある国立廃兵病院Royal Hospitalでは，毎年5月29日もしくはその前後に祝われる創設者記念日Founder’s Dayに，在院中の退役兵および来客が，オークの葉のついた小枝を身につけるならわしとなっている．同院はチャールズ2世が1682年，老齢の退役兵のためのホームとして設立したもので，1692年以来，この日には「創設者記念日のパレードFounder’s Day Parade」が，途切れることなく続けられている．このパレードでは，招かれた王室の一員もしくは陸軍の高官が，参加した老兵たちから敬礼を受ける．さらにこの日には，参加者がオークを身につけるだけではなく，同院に置かれている，G・ギボンズGrinling Gibbons〔1648-1721〕の手になるチャールズ2世像もまたオークの枝で覆われ，ほとんどその姿が見えなくなってしまうほどだという［Brentnall, 1975: 122］．

王政復古記念日にはまた，教会の塔の上にオークの枝が掲げられることも少なくない．ダービーシャー州のキャスルトンでは，5月29日に花飾りの行事が行われるが，それにあわせて教会の搭は「緑の葉のついた枝（たいていはオーク）で飾られ」，「時に子どもたちは［教会から］村へ戻る道をダンスをしながら帰り，行事に参加した親たちもまた，皆オークの枝を身につけて，やはりダンスをしながらその後に続く」［Lester, 1972: 2］．コーンウォール州でも：

●セント・ネオット教区では，王政復古記念日に，教会の塔の先端にオークの枝が掲げられる．言うまでもなくセント・ネオットは，大内乱Civil War〔1642-51〕の折には王党派に与していた．このオークの枝は，毎年ランペン農場Lampen Farmから届けられ，搭の外側につりさげられる．飾りつけの際には，教区牧師が祈りを唱えることになっており，私は例年，王室および当時の政府のために祈りを捧げたのち，主の祈りと祝福の言葉で締めくくるようにしている．

この日にはまた，セント・ネオットの婦人会Women's Instituteが，王政復古記念日のバザーを開催する．

［セント・ネオットの前教区牧師，E・G・オルソップAllsop師，1989年11月］

近年では，環境保護団体コモン・グラウンドCommon Groundが，王政復古記念日を祝う動きを活発化させようと積極的に働きかけている．1991年にこの団体がつくったカードには，次のような熱心な呼びかけが添えられている．「伝統ある祝祭を復活させよう――5月の29日にはoakを身につけよう」．

オークの木は比較的長命で，大木に育つことも多いので，その中からさまざまな伝説において中心的役割を担うものがでてくるのも，ごく自然ななりゆきといえよう．

「福音のオークGospel Oak」と呼ばれるオークの木は，現在でもいくつかの土地に残っており，また地名にその名残りをとどめていることもある．この木は，祈願祭Rogation Dayの日に行なわれていた「教区境界検分beating the bounds」の儀式の際に，福音書を朗読する場所を示すものだったとされている．最も有名なのは，サフォーク州ポルステッドの教会近くに立つ「福音のオーク」である．

●言い伝えによれば，この「福音のオーク」は樹齢1300年以上を数え，7世紀半ばに司教セドST CEDDに率いられたサクソン人宣教師たちが用いたのがはじまりだとされている．［Harley, 1988: 5］

この木は1953年に枯れてしまったが，現在はその場所には別の若い木が生えており，「これは，枯れた木の種子から芽をふいた木であると推定されている」．1910年以来――あるいはもっと早くから――8月の第1日曜日には，このオークの木のそばで年に一度の礼拝（Gospel Oak Service）が行なわれている．当日は同地の救世軍の楽隊が音楽を演奏したり，来賓の説教があったりとなかなかにぎやかで，例年70名を超える参列者がある［ポルステッドの教区牧師，G・マーズデンMarsden師，1993年9月］．

シャーウッドの森の「メジャー・オークMajor Oak」――この名は同地の古物研究家メジャー・ハイマン・ルックMajor Hayman Rookeに由来する――は，ロビン・フッドと関わりの深い木とされており，彼はこの木の下で陽気な仲間たちと「富の再配分計画を練りあげたと言われている」.

●「メジャー・オーク」は……エドウィンストウの北半マイルのあたりに立っている．樹齢の推定は容易ではないが，16世紀以前にまでさかのぼるものとは考えられていない．この木は現在，旅行会社のロビン・フッド・ツアーの大きな目玉のひとつになっているが，シャーウッドの森のこの地区が有名になり，ロビン・フッドの伝説と事細かに結びつけられるようになったのは，この伝説に対するロマンティックな関心が高まった，19世紀以降のことである．［Holt, 1983: pl. 10/11］

近年は，このオークの健康状態についての関心がかなり高まっているようである．

●ロビン・フッドの隠れがであったとされるシャーウッドの森に立つ「メジャー・オーク」には，このところ連日，数千ガロンの水が浴びせられている．暑く乾燥した天気が続いたので，火災や渇水によってこの木が損なわれるのを恐れてのことである．［1990年8月30日付 'The Times' 紙］

●ロビン・フッドが隠れ住んでいたとされるシャーウッドの森には有名な古いオークの木があるが，試験管の中でこの木のクローンをつくる研究が目下進行中である．万一この木が枯れてしまっても，生き写しの若木が育っているようにするためである．……ライトWright博士は，この木と「瓜ふたつ」の複製をつくるため，ノッティンガムシャーの州議会から23,000ポンドの補助金を与えられている．

ロビン・フッドの伝説は，シャーウッドの森国立公園の管理当局にとって重要な資金源となっているが，中でも高さ80フィート，樹冠の横幅が240フィートにも及ぶこのオークは，観光の目玉のひとつである．そこで，万一この「メジャー・オーク」が枯れてしまったときには，それに代わるクローンを植えられるようにしておこうという計画がもちあがったのである．ライト博士と州議会はまた，このオークの小さな複製を売りだせば，毎年この森を訪れる100万人近くの観光客の多くが，買って帰って自宅の庭に植えようとするだろうとも考えているようである．［1992年5月21日付 'The Times' 紙］

チャールズ2世が1651年，ウースターの戦いの後で隠れていたとされるオークの木は，現在でもシュロップシャー州のボスコベル・ハウスBoscobel Houseの敷地内で見ることができる．しかし，この木が当時のままのものなのか，それともその後に植えられた若い木であるかは，どうもはっきりしないようである．

●ボスコベルの話が広く知られるようになると，人びとはこの家とオークの木のもとに続々と押し寄せ，若枝を手折って記念にしようとする者があとを絶たなかったため，またたく間に木は傷んでしまった．そして，その傷み具合が非常に激しかったため，遅くとも1680年までには，館の主であったバジル・フィッツハーバートとジェーン・フィッツハーバートBasil/Jane Fitzherbertの2人は，この木を刈り込んで，高い煉瓦塀で囲うことを余儀なくされている．……1706年にはジョン・エヴェリンJohn Evelynが，人から聞いた話として，「ホワイト・レディーズ近くの有名なオークの木は，人びとがその枝を切ったり樹皮を剥いだりしたために枯れてしまった」と書き残している．そしてその6年後にはウィリアム・スタッケリーWilliam Stukeleyが，この木は「旅行者によってほとんどの枝を持ち去られてしまった」ことを嘆くと同時に，「そのドングリの1つから生じた若い元気な木」が，「すぐそばに」育っている，とも記している． [Weaver, 1987: 29]

レスターシャー州で語り継がれている伝説によると，チャーンウッドの森には，「頭のない」木——おそらくは刈り込まれた状態のことを指していると思われるが——があるという．

●〔レスターシャー州〕ラフバラから雇い入れた御者から，1893年の春頃に聞かされた話だが，近くのブラディゲーツ・ホールBradygates Hallに住んでいたジェーン・グレーJane Grey〔ヘンリー7世の曾孫，1537-54〕が斬首刑に処されたとき，まわりの古いオークの木々は皆，その頭を失ったという． [Skipwith, 1894: 169]

同様に：

●私が子どもだった頃，ニュータウン・リンフォードで広く知られていた伝説によると，ジェーン［・グレー］が処刑されたとき，ブラッドゲート・パークBradgate Parkにあるすべてのオークの木は，喪に服すしるしとしてその頂部を刈り込まれたという． [R. Palmer, 1985: 17]

インヴァネスシャー州フォート・ウィリアムでは，「首吊りの木HANGING TREE」という名で親しまれてきたオークの木が，1984年から85年にかけて「囂々たる非難と抗議を呼び起こすなか」，新しい公共図書館を建てるために切り倒された．この木は元来，地方の領主が罪人を絞首刑にするのに使った，いわゆる「首かせの木JOUG TREE」であったとされており，以下のような出来事が相次いで起きるのは，この木を切り倒したせいだと考えられているようである．

●この図書館では，それぞれについては取り立てていうほどのこともないような出来事が立て続けに起こっており，それらは一見したところでは互いに無関係のように見えるのだが，同地の人びとの心の中ではそれらすべてが関連づけられ，落ち着きのない，あるいはいたずら好きな妖精の仕業だと考えられている．とはいえ「妖精」が実際に姿を見せたことはなく，ただ相次いで奇妙な「出来事」が起こっているだけである．ある朝花瓶がなぜか床に落ちていた，非常に重く，そう簡単には持ちあげられそうもないような椅子がひっくりかえっていた，……主任図書館員がワープロの文書をプリントアウトすると，上下さかさまに印刷されて出てきた，などなど．

[Douglas, 1989; インヴァネスシャー州フォート・ウィリアム，1993年10月]

オークが薬用に用いられていたという報告も散見される．

●下痢DIARRHOEAを治すには：熟したドングリをすりおろして牛乳に混ぜ，患者に

与える. [Taylor MSS, サフォーク州ウルヴァストン]

●白癬RINGWORMを治すには：オークの木から葉を6枚取り，その煮出し汁を飲ませる. [IFCSS MSS 800: 219, オファリー州]

●オークの樹皮は，馬の肩にできる腫物SORESの治療に広く用いられていた．樹皮の煮出し汁で，患部を洗うのである. [IFCSS MSS1075: 135, ドネガル州]

→コルクガシ CORK OAK

Oar weed 学 *Laminaria hyperborea*（藻類，コンブ科**コンブ属**の1種）

●子どもの頃，ある大型の海藻の付着根は，少しなら食べてもいいと教えられていた（そして実際に時々食べた)．その海藻は，おそらく*Laminaria hyperborea*だったと思うのだが，はっきりとは思い出せない（あるいはコンブ属の他の種だったかもしれない). [アントリム州バリカースル，1991年1月]

Oat 学 *Avena sativa* **エンバク**（イネ科カラスムギ属）

●エンバクは，［カーディガンシャー州トレガロンで］Ffair Caron（カロンの市）が開かれる3月15日までに蒔かなければならないとされていた．ただし，Ceirch du bach（黒い小粒のエンバク．この地に土着の種）は，この月の21日までは蒔かなくてもよかった．しかしウェールズ北部の高地に行くと，気候条件が悪いために播種時期が遅れ，この地方では，播種にふさわしい時期はtridiau y deryn du, a dau lygad Ebrill（クロウタドリの3日間と4月の2つの眼）だと言われていた．これは，旧暦での3月の最後の3日間と，同じく4月の最初の2日間，すなわち現在の4月10日から15日までを指すものと考えられる. [Williams-Davies, 1983: 229]

エンバクの束を積み重ねる前に十分乾燥させておくためには，それなりの注意が必要だったようである.

●エンバクについてはよく，刈ったあと日曜日を3度待て，と言われたものだった．刈ったのが金曜日であろうが月曜日であろうが，とにかく日曜日が3度来るまでは，そのまま置いておかなければならないとされていたのである.

[ドーセット州ソーンコム，1975年3月]

●エンバクは，刈り取ったあと，教会の鐘が鳴るのを3度聞かなければならない，とされていた．すなわち，日曜日に鐘が鳴らされるのを3週続けて聞くまでは，そのまま置いておかなければならない，という意味で，さもないと村に病人が出ると言われていた. [オックスフォードシャー州ウッドストック，1983年1月]

Oblionker / obly-onker

セイヨウトチノキHORSE CHESTNUTの実の異称.

Oil-seed rape 学 *Brassica napus* ssp. *oleifera*（**セイヨウアブラナ**の亜種，アブラナ科アブラナ属）

●リンカンシャー州の人びとの間では，自分たちがLincolnshire Yellow Bellyと呼ばれ〔て馬鹿にされ〕るようになったのはなぜか，という疑問はよく話題にのぼるところで，その結論たるや，さながら百家争鳴の感がある．

以下に紹介するのは，この点について最近［1988年］私が耳にした新説である．インド人の医師，精神科の看護婦（ノッティンガムシャー州の生まれだが，現在は〔リンカンシャー州〕リンジーのキンタンに住んでいる），それに私の3人が，文化の伝統について会話を交わしていたとき，おもむろに医師が疑問を口にした．「それにしても彼ら〔リンカンシャー州の住人〕は，どうしてLindolnshire Yellow Bellyと呼ばれるんだろう？」――すると看護婦は，広々としたリンカンシャー州の農場をイメージさせようと，両手を目いっぱい広げてみせながらこう答えた．「それはリンカンシャー州でoil-seed rapeが大量に栽培されているからですわ．リンカンシャー州のyellow belly〔直訳すると「黄色い腹」〕というのは，あの花のことなんです」．

［ハンバーサイド州バートン・アポン・ハンバー，1992年2月］

Old man

SOUTHERNWOOD（ヨモギ属の1種）の異称．ちなみに植物名においてOld Man（老人）といえば，遠まわしに悪魔DEVILを指していることが多い．

Oldman's beard

TRAVELLER'S JOY（センニンソウ属の1種）の異称．

Oldman's pepper

ノッティンガムシャー州における，セイヨウナツユキソウMEADOWSWEETの異称．

Old woman in her bed

ドーセット州における，ヨウシュトリカブトMONK'S HOODの異称．

Onion　㊫ *Allium cepa*　**タマネギ**（ユリ科ネギ属）

切ったりむいたりしたタマネギを家の中に置いておくと，病原菌を吸い寄せる，という俗信は広く見られる．ただしこれは好意的に受け取られることもあれば，必ずしもそうでないこともあったようである．

● 1915年の秋，［ウォリックシャー州］ホワイトチャーチでは猩紅熱がはやったが，ある若い母親から聞いた話では，彼女はこのとき，タマネギをいくつかむいてそれを土に埋めておくことで感染を防いだという．また〔同州の〕ストラトフォードでは，もし家が感染していたらタマネギが黒変するという俗信にしたがい，しばしばタマネギが家の中につりさげられていた．［Bloom, 1930: 245］

●あるとき，同じ建物に住む子どもが何人か猩紅熱に罹ったことがあった．すると母は，わが家の戸口のマットを生のタマネギで覆いつくし，どんな病気の菌だってこれが吸い取ってくれるわよ，と言った．そのせいかどうかは知らないが，とにかくわれわれは熱を出さずにすんだ．

［UCL EFS MSS M13，サリー州カーショルトン・ビーチーズ，1963年10月］

●私の祖母は1897年にランカシャー州で生まれたが，彼女はよく，切ったタマネギは，空気中の悪いものをすべて引き寄せるので，決して放置しておいてはいけ

ない，と言っていた． ［ファイフシャー州セント・アンドルーズ，1988年9月］

●冬になるといつも，半分に切ったタマネギが家の中につるされていた．切ったタマネギは，病原菌を引き寄せると考えられていた．

［ウスターシャー州ヒル，1991年10月］

●タマネギを半分に切って家の中に置いておくと，病原菌を殺すと考えられていた． ［ドーセット州ピンパーン，1992年1月］

●1968年，イギリス各地の農場で口蹄疫が猖獗をきわめ，莫大な被害をもたらした．チェシャー州といえば，中でもかなり被害の大きい地域だったが，この州には，全く感染を受けずにすんだ農場があった．この農場の主婦によれば，これは牛小屋のすべての窓際や戸口にタマネギを並べたおかげだという． [Baker, 1975: 53]

チェスターにあるGod's Providence House〔1652年建造，その後1862年に再建〕に関しては，〔17世紀にペスト猛威をふるった際〕この建物だけがペストの感染を免れたという伝説がよく知られており，これはこの建物の住人たちが，住まいの入口にタマネギを置いていたからだと言われている [Jeacok, 1982]．しかしこの言い伝えには，歴史的事実に照らすと，つじつまのあわないところがあるようである．チェスターで最後にペストが流行したのは1605年，および1647年から48年にかけてだが，一方この建物が棟上げされたのは，かの大内乱Civil War〔1642-51〕の際，チェスターの町が包囲され，砲撃によって中心部に壊滅的な打撃を蒙ったあとの，1652年のことだからである．

●この建物が悪疫の感染を免れたという伝説は，当地に関する印刷されたガイドブックにも，また案内板にも――タマネギの件にはふれられていないものの――決まって紹介されており，そのうちで最も古いのは，1821年に刊行されたG·バーテナムGeorge Batenhamの『チェスター観光の友The Stranger's Companion in Chester』である．おそらくこの話は，建物の名にヒントを得て考え出されたものだろう．コーク伯R·ボイルRichard Boyleも，自らが建てた建物に「神の摂理はわが遺産なりGod's providence is mine inheritance」という献辞を贈っている．……ただし，コーク伯とチェスターのGod's Providence Houseの間に，何らかの関係があるとは思えないが． ［チェシャー州チェスター，1993年11月］

タマネギの品評会は，その回数からいえばリーキLEEKの展示会とは比べるべくもないものの，巨大なタマネギの栽培に血道をあげる熱心な園芸家は少なくない．1991年にはウェスト・ヨークシャーのデューズベリーで，「タマネギ祭りOnion Fair」が101年間の中断の後に再開された．この品評会では：

●ノッティンガムシャー州ニューアークのP·グレイズブルックPeter Glazebrook氏が11か月かけて栽培したタマネギが，3個で29ポンド4オンスという新記録を樹立し，賞金50ポンドを獲得した． ［1991年10月14日付 'The Times' 紙］

ノース・ヨークシャー州ハロゲートでは，毎年9月に開催されるグレート·オータム·フラワー・ショー Great Autumn Flower Showの一環として，「国際ケルシー・オニオン品評会National Kelsae Onion Championship」が行なわれている．1992年に優勝をさらったのは，ストラクスライド州カムノックに住むR・ホランドRobert Holland氏の出品した，11ポンド2オンスのタマネギ——重さでは世界一だという——であった［1992年9月22日付 'The Times' 紙］．同氏は翌93年の品評会でも優勝したが，この年出品したものは前年より1/4オンス軽く，記録の更新はならなかった［1993年9月24日付 'Harrogate Advertiser' 紙］．

タマネギは民間薬としても広く用いられてきた．

- この地域［ケンブリッジシャー州ホースヒース付近］には，「毎朝朝食の前にタマネギを1個食べれば，医者どもには馬を乗りかえる余裕がなくなる」という言いならわしがある．［Parsons MSS, 1952］
- 1920年代後半から30年代にかけて，タマネギを刻み，牛乳に入れてとろ火で煮たものが，風邪や咳COUGHSの治療に用いられた．［ワイト島，ライド，1988年11月］
- タマネギにはさまざまな用途があった．皮の内側の部分を切り傷CUTSや引っ掻き傷の上にあてておくと，絆創膏の代わりになった．……狩りバチやハナバチの刺し傷STINGSにも，タマネギをあてておくと痛みが和らぐとされ，タマネギを砂糖水に混ぜたものは，百日咳WHOOPING COUGHの治療薬であった．さらに，頭にすり込めば禿頭BALDNESSが治るとも考えられていた．［エセックス州セント・オージス，1989年2月］
- 禿頭の治療法：まずタマネギを1個刻んですりつぶす．そしてこれに少量の蜂蜜を加えたものを患部にすり込み，そこが赤みを帯びてくるまでこすり続ける．この薬は，正しく用いさえすれば，つるっ禿げの頭にでも毛を生やすことができるだろう．［IFCSS MSS 175: 313，スライゴー州］
- ［エセックス州のチッピング・オンガー付近では］ポケットに小さいタマネギを1個入れておけば，リウマチRHEUMATISMの予防になるとされていた．［Smith, 1959: 414］
- 果樹園で実を摘む作業を行なうとき，父はいつもポケットに半分に切ったタマネギを入れておき，狩りバチに刺されたら，そこにタマネギをすりこんでいる．父によれば，こうすれば刺し傷の痛みを和らげることができるらしく，実際私は，父がこうして傷みをとったのを何度も目撃している．［SLF MSS，シェフィールド，1966年11月］
- ひどい打ち身BRUISESには——生のタマネギをスライスしたものを，一定の時間をおいて何度も軽くすり込む．［グレーター・マンチェスター，ストックポート，1991年4月］
- しもやけCHILBLAINSの治療法：タマネギを半分くらいむいて，それを足にすりこむ．［グウィネズ州ラニュークリン，1991年4月］
- 耳の痛みEARACHEには，焼いた熱いタマネギが効く．［ダヴェッド州セント・デイヴィッズ，1991年10月］

●［現在88歳である私が］まだ小さい子どもだった頃，耳の痛みを和らげるために，小さいタマネギのかけらが，熱いまま私の耳に入れられたことがあるのを覚えている．おそらくはこの熱が効いたのだろうと思う．タマネギはかまどで熱せられていた．［ベッドフォードシャー州モールデン，1993年4月3日］

●私の母は，ミドルセックス州の，当時はまだ片田舎であったあたりの出だが，彼女が万能薬として使っていたのは，タマネギをスライスしたものに黒砂糖をかけ，これを一晩おくとできあがるタマネギのシロップであった．われわれ子どもたちが少し風邪ぎみになったり，のどが痛いと訴えたりすると，この茶色の液体がかなり気前よく与えられた．［サマーセット州トーントン，1992年1月］

●痔疾 PILES に対するアイルランドの古い療法に，タマネギを煮て湿布するというものがあった．［アントリム州グリン，1992年2月］

タマネギの皮は，イースター・エッグ EASTER EGGS に色をつけるための染料 DYES としてもよく用いられた．

●1920年代から30年代にかけて，われわれが子ども時代を過ごしたマリーシャー州バーグヘッドの近辺では……イースター・エッグを染めるのに，母親たちは，タマネギの外皮，あるいはハリエニシダ GORSE の花を利用していた．

［エディンバラ，1991年10月］

学童たちの間には，手を鞭で叩かれるまえにタマネギをすりこんでおけば，痛みが和らぐという言い伝えがあったようである［Opie,1959: 375］．

●男子の生徒たちは，鞭打ちの罰に対しては，必ず昔ながらのまじないをする．すなわち，てのひらにタマネギをすりこむのである．［Gutch,1912: 31］

Opium poppy　学 *Papaver somniferum*　ケシ（ケシ科ケシ属）

ケシからは，痛みや空腹を和らげるのに用いるアヘンチンキ――たとえば，E・ギャスケル Gaskell の小説『メアリー・バートン Mary Barton』（1848）を参照のこと――の生産が商業ベースで行なわれてきたが，それ以外にもさまざまな自家製の治療薬がつくられていたようである．

●ケシからは，リウマチ RHEUMATISM，およびありとあらゆる筋肉や神経の痛みに効く万能の鎮痛薬をつくることができる．すなわち，フェンズ〔イングランド東部の，ウォッシュ湾に臨む低地帯〕の主婦であれば誰でもがつくることのできるケシ茶がそれで，彼女らは皆このために白花のケシを庭で栽培している．……同地の主婦たちは，これを自分で飲むだけでなく夫にも与えるし，さらには乳歯の生えはじめ TEETHING でむずかる赤ん坊にまで飲ませている．［Porter, 1969: 85］

●子どもたちの寝つきをよくする方法：ケシ坊主を煎じた薬を与える．多くの田舎家の庭にはケシが植えられているが，これは，母親の手からさまざまな苦労を省いてくれるからである．40年前，われわれの農場で働いていた農夫たちは，自家製の煎じ薬よりも携帯に便利だったので，よくアヘンチンキをを口にしていたものだった．80歳近くになるある老人などは，最も強いアヘンチンキを，週に4オンスも飲んでいた． [Taylor MSS, ノーフォーク州ノリッジ]

Orange 学 *Citrus sinensis* **オレンジ**（ミカン科ミカン属）

女の子が将来の夫の名の頭文字を占おうとする際，時としてリンゴAPPLEの代わりにオレンジの皮を用いることがあった．

●私は5～6歳の頃，よく自分の将来の夫の頭文字を知ろうとして，細長くむいたオレンジの皮をほうりあげたものだった．もちろん，大人にむいてもらった皮を使うのである．しかし皮を投げたあとにできる文字は，決まって曲線だけでできている文字――C，G，Sのどれか――だったので，当時Dではじまる男の子が大好きで，結婚の約束まで交わしていた私としては，心中穏やかではなかった．いくらやってもDという文字はできず，結局そのままあきらめてしまったが，これは私が一緒に遊んでいた小さな女の子たちのグループの間ではとても人気があった．リンゴの皮が用いられることもあったが，こちらは途中でちぎれてしまうことがよくあった．これは，1930年代初頭のイングランド南部でのことである．

[ウィルトシャー州グレート・ベドウィン，1988年11月]

たいていは造花のことが多いようだが，結婚式には，しばしばオレンジの花が花束の中に加えられたり，ウェディング・ケーキに添えられたりする．イギリス諸島でオレンジがこのような形で使われるようになった歴史的な過程はよくわかっていないが，こうした風習は元来，地中海圏ではじまったもののようである．

●オレンジの木は，黄金色の果実をつけるとき，同時に甘い香りのする花を咲かせ，また葉を繁らせてもいる――こうした豊饒さは多産の象徴とみなされ，伝統的に恋のまじないや結婚の運だめしに用いられてきた．サラセン人の花嫁たちは，この花を多産のシンボルとして身につける習慣があり，これを十字軍が西方にもたらしたと言われている． [Baker, 1977: 78]

●オレンジの花は，19世紀にはギンバイカMYRTLEと人気を二分するようになったが，これは1820年代にスペインからイギリスに渡来したようである．ユノが婚礼の日にユピテルに贈ったとされる「黄金のリンゴ」は，実はオレンジのことだとも言われ，この花は幸運，多産，そして幸福の象徴である．

[Broxham and Picken, 1990: 82]

復活祭Easterの時期，イギリス諸島の多くの地域で，長年にわたって人気を保ってきた行事の1つに卵転がしegg-rollingがあるが［Newall, 1971: 335］，ベッドフォードシャー州のダンスタブル・ダウンズでは聖金曜日GOOD FRIDAYに，この慣習が，卵の代わりにオレンジを使うという一風変わったかたちで行なわれていた．これについては1972年，以下のような報告がある．

●何百人という子どもたちがダンスタブル・ダウンズに集まり，パスコム・ピットでオレンジを転がす．これは，イエスの墓から石が転がされたことを象徴するも

のだと言われている. [Palmer and Lloyd, 1972: 137]

しかし，その数年後には：

●聖金曜日にオレンジを投げるのは，ダンスタブル・ダウンズの子どもたちにとって毎年恒例の伝統行事であった．……しかし1，2年前にある不心得者が市長にオレンジを投げつけるという事件があり，それ以来すっかり下火になってしまった. [SLF MSS，ロンドン，ウッド・グリーン，1977年3月]

Orange lily 学 *Lilium* spp., 特に *L.*×*hollandicum*（ユリ科**ユリ属**の数種）

毎年7月12日，〔北アイルランドのプロテスタント系組織〕オレンジ結社の，アルスター地方にある各支部Ulster Orange Lodgesは，1690年のボインの戦いで，国王ウィリアム3世（オレンジ公ウィリアム）が，〔カトリック勢力と結んだ〕先王ジェームズ2世を破ったのを記念して，パレードを行っている.

●われわれの旗竿はorange lilyとビジョナデシコSWEET WILLIAMで飾られていた．もし伝統的なorange lilyが手に入らないようなら，PERUVIAN LILY（ユリズイセン属の1種）あるいは新しいユリの交配種で代用される.

orange lilyは伝統的にオレンジ結社Orange Orderの象徴とされており，ボインの戦場にこのorange lilyが生えていたのがその由来だと言われている（概念的にはフランドルのヒナゲシPOPPYに似ている）. [ベルファスト，1994年5月]

しかしウィリアム3世の生前，および18世紀の中頃までは，王の支持者たちによって用いられたシンボルは，orange lilyよりも，オレンジORANGEの木であることが多かったようである．とはいえ，ある旅行者の報告によれば，1812年の7月12日には，〔北アイルランドの〕アーマー州タンドラジーは次のような様子だったという.

●この村はさながらオレンジ色の森であった．戸口や窓はことごとくorange lilyの花で飾られていた．また女性の胸や頭，帽子や胸もとにも，誇り高きこの花が挿されていた. [Loftus, 1994: 16]

●1857年にベルファストで行なわれた第12回の祝典では，orange lilyが窓やアーチや人びとのボタンホールを飾っていた．今日この花は，田舎家の庭や墓地などに植えられており，旗竿やランベグ・ドラムlambeg drum〔オレンジ党員が伝統的に用いている太鼓〕にも，この花が描かれている. [Loftus, 1994: 16]

アイルランド共和国では：

●できものBOILSや腫物SORESを吸いだす湿布にはさまざまな植物が用いられるが，最もよいのはorange lilyである．引き抜いてきれいに洗った根を細かく刻み，水に入れて煮ると，小麦粉を練ったようになる．これをできものあるいは切り傷CUTSにつけると，悪いものを完全に吸いだし，患部をきれいにしてくれる.

[IFCSS MSS 1100: 248，ドネガル州]

Oregon weed

PINEAPPLE WEED（カミツレ属の1種）の異称.

Orpine 学 *Sedum telephium* **ムラサキベンケイソウ**（ベンケイソウ科マンネングサ属）

J･オーブリーJohn Aubrey（1626-97）によれば：

●また私の記憶では，女たち（特に料理女や酪農場で働く女たち）は，梁などの割れ目にMidsummer Men，すなわちムラサキベンケイソウを挿すことがあった．その際には，2本が対にして立てられ，1本はある男性を，そしてもう1本はその恋人である女性をあらわしていた．それらが互いにくっつくように生長するか，離れるように生長するかによって，2人の愛が成就するか，それともはかなく終わるかがわかるというのである．またどちらかが枯れてしまえば，それは死を意味する．［Aubrey, 1881: 21］

●1800年頃に刊行された廉価パンフレット「チープ･レポジトリーCheap Repository」の1冊に，『褐色のレイチェル，あるいは占い師Tawney Rachel, or the Fortune-Teller』と題するものがあり，H･モアHannah More〔1745-1833〕の手になるとされているが，この物語の女主人公のひとり，哀れなサリー･エヴァンズSally Evansが繰り広げる数々の迷信深いふるまいのひとつに次のようなものがあり，こうした俗信の存在を確認することができる．「彼女は夏至祭の前夜MIDSUMMER EVEになると，決まってMidsummer Men〔＝ムラサキベンケイソウ〕と呼ばれる，そのあたりでよく見かける草を，自分の部屋に置くようにしていました．というのも，その葉が右に曲がるか，左に曲がるかによって，恋人の気持ちが本物かどうかを知ることができたからです」．

1801年1月22日，小さな黄金の指輪が……J･トファムJohn Topham氏により古遺物学会Society of Antiquariesに提出された．これは，ウェイクフィールドの牧師ベーコン博士によって，ヨークシャーのケイウッド近くの耕地で発見されたもので，「恋結び」にした2本のムラサキベンケイソウが図案としてあしらわれており，その上にはMa fiance veltすなわち「わが恋人これを望めり」というモットーが掲げられている．これらの植物の茎は互いに身を寄せあっており，これは，この草によって象徴される2人が，結婚によりひとつになることをあらわすものであろう．指輪の内側に記されているモットーはJoye l'amour feu（愛の炎の喜び）で，その字形から推して，指輪は15世紀のもののようであった．［Brand, 1853: 329］

この一節はこれまでしばしば引用されてきたが，その扱いには少々注意が必要である．現在のところ，この指輪のありかは不明であるが，よく似たものが，かつてR･ハラーリーRalph Harariの指輪コレクションの中に含まれていたようである．すなわち「ふさ飾りのついた綱で結ばれた2本の植物の図案が彫り込まれている」指輪というのがそれである．このコレクション自体も現在は散逸してしまっており，残された図録［Boardman and Scarbrick, 1977］からでは植物の同定までは難しいが，これがムラサキベンケイソウでないことは確かである．

●［1873年］6月11日水曜日：私たちはガンダー･レーンで，川の土手にMidsummer

Men〔＝ムラサキベンケイソウ〕が生えているのを見つけた．母によると，かつては夏至祭の前夜になると，お手伝いさんや田舎の女の子たちは，恋人の気持ちを占うために，この草を自分の家や寝室にこの草を置いていたという．［Plomer, 1977: 234］

●子どもの頃われわれは，よくMidsummer Menをつくったものだった．2本のムラサキベンケイソウ――われわれの間ではLive-long-love-longと呼ばれていた――を，それぞれ空になった木綿用の糸車に挿し，ベッドに持ち込むのである．そして一方の糸車にはボーイフレンドの名をつけ，もう一方は自分自身のことだと決めておき，翌朝この糸車の様子を確かめる．もし2本の植物が互いに寄りかかるように倒れていれば2人は結ばれるが，逆に別々の方向に倒れていたら，この愛は実らないだろうとされていた．［Simpson, 1973: 123］

Oxalis spp.（カタバミ科**カタバミ属**の数種）

「4つ葉のクローバーCLOVER」として売られることがある．またアメリカ合衆国では，聖パトリックの祝日ST PATRICK'S DAYに「シャムロックSHAMROCK」として売られることがある．

Ox-eye daisy　学 *Leucanthemum vulgare*　**フランスギク**（キク科レウカンテムム属）

●子どもの頃われわれは，dog daisy〔＝フランスギク〕で鎖をつくって遊んだものだった（この植物の正しい名前は知らない．ヒナギクDAISYに似ているがそれよりもずっと大きく，牧草地などでよく見かけた）．この花はゲームに用いることもあった．次のように唱えながら，花びらを1枚ずつ，全部なくなるまでむしっていくのである．「彼（彼女）は私を愛してる，彼（彼女）は私を愛してない，……」．

［オファリー州デインジアン，1985年1月］

●Dog Daisyと呼ばれている……大きな白花のヒナギクがあった．われわれはこの花にはさわってはいけないと教えられていたが，私は一度これにさわって，手全体に水ぶくれができたことがあるのを覚えている．

［ロンドンデリー州カースルロック，1989年2月］

●［コロンゼー島では，フランスギクは］瘰癧（るいれき）KING'S EVILのすぐれた治療薬と見なされていた．［McNeill, 1910: 136］

「ヒナギクの鎖」についての詳細はDAISYの項を参照．また恋占いlove DIVINATIONに利用されてきた植物としては，他にセイヨウトネリコASHやアサHEMPなどがある．

Oxlip　学 *Primula elatior*（サクラソウ科**サクラソウ属**の1種）

●イースト・アングリア地方では多くの人びとが，oxlip（この植物は現在，同地では稀少種となっている）の数が激減したのは，イノシシがいなくなったせいだと考えている．oxlipは，この動物の糞を頼りに生きている信じられているからである．したがって，この地方にいくつか，手つかずのままのoxlipの群生地が残っているのも，その土地には今でもイノシシの糞が蓄えられているからだ，ということになる．［ハートフォードシャー州スティーヴニッジ，1993年1月］

P

Paigle

キバナノクリンザクラcowslipの異称．また，まれにプリムローズprimroseの異称となることもある．

Palm Sunday　枝の主日（復活祭直前の日曜日）

「イチジクfigの主日」あるいは「花飾りの主日flowering sunday」の名で呼ばれることもある．この日には本来ならpalmすなわちナツメヤシの枝を用いるべきところだが，しばしばその代用品として，box（ツゲ属の1種），cypress（ヒノキ属の数種），sallow（ヤナギ属の1種），ヨーロッパイチイyewなどが用いられている．

●〔枝の主日に〕人びとは，牛が病気にならないように，祝別されたpalmの枝を牛小屋に置く．また，家に悪霊が近づかないように，かけてある絵の背後にもpalmを置く．老人たちの間では，去年のpalmは焼いてしまわないと不幸を招くと言われている．さらには，palmのかけらを3つ食べておけば，その年の間は病気にならないともいう．

[IFCSS MSS 656: 67, ティペレアリー州]

Pancake

リンカンシャー州における，ウスベニアオイmallowの異称．

Pansy　㊫ *Viola ×wittrockiana*　**パンジー**（スミレ科スミレ属）

●祖母はよく，パンジーを使って次のようなお話つきの遊びをやってくれた．「昔あるところに5人のかわいい娘たちがおり，めいめいビロードのような柔らかいきれいな衣装で着飾って，連れだって舞踏会へと出かけてゆきました」——ここまで話すと，パンジーの5枚の花びらをむしりとって私に手渡してくれた．私はその美しさに思わずうっとりとなったものである．そして一呼吸おいて「しかし娘たちは，年老いた母親（祖母はスコットランド生まれだったので，mitherと発音した）をひとり残して出かけたのでした．この母親は，両足を1本のストッキングに入れて座っていました！」——こう言いながら祖母は，先ほどのパンジーから，さらに小さな緑色の覆いを取り去り，花の一部の，細長い紐のようなものが2本見えるようにしてくれた．すると私は，ああこれがお母さんの足なんだと，すっかり話に夢中になるのだった．今でも私はよく，しおれかかったパンジーの花をばらばらにしながら，この祖母の物語をなぞってみることがある．

[サフォーク州ロング・メルフォード，1993年11月]

1920年代には，パンジーは男性のホモセクシュアル（とりわけ女性的なタイプの）を意味するスラングとしても用いられていた．この花がなぜ同性愛と結びつけられるようになったのかは不明だが，パンジーpansyという呼称は元来，19世紀の終わり頃にこの花の名として用いられていたnancyが転訛したものとされており，さらにさかのぼると，1820年代にはMiss Nancy〔やはり男性のホモセクシュアルを意味するスラングでもある〕の名でも呼ばれていたという．

→WILD PANSY（スミレ属の数種）

Paralysis　中風

中風の予防あるいは治療に用いられてきた植物には，MILKWORT（ヒメハギ属の1種）やTORMENTIL（ヒメハギ属の1種）などがある．

Parsley　㊫ *Petroselinum crispum*　**パセリ**（セリ科オランダゼリ属）

リンゴAPPLEを別にすれば，広く庭などで栽培されている植物の中で，最も数多くの俗信を集めているのは，おそらくパセリであろう．セージSAGEのような他のハーブ類にも共通していわれていることだが，パセリは，妻の力が強い家ではよく育つとされている．

●一年中パセリが青々と育っている家では，妻が夫を尻に敷いている．

［ロンドン，ウィンブルドン，1983年11月］

●今は亡き夫は船乗りで，晩年には商船の船長をつとめていたこともあり……なかなか陸上に腰を落ち着ける暇がありませんであした．

それでも一度，市民農園を借りてパセリを植えたことがあり，よく育ったのでとても喜んでいたのですが，その数日後，ある隣人から，パセリの育ちがいいのは，妻がその家を仕切っている証拠だという言い伝えがあるのを聞くと，それを全部引き抜いてしまいました．

［サウス・グラモーガン州バリーからの投書，1989年6月7日付 'Daily Mirror' 紙］

●妻が夫を尻に敷いている家では，パセリはよく育つ．

［ドーセット州パークストーン，1991年6月］

●［フェンズ〔イングランド東部，ウォッシュ湾沿いの低地帯〕では］不況が続いた時期，生まれてくる赤ん坊は，女の子よりも男の子の方が喜ばれた．……そしてこのため，パセリはあまり丈の高いものや太いものを育ててはならないとされていた．というのも，それは家庭内での妻の影響力が夫よりも大きいことを意味するからで，そうなれば妻の産む赤ん坊も，皆女の子になると考えられていたのである．

［Porter, 1958: 113］

これとは別に，パセリは結婚生活において主導権を握っている人のために生長する，という言い伝えもあった．

●妻や私と同じような育ちの人びとの間では，パセリの種は家長が蒔くべきものと考えられている．［サリー州パーリー，1978年1月］

●パセリを育てる人がその家の主である．　［バークシャー州レディング，1987年2月］

●［レスターシャー州コールヴィル近くのウィティック村の出である，わが一族の1人から聞いた話：］その家庭で主導権を握っている人が，パセリの種を蒔かなければならない．［エセックス州ホーンチャーチ，1992年8月］

あまり一般的ではないが，パセリを育てるのがうまい人は悪人だとされることもある．

●パセリは，悪人が蒔いたときだけよく育つ．

［ロンドン，NW1からの投書，1962年5月26日付 'Daily Mirror' 紙］

●魔女WITCHESだけがパセリをうまく育てることができる．

［エセックス州ウォルタム・アビー，1991年3月］

サマーセット州では：

●パセリは聖なる日に植えなければならない．さもないと妖精FAIRIESがさらっていってしまう．［Tongue,1956: 33］

しかし，パセリを蒔くべき「聖なる日」は，聖金曜日GOOD FRIDAYと指定されていることの方が多い．

●この地域［デヴォン州グレート・トリントン］では，パセリを一年中入手できるようにするには……この日［聖金曜日］に蒔かなければならない，という俗信が広く見られる．［Amery, 1905: 114］

●ノース・カントリー〔イングランド北部諸州〕の諺に，パセリは聖金曜日の午前中にその家の主婦が蒔くと最もよく育つ，というのがある．私はこれを実行しているが，おかげでかなり成果があがっている．

［ケント州オーピントンからの投書，1962年5月26日付 'Daily Mirror' 紙］

●［エセックス州では］伝統的に，聖金曜日は……パセリの種を蒔く日とされている．……この聖なる日に蒔けば，発芽が早いだけでなく，葉がよくちぢれる．

［Simpson, 1973: 113］

●パセリは聖金曜日に蒔かなければならないとされていた．なぜなら，パセリは発芽するまでに3度悪魔DEVILのところへ行かなければならない，という言い伝えがあったからである．［ドーセット州ハムワージー，1991年5月］

パセリの種が悪魔を「訪問する」という俗信は広く行き渡っているが，何度訪問するかという点については，地方によって異同がある．

●［デヴォン州では］パセリは，芽を出す前に3度悪魔のところへ行くとされている．［Chope, 1932: 155］

●［サセックス州には］パセリが芽を出す前に，その根は地獄との間を7度往復する，と言う人もいる．［Simpson, 1973: 113］

●［ヨークシャー州ウォルトン・ル・デールでは］パセリの種は蒔かれたあと，芽を出すまでに7度悪魔のところへ行くとされていた．［N & Q, 4 ser. 6: 211, 1870］

●ヨークシャー州のノース・ライディングには，「パセリの種は（蒔かれたあと）9度悪魔のところへ行く」という諺がある．［N & Q, 6 ser. 11: 467, 1885］

● ［ヘリフォードシャー州では，パセリは］芽を出す前に，9度悪魔（owd'un）のところへ行くと言われている． ［Leather, 1912: 21］

→パースニップ PARSNIP

パセリを植えかえたり，人に譲ったりしてはいけない，という俗信も広範に見られる．

● 〔コーンウォール州〕モーウィンストー近くに住む哀れな女性は，子どもが百日咳 WHOOPING COUGH に罹ってたびたび発作に襲われるのは，パセリの苗床を移動したせいだとこぼしていた．また隣の（デヴォン州の）小教区では，教区牧師が寝たきりになったのは，「パセリを移して以来」のことであるとささやかれていた．

［King, 1877: 90］

● ［ウォリックシャー州イルミントンの付近では］パセリを植えかえてはいけない．さもないと，その庭にパセリの種を蒔いた家族の一員が年内に死ぬ，とされていた． ［'Folk-lore' 誌, 24: 240, 1913］

● ［ドーセット州西部に住んでいた］われわれは1958年，父方の祖母が亡くなると，田舎家から農場の屋敷へと移ったが，それにともなって，前の家の庭に植えていた植物も，新しい庭に移すことになった．それらの中にはパセリも含まれており，母はそれを植えかえながら，軽い気持ちで「パセリの植えかえは死の植えかえ」とつぶやいていた．しかしその数日後，かなり御高齢だった父のおじが亡くなり，そのとき私は思わずこの母の言葉を思い出した． ［Vickery,1978: 158］

●何年も前のことだが，80歳になる隣人が私に，「パセリは決して植えかえてはいけません．もし植えかえたりしたら，必ず不幸を招くといいますから」と教えてくれた．

若くて懐疑的な庭師の見習いだった私は，そのことを気にもとめなかった．しかしその後私は必要に迫られて，その植えかえをせざるをえなくなってしまった．するとその3週間後，私は（とくに落度があったたわけでもないのに）職を失い，飼っていた猫を誤って殺してしまい，そのうえかなりの額のお金まで失うという目にあった． ［コーンウォール州トルーロー，1993年11月］

●私はパセリの植えかえは気にせず行なっているが，相手が迷信深い人だといけないので，誰かに苗を分けることはしないようにしている．

［ガーンジー島，ヴェール，1984年4月］

●ハンプシャー州南部出身の友人から聞いたところによると，彼の生地では農夫たちの間に，パセリを人に与えるのは非常に不吉だとする俗信があるという．彼の母は去年，祖父から分けてもらったパセリを庭に植えたが，これを洗濯女に話したところ，彼女は最後まで聞き終わる前に「まあ奥様，まさかそのパセリをお受け取りになったりなさってていないでしょうね．もしそんなことをなさったら，お父上は1年以内にお亡くなりになってしまいますよ」と叫んだ．不幸にもこの予言は的中することになってしまったので，この女性が以前にもまして，このばかげた俗信の虜となっていることはまず間違いのないところであろう．

[N & Q, 4 ser. 11: 341, 1873]

●誰かにパセリの根をもらったときに，近所の人から，それは不吉なことですよと注意されたことがあった．そのときは，ちょっとむっとして「それがどうしたのよ」と思ったのだが，間もなく夫が亡くなってしまった．だから，パセリだけは二度と植えようとは思わない　[ドーセット州ポートランド，1991年3月]

●ハリスHarris夫人は，先日〔ドーセット州〕ホルディッチで行なわれたホイスト大会〔ホイストwhistはトランプ競技の一種〕でパセリを少し手に入れ，それを庭で育てて私にも分けてくれた（わが家にはまったくなかったので）．ところがこれを知ったP·ダウンPhyllis Downさんは，私の身にとんでもなく恐ろしいことが起こるといって，ひどく心配してくれた．今から思えば，私はいっそのこと，農園にでもしのびこんで盗んできたほうがましであった．パセリは絶対に人からもらってはいけない．私がこの2晩あとに病気になってしまったのが，何よりの証拠である！

[ドーセット州ソーンコム，1984年11月]

子どもたちには，赤ん坊BABIESはパセリの苗床から生まれてくる，と教えることがあった．

●わが家では，子どもたちにしつこく聞かれたときは，赤ん坊はパセリの苗床から掘り出される，と教えることにしている．そして時には，いらいらしながら，男の子はセイヨウスグリGOOSEBERRYの低木の下から掘り出される，と付け加えることもある．　[N & Q, 4 aer. 9: 35, 1872]

●［1882年のガーンジー島では］赤ん坊がどこからやってくるか，という点について，さまざまな説明が行なわれていた．……小箱に入れてイングランドから郵便小包で送られてくる．……パセリの苗床から金のすきで掘り出される．[Stevens Cox, 1971: 7]

民間療法では伝統的に，パセリは婦人科系の施療に用いられてきた．

●お産の後，早く元気を回復するには，パセリを多量に摂取するとよい．これは1920年代から30年代にかけてのころに母から聞いた話である．母はこれを1890年に母の祖母にあたる人から教えられたらしく，母の母つまり私の祖母は，これを19世紀の中頃にバークシャー州で実践していた（彼女の血を引く存命中の子孫は，目下23名にのぼっている）．　[サリー州ファーナム，1985年12月]

●［1982年にロンドンで，20歳くらいの女性から聞いた話：］もし生理がはじまるようにしたければ，パセリの小枝を12時間膣の中に入れておくとよい——そうすれば24時間後には生理がはじまるはずである．　[Opie and Tatem, 1989: 299]

●［フェンランド〔イングランド東部の，ウォッシュ湾に臨む低地帯〕では］結婚前に妊娠した村の娘たちは，パセリが効くと信じていて，それを3週間，毎日3回食べ続けた．　[Porter, 1958: 113]

Parsley breakstone

PARSLEY PIERT（アファネス属の1種）の異称.

Parsley piert 学 *Aphanes arvensis*（バラ科**アファネス属**の1種）

parsley breakstoneの名でも知られている.

● ［ジプシーたちの治療法：］parsley piertは……horse wortとも呼ばれる. この草を乾燥させたものからとった煮出し汁は, 結石などの膀胱の病気に効く.

［Vesey-FitzGerald, 1944: 27］

● parsley breakstone〔=parsley piert〕を洗って煮たものを,（母は）腎臓の結石を治すために飲んでいた. ［ウェスト・ミッドランズ, クィントン, 1993年4月］

Parsnip 学 *Pastinaca sativa* **パースニップ**（セリ科アメリカボウフウ属）

●パースニップの収穫のために地面を掘り起こす時期に関して, 年配の農夫たちはよく, この仕事はクリスマスのために焼いたパンを口にしている間にはじめるのがよい, と言っていた.

［'Report and Transactions of the Guernsey Society for Natural Science' 誌, 2: 276, 1893］

● ［ガーンジー島では］パースニップは発芽するまで時間がかかり, しかもその時期が不規則だが, 播種後4～6週間して芽を出すまでに, 3度悪魔のところへ行くと言われていた. ［De Garis, 1975: 121］

→パセリ PARSLEY

Parson in the pulpit

LORDS AND LADIES（アルム属の1種）の, 広く用いられている異称.

Pasque flower 学 *Pulsatilla vulgaris* **セイヨウオキナグサ**（キンポウゲ科オキナグサ属）

美しいセイヨウオキナグサは, 現在では稀少種となっており, これを目にすることができるのは, 中部および東部イングランドの石灰質の草地に限られるが, この花については, 戦場, それもとりわけデーン人〔9～11世紀に北欧よりイングランドに侵入したヴァイキングの総称〕との戦いの場に生えるという言い伝えがある.

●乾燥した石灰質の土地には……セイヨウオキナグサが見られる. ……この花は伝統的に, デーン人と結びつけられている. すなわち, 彼らの血BLOODが流された場所にだけ生えると考えられており, ハンプシャー州ではDanes' blood（デーン人の血）の名でも知られている. この釣鐘形をした紫色の花が見られる数少ない場所の1つが, ハンプシャー州をバークシャー州から隔てているダウンズ〔＝ノース・ダウンズ.「ダウンズ」はイングランド中南部にある, 石灰質の丘陵地の呼称〕にあるが, 興味深いことにここは, かつてアルフレッド大王〔849-899〕が〔デーン人と〕戦いを交わした土地であった. ［Boase, 1976: 115］

●われわれがその地方［オックスフォードシャーとの州境にある, バークシャー・ダウンズ］に住んでいたとき［1950年代］, セイヨウオキナグサは戦いのあった場所に生えるという話を聞かされたことがある. デーン人たちは戦いで自軍の兵士たちの

倒れた場所にこの植物を植えた，というのである． ［匿名の電話，1991年4月］

Passion dock

ヨークシャー州における，イブキトラノオ BISTORT の異称．

Passion flower 学 *Passiflora caerulea* **トケイソウ**（トケイソウ科トケイソウ属）

●伝統的にキリストの磔刑と結びつけられているもう一つの花は，トケイソウである．……この花をはじめて「受難の花」(flos passionis) と呼んだのは，アメリカ大陸に渡ったスペインの宣教師たちで，彼らはしかるべき解釈を付け加えることによって，これを救い主キリストの受難をあらわす縮図に仕立てあげた．……この名を与えた迷信深い人びとは，この花の5つの葯を，キリストが十字架にかけられたときに受けた5つの傷と結びつけて考えた．また3本の花柱にはその際用いられた3本の釘，すなわち両手に1本ずつ，両足に1本打ち込まれえた釘を，中央の花床には十字架の柱を，そして糸状の部分〔副花〕冠には頭に被せられた茨の冠を見いだした．さらに，この花の萼は，キリストの頭を取り巻く光輪，すなわち主の栄光をあらわすものとされた． ［Friend, 1884: 192］

Passion Sunday **受難の主日**（四旬節の第5日曜日）

この日にはエンドウ PEA を食べるならわしがある．

Pea 学 *Pisum sativum* **エンドウ**（マメ科エンドウ属）

●［ケンブリッジシャー州の］農夫たちはよく，聖ヴァレンタインの祝日 ST VALENTINE'S DAY の朝に生け垣から露がしたたっていれば，その年はエンドウの当たり年だと言っていたものである． ［Parsons MSS, 1952］

エンドウは，しばしば恋占い love DIVINATION にも用いられた．

●［カヴァン州では］豆が9つ入ったエンドウのさやを戸口の上に置いておけば，最初にそこを通って入ってくる人の名前が，「将来の夫」の名前になるとされていた． ［Jones, 1908: 323］

●［ケンブリッジシャー州ホースヒースでは］エンドウのさや取りをするとき，女の子たちは目を皿にして豆が9つ入っているさやを探し，これを見つけると戸口の上に置く．その女の子は将来，その下を通って入ってくる最初の人と同じ頭文字をもつ人と結婚するとされていたからである． ［Parsons MSS, 1952］

あるいはまた：

●［ウェスト・サセックス州では］最初に摘んださやにエンドウ豆が9つ入っていたら，それは幸運の前兆だとされている． ［Latham, 1878: 9］

イングランド北部の一部地域では，「豆の主日 CARLING SUNDAY」すなわち受難の主日 PASSION SUNDAY（四旬節の第5日曜日）に，エンドウを食べるならわしがある．

●イングランド北東部では今でも，受難の主日すなわち「豆の主日 Carling Sunday」になると，エンドウなどの豆類を，酢とコショウで味つけしてバターで炒めたもの食べるならわしがある．しかし carling という語が本来このような意味〔ふつう上記のように調理した豆の呼称とされている〕をもっていたかどうかについては，かなり疑わしいところがある．ミッドランズ〔イングランド中部諸州〕ではこの日は，われらが主の受難を悲しみ，それに思いを致すことを暗示する，「悲しみの主日 Care Sunday」の名で呼ばれている．［Hole, 1950: 42］

●因習が根強く残るここクリーヴランド州東部の古い炭鉱町などでは，いまでもこれ［豆の主日］が祝われている．これは四旬節の第4日曜ではなく，第5日曜すなわち受難の主日に行なわれる．

carlingは決しておいしいものではない．ふつうはハトの餌にする黒ずんだエンドウ豆を水につけてやわらかくして，これに塩と酢で味をつけて食べるのである．

食べ慣れない人にとってはなんともひどい味で，エンドウ豆に似ていないのはもちろんのこと，他にたとえようのないようなものだが，それでもクリーヴランド州東部にはこのcarlingが大好きな人たちがおり，これを楽しみに待っているのである．

また当地では「豆の主日」の翌月曜日がある名前で呼ばれているが，これを貴紙の上品な読者諸賢のお耳に入れるのは遠慮しておきたい．

［クリーヴランド州ブーズベックからの投書，1985年4月3日 'The Times' 紙］

●「豆の主日」：カンブリア州の現在私が住んでいる地域一帯では，復活祭の3週間前に，普通にはハトの餌にする茶色いエンドウ豆をあらかじめ乾燥させておき，これを水につけて黒色のシロップで煮たものを食べる．わが家の伝統にはなかったが，最近は私もこれを食べるようになった——ただし年に一度だけだが．

［カンブリア州タウンヘッド，1989年8月］

Peach 学 *Prunus persica* **モモ**（バラ科サクラ属）

モモの花はしばしば，中国式の新年祝い CHINESE NEW YEAR CELEBRATIONS と結びつけられている．

●中国人の家庭では大晦日の夕方，家に飾るモモの花を市場へ買いにでかけるのがならわしとなっている．モモは春を象徴する花だが，太陰暦では春は一年のはじまる季節にあたる．新年の祝い New Year Festival が新春の祝い Spring Festival と称されることがあるのもこのためである．この慣習は香港や，イギリスの中国人社会でも今だに守られており，イギリスではこの時期，輸入もののモモが出回っている．［ロンドン，ソーホー，1991年2月］

しかし〔香港で〕新年の祝いにモモの花が用いられるようになったのは，「ここ40年ほどのこと」［Goody, 1993: 393］らしく，それまでは中国南部に野生する低木，ホンコンドウダン hanging bellflower（*Enkianthus quinqueflorus*）が用いられていたという．

●1938年に広東省の大部分が日本軍に占領されたため，〔ホンコンドウダンの〕供給源が断たれてしまい，同地の住人たちは代用になるものを模索していたが，ちょうどその頃，腕ききの苗木栽培業者が何名か香港に逃れ，ここでモモの花を育てる技術を広めたのである．戦後，ホンコンドウダンが一時的に復活したこともあったが，1949年の地主制度の変更があり，また生産地における売買形態にも変化があったため，新年にこの花を用いる習慣は完全に途絶えてしまった．

[Goody, 1993: 394]

今日では，モモの花の栽培は高度の技術を要する職業となっている．「というのも，来るべき年の幸運を確かなものとするためには，ぴったりの時期に開花させなければならないが，それには細心の注意を払う必要があるからである．もし早く咲きすぎるようなら，その生育を抑制する手段を講じなければならず，咲いてしまった花は摘みとるか，あるいは塩水をスプレーしておく．逆に遅すぎる場合には，開花を早めるために葉を普段より早めに摘みとり，風があたらないように木全体をビニールで包んでおくのである」．

モモの花を買うときにも少々こつがいる．というのも，言うまでもなく元日には枝に花が咲いていなければならないが，あまり咲きすぎていると，正月の15日間，花がもたないからである [Goody, 1993: 389-94]．

Peanut 学 *Arachis hypogaea* **ピーナツ**（マメ科ラッカセイ属）

● おばはウォリックシャー州で1870年代に生まれたので，その当時でもかなりの高齢だったが，糖尿病DIABETESにはピーナツを食べるとよい，と言っていた．

［ヘリフォードシャー州モーディフォード，1991年12月］

Pear 学 *Pyrus communis* **セイヨウナシ**（バラ科ナシ属）

● ［アイルランドの俗信：］セイヨウナシの花を家に持ち込むのは不吉である．それは，家族の中から死者が出ることを意味する． [SLF MSS，バーミンガム，1977年9月]

● 1524年もしくはそれ以前に亡くなった，コールズタウンの第10代の領主ジョージ・ブラウンGeorge Brounは，イェスターの第2代ヘイHay卿の娘，マリオン・ヘイを娶ったが，彼女の結婚持参金には，その後有名になる「コールズタウンのセイヨウナシCoalstoun Pear」が含まれていた．このセイヨウナシには，彼女の遠い祖先にあたる，魔術の使い手として名高いイェスターのヒューゴー・ド・ギフォードHugo de Giffordが，これを所有する一族に確実な繁栄を保証する不思議な力を授けたという言い伝えがあった．コールズタウンではこれを，迷信を信じるか否かは別にしても，齢500年以上にも及んでいる点で，この上なく稀少価値の高い植物と見なし，またとない家宝として大切に扱っていた．……

〔その後，この領主の子孫にあたる〕コールズタウンの准男爵ジョージ・ブラウンSir George Broun, Bart.は，エリザベス・マッケンジーElizabeth M'Kenzie嬢を娶ったが，……この夫人はあるとき，名高いセイヨウナシの実を少しかじってしまったと言われている．この暴挙が知れると，何か災いが起こるのではと心配されたが，……案の定，1699年にジョージは抵当権の問題から，屋敷を手放さざるをえなくなってしまった．このときは幸運にも，兄弟のロバート・ブラウンが買い取ってことなきを得たが，……やがてはるかに大きな災難がふりかかることになった．……1703年5月5日コールズタウンの領主と2人の息子が溺死し，この地は女性の相続人に引き継がれることになったのである．［'Scottish Antiquary' 誌, 5: 181, 1891］

Pearlwort 学 *Sagina procumbens* **アライドツメクサ**（ナデシコ科ツメクサ属）

インナー・ヘブリディーズ諸島のコロンゼー島では，アライドツメクサは：

●その昔，幸運を願って戸口の上につるした植物の1つであったとされている．［McNeill, 1910: 105］

→セイヨウナナカマド ROWAN

Peashooter

ウェールズ北部における，イタドリ JAPANESE KNOTWEED の異称．

Pee-beds / pee-in-bed / pee-in-the-bed / pee-the-beds

セイヨウタンポポ DANDELION の異称．

Pellitory of the wall 学 *Parietaria judaica*（イラクサ科**ヒカゲミズ属**の1種）

●［ガーンジー島では：］この植物からつくった煎じ薬が，糖尿病 DIABETES の治療に用いられている．［Marquand, 1906: 44］

●［ジプシーたちは］この葉の汁液を，潰瘍 ULCERS，膿の出る腫物 SORES，痔疾 PILES などの治療に用いる軟膏の成分としている．また葉の煮出し汁はあらゆる膀胱の病気を軽くし，葉と野生のニンジン CARROT の煮出し汁は，水腫 DROPSY に効くとされる．さらに，根をすりつぶしてつくった軟膏は，いぼ痔に効くという．［Vesey-FitzGerald, 1944: 27］

●私の父は……腎臓にいいからと言って，pellitory of the wall をゆで，その出花を飲んでいる．私の知るかぎりでは，これは腎臓結石に効くとされているのではないかと思う．［コーク州スキバリーン，1994年4月］

Pennyroyal 学 *Mentha pulegium* **メグサハッカ**（シソ科ハッカ属）

●メグサハッカは……［ガーンジー島の］ヴェールでは Pouliet あるいは Poue-ye と呼ばれ，子どもたちの頭につく寄生虫〔ケジラミ〕を駆除するのに効果があると言われている．ちなみにこの寄生虫は，島では pouas と呼ばれている．［Marquand, 1906: 45］

しかし一般的には，メグサハッカは堕胎薬 ABORTIFACIENT として用いられることが多かった．18世紀初頭の植物誌には，メグサハッカの汁液や油性チンキは「女性の月経を誘発して出産を妨げ，死産や後産を排出させる」一方で，同じ植物から調製された「potestates すなわち〈力 powers〉」と呼ばれる薬には，男女双方の不妊 INFERTILITY を治す力があり，さらにその抽出物は「両性の〈種 seed〉を著しく増大させ，情欲を強く呼び起こすものであった」と記されている［Salmon, 1710: 846］．

〔グレーター・マンチェスターの〕サルフォードでは第一次世界大戦の頃まで，貧しい人びとの間では，メグサハッカのシロップが堕胎薬として重宝がられていたという［Roberts, 1971: 100］．また1926年に記録されているところによれば，〔ヨークシャー州の〕ノース・ライディングで剣舞sword danceのあとに行なわれていた〔マミング〕劇には，やがて殺されることになる女性の役を演ずる男性が，分娩の演技をしたあと，oakum-pokum pennyroyalという薬を処方され，すぐに元気になる場面がある［Helm, 1981: 26］．さらに1940年代のロンドンの病院で看護婦の見習いをしていたとき，受け持ちの患者のカルテを見て，この女性が，メグサハッカの錠剤を一箱服用したために流産の憂き目にあったことに気づいた，という報告もあれば［ケント州シェパーズウェル，1979年10月］，その15年ほど後に〔ウェスト・ヨークシャーの〕ハリファクスで電話交換手をしていたという人からは，職場の女性たちの間でメグサハッカの抽出物がよく利用されていた，という情報が寄せられている．この人によれば，交換台のある部屋で強いミントの香りがすると，決まって誰かが「ねえ，あれが来なくて困ってるのは誰よ？」と切りだしたものだという．というのもメグサハッカを瓶詰にしたものは「生理の来ない女の子の常備薬」になっていたからで，時折「多分あれが効いたんだろう」という話が出る程度には効果があったという．［ウェスト・ヨークシャー，リーズ，1981年10月］

Pennywort 学 *Umbilicus rupestris*（ベンケイソウ科**ウンビリクス属**の1種）

navelwortの名でも知られている．

● 1930年代のデヴォン州中部では，われわれ子どもたちの間で，天候占いWEATHER FORECASTINGに用いる草として最も人気があったのはnavelwortだった．まず大きな葉を2枚選び，それに唾をたっぷりと吐きかけて重ねあわせ，空に向かってほうり上げる．そして地面に落ちても葉がくっついたままなら雨になり，離れてしまったらからっとした好天が期待できる，というものだった．デヴォン州は当時も雨が多かったが，よく考えてみると，この占いの結果が唾の量の多寡に大きく左右されるものであったことは認めざるをえない（しかしもちろん，これがこの遊びの面白いところでもあったのだが）．［ウィルトシャー州ソールズベリー，1992年1月］

しかし一般的には，pennywortはさまざまな民間薬として用いられてきた．

● 生け垣に沿って生えるpennywortは，魚の目CORNSの治療薬である．

［IFCSS MSS 925: 6，ウィックロー州］

● 石垣に生えているpennywortをつぶしてラードとまぜたものは，鞍ずれの治療に用いられる．［マン島，ダグラス，1979年8月／ただし元来は1965年に採録されたもの］

● 1950年代に子ども時代を過ごしたある婦人は，友だちと一緒にCornish Pennywort（*Umbilicus rupestris*）の葉を，にきびや吹き出物の治療に用いていたという．このコーンウォール州では，pennywortは石垣などでごくふつうに見かける植物だが，私は，この植物がこうした用い方をされるのは，その円形の葉が応急絆創膏の形に似ているからで，いわば現代版の「外徴説DOCTRINE OF SIGNATURES」によるものだろうと確信している．［コーンウォール州セント・アーヴァン，1991年2月］

● pennywortとバター（無塩のもの）をよく混ぜ，火傷BURNSにつける．

［グウィネズ州ラニュークリン，1991年4月］

●地元の農夫は，指にとげが刺さったら，いつもpennywortを使っているという．使う前に葉の裏の「皮」をむくようにすれば，とげは1日か2日で抜けるらしい．

［コーンウォール州セント・アーヴァン，1992年2月］

Pennywortは，時には食材として用いられることもあるようである．

●［石垣などのpennywortは］年のはじめ頃に若い多肉質の葉をつけるので，これを少量刻んでサラダに加える．［シリー諸島，セント・メリーズ島，1992年9月］

Peony 学 *Paeonia* spp.（ボタン科**ボタン属**の数種）

●今年の夏，友人が亡くなって間もない頃に，未亡人のもとを弔問に訪れた親戚の老婦人は，そっと庭に出て，peonyの花の数をかぞえていた．そして戻ってくるなり……こう教えてくれた．庭にあるpeonyの花をかぞえてみたところ，どの株にも奇数の花がついていたが，これは，この年の終わりまでにこの家から死者が出るという確かなしるしである，と．［N & Q, 4 ser. 12: 469, 1873］

●もしpeonyにつく花の数が奇数であれば，それは死者が出るしるしである．

［Taylor MSS］

●［peonyは］しばしばsheep-shearing rose（羊毛刈りのバラ）の名で呼ばれることがあるが，これは，羊毛刈込み祭sheep-shearing feastsのおりに，この花の花びらの重なりの間に刺激臭のある物質あるいはコショウなどをしのばせておき，何も知らずにこの花の匂いを嗅いだ人がむせるのを見て楽しむ，というひどいいたずらが行なわれてきたからである．［N & Q, 5 ser. 9: 405, 1878］

●［ウェスト・サセックス州では］子どもたちにpeonyの根を使ったネックレスをかけさせることがあるが，これは，全身けいれんCONVULSIONSを予防するとともに，歯が生えてくるのを助けるためである．［Latham, 1878: 44］

Periwinkle（**lesser perwinkle / greater perwinkle**） 学 *Vinca minor / Vinca major*

ヒメツルニチニチソウ／ツルニチニチソウ（キョウチクトウ科ツルニチニチソウ属）

次にあげる歌は，式当日の花嫁のいでたちの心得を説くものとしてよく知られている．

●古いものと，新しいものと，
借りものと，それに青いものを何か．

Something old, something new,
Something borrowed, something blue.

この歌に関してグロスターシャー州のチェルトナム付近では：

●花嫁が身につける「青いもの」とは，青色のperiwinkleの花である．ある人の話では，これは，子宝に恵まれることを祈ってガーターに挿しておくのだという．

［Hammond MSS, 1970: 28］

ウィルトシャー州では：

●古い田舎家の庭で，まわりの土手にしばしばperiwinkleが生えているのを見かけるが，これは，若い夫婦が家を継ぐにあたって植えられたものであることが多い．

この花には，幸運をもたらし，幸せな結婚生活を約束してくれるという言い伝えがあるからである． [Whitlock, 1976: 163]

同様に，ケンブリッジシャー州でも：

● フェンランド〔イングランド東部の，ウォッシュ湾に臨む低地帯〕では，若い夫婦が最初に住む家の庭の畑にperiwinkleを植えれば，この夫婦はともに幸福な人生を送ることができると信じられていた．

またperiwinkleはケンブリッジシャー州において，浮気な若い娘や身持ちの悪い女房が上着の襟孔に挿すと，すぐにしおれてしまうと信じられている花のうちの1つである． [Porter, 1969: 47]

16世紀から17世紀にかけて出版された大衆的な書物の中では，periwinkleはしばしば，夫婦間の営みを促進する植物として紹介されている．たとえば，アルベルトゥス・マグヌスAlbertus Magnus（1193-1280）の著作の英訳と偽って1550年頃に刊行された『秘法の書The Book of Secrets』には，periwinkleを「叩いて粉にし，これをミミズと一緒に固めたものを，*Senperviva*すなわち英語でHOUSELEEKと呼ばれている植物（ヤネバンダイソウ）とともに料理に混ぜて食べれば，夫婦間の愛を促すことができる」とある [Best and Brightman, 1973: 8]．またN・カルペパーCulpeper〔1616-54〕は，periwinkleはウェヌスに属する植物であるため，「夫婦が共にその葉を食べれば，2人の間に愛を引き起こす」[Culpeper, 1653: 170] と記している．

ドーセット州西部では，野生のperiwinkleは，聖キャンディダSt Candida（聖ワイトSt Witeの名でも知られている）と結びつけられている．〔同州の〕ウィットチャーチ・カノニコーラムにある教会はこの聖キャンディダに捧げられているが，聖女の出自をめぐっては，もとはブルターニュの王女であった，実は聖グェンSt Gwen（あるいは聖ブランシュSt Blanche）と同一人物である，聖ボニファティウスSt Bonifaceに随行したウィッタWittaという名の修道女である，デーン人の侵攻にあって殉教したサクソン人の聖女である――などと，さまざまな伝承がある．またこの教会の中には，この聖女の聖堂が無傷のまま残されており，これは近年とりわけ関心を集めつつあるようである．宗教改革以前の時代には：

● この聖堂に参詣した巡礼者たちは，その後1マイルほど離れたモーコムレイクにある，この聖人の泉へと向かったものだった．この「聖ワイトの泉St Wite's Well」の水は，「目の痛みに効くすぐれた治療薬」としてよく知られており，この名声は1930年代までは衰えることなく続いていたようである．……ストーンバロー・ヒルの近くには，毎年春になると野生のperiwinkleが一面に咲き乱れる場所があるが，この花は地元では今でも，St Candida's Eyes（聖キャンディダの眼）の名で知られている． [Waters, 1987]

19世紀のオックスフォードシャー州では，ツルニチニチソウはcutfinger（指を切るもの）の名でも呼ばれていた．

●この葉は手のあかぎれに効くとされ，広く用いられている．

[Britten and Holland, 1886: 139]

Peruvian lily 学 *Alstroemeria aurea*（ユリズイセン科**ユリズイセン属**の1種）

〔北アイルランドの〕オレンジ結社Orange Orderのパレードでは，旗竿を飾るためのORANGE LILY（ユリ属の数種）が手に入らないときは，代わりにこの花を用いる．

Petty spurge 学 *Euphorbia peplus*（トウダイグサ科**トウダイグサ属**の1種）

●［マン島，アンドレーズ，1929年6月］Lhuss-ny-fahnnaghyn――いぼWARTSの治療に用いられる． ［NHM MSS, C·I·ペイトンPatonの植物標本］

●ごく幼い頃のことだが（5歳くらいだったと思う），ボドミン近くのジプシーの野営地で，1人の婦人が老婆に向かって，顔にできた醜いいぼWARTSを取り除く「まじない」をやってもらったのに，一向によくならないじゃないの，と食ってかかっている場面にでくわしたことがあった．するとジプシーの老婆は，金さえ払ってもらえるなら別の方法があるよといって，wartweed〔=petty spurge〕を取り出した．そしてその「乳液」をいぼにつけ，これを毎日続けるといいよと教えた．ところがこの婦人の夫は，後になってから金など払えんと言い出したので，老婆は彼を呪い，その額にwartweedをこすりつけた．

その日の遅い時間に，われわれはその夫を再びボドミンで見かけたが，その額には鮮やかな赤い十字のあざができていた．私はとても興味をそそられ，自分でもこの草を手の甲につけてみた．するとしばらくしてからかなりひどく痛みはじめた． ［コーンウォール州トルーロー，1993年12月／同封の植物標本により同定済み］

→SPURGE（トウダイグサ属の数種）

Phacelia 学 *Phacelia tanacetifolia* **ハゼリソウ**（ハゼリソウ科ハゼリソウ属）

●18世紀半ば頃のジャージー島の記録によると，ハゼリソウは元来，ジャガイモPOTATOを掘り起こしたあとに，土中の線虫類を駆除するために蒔かれたのだという．現在でもこの草は，緑肥として栽培されている．

［ジャージー島，サンサヴォワール，1993年5月］

Pharoah's pea

ノーサンプトンシャー州における，ヒロハノレンリソウEVERLASTING PEAの異称．

Pignut 学 *Conopodium majus*（セリ科**コノポディウム属**の1種）

●私の母とその友人たちは，よくLucy Arnots（あるいはArnuts？）やSooricks〔＝スイバSORREL〕を食べていた．……Lucy Arnotsというのは，川の土手など生えているある植物〔=pignut〕の根であったが，……私は決して口にしなかった．

［〔テイサイド州〕ダンディー，ウィットフィールド，1988年11月］

●pignut：第一次世界大戦中，われわれはよくこの草の根を掘り起こして，根の先端のnoodle［noduleすなわち小塊］を食べたものだった！

［オックスフォードシャー州ディドコット，1991年2月］

● [60年以上も前のことだが，ドーセット州ウィンボーン・セント・ジャイルズで子ども時代を過ごした私は] 石を使ってpignutの塊茎を掘り起こし，よくこれを口にした．川で洗てから食べるのである． [デヴォン州シドマス，1991年10月]

Pigtoes

ケント州における，セイヨウミヤコグサ BIRD'S-FOOT TREFOIL の異称.

Pigweed

グロスターシャー州における，COW PARSLEY（シャク属の1種）の異称.

Piles　痔疾

痔疾の治療に用いられてきた植物には，以下のようなものがある．CELANDINE（キンポウゲ属の1種），ヨーロッパグリ CHESTNUT，セイヨウニワトコ ELDER，セイヨウトチノキ HORSE CHESTNUT，ヨウシュジンチョウゲ MEZEREON，タマネギ ONION，PELLITORY OF THE WALL（ヒカゲミズ属の1種）など.

Pilewort

CELANDINE（キンポウゲ属の1種）の異称.

Pimples　にきび

にきびの治療に用いられてきた植物には，レモン LEMON や PENNYWORT（ウンビリクス属の1種）などがある.

Pin bur

ベッドフォードシャー州における，CORN CLEAVERS（ヤエムグラ属の1種）の実の異称.

Pine　学 *Pinus* spp.　**マツ類**（マツ科マツ属の数種）

ガーンジー島では：

●マツの木はきわめて不吉とされている．これらの木を並べて植えたりするのはとても危険なことと考えられ，そんなことをするとその土地を人手に渡すはめになる，もしくは本来の相続人ではなく，分家に継がせることになる，などと言われたものだった．また祖母は常々，マツの木の下で眠り込んだら，二度と眼を覚ますことはない，と言っていた． [De Garis, 1975: 117]

しかし別の地方では：

●先日友人から聞かされた話なのだが，病気の息子をもつ両親に，休暇をかねて，マツの木の多いウェールズの海辺で2週間ほど過ごすよう勧める人があった．そして，「子どもを毎日1～2時間，マツの香りにあててやるようにしなさい」などと熱心に説くのにほだされて，この両親がその通りに実行してみたところ，子どもはすっかり元気になったという． [1956年5月31日付 'Times weekly Review' 紙]

→ヨーロッパアカマツ SCOTS PINE

Pineapple　学 *Ananas comosus*　**パイナップル**（パイナップル科アナナス属）

パイナップルの石の置物は，ごくありふれた家の玄関などにも，しばしば見かけることがあるが：

●この植物は17世紀，イギリス東インド会社の面々によってイギリスにもたらされた．彼らはこれを温室で栽培したが，この果実を買うことができたのはごく一部の富裕層に限られていたため，パイナップルはやがて富や上流階級を示すシンボルとなった．中流階級の人たちは，せいぜいパーティーの折などに，借りてきたパイナップルをテーブルの中央に据える程度で我慢しなければならなかった．アメリカでは，ニュー・イングランドの大帆船が活躍していた頃，ある船長によって，パイナップルを使った新たな慣習がはじめられた．この船長は熱帯から帰国するとき，パイナップルを持ち帰ったが，これを家の正面階段の柱の上に置き，自分が帰国したこと，そして友人たちの訪問を待ちわびていることのしるしとしたのである． ［1984年2月4日付 'Miami Herald' 紙］

この説明には一部正確さを欠くところがあるようである．というのも，パイナップルは現在でこそアジアの熱帯地方で広く栽培されているが，元来は新世界起源のものであり，イギリスにもたらされた最初のパイナップルは，西インド諸島から運ばれたものだったからである［Raphael, 1990: xxxii］．

Pineapple weed 学 *Matricaria discoidea*（キク科**シカギク属**の1種）

●Rayless mayweedは，pineapple weedあるいはOregon weedの名でも知られており，黄だいだい色の染料DYESが取れる． ［シェットランド州ラーウィック，1994年3月］

Piskie / pixie / pixy

デヴォン州における，GREATER STITCHWORT（ハコベ属の1種）の異称．

Piss-i-beds / pissimire / piss-in-the-beds / pisterbed

セイヨウタンポポDANDELIONの異称．

Plaguewort

コーンウォール州における，BUTTERBUR（フキ属の1種）の異称．

Planets 惑星

植物が各惑星の支配下にあるという考え方については，「占星術的植物学ASTROLOGICAL BOTANY」の項を参照のこと．

Planta genista プランタ・ゲニスタ

1154年から1399年にかけてイングランドを支配したプランタジネットPlantagenet家の家名は，「プランタ・ゲニスタplanta genista」なる植物の名からとられたものだとされている．これが具体的にいかなる植物を指すのかという点については，これまでにさまざまな憶測が行なわれてもきたが，現在ではふつう，エニシダBROOMを指すものと考えられており，アンジュー伯ジェフリーGeoffreyに，この植物を身につける習慣があったことがきっかけになったと言われているようである．

●ゲニスタgenistaの小枝は，はじめ〔プランタジネット朝初代の王である〕ヘンリー2世の父，アンジュー公ジェフリーが，自らの記章として採用したものであった．彼がこの野生の花を集める気になったのは，……ある岩がちな小道を通りかかったときのことだった．黄色い花をつけたエニシダの低木が，道の両側で大きな岩にしっかりとしがみつき，崩れかかる土を支えているのを目にした彼は（次のように語った）：「しっかりと岩に根を下ろし，かつは崩れんとするものを支えているあの黄金色の植物は，今よりのち，わが記章となることだろう．今後私はこれをわが兜に飾るとしよう．戦地に赴かねばならぬ折はもちろんのこと，馬上試合（トーナメント）においても，そして曲直を明らかにせんとする際にも」．こう言いながらこの勇士は枝を手折り，誇らしげにそれを自らの帽子に挿して，城へと帰還した． ［Friend, 1884: 390］

Plantain 学 *Plantago* spp.（オオバコ科**オオバコ属**の数種）

●われわれはplantainの類をすべてMOTHER-DIE（母親の死）と呼んでいた．これは，もしこれらの植物を家の中に持ち込んだら，母親が死ぬという意味だった．

［グレーター・マンチェスター，ストックポート，1994年3月］

●ある年配の男性が庭仕事をしていて，親指をひどく切ってしまったことがあった．このとき彼は，まわりが応急の手当をしようとするのを制して，plantainの葉を1枚手に取ると――確か芝生の端の方から摘んできたのだと思う――その数か所を（前歯で）噛んでから傷口にあてがい，これですぐよくなるさ，と言った．そして実際その通りになった． ［デヴォン州ディプフォード，1979年2月］

●［彼女は］自分の庭からこの植物〔=plantain〕の仲間の葉を摘み，これを使えば数分で出血BLEEDINGを止めることができるわと教えてくれた．彼女によれば，夫が髭を剃りながら手をすべらせて怪我をするたびに，彼女はいつもこの葉を摘んできて傷口に貼らせたものだという．また彼女の夫は自分でクモの巣を取ってきてこれを傷口にあてることもあったが，「もちろんこれでも血はとまる」とのことだった． ［マン島，アンドレーズ，1963年5月／マン島民俗調査］

→BUCK'S HORN PLANTAIN（オオバコ属の1種）／オニオオバコGREATER PLANTAIN／HOARY PLANTAIN（オオバコ属の1種）／ヘラオオバコRIBWORT PLANTAIN

Planting times　植え付けの時期

●言い伝えによれば，1月，2月，3月，4月，9月，10月，11月および12月に定植あるいは移植した花や低木はうまく育つが，これ以外の月（月名の綴りにRの文字が含まれない月）にこれを行なうと，育ちが悪い． ［IFCSS MSS 350: 356，コーク州］

●農夫たちは，土曜日に，土を耕したり，種を蒔いたり，芝生を刈ったりといった仕事をはじめるのは不吉であると考えている． ［IFCSS MSS 225: 347，リートリム州］

→聖金曜日GOOD FRIDAY

Plant of friendship

ローズマリーROSEMARYの異称．

Pleurisy　肋膜炎

肋膜炎の治療に用いられてきた植物には，FIELD SCABIOUS（クナウティア属の1種）などがある．

Plum 学 *Prunus domestica* **セイヨウスモモ** (バラ科サクラ属)

●「コムギ WHEAT が豊作の年は，セイヨウスモモも豊作」——これはノッティンガムシャー州北部で広く知られている諺だが，今年はこの双方の出来のよかったこともあって，とりわけよく耳にした. [N & Q, 7 ser. 4: 485, 1887]

Pneumonia 肺炎

肺炎の治療に用いられてきた植物には，セイヨウニワトコ ELDER などがある.

Pobbles

シリー諸島における，KARO (トベラ属の1種) の実の異称.

Poison spittle

シェットランド諸島における，hair MOSS (スギゴケ属の数種) および thyme thread MOSS (チョウチンゴケ属の数種) の異称.

Polypody 学 *Polypodium vulgare* **オオエゾデンダ** (シダ類，ウラボシ科エゾデンダ属)

●［ゴールウェー州に住む］ある老女から，これ［オオエゾデンダ］は優れた薬になると聞いたことがある. 彼女が言うには「ただし必ず満月の夜に引き抜いたものを使わなければなりません. そしてその根を一晩，粥の中に漬けておくのですが，このとき，根をそのままに (つまり生えていたときと同じ向きに) 入れると，下向きに効くようになり，さかさまに入れると上向きに効くようになります. また両方の向きに入れておけば，上向きにも下向きにも効くようになります. これは自然に生えているものからつくる最良の薬ですよ」. [Hart, 1873: 339]

●［ジプシーたちの間では］この草の根をすりつぶしたものはリウマチ RHEUMATISM によく効く治療薬とされており，彼らはこれを痛みのある箇所に湿布している. この植物はかつて rheum-purging polypody (リウマチを追いだすオオエゾデンダ) と呼ばれていたこともあり，このことからも，この効能が広く知られていたことがうかがえる. ただしこの呼称はずっと以前から使われなくなってしまっている. [Vesey-FitzGerald, 1944: 27]

Pontius Pilate ポンティウス・ピラト

パースシャー州フォーティンガルにあるヨーロッパイチイ YEW の木は，ポンティウス・ピラト〔キリストを十字架刑に処したユダヤ総督〕と結びつけられている.

Poor man's asparagus

リンカーンシャー州における，GOOD KING HENRY (アカザ属の1種) の茎を煮たものの呼称.

Poor man's weatherglass

ルリハコベ scarlet pimpernel の，広く用いられている異称.

Pop dock

コーンウォール州における，ジギタリス FOXGLOVE の異称.

Poplar 学 *Populus* sp. **ポプラ** (ヤナギ科ヤマナラシ属の1種)

●幼い頃［1940年代前後］私は，年上の親戚たちから教えられるままに，ポプラの尾状花序を集めて小さな皿に入れ，妖精FAIRIESたちが夜（私が眠っている間に！）食べられるように，水を加えてよくかき混ぜておいたものだった．言うまでもなく，夜が明けると尾状花序はすっかりなくなってしまっていた．……これは今世紀前半の子どもたちの間では，かなりよく知られた習慣だったのではないかと思う．

［サリー州サットン，1993年8月］

→ヨーロッパクロヤマナラシBLACK POPLAR／ウラジロハコヤナギWHITE POPLAR

Poppy 学 *Papaver rhoeas* **ヒナゲシ**（ケシ科ケシ属）

● ［ノーサンバランド州の］ウーラー付近では，〔ヒナゲシは〕Thunderflower（雷の花）あるいはLightnings（稲妻）と呼びならわされており，子どもたちは，その花を摘むのを恐がっていた．というのも，もし花を摘んだときに花びらが落ちると，その子は雷に撃たれやすくなる，と言われていたからである．この花の散りやすさは有名なので，実際のところ，これはかなり危険な賭けであった． [Johnston, 1853: 30]

●アイルランドの麦畑に生えている赤い花のヒナゲシは，カーロー州，ウェクスフォード州，ウィックロー州，それにウォーターフォード州では，Headaches（頭痛）と呼ばれ，とりわけ女性たちからは忌み嫌われている．若い未婚の女性ほどこの傾向が強く，この花に触れることも，またこの花で触れられることも嫌がるようである．この花は羊毛や毛糸を黒く染める染料DYESとして，logwood（アカミノキの心材）や緑礬とともに用いられることがあるが，それ以外の場合はたいてい，有毒な草として敬遠されている． [N & Q, 3 ser. 8: 319, 1865]

●この地域［〔ノッティンガムシャー州〕ワーソップ］では，栽培されているものか野生のものかを問わず，ヒナゲシは広くearaches（耳の痛み）と呼ばれている．……この花を摘んで耳に近づけると，激しい耳の痛みEARACHEに襲われるとされている． [N & Q, 5 ser. 9: 488, 1878]

● Blind Eyes（盲目の眼）—— *Papaver rhoeas*（ヒナゲシ）．ヨークシャー州では，この花を眼に近づけすぎると，失明BLINDNESSの原因になるという俗信がある．

[Britten and Holland, 1886: 50]

●コーンウォール州の人びとは，ヒナゲシを大量に扱うといぼWARTSができると信じている．それゆえこの植物は，しばしばWart Flower（いぼの花）と呼ばれる．

[Davey, 1909: 19]

● ［ケンブリッジシャー州ホースヒースの］子どもたちは，鼻血NOSEBLEEDSの原因になるので，ヒナゲシ（Common Red Poppy）の花の匂いを嗅いではいけないと教えられていた．しかしこの鼻血は，クモの巣を鼻の穴に入れれば止まる．[Parsons MSS, 1952]

●ヒナゲシは頭痛を引き起こすので，heead-vahhk（頭痛）と呼ばれている．

［ハンバーサイド州ドリフィールド，1985年3月］

●子どもの頃私は，ヒナゲシの花の匂いを嗅ぐと頭痛を起こすから，嗅いではいけないと教えられていた． ［ケンブリッジシャー州ヒストン，1989年1月］

こうした俗信のうちのいくつかは，子どもたちがこの魅力的な花を摘もうとして畑に入り，作物を傷めたりすることがないように，意図的に広められたものである可能性もある（→セイヨウヒルガオ BINDWEED）．とはいえ，ヒナゲシが頭痛や失明の原因になるという考え方の背後には，なにがしかの真実が含まれているようにも思われる．たとえば，第一次世界大戦に従軍したある復員軍人によると，赤いヒナゲシの咲く野原を延々と行軍したとき，「この花はとてもまぶしく，われわれの眼に影響をもたらした——その後何日間かは，その赤い色がまぶたの裏に焼きついたままだった」［Hewins, 1981: 147］という．同様に，19世紀のロンドンの仕立屋も，次のようなことに気づいている．

●あらゆる色の中でも，連隊服に使われているような深紅色が，最も眼によくない．……陸軍御用達の仕立屋には，他よりも盲目になる人の数が多い．

［Quennell, 1984: 167］

しかし，一方ではヒナゲシが不吉な植物であることを知らない子どもたちもおり，この花を使ったさまざまな遊びが知られていたようである．

●私が麦畑から思い出す人形といえば……母からつくり方を教わった，深紅のヒナゲシを使ったかわいいバレリーナの人形である．……まず緑の果実を頭に見立て，これにピンや鉛筆を使って顔を描き込む．この果実ははじめから，ひだのついた平たい帽子をかぶってくれている．おしべは「顔」の前のものだけを取り除き，残りは，エリザベス朝時代風の印象的なひだ襟として残しておく．花びらは下の方に折り曲げ，木綿糸か細長い草の葉を使って，腰にあたる部分を縛る．そしてあらかじめ切っておいた別の茎を花びらの間に差し込んで，腕をつけてあげればできあがりだった．もっと丁寧につくりたいときは，茎をもう1本，腰のところに差し込んで，人形を2本足にしてあげたこともあった． ［Hersom, 1973: 79］

●［子どもの頃，わが家は引っ越しを繰り返していたのではっきりしないところもあるが，おそらくは50年ほど前のスタッフォードシャー州で］われわれは中国人を模した人形をつくって遊んだ．まず花びらを折り返してから，用意しておいた2本の別の茎のうち，1本を横に使って腕にし，もう1本は，本体の茎に添えて2本めの足とした．そして折り返した花びらの，腰のあたりを毛糸の切れ端でしばり，最後にむき出しになった種の入った実に，中国人風の顔を描くのである．

［シリー諸島，セント・メリーズ島，1992年9月］

●子どもたちが北アイルランドのクレイガヴァンで学校に通っていた1969年頃のことだが，彼らはよく私に「妖精がダンスするのを見たい？」と言ってきたものだった．まず花——野生のヒナゲシかセイヨウヒルガオ lesser BINDWEED——を1本摘んでくると，その花びらを茎のほうへ折り返して「スカート」にし，その中に隠れた茎の上の方を親指と人さし指でつまんで指を前後に動かし，全体を前後にくるくると回転させる——これが「妖精のダンス」であった．

［ハンバーサイド，バートン・アポン・ハンバー，1992年2月］

19世紀の初頭以来，ヒナゲシは戦場に斃れた人びとと結びつけられてきた．

●ワーテルローの戦い〔1815〕でウェリントンWellington公爵が勝利を収めたあと，この地では，耕地に生える赤いヒナゲシは，戦闘中に斃れた兵士たちの血BLOODから生じたものだと言われた． ［Dyerm 1889: 15］

20世紀に入ると，ヒナゲシは第一次世界大戦，およびその後の戦争で亡くなった人びとを偲ぶ花とされるようになった．

1915年5月，イーペルの戦いのさなかに，カナダ人医師のジョン・マクレーJohn Macrae大佐は次のような詩を書いた．

●フランドルの野に咲くヒナゲシ，
十字架の間に幾重にも列をなすこの花こそは
われらが眠る地の標（しるべ）．空には
恐れを知らぬヒバリがなおさえずるも，
砲火に遮られ地上には届かず．

われらすでに世を去れり．昨日
世にありて曙光を身に受け，夕日を眺め，
愛し愛されたこの身も，今や斃れ臥しぬ，
フランドルの野に．

われらに続きて敵と干戈を交えよ．
すでに失える腕もてわれらの投げし
たいまつを，心して高く掲げよ．
もし汝らの死者に背くことあらば，
われらは永遠に眠らじ，よしヒナゲシは咲くとも
フランドルの野に．

In Flanders fields the popies blow,
Between the crosses, row on row
That mark our place; and in the sky
The larks still bravely singing fly
Scarce heard amid the guns below.

We are the dead. Short days ago
We lived, felt dawn, saw sunset glow,
Loved and were loved, and now we lie
In Flanders fields.

Take up our quarrel with the foe;
To you from failing hand we throw
The torch; be yours to hold in high,
If ye break faith with us who die
We shall not sleep, though poppies grow
In Flanders fields.

この詩を1915年12月，'Punch' 誌上で目にしたアメリカ人女性モイナ・マイケルMoina Michaelは，いたく感激し，この「ヒナゲシ」のモチーフを採り入れた次のような詩を書いた．

●われらもまた赤きヒナゲシを慈しむ，
武勇の刻まれし野に咲くかの花を．
英雄たちの血は決して色あせることなく，
その紅は死者の上でいやましに輝くを，
天に知らしめるがごとくにこの花は咲けり，
フランドルの野に．

We cherish, too, the poppy red
That grows on fields where valor led,
It seems to signal to the skies
That blood of heroes never dies,
But lends a lustre to the red
Of the flower that blooms above the dead
In Flanders fields.

マイケル女史は，「死者に背くこと」のないようにと，ヒナゲシを1本身につけるようにしていたが，1918年11月，フランス人女性のゲランGuerin夫人がこれに関心を示し，女史にそのわけを尋ねた．そして彼女から話を聞いたゲラン夫人は，フランスでヒナゲシを生産・販売し，その利益を，戦火で荒廃した地域に戻ってくる人びとの援助にあてようと決意した．こうした経緯もあって，1921年，英国在郷軍人会が第1回の「ヒナゲシの日Poppy Day」を行なったときには，フランスから輸入したヒナゲシが用いられたが，初回の売り上げが106,000ポンドにも上ったため，在郷軍人会は，ヒナゲシを国内から調達する方法を模索しはじめた．

そうした中，G·ハウソンGeorge Howson少佐は，東ロンドンにヒナゲシの造花をつくる工場を設立し，5人の傷病者を雇用した．この工場は遅くとも1922年の6月には生産をはじめており，当初は襟の折り返しにつけるヒナゲシだけを生産していたが，1924年には花輪の製作も行なうようになり，最初につくられた大きな花輪は，1924年の11月11日，皇太子の手で献ぜられた．1925年までには，50人もの人がこのハウソンの工場で働くようになり，もとの工場では手狭になったので，サリー州リッチモンドに移った．

1975年までは，採用は退役軍人に限定し，しかも傷病兵を優先させていたが，この年以降は，募集の幅が退役軍人の未亡人や障害のある家族にまで広げられた．1989年7月の時点で，工場は130名の従業員を抱え，そのうちの80%は傷病者であった．またその他に，45名ほどの高齢者，重度の障害者，あるいは病気がちの人などが，自宅でヒナゲシを組み立てる作業に従事していた．この工場では例年，3,600万個のヒナゲシ（これを約25万人のボランティアが販売する），7万5千個の花輪，それに25万個の記念の十字架を製造している．そして1988年には，復員軍人とその家族を支援するために設けられている「ヒナゲシ基金Poppy Appeal」は，1,000万ポンド以上の収益をあげたという［英国在郷軍人会ヒナゲシ工場，1989年12月］．

1933年以降，英霊記念日Remembrance Day〔11月11日〕の時期には，白花のヒナゲシも用いられるようになっている．これは元来は，「二度と戦争を起こしてはならないという平和の誓い」のシンボルとして，婦人協同組合Cooperative Women's Guildの提唱によってはじめられたもので，「民族主義的かつ軍国主義的で，いかにも偏狭な英霊記念日の追悼の念を，国籍を問わず，また軍人のみならず民間人をも含めたすべての戦争の犠牲者にまで」広げようという理念をあらわしていた．1938年にピークに達して以降，この日に白花のヒナゲシを用いる慣習は散発的なものにとどまっていたが，1980年には，「平和誓約同盟Peace Pledge Union（PPU）」が，白花のヒナゲシの採用を決定した．この同盟はロンドン，ホワイトホールの記念碑に花輪を捧げる儀式を主催しており，同年以降はこの式典でも白花のヒナゲシが用いられている．1988年には，同盟は5万本の白花のヒナゲシが売れると見込んでいたという［PPU製作のリーフレット，1988年／Seed, 1988］．

→ケシ OPIUM POPPY／ツノゲシ YELLOW HORNED POPPY

Potato 学 *Solanum tuberosum* **ジャガイモ**（ナス科ナス属）

コーンウォール州の南海岸沖にあるルー島（セント・ジョージズ島）では：

> ●早生のジャガイモは「クリスマスの贈り物の日Boxing Day」〔12月26日〕に植え付けるのがしきたりだと教えられてきた．もう2月になってしまったので，できるだけ早く植えねばならず，私はすぐにも実行することを決めた． ［Atkins, 1986: 23］

他の地方では，植え付けの時期はもう少し遅くてよいとされていたようである．アイルランドのある地方では：

> ●早生のジャガイモ：この作物は，聖パトリックの祝日 ST PATRICK'S DAY〔3月17日〕までに植え付けなければならないとされていた． ［オファリー州デインジアン，1985年1月］
>
> ●ジャガイモは……聖パトリックの祝日の頃に植え付けるべきである．この日には「聖人が石を裏返して暖かい面を上に向けてくださる」〔＝気候が暖かくなる〕．
>
> ［アントリム州リズバーン,1986年3月］

しかし，ジャガイモの植え付けるべき日として最も広く知られているのは聖金曜日 GOOD

FRIDAYで，3月20日から4月23日にかけてのいずれかの金曜日がこれにあたることになるが，この日には毎年，たとえ形ばかりであっても，植え付けが行なわれたものであった．

● ［1920年頃のカンブリア州ウォーカップでは］聖金曜日には，農作業は必要最小限にとどめなければならないとされていたが，庭をもっている人は皆，復活祭が早く来ようと遅く来ようと，必ずこの日にジャガイモを植え付けた． [Short, 1983: 118]

● ［アイルランドでは］しかし，たいていの農夫はこの聖なる日に少量の穀物あるいはジャガイモを植え付けて，作物に神の恵みがあるよう祈ったものだった． [Danaher, 1972: 71]

●［戦争がはじまる1939年以前のラトランドシャー州およびリンカンシャー州南西部では］ジャガイモ（初なりのもの）は聖金曜日に植え付けなければならないとされていた（象徴的に3日後の復活を連想させるため，埋められた塊茎の生長を促すと考えられていたのである）． ［サマーセット州フルーム，1978年6月］

●われわれのジャガイモの植え付けは，いつも聖金曜日に行なわれた．人びとは，この日が聖なる日なのでジャガイモもよく実るだろうと考えていたようだが，実際のところ，われわれのジャガイモは豊作続きだった． ［ロンドンデリー州カースルロック，1989年2月］

メイオー州では，ジャガイモの種いもを「植え付ける際，ひとつまみの塩と人間の排泄物を肥料として与える」．またケリー州では，「植え付けの日に，CYPRESS（ヒノキ属の数種）の一片を畝に突き刺し，収穫の日には同じ木の枝を燃やす」[Salaman, 1949: 117]．

メイオー州では1863年，次のような報告がある．

●日常的に利用するためのジャガイモを掘りはじめるのはGARLICK SUNDAY［8月の第1日曜日］以降だが，価格の上昇を妨げるほど掘ることはしない． [Danaher, 1972: 165]

アイルランドの他の地方では：

●ゴールウェー州では，7月の最後の日曜日すなわち「花輪の主日GARLAND SUNDAY」に，最初の掘りあげが許される．ケリー州では，この地方の守護聖人の祝日にあたる7月7日がその日である．コーク州では，どれほどわずかでもいいから，必ず6月29日にジャガイモを掘らなければならない．メイオー州では，収穫を終えるとどの家でも祝宴が催され，ティペレアリー州では，初なりのジャガイモが食卓にのぼると，皆で次のような言葉をかけあうのが普通である．「また12か月間，無事にそして幸福に過ごせますように」． [Salaman, 1949: 117]

上の「花輪の主日」は，太古のケルト人たちのルーナサLughnasa祭が装いを新たにしたものと考えられているが，この祭は元来，初物の収穫を祝うためのものであった．アイルランドの多くの地方では，この日は「新ジャガイモの主日Sunday of the New Potatoes」としても知られていた． [Ó Suilleabhain. 1967: 68]

初なりのジャガイモを食べるときには，しばしば願い事がなされた（→果実FRUIT）．

●初なりのジャガイモが出される食卓についている間に願い事をすれば叶えられる，という古い諺がある．［IFCSS MSS 232: 269，ロスコモン州］

●初なりのジャガイモを食べるときは，願い事をするのがならわしである．

［IFCSS MSS 800: 14，オファリー州］

ジャガイモはリウマチ RHEUMATISM や，それよりは稀だが，けいれん CRAMP の予防に用いられることがある．

●私には，オックスフォード大学を出たあと，イングランドの北部で牧師をしている知り合いがいるが，彼はリウマチの治療のために，ジャガイモを1つポケットに入れており，またこれを他人にも勧めていたものだった．［N & Q, 8 ser. 9: 396, 1896］

●この地方［ウィルトシャー州ミア・ダウン］では，リウマチに悩む人がポケットにジャガイモをしのばせているのをよく見かける．私はこの方法を試している人を何人か知っており，おそらくは何か月もポケットにしまっていたためにすっかり干からび，大きなビー玉ほどにちぢんでしまったジャガイモを見せてもらったこともある．しかし，これは確実に効く治療法だと言う人――ある男性からは，長年この病気に苦しめられてきたが，ジャガイモを身につけるようになってから痛みを感じなくなった，という話を聞かされた――もあれば，何の効果もない，と言ってはばからない人もいるようである．［N & Q, 8 ser. 9: 396, 1896］

●［サマーセット州およびデヴォン州では］ジャガイモを固くなるまでポケットに入れておけば，リウマチが治ると信じられている．それは「血液から鉄分を取り除く」からだという．血中に鉄分が多すぎると，身体が固くなり，それがこの病気を引き起こすと考えられていたのである．［Whistler, 1908: 89］

●リウマチの痛み，坐骨神経痛 SCIATICA，および腰痛 LUMBAGO の治療法は，隣人の物置から失敬した大ぶりのジャガイモをポケットに入れておくことである．

［IFCSS MSS 812: 110，オファリー州］

●それは掘りあげてから2年目になる，ごくふつうの食用のジャガイモである――彼はそれを，できるだけ（自分の）肌に近くなるようズボンのポケットに入れている．ずいぶん前にジプシーから，こうすればリウマチの予防になると聞かされたらしい．彼は今年80歳になるが，これまでリウマチにかかったことはない．

［コーンウォール州アルターナン，1986年4月］

●ベッドにジャガイモを1つ入れておくと，けいれんの予防になる．

［サフォーク州ラッシュミア・セント・アンドルーズ，1989年2月］

時にジャガイモは，漠然としたお守り，あるいは幸運を呼ぶお守りとして用いられることもある．

●1978年5月，サウス・ケンジントンで働いている中年の女性たちと，サッカーくじのことをあれこれと話していたとき，幸運を呼び込むためにどんな「幸運のお守り」を使っているか，というのが話題になった．そのとき名前があがったのは，短いひも，押し葉にした4つ葉のクローバー CLOVER，小さい干からびたジャガイモなどで，いずれも小銭入れにしまって持ち歩いているということだった．

［ロンドン，ストレタム，1991年10月］

ジャガイモを用いた他の民間療法には，次のようなものがある．

- のどの痛みは，ジャガイモを焼いてストッキングに入れ，首のまわりに巻きつけておけば治るとされていた． ［IFCSS MSS 212: 10，リートリム州］
- スライスしたジャガイモを，毎晩3度しもやけ CHILBLAINS の患部にすりこめば，そのうちに治る． ［IFCSS MSS 790: 34，ダブリン州］
- 隣に住む年配の女性の言によれば，脚の潰瘍 ULCERS，およびそれ以外のやっかいな傷も，ただ生のジャガイモを少しすりおろして，痛む箇所につけておくだけで確実に治るという．彼女は自らもこれを実践し，うまく治していたようである．

［アントリム州グリン，1992年2月］

手に入りやすいこともあって，子どもたちはしばしばジャガイモで遊び道具をつくったり，これをゲームに用いたりした．

- Tattie craa と呼ばれる遊び——形の整った丸いジャガイモを選び，セグロカモメやカラスのような大型の鳥の，丈夫な翼の羽根を集める．そしてこの羽根（3～4枚）の根元を，やや角度をつけながら，放射状になるようにジャガイモに突き刺してゆく．これを空高くほうりあげると，すごい早さでくるくると回転し，ブーンと大きな音をたてながら落ちてくる．羽根の位置と数をいろいろと変えて試してみると，ゲームの面白さが増す．

Staelin swine と呼ばれる遊び——1人が布を手にもって椅子に座り，4～6個のジャガイモをその前の床に置く．するともう1人が近づいて，次のように唱える：

僕は高地からやって来て，
低地へ向かって行くところ，
ブタ，アヒル，それにひなを探しに，
はにかみやのかわいい坊やが行方知れずで，
お母さんが僕を探しによこしたの．
君のとこにはいないかね．

A'm, come fae da high laands,
Gyaan ta da low laands,
Seekin swine, deese an gaeslins.
We lost a peerie aalie pootie,
An me midder pat me ower ta see
If he wis among your eens.

すると腰を下ろしている方が答える：「さあ，どうぞご覧なさい」．すると相手はジャガイモを裏返して念入りに調べはじめ，「これでもない，あれでもない」と言う．このゲームの目的は，ジャガイモの1つを手にとって，相手が布で自分に触る前に逃げることである． ［シェットランド州ラーウィック，1994年3月］

ケンブリッジシャー州ホースヒースをはじめとする多くの地方では：

●洗濯のとき，ジャガイモをゆでた水が，ふつうに使われる小麦粉のデンプン糊STARCHの安価な代用品として，しばしば用いられた． [Parsons MSS, 1952]

Poultry-keeping　家禽の飼育

家禽の飼育と結びつきの深い植物には，以下のものがある．ラッパズイセンDAFFODIL，セイヨウタンポポDANDELION，GOOSEGRASS（ヤエムグラ属の1種），IRISH SPURGE（トウダイグサ属の1種），NETTLE（イラクサ属の1種），プリムローズPRIMROSE，SALLOW（ヤナギ属の1種），エゾヨモギギクTANSY，WHITE DEAD NETTLE（オドリコソウ属の1種）など．

Pregnancy　妊娠

LORDS AND LADIES（アルム属の1種）に触れると妊娠するとされることがある．また妊娠中に用いられる薬草には，ラズベリーRASPBERRYなどがある．

Prick-timber

17世紀に用いられた，セイヨウマユミSPINDLEの異称．

Primrose　学 *Primula vulgaris*　**プリムローズ**，イチゲサクラソウ（サクラソウ科サクラソウ属）

プリムローズは，ラッパズイセンDAFFODILと同様に，家禽の飼育POULTRY-KEEPINGと深い関連をもつと考えられている．

●ノーフォーク州東部に住む年配の女性たちの中には，プリムローズをはじめて家に持ち込むとき，その本数が13本未満であれば，雌鶏や雌のガチョウはその年，プリムローズの数だけしかひなをかえさない，と信じている人がいる．最近私は教会の助祭に取りたてられたばかりだが，早速に年配の女性の間での口論の仲裁に入るように頼まれ，自らの威厳を試されることになった．その口論は，ある女性が隣人の子どもに，その家の雌鶏が，それぞれの巣の中の卵からひなを1羽ずつしかかえせないようにするために，プリムローズを1本だけ渡したことからはじまった．その隣家の女性は，本気でこのまじないのせいでひどいことになったと思い込み，怒鳴り込んできたのである． [N & Q, 1 ser. 7: 201, 1853]

●早咲きのプリムローズを探そうとしてはいけない．なぜならこれを摘んで家に持ち帰ると，そのとき雌鶏が抱いている卵の孵化率に影響を与えることになるからである．すなわち，持ち帰ったプリムローズの本数（その時期ならふつうは1，2本だろう）が，1羽が暖めている卵の中からかえるひな（アヒルであれ何であれ）の数だとされているのである．実際のところ彼女は，このために何度も耳のあたりに平手打ちをくわされることになった．もし彼女とその妹たちが本当に母親を喜ばせたいのなら，もっとよくあちこちを探しまわって，たくさんの収穫（たとえば

1ダースやそれ以上）を持ち帰るべきであった．そうすれば母親は，心から喜んでくれたことだろう．［ドーセット州ソーンコム，1983年2月］

●私はいつも，4月になる前に，そしてとりわけ鶏が卵を抱いているときに，プリムローズを家に持ち込むと不吉だと聞かされていた．

［リマリック州カパモー，1984年10月］

●「言うまでもなくプリムローズを家に持ち込むときは，少なくとも13本なければならなかった．それ未満では意味がなく，なんの役にも立たなかった．13本というのが最低の数で，それより多いぶんには何の問題もなかったが，それよりも少ないことがあってはならなかった」――この慣習の由来は，ある古老に聞いた話からすぐに明らかになった．それによれば，伝統的に13という数は，春にそれぞれの雌鶏に抱かせる卵の数であった．すなわち黄色いプリムローズの花は，やがて卵から孵化するひなに見立てられていたのである．こうした類推に基づく発想――イギリスだろうとボルネオ島だろうとさして変わらぬ，素朴な思考の産物――に立てば，自分が望んでいる健康な若いひなの数よりも少ないプリムローズを家に持ち込むのは，愚かな行為と見なされよう．［Evans, 1971: 68］

またプリムローズには，人間の健康や生活環境と結びつけられていたことを暗示する記録も散見される．たとえば，19世紀半ばのサフォーク州コックフィールドには，プリムローズが全く生えていなかったという報告がある．

●また，一見したところ土質が違うわけでもなさそうな周辺の村々には至るところにプリムローズが生えたいたのに，コックフィールドでは，プリムローズを植えても育たない，とも言われている．伝説によれば，かつてこの村にはプリムローズがたくさん生えていたが，疫病がはやって村の人口がずいぶん減ったとき，プリムローズもまたこれに感染して枯れてしまい，それ以来この地には育たなくなってしまったのだという．［N & Q, 1 ser. 7: 201, 1853］

●チェシャー州ではかつて，プリムローズはpaigleと呼ばれていた．もし冬にこの花が咲くと，それは死の前兆だとされた．［Hole, 1937: 47］

●［1930年代の湖水地方では］プリムローズを1本家に持ち込むのは，その一家から死者が出るというしるしであった．［リンカーンシャー州メザリンガム，1994年4月］

マン島では：

●5月祭の前夜MAY EVEはOie Voaldynと呼ばれるが，その名が示す通り，これは元来ベルテーンBeltaine祭〔5月祭のもとになったとされる古いケルトの祭．Voaldyn = Beltaine〕の前夜であった．この日には，他のヨーロッパ各地と同様に，黄色い花や緑の枝が，家屋と家畜の飾りとして，またお守りとして用いられた．よく使われた花は，プリムローズ（sumark）とリュウキンカMARSH MARIGOLD（Lus vuigh ny boaldyn, Lus airh ny lheannasugh, blughtyn）で，このため後者はMAYFLOWERの名で呼ばれることもあった――ちなみにこの名はマン島ではlady's smock［＝ハナタネツケバナ CUCKOO FLOWER］の異称でもある．現在でも5月祭の日になると町では，事務所の窓際や店のカウンターなどに，プリムローズやリュウキンカが花瓶に活けて置かれているのをしばしば見かける．［Garrad, 1984: 76］

アイルランドでも同様に：

●現在では廃れつつあるものの，この地方にかろうじて残っている習慣に，5月祭の日，正面玄関の外にプリムローズあるいはキバナノクリンザクラ COWSLIP を撒く，というものがある．［IFCSS MSS 700: 186，ミース州］

●かつて人びとは［5月祭の日になると］，その後1年間，妖精 FAIRIES が雌牛から牛乳をかすめていかないように，牛舎の戸口にプリムローズを1本投げたものであった．［IFCSS MSS 1112: 441，ドネガル州］

アイルランドには，この習慣がキリスト教化されて残っている地域もある．

●聖母に捧げられた「5月の祭壇」を飾る花には，決まってプリムローズもしくはリュウキンカが用いられている．［スライゴー州バリモート，1994年5月］

ハンバーサイド州では，プリムローズはビヴァリーの聖ジョン ST JOHN OF BEVERLEY と結びつけられている．

● 1929年以来，ビヴァリーの聖ジョンの祝日〔10月25日〕には，聖人の生地ハーパムにある「聖ジョンの泉 St John's Well」で，この守護聖人を賛える祝祭が催されている．

村の子どもたちは近くの森からプリムローズを摘んできて，ビヴァリーの大聖堂で守護聖人を賛える祝典が行なわれている間，その花束を墓の上に置いておく．

［〔ハンバーサイド州〕バートン・アグネス，1988年11月］

1868年，および1874年から80年にかけて首相をつとめたベンジャミン・ディズレーリ Benjamin Disraeli（1804-81）を記念し，かつはその政治理念を継承すべく，1883年に「桜草同盟 Primrose League」が結成された．プリムローズはこの政治家の好きな花だったといわれ，同盟では彼の命日（4月19日）に，プリムローズを着用する運動を進めている．

●このたびわれわれは，花に関する民間伝承がいかにしてはじまり広まってゆくのかを知る格好の機会に恵まれることになった．というのもわが国では最近，故ビーコンズフィールド卿 Lord Beaconsfield［ディズレーリのこと］を偲んで，「プリムローズの日 Primrose Day」という新たな祝日を暦に加えることになったからである．［Friend, 1884: 7］

●未来の歴史家にとって，ビーコンズフィールド卿の遺業とプリムローズとの結びつきの理由を明らかにするのは容易なことではないだろう．おそらく彼らは，なぜこの地味な黄色い花が，当時のイングランドにおいて誰よりも大胆，華麗かつ謎めいた存在であった政治家のシンボルとなったものかと首をかしげることになるのではあるまいか．しかし，いつの日かプリムローズが，プランタ・ゲニスタ PLANTA GENISTA〔＝エニシダ BROOM〕やフルール・ド・リ Fleur de lis〔ユリの花，フランス王家の紋章として知られる〕，ORANGE LILY（ユリ属の数種）といった植物あるいは花と肩を並べるようなシンボルとして定着してゆくことを考えれば，彼の銅像の除幕の際にこの花が用いられたのも無駄ではなかった，と認めざるをえないだろう．

［1883年4月20日付 'Daily News' 紙］

●［新聞の報道を信じるとすれば］われわれはこの日［=Primrose Day］を，長年王政復古記念日 Royal Oak Day を祝ってきたのと同様に，祝うことになりそうである．婦人たちは頭飾りにプリムローズをつけ，紳士たちはボタンホールにこれを挿し，伯爵の墓所にはこれまでと同様に，花輪が捧げられるであろう．［Friend, 1884: 7］

しかしこの「プリムローズの日」は，ディズレーリの死後10年ほどは熱狂的に迎えられたが，それ以後は急速に下火になり，今日ではほとんどの人に気づかれることなく過ぎてしまうようになっている．

●伝統的に「1つの国家」を標榜し，このところ振り子が自らの方に傾きつつあるとほくそ笑んでいた保守党陣営だが，思わぬところで足をすくわれることになった．「プリムローズの日」に用いる花が，深刻な品不足に陥っていることが判明したのである．……30名の保守党議員を含む「桜草同盟」の面々は今日，ボタンホールにこの花を飾るつもりでいたにもかかわらず，残念なことに結局用意できないままとなってしまった．今年は春が早く，ディズレーリのお気に入りだったこの花は，たいていの地方でとっくに咲き終わり，枯れてしまっているためである．

［1990年4月19日付 'The Times' 紙］

ピンクあるいは赤色のプリムローズをつくりだそうする試みは，何世代にもわたって子どもたちを魅了してきた．J・ブリテン James Britten によれば，バッキンガムシャー州のハイ・ウィッカム周辺では，プリムローズを牛の糞に植えることによって，spring flowers――明るいムラサキ紫色の花を咲かせるプリムローズ――をつくりだすことができると信じられていたという［Britten, 1869: 122］．また，キバナノクリンザクラ COWSLIP の根をすすの中に上下さかさまに植えると，クリンザクラ（ポリアンサス）polyanthus を得ることができるという俗信があるが，これと同様に：

●9歳か10歳くらいの頃に父から，プリムローズを上下さかさまに植えると，赤い花が咲くと教えてもらったのを覚えている．何度かこれを試してみたが，植物は決まって枯れてしまい，赤い花を咲かせることはできなかった．1956年もしくは57年，ドーセット州西部でのことである．［ロンドン，ストレタム，1991年4月］

この俗信は，科学論文の研究テーマとしても取りあげられたことがあった．「プリムローズ（*Primula vulgaris*）とキバナノクリンザクラ（*P. veris*）における花の発色の変異性と不確定性について」と題された論文がそれで，これによれば，ブリテンが記録しているような方法によって，プリムローズやキバナノクリンザクラの花の色を変えることができるという俗信は「田舎に住むすべてのイギリス人が，延々と受け継いできたものだといっても過言ではない」という．この論文は，ある人がピンク色をした野生のプリムローズを庭に移植したところ，驚いたことにその後から生えてきたのは黄色い花だった――といった，この俗信に関する事例を多数採録しており，プリムローズはどのような形で，またどこへ移植したとしても，もとの色を変えることはないというものから，この花の色を黄色からピンク色に変えたことがある，という人の話まで，さまざまな説が紹介されている．そして最後に，もし十分施肥した，肥沃な土に移植すれば，正常なプリムローズの植物にピンクの花を咲かせるのは可能であると結論づけている［Christy, 1928］が，その論拠はいまひとつ明確でないようである．

この俗信が広まった背景には，ピンク色をしたプリムローズはかなり頻繁に目にすることがあるという事実が大きく関わっていると思われるが，おそらくこのプリムローズは，野生のプリムローズと庭のクリンザクラの交雑の結果として生じたものであろう．この点で注目すべきは，ピンク色あるいは赤みを帯びた花を咲かせるプリムローズには，1本の茎に数個の花を咲かせる傾向が見られることで，これはこの植物の祖先がクリンザクラであることを示すものといえよう．そしてこの交雑種は，溝を掘ったり，生け垣を補修したりするために土壌が混ぜかえされたところに増殖する傾向があるが，一方でこうした作業の際には根が上下さかさまになることもありがちなので，これを「証拠」として上のような俗信が生まれた，というのが私なりの結論である．

「プリムローズの小道primrose path」という慣用表現は，『オックスフォード英語辞典Oxford English Dictionary』では「歓楽の小道a path of pleasure」の意と定義されているが，実際には空想上の，あるいはごく漠然とした「歓楽」を意味することが多いように思われる．初出はおそらくシェイクスピア『ハムレット』(1602) の第1幕第3場にある次の一節であろう．

●私には天国への険しい茨の道を示しながら，
みずからは身をもちくずした放蕩者のごとくに
戯れのプリムローズの小道に足を踏み入れる
罰あたりな牧師のようにはおなりになりませんように．

Doe not as some ungracious Pastors doe,
Shew me the steepe and thorny way to Heauen;
Whilst like a puft and recklesse Libertine
Himselfe the Primrose path of dalliance treads.

イングランドの伝統的な民謡の中でも，プリムローズはしばしば求愛と結びつけられている．

●夏至の頃のある朝，散歩にでかけ
畑を眺めたり，さわやかな空気を吸ったりしながら
甘いプリムローズの花咲く土手を下っていくと
とてもすてきな女性に出会った．

As I walked out one midsummer morning
For to view the fields and to take the air,
Down by the banks of the sweet prim-e-roses
There I beheld a most lovely fair. [Copper, 1971: 219]

●その後ふたりは苔むす土手から身を起こし，
草地の中をさまよった．
愛する人をプリムローズの咲く土手に座らせ，私は
その娘にMAY〔=HAWTHORN（サンザシ属の数種）〕の花を手に一杯摘んだ．

And when we rose from the green mossy bank
In the meadows we wandered away;
I placed my love on a primrosy bank
And I picked her a handful of may. [Karpeles, 1987: 64]

民間薬としては：

●プリムローズは……黄疸JAUNDICEの治療薬である．その根の煮出し汁を瓶に保存しておき，毎朝ワイングラスに1杯飲用する． [IFCSS MSS 750: 293, ロングフォード州]

●顔の皮膚の病気に対するジプシーの治療薬：プリムローズの葉3枚を1パイントの水で煮て，その煮汁を飲む． [ドーセット州コースカム，1975年3月]

●私は今年で87歳になるが，母はよく治療用の軟膏をつくってくれた．白癬RINGWORMにもよく効いたこの軟膏を，母は豚のラードとプリムローズの葉からつくっていた． [サフォーク州ストウマーケット，1989年2月]

●近くに住む婦人が「やけどBURNSの薬」をもっていた．……その詳しい処方は知らないが，用いられていた植物の中にはプリムローズが含まれており，彼女は冬になると，その根を探して掘り起こしていた．牛か羊の脂で延ばした軟膏だったが，とてもよく効き，かなり重傷のやけどや湯傷SCALDSでも，これを使えば必ずといっていいほど治った． [ロングフォード州レナモー，1991年4月]

Primrose peerless 学 *Narcissus* × *medioluteus*（ヒガンバナ科**スイセン属**の1種）

スイセン属のprimrose peerlessは，元来は観賞用として庭園などで栽培されていた植物だが，現在ではイギリス諸島に広く帰化している．〔旧〕サマーセット州北部のチャーチヒルには，教会と牧師館の間に広がる野原に，約1/2エーカーにも達するこの植物の大群落があった．放牧地として使われたために1920年頃には根絶やしになってしまったが，1965年の時点でまだ存命中だったある老人は，ここの花をたくさん集めて，ウ

ェストン・スーパー・メアの市場で売っていたのを記憶していたという［エイヴォン州チャーチヒル，1978年6月］.

●それは悲しい物語であった.

ある十字軍の騎士が，長年にわたる酷暑と血なまぐさい戦闘に耐え，聖地からチャーチヒルへと帰還した．出征の折は裕福だった彼も，こうして帰郷する頃にはすっかり懐具合がさみしくなってしまっていたが，それでも愛する妻には心のこもった贈り物を大事に持ち帰った——すなわちprimrose peerlessの球根2個である．彼の妻は，珍しい花がとても好きだった.

ところが悲しいかな，彼がチャーチヒルにたどりついたとき，彼女の墓ではすでにプリムローズPRIMROSEが4度目の花を咲かせていたのだった．絶望した彼はこの大切な球根を教会墓地の壁に投げつけると，失意のあまり妻の墓のそばに倒れ，そのまま事切れてしまったという.

この球根はやがて芽を出し，その後何世紀にもわたって花を咲かせ続け，彼の思い出をこの地にとどめた. ［Tongue, 1965: 202］

Privet 学 *Ligustrum ovalifolium* **オオバイボタ**（モクセイ科イボタノキ属）

他の白くて香りの強い花（たとえばライラックlilacの花のような）と同様に，オオバイボタの花は，家に持ち込んではならないとされることがある.

●サウス・シールズに住んでいた1963年頃のことだが，母からオオバイボタの花を家に持ち込んではならないと言われたのを覚えている.

［ロンドン，イーリング，1982年5月］

ロンドンでは今世紀初頭の10年ほどの間，オオバイボタがジフテリアDIPHTHERIAと結びつけられていた.

●入院していたときに私は，以前は無害と考えられていたさまざまなものが，実は「発熱」の原因になるのだという噂を耳にした．たとえば，オオバイボタの葉，口の中に鉄の鍵を入れること，悪臭漂う下水溝のそばを，口や鼻をハンカチで覆うことなく通りすぎること，などである. ［Rolph, 1980: 56］

オオバイボタが民間薬として用いられたという記録は数少ない.

●唇の荒れを治すには，オオバイボタの葉をしがんで，出てくる液を唇の痛む箇所につけるとよい．かなりしみて痛みを伴うが，唇は間違いなくよくなる．またこの液は決して飲み下してはいけない. ［IFCSS MSS 775: 83，キルデア州］

●［おたふくかぜMUMPSの治療薬：］オオバイボタの実を鍋に入れ，水に浸しておく．そして実から果汁が出きってしまうまで煮て，その煮汁を牛乳の上の方にできるクリームと混ぜて小瓶に移す．実の方は広口瓶に入れて，ひたひたに水を加える．よく冷めるまで，少なくとも3時間は服用しないようにする．用量：茶さじ1杯の液と液果を1つ，毎日1回食後に服用する. ［Macpherson MSS，ウィルトシャー州］

Prophetic trees　予言の木

地主の中には，自らの地所に，一族の中から死者が出る前に枝を落としてこれを知らせる木を植えている者がいた．こうした類の木には，ダービーシャー州ブレットビーのレバノンスギ CEDAR などがある．

→首かせの木 JOUG TREE

Pudding bags

ベッドフォードシャー州における，CAMPION（マンテマ属の数種）の異称．

Puff-ball　学 *Lycoperdon* spp.（キノコ類，ホコリタケ科**ホコリタケ属**の1種）

●出血 BLEEDING を止める方法の1つは，blind-ball〔=puff-ball〕を手に入れることである．これはハラタケ MUSHROOM に似たキノコで，野原に生えている．この植物のスポンジ状の部分を傷口にあてると，すぐに血は止まる．　[IFCSS MSS 717: 151, ミース州]

●［サフォーク州では］秋もしくは晩夏になると，肉屋が大ぶりの puffball を欲しがったものだった．これらは熟して粉っぽくならないように注意しなければならず，スライスしたものが屠殺場に置かれていた．……そして肉屋は，手や腕を切ると，このスライスを1枚手早く傷口にあてる．出血を止め，感染を防ぐとされていたからである．　[UCL EFS MSS M42, サリー州カーショルトン・ビーチィズ，1963年10月]

●［レスターシャー州アウストンで，1916年に：］われわれが干し草畑で，土地の農夫の手伝いをしていたときのことである．この農夫が親指をかなりひどく切ってしまったことがあったが，……彼は出血を止めようとして親指を押さえながら，puffball を探しにいった．彼はよく熟して，内部に茶色の粒が詰まったものを選ぶと，これをつぶして外側の皮を剥ぎとり，その皮を絆創膏代わりに使って，内側が傷口にあたるようにしていた．1週間とたたないうちに……傷口は完全に治ったようだった．　[UCL EFS MSS M53，レスターシャー州，1963年11月]

Pumpkin　学 *Cucurbita maxima*　**セイヨウカボチャ**（ウリ科カボチャ属）

比較的近年までイギリス人の意識の中では，セイヨウカボチャといえば，シンデレラを宮殿の舞踏会に連れていくため，妖精のおばあさんによって金の馬車に変えられた果実，というイメージがかなり定着していた．この物語を扱った童話やパントマイムのもとになったのは，1697年に刊行されたC·ペロー Charles Perrault の『昔々の物語 Histoires ou Contes du temps passé』である．

●妖精である彼女の名づけ親は，「おまえは舞踏会に行きたいんだろう？」と尋ねた．

「ええ」とシンデレラはため息をついた．

「それじゃあ，おまえがいい子だったら，行かせてやるとしようじゃないか」と名づけ親は言った．

彼女はシンデレラを部屋へ連れていき，「庭へ行ってカボチャを1つ取っておいで」と命じた．

シンデレラはすぐにおもてに出ると，一番なりのいいカボチャを選んで名づけ親のところへ持っていったが，自分を舞踏会へ連れて行くのにどうしてカボチャがいるのか，まったくわからなかった．名づけ親はこのカボチャの中をくりぬくと，これを杖で軽く叩いた．するとカボチャは，その場で美しい，金塗りの馬車になった． [Philip, 1989: 11]

しかし近年，われわれにとってセイヨウカボチャはどんどん身近な存在となりつつある．この果実の魅力の1つは発育が早いことだが，この魅力に取り憑かれた園芸家たちは，最も重い果実を育てたのは誰かを決めるべく，熱心に品評会にエントリーしている．現在，熱気の点でこれと肩を並べることができるのは，リーキLEEKの品評会くらいのものであろう．

●今年は英国のセイヨウカボチャにとって受難の年であった．しかしそれでも，今回優勝をさらったL·ウィザーLinda Wither夫人のセイヨウカボチャを，もしかの名づけ親の妖精が杖で打ったとしたら，4頭立ての馬車どころか，兵員輸送機があらわれることだろう．

今年の「全英セイヨウカボチャ品評会British National Pumpkin Championship」は，昨日レスターシャー州アシュビー·デ·ラ·ズーシュで開催されたが，夏の間には約200件もの照会があったにもかかわらず，結局出品数はわずか1ダースにとどまった．育ちの早さを誇るこの「怪物」が霰(あられ)にやられてしまった，あるいは雨で腐ってしまったといった参加見あわせの連絡が相次ぎ，電話は鳴りっぱなしだったようである．

それでも，一席入選を勝ち取ったウィザー夫人のセイヨウカボチャは，重さが284.2ポンドもあり，夫人には賞金200ポンドと，その作品とともにアメリカ合衆国で行なわれる世界セイヨウカボチャ祭に参加する権利とが与えられた．

[1987年10月13日付 'The Times' 紙]

ハンプシャー州ブロートンにあるパブ「グレーハウンド亭」に本拠を置くグレーハウンド・パンプキン・クラブGreyhound Pumpkin Clubでは，1967年以来，毎年欠かさず品評会を開催しているが，1990年には84件の参加があった [1990年10月27日付 'The Times Saturday Review' 紙]．同クラブでは他にも，6月に行なわれるルバーブRHUBARBの花序の重さを競う会から，12月に行なわれるリーキの軟白部の長さを競う会に至るまで，1年中品評会を開催しているが，このクラブの存在理由の第一は，あくまでセイヨウカボチャの品評会を主催することにある．1990年10月に開催された第24回の品評会には，13の部門が設けられており，ブロートン地区の11歳以下の住民が栽培したセイヨウカボチャの重さを競うものや，形の珍しさや装飾性を競うもの，25ポンド以上のものをペアで出品し，その釣り合いのよさを競うもの，それにパンプキン·パイの部など，盛りだくさんであった．賞品としては，トロフィー4個と，それぞれ2ポンドから12ポンドの賞金が用意され，また「それとは別に，出品されたすべてのセイヨウカボチャの中で最も重い3個に対しては，さらに一等100ポンド，二等25ポンド，三等12.50ポンドの賞金が与えられる」ことになっていた．ちなみに同クラブは，アメリカ合衆国，カナダ，オーストラリア，日本に支部を持つ国際セイヨウカボチャ栽培者協会International Pumpkin Growers' Associationに加盟しており，同協会のイギリスにおける公式の計量機関である［グレーハウンド・パンプキン・クラブの議長，J・オーレルJack Orell氏，1990年11月］．1990年には：

● イアン・ハッチャーIan Hatcherさんのセイヨウカボチャが，423ポンドという驚くべき重さを記録して，見事一等を獲得した．……

今年34歳になるイアンさんは，もう1つの作品——390ポンドを少し超えた——でも二等を獲得し，賞金112ポンドと［カリフォルニアのセイヨウカボチャ祭への］旅行を手に入れた．……

彼は1983年からセイヨウカボチャを栽培はじめ，この5年間出品を続けていた．

巨大なセイヨウカボチャをつくる秘訣は？（と聞かれて）イアンさんは「堆肥と水をたっぷりやることさ」とアドバイスしている． ［1990年10月9日付 'Southern Echo' 紙］

1980年代になると，それ以前は主としてイギリス北部のみに見られていたハロウィーンHALLOWE'ENを祝う習慣が，イングランド南部でも盛んに行なわれるようになった．こうした習慣の拡大は，アメリカ文化の影響と，商業的利益に結びつくイベントをつくりあげたいという意図とが結びついた結果として生じたもののようである．1980年代の半ばから後半にかけて，10月になるとセイヨウカボチャが八百屋の店先に並ぶようになり，家庭でもセイヨウカボチャの提灯がつくられるようになった．また，極東から輸入された，セイヨウカボチャをかたどったプラスチック製の玩具があちこちで売られるようにもなったし，人気のある婦人雑誌 'Family Circle' の1990年11月号では，「ハロウィーン特集」が組まれ，パンプキン・ケーキ（セイヨウカボチャをかたどったケーキ），パンプキン・パイ，カボチャ提灯のつくり方などが紹介された．さらに，セイヨウカボチャやその図柄が飾りとして使われない場合でも，セイヨウカボチャの色であるオレンジ色は——幽霊をあらわす白，「伝統的な魔女の服」の色である黒とともに——ハロウィーンの色として定着しつつあるようである［編著者自身による観察報告，スタッフォードシャー州ユートクシター／ロンドン，1993年10月］．

→MANGOLD（ビートの栽培品種）／カブTURNIP

Punky　パンキー

MANGOLD（ビートの栽培品種）をくりぬいてつくった堤灯．

Purgatives　下剤

下剤として利用されてきた植物には，FAIRY FLAX（アマ属の1種），ノボロギクGROUNDSEL，ミナリアヤメSTINKING IRISなどがある．

→便秘CONSTIPATION

Purple moor grass 学 *Molinia caerulea*（イネ科**ヌマガヤ属**の1種）

●スカイ島の漁師たちは，魚網を編むためのロープをこの草でつくる．経験から，この網が水中でも腐らずに長持ちすることを知っているのである．[Lightfoot, 1777: 96]

● Purple moor grass：ラドナーシャー州のラヤデーでは，disco grass（ディスコ草）と呼ばれている．その草むらの中を歩くとよろめくので，ディスコにいるように見えるからだろうと思う．

またウェールズの中部および西部では，今でも10月になると干し草（rhos hay）として刈り取られている．　[ポーイス州ランドリンドット・ウェルズ，1991年9月]

Q

Quakers

オックスフォードシャー州における，QUAKING GRASS（コバンソウ属の1種）の異称.

Quaking grass　学 *Briza media*（イネ科**コバンソウ属**の1種）

●最近私は，かつて広く受け入れられていた植物の効用についての考え方を反映した，2，3の興味深い事例に出くわした．オックスフォードシャー州およびその近隣諸州では，かわいいShaking-grass（*Briza*）は，絶え間なく震えているところからQuakers（震えるもの）と呼ばれているが，外徴説DOCTRINE OF SIGNATURESによれば，震える植物は震える病気に効くとされている．そのため，悪寒AGUEは低地では珍しい病気ではないが，家にQuakersを置いておけば，この病気にかからないと信じられている．　［Friend, 1884: 8］

ヨークシャー州では，quaking grassはTrimmling JockiesあるいはDoddering Dickiesの名でも知られており，次のような俗信があった．

●家にTrimming jockを置いておけば
ネズミは寄りつかない．

A trimmling jock i' t' house
And you weeant hev a mouse.

その茶色の種子を長い茎につけたまま，束にして干したものを，ふつうはマントルピースの上に置いたものだった．そうすればネズミが寄りつかないと信じられていたからである．　［Gutch, 1901: 61］

ケンブリッジシャー州のフェンズ〔ウォッシュ湾に臨む低地帯〕では：

●それ［maidenhairすなわちquaking grass］は，若い女性が――たいていは不幸な情事の果てに――身を投げた場所にしか生えない，という古い俗信があった．それゆえ，この草を家に持ち込むのは不吉であると考えられていた．W·H·バレットBarrettさん［1891年生まれ］は子どもの頃，老人たちから，川から引きあげられた死体が置かれた一角には，maidenhair grassがひときわよく育つのじゃ，と聞かされたらしい．そして彼自身も少年時代，牛の世話をしていたときに，この動物たちが決してmaidenhair grassを食べたり，踏みつけたりしないのに気づいたという．　［Porter, 1969: 45］

ドーセット州では：

●［しばしばbee orchid〔= *Ophrys apifera*〕の近くに生えているのは］Wiggle woggleと呼ば

れる草〔=quaking grass〕である．この草を家の中に持ち込むのは不吉である．

［ドーセット州ポートランド，1991年3月］

アイルランドにおいて，ハングリー・グラス HUNGRY-GRASS，もしくはfairgurtha，fairgortaなどと呼ばれている不思議な草は，時にquaking grassのことを指すものと考えられることがある．

● Fear gorta(ch) : quaking grassのこと．山地に生えている草で，これを踏みつけると急に猛烈な空腹感，異常な食欲，あるいは糖分の欠乏を覚え，空腹のあまり動けなくなってしまうとされている．……しかしこれは食べ物を身につけていれば防ぐことができ，またエンバク OAT を1粒口にすれば回復する．この草はブランドン山や，オミース近くの，2つの石塚の間の山々に生えており，ここを通るとき農夫たちは，必ず食べ物を身につけるようにしている． [Dinneen, 1927: 436]

Queen Anne's lace

COW PARSLEY（シャク属の1種）の異称．

Queen Mary's thistle

ノーサンプトンシャー州における，COTTON THISTLE（オオヒレアザミ属の1種）の異称．

Queen of the meadow

セイヨウナツユキソウ MEADOWSWEET の異称．

Quinsy　扁桃膿瘍（へんとうのうよう）

扁桃膿瘍の治療に用いられてきた植物には，TORMENTIL（キジムシロ属の1種）などがある．

R

Rabbit-flower / rabbits

デヴォン州における，ツタガラクサIVY-LEAVED TOADFLAXの異称．

Radish 学 *Raphanus sativus* **ダイコン**（アブラナ科ダイコン属）

●大昔から毎年連綿と続いている一風変わった慣習が，今年も……〔カンブリア州〕ケンダル近くのレヴェンズ・ホールLevens Hallで行なわれた．……これは「ダイコン祭Radish-Feast」の名で知られており，……ケンダルの市長ならびに市議，それに地主のほとんどが参加する．……彼らはダイコンとオートミールのパンとバターとを口にする．……こうした御馳走に続いて……酒がふるまわれ，……そして運動競技がはじまる． [N & Q, 5 ser. 8:248, 1877]

かつてこの祭は，近くのミルンソープの村で市が開かれる，5月12日に行なわれていた．村に開市権が与えられたのは1280年のことだが，この祭は17世紀の後半に，当時のレヴェンズ・ホールの主が，隣接するダラム・タワーの住人が催しているものに負けないような娯楽を望んだことからはじまったものだとされている［Wilson, 1940］．

●食事が終わると，新たに参加する人びとを迎え入れる儀式が行なわれる．すなわち新参者は，まず競技場へと引きたてられ，そこに片足で立ったまま（左右を交替させてもよい），「城代constable」と呼ばれる，「モロッコMorocoo」［この屋敷で醸造された強いエール］を半パイントほども満たした重いジョッキを飲むよう要求されるのである．このジョッキは一気に飲み干さねばならず，また飲み終えると同時に，この古い屋敷に対して「ケント川の流れの続くかぎり，このレヴァンズにも幸多からんことを」という挨拶の言葉を述べなければならなかった．そしてこれを断ったり，失敗したりすると，庭師たちの下働きに対する報酬として，1シリングの罰金が課せられることになる．しかしこの要求はいたって穏当なものということができる．というのも，この祭に使うダイコンを洗うのは，4人がかりでまる1日を費やす仕事で，しかも祭の間，これを手押し車で何度も食卓に運ばなければならなかったからである． [Curwen, 1898: 36]

この祭は戦争のかなり前に中断されたままになっており，現在は行なわれていない［レヴァンズ・ホール，1993年11月］．他に地方によっては，「ダイコン祭」が教区の選挙と結びついていることもあったようである．オックスフォードシャー州では：

●教会委員の選挙のための年次総会は……復活節の火曜日に，教区教会の聖具室で行われる．……それに続いてニュー・ストリートの「ニュー・インNew Inn」で，

「ダイコン祭」が行なわれる. [N & Q, 1 ser. 5: 610, 1852]

ハンプシャー州のアンドーヴァーでも：

● [ダイコン] 祭は通例, 役員選挙の日に行なわれ, ダイコンを提供する人もまた, 投票によって選ばれた. [N & Q, 5 ser. 8: 355, 1877]

Ragwort 学 *Senecio jacobaea* **ヤコブボロギク** (キク科キオン属)

かつてはragweedの名でも知られていた. 1746年に行なわれたカロデンの戦いで勝利を収めたイングランド人たちは, 戦いを指揮したカンバーランド公ウィリアムを称えてこの美しい花を庭に植え, sweet williamと名づけたとされている (→ビジョナデシコ SWEET WILLIAM) が, 一方, 敗れたスコットランド人の側では, これを目障りな雑草として stinking billy (悪臭を放つウィリアム) と呼び, 意趣返しとしたという [ランカシャー州アップホランドからの投書, 1984年9月21日付 'Daily mirror' 紙]. しかしこれとは別にスコットランド人たちの間には, ヤコブボロギクが同地で広く見られるようになったのは, このカロデンの戦いの際に, カンバーランド公の軍隊が飼料としてこの草を用いたためである, という言い伝えもあるようである [Grigson, 1975: 389].

またスコットランド全域には, 魔女 WITCHES や妖精 FAIRIES は, ヤコブボロギクの茎に乗って旅をするという俗信があった.

●聞くがよい, 彼らがおまえとともにヤコブボロギクの茎にまたがり,
荒野や目もくらむ岩山をかすめ飛ぶ話を

Tell how wi' you on ragweed nags
They skim the muirs an' dizzy crags

[R・バーンズ Robert Burns「悪魔に寄す Address to the Deil」(1785) 第9節]

●古いエニシダ BROOM のほうきやヤコブボロギクの茎に乗って
彼らは小川や丘や岩山を飛び越える.

On auld broom-besoms, and ragweed naigs,
They flew owre burns, hills, and craigs. [Henderson, 1856: 59]

● boholàunの名でも呼ばれるヤコブボロギクを手に取るのは不吉なこととされている. アイルランドの田舎に行くとしばしば, 家畜を boholàun で叩いたりしないようにと注意を受けたものである. そうした行為は家畜に災いをもたらすとされていたからである. この地方には次のような古い諺もある：「たとえ雑草だとしても雑草と呼んではいけない. それは boholàun buidhe すなわち妖精の馬なのだから」. [スライゴー州バリモート, 1994年5月]

ゲール語で書かれた1953年の記録によれば, ヘブリディーズ諸島では, ヤコブボロギクが Goid a' Chruin と呼ばれる子どもたちの遊びにに用いられていた.

●そう, 子どもの頃私たちは, 学校の休み時間にそのゲームをした. これには平らな地面が必要だったが, ……学校から少し離れたところに格好な緑の草地があったので, 私たちはそこに集まった. そしてゲームをするのは決まって秋だった.

というのもこの季節になると，ゲール語でbuaghallanと呼ばれる植物［ヤコブボロギク］がたくさん生えるからである．まずこの植物を根ごと引き抜くと，それぞれの列に男の子と女の子が混じるようにして，2つの列をつくって向きあった．そしてbuaghallanを1本，An Crun［王冠］として2つの列の中間に置いた．この「王冠」をかすめ取り，敵陣をぐるっと回って捕まることなく戻ってこれれば「成功」で，無事に戻った者は「王冠」を仲間の1人に手渡して腕試しのチャンスを与え，自分はその成り行きを見守ることになる．しかし，逆にもしbuaghallanすなわち「王冠」をもったままで敵に捕まると，cnoimheag［ウジ虫！］と呼ばれて，列からはずれなければならなかった．そして最終的には，この「失敗cnoimheag」の多かった側が負け，少なかった側はもちろん勝ちとなる——というゲームだった！

［Bennett, 1991: 59］

Ramsons　㊫ *Allium ursinum*（ユリ科**ネギ属**の1種）

●［1973年に90歳で他界したおばは，〔マン島の〕ダグラスとピールの間で，パブ「ハーフウェイ・ハウスHalfway House」を営んでいたが：］1960年代，このパブには庭園もしくは果樹園があり，その片隅に*Allium ursinum*が生えていた．〔おばは〕春先にこれが芽を出すと，その球根を掘りあげ，洗ってから清潔なふきんに載せて天日で乾燥させた．そしてガラスの広口瓶に入れて黒砂糖を加え，アルコール度数の低いジャマイカ・ラムを注いで，これを次の冬まで冷暗所——例えば衣装だんすの中など——に保存していた．これは風邪や咳COUGHSの治療に用いられた．

［マン島民俗調査に寄せられた情報，1991年10月］

17世紀の諺によると：

●Lide［3月］にはリーキLEEKを，5月にはramsins〔=ramsons〕を食べておけ，
そうすりゃ年中医者は暇をもてあます．

Eat leekes in Lide and ramsins in May,
And all the year after physitians may play.　［Aubrey, 1847: 51］

→ニンニクGARLIC

Rashes　発疹

発疹の治療に用いられてきた植物には，コハコベCHICKWEEDなどがある．

Raspberry　㊫ *Rubus idaeus*　**ラズベリー**（バラ科キイチゴ属）

●陣痛を和らげるのにラズベリーの葉を用いることがある．またブラッドフォードの薬草店では，その葉からつくった薬がMother's Friend（母の友）の名で売られている．

［McKelvie MSS, 1963: 273］

●［シェフィールド近郊のドーに住むニューサムNewsam夫人に聞いた］ラズベリーの葉茶のつくり方：ラズベリーの葉（野生種，栽培種のどちらでもよい）1オンスに茶碗に2杯の水を加える．

用量：お産を軽くするため，妊娠PREGNANCYの最終月に，毎日茶碗に2杯飲用する．

シェフィールド付近では，この他にも流産MISCARRIAGEを予防する，母乳の出をよくする，生理痛や下痢DIARRHOEAの症状を和らげるなどの効能が知られており，さらには眼の痛みを和らげるためにこれで眼を洗うこともあるという．またずぶ濡れになったときには，風邪COLDSを引かないように，ラズベリーの葉茶を飲んでから床につく． [Steele MSS, 1978: 81]

Rat leaf

ランカシャー州における，BUTTERBUR（フキ属の1種）の異称．

Rats　ネズミ

ネズミを寄せつけないようにするために，WHITE BRYONY（ブリオニア属の1種）が用いられることがある．

Rayless chamomile　→PINEAPPLE WEED（カミツレ属の1種）

Red and white flowers　紅白の花

赤い花と白い花を一緒に花瓶に挿すと，不幸や死を招くという俗信は広く行き渡っているが，それほど古いものではなさそうである．'Sunlight Almanac'（1896）には，赤い花と白い花の出てくる夢は死の前兆である，という記事が見えるが，現在知られているような形での言い伝えは，どうやら20世紀に入ってから生まれたようである．

●私は戦時中に看護婦の仕事をはじめ，先頃引退したばかりであるが，あるとき，赤い花と白い花を同じ花瓶に活けると，患者の中には不安がる人がいることに気づいた．そうした人はよく，「赤と白だわ，誰かが死ぬのよ」などとつぶやいていたものだった．しかし赤い花と白い花を別々の花瓶に活けるようにすれば問題ないらしかった． [ミドロージアン州ペニクイック，1982年4月]

●私は40年以上にわたってイングランドおよびウェールズで教区司祭をつとめてきたが，これまでの経験から，祭壇の上に赤い花と白い花が置かれると，思わぬ死者が出るのでは，と恐れるようになってしまった．たとえば1年に葬式が4，5回しかないような小教区，アーソグの教会ではこんなことがあった――土曜日の午後7時に，ある老嬢が祭壇を紅白の花で飾った．すると翌朝，同じ教区内にあるファーボーンの教会で，午前8時の礼拝の前に「牧師様，校長の霊魂のためにお祈りください――今朝の午前2時に，階段から落ちて首の骨を折られたのです」と聞かされたのである．おなじような理由から，私は家の中に紅白の造花を持ち込むのも避けるようになっている． [ダヴェッド州アベリストウィス，1983年1月]

●赤い花と白い花を1つの花瓶に入れるのは非常に不吉なことである．（あるとき私は，紅白のカーネーションCARNATIONをもって病院に母を見舞に出かけたところ，看護婦にそれをひったくられてしまった．彼女はやがて，それらにヤグルマギクCORNFLOWERを添えて花瓶に活けて戻ってきた！） [グウィネズ州アバダヴィー，1983年7月]

●友人の母が〔ボーダーズ州〕ガラシールズの病院に入院していたとき，彼は一家で母を見舞いに行ったことがあったが，病室に着くなり，ベッドの脇のロッカーに紅白の花を活けた花瓶が置かれているのを見てひどくうろたえ，思わず病院のシスターに，こんなふうに花を使ってそれとなく知らせるのではなく，死が迫っていることをはっきり言葉で伝えてほしかった，と詰め寄ってしまったという．彼らはその紅白の花が，彼の母には回復する見込みがないという病院側のあきらめを示しているものと思い込んでしまったのである．

［ロンドン，ノッティング・ヒル・ゲート，1985年5月］

こうした俗信が生まれた理由としてしばしば言われているのは，赤い花は血を，白い花は包帯を象徴しているからだ，という説明である．

●赤い花と白い花：家の中や病院にこれらを一緒に置いてはいけない，血と包帯を象徴するからである． ［ダービーシャー州シェルトン・ロック，1983年3月］

●しばらく前に私は，赤い花と白い花を一緒に使うのは葬式を暗示するものだから不吉だ，という話を聞いたことがあった．……数か月前，悲しみにくれながら葬式用の花を注文しなければならなくなったとき，私は花屋にこの話が本当かどうかを確かめてみた．……すると彼は「ええ，その通りですよ」と明るく教えてくれた．「それらは〈血と包帯〉だと言われてまして，看護婦さんたちは嫌がりますね．病院でどなたかがお亡くなりになったときにそんな花を贈ったりしたら，なんて残酷な，ってことになりますよ」． ［ロンドン，ケンジントン，1983年1月］

けれども，紅白の花が常に不吉だとされているわけではない．

●聖霊降臨祭 WHITSUN の日，英国国教会系の教会は，しばしば紅白の花を飾る——これは，聖霊のもたらす火と風を象徴するものである．

［ロンドン，キャットフォード，1984年9月］

●赤と白は［ロンドンの］市の色である．したがって，ギルドホール Guildhall で催しが行なわれる際には，いつもたくさんの紅白の花が飾られている．

［ロンドン，フリート・ストリート，1983年8月］

ロンドンに住む中国系人の花嫁は，しばしば紅白の花をあしらった花束を手にしているが，これは両文化における「婚礼の色」を組み合わせたものであるという．

Red campion 学 *Silene dioica*（ナデシコ科**マンテマ属**の1種）

19世紀のカンバーランド州では，red campion は Mother Dee（=MOTHER DIE）の名でも呼ばれていた．

●カンバーランド州の子どもたちの間には，この花を摘むと，両親に何か不幸が起きるという迷信が見られる． [Britten and Holland, 1886: 342]

しかし時代が下ると，red campion は妖精 FAIRIES，ヘビ SNAKES，雷 THUNDER と結びつけられるようになった．

●［マン島では］red campion は，Blaa ny Ferrishn すなわち「妖精の花」と呼ばれ，不吉なので摘んではならないとされていた． [Garrad, 1984: 79]

●Blodwyn Neidr（ヘビの花）——すなわち red campion ——は，私のお気に入りの花の1つであったが，祖母は，私がそれを家に持ち込むと，私がヘビに襲われると固く信じていたようだった．［ダヴェッド州ボウ・ストリート，1984年3月］

●アベリストウィス近くのクヌーハ・コッホでは，1921年から1931年にかけての頃，われわれはred campionをBlod Trane（Bloodyn Taranauすなわち「雷の花」）と呼んでいた．もしこの花を摘めば，雷や稲妻をともなった嵐がやってくると信じられていたからである．［グウィネズ州ガース，1984年4月］

→CAMPION（マンテマ属の数種）

Red clover 学 *Trifolium pratense* **アカツメクサ**（マメ科シャジクソウ属）

●われわれは，甘くておいしかったので，よくpink clover〔＝アカツメクサ〕の花弁を引き抜いたものだった．［アーガイル州グレンクリッテン，1990年10月］

●アカツメクサ：［現在私は43歳になるが］子どもの頃われわれがよく摘んだこの甘い花は，honey suckと呼ばれていた．［ドーセット州クライストチャーチ，1991年6月］

1988年，「本当のシャムロックSHAMROCK」の標本提供を，という呼びかけに応じて集まった標本のうち，その7%はアカツメクサであった［Nelson, 1990: 34］．

Red dead-nettle 学 *Lamium purpureum* **ヒメオドリコソウ**（シソ科オドリコソウ属）

●子どもたちがはしかMEASLESにかかると，ヒメオドリコソウの根を甘い牛乳で煮て，その病気を追い出すために飲ませたものだった．［IFCSS MSS 717: 352，ミース州］

Red flowers 赤い花

一般に赤い花は不吉だとされることがあるが［Opie and Tatum, 1989: 325］，これはあまり明確な根拠をもつものではないようである．〔上掲書が〕この俗信の事例としてあげている4例にしても，3例までは説得力に乏しいものである．というのも，そのうちの2例は，ある人の身につけていた赤いバラROSEの花が地面に落ちてばらばらになってしまったために，その人に災難がふりかかるのではないかと危惧されるという話で，この場合，不吉だとされているのは花の色ではなく，花が落ちて散ってしまったことであろう．そしてもう1例は，赤いヒナゲシPOPPYの花を摘むとき，もしその花弁が手に落ちれば，摘んだ人が雷THUNDERに撃たれるという俗信で，これは広範に見られる言い伝えだが，もっぱらヒナゲシの場合に限られ，赤い花全体のことではない．第4の事例は以下にあげたもので，これは他に比べれば多少は説得力があるが，おそらくはやはり，赤い花を咲かせる植物全体というよりも，特定の種だけに関係したものではないかと思われる．

●私はこれまでずっと，赤いバラは縁起が悪いものと信じてきた．

［N & Q, 7 ser. 8: 265, 1889］

逆にアイルランドからは，次のような情報も寄せられている．

●生命の血のシンボルである赤い花は，常に縁起のよいものとされているが，紅白［の花RED AND WHITE FLOWERS］を束にして病院に持ち込むと，死を予告することになってしまう．［ウィックロー州キルテガン，1984年11月］

Red-hot poker　㊫ *Kniphofia* spp.（ユリ科**シャグマユリ属**の数種）

● red-hot pokerあるいはtorch lilyの名で知られている，明るい赤あるいは黄色の花が1年に2度咲くと，その庭の持ち主である一家から死人が出ることの前兆である．〔Radford, 1961: 282〕

Red-rot

SUNDEW（モウセンゴケ属の数種）の異称．

Redshank　㊫ *Persicaria maculosa*（タデ科**サナエタデ属**の1種）

spotted persicariaの名でも知られている．またスコットランドのゲール語圏では，Am boinnefola（血の斑点）あるいはLus chrann ceusaidh（磔刑の木の草）とも呼ばれていた．

●伝説によれば，この植物はキリストの十字架の根元に生えていたという．〔Cameron, 1883: 61〕

●コーンウォール州西部に住む老人たちの中には，spotted persicariaが十字架の根元に生えていたこと，そしてその葉の上の黒っぽい斑点は，救い主の身体から滴った血BLOODの染みであることを，まだ信じている人がいるかもしれない．〔Davey, 1909: 389〕

● redshankと呼ばれる花は，十字架の上で死を迎えようとされていた救い主キリストから，その色を授かったとされている．この花は十字架の近くに生えていたため，キリストの血が一滴，その上に落ち，かくてこの植物は自らの名と色を与えられたのである．〔IFCSS MSS 375: 90, コーク州〕

他の地方ではredshankが，聖母マリアST MARY THE VIRGINや，殺人の罪を犯したある女性と結びつけられることもあった．

●しかしオックスフォードの人びとによれば，聖母マリアは昔からその葉を貴重な軟膏を作る材料として用いていたのだが，あるとき，その葉を探したのに見つけられず，必要がなくなった後になってからようやく見つけたことがあった．聖母はこのことを非難して，これを普通の雑草に格下げしてしまったのだという．同地に伝わる詩にもこう歌われている．

要るときにそれを見つけられなかった彼女は，
罰としてそれを雑草の身に貶めた．

She could not find in time of need,
And so she pinched it for a weed.

葉についている斑点は聖母の指の跡で，persicariaは今となっては，何の役にも立たない雑草にすぎない．〔Friiend, 1884: 6〕

● Herbe traitresse（裏切りの草）……〔redshankに与えられた〕この名は，ガーンジー島に残るある伝説に由来するものである．その伝説によれば，殺人の罪を犯したある女性が，この植物の葉で指についた血を拭きとったが，この植物が彼女を裏切ったために，彼女の犯行が発覚してしまったのだという．そしてそのとき以来

この植物の葉の真ん中には，黒い斑点がついているのである． [Marquand, 1906: 42]

シェットランド諸島では，ALPINE MEADOW-RUE（カラマツソウ属の1種）が，redshankの名で呼ばれている．

Red snot

ケント州における，ヨーロッパイチイYEWの実の異称．

Red valerian 学 *Centranthus ruber* **ベニカノコソウ**（オミナエシ科ベニカノコソウ属）

●ベニカノコソウ：Kiss me quick（早くキスして）とも呼ばれるが，切ると強い匂いがするので，家には持ち込まない方がよい．

ベニカノコソウの乾燥した茎は，熟したオオカラスノエンドウVETCHの種子を飛ばすための豆鉄砲として用いられた． ［ドーセット州ポートランド，1991年4月］

Reflexed stonecrop 学 *Sedum rupestre*（ベンケイソウ科**マンネングサ属**の1種）

●［ガーンジー島では］この植物を，庭で栽培しているTHYME（イブキジャコウソウ属の数種）と一定の割合で混合して煎じ薬をつくる．これは糖尿病DIABETESに対して処方される．

[Marquand, 1906: 41]

Rennet **レンネット**

レンネット〔チーズ製造の際に用いる凝乳酵素〕の代わりに用いられてきた植物には，BUTTER-WORT（ムシトリスミレ属の1種），LADY'S BEDSTRAW（ヤエムグラ属の1種），LESSER SPEAR-WORT（キンポウゲ属の1種）などがある．

Restharrow 学 *Ononis repens*（マメ科**オノニス属**の1種）

●根は非常に甘く，若いときには甘草のような香りがする．人夫たちの話では，彼らはよく，夏場の太陽が照りつける下での重労働のおりなどに，渇きを癒すためこの植物の根を吸うという．若い新梢もまた甘く多汁で，地方によっては煮て食用にすることもある． [Pratt, 1857, 2:37]

●［ガーンジ島で］Reglisseあるいは Reclisseとも呼ばれているrestharrowの根を……老人たちは子どもの頃によく口にしたものだったらしい．甘草の根にとてもよく似た味がしたという．イングランド北部にも同様の慣習があり，そのため同地ではこの植物が，wild liquorice（野生の甘草）と呼ばれている． [Marquand, 1906: 46]

Rheumatic fever **リウマチ熱**

リウマチ熱の治療には，TORMENTIL（キジムシロ属の1種）を用いることがあった．

Rheumatism **リウマチ**

リウマチの予防に用いられてきた植物には，ALDER（ハンノキ属の1種），イヌバラDOG ROSEの虫こぶ，セイヨウトチノキHORSE CHESTMUT，ジャガイモPOTATOなどがある．またその治療には，BLADDER WRACK（ホコリタケ属の1種），ミツガシワBOGBEAN，BURDOCK（ゴボウ属の数種），BUTTERCUP（キンポウゲ属の数種），セロリCELERY，コハコベCHICKWEED，DOCK（ギシギシ属の数種），セイヨウニワトコELDER，NETTLE（イラクサ属の1種），オオエゾデンダPOLYPODY，セイヨウナナカマドROWAN，ROYAL FERN（ゼンマイ属の1種），トウダイグサSUN SPURGE，オランダガラシWATERCRESS，WOOD SAGE（ニガクサ属の1種）などが用いられた．さらに，ケシOPIUM POPPYを用いて痛みを和らげることもある．

Rhubarb 学 *Rheum* ×*hybridum* **ルバーブ**（タデ科ダイオウ属）

●植え付け用の穴の底に薄く切ったルバーブの小片を置いておくと，アブラナ属植物［すなわちキャベツCABBAGEなど］のこぶ病の予防になる．

［ウェスト・サセックス州ホーステッド・キーンズ，1991年2月］

●昔ながらの風邪薬：タマネギONION，ルバーブおよび硝石精を食べること．

［グウィネズ州ラニュークリン，1991年4月］

G·ボイエスBoyesは，「艶笑なぞなぞ」に出てくる色彩の意味についての短い報告の中で，次のような「なぞなぞ」を紹介している．

●長くて細くて皮で覆われていて，
部分的に赤く，タルト〔「娼婦」の意もある〕の中に突っ込まれてるものなあに？
——答えは（これも歌の一部としてうたわれる）ルバーブ！ [Boyes, 1991: 44]

ロンドン南部では1992年のはじめ頃，この「なぞなぞ」を印刷したグリーティング・カードが販売されていた．

ウェールズの一部地域では，イタドリJAPANESE KNOTWEEDがwild rhubarb（野生のルバーブ）の名で呼ばれることもある．

Ribgrass

アイルランドにおける，ヘラオオバコRIBWORT PLANTAINの異称．

Ribwort plantian 学 *Plantago lanceolata* **ヘラオオバコ**（オオバコ科オオバコ属）

シェットランド諸島では，Johnsmas flooer（聖ヨハネ祭の花）の名でも知られている．

●この地方名は，オークニー諸島や〔現デンマーク領の〕フェロー諸島の民間伝承にも見られる，古いスカンジナヴィアの風習と関連をもつものである．この点については，フーグHoeg（1941）の説明を引用するにしくはなかろう．「この国のこれらの地域［ノルウェーの西南部および西部］においては，そしてまたこれらの地域においてのみ，この植物は未来を占うのに広く用いられていた（一部では現在でも用いられている）．聖ヨハネの祝日の前夜ST JOHN'S EVE〔6月23日〕に，開花した花穂を1，2本摘んできて，雄しべを取り除いた上で一晩，ふつうは枕の下に入れておいておく．そして朝になって，新しい雄しべができていれば（たいていはそうなるのだが），願いごと——ふつうは生死や恋愛に関わるもの——が叶うとされている．同様の風習や地方名は，フェロー諸島やシェットランド諸島でも知られており，したがって非常に古い伝統をもつものと考えなければならない．少なくとも1468年以前のものであることは，まず間違いのないところだろう」．シェットランド諸島では1920年代になっても，人びとはこの風習を楽しんでいた．

［Scott and Palmer, 1987: 274］

しかしヘラオオバコに関してもっと一般的に知られているのは，これを使った子どもたちのゲームであろう．

●子どもたちはどこででも，ヘラオオバコの花茎を手にして向かい合い，コンカーズ〔→セイヨウトチノキ HORSE CHESTNUT〕と同様に，相手の花茎が折れるまでこれをぶつけあって遊ぶ．プリマスの子どもたちは，このゲームをKingsと呼んでいる．［デヴォン州プリマス，1986年5月］

●われわれは子どもの頃，種をつけたヘラオオバコの長い花茎を使って，Fighting Cocksというゲームをした．2人の子どもが各々コック（cock）を手にして立ち，一方の花茎の穂が飛ばされるまでに叩きあった．そしてどちらかの茎の先が飛んでしまうと，「僕のcockの勝ち」となった．［ロングフォード州レナモー，1991年4月］

●［1930年代のアバディーンでの思い出：］CARL DODDIESというのは，子どもたちが*Plantago lanceolata*〔ヘラオオバコ〕を使ってするゲームの名だが，時にこのゲームに用いる植物の名としても用いられることがある．1745年の乱の際，若僭王チャールズCharlesの支持者たちはカールズCarlsと呼ばれ，対するジョージGeorge〔2世〕王の支持者たちはドディーズDoddiesの名で呼ばれていた――ちなみにDoddieというのはジョージの地方名である．そして子どもたちもまた，親を見習ってこの両陣営に分かれたので，このゲームがこのような名で呼ばれるようになったわけである．［サリー州リンプスフィールド，1993年6月］

このゲームは他に，Blackmen，Cocks and Hens，Hard Head，Knightsなどの名でも知られており［Opie, 1969: 226］，またウェールズ北部の一部地域ではceiliogod（雄鶏）あるいはtaid a nain（祖父と祖母）などとも呼ばれていたが，その歴史はかなり古くにまでさかのぼるようである．

●1219年の後〔すなわち本人の没後〕間もなく書かれたとされている史詩『ギョーム・ル・マレシャルの物語Histoire de Guillaume le Maréchal』には，スティーヴンStephen王がニューベリーを包囲した際，当時まだ10歳にもなっていなかった，後のペンブルック伯にしてイングランド王の摂政，ウィリアム・マーシャルWilliam Marshall〔1144-1219〕が，王の陣営に人質として囚われていたときの様子が描かれている．それによれば，ある日のこと少年は，天幕の床に刻んで撒き散らされていた草の中からヘラオオバコ（les chevaliers）を拾いあげると「陛下，ヘラオオバコで勝負していただけませんか」と王に挑んだ．この挑戦は受け入れられることになり，ウィリアムはknights〔拾いあげたヘラオオバコ〕の半分を王の膝に乗せると，いずれが先手を致しましょうと尋ねた．そして王が自らのknightを差し出しながら「おまえからだ」と答えると，すばやくその首を叩き落として大いに喜んだ．スティーヴン王は（ゲームのルールに厳密に従って）次のヘラオオバコを差し出したが，ここでゲームは中断されてしまったという．この物語が史実に沿ったものかどうかは別にして，少なくとも13世紀の時点で，早くも1人の詩人がこのゲーム

をよく知っていた，ということは確かであろう． [Opie, 1969: 226]

ヘラオオバコを用いた他の遊び方としては：

●ヘラオオバコの茎と花穂は「ミサイル」になった．これは種をつけた穂をしかるべく結んでから飛ばす遊びだった． [ハンプシャー州リングウッド，1990年11月]

●かなり前のことだが，ダンフリースシャーに住む友人たちと話していたとき，昔やったある遊びのことが話題になった．ヘラオオバコの長い丈夫な花茎を取り，花穂のところに輪を作って，花穂が飛ぶように強く引っぱるのである．そして，花穂を一番遠くまで飛ばした者が勝者になった． [エディンバラ，1991年12月]

●私は1948年，今のように開ける前の〔ドーセット州〕ファーンダウンに生まれた．われわれの遊び場は，家のまわりの野原，共有地，森などであった．……ヘラオオバコ（bootlace〔靴ひも〕と呼ばれていた）では，それに結び目をつくり，すばやく引っぱって先を飛ばす遊びをやったものだった．

[ドーセット州ハムワージー，1991年5月]

1902年にオックスフォードシャー州エンストーンで生まれた農夫，モント・アボット Mont Abbott氏によれば，彼の若い頃，夏の夕方になると若い男たちは皆，女の子を物色しに近隣の村々まで自転車で出かけたものだったという．

●娘たちは，まるでヒナギクDAISYのように至るところに見つかった．……われわれよそ者は，ウィンクできる，あるいは狙いをつけられるくらいの距離に自転車を止め，気に入った娘を1人選んだ．そしてヘラオオバコのしなやかな茎で輪をつくってパチンコにすると，その花穂を……飛ばしてその娘の首筋にあてたものだった． [Stewart, 1987: 96]

ヘラオオバコの葉は民間薬としても用いられた．

●切り傷CUTSで出血BLEEDINGのひどいときには，slanlus（rib grass〔＝ヘラオオバコ〕）の葉を引き抜いて口の中で噛みくだき，これを傷口につけた．こうすれば必ず血は止まった． [IFCSS MSS 450: 55，ケリー州]

●出血を止めるには，rib grassを噛んで，傷口につけるとよい．

[オファリー州デインジアン，1985年1月]

干し草の山にヘラオオバコがたくさん混じっていると，その干し草が過熱することがある．

●時折にわか雨のある不安定な天候の中で干し草の山をつくるとき，ダラント Durrantじいさんはよく「このあたりにゃ結構FIRE GRASSが多いんだよなあ，おやじさん」と言っていたたものだった．そしてまた親方の方でも，この干し草の山が過熱する危険があることを承知していたので，「煙突でも立てとくかね，ダラントじいさん」などというやりとりになった．fire grass（火の草）というのは，老人たちがヘラオオバコにつけた名で，この植物の葉はかなりの水分を含んでいる〔そしてこれが干し草を発酵させ，過熱の原因になる〕． [Nixon,1977: 181]

→オニオオバコ GREATER PLANTAIN／HOARY PLANTAIN（オオバコ属の1種）／PLANTAIN（オオバコ属の数種）．またワレモコウ GREAT BURNET の項も参照．

Rickets　くる病

くる病の治療に用いられた植物には，BLADDER WRACK（ホコリタケ属の1種）などがある．

Ridin' girse

シェットランド諸島における，FIELD GENTIAN（チシマリンドウ属の1種）の異称．

Ringworm　白癬

白癬の治療に用いられてきた植物には，ニンニク GARLIC，ヤネバンダイソウ HOUSELEEK，セイヨウバクチノキ LAUREL，オーク OAK，プリムローズ PRIMROSE などがある．

Robin-run-in-the-hedge

ダービーシャー州における，セイヨウキヅタ IVY の異称．また，セイヨウカキオドシ GROUND IVY の異称としても広く用いられている．

Rock samphire　㊫ *Crithmum maritimum*（セリ科**クリトムム属**の1種）

● semper〔=rock samphire〕は海岸の崖などに生えているが，……生のまま食べると，心臓の痛みを和らげる．　[IFCSS MSS 1121: 425，ドネガル州]

●［コロンゼー島では］ピクルスにするために，samphire〔=rock samphire〕がとても熱心に集められており，時には命を危険をさらすことすらある（岩から下ろしたロープをつたってこれを集めるのである）．　[McNeil, 1910: 128]

● rock samphire はあまり多肉質ではないが，島ではよく利用されている．……ピクルスにして，肉料理の薬味として使うのである．

［シリー諸島，セント・メリーズ島，1992年9月］

Rogues

シリー諸島における，WILD GLADIOLUS（グラジオラス属の1種）の異称．

Romans　ローマ人

古代ローマ人と結びつけられることのある植物には，CLARY（アキギリ属の1種），FAIRY FOXGLOVE（エリヌス属の1種），キバナセツブンソウ WINTER ACONITE，YELLOW CORYDALIS（プセウドフマリア属の1種）などがある．

Roofleek

コーク州における，ヤネバンダイソウ HOUSELEEK の異称．

Ropes　ロープ

ロープをなう材料として用いられた植物には，ビーチグラス MARRAM GRASS や PURPLE MOOR GRASS（ヌマガヤ属の1種）などがある．

Rose　㊫ *Rosa* cv.　**バラ**（バラ科バラ属の栽培品種）

赤いバラはイングランドのシンボルと見なされ，聖ジョージの祝日 ST GEORGE'S DAY〔4月23日〕にはこの花が身につけられるが，一般には愛のシンボルとされることも多い．また赤いバラは，労働党のシンボルとしても用いられてきた．

しかしバラには，当然のことながら一年の特定の時期のみ手に入るという季節性があるわけではなく，またイングランド人は，ウェールズ人やアイルランド人と違って，これまでのところあまりその国籍を誇示する必要に迫られたことがなかった．このため，聖ジョージの祝日にこの花を身につけるならわしは決して広範に見られるものではなく，主としてテレビのニュース·キャスターたちや，少数の特定の個人に限られているようである．とはいえ，実際にはこのようにきわめて限られた範囲でしか用いられていないにもかかわらず，1986年に労働党が赤いバラをシンボルとして採用したときには，ずいぶんと物議をかもすこととなった．

●先週の［ロンドン］市議会では，聖ジョージの祝日のバラの色が重要な争点となった．これは議会の政治的中立を脅かすものだという指摘があったためである．

まずB·ボーラムBrian Boreham氏から，聖ジョージの祝日には，市議会議員全員が自治体の用意した赤いバラを身につけて議会に望むべきだとする動議が提出されたが，これに対してN·ハーディング氏は，赤いバラは現在，一政党の標章となっているので，その動議には反対票を投じる旨を表明した．議会自体ははあくまで政治的に中立であるべきだ，というのがその反対理由であった．

［1987年4月9日付 'City Recorder' 紙］

●市議会は，聖ジョージの祝日に身につけるバラを何色にするか，今もって決めかねている——しかし王立聖ジョージ協会Royal Society of St Georgeのロンドン支部には，いささかの迷いもない．……同支部の名誉書記であり，次期議長にも内定しているJ·M·フォッグJohn Minshull Fogg氏は今週になって，「赤いバラはイングランドのバラであるから，われわれはこの赤いバラを身につける．われわれはこれまでもそうしてきたのだし，これからもずっとそうするつもりである」との見解を明らかにした．［1987年4月16日付 'City Recorder' 紙］

●私はこれまで4月23日には，赤いバラを身につけるという習慣を，多くの同胞たちと分かちあってきた．しかし私は公務員という立場上，特定の政党に対して好意的な態度を表明するわけにはいかない．

このバラをわが国の主要政党の1つが標章と定めてしまった今，聖ジョージの祝日にはいったい何を身につければよいのか，私としてはぜひとも貴紙の記者のどなたかに，何か代わりになるものを示していただきたいと考えている．

［エイヴォン州タンリーからの投書，1989年4月14日付 'The Times' 紙］

しかし，1992年の総選挙での敗北以降，労働党は赤いバラをシンボルとして掲げるのを控え気味にしているようである．

ノーサンバランド・英国フュージリア連隊Royal Northumberland Fusiliersもまた，聖ジョージの祝日に赤と白のバラを身につける．

●聖ジョージの祝日はこの連隊の記念日であり，全階級の軍人が赤と白のバラを身につけた．この伝統は，英国フュージリア連隊の全大隊に受け継がれている．

そしてこれらのバラは，ランカスター家とヨーク家の統合を象徴するものと考えられている．　　［エイヴォン州ブリストルからの投書，1989年4月22日付 'The Times' 紙］

1975年以来，8月1日は「ヨークシャーの日Yorkshire Day」と定められている．

●8月1日は「ヨークシャーの日」である．これは1975年，旧ヨークシャー州の誇りを記憶にとどめるべき日として，ヨークシャー・ライディングズ協会Yorkshire Ridings Societyによって制定されたものである．8月1日が選ばれたのは，1759年のこの日，ドイツのミンデンで戦ったヨークシャー連隊の兵士たちが，仲間の死を悼んで近くの野原から，州の標章である白いバラを摘み取ったとされているからである．なお同協会は，〔1974年の〕州区分の改正の後，旧ヨークシャー州のアイデンティティーを保つことを目的として設立されたものである．

［1990年8月1日付 'The Times' 紙］

聖ヴァレンタインの祝日ST VALENTINE'S DAYには，「愛のシンボル」である赤いバラに需要が集中する．

●毎年赤いバラをめぐって繰り広げられている「ヴァレンタイン狂騒曲」が，今年も昨日，その頂点に達した．

そして花屋が「愛」につけこもうとするため，われわれのお気に入りの花束の値段は天井知らずとなった．……

花屋を営むI·ダンカンIan Duncanさんは，高騰の原因として，この時期に世界中で同時に需要が急増することをあげ，こう語っている．「問題は，聖ヴァレンタインの祝日が，母の日MOTHER'S DAYと違って，どこでも同じ日に祝われるという点にあるんですよ」．しかしバーミンガムでは，店によっては花1本に3ポンドの値をつけたところもあるが，卸売業者の側では，卸値はわずか65～75ペンスにすぎない，と憤懣やる方ない様子である．業者の1人も「もうたくさんだよ．毎年この調子なんだから」とこぼすことしきりだった．

ロンドン南西部のダリッジにある店サリーズSally'sでは，赤いバラの花1ダースの値段が，9ポンドから36ポンドと，実に300%の値上がりを見せた．店員に話を聞くと，悪びれる様子もなくこう語ってくれた．「ヴァレンタインなんだから，何だって値上がりするわよ」．　　［1991年2月14日付 'Daily Mail' 紙］

現在では，聖ヴァレンタインの祝日に販売されるバラの大部分は，コロンビアから輸入されたものである．1994年に報じられたところによれば，ボゴタ周辺の平原に散在する450のバラ生産業者たちは，ここ数年はひどい霜害に見舞われてきたが，今年は3億7千5百万本以上の花を輸出できる見込みであるという．そして聖ヴァレンタインの祝日のために出荷されるバラの売り上げは，生産者の年間収入の30%から70%にあたっているとのことである．

●農場では聖ヴァレンタインの祝日に向けて，需要に応えるべく24時間体制をとり，作業員を4倍に増やす．作業員のチームは8時間交代で勤務につき，その間に

15万本の花を手作業で摘み取り，荷造りをする．そしてこれらは24時間後に冷蔵され，密封されたままの状態で，冷蔵用のトラックに載せて空港まで運ばれる．

［1994年2月12日付 'Daily Telegraph' 紙］

偉人たちや，聖人の像などにバラの花びらをふりかけるのは，古代ローマ以来の伝統だが，1928年6月12日付の'Daily Mail' 紙には，次のように報じられている．

●昨日，ブロンプトンのホーリー・トリニティ Holy Trinity教会で，C·バット Clara Butt夫人の麗しき御令嬢J·K·ランフォードJoy Kennerley Rumford嬢と，C·クロス Claude Cross陸軍少佐とが華燭の典を挙げられたが，御二方には何千枚というバラの花びらが，祝福の雨を降らせることとなった．

これらの花びらは，実は柔らかい薄葉紙に色をつけたもので，障害者施設において製造されている．著名人の大がかりな結婚式の折などにはよく使われており，過去にメアリ王女やヨーク公妃の結婚式でも用いられたことがある．……

まず鋼鉄製のカッターで薄い上質紙を切り抜き，色をつけてからオーブンに入れ，パリパリに乾燥させる——こうしてできあがった花びらは，箱詰めにされて発送を待つことになるが，組織の事務長の話では，毎週数百万枚の出荷があり，時にはボルネオにまで送られることもあるという．

花びらには，ピンクに白のグラデーションをつけたものと，オレンジ色にクリーム色のグラデーションをつけたものとがある．1箱1,000枚入りで，価格は1シリング6ペンス，色は箱ごとに指定できるが，たいていの花嫁は両色を混じえて注文することが多いという．

障害者に職を提供するだけではなく，この花びらには，紙吹雪よりも優美で繊細な印象を与え，かつ衣服やじゅうたんに執拗にまとわりつくことがない，というメリットがある．またライス·シャワーに使う米粒のように，食べ物を無駄にしたり，あてられて痛い思いをしたりすることもない．

ハートフォードシャー州のセント・オールバンズでは，イングランド最初のキリスト教の殉教者である聖オールバン（アルバヌス）ST ALBAN〔209年頃もしくは303年頃没〕の聖堂に，毎年，この聖人の祝日である6月22日にもっとも近い日曜日にバラの花が飾られる．この日，教区内の全域から日曜学校の子どもたちが大聖堂に集まり，簡素で楽しい礼拝に参加する．このため礼拝の間，教会は人で満杯になるが，素朴な聖歌が歌われたあと，司教（自らも付き人にバラの花をつけてもらっている）に先導されて，全会衆がこの殉教者の聖堂にバラを置くために，教会の通路に行列をつくる．このときに歌われる聖歌は，あまり他で耳にする機会のないもので，おそらくはこの礼拝のためにつくられたと思われる．「リパブリック賛歌The Battle Hymn of the Republic」のメロディーに載せて歌われるその歌詞は次のようなものである．

●他ならぬここイギリスの地の，緑なし花咲き乱れる山腹にて
かの殉教者はキリストに代わりて悪との戦いをなせり．
さればわれらはキリストの名においてこの行ないを心にとどめ，彼の勝利をわがものとなさん．
彼の栄光は後々も続きて……

It was here, A British hillside, green and beautiful with flowers,
That the martyr made a stand for Christ against those evil powers;
So in Christ's name we shall witness and his triumph can be ours.
His glory marches on . . .

この礼拝は比較的新しくはじまったもののようだが，はじめの頃の様子を伝える資料類には曖昧なところが多い．1977年10月に，この大聖堂の教会委員であったJ·R·ケルKell氏が書き残しているところによれば：

●これがいつはじまったのかは，私にはわからない．……70年ほど前，まだ子どもだった私がはじめて連れてきてもらったときには，まだこじんまりとした，主として子どもたちのための礼拝にすぎなかった．しかし私としては，1868年に教区牧師として当地に着任され，のち大執事を経て1904年には首席司祭となられた，ロレンスLawrence司祭がはじめられたものではないかと考えている．

聖オールバンの殉教の様子を伝える最も古い記録によれば，彼はローマ人たちの建設した都市ウェルラミウム〔セント・オールバンズの古名〕から，ウェル（ヴァー）川を渡って〔刑場のある〕丘へと引かれていったが，この丘は「さまざまな花」で覆われていたという．この伝承に沿って，6月に盛りを迎える花ということで，バラが選ばれることになったのではないかと思われる．また殉教者たちの流した血は，常に赤色——諸聖人の祝日のための典礼の色——によって象徴するのがならわしであるから，聖オールバンには赤いバラがふさわしいとされるようになったのであろう．この守護聖人の祝日には，聖堂は常に赤いバラで飾られる．……

ロレンス司祭の孫娘にあたる方が，現在もセント・オールバンズに住んでおられるので，この方にもうかがってみたが，やはり，バラの礼拝がはじまったのは，おそらく世紀のかわりめの頃で，それ以前ではなかったはずだとのことであった．

しかし，大聖堂の別の職員は，1990年10月に次のように書いている．

●バラの礼拝がはじまったのは1920年代のことで，当時の首席司祭が，聖オールバンの祝日を祝うためにこれを催したのがきっかけであった．人びとは長い間，この礼拝を，子どもたちと修道院の聖職者たちの間だけで行なわれる催しとして記憶してきたが，……1970年代になると，教区の日曜学校の顧問の提案を受けて，この礼拝をもっと大規模な形で行ない，教区内のすべての子どもたちが本教会に集まって聖オールバンの祝日を祝う機会とすることになった．現在では多くの日曜学校が，この礼拝の6週間前から，聖オールバンの生涯について詳しく教える講

座に参加している．また子どもたちは当日，列をつくって聖堂に捧げるためのバラを1本持参することになっている．これらの花は，その後教区の信徒の人たちが家路につくときに，めいめい持ち帰っている．

礼拝の際に，「殉教者のバラに囲まれ，聖オールバンは明るく輝く Among the roses of the martyrs, Brightly shines St. Alban」という章句が唱えられるが，その由来については確認できなかった．

またこの慣習は，さらにさかのぼれば聖オールバンの殉教の物語にたどりつくことになる．ただしそこには，聖人がウェルラミウムの町から丘の上の殉教の地へと引かれてゆく途中，山腹に花が咲き乱れていたとあるが，その花がバラであるとは記されていない！

ユニテリアン派の教会では，バラがしばしば子どもたちの命名式に用いられる．ユニテリアン派は原罪に関する教義を受け入れていないので，彼らの多くは，命名式あるいは洗礼式において，罪を洗い流すために水を用いる必要はないと考えている．

● われわれは，美しいけれどもとげをもっているバラの花を，シンボルとして好んで用いている．〔命名式において〕唱えられる章句は，（多少の異同はあるが）おおむね次のようなものである．

［その子の名を呼んでから］われらは今日，汝にこのバラを与えん，
この日のため，とげをすべて除きしバラなり．
されど，いかに望んだとて汝の生よりすべてのとげを除くはかなわぬこと，
それゆえ，汝の生もこのバラのごとく，とげがありてもなお美しからんことを願うものなり．

われわれはその後子どもの顔をバラの花で打つが，これは生そのものに触れさせるといった程度のもので，必ずしも深い神学的意味を伴ったものではなく，どちらかといえば，親愛の情を示す意味合いが大きい．子どもがある程度大きくなっていれば（4か月以降），そのバラを口に入れようとすることも多いが，それもまたよしとされている．［ロンドン，ハムステッド，1993年10月］

Rosebay willowherb 学 *Chamaerion angustifolium* **ヤナギラン**（アカバナ科ヤナギラン属）

● ［シュロップシャー州コーリーに住む女性から，1981年に聞いた話：］ヤナギランは MOTHER DIE（母親の死）の花でしたから，言うまでもなく，決して摘んだりはしませんでした．私たちはそれを mother-die と呼んでいました——この花を摘むと，自分の母親が死んでしまう，という意味です．ですから私は，どんなことがあってもこれを摘む気にはなれませんでした．［Opie and Tatem, 1989: 267］

● ［私が子ども時代を過ごした1940年代のチェシャー州マクセルズフィールド近辺では，次のようなことが信じられていた：］ヤナギランを摘みとってはならない．さもないと雷 THUNDER をともなう嵐になったり，あるいはもっと恐ろしいことに，自分の母親が死ぬことになるかもしれないからである．われわれはこの植物を，thunderflower（雷の花）と呼びならわしていたように思う．

［ノース・ヨークシャー州スキプトン，1991年11月］

● ［〔ノーフォーク州〕セットフォード近辺で子ども時代を過ごしたわれわれは］時々ヤナギランのふんわりした綿毛をタバコTOBACCOの代わりに吸ったものだったが，これは非常に刺激の強いものだった．［サフォーク州ウェスト・ストウ，1992年11月］

Rosemary 学 *Rosmarinus officinalis* **ローズマリー**，マンネンロウ（シソ科マンネンロウ属）

● ［デヴォン州ストックリー・ポマロイでは：］もし家の近くにローズマリーの茂みがあれば，魔女WITCHESの害を受けることはないとされていた．［Brown, 1971: 268］

またこれとは別に：

●友だちに不足することがないように，庭には常にローズマリーを植えておかねばならないとされていた．［ロンドン，ストレタム，1992年7月］

●ハンプシャー州では，ローズマリーはfriendship bush（友情の木）と呼ばれ，どの家にも1株植えられていた．私の記憶では，これを全く植えていない家は1軒もなかったと思う．［ロンドン，ストレタム，1993年4月］

●私はローズマリーをいつもplant of friendship（友情の植物）と呼んでいた．

［ドーセット州チャーマス，1994年1月］

パセリPARSLEYやセージSAGEといった植物にも通ずるところだが，ローズマリーには，妻の力が強い家庭ではよく育つという俗信が広く行き渡っていた．

●ヨークシャー州には，ローズマリーは女性が主（あるじ）となっている家の庭にしか育たない，という諺もある．［N & Q, 5 ser. 11: 18, 1879］

●ある女性が私のところへやって来て，あれこれとひとしきり言い訳がましいことを並べたあとで，ローズマリーの挿し木をつくってもらえないか，と切りだしたことがあった．平気で不作法なことをしそうな人には見えなかったし，以前にウィストWist夫人から，他人にローズマリーの挿し木を分けてもらうようにお願いするのは，とても気を使う頼みごとだわ，と聞かされたこともあったので，よほど欲しがっているのだろうと察して「別にかまいませんよ」と答え，ついでに「でもどうしてこれは気を使う頼みごとだって言われてるんでしょう」と尋ねてみた．すると彼女が言うには「これは主婦が主（あるじ）として万事をとりしきっている家にしか育たない，と言われているのを御存じないんですか？　ですからお宅で育たないとしたら，どこへもっていったって育ちやしませんよ」．そこで私は枝から14本の挿し穂を切り取って植えてみたところ，そのうちの11本がうまく育ち，3本は根づかなかった．これには夫も興味津々で，毎日挿し木を見にいっていたが，後で聞いてみると，うまく育たなかった3本は，間違いなく自分がよく見守っていたやつだった，と言っていた．［Taylor MSS, ノーフォーク州ノリッジ］

●どんな夫婦であれ，いずれかが主導権を握ることになるのは避けられないところだが，たいていの場合は「かかあ天下」となってしまうようである．ハートフォードシャー州では伝統的に，庭にローズマリーが1株茂っているかどうかが，これを判断する外見上のしるしだとされている．「それがローズマリーでさあ，旦那」と田舎家の主人が教えてくれた．……「そいつは，かみさんが旦那を尻に敷いてる家でしか育たないって言われてますが，このあたりでは野火のようにのさばってます」．この俗信は，たいていの片田舎の教区ではいまだ生きているようである．

[Jones-Baker, 1977: 69]

ローズマリーを，聖家族のエジプト避難と結びつける伝説もいくつか見られる．

●5歳になるかならないかの頃に，次のような話を聞かされたことがあるのを覚えている．ローズマリーの花はもともとは白かったのだが，聖母マリア ST MARY THE VERGIN がエジプトへ逃れる途中，洗濯のために足をとめ，洗ったマントを乾かすためにこれをローズマリーの株にかけたので，それ以降この花は青くなったのだ，と．

［ケンブリッジシャー州ウィッケン，1994年4月］

ストラトフォード・アポン・エイヴォンでは，4月23日すなわちウィリアム・シェイクスピア William SHAKESPEARE の誕生日に，人びとはローズマリーを身につけたり，手に持ったりする．

●シェイクスピアの誕生日を祝う記念祭では，ホーリー・トリニティー Holy Trinity 教会まで町中を練り歩く行列が行なわれるが，これに加わる人びとは，ローズマリー，ラッパズイセン DAFFODIL，パンジー PANSY（『ハムレット』第4幕第5場を参照）といった花々を，襟に挿したり，小さい花束にして持って歩いたりする．そして教会に着くと，これらの花はすべて，内陣のシェイクスピアの墓のまわりに置かれる．……この行列は，1898年から1900年の間に，シェイクスピアも通っていたとされるエドワード6世グラマー・スクール King Edward VI Grammar School の校長によってはじめられたものである．はじめは同校の生徒たちが，シェイクスピアの誕生日に，各々ローズマリーを含めた常緑樹を手にして教会にやってきていただけだったのだが，これが次第に町全体の年中行事として定着していったのである．現在では，この祭は偉大な劇作家を賛える国際的なイベントとなっている．

［ウォリックシャー州ストラトフォード・アポン・エイヴォン，1994年2月］

1994年のシェイクスピア記念祭の行列に参加した人の大部分は，確かにローズマリーを身につけていたが，ホーリー・トリニティー教会の記念碑のまわりに捧げるために手に持っている花の方は，この劇作家とは直接関係のない，手近な，もしくは花屋で求めやすいものがほとんどのようであった［編著者自身による観察報告］．

ローズマリーの滲出液は，ヘア・リンスとして用いられることがある．

●髪の毛をシャンプーした後のリンスとして，ローズマリーを用いる．

［グウィネズ州バンガー，1993年3月］

●最近再びローズマリーの葉を入浴剤として用いるようになった．また，葉に熱い湯を注いで漉したものは，よいヘア·リンスになり，これを使うと髪につやが出る．［サリー州サットン，1993年3月］

Rot-grass

BUTTERWORT（ムシトリスミレ属の1種）の異称．

Rowan 学 *Sorbus aucuparia* **セイヨウナナカマド**（バラ科ナナカマド属）

mountain ash，quickbeam，whitty treeの名でも知られている．イギリス諸島の全域，中でもアイルランドや，スコットランドの高地地方および島々では，セイヨウナナカマドは，護符としての力をもつものと考えられていた．

●Whitty-tree〔＝セイヨウナナカマド〕は……ヘリフォードシャー州では特に珍しい植物ではない．私が子どもの頃［1630年代］には，雄牛のくびきを留めるための楔が，この木でつくられていた．牛たちに魔法がかけられるのを防ぐ力があると考えられていたからである．また家のまわりにはこの木が1本植えられていたもので，こうしておけば，魔女WITCHESや邪視などから守られるとされていた．

［Aubrey, 1847: 56］

●［スコットランド人たちは］この木の小片を身につけていれば，魔術によってもたらされるさまざまな悪影響から身を守ることができると信じている．この木はまた，人間だけではなく家畜をも，邪悪な力から守る力があると考えられている．それゆえ酪農婦たちは，夏場に家畜を小屋や牧草地へと追い立てるときには，忘れずにroan-tree〔＝セイヨウナナカマド〕の杖をもっていく．そして夏用の畜舎の戸口の上には必ずこの杖をかけておき，帰りにもやはりこの杖を使って追い立てる．ストラススペー〔スペー川沿いの渓谷〕では，5月の最初の日にこの木で輪をつくり，やはり同様の目的で，朝と夕方，羊や子羊にこの輪をくぐらせる．

［Lightfoot, 1777：257］

1945年，ある人がスコットランド北西部の片田舎に小さな農場を買って移り住んだが，セイヨウナナカマドの木立が台所の窓からの眺めを妨げるので，これを切り倒してしまおうとしたところ，まわりからたしなめられることになった．

●「まあ，どんなことがあっても，全部切ってしまってはいけませんよ」と彼女は叫んだ．「1本は残しておかないといけません．……セイヨウナナカマドが1本でも家の近くにあれば，悪霊を寄せつけないと言いますから．お宅の庭にこの木があるのはいいことなんですよ，それに，この木の小さい枝を牛舎の戸口の上にかけておけば，あなたの家畜を病気や災いから守ってくれるとも言われています」．

［Armstrong, 1976: 36］

同様に：

●セイヨウナナカマドを庭や家の近くなどに植えておくのはいいことである．なぜならこの木は，魔女の力を近づけないからである．

［デヴォン州アシュレイニー，1983年7月］

●セイヨウナナカマドの木には，善良な妖精FAIRIESたちが宿るとされている．私の家の庭にも1本植えてあるが，これは私が結婚したときに，母から贈られたものである．［リマリック州ドロムサリー，1984年10月］

●マン島では，家のお守りとして，セイヨウナナカマドで小さな十字架をつくり，これを戸口の上にかけたものだった．

［バッキンガムシャー州ミルトン・キーンズ，1985年9月］

●スコットランドでは，家を守るため，まわりにセイヨウナナカマドを植えるならわしがある．私の両親は，1938年にハローの新しい家に移り住んだが（私は今だにこの家に住んでいる），そのとき父は，庭にセイヨウナナカマドの若木を植えた．この若木はスコットランドからもってきたもので，父は言い伝えを信じていたわけではなかったが，ならわしにしたがってこれを植えたのである．

［ミドルセックス州ハロー，1991年1月］

●母は今年で86歳になるが，少女時代を過ごしたノーサンプトンシャー州のハイアム・フェラーズでは……セイヨウナナカマドの木が魔女を寄せつけないとされていたという．［エセックス州ウォルタム・アビー，1991年3月］

家の近くにセイヨウナナカマドの木を植える習慣は，スコットランドからニュージーランドに移住した人びとの子孫にも受け継がれている．

●南半球での異なる生活，気候，四季の移り変わりに直面しても……［ダニーディンの］郊外にある屋敷の入口にはたいてい，邪視や魔女などの邪悪な力を寄せつけないようにするために，セイヨウナナカマドの木が植えられている．……オタゴの子どもたちの間には，冬になるとこの木の赤い実を水につけ，その赤い液体を，一種の厄除け（上の俗信とも関係があるのだろうか？）として，玄関のドアなどにふりかけるならわしがある．［Ryan, 1993: 8］

オックスフォードのピット・リヴァース博物館Pitt Rivers Museumには，セイヨウナナカマドのしなやかな若枝が3本，展示されている．それぞれの枝には簡単な結び目が1つずつつくられている．これらの枝は，1893年にこの博物館が入手したもので，ラベルには次のような解説がある．

●セイヨウナナカマドの木でつくった輪には，魔女を寄せつけない力がある．3本のうち2本は，ヨークシャー州キャスルトンのアレグザンダーAlexander博士の家の柵に，もう1本は教会の玄関前の通路に置かれていたものである．これらはいずれもある馬丁によって置かれたもので，これを置く前に彼は，自分の馬をその場で3度まわらせたという．

5月祭の前夜MAY EVEには，家や作物や家畜などが危険にさらされていると考えられていた．

●［リートリム州ドリーニーでは］5月祭の日の朝，最初に煙突から出る煙は，その家に不幸をもたらすために魔女によって利用されがちだとされている．そしてこれを防ぐには，次のようにすればよいという．5月祭の前夜に，セイヨウナナカマドの葉を集めて束ね，煙突の上にくくりつけて乾かしておく．そして5月祭の日の朝一番にこれに火をつけ，その煙を煙突から出る最初の煙とする．こうしておけば魔女たちは一切手出しすることができない．

［Duncan, 1896: 182］

● 5月祭の前夜には，皆が自分たちの作物の中にセイヨウナナカマドの枝を1本挿しておく．そうすれば妖精たちが，作物から幸運を連れ去ることはない．

［IFCSS MSS 50: 323，ゴールウェイ州］

● 5月祭の前夜，農夫たちはセイヨウナナカマドの実を輪切りにし，赤い紐を通して雌牛の尾に結びつけておく．こうしておかないと，牛乳の中からバターが取り去られる，という古くからの俗信があるためである．

［IFCSS MSS 1000: 156，キャヴァン州］

● ［ウェクスフォード州では］5月祭の日の朝，雌牛たちは出かける前にセイヨウナナカマドの小枝で叩かれる．これは雌牛が，誰かに悪さをされたり，バターを奪われたりといった被害をこうむらないようにするためのまじないである．

［Clark, 1882: 81］

セイヨウナナカマドは，妖精の世界から人を救いだそうとするときに，その人びとの身を守るのにも役立てられる．J･リースJohn Rhysはその著『ケルトの民俗Celtic Folklore』（1901）の中で，「妖精の輪」の中に囚われて躍らされている人を助け出す方法を紹介している．まず屈強な男が2，3人で，セイヨウナナカマドの長い棒をかつぎ，その一方の端が輪の真ん中あたりに来るようにする．そして姿の見えない囚われびとがその棒を握るのを感じたら，渾身の力でそれを引っ張るのである．妖精たちはセイヨウナナカマドの木が嫌いなので，この間，邪魔立てすることができないのだという［Rhys, 1901: 85］．

同様に，1823年に記録されたスコットランド高地地方の民話では，ある男が次のような忠告に従って，兄弟をshianすなわち妖精の丘から首尾よく救い出している．「おまえの兄弟がいなくなった日から1年と1日後にshianに戻り，セイヨウナナカマドでつくった十字架を身につけて堂々とその中に入り，神の御名において兄弟を解放するよう求めなさい」［Stewart, 1823: 91］．

セイヨウナナカマドに辟邪の力があると考えられるのは，それが「赤い実――悪に対して最も強い色である――をつけるせい」［Grigson, 1987: 172］だとされることが多い．しかしセイヨウナナカマドの花は白色で，あまり見栄えはよくないもののよい香りを放つ――すなわち，HAWTHORN（サンザシ属の数種）やセイヨウナツユキソウMEADOWSWEETのような，一般に不吉とされている花々と同じ特徴を備えているのである．

● ［私が子ども時代を過ごした40年ほど前のランカシャー州アクリントンには］「セイヨウナナカマドを決して庭に植えようとしない人もいたね．ある女性が，他のすべての点では気に入っていたのに，セイヨウナナカマドが2本植えられていたというだけの理由で，家を買うのを断念したことがあるのを覚えているよ」
「そのセイヨウナナカマドを切ってもらうわけにはいかなかったのですかね」
「それは木を植えかえるのと同じくらい，よくないことだとされていたんですよ」

［ウェスト・サセックス州ワージング，1982年3月］

●アクリントンの学童70名（11歳～14歳）を対象に，「不吉な」植物についての調査を行なったところ，「mountain ash〔＝セイヨウナナカマド〕を植えかえたり，枝を切って家に持ち込んだりするのは縁起が悪い」と答えた者が1人あった．

［ランカシャー州ネルソン，1983年8月］

●［デヴォン州ハートランドでは］決して動物たちをセイヨウナナカマドの棒で叩いてはならないとされていた．それは縁起の悪いことだし，また動物のからだにみみず腫れをつくることにもなるからである． ［Chope, 1927: 154］

セイヨウナナカマドは，民間薬としてはあまり用いられなかったようである．

●［アイルランドでは，〔セイヨウナナカマドの〕］葉の煮出し汁（葉1オンスに対して1パイント）は，リウマチRHEUMATISMの治療薬としてよく用いられた．これをワイングラス1杯服用するのである．また葉を燃やしてその煙を吸い込めば，喘息ASTHMAに効くともいう． ［Moloney, 1919: 22］

●亡くなった両親は，第二次世界大戦後にポーランドからイギリスに移住してきたが，母は時々……薬草を使っていた．……霜にあたったセイヨウナナカマドの実（霜が酸味を取ってくれる）をウオッカで煎じたものを6か月ほど置き，これを胃の痛みを抑える薬として用いていた． ［ケント州ブロムリー，1991年4月］

●私がしばらく一緒に暮らしていたジプシーたちは，すりつぶしたセイヨウナナカマドの実を，もちろん乾燥させてからであるが，粉末にしてケーキに混ぜ，減の悪い子どもたちに与えていた． ［デヴォン州バーンスタプル，1993年10月］

Royal fern 学 *Osmunda regalis*（シダ類，ゼンマイ科**ゼンマイ属**の1種）

時にbog onionの名で呼ばれることもある．

●イングランド北西部の湖水地方では，この植物はbog onionの名で知られているが，その茎は今でも，捻挫SPRAINSや打ち身BRUISESの外用薬として利用されている．茎を叩いて水に浸し，そのまま1晩置いておく．翌朝になると濃い糊のような液体が得られるので，患部をこれに浸すのである． ［Britten, 1881: 178］

●bog onionは外見上は他のシダ類とあまり区別がつきにくいが，その根はいくらかタマネギの鱗茎のような形をしている．この根を液状にしたものは，リウマチRHEUMATISMや坐骨神経痛SCIATICAの塗り薬として利用される．まずこの根を薄く切り，叩いてすりつぶす．これを瓶あるいはコルク栓のついた容器に入れ，根の大きさに応じた水を加える．これを約2日間置いて，全体が濃い液状の物質になるのを待てばできあがりである．

このbog-onionは6月になると夜に花を咲かせるが，不思議なことに，夜明けが近づくとこの花は姿を消してしまうと言われている．しかしそのあとに種が残るので，花が咲いていたことがわかる，というのである．〔シダ類は花を咲かせ種子を実らせることはないが，本種は栄養葉の先端に胞子葉を生じ，胞子を形成するので，これを花と種に見立てたものと思われる.〕 [IFCSS MSS 50: 458, ゴールウェー州]

● bog-onionの湿布薬は手足の捻挫の治療薬である．bog-onionを叩いて砕いたものを捻挫した部分にあてがい，包帯で縛っておくとよい． [IFCSS MSS 593: 43, クレア州]

Rue 学 *Ruta graveolens* **ヘンルーダ**（ミカン科ヘンルーダ属）

ヘンルーダは後悔と悲しみのシンボルとされており〔英名のrueには「後悔」の意もある〕，祝福を授けるためと呪いをかけるため，あるいは助力するためと害を加えるための双方に用いられてきた．

●［ヘリフォードシャー州の］ある教会で結婚式が行なわれた際，新郎に捨てられた女性が，その結婚が不幸なものであることを示すために，食べさしのバターつきパンを包み込んだヘンルーダの小さい花束を，教会の玄関に投げ込んだことがあった． [Fosbroke, 1821: 74]

●つい数年前のことだが，ある若い娘が，［ヘリフォードシャー州］カソップで行なわれた結婚式に出かけていった．そして自分を見捨てた新郎が出てくるのを教会の玄関で待ち構え，ひと握りのヘンルーダを投げつけて「死ぬまでこの日のことを後悔（rue）しつづけるがいいわ！」と叫んだ．……この呪いはおそらく現実のものとなることだろう．というのも，このヘンルーダは教会の墓地から取ってきたものだったで，「聖なる場所と穢れた場所の間」を行き来したことになるからである．……このように恨みをはらす目的で用いる場合，それ［ヘンルーダ］が手に入りにくければ，葉の形がよく似ているrue-fern［イチョウシダ WALL RUE］を用いてもよい．ただし教会墓地の塀などから，直接に取ってきたものを使わなければならない． [Leather, 1912: 115]

ヘンルーダの茶は，さまざまな軽い病気の治療に用いられた．

●［ケンブリッジシャー州ホースヒースでは］ヘンルーダ茶は，食欲増進のために用いられた． [Parsons MSS, 1952]

●かつてスタッフォードシャー州トークに住んでいた人によれば，子どもの頃，咳 COUGHSと風邪の症状を和らげるのに，ヘンルーダ茶を飲まされたことがあるのを覚えているという． [Steele MSS, 1978: 88]

Runner bean/ kidney bean 学 *Phaseolus vulgaris* **インゲンマメ**（マメ科インゲン属）

4月下旬から5月にかけて各地で行なわれる祝祭は，インゲンマメを植え付ける時期の目安になるとされているものが少なくない．そのうちで最も日付が早いのは，聖ジョージの祝日 ST GEORGE'S DAY（4月23日）である．

●［デヴォン州北部では］ジョージ・ニンプトンの酒盛りが終わる前に，インゲンマメを植え付けるのは賢明ではないとされていた．[Laycock, 1940: 115／酒盛りは1939年頃まで，4月の最後の日曜日の後の水曜日に行なわれていた]

●インゲンマメは，ヒントン･セント･ジョージに市の立つ日に植えなければならないと言われていた．この市はかつて，4月の第3木曜日に行われていた．

[ドーセット州ソーンコム，1975年3月]

●サマーセット州南部では，5月6日が「インゲンマメの日 Kidney Bean Day」として知られていた．そして，この日に植えなければうまく育たないと信じられていた．[K. Palmer, 1976: 102]

一方，他の植物が植え付けの目安とされることもあった．

● HAWTHORN（サンザシ属の数種）の蕾が開くまでは，インゲンマメを植えてはならない．[SLF MSS，ウェスト・ヨークシャー，ハヴァクラフト，1969年1月]

●［ウォリックシャー州ウェストンでは：］ニレ ELM の木の葉が6ペンス銀貨ほどの大きさになるまでは，インゲンマメを植えてはいけない．それより早く植えると，霜でやられてしまう．[Wharton MSS, 1974: 35]

Rush 学 *Juncus* spp. **イグサ類**（イグサ科イグサ属の数種）

ゴールウェイ州で1937年に記録された言い伝えは，イグサの先端がなぜ茶色くなって枯れるのかを次のように説明している．

●ある晩のこと聖パトリック ST PATRICK は，床につく前，若い従者に向かって，もしかしたら私は寝言で何か礼を欠いたことを口にしているかもしれないから，気をつけておいてくれないか，と頼みごとをした．自分の寝言を全部聞いておくように，というのである．寝息をたてはじめてからしばらくすると，聖人は「アイルランドに災いあれ！」と叫んだ．そこで耳をそばだてていた少年は答えた．「もしそうなら，災いはイグサの上に起こりますように」．しばらく眠ったあと，聖人は再び「アイルランドに災いあれ！」叫んだので，少年は「もしそうなら，災いは白い雌牛の一番高いところに起こりますように」と応じた．そしてしばらくすると聖人はまた「すでに二度言ったことをもう一度言っておく．アイルランドに災いあれ！」と叫んだので，少年もさらにもう一度「もしそうなら，災いは furze〔＝ハリエニシダ GORSE〕の下の方に起こりますように」と応じた．聖人は目を覚ますとすぐ，眠っている間に自分が何か寝言を言ったかどうか，そしてもし言ったのならどんなことを口にしたのかを従者に尋ねた．そこで少年は「アイルランドに災いあれ！」と三度おっしゃいました，と答えた．そして，おまえはそのとき何と言ったんだね，と重ねて尋ねる聖人に対して，少年はありのままを説明した――このことがあって以来，イグサの先は枯れ，白い雌牛の角の先は黒くなり，ハリエニシダの木の下の方はしおれるようになり，そしてまた司祭はミサを捧げるとき，侍者として少年を従えるようにもなった．[O'Sullivan, 1977: 113]

別の伝承によれば：

●聖パトリックはある日，食事に招かれた家で犬の肉を出されたことがあった．それに気づいた聖人はその家を呪ったが，あとになってそれを後悔した．しかし呪いの言葉を取り消すことはできず，……それを他に向けるしかなかったので，聖人はその呪いをイグサの先に向けたのである． [IFCSS MSS 770: 1473，ロングフォード州]

アイルランドでは，2月1日の聖ブリギッドの祝日ST BRIGID'S DAYのために，十字架がつくられる．これらの十字架には，わら，イグサ，スゲあるいはBENT GRASS（コヌカグサ属の数種），干し草，木片，ガチョウの羽根，錫，針金，ボール紙……それに布といったさまざまな材料が用いられてきた［O'Sullivan, 1973: 71］が，元来はもっぱらイグサを用いていたらしく，アイルランドの工芸品店で売られている十字架は，決まってこの植物でつくられている［編著者自身による観察報告，ダブリン，1993年5月］．聖ブリギッドに関しては，西暦450年頃に生まれ，523年頃に亡くなった聖人で，アイルランドの女子修道院長をつとめていたことが知られているが［Attwater, 1970: 75］，それ以外の細かい伝記的事実はほとんど伝えられておらず，前キリスト教時代の神の属性を吸収しつつ崇められてきたという一面があるようである．伝承によれば：

●ある日聖ブリギッドが古びた小屋のそばを通りかかると，中から苦しそうな呻き声が聞こえてきた．そこで小屋に入ってみると，1人の男が瀕死の態で横たわっていた．聖女は彼に近づき，神について話したが，この男は聞く耳をもたなかった．この男をわれらが主キリストのもとに導こうとして懸命にかきくどいたのだが，その甲斐もなく，男はどうしても耳を傾けようとはしなかった．最後に聖ブリギッドは外へ出てイグサを集め，それで十字架をつくって男のところへ戻った．するとこの男は，この十字架を見るなり急に悲しみに襲われ，告白をして終油の秘蹟を受けた．これが聖ブリギッドの十字架のはじまりである．

[IFCSS MSS 975: 148，カヴァン州]

現在では，イグサは排水と土壌の改良によって根絶やしにすべき存在として，全くの厄介物扱いを受けているが，かつては蠟燭の原料として広く用いられていた．

●60年ほど前まで，アイルランドの人びとは，自力で明かりを調達しなければならなかった．オイルランプなどには縁がなく，明かりといえば自家製のイグサの蠟燭以外にはなかったのである．各家庭では，この蠟燭を一度にたくさんつくり，必要に応じて使うようにしていた．まずその家の誰かがイグサを束にして持ち帰ると，それらすべてを1本ずつ，端から端まで皮をむき，細い髄を取り出す．これが終わると，油壺が持ち出される．これは舟型の壺で，中に熱したグリースを注ぐと，これにイグサを浸し，全体がまんべんなく油で覆われるように，イグサをよくかき混ぜておく．そしてこれを乾燥させ，乾いたら再びグリースに浸すという作業を何度も繰り返し，これは蠟燭が十分に太くなるまで続けられる．こうし

てできあがったものは，冬に備えて貯蔵しておく．［IFCSS MSS 175: 250，スライゴー州］

山あいの貧しい土地では，イグサは，暮らしを少しでも快適にするための，数少ない手段の1つであった．

●［ウェールズ北部の］その教会は質素なゴシック建築で，床にはイグサが敷き詰められている．……これはウェールズでは至るところで見かける光景である．床は土間だが，わらは手に入りにくいので，暖かく清潔にしておくために，乾燥させたイグサを床の上に厚く敷き詰めるのである．数は少ないけれども，家によっては，土でつくった小屋などの屋根を，イグサで葺いていることもある．こうした小屋は，水しっくいで白塗りにすることすらしていないので，通りすがりの旅人の目には，あまり魅力的には映らない．……小屋は部屋が1つあるだけで……床は土間だった．……そこにイグサの束をいくつか敷いてあり，これがベッドの代わりであった．［Evans, 1800: 55/75/115］

教会の床をイグサで覆う習慣はかつては広く普及していたもので，教区委員の収支明細書などにもしばしばこれに関する記録が見られる．

●ロンドン，セント・メリー・アット・ヒルS. Mary-at-Hill教会：

1493.——新しい信徒席用としてイグサ3束購入，3ペンス．

1504.——新しい信徒席を覆うイグサ2束購入，3ペンス．

ウェストミンスター，セント・マーガレッツS. Margaret's教会：

1544.——奉献の日に備えて用意したイグサの支払，1シリング5ペンス．

ランカシャー，カーカムKirkham教会：

1604.——教会に敷くイグサの費用，今年は9シリング6ペンス．

［Simpson, 1931: 6］

いくつかの教会では，今日でもなおイグサを敷く習慣が続いているが，これはたいてい，行列をつくって教会にイグサを運び込む，「イグサ運びrush-bearing」と呼ばれる行事の一環として残っているもので，むしろこの行事自体に重きがおかれていることが多い．カンブリア州では，アンブルサイド，グラスミア，マスグレイヴ，ウォーカップといった村々で，この行事が行なわれている．中でもグラスミアの「イグサ運び」が最も古いと言われており，これは毎年，聖オズワルドの祝日St Oswald's Day（8月5日）に最も近い土曜日に行われる．

●準備は，R・マッカルピンRachel McAlpine嬢の指揮のもとに，数日がかりで行なわれる．参加する子どもたちの振り分けの他に，行列で使う「紋章bearing」を用意しなければならない．これはイグサだけでできているように見えるが，実際には，木や針金の網や紐といった丈夫で実用的な材料のまわりに，イグサを巻きつけてつくったものである．そしてデザインには，聖オズワルド関連の事蹟だけではなく，聖書や歴史からも題材が取りあげられている．「紋章」の数は，5フィートほどの高さのものが9つ，それにもっと小さなものがいくつかあり，それぞれが伝統的なデザインを毎年踏襲している．行列においては，これらの「紋章」はたいてい代々決まった家の人びとによって運ばれており，こうした家々では骨組みを保存しておき，祭の前になると女性たちが飾りつけをする．マッカルピン嬢によれば，彼女の担当は，行列の先頭に立つ，タンゴギクをあしらった金色の美しい十字架をつくることだという．女性たちはまる2日間を費やして，このイグサの「紋章」を丹精をこめて複雑な形に仕上げてゆく．

土曜日の昼頃までには，ほとんどの準備が整えられ，教会の床にも，いつの間にかイグサが敷き詰められている．4時になるずいぶん前から，子どもたちは晴れ着を着込んで牧師館に集まってくる．ここで彼らは，この日の自分たちの役割について説明を受けるとともに，その報酬として真新しい5ペンス硬貨を1枚ずつ受け取る．その頃になると他の家族も通りに姿をあらわし，子どもたちは，できあがった「紋章」を牧師館から運びだしてこれに合流する．また小さな幼児たちも，イグサや花で飾りつけられた乳母車に乗って行列に加わる．子どもたちがかついできた「紋章」のうち，大きなものは聖歌隊の男の子たちに，小さいものは女の子たちに渡される．

行列全体の主役は「イグサの乙女たちRush Maidens」である．グラスミアではかつて，実際に集めたイグサを教会に運びこんでいた頃は，これを大きな布もしくは袋地に載せて，その四隅を持って運んでいた．「乙女たち」はこれと同じようにしてイグサを運ぶが，布をもつ人数は6人で，しかも載せられるイグサはあくまで象徴的なものにすぎない．また用いられる布は，古くにこの村で織られた，立派なシーツである．……

全体の用意が整うまでには，行列は200名ほどに膨れあがった．金色の十字架のあとに聖歌隊の少年たちが特別な「紋章」を掲げて続き，行列全体を先導した．そしてバンドをはさんで，成人の聖歌隊と聖職者全員が，イグサの小枝を手にして続く．そのあとは「イグサの乙女たち」，さらに年上の少女たちの順に並んだが，父親たちの姿はほとんど見られなかった．行列は教会から出発して村中を練り歩き，再び教会に戻ると，最後に特別な礼拝を行なった．その際，公式の「紋章」は祭壇のまわりに置かれていたが，「ヘビ」と呼ばれるものだけは別で，これは聖域の外に設けられた特定の場所に投げ出された．その他の「紋章」やかご，小さな花束，イグサの十字架などはすべて窓際の棚に置かれ，週末の間はそのままにしておかれた．

月曜日になると，行列に参加した全員が再び教会に戻ってくる．そしてそれぞれの「紋章」を手にしてもう一度村の中を少しばかり歩いた後，余興とお茶の時間となる． [Shuel, 1985: 86]

アンブルサイドの「イグサ運び」は7月の土曜日に行なわれるが，ウォーカップでは6月29日の聖ペトロの祝日（ただしこの日が日曜日にあたる年は，前日の土曜日）に行なわれる．グラスミアの役場には，同地の「イグサ運び」の模様を描いた絵画がかかっている．これは1905年に，F・ブラムリーBramleyによって描かれたものである．またアンブルサイドのセント・メリーズSt Mary's教会には，同地でのこの行事の様子が壁画に描かれている．

またイングランドの南部においても：

● これは1493年にまでさかのぼることのできる古い慣習であるが，[〔エイヴォン州〕ブリストルの］セント・メリー・レドクリフSt Mary Redcliffe教会では，聖霊降臨祭WHITSUNの日，床にイグサが敷かれ，記念の説教を伴った特別な礼拝が行なわれる．この礼拝には，同市の市長も参加するが，彼は他の役職にある人びとの行列を従えて，教会まで歩いてくることになっている．この礼拝は元来，15世紀にこの教会を再建し，後には牧師にもなった，ある裕福な商人を記念するためにはじめられたものである． [Gascoigne, 1969: 12]

イグサのしなやかな茎は，子どもたちの遊びに広く用いられていた．

● [60年以上前のドーセット州では］柔らかいイグサ（*Juncus effusus*）で，小さい緑のかごBASKETSをつくった（これは女の子だけの遊びであった）．

[デヴォン州シドマス，1991年10月]

● [1920年代には］男の子も女の子も，新しい緑色のイグサを使って遊び道具をつくった――その中には「蝶のかごbutterfly cage」と呼ばれるものや，細長い箱のようなものがあった．まだ他にもあったが忘れてしまった．

[アントリム州ラーン，1991年11月]

● イグサを摘んできて，それをぐるぐる巻きにし，舟に仕立てあげた．

[デヴォン州プリマス，1993年1月]

● 若い頃［1940年代］，イグサ（*Juncus effusus*）の若いしなやかな茎で，小さい鎖を「編んだ」ものだった．2本の茎を一方の端で結び合わせ，その1本を別の1本に重ねるのを繰り返して，非常に単純な鎖をつくることができた．

[シェットランド州スキャロウェー，1994年2月]

シェトランド諸島では，burraあるいはburri-stikkelsという地方名で呼ばれているHEATH RUSH（*Juncus squarrosus*, イグサ属の1種）は，compact rush（*Juncus conglomeratus*, イグサ属の1種）や，flossの地方名で呼ばれているround-fruited rush（*Juncus compressus*, イグサ属の1種）に比べて，乾燥した土地を好むことが知られていた．このため，もし足を濡らしたくないなら，と言って次のような忠告が与えられることがあった．

● burraの上はまともに歩いてよいが，
flossには近づくな．

stramp fair on da burra;
Keep wide o' da floss. [Tait, 1947: 80]

→HEATH RUSH（イグサ属の1種）

Rye grass 学 *Lolium perenne* **ホソムギ**（イネ科ドクムギ属）

● ［ヘリフォードシャー州では］ホソムギはしばしば占い DIVINATION に用いられる．すなわち少女たちは，次のように唱えながらホソムギの穂を数えるのである．

金持ち，貧乏人，乞食，農夫，
いかけ屋，仕立屋，小作人，泥棒．

Rich man, poor man, beggar man, farmer;
Tinker, tailor, plough-boy, thief.

そして最後の穂を数えたときに唱えた言葉が，その子の運命を示すとされている．

［Leather, 1912: 63］

● ［サセックス州の］子どもたちは今でも，花や草を使った昔ながらの遊びを楽しんでいる．毎年のように彼らは，Whats-your-sweetheart grass（＝ホソムギ）の種のついた穂を取って草の上に座ると，次のように唱えて自分の将来の夫の職業を知ろうとする．「いかけ屋，仕立屋，兵隊，船乗り，給仕，小作人，紳士，泥棒（Tinker, tailor, soldier, sailor, potboy, ploughboy, gentleman, thief）」．［Candlin, 1947: 131］

● ［リンカンシャー州のレットフォード近辺で］私たちはホソムギを数えて占ったものでした．まずはじめにこう唱えて占います：「彼は私を愛してる，愛してない，そのうちに，もしかしたら，でもきっとだめ（He loves me, he doesn't, he would, if he could, but he can't）」（はじめに戻る）．次はこうです：「どんな家？小さい家？大きい家？豚小屋？納屋？（What house? little house? big house? pig stye? barn?）」．そして結婚式の日に乗るのは：「四輪馬車，馬車，手押し車，こやし車（coach, carriage, wheelbarrow, muck cart）」，式で着るのは：「シルク，サテン，モスリン，ぼろ（silk, satin, muslin, rags）」，と続いて最後に，子どもは何人？——これは茎を数えます．あら，ひとつ抜けてしまいましたね．「彼はどんな人かしら——金持ち，貧乏人，乞食，泥棒（What sort of man will he be—rich man, poor man, beggar man, thief）」．

［Cottam MSS. 1989:27］

恋占いに用られてきた植物としては他に，セイヨウトネリコ ASH やフランスギク OX-EYE DAISY などがある．

S

Saffron 学 *Crocus sativus* **サフラン**（アヤメ科アヤメ属）

●南北を問わずコーンウォール州の漁師たちは皆，サフランは不運をもたらすと信じており，舟にサフラン・ケーキを持ち込むと，獲物を取るチャンスを逃すと信じている．［Townshend, 1908: 108］

イングランドのいくつかの地域では，セイヨウネズ JUNIPER が saffron の名で呼ばれることもあった．

Sage 学 *Salvia officinalis* **セージ**（シソ科アキギリ属）

パセリ parsley をはじめとする他のいくつかの植物と同様に，セージは，夫婦のうちで主導権を握っている方のために，もしくは妻が夫を尻に敷いている家では，よく育つとされている．

●［デヴォン州ビショップス・ニンプトンでは］結婚式のあと，花嫁と花婿はそれぞれセージの苗を，焼き網のパターンになるように〔つまり両者平行して〕植えておかなければならない．そしてそのセージが育つと，2人のうちのどちらがその家の主(あるじ)となるかがわかる．言うまでもなく，大きく育ったセージを植えた方が主となるのである．［Knight, 1945: 94］

●［プリマスでは，セージが］よく繁るのは，主婦がその家の長であることを示す［と言われている］．［Chope, 1935: 132］

●バッキンガムシャー州では，セージが力強く育つところでは，妻が支配権を握っているとされている——これは他の地方では，ローズマリー ROSEMARY について言われることもある——が，最近ある農夫から，この植物は，その家の主人が仕事で成功しているか否かによって，よく育つかどうかが決まる，という話を聞かされた．実際，彼の仕事がうまく行かなかったときに，セージがしおれはじめ，彼の調子が上向くとまたすぐに育ちがよくなったことがあったらしく，この言い伝えは本当ですよ，と念を押していた．［Friend, 1884: 8］

●セージが繁茂すると，その家庭も繁栄する．［デヴォン州プリマス，1993年1月］

セージは，食材として利用する他に，歯をみがいたり，関節炎 ARTHRITIS や歯ぐきの痛みの和らげたりするのにも用いられてきた．

●歯：新鮮なセージの葉でみがく．

［グレーター・マンチェスター，ストックポート，1991年4月］

●1940年代から50年代にかけてジプシーたちが用いていた「歯みがき粉」は，刻んだセージの葉と食塩を等量混ぜたもので，これをアイリッシュ・リネンで歯にこすりつけていた．［デヴォン州バーンスタプル，1991年5月］

●関節炎の治療には，セージの葉の煮出し汁を服用するとよい．［グウィネズ州ラニュークリン，1991年4月］

●太い葉脈を取り除いたセージの葉を，歯ぐきと義歯の間にはさんでおくと，歯ぐきの痛みを和らげることができる．［ハンプシャー州ウィットチャーチ，1993年10月］

St Alban　聖オールバン（アルバヌス）

この聖人の祝日〔6月22日〕に最も近い日曜日に，〔セント・オールバンズでは〕バラROSEの礼拝を行なってこれを祝う．

St Brigid's Day　聖ブリギッドの祝日（2月1日）

〔アイルランドでは〕この日，イグサRUSHで十字架がつくられる．

St Candida's eyes

ドーセット州西部における，PERIWINKLE（ツルニチニチソウ属の数種）の異称．

St Cedd　聖セド

サフォーク州ポルステッドにある「福音のオークGospel OAK」は，この聖人と結びつけられている．

St Congar　聖コンガー

エイヴォン州コングレスベリーでは，ヨーロッパイチイYEWの木がこの聖人と結びつけられている．

St David's Day　聖デイヴィッドの祝日（3月1日）

〔ウェールズでは〕この日，ラッパズイセンDAFFODILとリーキLEEKを身につける．

St Fintan　聖フィンタン

リーシュ州クローンナーにあるセイヨウカジカエデSYCAMOREの木は，この聖人と結びつけられている．

St Frankin's Days　聖フランキンの祝日（5月19日～21日）

1894年の8月，S·ベアリング=グールドSabine Baring-Gouldは，デヴォン州北部のチョーリーおよびバリントンで，次のような伝説を採録している．

●エッグスフォード，バリントンなどのトー·ヴァレーの村々では，5月19日，20日，21日の3日間，もしくはこの前後の3日間は，フランシス祭Francismassあるいは聖フランキンの祝日とされており，この数日の間に霜が降りると，リンゴAPPLEにひどい損害をもたらす，という言い伝えがある．この霜に関しては，細部の異なる伝承がいくつか見られるが，そのうちの1つによれば，昔フランカンFrankanという名の醸造業者がおり，自分のつくるエールが，リンゴ酒と市場を奪い合っていたので，毎年5月に3晩，霜を降らしてリンゴの花を落とすことと引き換えに，悪魔に自らの魂を売り渡したという．

また異伝によれば，デヴォン州北部の醸造業者たちは皆で悪魔と契約を結び，リンゴの木の花を枯らして助けてもらうのと引き換えに，自分たちのエールに有害な混ぜ物をすると約束した．したがって，5月に霜が降りると，醸造業者たちは契約を果たすべく決まってエールに混ぜ物をするので，逆にそのことから，霜が降りたのは悪魔が契約を履行したものであるのを確認できるのだという．この伝承では，聖フランキンは遠回しに悪魔を指す表現ということになる．[Amery, 1895: 120]

13年後，同州南部のニュートン・セント・サイレスでは：

● わが家の庭師に，そろそろ花壇用の植物を温室から出して，外気にさらしてみてはどうかと聞いてみたところ，「フランクリンFranklinの夜が来るまでは」そうするのはよくないでしょう，という返事がかえってきた．重ねてその理由を尋ねてみると，聖フランクリンというのがどんな人かは知らないが，このあたりでは，聖フランクリンの夜が終わるまでは，cherryすなわちmazzards〔＝セイヨウミザクラ WILD CHERRY〕は霜の害を受けるおそれがあるとされていて，その聖フランクリンの夜というのは，5月の19日，20日，21日の3晩のことだと教えてくれた．セント・サイレスでは今年，これらの晩にひどい霜が降り，ジャガイモPOTATOにかなりの被害が出た．[Amery, 1907: 108]

St George's Day　聖ジョージの祝日（4月23日）

〔イングランドでは〕この日に，赤いバラROSEを身につけるならわしがあり，セイヨウタンポポDANDELIONを摘むのによい日だとされることもある．また，インゲンマメRUNNER BEANの植え付けは，この前後に行なうとよいとされている．

St John of Beverley　ビヴァリーの聖ジョン

ハンバーサイド州では，プリムローズPRIMROSEがこの聖人と結びつけられている．

St John's Eve　聖ヨハネの祝日（6月24日）**の前夜**

〔マン島では〕MOTHERWORT（メハジキ属の1種）を手に入れるのに最適の日だとされていた．また〔シェットランド諸島では〕この日，ヘラオオバコRIBWORT PLANTAINを使った占いDIVINATIONが行なわれた．

St John's Wort　㊫ *Hypericum* spp.（オトギリソウ科**オトギリソウ属**の数種）

St John's wortの名で知られる数種の植物は，護符としての力をもつとして，古くから珍重されてきた．*Hypericum*という学名は元来，ギリシア人たちが，自らの崇める神像を悪霊から遠ざけておくために，その像の上に置いた植物の名であったという［Robson, 1977: 293］．ギリシア人たちが用いたというこの植物が，現在のわれわれに*Hypericum*の名で知られているものと同一であるかどうかはわからないが，オトギリソウ属*Hypericum*の植物が，イギリス諸島の全域において，これと同様の目的で広く用いられていることは確かである．

リンカンの聖ヒューSt Hugh of Lincolnの生涯について記した13世紀初期の作品の中には，ある女性が若い男の姿をした「淫らな悪霊」に苦しめられるくだりがある．それによれば，この女性がさんざんに苦しめられたあと，やはり若い男の姿をした別の霊が女に近づき，ある植物を集めて懐に隠しておき，家のまわりにも撒くように教えた．すると先程の淫らな悪霊は，この植物が「目障りで，しかもいやな匂いを放つ」ので，家に入ることができなくなった．はじめのうちこの女性は，「ギリシャ語でYpericon，ラテン語でperforated plant（穴のある植物）もしくはSt John's wort」と呼ばれるこの植物を，悪魔DEVILから身を守る唯一の手段だと考えていたが，やがて，悪魔を遠ざけておくには素朴な信心だけで十分であるのを悟ったという．また，彼女にこの草のことを教えられたある修道僧が，エセックス州に住むある若夫婦——自分たちの会話を悪魔に立ち聞きされ，あれこれと攻撃を仕掛けられていた——にこれを伝えたところ，悪魔の攻撃はやみ，以後もずっとことなきを得たという．

そしてこの伝説を書きとどめた人物は，最後にこう付け加えている．医者たちはSt John's wortを「毒に対する特効薬で，毒をもった動物に咬まれたりした場合にも効果がある」と考えている．したがって，「ヘビに咬まれた身体の傷を癒すことのできる薬であれば，神の慈悲によらずとも，太古のヘビ〔すなわち悪魔〕の攻撃をはねかえす効果が得られるはずだと考えたとしても，決して愚かなことではなかろう」と［Douie and Farmer, 1962:121］.

後の時代の研究者もまた，St John's wortは「魔法の薬草の中で最も有効なもので，妖精FAIRIESからも悪魔からも，ひとしく身を守ってくれる」と述べ，ある若い女性を恋人にしていた悪魔が，彼女がこの草を手にしたために近寄れなくなり，その際に口にしたという2行の詩句を紹介している．

● もしおまえが私のほんとうの恋人になりたかったら，
そのJohn's WortとクマツヅラVERBEINを投げ捨てておしまい．

If you would be true love of mine,
Throw away John's Wort and Verbein. ［Briggs, 1976:346］

18世紀には：

● スコットランドの迷信深い人びとは，魔術や妖術によって仕掛けられる恐るべき呪縛を避けるための護符として，この植物［perforate St John's wortすなわちセイヨウオトギリソウ *Hypericum perforatum*］を身につけて持ち歩く．彼らはまた，自分たちの牛乳が悪くなると，何らかの邪悪な力の影響を受けたせいだと考え，それにこの植物を入れ，上から新しくしぼった牛乳を加えることによって元通りにする——もしくは元通りになったと信じている． ［Lightfoot, 1777: 417］

19 世紀にヘブリディーズ諸島のある農夫から聞き取ったという祈禱文（ゲール語からの英訳）には，次のようなものがある．

● St John's wortよ，St John's wortよ，
われ，汝を手にしたるすべての者をうらやむ．
われは右手で汝を摘み，
左手で大切にいつくしむ．

牛小屋で汝を見つけたる者は誰であれ，
決して雌牛を失うことなからん．

St John's wort, St John's wort,
My envy whosoever has thee,
I will pluck thee with my right hand,
I will preserve thee with my left hand,
Whoso findeth thee in the cattlefold,
Shall never be without kine. [Carmichael, 1900: 103]

同じくヘブリディーズ諸島では：

● St John's wortは，千里眼，妖術，魔術，邪視，死を避け，家庭内の安寧と富，羊の群れの増加と繁栄，それに畑の作物の生育と豊穣を確保するために，人びとが今だに大切にしている，数少ない植物の1つである．女性は胴着の中，男性は肌着の中の，それぞれ左の脇の下のあたりに，この植物をひそかにしのばせている．しかしSt John's wortに効き目があるのは，これが偶然に見つかったときだけである．したがって，たまたまこれを目にした者の喜びはこの上なく大きい．

[Carmichael, 1900: 96]

ディーンの森では：

●［それぞれ1856年／1858年生まれの私の祖父母によると］St John's wortは家に持ち帰って，束ねて窓にかけていたという――私としては，これは稲妻LIGHTNINGが落ちないように，家を守るためだったのだろうと考えている．

［グロスターシャー州シンダーフォード，1993年11月］

St John's wortの護符としての力は，夏至の前後に最も強くなると考えられていた．ある民俗学者は，洗礼者聖ヨハネの祝日Feast of St John the Baptistあるいは夏至祭Midsummer's Day〔6月24日〕について述べた文章の中でこう書いている．

●この聖人自身の名を冠せられた黄金色の花，St John's wort――これは明らかに太陽のシンボルであろう――は，幸運をいや増しにし，家を火事FIRESから守るために，家の中に持ち込まれた． [Hole, 1977: 123]

St John's wortが「明らかに太陽のシンボル」であるかどうかは別にして，確かにこの植物は夏至祭の前夜MIDSUMMER EVE，家を飾りかつ守るために広く用いられていた．〔歴史家の〕J·ストウJohn Stowが1603年のロンドンについて記した中で触れている以下のような慣習は，おそらくは今から3世紀半前くらいまでは残っていたものと思われる．

●洗礼者聖ヨハネの祝日の前夜，それに聖ペトロの祝日と聖パウロの祝日には，すべての家々の戸口が，緑なすBIRCH（カバノキ属の1種），丈のあるウイキョウFENNEL，St John's Wort，ムラサキベンケイソウORPIN[E]，白いユリLILYなどに覆われ，さらに美しい花々をちりばめた花輪で飾られていた．そうした戸口には，ガラス製のオイル・ランプが一晩中灯っていた．……おかげでニュー・フィッシュ・ストリート，テムズ・ストリートなどの街の風景は，ちょっとした見物であった．

[Stow, 1987: 193]

コーンウォール州では：

● [夏至祭の日には]「夏至祭のかがり火Midsummer Bonfires」が焚かれる．これは，1929年のコーンウォール伝統保存運動Old Cornwall Movementによって廃絶を免れた古い習慣で，現在でもなお続けられている．……セント・クリアでは，先に魔女のほうきと帽子がついたかがり火を燃やし，新しく切ったオークOAKを柄に使った鎌がその中に投げ入れられる．そして村中には，St John's wortで編んだ花輪が掛けられる——これらはすべて，魔女を追い払うためのものだとされていた．

[Deane and Shaw, 1975: 177]

コーンウォール州の各地で夏至祭の日に行なわれるこうした火祭りでは，Arlodhes an Blejyow（花の乙女たち）と呼ばれる女性たちが，色とりどりのリボンで結わえた植物の束を火にくべる．束ねる植物は，「よい」草と「わるい」草が両方とも含まれるように選ばれるが，コーンウォール伝統保存協会連盟Federation of Old Cornwall Societiesの作成した小冊子には，これにふさわしい植物として36種がリストアップされている．そして，このリストの中で「よい」植物の一番最初にあがっているのが，コーンウォール語でlosow sen Jowanと呼ばれるSt John's wortである [Noall, 1977: 10]．

ウェールズでは：

● [聖ヨハネの祝日の前夜には] 家の戸口の上にSt John's wortを——もしこれが手に入らなければMUGWORT（ヨモギ属の1種）を——かけておくのが，多くの地域でのならわしとなっていた．これは，家を浄めて悪霊を追い払うためのものだった．聖ヨハネの祝日の正午に集められたSt John's wortは，いくつもの病気に効くと考えられ，またその前夜の真夜中に集められたこの草の根は，悪魔や魔女を追い払うのに効果があるとされていた． [Owen, 1978: 111]

アルスター地方では：

● [聖ヨハネの祝日の前夜に] St John's wortの花が，邪視を寄せつけないようにするために，家の中に持ち込まれた． [St Clair, 1971: 41]

聖ヨハネの祝日の前夜にはまた，St John's wortが将来を占うために用いられることもあった．

●イングランドの，ヘリフォードシャー州をはじめとするいくつかの地域では，娘たちが結婚運を占うのに，St John's wortを利用したものだった．聖ヨハネの祝日の前夜にこの草を摘み，翌朝になってもまだそれがいきいきとしていたら，かなり期待してよいと考えられていた． [Wright, 1940: 16]

19世紀中頃のウェールズでは，St John's wortが寿命を占うのにも用いられた．家族全員に1本ずつ行き渡るようにこの植物を集めてきて，「塵やハエ」を取り除き，それぞれに家族のひとりひとりの名前をつけてから，たる木につるすのである．そして翌朝，その様子を調べて，最もひどくしおれてしまっている草に名をつけられた者が，家族の中で一番先に死ぬとされていた． [Trevelyan, 1909: 252]

アバディーンシャー州では，もし聖ヨハネの祝日の前夜に，枕の下にSt John's wortを敷いて寝れば，夢の中にこの聖人があらわれて祝福を授け，その後の1年間，その人が死ぬことがないように守ってくれると信じられていた [Banks, 1941: 25].

St John's wortが貴重な薬草だとされることは少なくないが，具体的にどういった病気に効くのかが記されていることはきわめて稀である．

●ほとんど万能の特効薬と考えられている薬草はいくつかあるが，St John's wortもそのうちの1つである．この植物の葉の煮出し汁はカタルCATARRHを治し，毛を生やし，切り傷CUTSを癒し，湿布すれば捻挫SPRAINSにも効く．さらに，これからつくった軟膏はやけどBURNSの治療薬となる． [Tongue, 1965: 36]

→コボウズオトギリ TUTSAN

St John the Baptist　洗礼者聖ヨハネ

YELLOW RATTLE（リナンツス属の1種）は，この聖人と結びつけられることがある．

St Mary the Virgin　聖母マリア

聖母マリアと結びつけられてきた植物には，COW PARSLEY（シャク属の1種），LUNGWORT（ヒメムラサキ属の数種），マドンナ・リリー MADONNA LILY，REDSHANK（サナエタデ属の1種）などがある．また，リンカン大聖堂の修道院の庭園や，メイオー州のノック聖堂Knock Shrineには，聖母マリアと関連の深い植物を集めたコレクションがある．なお，こうした植物の詳細なリストについては，S·マクナマーラMacNamaraの『ノックのマリア庭園』(1987) を参照のこと．

St Moalrudha　聖モールルーダ

ヘブリディーズ諸島では，BUTTERWORT（ムシトリスミレ属の1種）が，この聖人と結びつけられることがあった．

St Nectan　聖ネクタン

〔デヴォン州では〕ジギタリスFOXGLOVEが，この聖人と結びつけられることがあった．

St Newlina　聖ニューリナ

コーンウォール州のセント·ニューリン·イーストにあるイチジクFIGの木には，この聖人にまつわる伝説がある．

St Patrick　聖パトリック

シャムロックSHAMROCKを用いて三位一体の教義を説いたとされる．また，イグサRUSHに呪いをかけたともいう．

St Patrick's cabbage

ロングフォード州における，オランダガラシWATERCRESSの異称．

St Patrick's Day　聖パトリックの祝日（3月17日）

ジャガイモPOTATOの植え付けに適した日とされている．また，この日と関連の深い植物には，SALLOW（ヤナギ属の1種）やシャムロックSHAMROCKなどがある．

●早生のジャガイモは聖パトリックの祝日までに植えなければならない．またその年の最初の芝刈りも，聖パトリックの祝日までにすませる．

［ティペレアリー州クロンメル，1993年2月］

St Patrick's staff / St Patrick's spit

北アイルランドにおける，BUTTERWORT（ムシトリスミレ属の1種）の異称．

St Valentine's Day or Eve　聖ヴァレンタインの祝日（2月14日），またはその前夜

ソラマメはこの日に蒔くとよいとされている．またこの日には，ゲッケイジュBAYやアサHEMPを用いて恋占いlove DIVINATIONをすることがある．

St Vitus' dance　舞踏病

この病気の治療には，WOOD SAGE（ニガクサ属の1種）が用いられることがあった．

St William of Rochester　ロチェスターの聖ウィリアム

ビジョナデシコSWEET WILLIAMは，この聖人と結びつけられることがある．

St Wite / St Candida　聖ワイト／聖キャンディダ

〔ドーセット州では〕PERIWINKLE（ツルニチニチソウ属の数種）が，この聖人と結びつけられることがある．

St Withburga　聖ウィズバーガ

〔ケンブリッジシャー州では〕LORDS AND LADIES（アルム属の1種）が，この聖人と結びつけられることがある．

Salad burnet　㊫ *Sanguisorba minor*　**オランダワレモコウ**（バラ科ワレモコウ属）

●この葉をしがむと，キュウリのような匂いがするが，〔ノース・ヨークシャー州〕リポンの周辺をはじめとするいくつかの地域では，（水に滲みださせた液が）二日酔いに効く，あるいは症状を楽にする薬として定評がある．［Lees. 1888: 208］

Sallow / pussy willow　㊫ *Salix caprea*（ヤナギ科**ヤナギ属**の1種）

●［シュロップシャー州では］ヤナギWILLOWの尾状花は，大変な嫌われ者となっている．柔らかく丸味を帯びた黄色いその花は，ガチョウのひなに似ていると考えられ，そのために各地で，goosy goslin，gis an' gullies，geeseand gulliesなどの名で呼ばれている．しかし名前がどうであれ，この花が忌み嫌われていることには変わりはない．この「ガチョウのひなの植物」は，決して家に持ち込んではならないとされていた．もしそんなことをしたら，羽根をもつ本当のガチョウのひながかえらなくなると信じられていたからである．［Burne, 1883: 250］

→プリムローズPRIMROSE

great sallow〔=sarrow〕，および類縁のヤナギ属の種は，ヨーロッパの多くの国々で，枝の主日PALM SUNDAY〔復活祭直前の日曜日〕に，palmすなわち「ナツメヤシ」の代用品とし

て用いられてきた．それゆえイングランドでは，great sallowが広くpalmの名で呼ばれていた［Britten and Holland, 1886: 366／Grigson, 1987: 258］．1924年4月1日（金曜日）付 'Daily Mail' 紙には，「palmを集めてエセックス州インゲイトストーンの教会へと戻ってきた手伝いの女性たち」の写真が掲載されているが，この写真を見ると，2人の女性が腕一杯に抱えているのは，花をつけたsallowの枝のようである．

● 1940年代のチェシャー州マクセルズフィールド近辺では……われわれはGreat SallowすなわちPussy Willowのことを，たいていpalmと呼んでいた．そしてわがメソジスト教会の礼拝堂では，枝の主日にはいつも，聖体拝領台にその束が載せてあった．［ノース・ヨークシャー州スキプトン，1991年11月］

一部の地域では，枝の主日の前に，花を咲かせたsallowを家に持ち込むのは不吉なことだと考えられていた．

● 70年ほど前のハンプシャー州では，palm――花をつけたヤナギのことである――を，枝の主日の前に家の中に持ち込むのは縁起が悪いとされていた．［サリー州グレート・ブッカム，1979年10月］

1991年の枝の主日に，ロンドンのサザークSouthwark大聖堂の内陣は，セイヨウバクチノキLAUREL，ヨーロッパイチイYEW，乾燥したナツメヤシpalmの葉，それにsallowで飾りつけられていた［編著者自身による観察報告］．しかし現在，イングランドの教会では，枝の主日にsallowが用いられることはあまりなく，多く教会は，輸入物のナツメヤシの乾燥品を利用しているようである．ただし，他のヨーロッパの他の国々から移ってきたキリスト教徒たちが利用する教会では，依然としてsallowが用いられている．南ロンドンのバラムにある，王たるキリスト・ポーランド・カトリック教会Polish Catholic Church of Christ the Kingでは，枝の主日にBOX（ツゲ属の1種），sallow，ラッパズイセンDAFFODILの束が飾られていた［編著者自身による観察報告，1983年3月27日］．また1984年4月14日に――この日は東方正教会の信徒にとっては，枝の主日の前夜にあたっていた――ロンドンのサウス・ケンジントンにある，ロシア正教会系の聖母の眠りDormition of the Mother of God教会で行なわれた礼拝では，花をつけたsallowの枝を高く積み上げたものと，sallowを挿した花瓶2つとが，司式の司教によって祝福され，その後参列者全員に，sallowの束と火をともした細い蠟燭が手渡された．礼拝が終わったあと，この「枝」は各自の家に持ち帰られ，聖像のそばに置かれていた［編著者自身による観察報告］．

アイルランドでは，聖パトリックの祝日ST PATRICK'S DAY（3月17日）に：

● 子どもたちがsally〔=sallow〕の枝を2，3本手折って持ち帰ると，母親もしくは祖母がそれを火にくべ，焦げめをつけてから取り出した．そして，その焦げた枝の先で，皆の腕に十字架のしるしをつけた．［IFCSS MSS 325: 11，コーク州］

エセックス州のブレントウッドの周辺では：

● ヤナギwillowとセイヨウナナカマドROWANは明らかに「よい」木であるとされて

おり，戸口の近くに植えておけば魔女を寄せつけなかった．ドアにかけられたヤナギの枝は，セイヨウハシバミ HAZEL の小枝と同じように，沼地からあがってくる魔女を近づけないと信じられていた．［ノース・ヨークシャー州ヤフォース，1990年1月］

次のような謎めいた情報も寄せられている．

●ヤナギwillowは，私の生まれ故郷であるヨークシャー州東部では，魔女の木とされていた．私は，捕虜として同地に滞在していたトランシルヴァニアのザクセン人が，混乱してこの木を切り倒そうとするのを制止したことがある．

［ノース・ヨークシャー州サウス・ステインリー，1992年3月］

ヘリフォードシャー州では：

●ヤナギwillowは，5月祭の日に家に持ち込めば幸運をもたらし，とりわけ友人からもらったものには邪視を防ぐ力があるとされていた．また，若い動物や子どもが，withy stickあるいはsally twigと呼ばれるヤナギの枝で叩かれると，その後の成長が止まると信じられていた．ペンブリッジに住むある女性は，「私は決してsally twigで叩いたことはないし，これからも叩くことはないだろう」と言っていた．

［Leather, 1912: 19］

数あるイングランドの民謡の中でも，ひときわ美しいものの1つに，ヤナギの木と，聖母マリアとその子キリストが出てくる歌がある．「苦いヤナギThe Bitter Withy」と題されたこの歌は，ヤナギの木がなぜ比較的早く腐敗し，中空になるかを説き明かしてくれている．あるときイエスが，外へ出てボール遊びをしたいと言ったので，母のマリアは，いたずらをしないようにね，と言いふくめて送りだした．イエスは3人の高貴な生まれの子どもたちに出会い，遊ぼうよと声をかけるが，3人は，自分たちは立派なお屋敷で生まれたお偉方の息子なのだから，牛小屋で生まれた貧しいはした女の子どもとは遊べないよ，といって断る．するとキリストは太陽の光で橋を架け，その上を渡ってみせる．3人はその後を追ったが，この橋が彼らを支えることはなく，3人は川に落ちて溺れてしまう．その後悲しみにうちひしがれた3人の母親が苦情を言いにきたために，これはマリアの知るところとなり，マリアは息子に罰を与える．

●そこで優しいマリアは息子を家に連れ帰り，
膝の上に押さえつけると，
手に一杯のヤナギの枝をもち，
息子を3度，したたかに打ち据えた．

So Mary mild fetched home her child
And laid him across her knee,
And with a handful of willow twigs
She gave him slashes three.

このためキリストはヤナギを呪う．

●ああ苦いヤナギよ，苦いヤナギよ，

よくも痛い目にあわせてくれたな.
かくなるうえは，ヤナギよおまえは，一番先に
芯が腐る木になるがいい.

Ah bitter withy, ah bitter withy,
You have caused me to smart,
The willow must be the very first tree
To perish at the heart. [Lloyd, 1967: 124]

→ヤナギ WILLOW

Sally-may-handsome 学 *Carpobrotus acinaciformis*（ツルナ科**カルポブロツス属**の1種）
HOTTENTOT FIG（カルポブロツス属の1種）の項を参照.

Samfer / samper
MARSH SAMPHIRE（アッケシソウ属の数種）の異称.

Samphire
類縁関係にない2種の植物が，ともにこの名で呼ばれている．その2種とはROCK SAMPHIRE（*Crithmum maritimum*, セリ科クリトムム属の1種）とMARSH SAMPHIRE（*Salicornia* spp., アカザ科アッケシソウ属の数種）で，いずれも食用に採集される.

Sampion
チェシャー州における，MARSH SAMPHIRE（アッケシソウ属の数種）の異称.

Sand crocus 学 *Romulea columnae*（アヤメ科**ロムレア属**の1種）
ガーンジー島では，genotteの名で呼ばれている.

● 語源的には，この語は「大地の木の実」を意味しており，子どもたちが崖からこの球根を掘りだして食べている. [Marqund, 1906: 40]

Sarvers / sarves / sarvies
エセックス州における，WILD SERVICE TREE（ナナカマド属の1種）の異称.

Scalds **湯傷**(とうしょう)（熱湯や湯気によるやけど）
湯傷の治療に用いられてきた植物には，コタニワタリ HART'S TONGUE FERN などがある.

Scarlet pimpernel 学 *Anagallis arvensis* **ルリハコベ**（サクラソウ科ルリハコベ属）
ルリハコベの花は，雨が降りだしそうになると閉じると言われている．そのためこの植物には，change-of-the-weather（天気の変わり目），Grandfather's weatherglass（おじいさんの晴雨計），poor man's weatherglass（貧乏人の晴雨計），shepherd's warning（羊飼いの警報），weather-teller（天気を知らせる者）といった名がつけられている [Grigson, 1987: 268].

● shepherd's weatherglass（羊飼いの晴雨計）というのは，可憐なルリハコベのことである．この花がいっぱいに開くと，よい天気になるしるしだと言われている. [Parsons MSS, 1952]

デヴォン州北部では：

● 1950年代のはじめ頃，いつも前にかごのついた自転車を引いて道のほとりやわ

き道を散歩している婦人がいた．そして生け垣の下生えや野の花を集めては，このかごの中に入れていた．その婦人から，目の痛みや虫刺されには，冷えた茶よりもルリハコベの方が効く，と聞かされたことがある．

［デヴォン州バーンスタプル，1991年5月］

Scented lily

シェットランド諸島における，白花のNARCISSUS（スイセン属の数種）の異称．

Sciatica　坐骨神経痛

坐骨神経痛の治療に用いられた植物には，セイヨウワサビHORSERADISHやホップHOPなどがある．

Scotch thistle

アントリム州における，アメリカオニアザミSPEAR THISTLEの異称．またこれとは別に，広く「スコットランドのアザミScottish Thistle」と見なされることのある種としては以下のものがある：カルドンcardoon（*Cynara cardunculus*），COTTON THISTLE（オオヒレアザミ属の1種），dwarf thistle（*Cirsium acaule,* アザミ属の1種），ルリタマアザミglobe thistle（*Echinops ritro*），melancholy thistle（*Cirsium heterophyllum,* アザミ属の1種），オオアザミmilk thistle（*Silybum marianum*），musk thistle（*Carduus nutans,* ヒレアザミ属の1種），*Onopordum arabicum*（オオヒレアザミ属の1種），チャボアザミstemless carline thistle（*Carlina acaulis*），woolly thistle（*Cirsium eriophorum,* アザミ属の1種）［Dickson and Walker, 1981: 5］．→THISTLE

Scots lovage　㊫ *Ligusticum scoticum*（セリ科**マルバトウキ属**の1種）

●ジュラ島，アイレー島，アイオナ島，スカイ島といったウエスタン諸島〔＝インナー・ヘブリディーズ諸島〕の島々でよく見かけるが，これらの地域ではshunisの名で呼ばれ，緑葉野菜として，生のままサラダにしたり，煮て食べたりする．

［Lightfoot, 1777: 160］

Scots pine　㊫ *Pinus sylvestris*　**オウシュウアカマツ**（マツ科マツ属）

オウシュウアカマツは目につきやすい常緑樹なので，かつては，家畜商人たちが家畜を連れて通る道や，家畜ともども休ませてくれそうな農場のありかをわかりやすく示すための目印として植えられていた［Watts, 1989］．また〔イングランド南西部の丘陵地帯〕コッツウォルズでは〔名誉革命（1688-89）の後〕，この木はジャコバイトJacobite〔退位後も先王ジェームズ2世を支持する一派．スコットランド高地地方を地盤としていた〕への同調を表明する手段として植えられていたことがあり，逃亡中のジャコバイトたちにとって，この木は安全な避難場所を示す目印だったという［Briggs, 1974: 123］．

→マツ類PINE

Scour　（家畜の）**下痢**

ライラックLILACが開花している間は，家畜が下痢をしやすいとされている．またYELLOW BARTSIA（パレンツケリア属の1種）は家畜の下痢の原因になるとされることがあり，逆にナズナSHEPHERD'S PURSEはその治療に用いられることがあった．

Scrofula（スクロフラ）→瘰癧（るいれき）KING'S EVIL

Scurvy　壊血病

壊血病の治療に用いられた植物には，SCURVY GRASS（トモシリソウ属の1種）やオランダガラシWATERCRESSなどがある．

Scurvy grass　学 *Cochlearia* spp.（アブラナ科**トモシリソウ属**の数種）

● ［シェットランド諸島には］scurvy-Grassが豊富である．神はその聡明なる摂理「毒あるところにはまた解毒剤あり（Juxta venenum nascitur Antidotum）」に照らして，この土地に壊血病SCURVYが多いことを知ると，その薬がすぐに手に入るよう配慮されたのである．［Brand, 1701: 80］

Sea beans　漂着種子

Molucca beans（モルッカの豆）と呼ばれることもある．ヨーロッパ西部の海岸には，約10種類の熱帯植物の種子がメキシコ湾流に乗って，カリブ海の島々や南アメリカ北東部から定期的に漂着する［Guppy, 1917: 26］．こうした種子が，大西洋の彼方のどのあたりからやって来たものかは，ヨーロッパの科学者たちの間ではすでに1670年には明らかにされていた［Guppy, 1917: 33］．しかしイギリス諸島西部の海沿いの片田舎に住む人びとにとっては，後々までこうした種子の出所ははっきりわからないままであった．中でもとりわけ人びとの気を引いたのは，マメ科の *Caesalpinia* spp.（ジャケツイバラ属の数種）と *Entada* spp.（モダマ属の数種）の種子，それにヒルガオ科の *Merremia discoidesperma*（メレミア属の1種）の種子であった．

これらのなかで，最も大きくまた最も頻繁に発見されるのは，ハート形あるいは腎臓の形をした，モダマ属植物の種子である．アイルランド西部には「この種子にまつわる迷信」［Nelson, 1978: 107］があり，シリー諸島では「海岸に打ち寄せられたこの種子を，子どもたちはlucky beans（幸運の豆）と呼んでいる」［シリー諸島，セント・メリーズ島，1992年9月］という．

R・カルーCarewが記録しているところによれば：

● ［コーンウォール州の］海岸に点々と見つかるのは……ある種の豆で，やや羊の腎臓に似たところがあり，……外側は固い暗色の皮に覆われている．中につまっている仁は何の味もしないが，言い伝えを信じるとすれば，妊娠中の女性にとっては，お産を軽くする効果があるという．［Carew, 1602: 27］

ロンドンのサザーク区にあるカミング博物館Cuming Museumには，1903年から1920年にかけてイギリス・フォークロア学会the Forklore Societyの評議員をつとめたE・ラヴィットEdward Lovettの収集品が所蔵されている．これらの収集品は，いずれも当時ロンドンで知られていた迷信に関わるもので，主として病気や災難を防ぐために用いられた品々であったが，植物関係の品目の1つに，モダマ属の種子――Lucky Bean（幸運の豆）――がある．これはロンドン北西部で，幸運を呼ぶものとして珍重されていたという．ただし，いきいきとしてつやのあるこの豆の外観からすると，長く水につかっていたものとは考えにくく，あるいは熱帯地方を旅行した者が土産として持ち帰ったものかもしれない．

ラヴィットがせっせと収集に励んでいたのと同じ頃，いくつかの町では，いかさま師たちが輸入された豆——おそらくはモダマ属植物の豆——を売り歩いていた．ダラム州のサウス・シールズには，何人かのいかさま師（しばしばcrocusとも呼ばれた）が定宿にしていた下宿屋があり，そこの主人の記憶によれば：

- もう1人は薬売りから外国産の豆——小さくて固い，小石のような豆——1ポンドを1シリングで買い，それを幸福の豆だの魔法の豆だのと名をつけて，1シリング6ペンスで売っていた．また豆に糸を通して首に掛けるようにしたものには，2シリングの値をつけていた．とにかくひどい詐欺師どもだった． [Robinson, 1975: 58]

ペンブルックシャー州の海沿いの地域では，1940年代に，モダマ属植物の種子が熱心に集められた．この豆を見つけた者自身がこれを身につけておけば，その人（女性のことが多かったが）には幸運が訪れるとされており，見つけた豆をブローチやロケットなどの装身具に仕立てる者も多かったという [Lloyd, 1945: 307]．近年では，海辺のリゾート地でなど，モダマ属植物の種子がLucky Sea Beans（幸運の海の豆）として売られるようにもなっており，海産の装飾品や，珍奇な貝殻などに混じって，土産物屋の店先に並べられている．これらもやはり，熱帯からの輸入品であるという．1984年7月，ドーセット州のウェイマスでは，Lucky Sea Beansが1個12ペンスで売られていた．またこの豆につけられる名は，ところによっては買い手のニーズに応じて変えられることもあるようである．たとえば，1986年10月，ランカシャー州ブラックプールにあるプロムナード・シェル・ショップPromenade Shell ShopではLucky Bingo Sea Beans（ビンゴの大当たりを呼ぶ海の豆）の名で，またカンブリア州アンブルサイドにあるウォーターヘッド・シェル・ショップWaterhead Shell Shopでは，Lucky Folklore Sea Beans（幸運を呼ぶフォークロアの海の豆）が1個10ペンスで売られていた．

ジャケツイバラ属とメレミア属の種子は，もっぱらスコットランドの高地地方および島々において珍重されていたようである．十字架に似た特徴あるしるしをもつメレミア属の種子は，お産を軽くするお守りとして用いられた．1891年にはフィールデン中佐が，20年ほど前に入手したという種子を1つ，キュー王立植物園Royal Botanic Gardens, Kewに寄贈している．この種子にはゲール語で「マリアの豆」を意味する名がつけられており，アウター・ヘブリディーズ諸島のローマ・カトリック教徒たちの間では，産婦は，この豆を手に握っていれば安産を迎えられると信じられていたという．こうした豆は往々にして家宝として代々大切に伝えられることが多いもので，フィールデン中佐の標本の場合も，中佐がこれを譲り受けたノース・ウイスト島の女性は，もともとは祖母が使っていたものだと語っていたという [Hemsley, 1892: 371]．

ヘブリディーズ諸島の民間伝承の偉大な収集家であった，A·カーマイケルAlexander Carmichaelによれば：

●Arna Moireすなわち「マリアの腎臓」／tearna Moireすなわち「マリアの貯え」――これは，大西洋を渡ってきた，角張った厚みのある種子である．長軸方向と短軸方向の双方にくぼみをもち，そのせいで，時としてこの種子には，自然がつくった十字架の模様が刻まれていることがある．こうした種子は，しばしば銀の台をつけて魔除けの首飾りとして用いられる．看護婦たちは皆この種子をもっていて，女性の患者を安心させたり，気を紛らわしたりするために，これを手に握らせる．この種子はまた，かつては祭壇で祝別され，非常に崇められていた．

[Carmichael, 1928: 225]

1893年1月には，スコットランド古遺物学会Society of Antiquaries of Scotlandに，A·スチュアートAlexander Stewart師から，メレミア属の種子が1粒送られてきた．

●ウイスト3島――ノース・ウイスト島，ベンベキューラ島，サウス・ウイスト島――の人びとの間で非常に高く評価されている護符の見本をひとつ，お目にかけます．同地ではAirne Moire――（乙女）マリアの腎臓――と呼ばれているもので，アウター・ヘブリディーズ諸島の海辺で時折見つかる豆の1種です．……

見本をご覧いただけばおわかりの通り，この豆には，片隅に十字架のような模様が見られることがあり，そうしたものは一層貴重で聖なるものと見なされております．助産婦たちは，これを分娩の苦痛を和らげるためのお守りとして利用します．またこの豆の端に小さい穴をあけ，紐を通して結んだものを，乳歯の生えはじめTEETHINGの時期や，病気にかかったときなどに，子どもの首にかけたりすることもよくあります．その呼称からもうかがわれますように，これをとりわけよく用いているのはカトリックの信徒たちですが，プロテスタントの信徒たちも時に使っているようです．最も目にすることが多いのはサウス・ウイスト島とバラ島で，これらの島は，住民の少なくとも4分の3がローマ・カトリック教会の信徒です．ほとんど白に近いカナリア色をした豆が手に入ることもありますが，これらはひときわ珍重されております．いずれにしても，魔除けとして用いられているこれらの豆は同地では非常に貴重なものとされており，よそものが入手するのは容易ではありません．

[「スコットランド古遺物学会会報Proceedings of the Society of Antiquaries of Scotland」27: 47, 1893]

スチュアート師は，時に黄色もしくはほとんど白色に近い豆が見つかることがあり，これらは普通の黒い豆よりも高く評価されたと報告しているが，メレミア属の種子は，独特の黒褐色をしているので，これらの薄い色の豆は，メレミア属のものではなく，ジャケツイバラ属の種子であった可能性が高いのではないかと思う．ジャケツイバラ属の種子は小ぶりで丸い形をしており，本来の色は明るい灰色である．外皮のきめはドングリに似ており，髪の毛のような細かい亀裂がたくさん走っている．

M·マーティンMartin Martinは『スコットランドのウェスタン諸島の風物Description of the Western Islands of Scotland』(1703) の中で，当時この地方で，ジャケツイバラ属の種子がどのように用いられていたかを描写している［Martin, 1703: 38］．この豆は，子どもたちを魔術や邪視から守るために，その首にかけられており，まわりで何らかの邪悪な企みが行なわれていると，色が黄色から黒色に変わると信じられていたという．マーティンは，この色の変化を実際に確認したと書いているが，その理由については何も説明を加えていない．

ジャケツイバラ属の種子は，家畜を保護するためにも用いられた．マーティンは，ハリス島の領事であるM･キャンベルMalcom Campbellから，次のような話を聞き取っている．

●私がそこに到着する何週間か前，彼のところの雌牛たちが数日の間，こぞって乳房から牛乳の代わりに血を出したことがあったという．するとこれを聞いた隣人が彼の妻君に，それは魔女の仕業に違いないから，Virgin Mary's Nut（処女マリアの豆）と呼ばれる白い豆を用意して，乳を搾る前にバケツにこれを入れておきさえすれば，たやすくその魔力を逃れることができる，と教えてくれた．妻君は喜んでこの忠告に従い，まず1頭の雌牛の乳を，この豆を入れたバケツに搾ってみたところ，やはり乳房からは血が出たが，豆の入ったバケツに収まると暗褐色に変わった．そこでもう一度，バケツにこの豆を入れて搾ってみると，以後はすべての雌牛が良質の牛乳を出すようになった．2人とも，これはこの豆のおかげだと信じているようだった．

Sea beet 学 *Beta vulgaris* ssp. *maritima* **ハマフダンソウ**（アカザ科フダンソウ属）

●［ワイト島の］貧しい人びとは，ハマフダンソウ――生のままではなく，煮たものだが――を好んで口にする．［Bromfield, 1856: 421］

●［シリー諸島では］ハマフダンソウの若い葉を集めて，ホウレンソウのように煮て食用にする．［ノーサンプトンシャー州ウッドニュートン，1992年6月］

●ハマフダンソウは今でも，一部の人びとの間では，ホウレンソウのように使うために，その若い葉が採集されている．［ジャージー島，サンサヴォワール，1993年5月］

ハマフダンソウは，*Beta vulgaris*（広義のフダンソウ）の亜種の1つで，他の亜種にはフダンソウ類foliage beet（その品種にはspinach beetとSwiss chardがある）やBEETROOT（ビートの栽培品種）がある．

Sea bindweed 学 *Calystegia soldanella* **ハマヒルガオ**（ヒルガオ科ヒルガオ属）

●スチュアート家the Stuartsと関係の深い植物はハマヒルガオである．1745年の乱の際，若僭王チャールズ・エドワードCharles Edwardは，〔アウター・ヘブリディーズ諸島の〕エリスケー島に上陸したが，このとき，フランスで船に乗るのを待つ間に集めたこのヒルガオ科の植物――白い筋の入ったピンク色の花を咲かせる――の種をポケットから取り出して蒔いたという．これらの種はやがて芽を出し，生長して実を結んだ．そして現在でもこの場所に生育しているが，アウター・ヘブリディーズ諸島の他の場所にはまったく見られない．［Fairweather, n.d.: 3］

Sea campion 学 *Silene uniflora*（ナデシコ科**マンテマ属**の1種）

●〔グランピアン州〕バーグヘッドから30マイルほど離れたところにある，ポースノッキーに住む友人によれば，Deadman's Bells（死者の鐘）というのはsea campionのことである．……この花には手を触れてはならないとされており，摘むことも家に持ち込むことも決してなかったという．彼女は，切り立った崖の多いこの地方にあっては，この植物は子どもたちとって危険な岩棚に生えていることが多いので，これが原因でこのように禁じられることになったのではないか，と考えているようである．

また，かつて〔同州の〕バッキーに住んでいたことのある友人は，sea campionをDevil's Hatties（悪魔の帽子）と呼んでいたという．この植物は，The Back o' the Headの名で知られる危険な場所，すなわちバーグヘッドの岬の断崖に生えていたからである．［エディンバラ，1991年12月］

●sea campionは，ジャージー島のノルマン・フランス語では5つの異なる名で呼ばれているが，そのうちの3つまでは，子どもたちの遊びと関係がある．〔その遊びというのは〕萼を外側へ反転させ，2本の雄しべを残して他の花弁をすべて取り去るというもので，この2本の雄しべは，洗濯物を物干し綱に掛けている洗濯婦の両腕をあらわすとされていた．また異称の1つに，「クリノリン（張り骨で広げたフープスカート）をはいた貴婦人」という意味のものがあり，その由来をめぐって白熱した議論を戦わせたこともあった．［ジャージー島，サンサヴォワール，1993年5月］

Seaweed　海藻

多くの海岸地方では，海藻は肥料として用いられる他に，ケルプkelp（海藻灰）と呼ばれる，窯でゆっくりと燃焼させたあとの固い残留物の塊を得るために集められることもあった．オークニー諸島では，ケルプ工業がそのピークにあった1780年から1830年にかけての時期，3,000人もの人びとが製造に従事していたと推定されている．このケルプは〔ヨードの原料として〕，ガラス，石鹼，染料などの製造のために，イングランドに輸出されていた．この工業は，ヨードの需要が増した1840年代には再び盛んになり，どうにか1930年代後半まではその命脈を保ち続けた［Thomson, 1983］．19世紀には，アイルランドでもケルプの製造が行なわれ，その多くはヨード抽出のためにグラスゴーに出荷されていた［Chapman, 1950: 54］．このアイルランドの海藻工業は1940年代初期に再び脚光を浴びることになった．1963年12月27日付 'Irish Times' 紙によれば：

●海藻産業は……年間の売り上げがわずか300,000ポンド［にしかならない］．しかしそれでもこの売り上げは，それが最も必要とされている地域，すなわち貧しい西部の海岸地帯の中でもとりわけ貧しい地域を潤している．同地の多くの家庭にとってこの産業は，彼らの願いを叶える神からの贈り物となっている．彼らは，この産業から週に一度確実にもたらされる収入によって，とりわけ生活の苦しい夏から秋にかけての時期を，何とか乗り切ってきたのである．

1940年代におけるこうした海藻産業の復興は，オークニー諸島の場合と同様に，寒天のような藻類の加工品の生産をきっかけにはじまった．それまで日本から輸入されていた寒天が，戦争のために手に入らなくなったことを受けたものである．この産業は後にアルギン酸の生産にも乗り出し，これは「アイスクリームの安定剤，フルーツ·ジュースの沈殿防止，サラダ·ドレッシングの乳化剤，それにビールの泡のもちをよくするためなど，さまざまな目的で利用されている．……これはまた製紙工業や製薬工業でも用いられ，さらには歯科治療の現場でも，歯型をつくる際にこのゲルが活躍している」[Thomson, 1983: 106]．とはいえ，一般的に広く見られる用途という点では，やはり海岸地方の耕地での肥料としての利用にとどめを刺すことになろう．

● [アバーディーンシャー州ピットスライゴーの] 海辺では，海藻（waarと呼ばれる）が，肥料として利用されている．元日の朝早く，農夫たちは，海からもたらされる最初の海藻を手に入れようと待ちかまえていた．そしてこれを手押し車で家に持ち帰ると，農場にあるすべての建物の戸口に少しずつ置き，残りは小分けにして畑の区画ごとに撒いていた．こうしておけば，幸運が訪れると信じられていたのである． [Gregor, 1884a: 331]

●ずっと以前，私がまだ若かった頃には，アクナスカウル郊外の浜に9艘のカヌーが出て海藻を刈っているのをよく見に行ったものだった．彼らが海藻を刈るのは4月と5月で，ジャガイモPOTATOの追肥用に，カヌー1艘分を10シリングで売っていた．

この海藻を買うために，海辺にはよくたくさんの馬車が列をつくっていた．一荷駄分の海藻には，手押し車一杯のグアノ（窒素肥料）と同じ価値があると言われていたが，グアノを肥料にしたジャガイモは，海藻を肥料にしたものよりも，調理したときにフカフカになるので，ジャガイモにとってはグアノのほうがよい肥料であった．

男たちは……潮の流れの中でカヌーを操りながら，専用の鎌を使って海藻を刈っていた．この鎌は刃が短い代わりに柄がとても長く，12〜13フィートほどもあった．1人がこの鎌をribbon（彼らの採る海藻はこう呼ばれていた）の生えている海中に入れて刈り，もう1人が，seeweed rackと呼ばれる，先の曲がった長い引っかけ棒を使って，刈られた海藻を集めてカヌーに引きあげていた．

他にrock seaweedと呼ばれる，海岸の岩場に生えている海藻を刈り取っている人びともいた．これは短い黒色の海藻で，気嚢blisterをもつことから，blistered seaweedとも呼ばれていた．

この海藻は，あまりにたくさんの人びとが刈り取ったために，量が減っていた．人びとは，潮が引いたときに，収穫用の鎌でこれを手早く刈り取っていたものだった． [IFC MSS 782: 428, 1941]

●ケリー州のいくつかの入り江では，水面に浮かぶ海藻が，2本の竿の先に取りつけた長いきんちゃく網で集められていた．2人の男が竿を1本ずつもって海に入り，網の口を広げ，それを後ろに引きずりながら歩くのである．彼らはたいてい肩が水につかるぐらいのところまで歩き，網に海藻が十分たまると，網の一方の端をもう一方の端に重ねて網を閉じ，浜に運びあげた．収穫は多いときには1トンほどにものぼったので，引きあげて，手押し車に積みかえるのには，4，5人の男に手伝いを頼まなければならないこともしばしばであった．［O'Neil, 1970: 13］

20世紀の初頭，アイルランドの農夫たちは，海藻をとても大切に考えており，その生育を促すための人工的な条件を整えるほどであった．メイオー州のダービーズ・ポイントでは：

●ヒバマタ属*Fucus*の海藻は，岩場でよく生育するが，このあたりの海岸には砂浜が多かったので，農夫たちは，人工的な手段を講じてヒバマタの生育を促すよう努めている．1フィート四方くらいの大きさの石を，手押し車の通るスペースを確保するために，1ヤードくらいの間隔で並べるのである．すると石の上にはすぐに胞子体があらわれ，1年もすれば相当の大きさにまで生育するので，次の年にはこれを刈り取っている．［Cotton 1912: 153］

スコットランドでは1960年代まで，エアーシャー州の海岸地方で，肥料としての海藻の利用が続けられていた．

●ウェスト・キルブライド教区でのwrecking［海藻の採集のこと］は，1960年代初期には事実上終わりを告げることになった．この地方の農夫によれば，これには主として2つの理由があったという．第一に，この海藻が以前ほど大量には海岸に流れつかなくなったこと，第二には，海岸に打ちあげられる海藻に，ポリエチレンやプラスチックなどの包装材料がたくさん混じるようになったため，肥料として利用できなくなったことである．［Noble, 1975: 81］

天候の変化を予知するための手段として，海藻を利用する人びとも少なくなかった．

●年配の人びとの中には，暖炉の近くに乾燥した海藻をかけていた人もいた．そしてこれが湿っぽくなると，雨になるしるしだと言われていた．

［IFC MSS 782: 271，ケリー州，1941］

●海辺に住んでいる以上，海藻について触れないわけにはいかない．勝手口のそばにかけてある長いstreamer〔海藻のこと〕は，テレビの天気予報よりも正確である．［ワイト島，ライド，1988年11月］

●［1940年のレスターシャー州では］勝手口のそばにかけられた海藻が乾いていれば好天，湿っていれば雨になるとされていた．

［ウォリックシャー州リーミントン・スパ，1993年1月］

→ダルスDULSE／LAVER（アマノリ属の1種）／OAR WEED（コンブ属の1種）

Seg flooer / seggie flooer

シェットランド諸島における，キショウブYELLOW IRISの異称．

Self-heal 学 *Prunella vulgaris* **セイヨウウツボグサ**（シソ科ウツボグサ属）

● ［ハンプシャー州セルボーン付近では］子守女たちが子どもたちに，black-man flower（*Prunella vulgaris*）を摘んではいけないと教えている．この植物は悪魔DEVILのものなので，摘みとられると悪魔はとても腹を立て，夜になると必ず，自分を怒らせた子どもを連れ去りに来るから，というのである． ［Fowler, 1891: 193］

self-heal（万能薬）という名で呼ばれているにもかかわらず，セイヨウウツボグサが後々まで民間薬として利用されたことを示す記録はきわめて少ない．

● ［コロンゼー島では］それ［セイヨウウツボグサ］が胸の病に対する薬としてよく用いられる．夏の間にこれを収穫し，束ねたものを冬の利用に備えて台所の天井につるして乾燥させる．ミルクで煮たものを漉し，バターを少し加えて服用する． ［McNeil, 1910: 158］

●咳COUGHSを止めたければ，野原へ行って，self-healと呼ばれる小さな紫色の植物（セイヨウウツボグサ）を少し集めてくるとよい．その煮出し汁を飲むのである． ［IFCSS MSS 925: 7，ウィックロー州］

● minerac herb［＝セイヨウウツボグサ］は，minerac［原因不明の疲労を覚える病気］を治す．……この草を9本用意してよく水で洗い，（これを必要とする人の名を唱えながら）泡が出るまでこする．この泡を水に混ぜると緑色になるので，これを毎朝，3日間続けて服用し，その度に十字を切る．なお服用している間は，肉，卵，多量のバターを摂ってはならない． ［IFCSS MSS 800: 53，オファリー州］

Semper

ドネガル州における，SAMPHIRE（クリトムム属の1種）の異称．→ROCK SAMPHIRE（クリトムム属の1種）

Serpent's meat

ウェールズにおける，BLACK BRYONY（タムス属の1種）の異称．

Service tree 学 *Sorbus domestica*（バラ科**ナナカマド属**の1種）

1853年8月，ウスターシャー・ナチュラリスト野外クラブWorcestershire Naturalists' Field Clubの面々は，ワイアーの森Wyre Forestに生えているservice treeを訪ねた．この木は当時，イギリス諸島においてこの種として確認されていた唯一の個体であった．

●この木には，魔除けの力があるという迷信が確かに存在していた．付近に住むこの森の住人によれば，その実は「家に魔女を近づけない」と広く信じられており，そのため彼らはこの木の固い実を家にかけているが，これは長い間腐らずに残っているという．森の住人たちはこの木をふつうWhitty pearもしくはWitten pearと呼んでいるが，これはおそらく「知る」という意味の古い英語，wittenから来ているもので，「賢明な木」くらいの意味であろう．彼らはこの木をmountain ash［＝セイヨウナナカマドROWAN］とは明確に区別している．後者はふつうWitchenと呼ばれ，やはり魔除けの力があるとされてはいるが，その力はWhitty Pearの方

が強いのだという． ['Phytologist' 誌, os 4: 1102, 1853]

→WILD SERVICE TREE（ナナカマド属の1種）

Seven sisters

アイルランドにおける，トウダイグサSUN SPURGEの異称．

Shakespeare, William　ウィリアム・シェイクスピア

〔ストラトフォード・アポン・エイヴォンでは〕シェイクスピアの生誕記念日〔4月23日〕に，ローズマリーROSEMARYを身につけてこれを祝う．

Shallot　学 *Allium ascalonicum*　**シャロット**（ユリ科ネギ属）

作物の植え付け時期に関する諺の中でも，最も広く知られているものの1つに，シャロットは一年で最も昼が短い日（12月21日）に植えて，昼が最も長い日（6月21日）に収穫しなければならない，というものがある．

●亡くなった父は陸上で働いていた．……腕のいい庭師で，すべてのことをしかるべき時期に行なわなければ気が済まなかった．シャロットは，決まっていつも最も昼の短い日に植え，最も昼の長い日に収穫していた．

[エセックス州セント・オージス，1989年2月]

しかし近年では，この諺通りに実際に行われているというよりも，単に諺として記憶されているにすぎないようである．

●シャロットは，最も昼の短い日に植え，最も長い日に収穫しなければならない．われわれは一度この通りにやって見たが，結果は非常によかった．

[ドーセット州ソーンコム，1973年3月]

●ケント州アシュフォードの近辺では……シャロットは最も昼の短い日に植えられ，最も長い日に収穫されていた（もっともわれわれは2月に植えていたけれども）．

[イースト・サセックス州ベクスヒル・オン・シー，1991年2月]

Shamrock　シャムロック

アイルランド共和国政府は，その公式の国章としてはハープを採用したけれども，シャムロックの葉は依然として，アイルランドに住む人びと，および海外に移住したその子孫たちにとって，国を象徴する大切なシンボルとなっている．またシャムロックのモチーフは，園芸用ピートから国営航空会社のエア・リンガスAer Lingusにいたるまで，さまざまなアイルランドの製品や企業の広告にも用いられている．アイルランドの独立運動が高揚していた時期には，独立国家を望む人びとと，連合王国の一員としての道を模索しようとする人びとの両陣営がシンボルとしてシャムロックのモチーフを用いており，このため，王立アルスター警察隊Royal Ulster Constabularyの紋章には，依然としてシャムロックの花輪があしらわれている [Nelson, 1991: 117/138]．

シャムロックshamrockという名称は，アイルランド・ゲール語で「小さいクローバー」を意味するseamrogeに由来するとされ，1571年にshamroteという語形で示されているのが，その文献上の初出であるとされている．しかし，聖パトリックの祝日ST PATRICK'S

DAY〔3月17日〕にシャムロックを身につける慣習がはじめて記録されたのは，1世紀以上も後の1681年になってからのことであり，また聖パトリックがシャムロックを用いて聖三位一体についての教義を説いたという伝説がはじめて文献にあらわれるのは，さらに遅れて1726年のことである．

シャムロックに関する最初期の文献は，もっぱらその食物としての用途について述べたものである．たとえば，E·カンピオンEdmond Campionが1571年，アイルランド人の食事について記した文章の中には，次のような一節がある．

●彼らはshamroteやオランダガラシWATERCRESSなどの草を食用にしている．オートミールと一緒に，バターで味をつけて食べるのである． [Colgan, 1896: 216]

R·スタニハーストRichard Stanihurst［Colgan, 1896: 217に引用］やE·スペンサーEdmund Spenserをはじめとする，やや後の時代の人びとの文章にも，シャムロックをオランダガラシと同じものと見なしていると思しい記述が散見する．スペンサーは，おそらく1582年に自らアイルランドに渡ったときの経験をもとにしたものと思われるが，次のように書きとめている．

●1年半ほど前から，彼らは，いかなる石の心臓の持ち主といえども同情を禁じえないような悲惨な状態に陥っていた．彼らは森や谷間の隅々から，這うようにしてやってきた．立ちあがる力もなかったからで，まさしく死人同然の有様であった．彼らは墓場の中から叫ぶ幽霊のようにしゃべり，本当に死体の腐肉を口にしていた．……もしオランダガラシ，すなわちsham-rotesが生えているところを見つけようものなら，さしあたって口に入れるために群がり集まってきた．

[Colgan, 1896: 218]

しかし，1597年には薬草家J・ジェラードJohn Gerardが，シャムロックはクローバーCLOVERの1種であると述べている．

●3枚の小葉をもつ植物には，あるものは大きく，またあるものは小さくといったようにさまざまな種がある．そして最初に示すcommon Medow Trefoilesは，アイルランド語ではShamrockesと呼ばれる． [Gerard, 1597: 1017]

ジェラードが掲げた図と，'common Medow Trefoiles'についての記述から，彼がシャムロックと呼んでいるのは，農業上重要な2つの種，アカツメクサRED CLOVER（*Trifolium repens*）とシロツメクサWHITE CLOVER（*T. pratense*）のことであるのは明らかだが，このいずれかがカンピオンの言及していた植物と一致するというのは考えにくいことである．しかし，すでに1570年の時点で，M·デル·ローベルMatthias del L'Obelは，アイルランド人たちがmeadow trefoilからつくった一種のケーキを口にしていることを記録している．

●Meadow Trefoilのうち……紫色の花を咲かせるものはPurple Trefoil，白っぽい花のものはWhite Trefoilと呼ばれる．……これらの植物ほどよく知られ，数の多いものはなく，そしてまた牛などの役用家畜を太らせるのに役立つものはない．またごくふつうのアイルランド人に時として起こることであるが，3日間ほど空腹が続いてひどくいらいらしているときに，味覚に関するあらゆる楽しみや刺激をあきらめ，とにかく鳴り続けている腹におさめるための食べ物として，バターで練ってケーキやパンに仕立てるための粗挽き粉の材料とするものとしては，この植物をおいて他にはない．［L'Obel, 1570: 380／引用はColgan, 1896: 214に掲載の英訳による］

その後クローバーが食用とされていた点に言及しているものとしては，H·マンディHenry Mundyの『生命に欠くべからざる飲食物についての覚書Commentarii de aere vitali, Esculentis ac Potulentis』がある．その中でマンディはこう述べている．

●［アイルランド人は］シャムロック（purple clover）を食べる．そしてこのため足が早く，敏捷である．［Nelson, 1991: 34］

菜食を強く勧めるマンディのこの著書は，1680年にオックスフォードで出版されるや非常な人気を博し，その世紀の終わりまでに6版を重ねた．おそらくはこの本の影響によるものと思われるが，これと同様の見解を示した後年の研究者に，『植物誌Historia Plantarum』(1686) を書いたJ·レイJohn Rayと，C·リンネウスLinnaeusがおり，後者はその『ラップランド植物誌Flora Lapponica』(1737) の中で次のように述べている．

●敏捷で身の軽いアイルランド人は，シャムロックすなわちpurple trefoilを口にする．というのも彼らは，蜂蜜の香りがするこの植物の花から，オオツメクサSpurreyからつくるパンより，もっとおいしいパンをつくることができるからである．［Colgan, 1896: 355］

上のリンネウスの記述は，クローバーの花からつくるパンと，オオツメクサ（*Spergula arvensis*）からつくるパンの味の比較に言及し，少なくともこの2種類のパンを自ら試食したことをほのめかしているけれども，マンディの記述と似かよった一節が見られる点は，過去に読んだ書物の内容をそのまま繰り返しているにすぎないことを示唆しているようにも思われる．

シャムロックの聖パトリックとの関わりを示す最初の記録は，「チャールズ1世の戦争〔いわゆる「大内乱」(1642-51)〕中に，同盟を結んだアイルランド人のために」キルケニーで鋳造された銅貨であるとされてきた．すなわち，この銅貨には「聖パトリックが，司教冠をかぶり牧杖をもって……会衆にtrefoilを示している」様子が描かれているのだという［Frazer, 1894: 135］．チャールズ1世の治世（1625-49）の間にそうした硬貨が鋳造された事実は見あたらないようであるが，1670年代に鋳造された魅力的な半ペニー銅貨は，この記述にぴったりあてはまるものである［Seaby, 1970の図版参照］．

1681年頃までには，少なくとも「庶民」たちの間では，聖パトリックの祝日にシャムロックを身につけるようになっていたようである．イングランド人T·ディンリーThomas Dinelyの旅行記によれば：

●毎年3月17日は聖パトリックの祝日と決まっており，この日にはあらゆる階層と身分のアイルランド人が，帽子にピンや緑のリボンの十字架をつけ，また庶民は迷信にとらわれて3つ葉の植物，シャムロックshamrogesを身につける．彼らは吐く息に甘い香りを添えるために（と彼らは言う）シャムロックを口にすることもある． [Colgan, 1896: 349]

この時以来，聖パトリックの十字架を身につける慣習の方はすたれてしまったが，シャムロックの人気は高くなった．かつては「庶民」の間での慣習にとどまっていたものが，現在ではすべてのアイルランド人と，海外にいるその子孫の間にまで広がっている．一方，聖パトリックの十字架は，20世紀のはじめの一時期，女性や子どもたちによってつくられたこともあったが，今ではこれもまったく行なわれなくなってしまった [Danaher, 1972: 62]．

17世紀の終わり頃までには，シャムロックはアイルランドおよびアイルランド人のエンブレムとしての地位を確立していたようである．たとえば，J·フェアウェルJames Farewellは1689年，「宗教，作法，習慣，歴史，話しぶりなど，すべてのアイルランド的なものに対する下品な諷刺」である『アイルランドのヒューディブラスIrish Hudibras』を書いたとき，アイルランドを「シャムロックシャー州Shamroghshire」と呼んでいる．フェアウェルはまたこの本について，ウェルギリウスの『アエネイス』の第6巻に範をとり，これを現代風に書き改めたものに他ならない，とも述べている．それゆえ本書においてシャムロックは，冥界へ降ったアエネアスを助けた，かの「黄金の枝」の代役をつとめているのである，というのである [Colgan, 1896: 351]．

そしてこの約30年後，はじめてシャムロックと聖三位一体との関係に言及した文献があらわれる．すなわち，〔アイルランドの薬草家〕C·スレルケルドCleb Threlkeldの，シロツメクサについての記録には，次のような一節がある．

● 人びとは毎年3月17日（聖パトリックの祝日と呼ばれる）に，この植物を帽子につける．近年行なわれている伝説によれば，聖人は聖三位一体の秘義を象徴的に示すのに，この3つ葉の植物を用いたのだという．しかし人びとはSeamarogeを祝うのに酒をもってし，しかも度を過ごすことが多く，これでは主に対してその日を大切に過ごしたことにはならないであろう．この過ちは全般に放蕩にもつながっているようである． [Threlkeld,1726: 160]

聖パトリックが聖三位一体の本質を示すために用いたとされるシャムロックが，植物の種でいうと実際にはどれにあたるのかという同定の問題は，長きにわたって論議の的となってきた．過去の文献には，クローバーCLOVERの1種，medick（ウマゴヤシ属*Medicago*）の1種，コミヤマカタバミWOOD SORREL，あるいはオランダガラシWATERCRESSなど，さまざまな名があがっている．一方アイルランドの伝承は，いずれも非常に漠然としていて，あまり同定の役には立ちそうにない．

● まず第一に，この神秘的な植物はクローバーではない．第二にこれは，花を咲かせることがない．そして最後に，これは他国の土には育たない． [Colgan, 1892: 96]

同様に：

● 60歳近くになる，アイルランド人の血を引く友人は昨晩，きわめて厳粛に（そしてまたきわめて真剣に）こう断言した．「シャムロックはイングランドでは決して育ちません」と．ロンドンに住む彼女の母は，何度も故郷からこの植物を持ち帰ったのだが，現地の土を使って鉢植えにし，うまく育っているのを確認してから運んできても，決まって枯れてしまったという．その「クローバー」はどういった種類のものかと尋ねてみたところ，花が咲くのは見たことがなく，「ごく普通の」クローバーのようでした，という返事だった．

［ケンブリッジシャー州ガートン，1991年3月］

あるいは，「北アイルランド出の娘」を自称するある女性からは：

● シャムロックには斑点がなく，緑一色です．葉は小さく，アイルランドの土地の，イネ科の草の間に群生しています．シャムロックは，聖パトリックの祝日の前に摘んではならないといわれており，もし摘めば，次の年の同じ時期までに枯れてしまうといいます．アイルランドのたいていのキリスト教徒は，聖パトリックの祝日に，誇りをもってこのシャムロックを襟につけます．

［オーストラリア，ニュー・サウス・ウェールズ州アシュフィールド，1979年4月］

また1950年代，聖パトリックの祝日に「本物のシャムロック」を選ぶことができずに，「クローバー」をつけて登校した学童たちは，本当のアイルランド人ではないとして，仲間の懲らしめを受けることになったという［Synott, 1979: 39］．

オランダガラシは広く食用とされているけれども，その葉はたいてい小葉を4枚以上持っているので，シャムロックの候補としては不適当なようである．シャムロックをオランダガラシになぞらえるのは，1571年に書かれたE·カンピオンの『アイルランド史Historie of Ireland』〔425ページ参照〕を読み違えた結果ではないかと思われる．ただし，ミース州のデュリーク共有地には「シャムロックの泉」と呼ばれる泉があるが，そのまわりでは1940年代後半まで，この地域で最も良質――今だに語り草になるほどである――のオランダガラシが採れた，という事実は注目に値する［Synnott, 1979: 39］．

本当のシャムロックはコミヤマカタバミではないか，という説を熱心に唱えたのは，イギリスの植物学者J·ビシェノウJames Bichenoであった．彼は1829年にアイルランドに長期滞在し，その折にこの問題に関心をもったようである．ビシェノウは，その当時最も一般的にシャムロックと考えられていたのはシロツメクサでであることを認めた上で，にもかかわらず元来シャムロックの名で知られていた植物はコミヤマカタバミであった，と論じたのである［Bicheno, 1831］．

この説はあまり一般には受け入れられていないが，一考に値する点があるように思われる．まず第一に，両者の呼称には類似性がある．すなわち，コミヤマカタバミのアイルランドでの呼称はseamsogeであり，クローバーのそれはseamrogeである．第二に，シャムロックに言及している初期の文献が盛んに指摘している「食用になる」という点にも合致する．BREAD AND CHEESE PLANTをはじめとする，コミヤマカタバミの各地での異称は，子どもたちがこの植物を美味なものとして評価していたことを示している［Britten and Holland, 1886: 597］．またこの植物の酸味のある味は，ディンリーが土地の人から聞いた話として記録しているように「吐く息に甘い香りを添える」まではいかないにしても〔上述参照〕，口の中をさわやかにすることは確かである．さらに，シャムロックがクローバーの一種よりもむしろコミヤマカタバミかオランダガラシを指していたことを思わせる一節が，F･モリソンFynes Morysonの『旅行記Itinerary』(1617) にも見られる．彼が1599年に目のあたりにしたところによれば：

●彼らはぴりっとした味のするschamrockeという草を喜んで食べる．彼らはあちこちを走りまわって追いかけっこをするとき，野獣のようにこの草をひっつかんで，溝から這いだしてくることがある． ［Colgan, 1896: 219］

クローバーには「ぴりっとした味」はなく，また溝に自生しているという点も，これがオランダガラシもしくはコミヤマカタバミであることを示唆しているように思われる

しかしながら，やがて聖パトリックの祝日に身につける植物としてクローバーがコミヤマカタバミに取って代わった理由を検討する段になると，ビシェノウの説はいささか怪しくなる．彼によれば，アイルランドの森林地の開拓と，その後開拓された土地でクローバーの栽培が行なわれたことが，結果的にコミヤマカタバミの減少を引き起こし，やがて聖パトリックの祝日のエンブレムとしては，クローバーが用いられることになったのだという．しかしこれに関しては，もっと簡単な説明が可能ではないかと思われる．すなわち，コミヤマカタバミは摘んだあとその葉が急速にしおれるので，ボタンホールに挿したり帽子にピンで止める植物としては非常に不都合であり，この目的のためには，明らかにクローバーの丈夫な葉の方が適していたのである．

聖パトリックの祝日のグリーティング･カードに，花を咲かせているシャムロックが描かれることはほとんどないが，描かれている数少ないケースでは，その植物は決まってコミヤマカタバミである［編著者自身による観察報告，ダブリン，1992年2月］．またアメリカ合衆国では，聖パトリックの祝日の前になるとスーパー･マーケットなどで鉢植えの「シャムロック」が売られるが，最も多く見られるのが，コミヤマカタバミと同属の，カタバミ属*Oxalis*の種であるという［W･T･ギリスGillis教授，ミシガン州立大学，1978年3月］．しかしイギリス諸島では，前世紀を通じて販売されてきた「シャムロック」は，ほとんど常に，クローバーもしくはウマゴヤシ属の種であった．

これまでに紹介した例を除けば，コミヤマカタバミの葉や花を田舎の子どもたちがかじるのと同じようにして，イギリス諸島においてクローバーが食用に供された記録はほとんど見られないし，最近のものに至っては皆無である．アイルランド人の旅行家D･マーフィーDervla Murphyは，アフガニスタンとパキスタンでは，クローバー──「故郷のクローバーとまったく同じもの」──をとろ火で煮て食べると報告している［Murphy, 1965: 11章］．しかしマーフィー嬢は，おそらくは日々苦しい旅を続けた疲れのせ

いで，近縁のコロハ（*Trigonella foenum-graecum,* マメ科レイリョウコウ属の1種）のような，煮て食べる野菜と混同したのではないかと思う．クローバーが食用に供されたことを伝えるこれ以外の文献にも説得力がない．1777年にはJ·ライトフットJohn Lightfootが，アイルランドの貧しい人びとは穀物が手に入りにくいとき，アカツメクサやシロツメクサの花を粉にしたものから，非常に健康によく栄養価も高いと考えられるパンをつくったと記しているが，残念ながらこのパンの詳しい調理法については記録しておらず，これ以降もそのつくり方を記した文献は見つかっていない．ライトフットは，植物の民間伝承について信頼のおける記録を数多く残しているが，この件に関しては，人びとの口から直接に聞き取った情報ではなく，いささか安易にリンネウスの『ラップランド植物誌』の記述を頼ってしまったのではないかと思われる．

1893年，ダブリン管区警察の職員N·コルガンNathaniel Colganは，シャムロックの同定に関する自らの研究成果を公にした．彼は，数多くの人びとに根のついたシャムロックを送ってくれるように依頼し，これを自宅の庭に次々に植えていった．そしてこれらの植物が正確な同定のできるくらいまで生育するのを待って確認したところ，4種類の種が含まれていた．すなわち，シャムロックと見なされるのが多かったのは，シロツメクサとLESSER YELLOW TREFOIL（シャジクソウ属の1種）で，他にアカツメクサとコメツブウマゴヤシBLACK MEDICKがいくらか含まれていたという［Colgan, 1893］．

コルガンはまたダブリンの町で，自分の売っているものこそが「真正のシャムロック」だと言い張る3人の行商人からそれを買い求めて，やはり庭に植えてみたが，同定の可能な大きさに育つのを待ってみると，その3つともが別々の種であることが判明したという．すなわち，シロツメクサ，lesser yellow trefoil，アカツメクサの3種だったのである［Colgan, 1893］．そして最終的に彼は，おそらくはlesser yellow trefoilこそが本当のシャムロックであろうと結論づけている．「真正のアイルランドのシャムロック」を描いているとされるグリーティング·カードに描かれているのは，たいていはこの植物であったというし，コルガンの調査の数年前，J·ブリテンJames Brittenもまた，ロンドンで売られていたシャムロックを調べて，たいていの場合それはlesser yellow trefoilであるという結論に至っている［Britten and Holland, 1886: 425］．そして1977年の聖パトリックの祝日に，ロンドンの近衛連隊師団記念碑Guards Division Memorialの基部に置かれたハープをかたどった花輪も，やはりこの植物種でつくられていた［編著者自身による観察報告］．

1988年には，コルガンと同じ調査がはるかに大きな規模で再度繰り返された．〔ダブリンの〕グラースネヴィンにあるアイルランド国立植物園National Botanic Gardensの植物学者が，地方紙，ラジオ，テレビによる呼びかけを行ない，221の個体を集めたのである．そしてこれらを育てて同定を行なった結果，含まれる植物種の割合は，コルガンのものとほぼ同じであることが判明した．コルガンが1893年に行なった調査では，協力者の51％から寄せられたのがlesser yellow trefoilであり，それを受けて彼は，この種こそが最も一般的にシャムロックと見なされている植物だと結論づけたのだったが，この1988年の調査でも，協力者から寄せられたものの46％がlesser yellow trefoilで，現在でも最も広くシャムロックと考えられているのはこの植物であることがわかったのである．ちなみに2番目に数が多かったのはシロツメクサで，1893年の調査では34％，そして1988年の調査では35％を占めていた．1988年の調査の発起人がその報告の締めくくりとして述べているように，「民衆の間で抱かれているシャムロックについてのイメージには，ほぼ1世紀にも及ぶ期間を経ても，何らかの重要な変化がほとんど認められなかいことは明白である」[Nelson, 1990].

　かつては聖パトリックの祝日の終わり頃になると，シャムロックを「溺れさせる」ならわしがあった．すなわち，シャムロックを身に着けていた人びとは，それを取り外してその晩最後に口にする飲み物の中に入れて乾杯し，それが終わるとグラスの底から取りだして，左の肩越しに投げるのである．
　聖パトリックの祝日には，野生のシャムロックを集めて身につけようとするアイルランド人も少なくないが，少なくとも都市部では，大半は商業的に生産されたものを身につけているようである [Synnott, 1979: 39]．完全な根付きの生植物の輸入を厳しく制限しているアメリカ合衆国では，法的規制がますます厳しくなっていることもあって，生のままで輸出するために生産されるシャムロックの量は今や取るに足りないものとなっている．シャムロックを商業的に生産しようとする業者の大半は，ごく小面積の土地での栽培を行なっているが，これは明らかに，収穫や荷造りに割くことのできる労働力に限りがあるためだろう．

● [コーク州] カンターク近郊のある生産業者は，過去8年間，約1/20エーカーの土地でこの作物〔＝シャムロック〕の栽培を行なっている．種子は小区画の土地で選ばれた株から採取される．選抜の基準は，外見，活力，葉が紫色にならない，の3点である．種子は6月上旬に露地の床に蒔き，9月には苗が，早生のジャガイモの収穫の終わった畑に，6インチ四方の間隔をとって植えられる．肥料を加えることはしない．植物は3月に入ってから掘りあげ，根をよく洗う．そしてこれを，集荷に来てくれるマーローの代理店に売りさばくのである．
　この作物の総売り上げは約200ポンドである．約70％の植物が必要な大きさになる．主な障害は，収穫の際の重労働，生長時期の変りやすい天候，それに病気である．べと病（*Peronospora trifoliorum*）は湿度の高い季節には厄介な病気である．

[園芸指導員のD・マッカーシー Daniel McCarthy氏，コーク州カンターク，1980年2月]

アイルランド共和国の大統領は現在，聖パトリックの祝日には，外交団と陸軍の軍人たちにシャムロックを贈っており，またアイルランド政府は，世界各国の元首や高官への贈呈用として，きれいな株を世界の隅々にまで空輸するよう手配する．大使館ではレセプションが催され，来賓にはシャムロックが進呈される．1970年代後半に巷間で噂されていたところによれば，アフリカのある著名な外交官は，聖パトリックの祝日の集いに到着して，シャムロックの束とウイスキーの入ったグラスを渡されたとき，事情がよくのみこめないまま，とにかく無礼があってはと，ウイスキーをすすったあと，意を決してこのシャムロックを食べてしまったという．またイギリスでは1901年以来，聖パトリックの祝日には王室の一員——1966年以降はエリザベス女王——が，近衛歩兵第四連隊Irish Guardsにシャムロックを贈呈するのが慣例になっている［1994年3月18日付 'The Times' 紙］．

She-elder

ラウス州における，DWARF ELDER（ニワトコ属の1種）の異称．

Sheep　羊

BOG ASPHODEL（キンコウカ属の1種）は羊の骨を弱めるとされることがある．また羊の肝臓ジストマLIVER FLUKEの治療には，MALE FERN（オシダ属の1種）が用いられることがあった．

Sheep-rot

BUTTERWORT（ムシトリスミレ属の1種）の異称．

Sheep's bit　㊫ *Jasione montana*（キキョウ科**ヤシオネ属**の1種）

● sheep's bitの花を摘むと，いぼWARTSができるとされている．

［コーンウォール州トルーロー，1993年12月］

Sheep-shearing rose

PEONY（ボタン属の数種）の異称．

Shepherd's knot

ベリックシャー州における，TORMENTIL（キジムシロ属の1種）の異称．

Shepherd's purse　㊫ *Capsella burs-pastoris*　**ナズナ**（アブラナ科ナズナ属）

● ［ヨークシャー州では］ナズナ（*Capsella bursa-pastoris*）を1株見つけると，そのさやを開けてみる．そしてもし種子が黄色なら金持ちになるが，緑色なら貧乏になるとされている．［Fowler, 1909: 302］

● ［イングランド北東部の］子どもたちの間には〔ナズナの〕種子の入ったさやを使った一種の遊びがある．遊び仲間にこれを差しだして，しっかりもつように言う．するとそれはすぐにはじけるので，そこで勝ち誇った叫び声があがる——「おまえはおふくろさんの背中を割ったんだぞ」．［Johnston, 1853: 37］

● ミドルセックス州の学童たちは，何も知らない仲間にナズナを差しだし，ハート形をしたさやを1つ取るように言う．そして相手が言う通りにすると，「おまえはおふくろさんの心臓を引きちぎったんだぞ」と叫ぶ．これは私自身が学校に通っていた頃，チェルシーあたりでよく行なわれていたが，ランカシャー州ではこの植物がMother's-heartと呼ばれているので，この慣習は広く普及していたようである．［Britten, 1878: 159］

●1950年代のパースシャー州インヴァゴーリーでは，ナズナを摘むと，母親が死ぬとされた——これはハート形のさやを引きちぎることと関連があった．

［ハートフォードシャー州スティーヴニッジ，1982年5月］

→COW PARSLEY（シャク属の1種）／GREATER STITCHWORT（ハコベ属の1種）／HAWTHORN（サンザシ属の数種）

●家畜の下痢SCOURおよび人間の下痢DIARRHOEAの治療法：若い子牛が市場に連れてこられると，彼女はいつもその子牛にナズナの茶を飲ませていたが，そうすると1時間とたたないうちによくなるのが常であった．新しく買った子牛は，餌が変わるために必ずといっていいほど病気にかかっていた．彼女は根を使うこともあったが，たいていは葉leaves（彼女はこれをleafsと発音した）を使った．

［マン島，アンドレーズ，1963年5月／マン島民俗調査］

Shepherd's warning

リンカンシャー州およびサマーセット州における，ルリハコベSCARLET PIMPERNELの異称．

Shiners

フェンランド〔イングランド東部の，ウォッシュ湾に臨む低地帯〕における，LORDS AND LADIES（アルム属の1種）の異称．

Shit-parsley

フェンランドにおける，COW PARSLEY（シャク属の1種）の異称．

Shoes and stockings

グウェント州における，セイヨウミヤコグサBIRD'S-FOOT TREFOILの異称．

Shrove Tuesday　告解火曜日（灰の水曜日の前日）

コーンウォール州の子どもたちはこの日，草を混ぜた土くれTUBBENSを互いに投げあった．またクリスマスの葉飾りCHRISTMAS GREENERYは，この日にパンケーキを焼くとき，火にくべるためにとっておかれることがあった．

Silverweed　学 *Potentilla anserina*　**ヨウシュツルキンバイ**（バラ科キジムシロ属）

1670年，J·レイJohn Rayは『イギリス植物誌Catalogus Plantarum Angliae』の中で，ヨークシャー州ウェスト·ライディングのセトル近辺に住む子どもたちは，ヨウシュツルキンバイの根を掘りあげて食べていたと記録している．同様のことが行なわれていた形跡はサマーセット州にもあり，同地ではこの植物がbread-and-butterおよびbread-and-cheeseといった名で呼ばれていたことが記録されている［Grigson, 1987: 147］．ケント州ストルードで1806年に生まれたある研究者によれば：

●イングランドの田舎の子どもたちは，ときどきそれ［ヨウシュツルキンバイの根］をよく燃えている火にかけてから食べた．その根はとても小さいものだったが，われわれ子どもたちの中には，これがクリの実と全く同じくらいにおいしいと感じていた者もいたのである．［Pratt, 1857, 1: 31］

スコットランドの高地地方や島々の全域では，とりわけ飢饉の折などには，ヨウシュツルキンバイの根が食物として珍重されていた．コロンゼー島では：

●その根が集められ，生のままで，あるいはジャガイモPOTATOのように煮て食べられた．かつてこの植物が主食に近い扱いを受けていたことは，この植物にan seachdamh aran（7番目のパン）という名がつけられていたことからもうかがえよう． ［McNeil, 1910: 119］

A·カーマイケルAlexander Carmichaelは，植物の民間伝承に関しては必ずしも信頼の置ける研究者ではないが，次のような記録を残している．

●［brisgeinすなわちヨウシュツルキンバイの］根は，ジャガイモが導入されるまでは，〔スコットランドの〕高地地方や島々全域で広く利用されていた．栽培されることもあり，かなりの大きさにまで生長した．ジャガイモの栽培地としてよく知られる地域があるのと同じように，ヨウシュツルキンバイの栽培地として有名な土地がいくつかあった．そのうちの1つは，ノース・ユイスト島のペイブルにあるラグ·ナン·タンハスグであった．同地では，自らの背丈を1辺とする方形の土地があれば，人ひとりが食べていけるとされていた．人びとは，海で漁場を区切ったり，浜辺で水揚げした魚を分配するのと同じやり方で，morfhearannすなわち共有地を分割して，めいめいbrisgein〔＝ヨウシュツルキンバイ〕を植えていた．貧しい人びとは，brisgeinを金持ちに渡し，等量等質の条件で穀物や引き粉と交換していた．人びとはbrisgeinを，鍋で煮たり，かまどで蒸し焼きにしたり，また時には乾燥させてから粉にひき，これをパンやポリッジにしたりして食べていた．これはおいしく，しかも栄養があると考えられていた． ［Carmichael, 1941: 119］

ヨウシュツルキンバイはまた，美容のために用いられることもあった．

●かつてスコットランド高地地方の牧師館に住んでいた友人の話では，……夏になると屋敷の女たちは，この植物を熱心に集めてまわったという．そして集めてきたものをバターミルクに浸し，これを，太陽が彼女らの美しい頬にもたらしたそばかすFRECKLESや日焼けを取るのに用いていたそうである． ［Pratt, 1857, 1: 32］

Sin / everlasting sin

シュロップシャー州における，SLENDER SPEEDWELL（クワガタソウ属の1種）の異称．

Skeet plant

コーンウォール州における，HOGWEED（ハナウド属の1種）の異称．

Skullcap 学 *Scutellaria galericulata*（シソ科タツナミソウ属の1種）

●ピルキントンズ·ガラス工房Pilkingtons Glassworks［リヴァプール？］では，男たちの多くが自分の飲み物にそれを入れていたので，skull-capの束が，茶をいれる道具のそばに置かれていたものだった． ［'Plants, People, Places' 誌，2号，1993年6月］

Slender speedwell 学 *Veronica filiformis*（ゴマノハグサ科**クワガタソウ属**の1種）

シュロップシャー州では，slender speedwellがeverlasting sinもしくはsinなどと呼ばれていた．

●1950年代の初期に，……sin（罪）という地方名が報告されている．このように呼ばれるのは，この植物が「非常に魅力的で，かつ至るところにはびこっている」からだとされている． [Sinker et al., 1985: 256]

Smallpox　天然痘

天然痘の治療に用いられてきた植物には，リンゴAPPLEやオオカラスノエンドウcommon VETCHなどがある．

Snake bite　ヘビによる咬傷

ヘビに咬まれた傷を治すのに用いられてきた植物には，セイヨウトネリコASH，BEETROOT（ビートの栽培品種），ウスベニアオイMALLOWをなどがある．

Snake comb

デヴォン州における，スッポンタケSTINKHORNの異称．

Snakefood

デヴォン州における，LORDS AND LADIES（アルム属の1種）の異称．

Snakes　ヘビ

ヘビと関連の深い植物には，BLACK BRYONY（タムス属の1種），LORDS AND LADIES（アルム属の1種），スッポンタケSTINKHORNなどがある．また家の中に持ち込むとヘビを引き入れるとされる花には，COW PARSLEY（シャク属の1種），HERB ROBERT（フウロソウ属の1種），RED CAMPION（マンテマ属の1種）などがある．　→クサリヘビADDER

Snakes flower

グロスターシャー州における，HERB ROBERT（フウロソウ属の1種）の異称．

Snakes food

ドーセット州における，HERB ROBERT（フウロソウ属の1種）の異称．

Snakes' meat

デヴォン州における，LORDS AND LADIES（アルム属の1種）の異称．

Snapdragon　→キンギョソウANTIRRHINUM

Snapjack

ドーセット州における，GREATER STITCHWORT（ハコベ属の1種）の異称．

Snompers

グロスターシャー州における，ジギタリスFOXGLOVEの異称．

Snot-gobbles

ベッドフォードシャー州における，ヨーロッパイチイYEWの実の異称．

Snowberry　㊫ *Symphoricarpos albus*　**セッコウボク**（スイカズラ科シンフォリカルポス属）

●1930年代のケント州では，セッコウボクの果汁が皮膚につくと，いぼWARTSの原因になると信じられていた．試しにこれを太腿につけて見たところ，しばらくするといぼが3個生じた．幸いなことに，これらはこすると簡単にとれてしまった． [サリー州ファーナム，1985年12月]

Snowdrop 学 *Galanthus nivalis* **スノードロップ**，ユキノハナ（ヒガンバナ科ユキノハナ属）

COW PARSLEY（シャク属の1種）やHAWTHORN（サンザシ属の数種）をはじめとする，白い花を咲かせる他の植物と共通するところだが，スノードロップはしばしば不吉な植物と見なされる．

●本日——1931年1月29日——ロンドンのある花屋でスノードロップを注文したところ，その店の助手から「お客様，申し訳ございませんが，私どもはスノードロップを売ることは許されておりません」という返事が返ってきた．私が驚いていると，彼は，X氏（おそらくこの店の主人であろう）が，その植物は不吉だと申すものですから，と付け加えた．

[N & Q, 160: 100, 1913]

●私はランカシャー州で，地区の看護を担当している修道女です．以下の話は，農場の屋敷に住むある年配の患者から聞かされたものです．

彼女の母親は長年，果樹園にたくさん生えているにもかかわらず，スノードロップを家の中に置くことを嫌がっていたそうです．屋敷には，ランカシャー州東部の町の娘たちがお手伝いさんとして雇われており，彼女たちは休暇をもらうと，この花を摘んで家に持って帰りたがったのですが，そんな時でも，花瓶に挿して戸口の外に置いておくのなら摘んで帰ってもよろしい，と条件つきで許していたといいます．

この母親が亡くなってしばらくしてからのことですが，この女性の親戚にあたる新婚のカップルが，病に臥せっていた彼女のお見舞いをしたいと，急に言ってきたことがあったそうです．年の早い頃で，他の花は手にはいらなかったので，彼女は仕方なくスノードロップで部屋を飾っておいたのですが，すると3か月もしないうちに，その花嫁がお亡くなりになってしまったのだそうです．それ以後彼女がスノードロップを一切家に持ち込まなくなったのは言うまでもありません．

[ランカシャー州ウィズウェル，1982年4月]

●私の母方の一族（ウェールズ北部のフリントシャー州——現在ではクルーイド州——や，モントゴメリーシャー州に住んでいた）は，スノードロップを家に持ち込むと，近縁の家族が死ぬと堅く信じている．ただし室内で鉢植えにして育てたものは別で，外で切り花にしたものを家に持ち込んだ場合の話である．

[ダヴェッド州アベリストウィス，1983年1月]

●私が……スノードロップについてどのような感情をもっているか，ぜひともお話しておかなければなりません．私はこの花をたいそう忌み嫌っておりますが，これ以外の花を愛でる心は人後に落ちないつもりで，フラワー・クラブの会員にもなっております．

そもそもは母から，スノードロップは縁起が悪いから，決して摘んで家の中に持ち込んではいけない，と教わったのがはじまりでした．

数年前，私の義兄は脳腫瘍のために35歳の若さで亡くなりましたが，棺の後について教会に向かう途中，道の両側はスノードロップの花で真っ白でした．

また去る1月には，義父が私立の老人ホームに入居し，結局そこで死を迎えることになりました．彼は3月まで苦しみつづけ，私たちは毎日のように見舞いに行きましたが，ホーム内の車道には点々とスノードロップが咲いていました．その上彼の部屋の窓からは，この恐ろしい花が何千と咲いているのが見渡せました．彼が苦しんでいる間，私たちが窓の外を見ると，目に入るのはこの花ばかりでした．何ともひどいことでした．私にとってこの花は不幸の花です．

［ノーフォーク州ノリッジ，1984年3月］

●スノードロップは，切り花にして家に持ち込むと別れを呼び込むが，窓の外の花壇にあれば幸福をもたらす．

前の夫が私のためにこの花を少し摘んで，家の中に持ってきてくれたことがあった．そのとき私は決して不安を口にしなかったが，数日後私たちは仲違いをし，結局そのまま離婚してしまった（後悔はしていないが）．これはリンカンシャー州南部でのことである．［ケンブリッジシャー州パストン，1993年11月］

Snowper

グロスターシャー州における，ジギタリスFOXGLOVEの異称．

Snuff　嗅ぎタバコ

嗅ぎタバコの香りづけにSPIGNEL（メウム属の1種）を用いることがある．

Soap　石鹸

BRACKEN（メウム属の1種）から石鹸がつくられることがあった．

Soapwort　学 *Saponaria officinalis*　**サボンソウ**（ナデシコ科サボンソウ属）

●アイルランドではこの草は，主として肺炎の治療に用いられた．［Moloney, 1919: 16］

●［ジプシーの治療薬：］根を煎じたものを打ち身BRUISE，あるいは目のまわりの黒いあざにつけると，たちどころにあざが消える．掘りたての根を薄く切って患部にあてても同じ効果があるが，効き目は遅い．［Vesey-FitaGerald, 1944: 28］

●ジャージー島のノルマン･フランス語ではdes mains jointsと呼ばれるが，これはこの植物が節のある地下茎をもつことに由来する．この地下茎は，家畜の傷を治療するのに用いられた．［ジャージー島，サンサヴォワール，1993年5月］

学名の*Saponaria*（石鹸を意味するラテン語sapoに由来），英名のsoapwortともに，かつてこの植物の根が，石鹸の代わりに利用されたことを示している．

Soldiers

ウォリックシャー州における，CREEPING THISTLE（アザミ属の1種）の異称．

Soldiers and sailors

ドーセット州における，LUNGWORT（ヒメムラサキ属の数種）の異称．

Solomon's seal　学 *Polygonatum multiflorum*（ユリ科**アマドコロ属**の1種）

●［ジプシーの治療薬：］葉からつくった軟膏を，打ち身BRUISE，あるいは目のまわ

りにできた黒いあざに塗布すれば，すぐにあざは消える． [Vesey-FitzGerald, 1944: 28]

Sookies

シェットランド諸島における，LOUSEWORT（シオガマギク属の1種）の異称．

Sookie sooriks

マリーシャー州における，コミヤマカタバミ WOOD SORREL の異称．

Sooricks / soorik

スコットランドにおける，スイバ SORREL の異称．

Soorbus berries

ワイト島における，WILD SERVICE TREE（ナナカマド属の1種）の果実の異称．

Sores 腫物

腫物の治療に用いられてきた植物には，以下のものがある．BUTTERBUR（フキ属の1種），BUTTERCUP（キンポウゲ属の数種），DOCK（ギシギシ属の数種），ヤネバンダイソウ HOUSELEEK，ウスベニアオイ MALLOW，ORANGE LILY（ユリ属の数種）など．

Sorrel 学 *Rumex acetosa* **スイバ**（タデ科ギシギシ属）

sour dock の名で呼ばれることもあり，そのさわやかな酸味のある葉や茎は，子どもたちの間では広く口にされていた．

● ［私が子ども時代を過ごした60年以上前のドーセット州では］もちろんスイバは食べられていたが，「でも食べ過ぎると身体に悪いぞ」と言われていた．

［デヴォン州シドマス，1991年10月］

●茎の赤い DOCK（ギシギシ属の数種）と同じように，酸っぱい味のする sab〔＝スイバ〕を引き抜いて，その茎をしがんだものだった．

［デヴォン州プリムストック，1993年1月］

●戦時中，われわれ子どもたちは，にきびを治すために，春の牧草地で出たばかりのスイバ――ベリックシャー州では sour-docks と呼ばれていた――の葉を探したものだった． ［サマーセット州オールド・クリーヴ，1993年10月］

こうした利用法から，この植物は soorick s［ウィットフィールド，ダンディー，1988年11月］，sour grabs［ドーセット州クライストチャーチ，1991年6月］，sour leeks［アントリム州リズバーン，1986年3月］など，さまざまな地方名をもっている．

また稀にではあるが，料理に使うために，大人たちがこの草を集めることもある．すなわちイングランド北西部では，スイバは，イブキトラノオ BISTORT のプディングの素材として用いられることがある．

●亡くなった両親は第二次世界大戦後ポーランドから移住したきたが，母は時々ある植物を料理に使っていた．……スイバ（*Rumex acetosa*）の葉は，スープに入れるのに用いていた． ［ケント州ブロムリー，1991年4月］

Sorrel grass

ハンプシャー州における，スイバ SORREL の異称．

Sour-dock

広く用いられているスイバSORREL の異称.

Sour dockling

カンバーランド州における，スイバSORREL の異称.

Sour grass

ドーセット州における，スイバSORREL の異称.

Sour leeks

アントリム州における，スイバSORREL の異称.

Sour sabs

デヴォン州における，スイバSORREL の異称.

Sour saps

シリー諸島における，オオキバナカタバミ BERMUDA BUTTERCUP の異称.

Southernwood 学 *Artemisia abrotanum*（キク科**ヨモギ属**の1種）

● フェンズ〔イングランド東部の，ウォッシュ湾に臨む低地帯〕の青年たちは口下手なので，結婚の申し込みするのにsouthernwoodという植物を使うことがあった．……この植物は，フェンズではOld Man（老人）もしくはLad's Love（若者の愛）の名で呼ばれていた．春から初夏にかけての夕方，心を決めた若者は……村の仲間たちと散歩にでかける前に，この植物の小枝を切りとってボタンホールに挿しておく．そして適当なところで仲間と別れて，小道をゆっくりと歩いてゆき，くすくす笑いあいながらやってくる娘たちのグループの中にお目当ての娘を見つけると，自らの気持ちが結婚に傾いていることを示すため，すれ違いざまに，ボタンホールに挿した草を嗅ぐしぐさをするのである．娘たちが気がつかずに通り過ぎてしまえば，彼には運がなかったということになるが，もし振り返ってゆっくりと戻ってくれば，その植物が娘たちの目にとまったという証拠である．こうなると若者は，ためらいながらでも，ボタンホールの植物をはずして，お目当ての娘に手渡さなければならない．渡された娘の方は，彼など眼中にないということになれば，その草を地面に投げ捨て，さらに場合によっては，この厚かましい求婚者に平手打ちを食わせるかもしれない．しかし彼の申し出を受け入れる気持ちがあれば，このLad's Loveの刺激の強い香りを吸い込むしぐさをする．そして一緒にいた娘たちにひとしきりからかわれた後，その若者と腕を組んで，はじめてのデートに出かけたものであった． [Porter, 1969: 2]

● [今年86歳になるおばによれば] 第一次世界大戦の前には，若者たちが女性の気を引くために，Lad's Love（=Southernwood）をボタンホールの花束に挿したものだが，コムギWHEATの茎も，やはり同じ目的に用いられることがあったという．

[ケンブリッジシャー州ヒストン，1989年1月]

Sow thistle 学 *Sonchus oleraceus* **ノゲシ**（キク科ノゲシ属）

●［ノゲシは］いぼWARTSにとてもよく効く．……ノゲシを切って，出てくる乳液をいぼにつけるのである． ［IFCSS MSS 717: 217，ミース州］

→セイヨウタンポポDANDELION

Spear thistle 学 *Cirsium vulgare* **アメリカオニアザミ**（キク科アザミ属）

アルスター地方では，Scotch thistleの名でも知られている．同地の子どもたちは，「小花とその若い冠毛を引き抜き，とげのある総苞片をはがして，小さいナッツのような芯を取り出した」ものだったという［アントリム州バリカースル，1991年1月］．同様に：

●母方のおじは，そのアザミ（*Circium vulgare*）が咲いている間，花を切り裂いて小花を全部取り去り，水分の多い基部を食べていたものだった．

［ロンドン，ウェスト・イーリング，1991年11月］

1981年に発表された「スコットランドのアザミScottish Thistle」と呼ばれている植物の同定に関する論文には，「われわれが〈スコットランドのアザミ〉と見なしている種」は，アメリカオニアザミである，と結論づけている［Dickson and Walker, 1981: 18］．〔「スコットランドのアザミ」と見なされることのある他の種については，SCOTCH THISTLEの項を参照.〕

Speedwell 学 *Veronica* spp.（ゴマノハグサ科**クワガタソウ属**の数種）

●［チェシャー州では］speedwellは，それを摘むと雷THUNDERを呼ぶことがあるとされているため，Thunder-boltの名でも知られている． ［Hole, 1937: 47］

●私は子どもの頃，小さな青い花――speedwellではなかったかと思う――を摘むと，小鳥が来て私の眼をえぐり出してしまうと信じていた．きっと他の子どもたちから，こうした恐ろしげな話を聞かされたことがあっのだろう．わたしたちはこの花をBird's Eye（鳥の眼）と呼んでいた．

［レスターシャー州ウィグストン・マグナ，1983年7月］

●青い花を咲かせるspeedwellは，Bird's-eyesと呼ばれている．そしてこの花は決して摘んではならない．もし摘んだりしたら，鳥がその人の目玉をえぐり出すだろう． ［ハンバーサイド州ドリフィールド，1985年3月］

●Bird's-eyeすなわちspeedwell――この植物を1本でも摘んだら，おまえのおふくろさんの目玉が落ちるだろう． ［ノース・ヨークシャー州サウス・スタインリー，1992年3月］

→GERMANDER SPEEDWELL／SLENDER SPEEDWELL（ともにクワガタソウ属の1種）

Speed-well-blue

ケリー州における，GERMANDER SPEEDWELL（クワガタソウ属の1種）の異称．

Sphagnum moss 学 *Sphagnum* spp.（コケ類，ミズゴケ科**ミズゴケ属**の数種）

第一次世界大戦中，sphagnum mossは傷の手当てに用いるために広く集められた．それゆえ，ダンフリースシャー州ランガムでは，バクルーBuccleuch公の執事が：

●戦時協力の一環として，sphagnus mossを採集するために，われわれを丘へ連れていったものだった．われわれはこれを袋に集めて，芝生の上にダストシーツを広げ，その上で乾燥させた．さらに，ヒース，ピート，カエルの死骸などの異物をすっかり取り除いた上で，病院へと送り届けた．病院ではこれを，脱脂綿の代わりに傷口を拭くのに利用していた——ヨウ素の含有量が多かったので，良質の消毒剤になったのである．　　[Gloucester, 1983: 49]

同様に，北アイルランドでも：

● 1916年，われわれは傷の手当て用にsphagnum mossを採集するよう依頼を受けた．　　［アントリム州バリカースル，1991年1月］

Spignel　㊫ *Meum athamanticum*（セリ科**メウム属**の1種）

現在リヴァプール博物館Liverpool Museumに収められている，R·レイランドRoberts Leyland〔1784-1847〕の収集した植物標本にはspignelが含まれており，そのラベルには次のように記されている．

● 1837年，〔現ウェスト·ヨークシャーの〕リポンデンから〔現グレーター・マンチェスターの〕オールダムに通ずる道路脇の，ブース·ウッド·インBooth Wood Innを過ぎて2本目の小道にて［採集］．……この植物はしかしほとんど枯れてしまっていた．といってもこれは植物学者が根こそぎにしたせいではなく，この自生地の近くに住む人びとが，嗅ぎタバコの香りづけのためにその根を掘り起こすからである．　　[Edmondson, 1994: 46]

Spiked star of Bethlehem　㊫ *Ornithogalum pyrenaicum*（ユリ科**オオアマナ属**の1種）

● 〔現エイヴォン州〕バースには，名物とされるものがたくさんあるが，……Bath Asparagus（バースのアスパラガス）と呼ばれる植物についてはあまり知られていないようである．最近，夕方に通りを歩いていると，一見したところは若いコムギWHEATの穂を束ねたもののように思えるものが目についた．しかし翌朝になって，そんなはずはないと思い返し，よく調べてみると*Ornithogalum pyrenaicum*〔=spiked star of Bethlehem〕の若い花茎であった．さらに市場に行ってみると，これにはWild Asparagausという名がつけられ，たくさん売られていたので，見本として1束買い求めることにした．……同行した全員が，これはアスパラガスの代用品としてこれまでに食べたものの中では一番味がよい，……と口を揃えた．バースの市場で大量に売られていた点からすると，すべてが野生のものとは考えにくく，一部は農家の菜園で栽培されたものに違いなかろう．　　[‘Gardeners’ Chronicle’誌，1873年6月26日号]

→STAR OF BETHLEHEM（オオアマナ属の1種）

Spindle　㊫ *Euonymus europaeus*　**セイヨウマユミ**（ニシキギ科ニシキギ属）

J·オーブリーJohn Aubrey（1626-97）によれば：

● Prick-timber（ニシキギ属*Euonymus*）：これはよく見かける木で，とりわけウィルトシャー州北部に多い．その材は，他の木材のように肉に色が移ることがないので，肉屋はこの木で串をつくっている．このためprick-timber（刺す木材）と呼ばれ

るのである. [Aubrey, 1847: 56]

Spotted Mary

ヘリフォードシャー州における，LUNGWORT（ヒメムラサキ属の数種）の異称.

Sprains　捻挫

捻挫の治療に用いられてきた植物には，COMFREY（ヒレハリソウ属の数種），DOCK（ギシギシ属の数種），セイヨウニワトコELDER，セイヨウトチノキHORSE CHESTNUT，ウスベニアオイMALLOW，ROYAL FERN（ゼンマイ属の1種）などがある.

Spring beauty　学 *Claytonia perfoliata*（スベリヒユ科**クレイトニア属**の1種）

●約20年前，シリー諸島の子どもたちは*Claytonia perfoliata*〔=spring beauty〕の葉を食べ，これをwater weed（水の雑草）と呼んでいた.

［ノーサンプトンシャー州ウッドニュートン，1992年6月］

Spurge　学 *Euphorbia* spp.（トウダイグサ科**トウダイグサ属**の数種）

spurgeの白い乳液は，セイヨウタンポポDANDELIONのそれと同様に，いぼWARTSの治療にしばしば用いられた.

●野生のspurgeは，いぼの治療に用いられた——茎から出る乳液を，いぼの上になすりつけるのである. ［オックスフォードシャー州イズリップ，1976年11月］

●私の祖母は，annual spurgeの液でいぼを治療していた.

［バークシャー州ティドマーシュ，1986年3月］

→ホルトソウCAPER SPURGE／IRISH SPURGE（トウダイグサ属の1種）／PETTY SPURGE（トウダイグサ属の1種）／トウダイグサSUN SPURGE

Spurge laurel　学 *Daphne laureola*（ジンチョウゲ科**ジンチョウゲ属**の1種）

●G·E·スミスSmith師の話によれば，サセックス州の森ではspurge laurelが大量に採れるそうである．そしてその時期になると，州内を巡回してこの仕事に従事する人びとがおり，彼らはこれをポーツマスとチチェスターの市場に持ち込むのだという．市場では馬の薬として売られているが，師は，これがどのように，またいかなる病気に対して用いるのか，というところまでは確認できなかったという.

[Bromfield, 1856: 437]

●その苦い樹皮は，いくつかの州で発泡剤として用いられている．またそれ以上に強い毒性をもつ根は，歯の痛みTOOTHACHEを和らげるために用いられる．しかしこれらは注意深く扱う必要がある. [Pratt, 1857, 1: 46]

Squatmore

ツノゲシYELLOW HORNED POPPYの異称.

Squeakers

シリー諸島のセント·マーティンズ島における，WILD GLADIOLUS（グラジオラス属の1種）の異称.

Staff　杖

聖人の杖から生じたという言い伝えをもつ植物には，BUTTERWORT（ムシトリスミレ属の1種），HOLY THORN（セイヨウサンザシの栽培品種），聖ニューリナSt NewlinaのイチジクFIGの木などがある．

Stag's horn sumach　学 *Rhus hirta*（ウルシ科**ウルシ属**の1種）

●ウスターシャー州のブロムズグローヴ近辺では，庭にstag's horn sumachが生えている家では，必ず夫婦に仲違いが起こる，という俗信がある．これはある年老いた庭師から聞かされたもので，彼は90歳近くまで生き，1973年に天寿を全うして亡くなった．……

こうした情報をかれこれ50年以上も収集しているにもかかわらず，私は他の地方ではこの俗信を聞いたことがない．しかし，私が話を聞いた老人以外にも，同年代の庭師たちは皆これを堅く信じていたようだった．

［ウェスト・ミッドランズ，グレート・バー，1982年10月］

Stammer　どもり

キショウブYELLOW IRISを噛むと，言葉がスムーズにでなくなるとされることがある．

Starch　デンプン糊

デンプン糊の原料として用いられてきた植物には，LORDS AND LADIES（アルム属の1種）やジャガイモPOTATOなどがある．

Starch-root

19世紀のポートランド島における，LORDS AND LADIES（アルム属の1種）の異称．

Star of Bethlehem　学 *Ornithogalum angustifolium*（ユリ科**オオアマナ属**の1種）

●小さな子どもたちは，よくstar of Bethlehemの花を探しにいったものだった．日曜学校の生徒であった私たちは，食べ物や衣服が乏しいことを心配する弟子たちを，イエスがユリの花を引きあいに出して諭した話を聞かされていた．「野のユリがどのように育つのか，注意して見なさい．働きもせず，紡ぎもしない．しかし，言っておく．栄華を極めたソロモンでさえ，この花の1つほどにも着飾ってはいなかった」〔「マタイによる福音書」6 : 27など〕．パレスチナの山の斜面や野に生えていたこの花は，明らかにstar of Bethlehemのことだと考えられ，……この植物はユリと呼ばれていた．このイエスのたとえ話は，年端の行かない小さな子どもたちの想像力と興味をたいそう刺激したので，彼らは家に帰る途中，近くの牧草地で遊んだり散歩したりしながら，この花を探したものだった――そしてもし1本でも見つかれば，それは宝物でありごほうびであった．私の知る限り，この植物は1つの草地に半ダースかそこらしかなかった．

［ベッドフォードシャー州フェルマシャム，1993年4月］

→SPIKED STAR OF BETHLEHEM（オオアマナ属の1種）

Star of the earth

イースト・アングリア地方における，BUCK'S HORN PLANTAIN（オオバコ属の1種）の異称.

Stepmother's blessing

ヨークシャー州における，COW PARSLEY（シャク属の1種）の異称.

Stinging nettle →NETTLE（イラクサ属の1種）

Stings （虫による）**刺し傷**

虫による刺し傷の治療に用いられてきた植物には，カッコウチョロギBETONY，コハコベCHICKWEED，セイヨウタンポポDANDELION，タマネギONION，ルリハコベSCARLET PIMPERNELなどがある.

Stinkhorn 学 *Phallus impudicus* **スッポンタケ**（キノコ類，スッポンタケ科スッポンタケ属）

●現在35歳で，［デヴォン州］ハートランドに住んでいる，ある農夫の妻から聞いた話によれば，一般にstink hornの名で知られているキノコ（*Phallus impudicus*）は，同地では，ミツバチが巣（honey-comb）から出てくるのと同じように，そこからヘビSNAKESが出てくるとされていたことから，snake-comb（ヘビの巣）と呼ばれている．またこのキノコがいやな匂いを放つのもそのせいだとされており，子どもたちは，ヘビに「刺される」ことのないように，このキノコには近づくなと言い聞かされているのだという. ［Chope, 1933: 122］

Stinking Billy

スコットランドにおける，ヤコブボロギクRAGWORTの異称.

Stinking iris 学 *Iris foetidissima* **ミナリアヤメ**（アヤメ科アヤメ属）

●〔ミナリアヤメは〕浄化する性質をもっているので……この根の煮出し汁を飲む習慣のあるサマーセット州の片田舎に住む人びとは，よい経験をしていることになる．この煮出し汁をエールなどに混ぜて飲み，それによって体内を浄化しようとする人びともいるが，これもまた非常に効果がある. ［Gerard, 1597: 54］

Stock 学 *Mattiola incana* **ストック**，アラセイトウ（アブラナ科アラセイトウ属）

古風で非常に香りの強い，八重咲きタイプのストックは，とりわけ珍重された.

●〔チャネル諸島の〕アルデルネイ（オールダニー）島では，6月24日（聖ヨハネSt Jean [=John]の祝日）の正午きっかりに，一重咲きのストックの花を2つ結びつけておけば，それらの花の種子から生じる植物は八重咲きになると信じられていた.

［Bonnard, 1993: 19］

Stonewort 学 *Charophyta* **シャジクモ類**

●シャジクモ類――gaa-girseと呼ばれていた．この植物は煮て，肝臓の具合のよくない家畜に与えられた. ［シェットランド州ラーウィック，1994年3月］

Strawberry 学 *Fragaria* cv. **イチゴ**（バラ科イチゴ属の栽培品種）

●隣人と一緒に食卓を囲んだとき，その人から聞いた話なのだが，彼女の父君は，〔現ヘリフォード・アンド・ウスター州〕ブロムズグローヴの人びとから，「イチゴは常に洗礼者聖ヨハネの祝日のものが一番だ」という話を聞き込んできたことがあったという．それ以後彼は，6月24日になるとブロムズグローヴまで出向き，そのあたりで採れたイチゴをどっさり抱えて帰ってきたという．

［ウェスト・ミッドランズ，ストウブリッジ，1990年6月］

●セイヨウヤブイチゴBLACKBERRYとイチゴの葉は，便秘をしている，もしくは色のよくないウサギやモルモットに食べさせた． ［ケンブリッジシャー州ヒストン，1989年1月］

Strokes　卒中

卒中の予防および治療に用いられてきた植物としては，MILKWORT（ヒメハギ属の1種）やTORMENTIL（キジムシロ属の1種）などがある．

Styes　ものもらい

ものもらいを治すのに用いられてきた植物には，BUTTERCUP（キンポウゲ属の数種），セイヨウスグリGOOSEBERRY，GREATER CELANDINE（クサノオウ属の1種），モクアオイTREE MALLOWなどがある．

Sunburn　日焼け

日焼けの手当てに用いられてきた植物には，BLACK BRYONY（タムス属の1種），DOCK（ギシギシ属の数種），HOTTENTOT FIG（カルポブロツス属の1種），SUNDEW（モウセンゴケ属の数種），TORMENTIL（キジムシロ属の1種）などがある．

Sundew　学 *Drosera* spp.（モウセンゴケ科**モウセンゴケ属**の数種）

BOG ASPHODEL（キンコウカ属の1種）やBUTTERWORT（ムシトリスミレ属の1種）といった，湿り気の多い，酸性の泥炭地などに生える他の植物と同様に，sundewは牛や羊を病気にかからせると信じられていた．

●わが国では田舎に行くとところによって，〔sundewが〕red-rotの名で呼ばれることがあるが，これは牧草地で思い思いに草を食む羊たちに有害な影響を及ぼすと考えられているからである．しかし実際のところは，この植物はまず無害であるといってよい． [Wilkinson, 1858: 33]

●［スコットランドでは］sundew（*Drosera rotundifolia*〔＝モウセンゴケ〕）は，いささか不名誉なゲール語名で呼ばれることがある．すなわちLus na Feàmaichという呼称がそれで，「earnachの植物」というほどの意味である．earnachというのは家畜のかかる病気で，伝染病MURRAINと見なされることもあるが，この有毒な植物がその原因になっている，という風説が流布しているためにこのように呼ばれるのである． [Bennett, 1991: 58]

マン島では：

●葉に粘り気のあるモウセンゴケcommon sundew——Lus ny Greih，Lus yn eiyrtsあるいはLus y ghruiaghtysなどと呼ばれている——は，恋のお守りとして用いられていた．すなわち昔から，何とか気を引きたいと思っている相手の服の中に，こっそりこれをしのびこませていたのである．マン島博物館Manx Museumでこの植物が展示されていた間（1964-1983）には，絶えず持ち去られていたが，ただしこれは効き目のあるお守りとしてというよりは，ティーンエージャーどうしの合図のようなものとして使われていたらしい．［Garrad, 1984: 79］

コロンゼー島では：

● ［sundewの］汁液を牛乳と混ぜて，そばかすFRECKLESや日焼けSUNBURNを消すための，無害で安全な薬として用いる女性たちがいる．［McNeill, 1910: 123］

Sun spurge 学 *Euphorbia helioscopia* **トウダイグサ**（トウダイグサ科トウダイグサ属）

アイルランドではseven sisters（7人姉妹）の名でも知られている．

● マン島に新しく移ってきた人が私のところにやってきて，最近，ポート・セント・メリーの漁師たちが（彼の上品な言い回しによれば）「少しばかり興奮させたいときに，自分自身にこすりつけている」植物があるという話を耳にしたが，これはどんな植物ですかと尋ねてきた．……［やがてこの植物は］マン島でLus y Bwoid Mooarと呼ばれている，トウダイグサのことである［のが判明した］．かつてマン島語を話せる人に聞いたところ，これは「大きなこぶの草」という意味だと教えてくれたので，私はずっと，いぼWARTSの治療薬として有名なことや，花の構造などから命名されたものだろうと考えてきた．しかしこの名称は正確には「大きなペニスの植物」と訳すべきところで……トウダイグサの乳液をペニスにつけると，すぐさまかなりの大きさになるのである．そしてもしこれが効きすぎで問題があるような場合は，この器官を牛乳（できれば酸っぱくなったもの）につければよいとされていた．［マン島，ダグラス，1988年11月］

● ［オークニー諸島では］中空の茎から取った白い乳液が，いぼを取り除くために用いられた．warty-girseという地方名は，これに由来するものである．

［Spence, 1914: 103］

● seven sisters〔＝トウダイグサ〕というのは，緑色の枝分かれの多い植物で，1本の茎から7本の枝が出る．この植物は耕地などに生える．枝を折ると，茎から白い乳液が出るので，この液体をいぼにつければすぐに治る．

［IFCSS MSS 750: 293，ロングフォード州］

● ［今年78歳になる私のいとこによれば］トウダイグサは……リウマチRHEUMATISMの痛みを和らげるために，黄緑色の煮出し汁をとってこれを漉し，等量の水に混ぜたものを朝晩服用したという．［ノーサンバランド州コーブリッジ，1993年2月］

→SPURGE（トウダイグサ属の数種）

Swede 学 *Brassica napa* ssp.*rapifera* **ルタバガ**（アブラナ科アブラナ属）

● ［デヴォン州ティヴァトンでは：］咳COUGHSを止めるには，ルタバガをできるだけ細かくすりつぶし，黒砂糖とともに煮立て〔たものを服用す〕る．［Knight, 1947: 47］

● 百日咳WHOOPING COUGHの治療法：ルタバガをスライスして，それぞれの薄片に黒砂糖をかけ，シロップ状になるまで放置し，これを茶さじ1杯分飲ませる．

［SLF MSS，ハンバーサイド州オールドバラ，1972年4月］

●腎臓結石には，ルタバガの煮出し汁を飲むとよい．

［グウィネズ州ラニュークリン，1991年4月］

Sweet amber

サセックス州における，TUTSAN（オトギリソウ属の1種）の異称．

Sweet cicely 学 *Myrrhis odorata*（セリ科**ミリス属**の1種）

マン島では：

●旧暦のクリスマス·イヴCHRISTMAS EVEには……myrrh（sweet cicely）が花を咲かせるかどうかをじっと見守ったもので，これは現在でも時折行なわれている．言い伝えによれば，この開花は1時間しか続かないという．最初の葉芽が出るのを見るだけで終わる年がほとんどだが，時には本当に花が咲くこともある．ただしどちらも，すぐに霜にやられてしまう． ［Garrad, 1984: 75］

Sweet flag 学 *Acorus calamus* **ショウブ**（サトイモ科ショウブ属）

●地方（特にマージーサイド）の釣り師たちは，よく水際の植物，とりわけショウブの根を引き抜いてしがんだものだった． ［'Plants, People, Places' 誌，2号，1993年6月］

Sweethearts

ヨークシャー州における，GOOSEGRASS（ヤエムグラ属の1種）の異称．

Sweet rocket

ハナダイコンDAME'S VIOLETの異称．

Sweet William 学 *Dianthus barbatus* **ビジョナデシコ**，アメリカナデシコ（ナデシコ科ナデシコ属）

R·C·A·プライアーPriorによれば，英名の「sweet williamは，〈小さい目〉という意味のフランス語oeillet，ラテン語ocellusが変化してWillyとなり，さらにWilliamと転じたものである」［Prior, 1863: 221］という．しかし一方では，この名のゆえにビジョナデシコは，征服王ウィリアム〔1027-87〕，ロチェスターの聖ウィリアム〔1154-1226〕，ウィリアム3世〔オレンジ公ウィリアム，1650-1702〕，カンバーランド公ウィリアム〔1721-65〕らと結びつけられることがある．

1984年9月21日付 'Daily Mirror' 紙には，ランカシャー州アップホランドから次のような投書が寄せられている．

●おそらく皆さんは，ビジョナデシコのsweet williamという名は，征服王ウィリアムにちなんでつけられたものだと考えておられることでしょう．しかし私は最近，これは1746年，カロデンの戦いでスコットランド軍を打ち破った，カンバーランド公ウィリアムの名を冠したものだと確信するようになりました．

この戦いのあとイングランド人たちの行なった残虐なふるまいのために，公はスコットランド人たちの間で「カロデンの屠殺人Butcher of Culloden」と渾名されるようになりました．そして，イングランド人たちが公を賛える意味でこの美しい花をsweet williamと呼ぶようになったとき，スコットランド人たちは，自らの国で最も嫌われている，くさい匂いのする草［ヤコブボロギク RAGWORT］を，stinking billy（悪臭を放つビリー〔ビリーはウィリアムの愛称〕）と改名したのです．

数年後，1991年5月20日付の同紙に，今度はケント州ロチェスターからの寄稿があった．

●私は，sweet williamの名が何に由来するのかという古くからの謎を，ついに解き明かすことができたのではないかと思っています．先日，これはロチェスターの聖ウィリアム（1154-1226）にちなんだ名だと教えられました．

しかしこれには次のような反論が寄せられた．

●［その名の本当の起源などというものは］本来知る由もない話ではありますが，われわれの知っている年寄りたちは皆，征服王ウィリアムがこの花を最初に見つけたのだと口を揃えております．

アルスター地方のオレンジ結社の各支部では，sweet williamはウィリアム3世〔オレンジ公ウィリアム〕と関連をもつものと信じられている．彼らは毎年7月12日，1690年のボインの戦いにおけるウィリアム3世の勝利を記念してパレードを行なっているが，ベルファストの支部が行なうパレードでは，その旗竿が「ORANGE LILY（ユリ属の数種）とsweet william」［ベルファスト，1994年5月］で飾られるという．

Sycamore 学 *Acer pseudoplatanus* **セイヨウカジカエデ**（カエデ科カエデ属）

リーシュ州のクローニナーにある古いセイヨウカジカエデの木は，修道院長聖フィンタン ST FINTAN（603年没）と結びつけられている．

●この木は，ダブリンとリマリックを結ぶ幹線道路沿いにある墓地のはずれに生えている．そこはクローニナーの聖フィンタン修道院St Fintan's Monasteryの敷地で，この修道院は，エール〔アイルランドの旧称〕の地において最も名の通った修道の場のひとつであった．言い伝えによると，この木は「聖フィンタンの井戸」のあった場所に生えてきたもので，そのとき不思議なことに，当時家畜たちの水飲み場と化していたこの井戸は，3マイルほど離れたクロモーグにある，別の聖フィンタン修道院の敷地内に移ったという．

この木［のくぼみ］には，真夏の乾燥した気候の下でも，また旱魃が続いたときでも水が絶えることがなく，これは木の下の泉から，木の中を通ってあがってくるのだろうと考えられている．近年では，教区の守護聖人である聖フィンタンを賛え，付近の7つの墓地に葬られている死者たちを悼むために，この木のまわりで共誦ミサが捧げられている．

この水は，クロモーグの井戸の水と同様に，弱視に悩む人びとに救いをもたらし，また他のさまざまな病気を癒すと信じられていた．

［リーシュ州モントラース，1977年9月］

スコットランドでは，封建時代の領主たちが，セイヨウカジカエデの木をしばしば絞首台として利用した．こうした木は，「悲しみの木dool tree」もしくは「首かせの木JOUG TREE」の名で呼ばれていた．

●スコットランドで最も注目すべきセイヨウカジカエデの木は，「悲しみの木Dool trees」と呼びならわされているものである．これらの木は，スコットランド西部の有力な貴族たちによって，敵や意に従わない家臣を絞首刑にするために用いられ，このためにdoolすなわち「悲しみ」の木と呼ばれることになったのである．今でもそのうちの3本が残っており，中でも，エイルサAilsa侯の居城の1つであった，美しい古城カシリス城からほど近い，ドン川の土手に立つ木は，記憶に値するものである．この木は，立派な幹をもち，その枝葉も，20人から30人くらいが優に身を隠すことができるほどに広がっているが，その割には目立つことなくひっそりとたたずんでいる．この木は，スコットランド西部で最大の勢力を誇っていたケネディKennedy家が，上記の目的で使用していたものである．最後に処刑が行なわれたのは200年前で，このときにはダンバーのJ·フォーSir John Fauが絞首刑に処された．ハディントンHaddington伯の娘にあたるカシリス伯夫人を，ジプシーに扮してさらおうと企てたためであった．彼はかつて夫人と婚約していたが，外遊中にスペインで数年間囚われの身となっていたために死んだものと見なされ，その間に夫人はカシリス伯ジョンに嫁いでしまったのである．夫人は，かつての恋人の処刑を，自らの寝室の窓からじっと見つめていたとされている．

[Johns, 1847: 163]

しかしこの木は，1938年1月28日に風で吹き倒されてしまったという［Cooper, 1957: 170］．南へ下ってウィルトシャー州では：

●セイヨウカジカエデには，いささか不吉な連想を呼ぶところがあるが，これはおそらく，「首吊りの木HANGING TREE」としてよく知られているからであろう．

[Whitlock, 1976: 163]

ハートフォードシャー州のオルデナムにある，ウィリアム・ハッチンソンWilliam Hutchinson（1697年没）とその妻マーガレットMargaret（1706年没）の墓からは，3本のセイヨウカジカエデの木が生えている．ウィリアムは生前，主の復活を信じないと宣言し，自らの墓を重い石でつくり，鉄製の柵で囲っておくよう命じていたと言われている——そして，もしその墓から木が生えるようなことがあれば，後の世の人びとは，死後の生を信じるがよい，と語ったというのである．また同州のトレウィンにあるアン·グリムストンAnne Grimston夫人（1713年没）の墓からは，7本の枝をもつセイヨウトネリコASHの木と，やはり同数の枝をもつセイヨウカジカエデの木とが生えている．死の床にあったグリムストン夫人は，まわりに友人たちを集め，こう言い遺したという．「どうか皆さん，私がこれから申し上げることの証人になってください．もし神の御言葉に少しでも真実が含まれているとしたら，私の墓からは7本の木が生えることでしょう」[N & Q, 11 ser. 8: 425, 1913]．この2つの墓のいずれもが，しっかりとした鉄製の柵で囲われている点には注目しておいてもよいかもしれない．おかげで墓地内の草刈りや，草を食む動物から守られ，墓の上に木が生える余地が生まれたとも考えられるからである．同州にはもう1つワットフォードに，イチジク FIG の木の生えた「不信心者の墓 ATHEISTS' TOMBS」があった．

イギリス諸島の多くの地域では，子どもたちがセイヨウカジカエデの枝で笛 WHISTLES をつくった．ペンブルックシャー州北部の村セント・ニコラスでは，1920年代の後半に：

●春になると，生け垣の植物で笛をつくり，これを吹く楽しみが待っていた．この遊びがはじまるのは3月の終わり頃，すなわち生け垣のセイヨウカジカエデが穂――色の薄い絹のような毛で覆われ，ややピンク色を帯びた薄緑色の穂――を出す頃からだったが，もっと後になって，花だけではなく，色づいた葉脈をもつ葉がしっかりと開いた頃につくった方が出来がよかった．その頃になると，ステッキくらいの太さの枝を切って，長さを6インチに整え，端から1インチのところに小型ナイフでぐるっと切り込みを入れる．そして甘い味のするこの棒を唾液で濡らしてから，ハンカチにくるんでしっかりと手に持ち，まずは芯を抜いて外側の樹皮だけを切り離す．これは破らずにそのままの形で残さないと意味がないので，ことはゆっくりと行なわなければならなかった――さもないと一からやり直し，ということになった．これがうまくいくと，開いた穴に空気を通してみてから，枝先の樹皮を歌口の方へ，セーターを脱ぐときのような感じで折り返せばできあがりで，後は小鳥に混じって笛を鳴らすのを待つばかりである．ただし，このセイヨウカジカエデの笛は唾液がつまってしまいがちなので，なかなか小鳥たちのようにうまくさえずり続けることはできないが． [Jones, 1980: 100]

T

Tamarisk 学 *Tamarix gallica*（ギョリュウ科**ギョリュウ属**の1種）

かつてガーンジー島では，tamrisk（ガーンジー島のノルマン・フランス語ではchipreあるいはsaunierと呼ばれる）は，カニを捕るためのかごの底板として用いられていた．これはその木材が「海水の腐食作用に抗して長持ちするからである」[Marquand, 1906: 39]．またガーンジー島の水脈占い師DOWSERSたちは，その占い棒をtamariskもしくはセイヨウハシバミHAZELでつくっていたという [De Garis, 1975: 41]．

Tangerine 学 *Citrus reticulata* **マンダリン**（ミカン科ミカン属）

香港，およびそれ以外の（イギリス諸島を含む）さまざまな地域で行なわれている中国式の新年祝いCHINESE NEW YEAR CELEBRATIONSでは，しばしば各種のマンダリンが用いられている．イギリスで最もよく知られている中国式の新年祝いは，ロンドンのソーホー地区で行なわれるものだが，そこでは同地の露店や食堂などを歩いてまわる獅子舞に，マンダリンが差し出されている．マンダリンは，その名〔中国名は桔〕が「祝福」や「幸運」を意味する語〔吉〕に通じることから，新年の祝いで特別な意味をもつ植物になったのだという [Goody, 1993: 388]．

Tansy 学 *Tanacetum vulgare* **エゾヨモギギク**（キク科ヨモギギク属）

●エゾヨモギギク：子どもたちの寄生虫WORMSの駆除に有効である．

[IFCSS MSS 313: 213, コーク州]

●虫下しの薬：エゾヨモギギクの花または葉の煮出し汁を飲む．用量は，毎朝ワイングラス1杯．　[Taylor MSS, ノーフォーク州イースト・ハーリング]

●時にyellow buttonsと呼ばれることもある．衣蛾MOTHの駆除剤として用いられ，家のまわりに置いておけば，ハエFLIESなどの虫を寄せつけないともいう．また虫下しとしても利用できる．　[シェットランド州ラーウィック，1994年3月]

●［ジプシーの治療薬：］花の煮出し汁は虫下しに用いる．またこの草を温めたものを湿布すると痛風GOUTに効く．さらに，靴の中にエゾヨモギギクの茎を入れておけば，決して悪寒AGUEに襲われることはないという（これはハンプシャー州の年老いた農夫から聞かされた迷信と一致している）．　[Vesey-FitzGerald, 1944: 28]

●ひよこはpipという病気〔家禽の舌やのどを冒す伝染病〕に罹りやすい．これは，ひよこがとりわけ雨の日についばむある種の虫が，気管に入ってそれを食べつくすことによって起こるものである．この病気は，エゾヨモギギクの葉を細かく刻んで，ひよこの餌に混ぜて与えれば防ぐことができる．pipはひよこの他に七面鳥

のひなにも伝染する，致命的な病気である．[IFCSS MSS 350: 75, コーク州]

●新しく家庭をもった新婚のカップルは，サラダにエゾヨモギギクを入れて食べたものである．この植物は［ケンブリッジシャー州の］リトルポート・フェンズ〔フェンズはウォッシュ湾沿いの低地帯の呼称〕のまわりの高台の土手や草地などに生えており……子どもたちは遠くまで，この葉を採りに行かされたものだった．ノウサギのいるところには必ずエゾヨモギギクがあるが，この動物は大家族をつくることで有名だったので，この草は人間に対しても同様の効力を発揮するはずだ，ということらしかった．しかし一方では，フェンズに住む未婚の女性たちが妊娠すると，流産MISCARRIAGEさせようとして，エゾヨモギギクの葉をしがんでいた．

[Porter, 1969: 10]

Tares　毒麦

新約聖書（「マタイによる福音書」13:24-30）のたとえ話に出てくる，敵が来て麦畑の中に蒔いていったという「毒麦tares」は，「新英訳聖書New English Bible」〔新約の部は1961年刊〕ではDARNEL（ドクムギ，*Lolium temulentum*）のことを指すものと解釈されている．ギリシア語の原典では，この植物はzizaniaと呼ばれており，これは一般にはドクムギと指す語として認められているが，1880年代以降は，可能性のある別の候補として，雑草の*Cephalaria syriaca*（マツムシソウ科キバナマツムシソウ属の1種）の名もあがっている．ドクムギ（草本としての）は，中東ではありふれた雑草で，若いうちはコムギWHEATによく似ているので，これだけを取り除くのは難しい．そのうえ種子の方もまた，原始的な道具では穀粒から分離するのは困難で，かびると有毒になり，これを口にするとめまいを引き起こす．

「毒麦tares」は他に，VETCH（ソラマメ属の数種）の1種――おそらくはhairy vetch（ケヤハズエンドウ〔Vicia villosa〕）を指すとされることもある［Grigson 1987: 139］．またアイルランド・ゲール語の聖書では，cogal（おそらくはムギセンノウCORN COCKLEの意）もしくはfiaile（一般に「雑草」の意）のいずれかに訳されている［van der Zweep, 1984］．

Teaplant　学 *Lycium* spp.（ナス科**クコ属**の数種）

●クコhalf wood（*Lycium chinense*）は，［ウォリックシャー州の］チャールコートとホワイトチャーチで［全身けいれんCONVULSIONSの治療に］用いられた．茎を半インチほどの長さに切り，その一方の端に糸を通して，ぶらさげられるようにするのである．この植物はまた，豚の跛行を治療するのにも用いられた．[Bloom, 1930: 245]

Teasel　学 *Dipsacus fullonum*　**オニナベナ**，チーゼル（マツムシソウ科ナベナ属）

●［ウェスト・サセックス州で］私は，弱視を治すには，オニナベナのカップ〔対生する茎葉の基部は，互いに癒合してカップ状になっている〕の中の水を使うのが一番だと勧められたことがある．[Latham, 1878: 45]

●［1914年から39年にかけてのサマーセット州西部では］オニナベナの葉の基部（basin of Venusと呼ばれる）にたまった雨水は，目の痛みに効く治療薬だと考えられてい

た.　［コーンウォール州ブリーグ，1993年10月］

● ［ケンブリッジシャー州では1660年に］この植物の葉の基部にたまっている雨水が，いぼWARTSを取るのによいとして勧められている．手を数回この水で洗うとよい，というのである．この植物がBath of Venusと呼ばれることがあるのは，おそらくこのためだろう．　［Ewen and Prime, 1975: 59］

ラシャカキグサfuller's teasel（*Dipsacus sativus*）は，布にけばを立てるのに用いられることがあり，サマーセット州のトーントン近辺では，この用途のために現在でもなお栽培されている［Ryder, 1969: 117／Stace, 1991: 788］．

● ［1922年生まれの］私の子ども時代には，〔サマーセット州〕イルトンの近くでteasel〔ここはラシャカキグサを指すか〕が栽培されていたものだった．夏休みには，男子の学童が何人か，これを収穫するために雇われていた．彼らは5週間働き，週に5シリングを受け取っていた．　［ドーセット州ソーンコム，1982年11月］

Teething　乳歯の生えはじめ

乳歯の生えはじめに伴う痛みを和らげるのに用いられてきた植物には，BITTERSWEET（ナス属の1種），ケシOPIUM POPPY，PEONY（ボタン属の数種），漂着種子SEA BEANSなどがある．

Thatch　屋根葺き材

屋根葺き材として用いられてきた植物には，BRACKEN（ワラビ属の1種），アマモEELGRASS，GREATER TUSSOCK SEDGE（スゲ属の1種），ギョリュウモドキHEATHERなどがある．

Thirst　のどの渇き

のどの渇きを予防するのに，ソラマメBROAD BEANを用いることがあった．また渇きを癒すのに，スイバSORRELをしがむこともある．

Thistle　学［usually］*Cirsium* spp.（［主として］キク科**アザミ属**の数種）

アイルランド中部では，thistleが生えていれば，その土地は肥沃だと考えられていた．

● thistleが生えるのはよい土地である．古老たちの昔語りに，ある盲人が農地を買いにいったときの話として，次のようなものがある．盲人が息子に「その馬をthistleにつなぎなさい」と言うので，息子が「私にはthistleなどどこにも見えませんが」と答えると，その老人はこう言った．「そうか，それじゃあ家に帰ろう．この土地はやせていてよくないようだから，買うのはやめにしよう」．

［IFCSS MSS 750: 296, ロングフォード州］

しかしthistleは，耕地にあっては実にやっかいな雑草となりがちで，根絶やしにすることは難しい．デヴォン州には次のように言われている．

● 5月にやっつけても
次の日になると生えてくる．
6月にやっつけても
すぐさま生えてくる．
でも7月にやっつければ

すぐに絶えてしまう.

Speed them in May
They are up the next day.
Speed them in June
They will come again soon.
Speed them in July
Then they soon will die. [Moore, 1968: 369]

コーンウォール州では:

●6月にdashel(thistle)を刈るのは
——この月ではまだ早すぎる.
7月に刈れば
枯れること請け合い.

Cut dashels (thistles) in June
—it's a month too soon.
Cut in July
they are sure to die. [コーンウォール州セント・アーヴァン,1994年1月]

thistleは長年にわたってスコットランドの紋章とされてきたが,その間の経緯と,種の同定に関してはいささか混乱が見られる.1981年,'Glasgow Naturalist' 誌に掲載された論文「〈スコットランドのアザミ Scottish Thistle〉とは何か(What is the Scottish Thistle?)」の結論はこうである.

●とげが多い点で,われわれがScottish Thistleと呼んでいる種のより有力な候補は,*C.* [*irsium*] *vulgare* [=アメリカオニアザミ SPEAR THISTLE]である.

[Dickson and Walker, 1981: 18]

同様にアイルランド北部でも,アメリカオニアザミはふつうSCOTCH THISTLEと呼ばれている[アントリム州バリカースル,1991年1月].

●スコットランドの紋章としてのthistleの起源を,古くにまでさかのぼろうとする推論はいくつか存在するが,いずれもその真偽のほどは疑わしい.ピクト族the Pictsの王アカイウスAchaius——架空の人物ではないにしても,その史料的な裏づけは存在しない——が,アザミ勲位the Order of Thistleを制定したという事実はないし,いずれにせよこの勲位の由来はよくわかっていない〔正式な制定は1687年だが,それ以前から存在していたともいう〕.……11世紀に侵入してきたデーン人は,〔不意をつくつもりで,音を立てぬよう〕裸足になったものの,thistleを踏みつけて大声をあげてしまったために,スコットランド人たちの知るところとなった,というのは本当の話だろうか? これはよくできた話ではあるが,しばしば口にされるようになったのは1829年以降のことで,……典拠と考えうるような明確な資料も存在しない．だとすれば，まぎれもないつくり話としか考えられないのではなかろうか？ ［Dickson and Walker, 1981: 1］

thistleのデザインがあしらわれているようにも見える最初の工芸品は，8～10世紀頃のスコットランドで用いられていた，「thistleの頭部をもつピン」と古代スカンジナヴィア風のthistleのブローチである．

●しかし，ピンの頭は細部に至るまでthistleらしくつくられているわけではないし，他方，［グラスゴーの］ハンター博物館Hunterian Museumとケルヴィングローヴ博物館Kelvingrove Museumに収められているブローチは，その表面がごくわずかにthistleの頭花に似ている，という程度でしかない． ［Dickson and Walker, 1981: 1］

結局のところ，スコットランドとthistleとの結びつきは，15世紀後半より前にさかのぼることは難しいようである．

●1503年に執り行なわれた，マーガレット・チューダーMargaret Tudorと〔スコットランド王〕ジェームズJames 4世の婚礼を賛えて，ダンバーのウィリアムWilliam of Dunbarがものした詩「アザミとバラThe Thrissil and the Rose」は，遅くとも16世紀の初頭までには，thistleがスコットランドの紋章になっていたことを示している．〔スコットランド王ジェームズ3世の〕王妃マーガレットMargaret（of Denmark）は，thistleを刺繍したベッドカバーもしくはテーブル掛けをもっており，また彼女の夫君は，thistleをあしらった硬貨を鋳造した．さらにイニスInnes（1959）によれば，オークニー／ケイスネス伯は1470年までに，アザミ勲爵士Knight of the Order of the Thistleの称号を有していたという． ［Dickson and Walker, 1981: 2］

多くの最近の著者［たとえばMartin, 1976: pl. 49およびWebster, 1978: 365など］が，派手な外見をもつ*Onopordum acanthium*（オオヒレアザミ属の1種）に，Scottish thistleもしくはSCOTCH THISTLEという名を与えているが，この種の英名としては，やはりCOTTON THISTLEを用いるべきであろう［Dony et al., 1986: 110］．本種については，イースト・アングリア地方原産であるとされることがある一方で，C・ステースStaceのように，イギリス諸島に導入された種であるとの見解を示す学者もいる［Stace., 1991: 810］が．いずれにしても15世紀のスコットランドに広く見られたとは考えづらいようである．ただし言うまでもなく，王室の庭園で栽培されていた可能性はあるので，そこから君主および国家と結びつくようになったというのは，ありえないことではない．しかし，cotton thistleがスコットランドと結びつけられるようになったのは，どうやらジョージ4世がこの国を訪問した，1822年以降のことのようである．

●国王がスコットランドのエディンバラを訪問されて間もなくの頃，ロンドンの司教の親戚にあたる人物から，〔サフォーク州〕ベリー・セント・エドマンズの植物園に，いくらかの種子が寄贈された．寄贈者によればこの種子は，スコットランドにおいて行なわれた陛下を歓迎するパレードの際に，人びとが身につけていた

thistle（もしくはその類）と同一種の種子であるということだった．この種子を発育させてみると，*Onopordum acanthium*であることがわかった．[Denson, 1832: 356]

ジョージ王のスコットランド訪問は，同地に出自の曖昧な虚飾を数多く生みだす結果となったが，このcotton thistleに関しても，このときにその見映えのよさを買われて，国のシンボルとして，それまでのアメリカオニアザミ——どこにでもある雑草にすぎない——に置き換えられた可能性がある．

「スコットランドのアザミ」と見なされることのある上記以外の種の一覧については，SCOTCH THISTLEの項を参照．またCREEPING THISTLE（アザミ属の1種）も参照．

Thompson's curse

HOARY CRESS（マメグンバイナズナ属の1種）の異称．

Thorn apple　学 *Datura stramonium*　**シロバナチョウセンアサガオ**（ナス科チョウセンアサガオ属）

●この有毒植物は，［チャネル］諸島では「野生の状態で」見られることはきわめて稀であるが，栽培が行なわれており，葉と茎を乾燥させたものは，喘息ASTHMAに非常によく効く薬とされていた．これをタバコのようにして吸うのである．

[Bonnard, 1993: 28]

Thunder　雷

摘むと雷を呼ぶとされてきた植物には，RED CAMPION（マンテマ属の1種），ヤナギランROSEBAY WILLOWHERB，SPEEDWELL（クワガタソウ属の数種），ヤブイチゲWOOD ANEMONEなどがある．またゲッケイジュBAYは雷除けになるとされることがあった．→稲妻LIGHTNING

Thunderbolts

チェシャー州における，SPEEDWELL（クワガタソウ属の数種）の異称．またスタッフォードシャー州における，ヤブイチゲWOOD ANEMONEの異称．

Thunderflower

チェシャー州における，ヤナギランROSEBAY WILLOWHERBの異称．またノーサンバランド州における，ヒナゲシPOPPYの異称．

Thyme　学 *Thymus* spp.（シソ科**イブキジャコウソウ属**の数種）

●Shepherd's Thymeの名でも知られるwild Thyme〔ヨウシュイブキジャコウソウ *Thymus serphyllum* Subsp. *serphyllum*を指すか〕を家に持ち込むのは，非常に不吉なこととされ，家族の誰かが死ぬか大病を患うことになると言われていた．

この言い伝えを教えてくれたある女性は，自らも，この植物を持ち込んだことで姉妹の死を早めたといって非難された経験を持っていた．近所の人や家族から幾度となくこの重大な罪を咎められ，自分の方も病気になるくらい心に痛手を蒙ることになったという．[Friend, 1884: 15]

●ジプシーたちはこの植物［=wild thyme］を非常に不吉な植物と見なしており，自分たちの荷馬車やテントには決して持ち込まない．しかし戸外では，少量の酢を加えて煮出し，冷ましたものを，百日咳WHOOPING COUGHの治療薬として利用することがある． [Vesey-FitzGerald, 1944: 28]

●［1940年代から50年代にかけての］子ども時代，私はその道に通じた婦人から，薬草を使って人を助けたり，病気を治したりする方法をいろいろと教わった．……彼女は，気管や胃に病気をもつ人びとを助けるのに，しばしばwild thymeを使っていた． ［デヴォン州バーンスタプル，1992年8月］

●30年ほど前に私は，イングランド南部からやってきた旅行者に，wild thymeの煮出し汁を髪の毛にすりこむと，自然の色を保つ効果があると教えられた．私は今年で74歳になるが，おかげで今だに白髪はなく，ふさふさとした褐色の髪のままである． ［クルーイド州コルウィン・ベイ，1993年6月］

Ti 学 *Cordyline fruticosa* **センネンボク**（リュウゼツラン科センネンボク属）

熱帯産の低木センネンボクには，一見したところ枯れてしまったように見える茎の小片でも，水中あるいは湿った土の中に置くと葉を出すという一風変わった特徴があり，そのためこの小さな「丸太log」は，珍品として売りに出されている．1989年12月にロンドンのコヴェント・ガーデン・マーケットで購入した「丸太」のパッケージには，次のようなコメントが添えられていた．

●ハワイ産の幸運の植物：センネンボク

この「丸太」を1本植えて，その生長ぶりをご覧あれ！

ハワイでは，センネンボクは持ち主に幸運をもたらし，悪霊を寄せつけないと言われています．その大きな葉は，食物を包んで出すのに用いられるだけでなく，伝統的なフラダンスのスカートとしても利用されています．

ポリネシアにおけるセンネンボクの植物民族学ethnobotany的な情報の詳細については，M・マーリンMerlinの論文（1989）を参照のこと．

Tide 潮

●潮が引いているときには，決して雑草を抜いたり掘り起こしたりしようとしてはならない．雑草は，普段よりもはるかに引き抜きにくくなっているはずだからである． ［シェットランド州ラーウィック，1994年3月］

Tissty-tossties ティスティ・トスティ

恋占いlove DIVINATIONに用いる，キバナノクリンザクラCOWSLIPの花でつくったボール玉の呼称．

Toadflax 学 *Linaria vulgaris* **ホソバウンラン**（ゴマノハグサ科ウンラン属）

J・レイJohn Rayの『ケンブリッジ植物誌Catalogus Plantarum circa Cantabrigiam nascentium』（1660）によれば：

●多くの人がこの草を，足の裏の，つま先とかかとの中間に敷き，4日熱quartan FEVERを治療する． [Ewen and Prime, 1975: 80]

Tobacco 学 *Nicotiana tabacum* **タバコ**（ナス科タバコ属）

タバコの代用品として用いられてきた植物には，以下のものがある．野生のアンゼリカ ANGELICA，BLACKTHORN（サクラ属の1種），フキタンポポ COLTSFOOT，セイヨウニワトコ ELDER，ニレ ELM，EYEBRIGHT（コゴメグサ属の数種），HOGWEED（ハナウド属の1種），セイヨウトチノキ HORSE CHESTNUT，セイヨウナツユキソウ MEADOWSWEET，MUGWORT（ヨモギ属の1種），ヤナギラン ROSEBAY WILLOWHERB，TRAVELLER'S JOY（センニンソウ属の1種）など．

アイルランドでは，タバコは歯の痛み TOOTHACHE を和らげるために用いられた．

●昔の人びとが，歯の痛みを抑えるのに利用したのはタバコの葉で，［これを］歯にあてて，痛みが引くまでそのままにしておくのである．［IFCSS MSS 275: 450，コーク州］

Toilet paper **トイレット・ペーパー**

モクアオイ TREE MALLOW の葉は，トイレット・ペーパーとして用いられることがあった．

Tomato 学 *Lycopersicum esculentum* **トマト**（ナス科トマト属）

●小鳥たちは決してトマトをつつかず，虫たちも決してこれをかじらないというので，われわれは絶対にトマトを口にしてはならないとされていた．

［エセックス州バーキング，1985年11月］

●トマトの果肉は，傷を治すのに役立つとされていた．

［エセックス州セント・オージス，1989年2月］

Tom-bacca

サセックス州における，TRAVELLER'S JOY（センニンソウ属の1種）の異称．

Tom thumb

グロスターシャー州における，EARLY PURPLE ORCHID（ハクサンチドリ属の1種）の異称．またドーセット州における，セイヨウミヤコグサ BIRD'S-FOOT TREFOIL の異称．

Toothache **歯の痛み**

歯の痛みを和らげるのに用いられてきた植物には，ローマカミツレ CHAMOMILE，イヌバラ DOG ROSE の虫こぶ，ヒヨス HENBANE，SPURGE LAUREL（ジンチョウゲ属の1種），タバコ TOBACCO，ヤナギ WILLOW などがある．

Tormentil 学 *Potentilla erecta*; syn. *P. tormentilla*/ *Tormentilla erecta*（バラ科**キジムシロ属**の1種）

●「tormentilの根」――これは*Potentilla tormentilla*の根のことで，ごくふつうに治療薬として用いられている．あるとき，［ロンドン東部の］ストラトフォード・バイ・ボウに住む私の友人のところに，2人の少女が，tormentilを1ペニー分ください，と言ってきたことがあった．そして翌週にもさらにたくさん買いにきたので，友人が，いったい何に使うのかね，と尋ねてみたところ，ひとしきりためらったり悩んだりした後で，そのうちの1人が，実は私の姉妹が恋人に振られてしまったんです，と話しはじめたという．彼女が「物知り」として通っているある老女に相談をもちかけたところ，tormentilの根を少し手に入れて，金曜日の真夜中にそれを燃やすとよい，と教えられた．こうすればその若者は不安で悩ましい気持ちになり，恋人のもとに戻ってくるだろう，というのであった．薬種商を営んでいるその友人の話では，2人は3週続けてやってきたあと，ぱったりと姿を見せなくなったという．まじないがうまくいったのか，それともよくないことだと感じてやめてしまったのかはわからないが，友人としては，2人がうまくやったのだと思いたいようだった．　[Lovett, 1913: 121]

● [パースシャー州グレン・ガイルでは：] この季節には，うっかり強い日射しを浴びすぎると日焼けSUNBURNを起こして痛い目にあうが，これは，沸騰させた湯にtormentilをくぐらせてつくったローションを，冷ましてから塗れば治る．　[Barrington, 1984: 103]

● 〔スコットランドのベリックシャー州に広がる〕ラマーミュア丘陵では，この根はShepherd's-Knot（羊飼いのこぶ）と呼ばれ，牛乳で煮たものを下痢DIARRHOEAの治療に用いる．　[Johnston, 1853: 72]

● [カヴァン州での下痢の治療法：] tormenting root〔=tormentil〕を煮て，その煮出し汁を飲み，また煮た根を食べる．この植物は，不毛の地や溝などに生える，みすぼらしい外見をした小さな植物である．　[Maloney, 1972: 74]

● 1860年代のことだが，シェットランド州の西部に住むダンカン・デイエルDuncan Deyellという名の17歳の若者が，船に乗っているときに重い病気にかかり，急遽南アイルランドで船から降ろされた．土地の医者に診てもらったところ，リウマチ熱RHEUMATIC FEVERにやられているという見立てで，何とかシェットランドに戻ろうとしたが，たどりつく前に歩くこともできなくなってしまった．それどころか馬に乗ることすらできず，仕方なく妹が迎えにきて，ポニーの背に載せて連れ帰る始末だった．島に戻ってからもう一度医者に診せたが，やはりもう手のほどこしようがなく，余命6か月という診断であった．ところがこの若者の親戚のメアリ・フレーザーMary Frazerは，この医者の言葉を信じようとせず，家族の何人かに命じて，aert-bark [tormentilの根] を掘ってこさせると，これを煮て若者に与えた．この治療がどのくらい続いたのかは知らないが，この若者は数か月もすると元気になり，再び海に戻って，その後10年間船で働き続けた．その後彼は船乗りをやめ……74才まで生きたという．……これは彼の孫にあたる人から聞いた話である．

1889年の生まれで，93歳まで生きた私の母は，子どもの頃によく，牛乳で煮たaert-barkを，強壮剤として，あるいは胃などの具合がよくないときに，かなり定期的に飲まされた，と言っていた．　[シェットランド州ラーウィック，1994年3月]

ガーンジー島では，tormentilはesquinancéeの名で知られており，「扁桃膿瘍QUINSYの治療薬として重宝されていた」．またherbe de paralysie（中風の草）とも呼ばれることがあったが，これはMILKWORT（ヒメハギ属の1種）の呼称でもあった．

● R・H・トゥーテルTourtel師から，同地の人びとは，中風PARALYSISの予防と治療に

> 効果のある植物として2種類を認めている，という話を教わった．1つめはMILK-WORT（ヒメハギ属の1種）で，これは男性の患者に用いられる．そして2つめはtormentilで，こちらは女性に処方する．ある年配の女性は，中風に罹って言葉が話せなくなったが，tormentilの煮出し汁を飲んだところ，再び話ができるようになったという．しかし私には，この2種の用途の違いは，普遍的なものではないように思われる．というのも数年前に〔シリー諸島の〕セント・マーティンズ島で，年配の男性が，集めてきたtormentilを私に見せながら，中風の発作を避けるために，これを「茶」にしていつも飲んでいるんだ，と話してくれたことがあったからである．［Marqund, 1906: 40］

樹木が少ない，あるいは全く生えていない地域では，皮革をなめすのにtormentilの根が用いられていた．

> ●［島では靴の製造は］獣皮の切り出しにはじまって，石灰を使って準備し，植物の根で仕上げるなめし，さらには靴型を使っての型抜きに至るまで，すべてエグEigg社がとりしきっている．……この諸島には樹木がほとんど生えておらず，したがって言うまでもなくなめしに樹皮を使うことはできない．しかし島の人びとは，*Tormentilla erecta*の，収斂性のある裂片をもった根を代用品として用いている．これは，この目的に用いるために，相当な時間と労力をかけてヒースの間から掘りあげられる．……1回分のなめし液のために十分な量の根を集めるには，大の男がまる1日がかりであった．
>
> ●ウェスタン諸島〔アウター・ヘブリディーズ諸島〕の漁師たちは，自らの漁網をなめすのに広く［Tormentilを］用いており，これをCairt-Lairと呼んでいる．
>
> ［McNeill, 1910: 118］

アイルランドには特に樹木が少ないため，アイルランド議会は1727年，tormentilの根を用いて皮革をなめす方法を発見したW·メイプルWilliam Mapleに対して，その功績を称え200ポンドの報奨金を支給した．メイプルは1729年，自らの発見した方法を「樹皮を用いずに皮なめしを行なう法A Method of Tanning without Bark」と題したパンフレットにまとめてこれを公表した．このパンフレットにはtormentilの植物の図が掲載されており，結果的に，アイルランドで出版された最初の図入りの植物学的著作という栄誉を勝ち得ることにもなった［Nelson and McCracken, 1987: 11］．

18世紀後半には，アイルランドでは樹皮がきわめて乏しくなり，そのため「なめし業者の中には，質が劣りはするものの，貴重なタンニンの供給源として，tormentilの根をあてにする者があらわれ，ダブリンの王立協会Royal Dublin Societyでは1750年，これを奨励するために，賞金を用意した」［Evans and Laughlin, 1971: 85］という．

Tormenting root

カヴァン州における，TORMENTIL（キジムシロ属の1種）の異称．

Tramman / trammon

マン島における，セイヨウニワトコELDERの異称.

Traveller's joy 学 *Clematis vitalba*（キンポウゲ科**センニンソウ属**の1種）

● ［サセックス州では，traveller's joyはTom-baccaあるいは］boys'-bacca（少年のタバコ）と呼ばれている．これは，少年たちがこの植物の小さな材をさらに細かく刻んで，葉巻のようにして吸うからである． [Britten and Holland, 1886: 471]

● ［私が子ども時代を過ごした1930年代後半のベッドフォードシャー州では］本当の名前は忘れてしまったが，アマに似た白い花をつける雑草をOld Man's Beard（老人のひげ）と呼び，これをよく吸ったのを……覚えている（ただしこれはぜひとも断っておかなければならないが，これには一切幻覚性の効果はなく，たいていはひどく咳きこむことになるだけである）． [Norman, 1969: 34]

●私（1943年生まれ）の子どもの頃，……8歳から13歳くらいの少年たちは，whiffy cane（小さい葉巻の茎）と呼ばれるものをよく吸っていた．これは，old man's beardの木質の茎のことであった． ［エイヴォン州クリーヴドン，1993年3月］

● Jew guts = wild clematis〔=traveler's joy〕：弾力性があってしかも耐久性にもすぐれているので，［デヴォン州の］ビーアでは，カニを捕るための編みかごの底板の材料として用いられていた． [Laver, 1990: 236]

● ［ウォリックシャー州のストラトフォード・アポン・エイヴォンでは：］traveller's joyの曲がりくねった茎でつくった輪を……全身けいれんCONVULSIONSの治療のために，子どもの首にかけることがあった． [Bloom, 1930: 245]

Tree mallow 学 *Lavatera arborea* **モクアオイ**（アオイ科ハナオアイ属）

● ［コーンウォール州では，モクアオイは］時にku-treeの名で呼ばれることがある．これはこの植物の葉の温湿布が，kuあるいはkennal――すなわち「ものもらいSTYES」（目の中の潰瘍）――の治療に用いられるからである．モクアオイには雌株と雄株があるが，用いる葉は一般に，治療を受ける人とは反対の性のものでなければならないとされている． [Davey, 1909: 91]

● mallowと名のつく植物の種子はcheese（チーズ）と呼ばれている．ウスベニアオイcommon MALLOW，モクアオイtree mallow，Cretan mallow，dwarf mallowなどがあるが，最も好まれているのはモクアオイのものである．おそらく第一の理由はその大きさにあるだろう．このcheeseは，残っている萼片を取り除いて生のまま食べるが，強いていえばイングランドのハシバミの実に似た味がする．サラダに入れることもあるが，それには細かく刻んでおく必要があった．さもないと身をくねらせた毛虫がいると疑われかねなかったからである！

これらの植物（モクアオイが望ましい）の葉を，できあがりがよく煮たホウレンソウのようになるくらいまで煮詰める．そしてこれを腫れた関節に，患者が我慢できる限り熱いままの状態で湿布し，2～3日の間，必要に応じて何回か取り替えるようにする――この方法は実際のところ非常によく効くようである．私はこれを親友から教えられ，指示通りに試してみた．そのときはその効き目を信じていたわけではなく，その友人の気持ちを傷つけないように，「ああ，やってみたけど効かなかったよ」と話せるようにしておくつもりで試してみたのである．……ところがこれがよく効いたのである！　［シリー諸島，セント・メリーズ島，1992年9月］

ジャージー島では，モクアオイの葉がトイレット・ペーパーの代わりに用いられることがあった．

●［モクアオイは］海辺の農家の庭などでしばしば栽培されていた．私はこれを不思議に思っていたが……ジャージー島に住む初老の紳士がそっと耳打ちしてくれたところによると，かつては屋外の便所が庭の奥にあることが多かったので，モクアオイはその葉を利用するために，意図的に植えられていたのだという．子どもたちは，その実をdes p'tits pains（小さなパン）と呼び，よく口にしていたものだった．　［Le Sueur, 1984: 96］

Tree of happiness

MONEY TREE（クラッスラ属の1種）の異称．

Tree of heaven

MONEY TREE（クラッスラ属の1種）の異称．また，観賞用に栽培され，現在イングランド南西部では帰化植物となっている中国原産のシンジュ *Ailanthus altissima* の呼称でもある．

Trimming jockies

ヨークシャー州における，QUAKING GRASS（コバンソウ属の1種）の異称．

Tubbens　草を混ぜた土くれ

●私は炭鉱の村で育った．……その村はランズ・エンドとセント・アイヴズの中間にあった．1920年以降……告解火曜日THROVE TUESDAYになると，人びとは雪合戦のようにしてtubben（草を混ぜた土くれ）を投げあった．学校の運動場では，男女対抗で行なわれた．　［コーンウォール州ペンディーン，1990年5月］

Tuberculosis　肺結核

肺結核の治療に用いられてきた植物には，セイヨウタンポポDANDELION，ジギタリスFOXGLOVE，ビロードモウズイカMULLEIN，セイヨウノコギリソウYARROWなどがある．一方，LORDS AND LADIES（アルム属の1種）によって感染するとされたり，セイヨウニワトコELDERの木のまわりではこの病気にかかりやすいとされたりすることもあった．

Tuberose　学 *Polianthes tuberosa*　**ゲッカコウ**，チューベローズ（リュウゼツラン科ゲッカコウ属）

20世紀の初頭，甘い香りのするゲッカコウの花は，媚薬APHRODISIACとしての効果をもつと考えられていた．

●彼［ウィンボーンWimborne卿］は，救いがたいほどロマンティックで，彼にとって恋とは，常に「激しい情熱une grande passion」を伴ったものでなければならず，そうでないような恋には一切興味を示さなかった．そして彼は，自らが魅かれた女性には，決まってゲッカコウ（エドワード7世時代〔1901-10〕の人びとは，この植物が欲望を刺激すると信じていた）の花束を贈っていた.　［Cartland, 1971, 第5章］

Tufted hair grass　㊫ *Deschampsia cespitosa*（イネ科**コメススキ属**の1種）

イングランド北部ではbull-front，bull-toppingあるいはbull-faceなどの名でも知られ，かつては教会の膝ぶとんHASSOCKSをつくるのに用いられた.

●この草を掘りあげるのは一苦労だったが，教会の膝ぶとんとして仕上げるのは簡単だった．私の知るかぎり，これが何かで覆われていることはなかった．しかし膝ぶとんの材料として使えるのは，よく育った特大の草だけであった．……故R·ケトルウェルKettlewell師は1938年，〔ノース·ヨークシャー州の〕グレート·エイトン教区の歴史を執筆中に，18世紀の教会では，bull-frontでつくった膝ぶとんに，1枚2ペンスの料金が課せられていたことを知ったという．また10年近く前に，リーラムのローマ·カトリック教会で，ある老人から次のような話を聞かされたこともあった．「膝ぶとんはぜひとも使ったほうがいいが，ひざまずいたときに一番気持ちがいいのは，bull-frontでつくった古い膝ぶとんじゃ．この教会ができる前，ウグスロップの教会には，bull-frontの膝ぶとんを使っている年寄りが2，3人おった．とはいえその後は，かれこれ40年あまりもお目にかかったことはないがな」.

［Teulon-Porter, 1956, 90］

Tulip　㊫ *Tulipa gesneriana*　**チューリップ**（ユリ科チューリップ属）

〔リンカンシャー州〕スポールディングのフラワー·パレードFLOWER PARADEでは，山車を飾るのにチューリップが用いられてきた.

Tun-hoof

セイヨウカキオドシGROUND IVYの異称.

Turnip　㊫ *Brassica rapa*　**カブ**（アブラナ科アブラナ属）

アイルランドの一部地域およびイングランド北部では，ハロウィーンHALLOWE'ENのための提灯が，カブを使ってつくられる.

●カブの提灯がつくられるのは，現在ではハロウィーンの時期だけである．カブの中身をくりぬき，明かりとりのために前方に穴を開けておく．そして蠟燭あるいは灯心を中に入れて火をともす.　［IFCSS MSS 950: 248, モナハン州］

●この地方では，今でもカブの堤灯がつくられている．実のところ私は，これは全国共通の慣習だと思い込んでいた．わが家の子どもたちも，それなりの年になるまでは毎年この提灯をつくっていた．ただし私の知るかぎりでは，これはハロウィーンの時期だけで，「ガイ・フォークスの夜祭Guy Fawkes' Night」〔11月5日に行なわれる夜祭〕の頃には見かけたことがない.

［ノーサンバランド州コーブリッジ，1980年1月］

→MANGOLD（ビートの栽培品種）／セイヨウカボチャPUMPKIN

他方，シェットランド諸島では：

●頭を突っ込んでリンゴAPPLEをくわえる遊びはあまりやらなかった．……しかし，カブをスライスしてアルファベットの文字の形に切り抜いたものが，立派にその代役をつとめてくれた．水を張ったたらいの中にこれらを浮かべ，男の子も女の子も，口を使ってこれを取りだすのである．意中の人の頭文字を取りだそうとして躍起になるのは，とても楽しいことだった．またおかしな文字を取りだしてしまったときでも，その「運命の人」が誰なのかを，わくわくしながら想像したものだった．［シェットランド州ラーウィック，1994年3月］

他の作物と同様に，カブを栽培する上での節目となる作業については，地元の祝祭日がその指標となっていた．

●私の記憶にある限り，カブは6月15日（地元では聖コルムシルSt Columcilleの祝日にあたる）より前に蒔くのがよいとされていた．［オファリー州デインジアン，1985年1月］

●カブはクルーカーンの市Crewkerne Fairの日（9月4日・5日）までに選別を終えなければならない．［ドーセット州ソーンコム，1977年9月］

民間薬としては，カブは風邪COLDSの治療に用いられることがあった．

●［この治療法は，60年ほど前，ノーフォーク州メルトン・コンスタブル付近で，私の義父の祖母にあたる人が実践していたものである：］まず白い大きなカブを用意し，よく洗って，1/8インチから1/16インチの厚さにスライスする．そしてこれらを皿の縁に並べ……黒砂糖を振りかける．するとそのうちに汁が……皿の中央に集まってくるので，風邪を治すにはこれを飲むとよい．

［サフォーク州ウェスト・ストウ，1991年1月］

Tutsan 学 *Hypericum androsaemum* **コボウズオトギリ**（オトギリソウ科オトギリソウ属）

時としてtouch and heal leafと呼ばれることもある．

●コボウズオトギリは，ごくありふれた低木状の草で，……ハンプシャー州ではtouchen leafあるいはtouched leafの名で知られている．その光沢のある液果は，緑色からやがて赤色に変わるが，これはデーン人の血BLOODに染まっているのだ，と言われることがある．［Boase, 1976: 114］

●しみを防ぐには，touch and heal leafを使うとよい．よく野原などに生えており，川の縁に1本立ちしているのを見かけることもある．1本に1つ液果がなり，これは最初は赤いが，やがて黒くなる．軟膏は，この葉をすり潰したものをラードと混ぜあわせてつくる．［IFCSS MSS 200: 75，リートリム州］

●イングランド，およびフランスのチャネル諸島の対岸のあたりでは，よい香りのする乾燥させた葉（龍涎香ambergrisになぞらえられ，そのためAmberもしくはSweet amberと呼ばれることがある）が幸運をもたらすとされ，しばしば祈禱書や聖書のページの間にはさまれた．［Grigson, 1987: 75］

U

Ulcers　潰瘍

タガラシCELERY-LEAVED BUTTERCUPを用いて，意図的に潰瘍をつくりだすことがある．また潰瘍の治療に用いられてきた植物には以下のものがある．キャベツCABBAGE，COMFREY（ヒレハリソウ属の数種），DWARF ELDER（ニワトコ属の1種），セイヨウニワトコELDER，MARSH WOUNDWORT（イヌゴマ属の1種），PELLITORY OF THE WALL（ヒカゲミズ属の1種），ジャガイモPOTATO，WATER FIGWORT（ゴマノハグサ属の1種）など．

Umbellifers　学 *Umbellifae*　**セリ科植物**

セリ科植物のいくつかの種，たとえばCOW PARSLEY（シャク属の1種）などは，縁起の悪い花として広く知られており，またいくつかの地域では，すべてとは言わないまでも，この科の白花をつける種の大部分は「不吉な植物」と見なされていた．

●ここノーサンバランド州では，セリ科のすべての植物は，bad-man's oatmeal（悪人のオートミール）と呼ばれている．　［タイン・アンド・ウィア，ウィトリー・ベイ，1984年3月］

●マージーサイドでは，セリ科の植物は全般にMOTHER DIE（母親の死）の名で知られており，決して摘みとってはならないとされている．

［マージーサイド，ブロンバラ，1990年11月］

●われわれはセリ科の植物には決して手をふれなかったし，また摘みとったりもしなかった．これらはすべて毒をもっていると教えられていたからである．これは，われわれ子どもたちがドクニンジンHEMLOCKを摘まないようにするためだったのではないかと思う．　［デヴォン州プリマス，1993年2月］

V

Valerian 学 *Valeriana officinalis / V. phu* **セイヨウカノコソウ**（オミナエシ科カノコソウ属），および同属の1種

● ［セイヨウカノコソウは］いつもcut-leafと呼ばれていて，切り傷CUTSや引っ掻き傷には，その葉をすり込むように教えられていたのをよく覚えている．

［ウェスト・サセックス州バーダム，1993年7月］

● ［彼は私に，valerian（*Valeriana phu*）は］God's hand leaf（神の手の葉）と呼ばれている，と教えてくれた．……黴菌が入って化膿した指の腫物SORESには，その葉を巻きつけて，そのまま一晩おいたものだったという．

［グロスターシャー州グリーンウェー，1993年9月］

Vegetable lamb　植物子羊

「植物子羊」――植物と動物の特徴をあわせもつ，子羊に似た生物――の伝説をはじめてイギリスにもたらしたのは，J·マンデヴィルJohn Mandeville卿であった．卿はハートフォードシャー州セント·オールバンスの生まれで，1322年に同地を出発したあと，「多くのさまざまな国」を巡って32年間に及ぶ旅を続けたと伝えられている．

● ［カタイの国のさらに先には］ヒョウタンのような果実のなる木が生えている．よく熟したその果実を2つに切ると中には，肉と骨と血をもった小さい獣が入っており，これは毛のない小さい子羊のように見える．人びとは，この果実と獣の双方を食べている．これは実に驚くべきことである．私も，その果実の方を実際に口にしてみた．

［Mandeville, 1964: 174］

ここでマンデヴィルが紹介している植物は，実際のところはワタの木であったと推定されることが多い．しかし，彼がその「子羊」には毛がなかった，と述べている点は注目に値しよう．もしこの「果実」がワタの種子のさやであったとすれば，その特徴ある繊維を見て，毛がないどころか，毛で覆われた子羊，と記したに違いないからである．また，ワタのさやが食用になるという記録のない点も，マンデヴィルの植物がワタ以外のものであったことを示唆しているように思われる．

436年に成立した『エルサレム·タルムードTalmud Ierosolimitanum』の中にも，「植物子羊」に関する別の記述が見られる．

●それは子羊に似た形をしており，へそからは茎あるいは根が出て，これによって，この植虫類zoophyteもしくは〈動物=植物〉は，ヒョウタンのように地中に根づいていた．そして，その茎あるいは根の届く範囲内にある草を，すっかり食い

尽くしていた. [Lee, 1887: 6]

16世紀から17世紀にかけて，この生物——「スキタイの子羊Scythian Lamb」とも呼ばれた——はかなりの関心を集めることになった．名の通ったヨーロッパの学者の中にも，その存在を信じるものがあらわれ，「子羊」とされる現物の展示も幾度か行なわれた．J·パーキンソンJohn Parkinsonの『太陽の楽園，地上の楽園Paradisi in Sole Paradisus Terrestris』(1629) の扉には，エデンの園においてさまざまな植物に取り巻かれたアダムとエヴァの姿が描かれているが，その植物の中にも，一般に「植物子羊」であると解釈されているものが含まれている．ただしこれは，どちらかといえば木の幹に倒れかかったまま事切れたオオカミの死骸のように見える．

H·スローンHans Sloane卿は1698年，王立協会Royal Societyの学会にある品を出展した．その品というのは：

●インドにおいて，誤って「タタールの子羊Tartarian Lamb」と呼びならわされているものである．これは長さが1フィート以上，太さは人の手首くらいで，7つの突起をもち，端の方には内側にも外側にも，長さ3～4インチの，シダのそれに酷似した葉柄が数本ついている. [Sloane, 1698: 461]

こうしてスローン卿は，当時のイギリスにもたらされた「植物子羊」の原型を，正確に同定していたわけである．1725年9月，J·P·ブレインJohn Philip Breyn博士からの報告を受けて，王立協会は再度この「子羊」に注目することとなった．この報告は，スローン卿の推論を裏づけるものであった．

●学識と観察眼とを兼ね備えたある人物が，モスクワを経由しての旅の帰途に，われわれの町［ダンツィヒ］に立ち寄られ，わが博物館のコレクションに，……「スキタイの羊」を1つ加えてくださった．……これは長さ6インチほどで，頭と耳，それに4本の足を備えていた．体の色は鉄錆色で，耳と足を除く全体が，絹のフラシ天を思わせる柔毛で覆われていた．また耳と足には毛がなく，濃い黄褐色をしていた．入念に調査した結果，私はこれが動物性のものではなく，また果実でもなく，何かの植物のほふく性の根か，つる性の茎のどちらかで，これが人工的に四足獣の形につくりあげられることによって「産みだされた」ものであることを発見した. [Lee, 1887: 33]

「植物子羊」の標本は，現在ロンドンの自然史博物館Natural History Museumの植物学部門に収蔵されているスローン卿のコレクション（「植物および植物性物質のコレクションCollection of Vegetables and Vegetable Substances」）の中に見いだすことができる．これはタカワラビ*Cibotium barometz*というシダの根茎の一部だが，20世紀の現時点での状態を見る限り，〔「植物子羊」として〕イメージすることは難しい．

●中国南部の住人たちは時折，手慣れたやりかたで，これらの木生シダ，すなわちタカワラビ*Dicksonia barometz*の太い根茎を，ほぼ四足獣を思わせるような形につくりかえていた．そして現在ではあまり言われなくなったが，かつてこの四足獣

> は子羊だとされていた．彼らは，根茎から出ている葉を，4枚だけ残して全部取り除き，その4枚を，茎の部分が4インチほど残るように切り揃える．こうしてできあがったものを上下さかさまにすると，根茎が動物の胴体になり，4本の葉の茎によって，4本足で支えられているように見えるのであった． [Lee, 1887: 41]

本来中国人たちは，犬をかたどった玩具のつもりでこれをつくっていたのだが，ヨーロッパではこれが，子羊ということにされてしまった——これらの「子羊」は，マンデヴィル卿をはじめとする，大陸に渡った旅行家たちのいう「植物子羊」とは，直接の関連をもつものではないにもかかわらず，である．そしてそうした旅行家たちにしても，実際に生きた「植物子羊」を見た，と記している者はいないようである．

それはともかく，「植物子羊」の伝説はこのように，互いに無関係ないくつかの情報源に端を発したものなのである．すなわち，マンデヴィル卿の紹介する，未だ明確に同定されていない果実，『エルサレム・タルムード』の記述，タカワラビの根茎からつくられた玩具，といった情報がそれで，さらにもう1点，早くも紀元前445年に記された，ワタ属の植物を指すと思しい，次のような漠然とした記述も存在する〔ヘロドトス『歴史』第3巻106章〕．

> ●ある種の木は，羊の毛よりも美しく質のよい羊毛をもつ果実をつける．そして［インドの］原住民は，それからつくった布を身にまとう． [Lee, 1887: 46]

Vermicides　駆虫剤

駆虫剤として用いられてきた植物には以下のものがある．イブキトラノオ BISTORT，セイヨウヤチヤナギ BOG MYRTLE，BOX（ツゲ属の1種），BRACKEN（ワラビ属の1種），FUMITORY（フマリア属の数種），ハリエニシダ GORSE，HELLEBORE（クリスマスローズ属の数種），ホップ HOP，セイヨウワサビ HORSERADISH，エゾヨモギギク TANSY，アブシント WORMWOOD など．

Vervain　㊫ *Verbena officinalis*　**クマツヅラ**（クマツヅラ科クマツヅラ属）

> ●現在生きている人の中にも，伝染病の予防のために子どもの首にクマツヅラをかけるという風習が，かつて盛んに行なわれていたことを覚えている者は少なくないだろう．それを単なる魔除けもしくはお守りだとする人もいれば，実際に強い効き目があると考える人もいた．他にもこの植物は，薬草として用いられたり，特定の病気を治療するために身につけられたりすることもあった．30種類もの病気に効果があるとされ，その中のある病気に対しては，白いリボンで首にくくりつけるよう勧められていた． [Platt, 1857, 2: 184]
>
> ●［ウェスト・サセックス州では］体質の弱い子どもには，クマツヅラの乾燥した葉を「黒い絹の袋に入れて身につける」ようにさせるとよいと勧められていた． [Latham, 1878: 38]

マン島では，MOTHERWORT（メハジキ属の1種）がしばしばクマツヅラと見なされた．

Vervine

マン島における，MOTHERWORT（メハジキ属の1種）とクマツヅラ VERVAIN の異称．

Vetch 学 *Vicia* spp., especially *V. sativa*（マメ科**ソラマメ属**の数種，特にカラスノエンドウ）

●約40年前，田舎の学校に通っていた私は……その行き帰りにあらゆるものを口にしたものだった．……vetch：これは紫色をした野生の花の実で，緑色のさやの中に小さな黒い豆が入っていた． ［ティペレアリー州クロンメル，1993年2月］

●イングランドでは時として，看護婦たちが［vetchの種子の］煮出し汁を，天然痘SMALLPOXやはしかMEASLESを追い出すために与えることがある． ［Lightfoot, 1777: 396］

Violet 学 *Viola* spp., especially *V. odorata* **スミレ類**（スミレ科スミレ属の数種，特にニオイスミレ）

●私は1914年の生まれだが，その頃この地方は全くの農村地帯であった．われわれは時々，スミレの種子——緑色のさやではなく——が白くなったものを食べたものだった． ［デヴォン州プリマス，1993年1月］

●野生のスミレを煮て，その汁を飲めば，頭痛HEADACHEが治る．

［IFCSS MSS 500: 74，リマリック州］

●スミレの葉は癌CANCERを治す． ［IFCSS MSS 560: 378，ティペレアリー州］

●［ジプシーの治療薬：］沸騰させた湯にくぐらせた葉の湿布薬は，癌の進行を抑える効果がある．また，葉の煮出し汁は体内の癌に作用し，それを治すことすらあると聞かされたことがある． ［Vesey-FitzGerald, 1944: 28］

●癌の治療に用いるスミレの葉の煎じ汁の処方：新鮮な緑色をしたスミレの葉をひとつかみ用意して，その上に熱湯を約1パイント注ぎ，覆いをして，約12時間（液が緑色になるまで）放置する．それからこの液を漉して，その中にリント布を1枚浸しておく．そしてこの液を適量とって温めなおしてから，中に浸してあったリント布を温かいうちに患部にあて，油布か防水布で覆っておく．リントが乾いたり，冷たくなったりしたら取り替える．また煎じ汁は，2日に1度ぐらい新しくつくりなおさなければならない．……この方法はメイドストーンではじまったものだと聞いているが，わが家では長年これを続けている．

［UCL EFS MSS M9，ケント州ブロムリー，1963年9月］

Virgin Mary's milk-drops

モンマスシャー州における，LUNGWORT（ヒメムラサキ属の数種）の異称．

W

Wake robin

17世紀に用いられた，LORDS AND LADIES（アルム属の1種）の異称.

Wall barley 学 *Hordeum murinum* **ムギクサ**（イネ科オオムギ属）

●1950年代後半から1960年代前半にかけて，ロンドン北部で子ども時代を過ごしたわれわれは，ムギクサbarley grass（*Hordeum murinum*）の花穂の一部（小穂）を摘み，これでかなりできのよい「投げ矢」をつくったものだった．この矢は，投げつけた相手の髪の毛や衣服に，簡単にくっついた――しかしくっついたものを取り外すのは，簡単どころではなかった！　［デヴォン州エクセター，1991年3月］

●［約40年前の子ども時代に］われわれは，flea-riddenと呼ばれる，草でつくった投げ矢で，互いに攻撃しあった〔FLEAは「ノミ」の意〕．これは投げつけると，とりわけウール地の服にはよくくっつくが，ジャンパーなどにくっつけられたまましばらく気づかないでいると，ノミがいっぱいだ，と皆からはやしたてられ，子どもだったわれわれは，カッとなったものだった！　［ハンプシャー州トットン，1991年8月］

Wall rabbits

ドーセット州における，ツタガラクサIVY-LEAVED TOADFLAXの異称.

Wall rue 学 *Asplenium ruta-muraria* **イチョウシダ**（シダ類，チャセンシダ科チャセンシダ属）

恋人に捨てられた女の子は，その恋人の結婚式で〔投げつけて呪いをかけるため〕，ヘンルーダRUEの代わりにイチョウシダを使うこともできた.

Walnut 学 *Juglans regia* **ペルシアグルミ**（クルミ科クルミ属）

●ペルシアグルミの木が倒れるのは災いの前兆である．かつて私が住んでいた［ベリックシャー州の］家では，1939年のある日，お茶の時間に，芝生の中にあったペルシアグルミの大木が倒れた．　［サマーセット州オールド・クリーヴ，1993年10月］

●ペルシアグルミの殻を煮たものは，羊毛を染めるためのよい染料になり，これは媒染剤を必要としないので非常に人気が高い．

［ノーサンバランド州コーブリッジ，1993年3月］

War 戦争

ジギタリスFOXGLOVEが多いのは，戦争が起こる前兆だとされることがある.

Wart flower

コーンウォール州における，ヒナゲシPOPPYの異称.

Warts　いぼ

いぼの原因になるとされてきた植物には，ヒナゲシPOPPY，SHEEP'S BIT（ヤシオネ属の1種），セッコウボクSNOWBERRYなどがある．一方，その治療に用いられた植物には以下のようなものがある．セイヨウトネリコASH，ソラマメBROAD BEAN，穀類CORN，セイヨウニワトコELDER，GREATER CELANDINE（クサノオウ属の1種），ヤネバンダイソウHOUSELEEK，PETTY SPURGE（トウダイグサ属の1種），ノゲシSOW THISTLE，SPURGE（トウダイグサ属の数種），トウダイグサSUN SPURGE，オニナベナTEASELなど．

Wartweed

コーンウォール州における，PETTY SPURGE（トウダイグサ属の1種）の異称．

Warty-girse

オークニー諸島における，トウダイグサSUN SPURGEの異称．

Watercress　学 *Rorippa nasturtium-aquaticum*　**オランダガラシ**（アブラナ科イヌガラシ属）

シャムロックSHAMROCKに言及している最初期の文献には，この草が食用にされたことが記されており，R·スタニハーストStanihurst（1577）やE·スペンサーSpenser（1633）は，これをオランダガラシだと考えていた．おそらく両者は，E·カンピオンCampionが1571年に書きあげた未刊の文献『アイルランド史の第一の書First Boke of the Histories of Ireland』の一節を読み違えたものと思われる．同書の中でカンピオンは，アイルランド人の食生活にふれて次のように述べている．

● 彼らはshamroteやオランダガラシなどの草を食用にしている．オートミールと一緒に，バターで味をつけて食べるのである．　[Colgan, 1826: 216]

しかしミース州には，シャムロックをオランダガラシと同定する見解を裏づけるかのような伝承も存在する．すなわち，同州のデリューク共有地にある「シャムロックの泉」のまわりでは，「今だに語り草となるほどの，この地方で最も良質の」オランダガラシが採れたのだという [Synott, 1979: 39]．

また，オランダガラシと聖パトリックST PATRICKがきわめて密接な関係にあったことをうかがわせる異称も存在する．

● watergrassすなわちオランダガラシは，水の澄んだ小川のそばで収穫したものを，キャベツの代わりに料理に使うことができた．それはまた，バターつきのパンとともに，生で食べることも可能だった．それにはドレッシングも不要で，人びとの中にはこれをSt Patrick's Cabbage（聖パトリックのキャベツ）と呼ぶ者もあった．
[ロングフォード州レナモー，1991年4月]

その名にRの文字が含まれていない月〔5月～8月〕には，オランダガラシを食用にしてはいけない，という俗信も広く行き渡っていた．これに関しては2つの説明がなされている．1つは，野生のオランダガラシは夏の間は開花するので食用に向かない [ドーセット州ソーンコム，1962年頃] というものであり，もう1つは，夏の間は川の水位が下がって流れが緩やかになるので，オランダガラシがあまり清潔でなくなる恐れがあるからだ，というものである［ケント州シェパーズウェル，1979年11月］.

デヴォン州北部では：

- この地方では，「愚かな」人はオランダガラシを食べたことがない，と言われていたところからすると，今日でもごく普通に野生しているこの植物は，人を魚のように聡明にすると考えられていたのだろう．［デヴォン州バーンスタプル，1991年5月］

時として，オランダガラシが民間薬として用いられたという記録も散見される．

- オランダガラシを皮膚にすり込めば，吹き出物やその他の皮膚の傷が治る．［IFCSS MSS 98: 347, メイオー州］
- オランダガラシを生で食べると心臓病に効く．［IFCSS MSS 770: 63, ロングフォード州］
- リウマチRHEUMATISMの治療法：オランダガラシを食べるとよいと言われている．［IFCSS MSS 975: 27, カヴァン州］
- ［〔インナー・ヘブリディーズ諸島の〕マル島では：］オランダガラシは壊血病SCURVYに効く薬として口にされていた．この病気は，多くの人びとが貝類や塩づけの肉を食べるようになった1945年以降，よく見られるようになった．人びとはオランダガラシを求めて，何マイルも先からやって来た．［SSS MSS SA 1963.32.A9］

Water figwort 学 *Scrophularia auriculata*; Syn. *S. aquatica* auct.（ゴマノハグサ科**ゴマノハグサ属**の1種）

デヴォン州では，crowdy-kitの名でも知られていた．

- ウェールズ人たちの間では，フィドルfiddle〔バイオリンに似た弦楽器〕という語が興味深い用いられ方をしている．……この植物は，ところによってfiddleあるいはfiddle-woodと呼ばれるが，「これは子どもたちがその葉をはぎ取った茎をバイオリンのようにこすり合わせると，キーキーという音を立てるからである」．［Friend, 1882: 18］
- Fiddle-wood：（*Scrophularia aquatica*）——ヨークシャー州東部．このように呼ばれるのは，子どもたちがこの植物の茎から葉をもぎ取り，それをバイオリンのように互いにこすり合わせ，キーキーという音を立てるからである．［Britten and Holland, 1886: 181］

crowdy-kitという異称〔やはりフィドルと関連をもつ〕に関しては，BITING STONECROP（マンネングサ属の1種）の項を参照のこと．

- ［コーンウォール州では］かつてこの植物の葉が，潰瘍ULCERSに対する薬として高い評価を得ていた．［Davey, 1909: 325］
- 先頃私は，〔デヴォン州〕ニュートン・アボット近くのイプルペンの老人たちから，潰瘍と切り傷CUTSの治療のために，外用薬としてwater betonyすなわちwater figwortを使う，という話を聞かされた．現在でも存命中の何人かの老人たちは，その薬を両親につけてもらい，非常によく効いたのを覚えているという．［エセックス州リトル・ウォルタム，1978年1月］

Watergrass

ロングフォード州における，オランダガラシ WATERCRESS の異称.

Water starwort 学 *Callitriche stagnalis*（コケ類，アワゴケ科**アワゴケ属**の1種）

● ［コロンゼー島では］かつて，化膿を早めるための軟膏の材料として用いられた.

［McNeill, 1910: 124］

Water weed

シリー諸島における，SPRING BEAUTY（クレイトニア属の1種）の異称.

Wavverin leaf

シェットランド諸島における，オニオオバコ GREATER PLANTAIN の異称.

Waxplant

オファリー州およびウェストミース州における，ヤネバンダイソウ HOUSELEEK の異称.

Weather forecasting 天候占い

天候を占うために用いられてきた植物には以下のものがある．ライラック LILAC，PENNYWORT（ウンビリクス属の1種），ルリハコベ SCARLET PIMPERNEL，海藻 SEAWEED，雑草 WEED，WHITEBEAM（ナナカマド属の1種），ウラジロハコヤナギ WHITE POPLAR など．→雷 THUNDER

Weather-teller

サマーセット州における，ルリハコベ SCARLET PIMPERNEL の異称.

Weather tree

ウラジロハコヤナギ WHITE POPLAR の異称.

Wedding flowers 結婚式の花

他の祝いごとの場合と同じように，婚礼の儀式の飾りつけには，その材料として植物が広く用いられており，花卉生産業者や花屋にとっては，これが主要な収入源になっている．この儀式においては，2人の人間が結婚という形での結びつきを得たことが，いかにも意義のあることとして，かつ記憶に残る形で示されなければならないが，そのための手段としては，視覚的な効果と，食事を共にするという「もてなし」との2つがある．そしておそらくは昔の人びとや貧しい人びとにとって，視覚的な感動を呼び起こすための最もたやすい方法は，手に入れやすい花や葉を彩りとして用いることであったろう．このように用いられていた花が，やがて結婚式の風習の一部となり，象徴的な役割を担うようになったのである.

現在では，1組の夫婦が長期にわたって結婚生活を営み，それを維持し続けることの意義が次第に疑問視されるようになってきたのに伴い，多くのカップルが，互いの信頼を示すための形骸的な儀式を一切行なうことなく，ごく簡単に共同生活に入るのを好んでいる．したがってフォーマルな結婚式は廃れつつあるようである．ヴィクトリア朝時代もしくはエドワード7世時代風の考え方で育った年配の世代は，こうした状況に対して眉を顰めているようだが，実はこうした時代の結婚観や家庭観は規範というよりも例外なのであって，現状は，より普遍的な状態への回帰にすぎないように思われる．結婚が秘蹟として定められ，教会での結婚式が不可欠であると決定されたのは，ようやく1563年のトレント公会議においてのことであった［Warner, 1978: 145］．またヴィクトリア時代においても，貴族階級の男性たちは結婚の前後を問わず自由に性交渉をもっていたようであり，一方，初期の社会学的調査によれば，貧しい人びとの間では，結婚はあまり重要なものとは見なされないことが多かったという．C・ブース Charles Boothはその著『ロンドンの労働者とロンドンの貧民London Labour and the London Poor』（1861）の中で，行商人のカップルのうち，結婚しているのは10分の1以下であろうと推定している．「正式に結婚していることは名誉ではなく，また内縁関係が恥ずべきことでもなかった」［Booth, 1861, 1: 20］．田舎の大地主や工場主たちが，それぞれ村や小さい工業都市で，式の立派さを競っていたのは確かだとしても，大部分の貧民階級の人びとにとっては，結婚式はごく控えめな行事だったのである．

田舎の結婚式では，花嫁の歩く通路には花やイグサRUSHが敷かれることがあった．またガーンジー島では，野生のキショウブYELLOW IRISが結婚式に撒く植物として人気があり，このための需要が多かったという［MacCulloch, 1903: 101］．

今日たいていのイギリスの花嫁が手にしているブーケには長い歴史があるが，18世紀までは，花嫁に欠かせないアクセサリーとは考えられていなかったようである．また花嫁の好む花は，時代とともに移り変わっている．本来は季節の花を使った楽しげな花束がふさわしいと考えられていたのだろうが，その後，ヴィクトリア朝時代の純潔を尊ぶ風潮と，その後の写真の発明――〔特に白黒写真では〕白い花の写りがよく，色の濃い花は輪郭がぼやけて暗い塊のように見えることがわかった――に伴い，マドンナ・リリーMADONNA LILY，ギンバイカMYRTLE，オレンジORANGEといった白い花が流行した．そしてさらに最近になると，ほとんどとまでは言わないにしても，数多くの花嫁がもはや「純潔」ではなくなり，たいていの結婚写真がカラーになったこともあって，花嫁の花にはさまざまな色のものが用いられるようになっている．現在の花選びの基準は，特定の花の象徴的な意味や，特定の花に対する花嫁の感傷的な好みよりも，その花束が花嫁の衣装にあうかどうかに重きがおかれているようである．

結婚式の後，花嫁のブーケは，空高く投げあげられ，それを受け取った人が次に結婚する，とされることがある［ロンドン，サウス・ケンジントン，1979年10月］．

●オックスフォードシャー州北部では，花嫁が式の後，ブーケを窓から投げ，それを付き添いの未婚女性が受け取るか，一番最初に手に触れるかすれば，その女性が次に結婚することになるとされていた． ［Briggs, 1974: 114］

しかしこのブーケは，〔式の後〕亡くなった祖父母，あるいはその他の親戚の墓の上に置かれることもある．また，もし祖父母が火葬されていれば，ブーケは火葬場の記念庭園にある，祖父母の追悼のために植えられたバラROSEの木にかけられたり，結びつけられたりすることもある［編著者自身による観察報告，南ロンドン火葬場，1981年5月／西ロンドン火葬場，1981年8月］．

結婚式で花を身につけるのは花嫁だけではない．付き添いの女性もまたブーケをもつし，花婿と，少なくとも主だった来賓は，一般にはカーネーションCARNATIONの花をボタンホールに挿すのが慣例となっている．男性の上着の左襟の折り返しのボタンホールは，1840年代に，この飾りを挿すためにはじめてつくられるようになったのだという［Cunnington and Lucas, 1972; 70］．また大道芸人たちの結婚式では，ブーケを新郎新婦の母親，祖母，およびその他の女性の来賓に贈呈されるならわしがあるという［たとえば，'World's Fair' 誌1977年1月1日号などを参照］．

Weeds　雑草

● ［アメリカ合衆国で：］秋も深まった頃に，ウェールズ出身の年老いた炭鉱夫と話をしていたときのことである．彼は，これから長い厳しい冬がやって来るので，春までは賃金の高い仕事が続くのは請け合いだ，と言った．

彼の口ぶりが自信たっぷりだったのに驚いて，私はどうしてそんなことがわかるんですか，と聞いてみた．

すると彼の答えはこうだった．「まわりを見りゃあわかることさ．そこらに雑草があるじゃろう．これほど背が高くなったのを見たことがあるかね．野原でも，庭でも，道端でも，どこへ行ったって同じように丈が伸びていて，わしが知っている中では一番の高さじゃ．ということは，これからやって来る冬は，ここ何年かで一番雪の多い年になる，ということなんじゃよ．そのわけはな，小さいユキホオジロは，冬の間，雑草の種子を餌にする．だからもし雪が雑草を覆ってしまえば，小鳥は飢えてしまうじゃろう．そこで雑草の方が，雪が一番積もったときの高さよりもいくらか背が高く伸びるんじゃ．雪の少ない，暖かい冬になるときは，雑草はせいぜい数インチしか伸びん．わしは見ての通りの年寄りだが，これまでこのしるしがあたらなかった年はないぞ」．

少なくともその冬に限って言えば，この老炭鉱夫の言葉は正しかった．それ以来，私はことあるごとにこの俗信について調べてきたが，その結果，ウェールズのあらゆる地域で，幅を利かせていることが確認できた．ウェールズのある牧師などは，被造物に対する神様の周到な心配りを示す一例として，説教壇からこの言い伝えを語っていたほどである．［Cowan, 1902: 132］

シェットランド諸島の人びとの間には，潮TIDEが引いている間は，雑草を抜いてはいけない，という言い伝えがある．

Well-dressing　井戸飾り

ダービーシャー州のピーク·ディストリクトでは，パネルに花を押しつけて絵のように仕立てたものをつくり，これを夏の間じゅう，村の井戸に飾っておく伝統的な慣習が，今なお盛んに行なわれている．この井戸飾りを行なう時期は，ティシントンでは，昇天の祝日Ascension Day〔復活祭の40日後の木曜日〕から晩夏の公休日Late Summer Bank Holiday〔8月の最終月曜日〕までだが，イームやワームヒルでは，この日から井戸飾りがはじまる．

他の多くの伝統的な慣習と同じように，井戸飾りの風習の起源についてもはっきりしたことはわかっていない．よく知られた説によれば：

●泉や井戸は，水が人間の生活に必要不可欠であるため，太古の時代からずっと，崇拝の対象となってきた．……井戸は宗教的儀式や踊りで賛えられ，より大きな祭祀では，花や緑の葉のついた枝で飾られていた．キリスト教時代になると，水を崇めることなどは厳しく禁止されたが，古くから人びとに愛されてきた泉の多くは，異教を連想させる部分を取り除き，清められた上で，聖母マリアもしくは特定の聖人に改めて捧げられた．……ダービーシャー州の井戸飾りの行事は，こうした古い水崇拝の名残りである．ただし改めて言うまでもないことながら，どの地域で行われているものであれ，太古の異教時代から途切れずに続いてきたものではない．　［Hole, 1976: 212］

何人かの研究者によれば，ティシントンの井戸飾りは1350年，黒死病の被害を免れることができた際に，それは明らかにこの井戸の水がきれいであったおかげだとして，感謝のしるしとしてはじめられたものだという．しかし別の説によれば，はじまったのは1615年で，この年，周辺一帯がひどい旱魃の被害を受けたにもかかわらず，このティシントンの井戸は水を出し続けたという［Porteus, 1973: 5］．

しかし現在のような形での井戸飾りは，18世紀の後半から19世紀の初頭にかけての時期にはじめられたようである．

●1758年にティシントンを訪問した人は次のように書き記している．「われわれは，泉が花輪で飾られているのを見た．そしてそうした花輪のうちの1つには，詩の刻まれた銘板があしらわれていた」．このときにもし〔花でつくった〕絵が存在していたとしたら，彼はそのことも記録していたはずである．しかし1818年にE・ローズ Ebenezer Rhodesがここを訪れたときには，彼は「新しく集められた花がさまざまな形で飾られている」のを目撃している．そのうちのあるものは，「展示したいと思う像の形に切った板を湿った粘土で覆い，花の茎をその粘土に差し込んであった」．　［Porteous, 1973: 1］

1818年にローズが紹介しているこの飾りのつくり方は，近年行われている方法と実質的には同じである．

●深さ約2.5センチ，長さ3.7メートルの木製の枠に湿った粘土を詰め，その上に自然の材料，たいていは植物を押しつけて，通常は宗教的なテーマ，あるいは教会堂をあらわすモザイク状の鮮やかな絵をつくりあげる．一般に用いられる材料には，アジサイ HYDRANGEAの花びらや萼，ALDER（*Alnus glutinosa*〔ハンノキ属の1種〕）の果実，各種の種子，パセリ PARSLEYの葉，地衣類 LICHENSなどがある．絵が完成すると，このパネルは村の井戸の脇に垂直に立てられ，そのまま約1週間飾っておかれる．　［Vickery, 1975: 178］

言うまでもなく，飾りつけがいつ行なわれるかによって，使用する植物は変わってくる．アジサイは，晩夏に井戸飾りをつくる際には非常に人気のある素材だが，ティシントンで飾りつけが行なわれる時期に手に入らないことは明らかである．

●アジサイは確かに，すべての素材の中でも最も重要なものと考えなければならない．長期間にわたって入手可能で，しかも色合いが変化に富んでいるので，飾りつけ師たちは，その花びらで空や衣服を表現したり，模様や背景として使ったりする．またこのパネルが飾られている間も，花びらは毎日のように微妙な色合いの変化を見せる．[Wormack, 1977: 26]

色が褪せず，しおれることもない地衣類も，素材として広く用いられている．

●筆者は，1973年および74年の，井戸飾りの祭が行なわれている期間中に，ワームヒルとイームを訪れた．どちらの村でも，4つの井戸の各々を飾るのに，地衣類が材料として用いられていた．最もよく用いられる地衣類は，*Parmelia saxatilis*（ウメノキゴケ科ウメノキゴケ属の1種）と*Xanthoria parietina*（ダイダイキノリ科オオロウソクゴケ属の1種）で，いずれもこの地方ではよく見かける種である．*Parmelia saxatilis*は，砂岩の壁から採集されるが，2つの用途がある．すなわち，葉状体の裏が表に出るように，上下を逆にして取りつければ，黒いビロードのような効果が得られ，一方，葉状体の上面の皮層が表になるように並べると，鈍い灰色になり，これはレタリングの間を埋めたり，あまり重要でない，目立たない部分をカバーするのにしばしば用いられる．石灰石の壁から採集される*Xanthoria parietina*は，飾りつけ師たちによって，明るいオレンジ色から，黄色，緑色に至るその色合いごとに注意深く選り分けられ，色づかいのヴァリエーションを広げるために用いられる．またイームの飾りつけ師で，地方史家でもあるC·ダニエルClarence Daniel氏が書簡に記されているところによれば，*Xanthoria parietina*は時に上下を逆にして用いることがあるが，これはそうすることでそれ自身が石灰石のように見えるからで，建物の図案を本物らしく見せるのに有効なのだという．ワームヒルでは，教区教会を描いた1974年のデザインには，先に述べた2種に加えて，ダービーシャー州では絶滅した種である……キウメノキゴケ*Parmelia caperata*（ウメノキゴケ科ウメノキゴケ属）が大量に用いられていた．50年間井戸飾りに携わってこられたO·シムウェルOliver Shimwell氏からの書簡によれば，ワームヒルで用いられた本種は，海岸地方に見られる明るいオレンジ色の*Xanthoria parietina*とともに，氏の姉妹がコーンウォール州で休暇を過ごされている間に集められたものだという．[Vickery, 1975: 178]

飾りつけに用いる材料は，各々の村に存在するルールや，それぞれの飾りつけ師のルールに基づいて決められる．素材が自然の植物に限定されている村もあれば，最も優秀な飾りを選ぶコンテストが行なわれるワークスワースのように，素材に関してきわめて寛容なところもある．

●人の顔，手，足についてはレリーフの使用が認められている……ビッグ・ベンの「顔」には時計を使ってもよく，本物の皮のベルト，片刃の猟刀，編みあげられた波形の文様なども用いられていた． [Porteus, 1973: 10]

通常，花弁は花から取り外し，一枚ずつパネルを覆っている湿った粘土に押しつけるが：

●バーロウBarlow氏は，「独自の方法で」花全体を飾りつけに使った．それぞれの花を，茎を1/2インチほど残して切り，粘土にナイフであけた穴に差し込むのである．この場合粘土は，花弁を押しつけるだけの場合よりもずっと厚く（3インチ）敷いておかなければならない．こうして得られる重量が，パネルを安定させるのに必要なのである．……このような井戸飾りが，花弁だけを使ったものよりも印象的だと評価するのは馬鹿げているとしても，図柄の輪郭がほやけてしまうものの，色自体の鮮明度が高いので，これはこれとして非常に魅力的である．

[Porteous, 1973: 16]

井戸飾りのデザインには，通常は宗教的なテーマが好まれるけれども，地元や国の記念行事が取りあげられることもある．ティシントンでは：

● 1900年の井戸飾りのうちの1つには，女王の肖像画が掲げられていた．この年は，〔井戸飾りをはじめる日である〕昇天の祝日が女王の誕生日に重なったためである．また別の井戸には，ウィンザー城の情景があらわれた．この飾りは，全体がほぼセイヨウニワトコELDERの尾状花序［おそらくはALDER（ハンノキ属の1種）の果実であろう］と灰色の地衣類のみでつくられており，非常に印象的であった．

[Meade-Waldo, 1902: 1]

最近では：

●ブラッドウェルには，自然保護年にあわせて，「1973年に樹木を植えよう」と題された，熱帯をイメージした井戸飾りが登場した．また〔1972年に行なわれた〕エリザベス女王の銀婚式も，1935年の，国王ジョージ5世と王妃メアリの金婚式と同様に，飾りのデザインにインスピレーションを与えることになった．……アシュフォード･イン･ザ･ウォーターの若者たちがつくった飾りには，「進歩？」というタイトルが付されていた．月面着陸の興奮とその是非に関する論議が高まりを見せた時期につくられたもので，地球と，月に向かうロケットとを配しているが，第三世界のあたりからは，椀を差し出す飢えた手が伸びていた． [Womack, 1977: 30]

井戸飾りには膨大な量の労力を要するにもかかわらず——人口200人ほどのティシントンでは，村人が総出で5つの井戸飾りをつくっている——この活動はさらに広がりを見せつつあり，年毎の飾りを行なう村や町は年々増えている．1974年にピーク国立公園事務所Peak National Park Officeが発行したリーフレット‘1974 Events in the Peak Natonal Park’には，11の村や町の井戸飾りの一覧が掲載されている．また1993年のワークスワースの井戸飾りは，期間が5月3日から9月18日まで拡大され，そのプログラムには，48にのぼる飾りの一覧が掲載されている．さらに，井戸飾りの風習は，その伝統的な範囲の外にまでも広がりつつあるようである．

●ワイ川の源のあたりに位置する［ドーセット州］アップウェイには，美しい「幸運の井戸」があり，ここでは井戸飾りが行なわれている．ドーセット州には元来井戸を飾る慣習は存在せず，これはもっと北の地方の風習である．同地での飾りは花と葉と豆——豆は靴に使われる——でつくられ，そのまわりで子どもたちが5月柱（メイポール）のダンスを踊る．　［ロンドン，ニュー・サウスゲート，1989年5月］

さらに遠方で井戸飾りが行なわれることもあった．1916年ダービー生まれのT･ショー Tom Shawは，1956年にオーストラリアに移住したが，彼は1985年に，オーストラリア西部のパースで，3つの井戸飾りを制作したという［Hults, 1987］．

Wet-the-bed

チェシャー州における，セイヨウタンポポDANDELIONの異称．

What's-your-sweetheart-grass

サセックス州における，ホソムギRYE GRASSの異称．

Wheat　㊫ *Triticum aestivum*　**コムギ**（パンコムギ）（イネ科コムギ属）

ノッティンガムシャー州では，コムギが豊作の年は，セイヨウスモモPLUMが豊作の年と一致すると言われていた．ドーセット州では，コムギの価格は，マドンナ・リリーMADONNA LILYの花の数を数えることによって予言できるとされていた．

ノーフォーク州のシー･ポーリングにある，アンティオキアの聖マルガレータSt Margaret of Antioch教会に保管されていた手書きの歴史書が，1989年にこの教会で展示されたが，それによると：

●ずっと以前，復活祭の日には，収穫感謝祭にポーリングの教会を飾った束から取ったコムギが，鉢の中で発芽させられ，聖体拝領台の上に置かれていた．これがいつ，どのようにはじまったかはわからないが，長い中断の後，1952年の復活祭の日にようやく再開されたが，その時には1951年の収穫感謝祭のコムギが用いられた．

同様に，ロンドンのメイフェアにあるウクライナ人のためのカトリック教会the Ukrainian Catholic Cathedral of the Holy family in Exileにおいて，復活祭の礼拝に参列した一旅行者は次のように記録している．

●司教，司祭，侍祭は，輝く純白の衣服を着用している．教会はユリLILYと，壺の中の新しい緑色のコムギ——復活祭の非常に魅力的なシンボルである——のおかげでいきいきとしている．　［Tull, 1976: 22］

今日，イギリス諸島で普通に栽培されているコムギは，パンコムギ（*T. aestivum*）である．リベットコムギ（*T. turgidum*）は，かつてアイルランドと連合王国の北部および西部で広く栽培されていたが，現在ではごく稀にしか植えられておらず，それもたいてい飼料用である．リベットコムギのある品種は，枝分かれした穂を出す傾向があり，これがさまざまな伝説を生むこととなった．

19世紀後半から20世紀前半にかけて，枝分かれした穂を出すこの品種は，古代エジプトの墓から出土した種子から生じたものだと主張されたことがあった．

●コムギの穀粒はふつう，その古さの度合いに応じてある程度黒ずんでいるものだが，節操のない同地のガイドたちは，こうしたコムギを，墓から出土したコムギであるとか，「ミイラコムギmummy wheat」であると称して観光客に売りつけてきたようである．これらのコムギは比較的新しいもので，蒔いてみると発芽することもしばしばである．

しかしながら，実はコムギの寿命は短く，25年以上を経過すると大幅にその生命力を失ってしまうのだという [Youngman, 1951: 423]．19世紀の後半には，ロンドンの自然史博物館のコレクションにも，Egyptian wheat（エジプトコムギ），Mummy wheat（ミイラコムギ）あるいはPharaoh's wheat（ファラオのコムギ）などと銘うった数種のコムギの標本が加えられたことがあった．

昔ポーイス州のランルハイアルン小教区には，リベットコムギの畑があった．

●これは約30年前に，私の係累の嫁ぎ先となった，〔ケント州〕タンブリッジ・ウェルズに住む英国国教会の牧師から聞いた話である．彼はその妻ともども，ウェールズとの境にほど近いあたりの旧家の出であった．

まだ伝道師たちが，教会ならびに国家から免許状を受けなければならなかった時代の話なのだが，そうしたもぐりの伝道師のひとりが，ある地方の中心地に——おそらくは秘密の集会に——出かけ，そこで「私はいかなるときも主を賛える」という一節について説教をした．これは，どの章だったかは忘れたが，「詩篇」のある章の冒頭の一節で，物事がうまく行かないときでも，主を賛えなければならない，という教えを説いたものである．

次の週，この伝道師が同地の市場で用を足し，家へ戻ってみると，家には火がついており，父親は台所で兵隊たちに殺されていて，そのうえ妻と息子は行方不明になっていた．彼は台所に立ち，自らの信心を力づけるつもりで，「私はいかなるときも主を賛える」と口にした．

すると3つの出来事が起こった．まず第一に，風向きが変わった．兵隊たちは，家の端に火をつけると，あとは風まかせにして去っていったのだが，風が向きを変えて，この火を消してしまったのである．第二に，妻と息子が無事でいるのを発見した．2人は増水していた川を，水に隠れて見えなくなった飛び石伝いに渡って難を逃れていたのである．2人はこの飛び石の存在を知っていたが，兵隊たちは知らなかった．

そして第三に，兵隊たちは収穫したコムギをすっかり焼いてしまったが，オオムギBARLEYの作物が生長したときには，それぞれの茎には5本に枝分かれした穂がついていた．人びとはこれを，コムギが4倍になって戻ってきたオオムギだと解釈

した.　［ランカシャー州ホーンビー，1992年11月］

R･グウィンダフRobin Gwyndafの『ウェールズの民話Welsh Folk Tales』(1989) には，この伝説の別のヴァージョンが収録されており，そこではこの伝道師が，H･ウィリアムズHenry Williams (1624-84) に入れ替わっている.

● 1660年の王政復古の後，彼は計9年間を牢獄で過ごした．その間に彼の家具や家畜は盗まれたり，破壊されたりし，その家もまた焼かれてしまった.

あらゆるものを失い，彼の家族が餓死寸前になったとき，運命が助けに入った．家の近くの畑に蒔いたコムギが大変な豊作となり，国中を驚かせたのである．その時以来H･ウィリアムズとその家族は，貧乏に悩まされることはなくなった．……その素晴しいコムギが生育した畑は，今日なおCae'r Fendith (祝福の畑) の名で呼ばれている.

この畑で収穫され，ウィリアムズの子孫によって保存されてきたという穂が2本，セント・フェイガンズにあるウェールズ民俗博物館Welsh Folk Museumに展示されている．これは最初の伝説が暗示しているようなオオムギの穂ではなく，枝分かれしたコムギの穂である.

収穫が終わった後の畑で残ったコムギの穂を集めるのは，20世紀の初期まで多くの農家にとって重要な活動であり，第二次世界大戦中には，これがしばらくの間再び行われるようになった.

● 毎年刈り入れの時期になると，コムギを刈り取って，その束を積みあげた後で，女たちや子どもたちは，ほとんどエプロンと同じぐらいの大きさのポケットのついたエプロンを着用し，刈り株に残ったコムギの穂を拾い集める．これを袋に詰めて家に持ち帰り，冬の間のニワトリの餌にする．私はよく祖母と一緒にコムギ畑で落ち穂を拾い，エプロンに詰めたものだが，仕事をしながら，時々コムギの穀粒を噛んだ.　［ベッドフォードシャー州フェルマシャム，1993年4月］

Whiffy cane

エイヴォン州における，TRAVELLER'S JOY (センニンソウ属の1種) の木質の茎の異称.

Whin　→ハリエニシダGORSE

Whisky　ウイスキー

風味づけにBITTER VETCH (レンリソウ属の1種) を用いることがある.

Whistles　笛

笛をつくる材料とされてきた植物には，セイヨウシナノキLIME，セイヨウカジカエデSYCAMORE，WHITE DEAD-NETTLE (オドリコソウ属の1種)，WILD GLADIOLUS (グラジオラス属の1種)，ヤナギWILLOWなどがある.

Whistling jacks

シリー諸島における，WILD GLADIOLUS (グラジオラス属の1種) の異称.

Whitebeam 学 *Sorbus aria,* agg.（バラ科**ナナカマド属**の一種［集合種］）

● whitebeamの木の葉が反転して，銀色の葉裏を少し見せているときは雨の前兆である． ［リートリム州ドラムシャンボからの投書，1993年3月19日付 'Ireland's Own' 紙］

→ウラジロハコヤナギWHITE POPLAR

White bryony 学 *Bryonia dioica*（ウリ科**ブリオニア属**の1種）

イギリスの一部の田園地帯では，white bryonyの根はMANDREAKE（マンドラゴラ）として知られ，またそのように利用されてもいた．

● よこしまな詐欺師たちはこの根から，民衆をだますために，マンドラゴラmandrakeの形をしたものをつくる． ［Threlkeld, 1726: 29］

この「マンドラゴラ」の一部をくり抜き，草の種子やコムギWHEATの穀粒をその中に植えておくと，時にこれが発芽して毛髪のような外観を呈する．H・スローンHans Sloane卿（1660-1753）も，そのコレクション（「植物および植物性物質のコレクションCollection of Vegetables and Vegetable Substances」）の中にこうした標本を収めている：「mandrakes beard（マンドラゴラのひげ）……white bryonyの根に入れたコムギが芽を出したもの」．

● 1908年12月，ストラトフォード・アポン・エイヴォンから半マイルのところにある，荒れはてた庭園を掘り起こすのにある男が雇われたが，この男は鋤でwhite bryonyの大きな根を切ってしまった．彼はこれをmandrakeと呼び，「この上なく不吉だ」と言ってすぐに仕事をやめてしまった．1週間経たないうちに，彼は歩行中に倒れ，首の骨を折った． ［Folk-lore, 24: 240, 1913］

● ケンブリッジに住む60歳の庭師に，bryonyの根をいくらか掘ってほしいと頼んだが，「そいつあ間違いなくmandrakeですよ．私の親父は絶対にそれに手を触れようとはしませんでした．そんなことをしたらそいつは恐ろしい悲鳴をあげやがるんだ，って言ってね」と断られてしまった．……納屋や離れをネズミに荒されている農場主は，農夫の1人にmandrakeの根を掘りあげさせ，それをすり潰して，ネズミを追い払うためにその穴に入れたものだった．……

bryonyの根は，マンドラゴラのそれと同じように，しばしば人間の胴体，脚，太股のように見える．［1891年生まれの］W・H・バレットBarrettは，フェンズ〔イングランド東部の，ウォッシュ湾に臨む低地帯〕に住む年配の男性たちが，この根を掘りあげていたのを覚えているという．彼らは人間にもっとも形がよく似ているものを選び，入念に洗ってから目印をつけていた――この世代の人びとはほとんど読み書きができなかったのである．そして彼らはこの根を，品評会に出すために地元の宿屋（イン）にもっていった．宿屋の酒場の暖炉棚には，品評会での審査を待つ根がずらっと並んでいたが，この品評会に参加するにはなにがしかの参加費を支払わなければならなかった．そして土曜日の夜になると，宿屋のおかみが出品された根の審査に呼び出され，女性の姿にもっともよく似た根に賞品が与えられた．このVenus Nightsの行事は，宿屋の主にも客にもすこぶる評判がよかった．というのも，その参加費がビールとタバコの代金にあてられたからである．

賞品が授与された後，優勝した根は，より優れたものがあらわれてその地位を追われるまで，棚の上に飾られた．しかし棚から下ろすときでも，これを捨ててしまうことはなかった．というのも，これを豚小屋のたる木から紐でつりさげておけば，より多くの子豚が生まれると考えられていたからである．さらにその根が乾いてしぼんでしまうと，古いストッキングの中に隠したへそくりの仲間入りをさせ，蓄えが増えるお守りとして，マットレスの下に隠しておくのだった．

[Porter, 1969: 46]

White bryonyの根は，馬の飼料の添加物としても広く用いられていた．

●私の義父は現在70歳前後だが，かつて働いていたノーフォーク州北部の農場では，white bryonyの根を粉にして，使役馬の食料に加えていた，と教えてくれた．その根は家のかまどに入れ，焼くのではなく，ちょうど適当な低い温度で乾燥させておく．1日に1回，ほんのひとつまみを加えただけであったが，彼は今でもそれが「馬の毛づやをよくした」と考えている． [サフォーク州ウェスト・ストウ，1989年3月]

●アスコット・アンダー・ウィッチウッドの村で，1930年代の半ば頃，馬丁が世話をしている猟馬のために混合飼料を調合しているのを見たことがある．彼は，壁に掛かっている乾燥させたパースニップPARSNIPのように見えるものを削って，飼料に混ぜていた．そこでそれは何かねと尋ねてみると，「mandrakeでさあ，馬にいちばんよく効く薬ですよ」という答えが帰ってきた．その削りとったものの匂いを嗅ぎ，なめて見た結果，それはwhite bryonyであることがわかった．

[オックスフォードシャー州チャールベリー，1991年1月]

19世紀には，white bryonyはリウマチRHEUMATISMの治療に用いられた．

●［White bryonyの根には］苦くて刺すような成分が含まれており，しばしば削ったものをリウマチを患っている手足につけるのだが，その際，皮膚にNETTLE（イラクサ属の1種）で刺されるような感じがある． [Pratt, 1857, 2: 70]

→DWARF ELDER（ニワトコ属の1種）

White clover 学 *Trifolium repens* **シロツメクサ**（マメ科シャジクソウ属）

●聖パトリックの祝日ST PATRICK'S DAYのシャムロックSHAMROCKといえば，……1920年以前のことになるが，（子どもだった）われわれは，イングランドにいるおばに送るために，シャムロックだと思い込んでいた植物を集めた――（たいていの人びとがそうであったように）この植物はアイルランドだけに生えていると思っていたからである．われわれは小さくてこぎれいな3つ葉のクローバーを探したものだった．これはもちろん，ほとんど常にシロツメクサ *Trifoium repens* であった．

[アントリム州バリカースル，1991年1月]

●私は以前にコーンウォール州に住んでいたことがあったが，そこではシロツメクサをmutton roseと呼んでいた． [ドーセット州キャンフォード・ヒース，1987年8月]

●［地元の農夫にmutton roseについて尋ねたところ］彼は，それは雌羊によいクローバーだと聞いたことがある，と言った．［コーンウォール州セント・アーヴァン，1992年2月］

● 1920年代から30年代にかけての私の子ども時代に，マリー州バーグヘッド近辺で……使っていた名前のうち……シロツメクサはmilkiesと呼んでいた（われわれはこれを吸うことがあった）．［エディンバラ，1991年10月］

White dead-nettle 学 *Lamium album*（シソ科**オドリコソウ属**の1種）

●［イングランド北東部では］「細かく切った」葉を，時々若い七面鳥に与える．［Johnston, 1853: 163］

●［ケンブリッジシャー州ホースヒースでは］少女たちは笛WHISTLESをつくって遊ぶこともあったが，そのためには軟らかくて切りやすいwhite nettleの茎を使った．茎を斜めに切り，先端を平たく削って吹き口をつくるのはたやすいし，指孔をつくるのも難しくはなかった．それでも，まともに鳴る楽器ができるまでにはいろいろと試行錯誤を繰り返さなければならなかった．［Parsons MSS, 1952］

●子どもの頃，花蜜を吸い出そうとして，white dead-nettleの花を吸ったのを覚えている．［ベッドフォードシャー州リトル・バーフォード，1993年3月］

●われわれは，white nettleの花から花蜜を吸った．

［ベッドフォードシャー州モールドン，1993年4月］

White flowers　白い花

COW PARSLEY（シャク属の1種），HAWTHORN（サンザシ属の数種），ユリLILY，スノードロップSNOWDROPなどのように，白い花を咲かせる多くの植物は，室内に持ち込むのは不吉だと考えられている．人によっては，これをすべての白い花にあてはめることもある．

●人びとは，白い花を家に置くのは非常に嫌っている．［ウォリックシャー州の］ロング・コムトンには，白い花で飾られた教会には入ろうとしない人もいる．

また，その年にはじめて家に持ち込む花が白い花であるというのも，不吉なこととされる．白い花は死の予告である，という人もいる．［Wharton MSS, 1974: 34］

●今年73歳になる，マリーシャー州ローシス出身の私の母によれば，次にあげる植物は，家の中に持ち込むことを厳重に禁じられているという．白花の植物はすべてそうなのだが，とりわけスノードロップ，BLACKTHORN（サクラ属の1種），MAY〔=hawthorn（サンザシ属の1種）〕，キクCHRYSANTHEMUMはよくない．これらは葬式と関連が深く，したがって死とも結びつくからである．

またこれと関連して，紅白の花RED AND WHITE FLOWERSを家の中で1つの花瓶の中に挿すのもまた，やってはならないことであった．使ってよいのは，多くの色の花と混ぜて飾るときのみであった．

［ノッティンガムシャー州スタントン・オン・ザ・ウォウズ，1983年1月］

●私の子ども時代，（ノーフォーク州の田舎では）白い花はいずれも「葬式の花」ということになっていて，家の中に持ち込むことは許されなかった．

〔ロンドン，イスリントン，1984年5月〕

●私の母は，白い花はどの種類であっても，決して家の中に持ち込むのを許そうとはしなかった．ある時私が白い花を集めてきたことがあったが，母は申し訳なさそうな顔をしたものの，断固として私にその花を家に持ち込ませなかった．

〔バッキンガムシャー州ラドネージ，1990年7月〕

White heather　ホワイト・ヘザー

ホワイト・ヘザーが「幸運をもたらす」という考え方は，元来はスコットランドの高地地方の俗信だが，ヴィクトリア女王によって広く普及させられたもののようである．1855年9月29日の女王の記録：

●愛しいわれらがヴィクトリア〔女王の長女〕は，本日プロシアのフリードリヒ・ヴィルヘルム王子と婚約した．……本日の午後，われわれがクレイグ·ナ·バンへ馬で出かけたとき，王子はホワイト・ヘザー（「幸運」の象徴）を1本取って，彼女に渡した．この行為によって，王子は自分の望みと願いをほのめかしたのであった． [Victoria, 1868: 154]

1862年，ヴィクトリア女王が，皇太子の将来の妻になるデンマークのアレクサンドラ王女に出会ったときには：

●女王は，そのそのすばらしい女性と相対して，心が和むのを感じた．……女王は彼女に優しく語りかけ，幸運をもたらすようにといって，バルモラルで王子が摘んだホワイト・ヘザーを贈った． [Battiscombe, 1969：36]

1872年9月9日に馬車で外出したとき，女王の侍女ブラウンは：

●偶然にホワイト・ヘザーを1本見つけると，それを摘もうとして飛び降りた．スコットランド高地地方の人なら誰でも，それを目にした以上は摘みとらずに通り過ぎてしまうことはなかった．というのも，ホワイト・ヘザーは幸運をもたらすと考えられていたからである． [Victoria, 1884: 197]

ヴィクトリア女王のホワイト・ヘザーとの関わりはこれにとどまらず，「1882年4月28日にヘレナ王女が，1885年7月22日にベアトリス王女が，そして1893年7月8日にはメアリ王女が，それぞれ結婚なさったが，その婚礼においては，花嫁や付き添いの女性のもつブーケにホワイト・ヘザーが加えられていた」[McClintock, 1970: 159]．

ホワイト・ヘザーがなぜ縁起がよいと考えられているのか，その理由ははっきりせず，さまざまな説明が試みられている．そのうちの1つには，色のついた花を咲かせる他の植物と異なって，ホワイト・ヘザーはいにしえの戦場で流された血にも染まることがなかったからだ，という説もある [Waring, 1978: 118]．

●［ホワイト・ヘザーは縁起がよいという］俗信の起源については，スコットランドのメアリ女王まで，したがってまた必然的に若僭王チャールズ・エドワードにまでさまのぼる，という話も耳にする．しかし私はこれまでのところ，これを裏づける証拠を全く発見できていない．ホワイト・ヘザーはまた，いくつかの氏族の標章CLAN BADGESとなっているが，私兵たちのために年中用意しておかねばならないことを考えると，とうてい便利なものとは言えそうにない．この花を記章としている氏族の1つにマクファーソンMacpherson一族があるが，これはカロデンの戦い〔1746年〕の後，一族の者がクルーニーにおいて，ホワイト・ヘザーの上に寝ていたおかげで追手から逃れることができたとされているためである．……同様の話はロナルドRanald一族にもあり，さかのぼって1544年，当時の戦いにおいて勝利を収めることができたのは，一族の私兵が，ボンネットにホワイト・ヘザーを挿していたからだと言われている．［McClintock, 1970: 159］

ホワイト・ヘザーは縁起が悪いとする記録も時として見られる．

●私の祖父（スコットランドの王党派）は，ホワイト・ヘザーはボニー・プリンス・チャールズBonny Prince Charles〔若僭王チャールズ・エドワード〕の追放に関わっていたので縁起が悪い，といつも言っていた．［ノーサンプトンシャー州トースター，1892年8月］

しかし，こうした俗信は稀であろう．というのも，ホワイト・ヘザーやそれをあしらった品々が，スコットランドの土産物店において，そしてまたロンドンではジプシーの行商人たちによって広く売られているからである．ジプシーたちはしばしば，乾燥させた白花のスターチスを代用品として使っていることもある．これを売っているジプシーの女性たちに，この植物はどんな幸運をもたらすのかと聞くと，「あなたの髪の毛を生やします」といった，あいまいで想像力に乏しい答え方をする傾向がある［ロンドン，バラム，1982年2月］ようである．

●今日では，ホワイト・ヘザー〔の生産〕は1つの産業となっている．北にも南にもホワイト・ヘザーの農場が存在している．生産されるヘザーの種は，農場によって異なっている．ホワイト・ヘザーは，1月のバーンズ・ナイトBurns' Night〔1月25日〕の時期に大きな需要があるが，この時期には沼地では花が咲かない．そこで，もとはポルトガルから入って来たエイジュtree heathが，クリスマス前に開花しはじめる南西部で営利的に栽培され，そこから商品が供給されている．私は年のはじめの早い時期に，その同じヘザーをロンドンで行商人が売っているのを見かけたこともある．人びとがなぜ優れた耐寒性のある冬の種でなく，この種を選んで栽培するのか私には分からないが，ともかく現実はそうなのである．通常のホワイト・ヘザー——晩夏に開花する種——は，商業的に生産されているのは常にling〔ギョリュウモドキHEATHER〕で，ジプシーたちが売っているのもこれである．

［McClintock, 1970: 159］

White lily

シェットランド諸島における，白花のスイセンNARCISSUSの異称．

White poplar 学 *Populus alba* **ウラジロハコヤナギ**（ヤナギ科ヤマナラシ属）

●最近，ウラジロハコヤナギはなぜいつも震えているのか，という理由をある人から教えられた．それによれば，われらが主キリストがかけられた十字架は，ウラジロハコヤナギの木でつくられていたので，そのためにこの木は常に恐れおののいているのだという． [IFCSS MSS 750: 104, ロングフォード州]

● ［ウラジロハコヤナギの］木は，われわれが夏によく経験する突風にあおられて，葉の白い裏面を上向きにするのがよく見られるが，これは雨が近いことを示す，かなり確かな兆候である：

小さい女の子が，「あのお天気の木の白い裏が見えているから，雨になると思うわ」と言っているのが聞こえてきた． [Johns, 1849: 357]

→WHITEBEAM（ナナカマド属の1種）

Whitethorn →HAWTHORN（サンザシ属の数種）

White waterlily 学 *Nymphaea alba*（スイレン科**スイレン属**の1種）

インナー・ヘブリディーズ諸島では：

● ［white waterlilyの］大きな根を切りとって掘りあげ，これを煮出すと，羊毛や毛糸を染める黒い染料DYESが得られる． [McNeill, 1910: 97]

●アイレー島のある住民によると……ruamalach［white waterlilyの根］を使って黒い染物をするときは，アカミノキlogwoodが少し手近にあれば，これをruamalachと合わせて用いると色合いがよくなるという．アカミノキがなければ，ruamalachだけですませるそうである． [‘Tocher’ 誌 36/37: 433, 1982]

Whitlow grass 学 *Erophila verna*（アブラナ科**エロフィラ属**の1種）

●農夫たちはwhitelow grassの開花を，春蒔きのオオムギBARLEYを蒔く時期の目安として利用していたが，私はこの植物が，ヘリフォードシャー州のウールホープ教会の入口の階段のわきに生えているのを見つけた——日曜日ごとに開花を確かめられるとは，何と都合のよいことか！

[ヘリフォードシャー州モーディフォード，1991年12月]

Whitsun 聖霊降臨祭（復活祭の50日後）

この日教会には，BIRCH（カバノキ属の1種）や紅白の花RED AND WHITE FLOWERSなどが飾られる．

Whitty pear

ウスターシャー州における，SERVICE TREE（ナナカマド属の1種）の異称．

Whitty tree

セイヨウナナカマドROWANの異称．

Whooping cough 百日咳

百日咳の治療に用いられてきた植物には以下のものがある．トガリネズミのトネリコshrew-ASH，セイヨウヤブイチゴBRAMBLE，ソラマメBROAD BEAN，エゾネギCHIVES，CROW GARLIC（ネギ属の1種），イヌバラDOG ROSEの虫こぶ，ニンニクGARLIC，タマネギONION，ルタバガSWEDE，wild THYME（イブキジャコウソウ属の数種）など．

Whortleberry →ビルベリー BILBERRY

Widow's willow

サセックス州における，CRACK WILLOW（ヤナギ属の1種）の異称.

Wiggle woggles

ドーセット州における，QUAKING GRASS（コバンソウ属の1種）の異称.

Wild asparagaus →STAR OF BETHLEHEM（オオアマナ属の1種）

Wild cherry 学 *Prunus avium* **セイヨウミザクラ**（バラ科サクラ属）

●［ノース・カントリー〔イングランドの北部諸州〕では］CHERRY（サクラ属の数種）の花，とりわけ野生の実のなるcherry〔ここはセイヨウミザクラを指すか〕の花は，結婚式には縁起の悪い飾りとされている．私がこれを耳にしたのはたった1度きり——ハンドバッグで口を隠しての，陰険な陰口だった——で，それは花婿が性的不能者であるとわかったときのことだった.

［サマーセット州オールド・クリーヴ，1993年10月］

Wild garlic →RAMSON（ネギ属の1種）

Wild gladiolus 学 *Gladiolus communis*（アヤメ科**グラジオラス属**の1種）

*Gladiolus communis*は元来，シリー諸島の農夫たちが，切り花市場へ供給するために栽培をはじめたものである．その後営利作物としては，外見の派手なグラジオラスの園芸品種にとってかわられてしまったが，今でも厄介な雑草としてはびこっている.

●私は農夫たちがそれ〔=wild gladious〕をJackとかRogueなどと呼んでいるのを聞いたことがある．また1940年の聖マルティヌスの祝日St Martin's Day〔11月1日〕，G·グリグソンGeoffrey Grigsonは，皆がそれをSqueakersと呼んでいると教えられたというが，これらは疑いもなく，私がP·Z·マッケンジーMacKenzie氏から聞いた，ありふれた地方名Whistling Jackと同じ由来によって命名されたものであろう．氏によれば，子どもたちがその葉を笛WHSITLESと同じような音を出すリードとして使っているために，このような名で呼ばれるのだという. ［Lousley, 1971: 276］

Wild liquorice

イングランド北部における，RESTHARROW（オノニス属の1種）の異称.

Wild onion →CROW GARLIC（ネギ属の1種）

Wild pansy 学 *Viola* spp., especially *V. tricolor*（スミレ科**スミレ属**の数種）

●［ウォリックシャー州フィロングリーでは，心臓病HEART TROUBLEに対して］wild pansy（heart-ease〔=心臓を楽にするもの〕とも呼ばれている）の花を集め，その煮出し汁を，毎朝ワイングラスに一杯服用する. ［Wharton MSS, 1974: 185］

Wild rhubarb

イタドリJAPANESE KNOTWEEDの異称.

Wild service tree 学 *Sorbus torminalis*（バラ科**ナナカマド属**の1種）

●サセックス州では，その果実は，まだらのある外見からchequersと呼ばれ，州内およびこの［ワイト］島では，束ねたものが店や市場で，主に子どもたち向けに売られている．〔同島の〕ライドでは，これはsorbus berriesと呼ばれているが，需要はあまり多くないようである． ［Bromfield, 1856: 166］

●人びとの中には，果肉をしぼり出したりふるいにかけて取り出したりして，それだけを食べる者もあるが，この果実はその全部を食べるのが一番である．……その味は乾燥させたアンズもしくはタマリンドの果実に少し似ており，やや刺激性があって，柔らかいが粉っぽく，心地よい酸味と，またそうした酸味に特有のさわやかな風味がある，と記述されている．……18世紀後半から19世紀初期にかけてのイギリスの植物学者たちは全般に，wild serviceをデザート用の果物としてよく知っていたようで，それが広く販売されていたという記述も見られる．……19世紀における，生の果実に対する需要は，主として子どもたちの間に多かったようである．……

私の父は少年時代，すなわち今世紀の初頭には，エセックス州のエピングの森のはずれにある農場に住んでいたが，地元の子どもたちは皆，非常に数の少ないwild serviceの木が，どこに生えているかをよく知っていて，毎年秋になると，sarve, sarver，sarvyなどと呼ぶその果実を手に入れようとして，夢中で駆けずりまわったものらしかった． ［Roper MSS］

イングランド南部の宿屋（イン）が，時折その屋号に用いているChequersという名は，wild serviceすなわちchequerの木に由来しているのではないかという説もある．

●［ケント州の森林地にある］スマーデンの［宿屋］チェッカーズChequers亭では，裏の中庭に野生のserviceが生えている．この旅館の名がこの木にちなんでつけられたことを裏づける記述が，D·C·メイナードMaynardの『ケント州の古宿Old Inns in Kent』（1925）の中に見られる．「地元の考古学者ミルズMills氏は，スマーデンに84年以上住んでいるが，……彼は私に，チェッカーズ亭の看板は，もともとは一般にそう考えられているもの——昔の計算早見表——ではなかった，なぜなら自分は少年の頃に，秋になるとこの宿屋の看板が，chequerの木の果実で飾られていたのをよく覚えているから，と教えてくれた」． ［Roper MSS］

→SERVICE TREE（ナナカマド属の1種）

William III, King　ウィリアム3世（オレンジ公ウィリアム）

ウィリアム3世ととりわけ関連の深い植物には，ORANGE LILY（ユリ属の数種）とビジョナデシコSWEET WILLIAMがある．

Willow　学 *Salix* spp.　**ヤナギ類**（ヤナギ科ヤナギ属の数種）

ヤナギを悲しみのシンボルとして用いる慣習は，おそらく「詩篇」第137章にその起源をもつものと思われる．

●バビロンの川のほとり，
そこで，私たちはすわり，

シオンを思い出して泣いた.
その柳の木々に
私たちは立琴を掛けた.
それは，私たちを捕え移した者たちが,
そこで，私たちに歌を求め,
私たちを苦しめる者たちが,
興を求めて,
「シオンの歌を一つ歌え」と言ったからだ.
私たちがどうして,
異国の地にあって主の歌を歌えようか.

聖書の植物についての近年の研究者は，ここで「詩篇」の作者が言及している植物は，ヤナギというよりもポプラであると強調しているが，ヤナギは依然として悲しみと結びつけられている.

●囚われのイスラエル人たちが彼らの楽器を掛けたという「ヤナギ」は，バビロンの川のほとりに生えていた．これらの木はEuphrates popular［*Populus euphratica*, ヤマナラシ属の1種］であって，その学名にバビロンの名を借りているシダレヤナギweeping willow（*Salix babylonica*）ではない．後者は一般に中国原産と考えられている．

［Hepper, 1980: 15］

16～17世紀には，ヤナギはとりわけ見捨てられた恋人たちの悲しみと結びつけられるようになった．17世紀のものと推定されている［Grigson, 1987: 256］民謡「悲しみの種The Seeds of Love」の中では，見捨てられた恋人が次のように嘆いている.

●6月になれば赤いバラ ROSE の蕾が出る,
それは私のための花.
でもそれをつかもうとするたびに,
手に入るのはヤナギの木ばかり.
ああ，ヤナギの木は身をよじり,
ヤナギの木はからみつく.
ああ，あの若者の腕に抱かれたい,
私の心を虜にしたあの人の.

For in June there's the red rose bud,
And that is the flower for me;
But I oftentimes have snatched at the red rose-bud
And gained but the willow-tree.
Oh the willow-tree will twist,
And the willow-tree will twine,
And I wish I were in that young man's arms,

Where he once had the heart of mine. [Lloyd, 1967: 184]

見捨てられた恋人は，ヤナギでつくった花輪あるいは帽子を身にまとうべきだという考え方は，数世紀の間続いた．

●ヤナギの帽子は，恋に破れたすべての人にプレゼントされた．現在ウェールズの村々では，求婚をはねつけられた男に，その相手が別の男性との結婚式をあげる日の朝，「おまえのヤナギの帽子はどこだい？」とか「おまえにはヤナギの帽子をつくってやらんとな」などと声をかけるのがならわしになっている．同様のことが，別の女性に恋人を奪われてしまった未婚の女性に対しても行なわれている．

[Trevelyan, 1909: 105]

19世紀には，墓石や死亡通知に，しばしばシダレヤナギがあしらわれた．

紀元77年に書かれたディオスコリデスDioscoridesの『薬物誌De Materia Medica』には，white willowの葉を煎じたものが「痛風GOUTによく効く優れた湿布薬になる」と記されているという [Gunther, 1934: 75]．この煎じ薬は，他に頭痛HEADACHE，歯の痛みTOOTHACHE，耳の痛みEARACHEなどを和らげる外用薬としても用いられており，痛みを和らげるためにヤナギの小枝をしがんだという記録も散見される．

●私は70歳近くになるが，生まれ育ったのはノーフォーク州である．……私の父は，彼がskullache（頭蓋骨の痛み）と呼んでいた痛みに襲われたときには，よくヤナギの新梢の小枝を，シガレットのように口にくわえてしがんでいたものだった．

[グウェント州トゥー・ロックス，1993年3月]

1827年，フランスの化学者がセイヨウナツユキソウMEADOWSWEETからある化学物質を分離したが，この物質は後にヤナギの樹液や樹皮に含まれていることがわかり，サリシンsalicinと命名された．この物質からはやがてサリチル酸salicylic acidや，19世紀の末頃にはアセチルサリチル酸acetylsalicylicacidなどが得られた．後者は一般的には鎮痛剤のアスピリンとしてよく知られている [Stockwell, 1989: 67]．

子どもたちは，若いヤナギの小枝で笛WHISTLESをつくった．

●小枝を適当な形に切ってから，樹皮にナイフでぐるっと輪を描くように刻み目を入れ，次の言葉を繰り返しながら，膝の上でナイフの柄を使って叩く．

シップ・サップ，シップ・サップ
ウィリー，ウィリー，ホワイトキャップ．

Sip sap, sip sap,
Willie, Willie, Whitecap. [Morris, 1869: 79]

→CRACK WILLOW／SALLOW（ともにヤナギ属の1種）

Winter aconite 学 *Eranthis hyemalis* **キバナセツブンソウ**（キンポウゲ科セツブンソウ属）

1897年，当時6歳の〔後の探偵作家〕D·L·セイヤーズDorothy L. Sayersは，フェンズ〔イングランド東部の，ウォッシュ湾に臨む低地帯］のブランティシャムにある牧師館に移り住んだが，その際：

●馬車が車寄せに通じる車道に入ったとき，彼女は驚きの声をあげた．「おばさん，見て！　地面が全部おひさまになったみたいに黄色くなってるわ」．

　この突然の黄金色の洪水は，その後一生の間彼女の記憶に残ることとなった．このとき地面を覆っていたのは早咲きのキバナセツブンソウの花で，後になって彼女は父親から，この花はイギリスではローマの兵士が血を流した場所だけに生えるという伝説と，ブランティシャムには，ローマの兵営の外堡があったという話とを聞かされた．そしてこれをきっかけに，この歳にして早くも彼女の想像力は，古代ローマに魅せられることになったのである．［Hitchman, 1975: 22］

Witchen

ウスターシャー州における，セイヨウナナカマドROWANの異称．SERVICE TREE（ナナカマド属の1種）の項を参照のこと．

Witches　魔女

魔女ととりわけ関連の深い植物には，エゾノウワミズザクラBIRD CHERRYやジギタリスFOXGLOVEがある．また，魔女を寄せつけない力をもつとされてきた植物には以下のものがある：ゲッケイジュBAY，BITING STONECROP（マンネングサ属の1種），BUTTERWORT（ムシトリスミレ属の1種），ホルトソウCAPER SPURGE，ローズマリーROSEMARY，セイヨウナナカマドROWAN，SALLOW（ヤナギ属の1種），SERVICE TREE（ナナカマド属の1種）など．ちなみにセイヨウニワトコELDERは，「魔女の木」とも，また魔女を寄せつけない木とも見なされることがある．

Witches' butter　学 *Exidia truncata*; Syn. *E. glundulosa*　**ヒメキクラゲ**（キノコ類，シロキクラゲ科ヒメキクラゲ属）

ゼリー状のキノコであるヒメキクラゲは，落葉樹の枯れ枝に生じ，若い間は黒褐色であるが，やがて黒変する．ウェールズでは：

●Witches' butter（魔女のバター）にピンを突き刺せば，魔女WITCHESの呪いを解くことができるとされていた．……Witches' butterというのは，キノコの1種であるヒメキクラゲのことである．……［このキノコは］小さなバターの塊のように見え，そのためにこの名がつけられている．もし自分に魔法がかけられていると感じたら，なすべきことはただひとつ，ヒメキクラゲを採ってきて，それにピンを突き刺すことである．こうして突き刺したピンは，魔女の身体にまで届くと考えられており，キノコに突き立てられたピンはすべて魔女の身体を貫くので，魔女は姿をあらわさざるを得なくなるとされていた．そして自らのかけた呪いを解き，他の人びとを苦しみから解放することによって，ようやく自分自身もその苦しみから逃れることができるのだという．［Owen, 1896: 249］

●約40年前のある朝のこと，［ダヴェッド州］ラナヴァンに住むある人が，買ったばかりの新しい荷馬車の車軸に，ヒメキクラゲ——農夫のひとりがそう断言した——がこすりつけられているのに気づいた．彼はすぐにこれを斧で削り取り，燃やしてしまった．そうすれば燃えている間に魔女が姿を見せるだろうと考えたのである．するとちょうどそのとき，1人の老人——根っからの善人だったのだが——が訪ねてきたため，この家族は，その老人が荷馬車に呪いをかけようとしたのだと思い込んでしまった． [Jones, 1930: 128]

●ヒメキクラゲを痛めつけられたために苦しむことになったもう1人の魔女は……ダヴェッド州ランガドッグに住むグウェンリアン・デイヴィッドGwenllian Davidであった．1656年6月6日に，カーマーゼンの大法廷で行なわれた裁判において，彼女は魔術を用いた廉で起訴された．そのときに証人として呼ばれたマーガレット・ロジャースという女性は，彼女の夫トマス・ジョンThomas Johnの家の戸口の側柱に，ある物体——後に彼女はこれがヒメキクラゲであったと明言した——が投げつけられていたことを証言した．彼女の話では，この後隣人が，ナイフを赤くなるまで熱し，それでこのキノコを柱もろともに突き刺した．そしてこれをそのまま2週間放っておくと，その間にグウェンリアンは「病気で寝込み，背中からナイフを抜いてちょうだい，と叫びました」．この願いが聞き入れられると，グウェンリアンはすぐに苦痛から解放されたという． [Gruffydd, 1985: 64]

Witches' thimbles

ノース・カントリー〔イングランド北部諸州〕における，ジギタリスFOXGLOVEの異称．

Witten pear

ウスターシャー州における，SERVICE TREE（ナナカマド属の1種）の異称．

Wood　木材

●ヨーロッパブナBEECHの薪は1年おけば，
明るく澄んだ炎を出す．
ヨーロッパグリCHESTNUTは長くしまっておけば，
そのうちに役に立つ．
セイヨウニワトコELDERの木で火をたけば，
家に死人が出る．
　　けれどセイヨウトネリコASHは新しくても古くても
　　黄金の王冠を戴く女王にふさわしい．
BIRCH（カバノキ属の1種）とfir（モミ属の数種）の薪は早く燃えすぎ，
明るいけれども長続きしない．
ニレELMの木は墓場の土のように燃え，
その炎はあまり熱くならない．
　　けれどセイヨウトネリコは緑でも茶でも
　　黄金の王冠を戴く女王にふさわしい．

ポプラ POPLAR は苦い煙を出し，
目に入り息を詰まらせる．
リンゴ APPLE の材はあなたの部屋を
香を薫いたような香りで満たす．
オーク OAK の薪は古い乾いたものなら，
冬の寒さを寄せつけない．
　けれどセイヨウトネリコは湿っていようと乾いていようと
　王がスリッパを暖めるのに使われる．

［サセックス州ファイヴ・アッシェズからの投書，1929年3月1日付 ‘The Times’ 紙］

何か災いに結びつくようなことが口にされたあと，木材に手を触れておくならわしがある．

●「木材に手を触れる慣習」は，局地的な俗信として片づけてしまうにはあまりに根強いものがある．先の大戦中，〔当時の首相〕アスキス Asquith 氏が，無意味に数多くの命が失われたことを話題に上したとき，当時海軍大臣の任にあった A·J·バルフォア Balfour は，前かがみになって厳かに事務官のテーブルに手を触れた．そして同席していた閣僚たちは，この神秘的な儀式を面白そうに眺めていたものだった．この慣習をわれわれは，毎日のようにどこかで目にしている．

［Heather, 1943: 344］

●R：「ご主人の具合はどう？」
A：「ええ，まあ何とか．まだものを食べるのがちょっと辛そうなんですけど，もらっている薬のせいか，ずいぶんよくなりました．ああ，木にさわって，口笛を吹いておかないと」．

Aはそう言うと手を伸ばして，彼女の仕事台の端の木の部分に触れたが，口笛まで吹こうとはしなかった．［ロンドン，サウス・ケンジントン，1987年7月］

●先の大戦中，人びとが迷信深くなっていたのをよく覚えている．皆がいつも木材に触れ，事態がうまく運ぶように願をかけていた．［ノーサンプトン，1991年1月］

●サセックス州の子どもたちは，打ち身 BRUISES などの回復を早めるために，痛むところを木にこすりつけている．

　木にこすりつければ
　すぐによくなるさ．

　　Rub it on wood
　　Sure to come good.　［サリー州ウースター・パーク，1978年2月］

ヨークシャー州では：

●てのひらがかゆいときは——「木にこすりつければ必ず治る」．そして，もしそれが右手なら，金が出ていくことになるが，左手なら金が入って来る．

［SLF MSS，シェフィールド，1972年9月］

Wood anemone 学 *Anemone nemorosa* **ヤブイチゲ**（キンポウゲ科イチリンソウ属）

●スタッフォードシャー州で過ごした子ども時代の思い出のひとつに，ヤブイチゲがある．この植物はスタントンの近辺にたくさん生えていた．地元の人びとはこれにthunderbolt（雷電）という名をつけていて，私なども，この草は絶対に集めてはいけない，もし摘んだりしたら，必ず雷雨になって，間違いなく雷THUNDERに撃たれてしまうぞ，と念入りに言い聞かされたものだった．……ある日のこと私は，そこで婚礼が行われているというのを知らずに，はずれにある農家を訪ねたことがあった．その家の人は，はじめ笑顔でドアを開けてくれたが，すぐに驚いて顔色を変えてしまった．というのも，そのとき私はボタンホールにヤブイチゲを挿していたからである．私は，婚礼に不幸をもたらしてしまったのであった． [Deacon, 1930: 26]

Wood avens 学 *Geum urbanum*（バラ科**ダイコンソウ属**の1種）

●［ジプシーたちは］この根をつぶしたものを下痢DIARRHOEAの治療薬として用いている．また少量を熱湯で溶いたものは，のどの痛みを和らげるという．

[Vesey-FitzGerald, 1944: 22]

Wood rush 学 *Luzula campestris*（イグサ科**スズメノヤリ属**の1種）

19世紀のチェシャー州およびランカシャー州では，chimney-sweep（煙突掃除）あるいはchimney-sweeper（煙突掃除屋）の名で知られていた．

●チェシャー州の子どもたちは，その春はじめてのこの植物を見つけると，おそらくは幸運がやって来るのを願って，次のような文句を唱える．

まっくろけの煙突掃除屋さん，
川で背中を洗っておいで．
すっかり洗うか，全然洗わないかは，
煙突掃除屋さん，自分でお決めなさい．

Chimney-sweeper, all in black,
Go to the brook and wash your back;
Wash it clean, or wash it none;
Chimney-sweeper, have you done. [Britten and Holland, 1886: 102]

Wood sage 学 *Teucrium scorodonia*（シソ科**ニガクサ属**の1種）

●ジャージー島の人びとは，この植物をホップHOPの代わりに醸造に使用する．

[Lightfoot, 1777: 303]

●［グロースターシャー州の］ダーズリー周辺では，春になると地元の人びとがこの植物の葉を採集し，乾燥させて貯蔵しておく．リウマチRHEUMATISMの治療薬になる，茶のようにして飲む煎じ薬をつくるためである． [Riddelsdell et al., 1948: 398]

●最近亡くなったある老婦人は，wood sageの醸造物を用いて，医者が見放した2人の舞踏病ST VITUS' DANCEの患者を治療したことがあった．1930年頃のことである．

［クルーイド州グロナント，1994年4月］

Wood sorrel 学 *Oxalis acetosella* **コミヤマカタバミ**（カタバミ科カタバミ属）

●ハンプシャー州のベイジングストーク近辺では，子どもたちはHAWTHORN（サンザシ属の数種）の芽をBREAD AND CHEESE（チーズつきのパン）と呼んで，これを食べていた．彼らはまたコミヤマカタバミの葉のこともこの名で呼び，やはり口にしていた． ［ロンドン，メイダ・ヒル，1978年3月］

●1950年代のドーセット州西部では，コミヤマカタバミはbread and cheeseの名で知られており，子どもたちはその花を食べていた．［ロンドン，ストレタム，1986年3月］

コミヤマカタバミの異称のうち，これが食用にされたことと関連をもつと思われるものには，他にラドナーシャー州におけるcuckoo's bread and cheese，サセックス州におけるegg and cheese，マリーシャー州におけるsookie sooricksなどがある．

●アラン島で私は，この植物からつくる乳漿あるいは茶を，発疹チフスなどの発熱FEVERに対して用いるとよく効く，と教えられた． [Lightfoot, 1777: 238]

J·ビシェノウJames Bichenoは1831年，真のシャムロックSHAMROCKはコミヤマカタバミであるとの見解を発表したが，ウィルキンソンWilkinson卿夫人もまた，次のように説いている．

●［かつてコミヤマカタバミはallelujaという名で呼ばれたことがあったが，これは］ドルイド僧たちでさえも，この植物に対して畏敬の念を抱いていたからである．この植物は聖三位一体の象徴であるが，彼らはこの教義が本来は自分たちに固有の秘義であると主張しており，その祭祀のあらゆる局面で，できる限りこのことを示そうと努めていた．また，この植物に対する彼らの崇敬が，その3つ葉の各小葉に，もう1つの聖なる象徴である月をあらわす三日月形の薄い斑点があるという事実によって，一層高められていたことは疑いのないところである． [Wilkinson, 1858: 54]

Worms 寄生虫 →駆虫剤VERMICIDES

Wormwood 学 **Artemisia absinthium アブシント**（キク科ヨモギ属）

●私はアングルシー島で育ったが，……島にはアブシントがたくさん生えていた．……人びとはこれに熱湯を注いで，強壮剤として，また病後の食欲を増進させるために飲用していた． ［グウィネズ州バンゴール，1993年3月］

●アブシントはギョウチュウなどの寄生虫WORMSの駆除に用いられ，ギョウチュウがいるのではないかと疑われるとき，たとえば，尻を掻いたり，おとなしく静かに座っていられず，変にそわそわしてしているようなときにも，これの煎じ薬が利用されていた． ［クルーイド州グロナント，1994年4月］

J·レイJohn Ray（1627-1705）によれば：

●田舎に行き，……たまたま胸の悪くなるようなビールに出くわしてしまった場合は，アブシントの煮出し汁をそれに加えることによって，味覚と消化の両面を改善し，多少とも快適なものにすることができる．というのも，酸味を取り除くには，砂糖よりも苦味の方が効果的だからである． [Ewen and Prime, 1975: 37]

Y

Yallowin' girse

シェットランド諸島における，AMPHIBIOUS BISTORT（サナエタデ属の1種）の異称．

Yarrow 学 *Achillea millefolium* **セイヨウノコギリソウ**（キク科ノコギリソウ属）

COW PARSLEY（シャク属の1種）やHAWTHORN（サンザシ属の数種）のような，他の白花の植物とも共通するところだが，セイヨウノコギリソウの花を集めて家に持ち込むのは，不吉だとされることがある．

●セイヨウノコギリソウ――MOTHER-DIE（母親の死）あるいはfever-plant（熱の植物）の名で知られている．摘んだり，家に持ち込んだりするのは縁起が悪く，病気の原因になると考えられている．［ハンバーサイド州ドリフィールド，1985年3月］

セイヨウノコギリソウは，恋占いlove DIVINATIONに広く用いられた．

●［ドネガル州の］少年少女たちは5月祭の前夜MAY EVE，セイヨウノコギリソウの生えている芝を四角く切り取り，……これを枕の下に入れる．そして，芝を切り取ってから床につくまでの間，誰とも話をしなければ，恋人の夢を見ることができるとされていた．切り取る芝は，ある程度の大きさでなければならないが，どのくらいの大きさか，というのはかなり不確かなようである．この慣習は，スコットランドからの移住者がこの国〔ウェールズ〕へもたらしたものだと言われている．［Kinahan, 1884: 90］

●［デヴォン州南部では：］自分が誰と結婚することになるのかを知りたいと思う女の子は，真夜中に教会墓地へ行き，若くして亡くなった男性の墓からセイヨウノコギリソウを少し摘み取って来なければならない．私の知り合いには，実際にこれを試してみたことのある女性がおり，われわれがまだ少女だった頃に，その一部始終を聞かせてもらったことがある．彼女は教会墓地へ出かけ，若い男の墓にセイヨウノコギリソウが少し生えているのを見つけると，教会の時計が12時を打つのを待って，次のように唱えながらこれを1本摘み取った．

ノコギリソウよ，ノコギリソウよ，ずいぶん探しまわって
とうとうここで見つけたわ．
おまえを地面から引き抜くときには，
恵み深いイエス様にお祈りをするからね．

Yarra, Yarra, I seeks thee yarra,
And now I have thee found.

I prays to the gude Lord Jesus
As I plucked 'ee from the ground.

このあと彼女はその1本を家に持ち帰り，床につく前にそれを右足のストッキングに入れ，さらにそのストッキングを左足に結びつけた．そして背中からベッドにもぐりこみながら，今度はこう唱えたという．

ノコギリソウよ，おやすみ
ノコギリソウよ，おやすみ
ノコギリソウよ，おやすみ．

Good night to thee yarra
Good night to thee yarra
Good night to thee yarra.

続けてさらに3回：

可愛いノコギリソウよ，おやすみ，
やさしいノコギリソウよ，お願いだから，
明日までに教えてちょうだい，
私の本当の恋人は誰なの．

Gude night, purty yarra,
I pray thee sweet yarra,
Tell me by the marra
Who shall me true love be.

旧友はここまで話すと，いくぶん厳かな口調になって，最後にこう教えてくれた．「するとその晩，男があらわれて，〈僕があなたの本当の恋人，ジャンJanだよ〉って言ったのよ」．そして彼女はその後，ジャン・スコルブJan Scolbe氏と結婚し，さらにジャン・ウェイカムJan Wakeham氏と2度目の結婚をした． [Morris, 1925: 306]

●今年86歳になるおばによれば，かつて娘たちは，月夜にセイヨウノコギリソウの生えた畑へ出かけ，目をつぶってセイヨウノコギリソウを摘んだものだったらしい．そして朝になってもこの草が湿ったままであれば，それは，ボーイフレンドが近々自分に対して本気になってくれることを意味していたという．

[ケンブリッジシャー州ヒストン，1989年1月]

●5月祭の前夜，女の子はセイヨウノコギリソウを探さなければならなかった．そして9枚の葉をちぎりながら，次の詩を唱えることになっていた．

ノコギリソウよノコギリソウ，もしおまえがノコギリソウなら，
明日の今頃までに
私の本当の恋人を教えておくれ，
その人の髪の色を，
着ている服を，

そして私を迎えにくるときに，
口に出す最初のことばを．

Yarrow for yarrow, if yarrow you be
By this time tomorrow
My true love to see
The colour of his hair
The clothes he does wear
The first words he will speak
When he comes to court me.

それからこの葉を枕の下に入れておく．そうすればこの娘は，将来の夫になる男性の夢を見ると言われていた．［ベルファスト，1991年2月］

●恋人のいる娘は，セイヨウノコギリソウを使って，彼が自分に忠実かどうかを知ることができた．サフォーク州での方法は，……その葉を1枚，次のような言葉を唱えながら鼻に入れて，血がでるかどうか試してみる，というものである．

白い花を身にまとう，緑のノコギリソウよ，
もし恋人が私を愛しているなら，鼻から血が出ることでしょう．
でももし愛していないなら，血は一滴も出ないでしょう．
そして本当に愛しているのなら，血はたくさん出ることでしょう．

Green 'arrow, green 'arrow, you wears a white blow,
If my love love me, my nose will bleed now;
If my love don't love me, it on't bleed a drop;
If my love do love me, 'twill bleed every drop. ［Britten, 1878: 156］

セイヨウノコギリソウは，出血 BLEEDING，それもとりわけ鼻血を止めるのに用いられたが，逆に鼻血を出させるために使うこともあった．

●［リンカンシャー州南部では］鼻血：これを止めるには，セイヨウノコギリソウの花を嗅ぐとよい．同地では，セイヨウノコギリソウはNosebleed（鼻血）とも呼ばれている．［Rudkin, 1936: 26］

●私は現在スコットランド南部に住んでいるが，このあたりでは，セイヨウノコギリソウが鼻血（を止めるの）に使用されている．しかし北部では，冷水に浸したハンカチを鼻柱の上にあてる，というのが普通の治し方であった．

［エディンバラ，1991年10月］

●人びとは頭痛 HEADACHE を治すために，時としてその葉を鼻孔に押し込んで鼻血を出させることがある．これは，この植物の英名のうちの1つ［=nosebleed］のもとになった習慣である．［Lightfoot, 1777: 497］

●［ジャージー島での］地方名［d'la tcherpentchiethe］は，「大工の薬草」という意味である．……高名なさる化学者の話では，かつて大工たちは怪我をすると，出血

を止めるためにこの植物を傷口にあてがっていたのだという. [Le Sueur, 1948: 157]

● [1856年／1858年生まれの私の祖父母は] 鼻血を止めるために，セイヨウノコギリソウを沸騰した湯につけ，それを鼻にかぶせていた.

[グロスターシャー州シンダーフォード，1993年11月]

セイヨウノコギリソウの煮出し汁は，さまざまな病気の治療に用いられた.

●セイヨウノコギリソウは，肺病CONSUMPTIONを患う人びとの治療に非常によく効くことがわかった．これを引き抜いて細かく切り刻み，それをシチュー鍋で煮て，その液を飲ませたのであるが，これがあのひどい病気を治したのである.

[IFCSS MSS 112: 48，メイオー州]

●気管支炎BRONCHITISに対して：セイヨウノコギリソウの花を採集し，とろ火で煮たものを漉して飲用する. [Taylor MSS，ノーフォーク州グレートヤーマス]

●夏の終わり頃になると母は，われわれに，はずれの牧場へ行ってセイヨウノコギリソウの茎と花を集めてくるよう命じたものだった．そしてこれらを新聞紙に包み，紐で縛って，戸外で（覆いをかけて）徹底的にに乾燥させた．やがて寒い冬が来て，流感や風邪COLDSがはやりだすと，母はこのセイヨウノコギリソウを砕いて水差しに入れ，沸騰させた湯を注いで，冷めないようにかまどの棚に載せていた．これは必要に応じて，家族全員に薬として与えられ，ひどい味だったが，すべての風邪などにけりをつけてくれた．母は，この効き目はセイヨウノコギリソウに含まれるキニーネのおかげだと言っていたが，私としてはこれは疑わしいと思っている. [ウェスト・ミッドランズ，ヘイルズオーウェン，1990年10月]

●私は，セイヨウノコギリソウを探しに行かされたのをよく覚えている．1930年代，祖母はこの植物をわが家の旧式のかまどの棚の上で煎じていた．これは彼女の痛み止めの薬であった. [グウェント州ベトゥス，1991年2月]

●シリー諸島に住むある老人から，かつてはセイヨウノコギリソウを採集し，台所で乾燥させていたと聞いたことがある．……そして冬になるとこれが利用された——乾燥させた葉の煮出し汁を，胃の調子のよくない家畜に水薬として与えていたのだという. [シリー諸島，セント・メリーズ，1992年9月]

Yellow bartsia 学 *Parentucellia viscosa*（ゴマノハグサ科パレンツケリア属の1種）

● 1958年にコーンウォール州で休暇を過ごした際，私は少しばかり植物調査めいたことを行なった．ある農場主の許可を得て，彼の放牧場を調べにかかったところ，その農場主がやってきて，ここに連れてきた後で下痢SCOURをした雌牛がいるんだが，何が原因かわかるかね，と聞いてきた．そして彼は*Parentucellia viscosa*を指さし，「俺はこれのせいじゃないかと思ってる．おまえさんがたがこれを何と言ってるか知らんが，俺たちはarse-smartと呼んでるんだ」と言った.

[レスター州サイストン，1991年1月]

Yellow buttons
エゾヨモギギク TANSYの異称.

Yellow corydalis 学 *Pseudofumaria lutea*（ケシ科**プセウドフマリア属**の1種）
ヨークシャー州のクレイヴン地区とウォーフデイル地区では，yellow corydalisはItalian Weed（イタリアの草）と呼ばれていた．これは，この植物が「ローマ人ROMANSの後をついてまわっている」と言われていたからである． [Britten and Holland MSS]

Yellow horned poppy 学 *Glaucium flavum* **ツノゲシ**（ケシ科ツノゲシ属）
●黄色い花を咲かせるツノゲシは，ハンプシャー州およびドーセットシャー州では（同地で教えられたところによれば）俗にSquatmoreあるいはBruserootなどと呼ばれており，打ち身bruiseの治療薬として外用・内用の双方に用いられる．
[Newton, 1698: 263]

Yellow iris 学 *Iris pseudacorus* **キショウブ**（アヤメ科アヤメ属）
●はるか昔のこと［1940年代］になるが，私のもう1つの楽しみは，キショウブ*Iris pseudocorus*の葉で「帆かけ舟」をつくることであった．長い葉を選んで，まず縦の方向に，葉の長さの半分ほどの細いすきまを開ける．それから葉の先端部を曲げて，葉先をこのすきまに少し押し込み，「帆」と「竜骨」を同時につくりあげる．そしてこの小さな舟を，小川に浮かべて流すか，陸風の吹くときに海に浮かべるかして遊んだものだった．風がわずかでも吹けば，船は動きだしてやがて見えなくなった．われわれはこの船をseggie boatと呼んでいた．
［シェットランド州スキャロウェー，1994年2月］
●キショウブ＝seg，seggie floooer，dug's lug：この植物からは青灰色と暗緑色の染料DYESが得られる．子どもたちはその葉を使って小さな帆かけ舟をつくる．またその葉を嚙むと，吃音などの言語障害を発症すると信じられている．
［シェットランド州ラーウィック，1994年3月］
ガーンジー島ではかつて，野生のキショウブが，結婚式のときに花嫁の通る道に撒く花として人気があった［MacCulloch, 1903: 101］．
ジャージー島がドイツに占領されていた間（1940-45），キショウブの種子をよく煎ったものが，コーヒーの代用品として使われていた［Le Sueur, 1984: 184］．
●アラン島やウェスタン諸島〔アウター･ヘブリディーズ諸島〕の島々では，キショウブの根は黒の染料DYESとして用いられる．またジュラ島では，これを緑礬とともに煮てインクをつくる． [Lightfoot, 1777: 86]

Yellow loosestrife 学 *Lysimachia vulgaris* **ヒロハクサレダマ**（サクラソウ科オカトラノオ属）
●［ジプシーの治療薬：］葉の煮出し汁は下痢DIARRHOEAに効く． [Thompson, 1925: 162]

Yellow rattle 学 *Rhinanthus minor*（ゴマノハグサ科**リナンツス属**の1種）
●［バッキンガムシャー州では］locusts（locusと発音される）［の名で呼ばれる］．……同地では，この植物は洗礼者聖ヨハネの食べ物であったと考えられている．

[Britten and Holland, 1886: 312]

● yellow rattleの花が咲くと，干し草を刈り取る時期になったと言われる．

[Davey, 1909: 339]

Yellow root plant

ケリー州における，IRISH SPURGE（トウダイグサ属の1種）の異称．

Yew 学 *Taxus baccata* **ヨーロッパイチイ**（イチイ科イチイ属）

アイルランドのカトリック教会では，枝の主日PALM SUNDAYにはしばしばヨーロッパイチイが用いられる．このため，アイルランド･ゲール語を話す人びとの間では，この日はDomhnach an Iuir（イチイの主日）として知られている［Danahaer, 1972: 68］．

●ヨーロッパイチイの枝は，カトリック教会の枝の主日の儀式に用いられ，式の後に会衆に配られる．人びとはしばしばそれを身につけて家路につき，幸運を呼び寄せるために，住まいや牛舎に置いておく．

ヨーロッパイチイの木はふつう，灰の水曜日ASH WEDNESDAYに使う灰をつくるのに燃やされる．［オファリー州デインジアン，1985年1月］

●枝の主日のpalm〔本来はナツメヤシを指す〕の枝には，ヨーロッパイチイの小枝が用いられていた．その木は教会墓地の近く，あるいは地主の地所内に生えており，これを集めて教会に運んでおき，ミサの際に配られた．この枝は常にヨーロッパイチイであったのだが，人びとはやはりpalmと呼んでいた．牛舎に置くために，よい枝を欲しがるひともいたが，わが家ではこれを離れに置くことはせず，台所の絵の脇に置いていた．現在では，人びとはそれぞれに枝を持参し，教会で祝別してもらう形をとっているが，今年はこれが教会の脇の広場で行なわれた．私を含めて何人かは，今でもヨーロッパイチイの枝をもっていっているが，他の人びとは，あまりこだわらずに手近にある木や低木の枝を持参しており，中にはCYPRESS（ヒノキ属の数種もしくはレイランドヒノキ）を使う人もいる．

［ロングフォード州レナモー，1991年5月］

●枝の主日のミサの後，palmが手すりのまわりの信徒たちに配られる．彼らはそれを家に持ち帰り，その小片を住まいの各部屋に1つずつ，そして離れにも置く．これは，その家の住人たちに祝福がもたらされることを願って行なわれている．

［IFCSS MSS1020: 290，カヴァン州］

ヨーロッパイチイの木の大部分には毒性のある物質が含まれており，その種子もやはり有毒だが，これを包む多肉質の赤い仮種皮を子どもたちが口にしていたという報告が散見される．

●私がまだ子どもで，学校に通っていた頃のことだが，何人かの友人と一緒にこの木の液果の果肉を食べたことがある．……一度だけでなく何度も食べたが，まったく無害であった．［Gerard, 1597: 1188］

●ヨーロッパイチイの木の種子そのものは有毒であったが，子どもたちの中には，

その果肉を食べている者がいた. ［ドーセット州ドーチェスター，1992年2月］

● ［私は今年88歳になるが］植物の呼び名の中でもとりわけ印象に残っているのは，ヨーロッパイチイの木の果実を指して用いられたsnot-gobble（鼻水食い）である．あまり上品な名前ではないが，その果実——私も子どもの頃によく口にしたものだが——の感じが非常にうまく表現されていると思う．

［ベッドフォードシャー州モールデン，1993年4月］

● ［1940年代のケント州ワイで：］ヨーロッパイチイの種子に毒があることは知っていたが，その粘り気のある赤い外皮は甘い味がするので，よくこれを食べたものだった．この実は，red snot（赤い鼻水）の名で呼ばれていた．

［ハンプシャー州オールトン，1993年1月］

ヨーロッパイチイの木が教会墓地に頻繁に見られる理由は，長年にわたって論議の的となってきた．

● ヨーロッパイチイの木を教会墓地に植える習慣は，木陰を確保するためだけではなく，弓の材料を供給するためのものであった．日曜日ごとに弓の使い手が練習をしたために，多くの教会の壁には深いくぼみができている．これはyewmanすなわちyeoman（義勇農騎兵）が，砂岩の壁で矢を研いだ跡である． [Jeacock, 1982]

● ヨーロッパイチイの木は，死体の上によく繁るのでしばしば墓地に植えられた．これは，すぐれた弓をつくる材料の，手近な入手先にもなった． [Chandler, 1992: 5]

● ヨーロッパイチイの木が教会墓地に植えられたのは，弓の使い手たちが弓をつくる材料を適当な枝から調達し，「王の兵士たち」に対抗するためのすぐれた武器をもつことがないようにするためであった．教会墓地の木を切ることは，罪深い行為だとされていたからである！ [Chandler, 1992: 5]

● ヨーロッパイチイの材は弓をつくるのに用いられていたので，それぞれの村がその供給先を確保しておく必要があった．囲い込みが行なわれるまでは，村の家畜は野放しで方々をうろついていたものだったが，……ヨーロッパイチイの木は有毒なので，これらの動物が口にしないよう，彼らの近づけないところに植えなければならなかった．そこで，村の中で唯一の塀で囲まれた場所である，教会墓地に植えられたのである． [Chandler, 1992: 5]

● 私はこれまでずっと，ヨーロッパイチイの木は，農夫たちが家畜を民有地から聖なる地に迷い込ませないように，教会のまわりに植えられたのだと考えてきた． [Chandler, 1992: 6]

● 田舎の教会は，しばしば牧草地で囲まれた土地に建てられている．……しかし家畜がヨーロッパイチイの果実を食べると中毒を起こすので，教会や教会墓地の周辺に住む農夫たちは，それらの周囲にめぐらされた生け垣や柵を良好な状態に保っておこうと，その補修に余念がない．……20年前のクリスマスの日に，1頭の雌牛が教会墓地に侵入し，私たちの古いヨーロッパイチイの木の液果を食べたのがもとで亡くなってしまったことがあったが，その飼い主の農夫はそれ以来ずっと，私たちとの間の境界を美しく保ってくれている！ [Chandler, 1992: 6]

●ドルイド僧はヨーロッパイチイを神聖な木と見なし，自らの聖所の近くに植えていた．初期のキリスト教徒はしばしば教会をこれらの聖所の跡に建てたので，ヨーロッパイチイの木の教会墓地との結びつきが長く続くことになった．

[サリー州キュー，王立植物園のラベル，1993年10月]

●ウェスト・サセックス州プルバラにほど近い，コールドウォールサムの教会墓地には，ヨーロッパイチイの木が生えているが，この木はイングランドで最も古い木のうちの1つであることが確認されている．……これはおそらく，ドルイド僧によって，紀元前1000年頃に植えられたものだろうと言われている．

[1993年8月19日付 'The Times' 紙]

●ヨーロッパイチイが墓地に植えられたのは，悪霊を寄せつけないようにするためである． [デヴォン州ストーク，1993年4月]

●ヨーロッパイチイの材は，とりわけ幹を切ったばかりのときに見ると，赤い部分と白い部分とにはっきり分かれている．芯材が赤く，辺材が……白いのである．この2つの色は，キリストの血と肉を象徴すると考えられていた． [Chandler, 1992: 6]

パースシャー州フォーティンガルには，ヨーロッパイチイの老木が1本立っている．この木は「ヨーロッパの現生植物の中で最も古い標本であることは議論の余地がない」とされている．また，まだ赤ん坊であった「ポンティウス・ピラト PONTIUS PILATE は，その父がローマ軍の兵士としてこの地に遠征してきた際，この木の下で乳を飲まされていた」という伝説も残っている [Wilks, 1972: 101]．

●同地の言い伝えによれば，かつて葬儀の行列は，この老木の枝がつくるアーチの下を通っていたという．今日では，このアーチの骨組みにあたる枝はごく一部が残されているにすぎないが，ある部分からは，新しい幹が数本生え，中心に巨大なくぼみを抱きながら，環状に枝を伸ばしている． [Milner, 1992: 82]

エイヴォン州コングスベリーにあるヨーロッパイチイの木は，8世紀の隠者であったとされる，聖コンガー ST CONGAR と結びつけられている．

●伝説によれば，聖コンガーは，木陰を与えてくれるヨーロッパイチイの木がほしいと願っていたが，あるとき彼がその杖を地面に突き刺したところ，次の日，その杖から葉が出て，やがて大きく枝を広げた木になったという．教会墓地の古いヨーロッパイチイの一部は，この地方では今でも St Congar's walking stick（聖コンガーの杖）の名で呼ばれている． [教会のガイドブック，1992年1月]

ダービーシャー州アンバーゲートでは：

●18世紀の炭焼き人たちは，いわば現代の職場における託児所設置の要求を先取りするような形で，ヨーロッパイチイの木の大枝をくりぬいてゆりかごをつくっていた．……そしてこれが，伝承童謡 'Rock-a-Bye-Baby' のもとになったとされている．……この木は保存されることが決まっている． ［1991年1月3日付 'The Times' 紙］

デヴォン州ストーク・ゲイブリエルでは：

●その教会墓地には堂々としたヨーロッパイチイの古木がそびえており，今もって生き生きとしているが，この木には，生殖能力を授けてくれるという伝説がある．たとえば，この木のまわりを男性は後向きに，女性であれば前向きに歩くと，子宝に恵まれるとされている．また別の迷信によれば，このヨーロッパイチイの木のまわりを7度まわれば願いがかなうともいう．この木の下のあたりには雑草がなく，これはおそらく，迷信深い人びとが，始終この儀式を行なってきたことを示すものであろう．この木は雌株で，高さが45フィート，胴回りは7フィートである． ［Wilks, 1972: 131］

近年，ヨーロッパイチイに含まれる化学物質taxolが，ある種の癌CANCERに対して効力をもつことが発見された．

●ハンプシャー州のある教会の敷地内に生えているヨーロッパイチイの木は，年に1度剪定が行なわれているが，これが癌患者に救いの手をさしのべることになった．

こう言うと突飛なことに聞こえるかもしれないが，実はこのたび，フック・ウィズ・ウォーサッシュの村にあるセント・メリーズSt Mary's教会の102本の木から切り取られた枝が，新しい抗癌剤の材料とされることになったのである．

［1993年10月15日付 'Southern Evening Echo' 紙］

●グランピアン州バンコリーの近くにあるクラシズ・カースルでは，1702年以来，毎年そのヨーロッパイチイの生け垣の剪定が行なわれてきた．……今年切り落とした枝は集められ，癌の研究に使用するためにドイツへと送られることになっている． ［1993年10月23日付 'Daily Telegraph' 紙］

Young man's death

パースシャー州における，セイヨウヒルガオBINDWEEDの異称．

Yucca 学 *Yucca* spp.（リュゼツラン科**イトラン属**の数種）

1980年代には，yuccaは室内に置く花として人気のある植物となったが，一方ではこの花に関して，都市部において「恐るべき汚染をもたらす」という伝説が広まっていた．

●これは，ある従業員が私を信用してこっそり耳打ちしてくれた話である．その従業員のいとこの友人は，「マークスとスペンサーの店」で，yuccaの花を買ってきたのだが，きちんと世話をしていたのに，すぐに枯れてしまった．

彼女はこれを店に返品し，代わりに商品券を受け取ったが，店でこの植物をよく調べてみたところ，その鉢の中に，雄のタランチュラの死骸が見つかった．

そこで2人の専門家が彼女の家に派遣された．雄がいたからには，幼虫を連れた雌がいるはずだ，というわけであった．

そして調査の結果，羽根ぶとんの中に，雌と8匹の幼虫とが見つかった．店では，この件については一切口外しないという条件で，ベッドのシーツ全部とベッドとをすべて無料で交換したという．［ドーセット州プール，1992年4月］

付　録

参考文献

＊邦訳のあるものについては，行末にこれを補った（ただし編著者の掲げる文献と底本が異なるものや，部分訳であるものについては，アステリスク（⋆）を付して区別しておいた）．また翻訳にあたって使用した参考文献を，巻末に付記した．

〔刊行物〕

Addison, J. 1985. *The Illustrated Plant Lore*, London.

Aitken, J. 1944. *English Diaries of the XIX Century, 1800-1850*, Harmondsworth.

Akeroyd, J. 1990. Further comments on conkers, *BSBI News* 56: 20-1.

Albertus Magnus *see* Best, M.R. and Brightman, F.H.

Allen, D.E. 1980. A possible scent difference between *Crataegus* species, *Watsonia* 13: 119-20.

Amery, P.F.S. 1895. Thirteenth report of the Committee on Devonshire folk-lore, *Report and Transactions of the Devonshire Association for the Advancement of Science* 27: 61-74.

—— 1905. Twenty-second report of the Committee on Devonshire folk-lore, *Report and Transactions of the Devonshire Association for the Advancement of Science* 37: 111-21.

—— 1907. Twenty-fourth report of the Committee on folklore, *Report and Transactions of the Devonshire Association for the Advancement of Science* 39: 105-9.

Anon., 1520. *Here begynneth the Lyfe of Joseph of Armathia*, London.

Anon., 1916. Notes on Irish folklore, *Folk-lore* 27: 419-26.

—— 1967. *Royal Pageantry: Customs and Festivals of Great Britain and Northern Ireland*, Paulton.

——[1977] *The Glastonbury Thorn* [pamphlet produced and sold in aid of the restoration of the church of St John the Baptist, Glastonbury].

——[n.d.] *The Cathedral of Our Lady and St Phillp Howard Arundel*, St lves.

——[n.d.] *A Guide to Glastonbury and its Abbey*, Glastonbury.

Arber, A. 1938. *Herbals*, 2nd ed., Cambridge [first published 1912; 3rd ed. with an introduction and annotations by W. T. Stearn, 1986]（『近代植物学の起源』 月川和雄訳，八坂書房，1990年）

Archer, F. 1990. *Country Sayings*, Stroud.

Armstrong, S. 1976. *A Croft in Clachan*, London.

Asberg, M. and Stearn, W.T. 1973. Linnaeus's Öland and Gotland journey 1741, *Biological Journal of the Linnean Society* 5: 1-107.

Asch, J. 1968. Botanical emblems of the nations, *Garden Journal* [New York Botanical Garden] 18: 55-7.

Atkins, E.A. 1986. *Tales from our Cornish Island*, London.

Attwater, D. 1970. *The Penguin Dictionary of Saints*, Harmondsworth.（⋆『聖人事典』 山岡健訳，三交社，1998年）

Aubrey, J. 1847. *The Natural History of Wiltshire*, ed. J. Britton, London.

—— 1881. *Remaines of Gentilisme and Judaisme*, ed. J. Britten, London.

Bacon, F. 1631. *Sylva Sylvarum*, 3rd ed., London.

Baker, A.E. 1854. *Glossary of Northamptonshire Words and Phrases*, vol.1, London.

Baker, M. 1974. *Discovering the Folklore Customs of Love and Marriage*, Princes Risborough.

—— 1975. *Discovering the Folklore of Plants*, Princes Risborough.

—— 1977. *Wedding Customs and Folklore*, Newton Abbot.

Banks, M.M. 1941. *British Calendar Customs: Scotland*, vol.3, London.

Barrett, H. 1967. *Early to Rise*, London.

Barrington, J. 1984. *Red Sky at Night*, London.

Basford, K. 1978. *The Green Man*, Ipswich.

Batten, E.C. 1881. The holy thorn of Glastonbury, *Proceedings of the Somerset Archaeological and Natural History Society* 26(2): 118-25.

Battiscombe, G. 1969. *Queen Alexandra*, London.

Bean, J.W. 1914. *Trees and Shrubs hardy in the British Isles*, vol.1, London.

Bennett, M. 1991. Plant lore in Gaelic Scotland, in R. J. Pankhurst and J. M. Mullin, *Flora of the Outer Hebrides*, London, pp. 56-60.

Bergamar, K. n.d. *Discovering Hill Figures*, Tring.

Best, M.R. and Brightman, F.H. (eds) 1973. *The Book of Secrets of Albertus Magnus*, Oxford.

Bett, H. 1952. *English Myths and Traditions*, London.

Bicheno, J.E. 1831. On the plant intended by the shamrock of Ireland, *Journal of the Royal Institution of Great Britain* 1: 453-8.

Biden, W.D. 1852. *The History and Antiquities of Kingston-upon-Thames*, Kingston.

Blamey, M. and Grey-Wilson, C. 1989. *The Illustrated Flora of Britain and Northern Europe*, London.

Bloom, J.H. 1920. Modern folklore of Warwickshire: cures, *Notes and Queries* 12 ser. 7: 245-6.

——1930, *Folk Lore, Old Customs and Superstitions in Shakespeare land*, London.

Bloxham, C. and Picken, M. 1990. *Love dnd Marriage*, Exeter.

Boardman, J. and Scarisbrick, D. 1977. *The Ralph Harari Collection of Finger Rings*, London.

Boase, W. 1976. *The Folklore of Hampshire and the Isle of Wight*, London.

Bonnard, B. 1993. *Channel Island Plant Lore*, Guernsey.

Booth, C. 1861. *London Labour and the London Poor*, vol.1, London.

Booth, E.M. 1980. *The Flora of County Carlow*, Dublin.

Boyes, G. 1991. Not quite blue: colour in the mock-obscene riddle, in J. Hutchings and J. Wood (eds), *Colour and Appearance in Folklore*, London. pp. 40-5.

Boys, W. 1792. *Collections for an History of Sandwich in Kent*, Canterbury.

Brand, J. 1701. *A Brief Description of Orkney, Zetland, Pightland-Firth and Caithness*, Edinburgh.

——1853. *Observations on the Antiquities of Great Britain*, revised by Sir H. Ellis, London.

Brentnall, M. 1975. *Old Customs and Ceremonies of London*, London.

Briggs, K.M. 1971. *A Dictionary of British folk-tales*, part B, vol.2, London.

——1974. *The Folklore of the Cotswolds*, London.

——1976. *A Dictionary of Fairies*, London. (『妖精事典』 平野敬一他訳，冨山房，1992年)

Briggs, K.M. and Tongue, R.L. (eds). 1965. *Folktales of England*, London.

Brightman, F.H. and Nicholson, B.E. 1966. *The Oxford Book of Flowerless Plants*, London.

Britten, J. 1869. Spring flowers, *Hardwicke's Science Gossip*: 122.

——1878. Plant-lore notes to Mrs Latham's West Sussex Superstitions, *Folk-lore Record* 1: 155-9.

——1881. *European Ferns*, London.

Britten, J. and Holland, R. [1878-] 1886. *A Dictionary of English Plant-names*, London.

Bronfield, W.A. 1856. *Flora Vectensis*, London.

[Brontë, E.] 1847. *Wuthering Heights*, London. (『嵐が丘』 阿部知二訳，岩波文庫，1960-61年／他)

Brown, T. 1951. Forty-eighth report on folk-lore, *Report and Transactions of the Devonshire Association for the Advancement of Science* 83: 73-8.

——1952. Forty-ninth report on folk-lore, *Report and Transactions of the Devonshire Association for the Advancement of Science* 84: 296-301.

——1953. Fiftieth report on folk-lore, *Report and Transactions of the Devonshire Association for the Advancement of Science* 85: 217-25.

——1955. Fifty-second report on folklore, *Report and Transactions of the Devonshire Association for the Advancement of Science* 87: 353-9

——1959. Fifly-sixth report on folklore, *Report and Transactions of the Devonshire Association for the Advancement of Science* 91: 198-203.

——1971. 68th report on folklore, *Report and Transactions of the Devonshire Association for the Advancement of Science* 103: 265-71.

——1972. 69th report on folklore, *Report and Transactions of the Devonshire Association for the Advancement of Science* 104: 263-8.

Burdy, S. 1792. *Life of the Late Rev. Philip skelton*, Dublin.

Burne, C.S. 1883. *Shropshire Folk-lore*, London.

C., E. 1951. Fragments of Oxfordshire plant-lore, *Oxford and District Folklore Society Annual Record* 3: 11-13.

Calderbank, D.A. 1984. *Canny Leek Growing*, Wimborne.

Cameron, J. 1883. *Gaelic Names of Plants*, Edinburgh.

Candlin, L.N. 1947. Plant lore of Sussex, *Sussex County Magazine* 21: 130-1.

Carew, R. 1602. *The Survey of Cornwall*, London.

Carmichael, A. 1900. *Carmina Gadelica*, vol.1, Edinburgh.

——1928. *Carmina Gadelica*, vol.2, Edinburgh.

——1941. *Carmina Gadelica*, vol.4, Edinburgh.

Carre, F. 1975. *Folklore of Lytchett Matravers Dorset*, St Peter Port.

Cartland, B. 1971. *We Danced all Night*, London.

Challenger, F. 1955. Chemistry—the grand master key, *University of Leeds Review* 4(3): 264-72.

Chamberlain, E. 1990. *29 Inman Road*, London.

Chandler, J. 1992. Old men's fancies: the case of the churchyard yew. *FLS News* 15: 3-6

——1993. The days of May, *FLS News* 17: 11-12.

Chapman, V.J. *Seaweeds and their Uses*, London.

Child, F.J. (ed.) 1889. *The English and Scottish Popular Ballads* vol.3, Boston, Massachusetts.

Chope, P.R. 1926. Twenty-seventh report on Devonshire folk-lore, *Report and Transactions of the Devonshire Association for the Advancement of Science* 57: 107-31.

——1927. Twenty-eighth report on Devonshire folk-lore, *Report and Transactions of the Devonshire Association for the Advancement of Science* 59: 145-72.

——1929. Thirtieth report on Devonshire folk-lore, *Report and Transactions of the Devonshire Association for the Advancement of Science* 61: 125-31.

——1931. Thirty-first report on Devonshire folk-lore, *Report and Transactions of the Devonshire Association for the Advancement of Science* 63: 123-35.

——1932. Thirty-second report on Devonshire folk-lore, *Report and Transactions of the Devonshire Association for the Advancement of Science* 64: 153-68.

——1933. Thirty-third report on Devonshire folk-lore, *Report and Transactions of the Devonshire Association for the Advancement of Science* 65 : 121-7.

——1934. Thirty-founh report on Devonshire folk-lore, *Report and Transactions of the Devonshire*

Association for the Advancement of Science 66: 73-91.
——1935. Thirty-fifith report on Devonshire folk-lore, *Report and Transactions of the Devonshire Association for the Advancement of Science* 67: 131-44.
——1938. Devonshire calendar customs. Part II. Fixed festivals. *Report and Transactions of the Devonshire Association for the Advancement of Science* 70: 341-404.
Christensen. K.I. 1992. Revision of *Crataegus* sect. *Crataegus* and Nothosection *Crataeguineae* (Rosaceae-Maloideae) in the Old World, *Systematic Botany Monographs* 35.
Christy, M. 1928. On the variability and instability of coloration in the flowers of the primrose (*Primula vulgaris*) and the cowslip (*P. veris*), *Vasculum* 14: 89-94.
Clapham, A.R., Tutin, T.G., and Warburg, E.F. 1962. *Flora of the British Isles*, 2nd ed., Cambridge.
Clark, R. 1882. Folk-lore collected in Co. Wexford. *Folk-lore Record* 5: 81-3.
Coles, W. 1656. *The Art of Simpling*, London.
——1657. *Adam in Eden*, London.
Colgan, N. 1892. The shamrock: an attempt to fix its species. *Irish Naturalist* 1: 95-7.
——1893. The shamrock: a further attempt to fix its species, *Irish Naturalist* 2: 207-11.
——1896. The shamrock in literature: a critical chronology, *Journal of the Royal Society of Antiquaries of Ireland* 26: 211-26 and 349-61.
Collinson, J. 1791. *History and Antiquities of the County of Somerset*, Bath.
Combermere, Mary, Viscountess, and Knollys, W.W. 1866. *Memoirs and Correspondence of Field Marshal Viscount Combermere*, vol.2, London.
Conquer, L. 1970. Corn-dollies and 'trees', *Folklore* 81: 145-7.
Cooper, R.E. 1957. The sycamore tree, *Scottish Forestry* 11(4): 169-76.
Copper, B. 1971. *A Song for Every Season*, London.
Cornish, V. [1941]. *Historic Thorn Trees in the British Isles*, London.
Cotton, A.D. 1912. Clare Island Survey, no. 15: Marine algae, *Proceedings of the Royal Irish Academy*, sect. B, vol.31.
Court, T. 1967. 'Urt' picking on Exmoor, *Exmoor Review* 1967: 42-3.
Cowan, J.L. 1902. Welsh superstitions, *Journal of American Folklore* 15: 131-2.
Culpeper, N. 1649. *The Physicall Directory*, London.
——1652. *The English Physician*, London.
Cunnington, P. and Lucas, C. 1972. *Costume for Births, Marriages and Deaths,* London.
Curwen, J.F. 1898. *Historical Description of Levens Hall*, Kendal.

Dacombe, M.R. (ed.). 1951. *Dorset Up Along and Down Along*, 3rd ed., Dorchester.
Dallas, D. 1971. *The Travelling People*, London.
Danaher, K. 1972. *The Year in Ireland*, Cork.
Darlington, A. and Hirons, M.J.D. 1975. *The Pocket Encyclopaedia of Plant Galls in Colour*, Poole.
Dartnell, G.E. and Goddard, E.H. 1894. *Wiltshire Words*, London.
Davey, F.H. 1909. *Flora of Cornwall*, Penryn.
Davies, A.S. 1949. *The 'Mheillea' and its Meaning*, Iver Heath.
Deacon, E. 1930. Some quaint customs and superstitions in north Staffordshire and elsewhere, *North Staffordshire Field Club Transactions and Annual Report* 64: 18-32.
Deane, T. and Shaw, T. 1975. *The Folklore of Cornwall*, London.
De Garis, M. 1975. *Folklore of Guernsey*, St Pierre du Bois.

Delgado, P. 1992. *Crop Circles: Conclusive Evidence?* London.

Delgado, P. and Andrews, C. 1989. *Circular Evidence*, London.

Denson, J. 1832. The thistle of Scotland, *Gardener's Magazine* 8: 335-6.

Dickson, J.H. and Walker A. 1981. What is the Scottish thistle? *Glasgow Naturalist* 20(2): 1-21.

Dinneen, P. 1927. *Irish-English Dictionary*, Dublin.

Dixon, D.D. 1890. Northumbrian plant names, *Nature Notes* 1: 110-11.

Donald, J. 1973. *Long Crendon: a Short History, part II, 1800-1914*, Long Crendon.

Dony, J.D. 1953. *Flora of Bedfordshire*, Luton.

Dony, J.G., Jury, S.L., and Perring, F. 1986, *English Names of Wild Flowers*, London.

Douglas, S. 1989. The hoodoo of the Hanging Tree, in G. Bennett and P. Smith (eds), *The Questing Beast* [Perspectives on Contemporary Legend, vol.4] , Sheffield, pp. 133-43.

Douie, D.L. and Farmer, H. 1962. *Magna Vita Sancti Hugonis*, London.

Drury, S.M. 1984. The use of wild plants as famine foods in eighteenth century Scotland and Ireland, in R. Vickery, (ed.) *Plant-lore Studies*, London, pp. 43-60.

Duncan, L.L. 1893. Folk-lore gleanings from County Leitrim, *Folk-lore* 4: 176-94.

——1896. Fairy beliefs and other folklore notes from County Leith, *Folk-lore* 7: 161-83.

Dunsford, M.E. 1978. 79th report on dialect, *Report and Transactions of the Devonshire Association for the Advancement of Science* 110: 208-09.

——1981. 23rd report of the Folklore Section, *Report and Transactions of the Devonshire Association for the Advancement of Science* 113: 173-6.

Dyer, T.F.Thiselton 1889. *The Folk-lore of Plants*, New York.

E. 1884. Oak and Nettle Day in Northamptonshire, *Folk-lore Journal* 2: 381-2.

Eachard, J. 1645. *Good Newes for all Christian Souldiers*, London.

Eastwood, J. [n.d.] *The Mole Race*, Burton Bradstock.

Eberley, S.S. 1989. A thorn among the lilies: the hawthorn in medieval love allegory, *Folklore* 100: 41-52.

Edmondson, J.R. 1994. Snuffed out for snuff: *Meum athamanticum* in the Roberts Leyland herbarium, *Naturalist* 119: 45-6.

Elliott, B. 1984. The Victorian Language of Flowers, in R. Vickery (ed.), *Plant-lore Studies*, London, pp. 61-5.

Emecheta, B. 1986. *Head above Water*, London.

[Emslie, J.P.] 1915. Scraps of folklore collected by John Philipps Emslie, *Folk-lore* 25: 153-70.

Evans, A.J. 1895. The Rollright Stones and their folklore, *Folk-lore* 6: 5-50.

Evans, E.E. and Laughlin, S.J. 1971. A County Tyrone tan yard, *Ulster Folklife*, 17: 85-7.

Evans, G.E. 1969. Aspects of oral tradition, *Folk Life* 7: 5-14.

——1971. *The Pattern under the Plough*, London.

Evans, J. 1800. *A Tour through Part of North Wales in the year 1798, and at other times*, London.

Evershed, H. 1877. The Cedars of Lebanon, *Gardeners' Chronicle* ns 7: 39-40.

Ewen, A.H. and De Carteret, A.R. 1974. The Guernsey Lily. *Reports and Transactions, La Société Guernésiaise* 19: 269-86.

Ewen, A.H. and Prime, C.T. 1975. *Ray's Flora of Cambridgeshire*, Hitchin.

Fairweather, B. [n.d.] *Highland Plant Lore*, Glencoe.

Ffennell, M.C. 1898. The shrew ash in Richmond Park, *Folk-lore* 9: 330-6.

Foley, W. 1974. *A Child in the Forest*, London.
Folkard, R. 1884. *Plant Lore, Legends and Lyrics*, London.
Forby, R. 1830. *The Vocabulary of East Anglia*, London.
Fosbroke, T.D. 1821. *Ariconesia, or Archaeological Sketches of Ross and Archenfield*, Ross.
Fowler, W.M.E. 1891. Superstitions regarding wild flowers in the Selborne country, *Nature Notes* 2: 193-4.
——1909. Yorkshire folklore, in T.M. Fallow (ed.), *Memorials of Old Yorkshire*, London, pp. 286-305.
Francis, A.A. 1988. In a strange land, in Anon., *More Bristol Voices*, Bristol, pp. 91-6.
Fraser, A.S. 1973. *The Hills of Home*, London.
Frazer, J.G. 1922. *The Golden Bough*, abridged edition, London. （*『金枝篇』 永橋卓介訳，岩波文庫，1966-67年）
Frazer, W. 1894. The Shamrock: its history, *Journal of the Royal Society of Antiquaries of Ireland* 24: 132-5.
Fried, A. and Elman, R.M. 1969. *Charles Booth's London*, London.
Friend, H. 1882. *A Glossary of Devonshire Plant-names*, London.
——1884. *Flowers and Flower Lore*, London.

Gailey, A. 1972. The last sheaf in Ireland, *Ulster Folklife* 18: 1-33.
Gamble, R. 1979. *Chelsea Child*, London.
Garrad, L.S. 1984. Some Manx plant-lore, in R. Vickery (ed.), *Plant-lore Studies*, London, pp. 75-83.
Gascoigne, M. 1969. *Discovering English Customs and Traditions*, Tring.
Gaskell, Elizabeth. 1848. *Mary Barton*, London. （『メアリ・バートン』 松原恭子他訳，彩流社，1998年／他）
Gerard, J. 1597. *The Herball, or Generall Historie of Plants*, London.
Gibbs, R. 1885. *A History of Aylesbury, with its Borough and Hundreds*, Aylesbury.
Gilmore, L. and Oalcz, C. 1993. *The History and Meaning of the Blackthorn in Ireland*, Belfast.
[Gloucester, Duchess of] 1983. *The Memoirs of Princess Alice, Duchess of Gloucester*, London.
Gmelch, G. and Kroup, B. 1978. *To Shorten the Road*, Dublin.
Gomme, A.B. 1894-8. *The Traditional Games of England, Scotland and lreldnd*, 2 vols, London.
Gomme, G.L. (ed.). 1884. *The Gentleman's Magazine Library: Popular Superstitions*, London.
Goodrich-Freer, A. 1902. More folklore from the Hebrides, *Folk-lore* 13: 29-62.
Goody, J. 1993. *The Culture of Flowers*, Cambridge.
Gospelles of Dystaues, The, 1507, London.
Graves, R. 1948. *The White Goddess*, London.
Green, M. 1990. The rings of time: the symbolism of crop circles, in R. Noyes (ed.), *The Crop Circle Enigma*, Bath, pp. 137-71.
Gregor, W. 1874. *An Echo of the Olden Time*, London.
——1881. *Notes on the Folk-lore of the North-east of Scotland*, London.
——1884a. Some old farming customs and notions in Aberdeenshire, *Folk-lore Journal* 2: 329-32.
——1884b. Unspoken nettles, *Folk-lore Journal* 2: 377-8.
——1889. Some folk-lore on trees, animals and river-fishing from the north-east of Scotland, *Folk-lore Journal* 7: 41-4.
Grierson, S. 1986. *The Colour Caldron: the history and use of natural dyes in Scotland*, Tibbermore.
Grigson, G. 1975, 1987. *The Englishman's Flora*, London. [The history of this work, first published in 1955, is confusing; two editions have been used in the preparation of this dictionary: the Paladin edition of 1975 and the Phoenix House edition of 1987; the former includes material not in the

latter.]
Grufydd, E. 1985. Witches Butter in Wales. *Bulletin of the British Mycological Society* 19: 63-5.
Gunther, R.W.T. 1934. *The Greek Herbal of Dioscorides*, Oxford.
Guppy, H.P. 1917. *Plants, Seeds and Currents in the West Indies and the Azores*, London.
Gupta, S.M. 1971. *Plant Myths and Traditions in India*, Leiden.
Gutch, Eliza. 1901. *County Folk-lore*, vol.2. *Printed extracts concerning the North Riding of Yorkshire, York and the Ainsty*, London.
——1912. *County Folk-lore*, vol.6. *Printed extracts concerning the East Riding of Yorkshire*, London.
Guzmán, G. 1983. *The Genus Psilocybe*, Vaduz.
Gwyndaf, R. 1989. *Welsh Folk Tales*, Cardiff

Hadfield, M. 1957. *British Trees: A Guide for Everyman*, London.
Halsband, R. (ed.) 1965. *The Complete Letters of Lady Mary Wortley Montagu*, vol.1, Oxford.
Hardy, J. (ed.) 1892-5. *The Denham Tracts*, 2 vols, London.
Hardy, T. 1887. *The Woodlanders*, London. (『森に住む人たち』 滝山季乃訳, 千城, 1981年)
Harley, L.S. 1988. *Polstead Church and Parish*, Hadleigh.
Harris, A. 1992. Gorse in the East Riding of Yorkshire, *Folk Life* 30: 17-29.
Hart, H.C. 1873. *Euphorbia hyberna, Equisetum trachypodon* &c. in Co. Galway, *Journal of Botany* 11: 338-9.
——1879. On the flora of north-western Donegal, *Journal of Botany* 17: 77-83, 106-14, 143-50.
Heanley, R.M. 1901. The Vikings: traces of their folk-lore in Marshland, *Saga book of the Viking Club* 3: 35-62.
Heather, P.J. 1940. Folk-lore Section, *Papers and Proceedings of the Hampshire Field Club and Archaeological Society* 14: 402-9.
——1941. Folk-lore Section, *Papers and Proceedings of the Hampshire Field Club and Archaeological Society* 15: 115-22.
——1943. Folk-lore Section, *Papers and Proceedings of the Hampshire Field Club and Archaeological Society* 15: 344-9.
Helm, A. 1981. *The English Mummers' Play*, Woodbridge.
Hemsley, W.B. 1892. A drifit-seed (*Ipomoea tuberosa* L.), *Annals of Botany* 6: 369-72.
Henderson, G. 1856. *The Popular Rhymes, Sayings and Proverbs of the County of Berwick*, Newcastle-on-Tyne.
Hepper, F.N. 1980. *Bible Plants at Kew*, London.
Hersom, K. 1973. Games with flora, *Countryman* 78(3): 79-85.
Hewins, A. 1981. *The Dillen: Memories of a Man of Stratford upon Avon*, Oxford.
——1985. *Mary, after the Queen: Memories of a Working Girl*, Oxford.
Hillaby, J. 1983. *Journey through Britain*, London.
Hitchman, J. 1975. *Such a Strange Lady*, London.
Hodson, R. 1917. Notes on Staffordshire folklore, *Folk-lore* 28: 452.
Hoeg, O.A. 1941. Jonsokgras, *Plantago lanceolata, Kongelige Norske Videnskabernes Selskabs Forhandlinger* 13: 157-60.
Hole, C. 1937. *Traditions and Customs of Cheshire*, London.
——1950. *English Custom and Usage*, 3rd ed., London.
——1965. *Saints in Folklore*, London.
——1975. *English Traditional Customs*, London.

——1976. *British Folk Customs*, London.
——1977. Protective symbols in the home, in H.R.E. Davidson (ed.), *Symbols of Power*, Cambridge, pp. 121-30.
Holt, J.C. 1983. *Robin Hood*, London.
Hone, W. [n.d.] *The Everyday Book*, vol.2, London.
Horwood, A.R. 1921. *A New British Flora*, London.
Howell, J. 1640. *Dodona's Grove*, London.
Howse, W.H. 1949. *Radnorshire*, London.
Hults, D.S. 1987. A Derbyshire custom in transition? Well dressing in Perth, Western Australia, *Australian Folklore* 1: 25-43
Hunt, R. 1881. *PopularRomances of the West of England*, London.

Jackson, T. 1873. *Recollections of my own life and Times*, London.
James, E.O. 1961. *Seasonal Feasts and Festivals*, London.
Jeacock, R. 1982. *Plants and Trees in Legend, Fact and Fiction*, Chester.
Jewell, C.H. [n.d.] *The Crying of the Neck*, place of publication not stated.
Johns, C.A. [1847], 1849. *Forest Trees of Britain*, London.
Johnston, G. 1853. *The Botany of the Eastern Borders*, London.
Jones, A.E. 1980. Folk medicine in living memory in Wales, *Folk life* 18: 58-68.
Jones, B.H. 1908. Irish folklore from Cavan, Meath, Keny and Limerick. *Folk-lore* 19: 315-23.
Jones, L. 1980. *Schoolin's Log*, London.
Jones, T.G. 1930. *Welsh Folklore and Folk-custom* London.
Jones-Baker, D. 1977. *The Folklore of Hertfordshire*, London.
Judge, R. 1978. *The Jack in the Green*, Cambridge.

Karpeles, M. 1987. *The Crystal Spring*, Oxford.
K'Eogh, J. 1735. *Botanalogia Universalis Hibernica*, Cork.
Keyte, H. and Parrott, A. 1992. *The New Oxford Book of Carols*, Oxford.
Killip, M. 1975. *The Folklore of the Isle of Man*, London.
Kilvert, F. *Diary see* Plomer, W. (ed.).
Kinahan, G.H. 1881. Notes on Irish folk-lore, *Folk-lore Record* 4: 96-125.
——1884. Co. Donegal, May Eve, *Folk-lore Journal* 2: 90-1.
——1888. Irish plant-lore notes, *Folk-lore Journal* 6: 265-7.
King, R J. 1877. Second report of the Committee on Devonshire folklore, *Report and Transactions of the Devonshire Association for the Advancement of Science* 9: 88-102.
Kitchen, P. 1990. *For Home and Country*, London.
Knight, W.F.G. 1945. Forty-second report on Devonshire folk-lore, *Report and Transactions of the Devonshire Association for the Advancement of Science* 77: 93-7.
——1947. Forty-fourth report on folk-lore, *Report and Transactions of the Devonshire Association for the Advancement of Science* 79: 47-9.

Lafonte, A.M. 1984. *Herbal Folklore*, Bideford.
Lake, C. [n.d.] *The Battle of Flowers Story*, StJohn.
Lambeth, M. 1969. *A Golden Dolly: The Art, Mystery and History of Corn Dollies*, London.

——1977. *Discovering Corn Dollies*, Princes Risborough.

Latham, C. 1878. Some west Sussex superstitions lingering in 1868, *Folk-lore Record* 1: 1-67.

Laver, F.J. 1990. 91st report on dialect, *Report and Transactions of the Devonshire Association for the Advancement of Science* 122: 233-8.

Laycock, C.H. 1940. Thirty-ninth report on Devonshire folk-lore, *Report and Transactions of the Devonshire Association for the Advancement of Science* 72: 115-16.

Leather, E.M. 1912. *The Folk-lore of Herefordshire*, Hereford.

Lee, H. 1887. *The Vegetable Lamb of Tartary*, London.（★「タタールの植物子羊」尾形希和子訳,『スキタイの子羊』所収, 博品社, 1996年）

Lees, E. 1856. *Pictures of Nature around the Malvern Hills*, Malvern.

Lees, F.A. 1888. *The Flora of West Yorkshire*, London.

Legg, P. 1986. *So Merry let us be——the Living Tradition of Somerset Cider*, Taunton.

Lester, G. 1972. *Castleton Garland*, Sheffield.

Le Sueur, F. 1984. *Flora of Jersey*, Jersey.

Lighifoot, J. 1777. *Flora Scotica*, London.

Lindegaard, P. 1978. The colliers' tale—a Bristol incident of 1753, *Journal of the Bath and Avon Family History Society* Spring 1978: 8.

Linnard, W., trans. and ed. 1985. *An Autumn in Wales (1856)*, Cowbridge.

Linton, E.F. 1908. Notes on the Dorset flora, *Proceedings of the Dorset Natural History and Antiquarian Field Club* 29: 14-29.

Lloyd, A.L. 1967. *Folk Song in England*, London.

Lloyd, B. 1945. Notes on Pembrokeshire folklore, superstitions, dialect words, etc. *Folk-lore* 56: 307-20.

[Lloyd George, D.] 1938. *War Memoirs of David Lloyd George*, London.（『世界大戦回顧録』内山賢次他訳, 改造社, 1940年）

L'Obel, M. de. 1570. *Stirpium adversaria nova*, London.

Loftus, B. 1994. *Mirrors: Orange and Green*, Dundrum.

Logan, P. 1965. Folk medicine in the Cavan-Leitrim area, II, *Ulster Folklife* 11: 51-3.

Lomax, A. and Kennedy, P. 1961. Notes to accompany the record *Songs of Ceremony* (Folk Songs of Britain, 8), London.

Lousley, J.E. 1971. *Flora of the Isles of Scilly*, Newton Abbot.

Lovett, E. 1913. Folk-medicine in London, *Folk-lore* 24: 120-1.

Lownes, A.E. 1940. The strange case of Coles vs. Culpeper, *Journal of the New York Botanical Garden*, 41: 158-66.

Lucas, A.T. 1960. *Furze: A Survey and History of its Uses in Ireland*, Dublin.

——1963. The sacred trees of Ireland, *Journal of the Cork Historical and Archaeological Society* 68: 16-54.

——1979. Furze: a survey and history of its uses in Ireland, *Bealoideas* 45-47: 30-45.

Mabberley, D. 1987. *The Plant-Book*, Cambridge.

Mabey, R. 1972. *Food for Free*, London.

McBride, D. 1991. *What they did with Plants*, Banbridge.

McClintock, D. 1970. Why is white heather lucky?, *Country Life*, 15 January: 159.

——1975. *The Wild Flowers of Guernsey*, London.

——1987. *Supplement to 'The Wild Flowers of Guernsey' (Collins 1975)*, St Peter Port.

MacCulloch, E. 1903. *Guernsey Folk Lore*, London.

Mac Manus, D. 1973. *The Middle Kingdom: The Faery World of Ireland*, Gerrards Cross.
Macmillan, A.S. 1922. *Popular Names of Flowers, Fruits, etc.*, Yeovil.
MacNamara, S. 1987. *The Knock Mary Garden*, Knock.
MacNeil, M. 1962. *The Festival of Lughnasa*, Oxford.
McNeill, M. 1910. *Colonsay*, Edinburgh.
McNicholas, E. 1992. The four-leafed shamrock and the cock, *ARV* 47: 209-16.
MacNicholas, E., O Dulaing, D., and Ross, M. 1990. The legend of the four-leaved shamrock and the cock, *Sinsear* 6: 83-90.
Malone, F.E., Kennedy, S., Reilly, G.A.C., and Woods, F.M. 1992. Bog asphodel (*Narthecium ossifragum*) poisoning in cattle, *Veterinary Record*, 1 August 1992: 100-3.
Maloney, B. 1972. Traditional herbal cures in County Cavan: part 1, *Ulster Folklife*, 18: 66-79.
Mandeville, J. 1964. *The Travels of Sir John Mandeville*, New York.（★『東方旅行記』大場正史訳，平凡社，1964年）
Maple, E. 1971. *Superstition and the Superstitious*, London.
Marquand, E.D. 1906. The Guernsey dialect and its plant names, *Transactions of the Guernsey Society of Natural Science and Local Studies* 5: 31-47.
Marson, C. 1904. Preface to A.A. Hilton, *In the Garden of God*, London.
Martin, M. 1703. *Description of the Western Islands of Scotland*, London.
Martin, W.K. 1976. *The Concise British Flora in Colour*, 3rd ed., London.
Marwick, E. 1975. *The Folklore of Orkney and Shetland*, London.
Mayhew, H. 1861. *London Labour and the London Poor*, vol.1, London.
Meade-Waldo, Mrs. 1902. Tissington well-dressing, *Journal of the Derbyshire Archaeological and Natural History Society* 24: 1-4.
Melton, J. 1620. *Astrologaster, or the Figure-Caster*, London.
Merlin, M. 1989. The traditional geographical range and ethnobotanical diversity of *Cordyline fruticosa* (L.) Chevalier, *Ethnobotany* 1: 25-39.
Miles, C.A. 1912. *Christmas in Ritual and Tradition, Christian and Pagan*, London.
Miller, H. 1858. *The Cruise of the Betsey*, London.
Milner, J.E. 1992. *The Tree Book*, London.
Mitchell, M.E. and Guiry, M.D. 1983. Carrageen: a local habitation or a name? *Journal of Ethnopharmacology* 9: 347-51
Mitchison, N. 1973. A harvest experience, *Folklore* 84: 252-3.
Moloney, M.F. 1919. *Irish Ethnobotany*, Dublin.
Montagu, Lady Mary Wortley. *Letters see* Halsband, R. (ed.).
Moore, G.F. 1968. 71st report on dialect. *Report and Transactions of the Devonshire Association for the Advancement of Science* 100: 367-71.
Morris, J.P. 1869. *A Glossary of Words and Phrases of Furness (North Lancashire)*, London.
Morris, R.E. 1925· Some old-time superstitions of Devon, *Report and Transactions of the Devonshire Association for the Advancement of Science*, 56: 305-8.
Murphy, D. 1965. *Full Tilt—from Ireland to India by Bicycle*, London.

Naylor, P. 1991. *Discovering Dowsing and Divining*, Princes Risborough.
Nelson, E.C. 1978. Tropical drift fruits and seeds on the coasts of the British Isles and Western Europe, 1. Irish beaches. *Watsonia* 12: 103-12.

——1990. Shamrock 1988, *Ulster Folklife* 36: 32-42.

——1991. *Shamrock: Botany and History of an Irish Myth*, Aberystwyth.

Nelson, E.C. and McCracken, E.M. 1987. *The Brightest Jewell: A History of the National Botanic Gardens, Glasnevin, Dublin*, Kilkenny.

Newall, V. 1971. *An Egg at Easter*, London.

Newton, J. 1698. An account of some effects of *Papaver Corniculatum luteum*, etc., *Philosophical Transactions of the Royal Society* 20: 263-4.

Newton, L. 195 1. *Seaweed Utilisation*, London.

Nicholson, C. 1861. *The Annals of Kendal*, 2nd ed., London.

Nixon, D.B. 1977. *Walk Soft in the Fold*, London.

Noall, C. 1977. *The Cornish Midsummer Eve Bonfire Celebrations*, Penzance.

Noble, R.R. 1975. An end to 'wrecking': the decline of the use of seaweed as a manure on Ayrshire coastal farms, *Folk Life* 13 : 80-3.

Norman, F. 1969. *Banana Boy*, London.

Noyes, R. (ed.). 1990. *The Crop Circle Enigma*, Bath.

Ó'Ceirin, C. and K. 1980. *Wild and Free*, London.

Ó Danachair, C. 1970. The luck of the house, *Ulster Folklife* 15/16: 20-7.

Ogden, J. 1978. Marbles and conkers, *Lore and Language* 2(9): 71-2.

O'Neill, T.P. 1970. Some Irish techniques of collecting seaweed, *Folk Life* 8: 13-19.

Opie, I. and P. 1959. *The Lore and Language of Schoolchildren*, London.

——1969. *Children's Games in Street and Playground*, London.

——1985. *The Singing Game*, Oxford.

Opie, I. and Tatem, M. 1989. A Dictionary of Superstitions, Oxford. (『英語迷信・俗信事典』 山形和美監訳，大修館書店，1994年)

Ó'Suilleabhain, S. 1967. *Irish Folk Custom and Belief*, Dublin.

O'Sullivan, J.C. 1973. St Brigid's crosses, *Folk Life* 11 : 60-81.

O'Sullivan, S. 1966. *Folktales of Ireland*, Chicago.

——1977. *Legends from Ireland*, London.

Owen, E. 1986. *Welsh Folklore*, Oswestry.

Owen, T.M. 1978. *Welsh Folk Customs*, Cardiff.

Palmer, G. and Lloyd, N. 1972. *A Year of Festivals*, London.

Palmer, K. 1973. *Oral Folk-tales of Wessex*, Newton Abbot.

——1976. *The Folklore of Somerset*, London.

Palmer, R. 1976. *The Folklore of Warwickshire*, London.

——1979. *Everyman's Book of English Country Songs*, London.

——1985. *The Folklore of Leicestershire and Rutland*, Wymondham.

Parker, A. 1923. Oxfordshire village folklore, II, *Folk-lore* 34: 323-33.

Parker, S. and Stevens Cox, G. 1974. *The Giant Cabbage of the Channel Islands*, 2nd ed., St Peter Port.

Parkinson, J. 1629. *Paradisi in Sole Paradisus Terrestris*, London.

——1640. *Theatrum botanicum*, London.

Partridge, J.B. 1917. Notes on English folklore, *Folk-lore* 28: 311-15.

Patten, R.W. 1974. *Exmoor Custom and Song*, Dulverton.

Peate, I.C. 1971. Corn ornaments, *Folklore* 82: 177-84.
Peter T. (ed.). 1915. Cornish folklore notes, *Journal of the Royal Cornwall Institution* 20: 117-33.
Phelps, H. 1977. *Just over Yonder*, London.
Philbrick, H. and Gregg, R.B. 1991. *Companion Plants*, Shaftesbury.
Philip, N. 1989. *The Cinderella Story*, London:
Phillips, H. 1825. *Floral Emblems*, London.
Plants, people, Places, 1993- [newsletter produced by the Natural History Centre, Liverpool Museum].
Pliny the Elder, *Natural History see* Rackham, H. (trans.) (★『プリニウスの博物誌』 中野定雄他訳, 雄山閣, 1986年／★『プリニウス博物誌』(植物篇／植物薬剤篇) 大槻真一郎監訳, 八坂書房, 1994年)
Plomer, W. (ed.) 1977. *Kilvert's Diary: A Selection*, Harmondsworth.
Pollock, A.J. 1960. Hallowe'en customs in Lecale, Co. Down, *Ulster Folklife* 6: 62-4.
Poole, C.H. 1877. *The Customs, Superstitions and Legends of the County of Somerset*, London.
Porteous, C. 1973. *The Well-dressing Guide*, Derby.
Porter, E.M. 1958. Some folk beliefs of the Fens, *Folklore* 69: 112-22.
—— 1969. *Cambridgeshire Customs and Folklore*, London.
—— 1974. *The Folklore of East Anglia*, London.
Pratt, A. 1857. *Wild Flowers*, London.
Prime, C.T. 1960. *Lords and Ladies*, London.
Prior, R.C.A. 1863. *On the Popular Names of British Plants*, London.
Purslow, F. 1972. *The Constant Lovers: More English Folk Songs from the Hammond and Gardiner Manuscripts*, London.

Quelch, M.T. 1941. *Herbs for Daily Use*, London.
Quenell, P. (ed.) 1984. *Mayhew's London*, London.

Rackham, H. (trans.) 1968. *Pliny the Elder, Natural History, IV, Books XII-XVI:*, London.
Radford, E. and M.A. 1961. *Encyclopaedia of Superstitions*, ed. and rev. by C. Hole, London.
Raglan, Lady. 1939. The Green Man in church architecture, *Folk-lore* 50: 45-57.
Ramsbottom, J. 1953. *Mushrooms and Toadstools*, London.
Ransom, F. 1949. *British Herbs*, Harmondsworth.
Raphael, S. 1990. *An Oak Spring Pomona*, Upperville, Virginia.
Raven, J. 1978. *The Folklore of Staffordshire*, London.
Rawlence, E.A. 1914. Folk-lore and superstitions still obtaining in Dorset, *Proceedings of the Dorset Natural History and Antiquarian Field Club* 35: 81-7
Rawlinson, R. 1722. *The History and Antiquities of Glastonbury*, Oxford.
Rhys, J. 1901. *Celtic Folklore*, Oxford.
Richards, D. 1979. Folklore and medicine, *WHEN* (World Health and Ecology News) 1(3): 13.
Rickard, R.J.M. 1990. 'Clutching at straws' in R. Noyes (ed.), *The Crop Circle Enigma*, Bath, pp. 62-71.
Riddelsdell, H. J., Hedley, G.W., and Price, W.R. 1948. *Flora of Gloucestershire*, Cheltenham.
Roberts, R. 1971. *The Classic Slum*, Manchester.
Robinson, J. 1975. *The Life and Times of Francie Nichol of South Shields*, London.
Robson, N.K.B. 1977. Studies in the genus *Hypericum* L. I. Infrageneric classification, *Bulletin of the British Museum (Natural History), Botany* 5: 293-355.
Rolph, C.H. 1980. *London Particulars*, Oxford.

Ross, A. 1976. *The Folklore of the Scottish Highlands*, London.
Rowling, M. 1976. *The Folklore of the Lake District*, London.
Rudkin, E. 1936. *Lincolnshire Folklore*, Gainsborough.
Ryan, J.S. 1993. Halloween and other traditional customs in Scottish New Zealand, *FLS News* 18: 8-10.
Ryder, M.L. 1969. Teasel growing for cloth raising, *Folk life* 7: 117-19.
Rymer, L. 1976. The history and ethnobotany of bracken, *Botanical Journal of the Linnean Society* 73: 151-76.

St Clair, S. 1971. *Folklore of the Ulster People*, Cork.
Salaman, R.N. 1949. *The History and Social Influence of the Potato*, Cambridge.
Salmon, W. 1710. *The English Herbal*, London.
Sanderson, S.F. 1969. Gypsy funeral customs, *Folklore* 80: 181-7.
Sandford, L. and Davis, P. 1964. *Decorative Straw Work*, London.
Schnabel, J. 1993. *Round in Circles*. London.
Scott, W. and Palmer, R. 1987. *The Flowering Plants and Ferns of the Shetland Islands*, Lerwick.
Seaby, P. 1970. *Coins and Tokens of Ireland*, London.
Seed, P. 1988. Quakers and the white poppy, *Quaker Monthly* 67: 218-20.
Sharman, N. 1977. *Nothing to Steal*, London.
Short, E. 1983. *I knew my Place*, London.
Shuel, B. 1985. *The National Trust Guide to Traditional Customs of Britain*, Exeter.
Simpson, B. 1987. *Spalding in Flower*, Norwich.
Simpson, G.M. 1931. *The Rushbearing in Grasmere and Ambleside*, Manchester.
Simpson, Jacqueline. 1973. *The Folklore of Sussex*, London.
——1976. *The Folklore of the Welsh Border*, London.
Simpson, John (ed.). 1982. *The Concise Oxford Dictionary of Proverbs*, Oxford.
Sinker, C.A. , et al. 1985. *Ecological Flora of the Shropshire Region*, Shrewsbury.
Skipwith, G.H. 1894. Popular explanation of tree-decay, *Folk-lore* 5: 169.
Sloane, Sir Hans. 1698. A further account of the contents of the China cabinet mentioned in the last Transaction, p.390, *Philosophical Transactions of the Royal Society* 20: 461-2.
Smith, A. [W.]. 1958. Notes on the folk-life of the East London child, *Folklore* 69: 39-43.
——1959. Some local lore collected in Essex, *Folklore* 70: 414-15.
Smith, J. 1989. *Fairs Feasts and Frolics: Customs and Traditions in Yorkshire,* Otley
Spence, M. 1914. *Flora Orcadensis*, Kirkwall.
Spenser, E. 1633. *View of the Present State of Ireland*, London.
Stabursvik, A. 1959. A phytochemical study of *Narthecium ossifragum* (L.) Huds., *Norges Tekniske Vitenskapsakademi*, ser. 2, 6.
Stace, C. 1991. *New Flora of the British Isles*, Cambridge.
Stanihurst, R. 1577. *A Treatise contayning a Playne and Perfect Description of Irelande*, London.
Steam, W.T. 1976. From Theophrastus and Dioscorides to Sibthorp and Smith: the background and origin of the *Flora Graeca, Biological Journal of the Linnean Society* 8: 285-98
Stevens Cox, J. 1970. *Mumming and the Mummers Play of St George* [Monographs on the Life, Times and Works of Thomas Hardy, 67] , St Peter Port.
——1971. *Guernsey Folklore recorded in the Summer of 1882*, St Peter Port.
Stewart, S. 1987, *Lifting the Latch*, Oxford.
Stewart, W.G. 1823. *The Popular Superstitions and Festive Amusements of the Highlanders of Scotland*,

London.
Stockwell, C. 1989. *Nature's Pharmacy*, London.
Stow, J. 1987. *The Survey of London*, ed. E.B. Wheatley, London.
Sykes, H. 1977. *Once a Year: Some Traditional British Customs*, London.
Synnott, D.M. 1979. Folk-lore, legend and Irish plants, in C. Nelson and A. Brady (eds), *Irish Gardening and Horticulture*, Dublin, pp. 37-43.

Tait, R.W. 1947. Some Shetland plant names, *Shetland Folk Book* 1: 74-88.
Taylor, J. 1649. *John Taylor's Wanderings to see the Wonders of the West*, London.
Teulon-Porter, N. 1956. Bull-fronts as church hassocks, up to the mid-nineteenth century, *Gwerin* 1: 90-1.
Thomas, K. 1971. *Religion and the Decline of Magic*, London. (『宗教と魔術の衰退』荒木正純訳，法政大学出版局，1990年)
Thompson, F. 1939. *Lark Rise*, London.
Thompson, T.W. 1925. English gypsy folk-medicine, *Journal of the Gypsy Lore Society*, ser. 3, 4: 159-72.
Thompson, W.P.L. 1983. *Kelp-making in Orkney*, Stromness.
Threlkeld, C. 1726. *Synopsis stirpium Hibernicarum*, Dublin. [In the original edition the pages are unnumbered; the page numbers cited are those given in the Boethius Press, 1988, facsimile.]
Thurston, E. 1930. *British and Foreign Trees in Cornwall*, London.
Tighe, W. 1802. *Statistical Observations relating to the County of Kilkenny*, Dublin.
Tongue, R.L. 1965. *Somerset Folklore*, London.
——1967. *The Chime Child*, London.
Townshend, D. 1908. Fishers' folklore, *Folk-lore* 19: 108.
Trevelyan, M. 1909. *Folk-lore and Folk-stories of Wales*, London.
Tull, G.F. 1976. *The Heritage of Centuries*, Ashford, Middlesex.

Udal, J.S. 1922. *Dorsetshire Folk-lore*, Hertford.

van der Zweep, W. 1984. Linguistic, artistic and folklore aspects of tares in the biblical parable, in R. Vickery (ed.), *Plantlore Studies*, London, pp. 162-79.
Vaughan Williams, R. and Lloyd, A.L. 1968. *The Penguin Book of English Folk Songs*, Harmondsworth.
Venables, U. 1956. *Life in Shetland: A World Apart*, Edinburgh.
Verrall, P. 1991. Queen Victoria's wedding bouquet—1, *BSBI News* 58: 28.
Vesey-FitzGerald, B. 1944. Gypsy medicine, *Journal of the Gypsy Lore Society* 23: 21-33.
Vickery, [A.] R. 1975. The use of lichens in well-dressing, *Lichenologist* 7: 178-9.
——1978. West Dorset folklore notes, *Folklore* 89: 154-9.
——1979. *Holy Thorn of Glastonbury*, St Peter Port.
——1983. *Lemna minor* and Jenny Greenteeth, *Folklore* 94: 247-50.
——1985. *Unlucky Plants*, London.
——1991. Early collections of the Holy Thorn (*Crataegus monogyna* cv. Biflora), *Bulletin of the British Musuem (Natural History) Botany* 21: 81-3.
Victoria, Queen. 1868. *Leaves from the Journal of a life in the Highlands*, London.
——1884. *More Leaves from the Journal of a life in the Highlands*, London.
Viney, E. 1979. A brief guide to St Mary's, Aylesbury, in Anon., *Souvenir Guide to St Mary's Aylesbury*, Aylesbury.

Waring, E. 1977. *Ghosts and Legends of the Dorset Countryside*, Tisbury.
Waring. P. 1978. *A Dictionary of Omens and Superstitions*, London.
Warner, M. 1978. *Alone of all her Sex*, London.
Waters, C. 1987. *Who was St Wite?* Broadoak.
Watson, W.G.W. 1920. *Calendar of Customs, Superstitions, Weather-lore, Popular Sayings and Important Events connected with the County of Somerset*, Taunton.
Watts, K. 1989. Scots pine and droveways, *Wiltshire Folklife* 19: 3-6.
Weaver, O. J. 1987. *Boscobel House and White Ladies Priory*, London.
Webster, M.M. 1978. *Flora of Moray, Nairn and East Inverness*, Aberdeen.
Wenis, E. and H. 1990. Multi-leaved clovers—again, *BSBI News* 56: 24.
Wentersdorf, K.P. 1978. *Hamlet*: Ophelia's long purples, *Shakespeare Quarterly* 29: 413-17.
Westwood, J. 1985. *Albion: A Guide to Legendary Britain*, London.
Wherry, B.A. 1905. Miscellaneous notes from Monmouthshire, *Folk-lore* 16: 63-7.
Whistler, C.W. 1908. Sundry notes from west Somerset and Devon, *Folk-lore* 19: 88-91.
White, G. 1822. *The Natural History of Selborne*, London [first published in 1789]. (『セルボーンの博物誌』西谷退三訳，八坂書房，1992年)
Whitlock, R. 1976. *The Folklore of Wiltshire*, London.
——1977. *The Folklore of Devon*, London.
——1978. *A Calendar of Country Customs*, London.
Wiliam, E. 1991. *The Welsh Folk Museum Visitor Guide*, Cardiff.
Wilkinson, Lady. 1858. *Weeds and Wild Flowers: Their Uses, Legends, and Literature*, London.
Wilks, J.H. 1972. *Trees of the British Isles in History and Legend*, London.
Willey, G.R. 1983. Burning the ashen faggot: a surviving Somerset custom, *Folklore* 94: 40-3.
Williams, A. 1922. *Round about the Upper Thames*, London.
Williams, D. 1987. *Festivals of Cornwall*, Bodmin.
Williams, F.R. 1944. Some Sussex customs and superstitions, *Sussex Notes and Queries* 10: 58-62.
Williams-Davies, J. 1983. A time to sow and a time to reap: The Welsh farmer's calendar, *Folklore* 94: 229-34.
Wilson, E.M. 1940. A Westmorland initiation ceremony, *Folk-lore* 51: 74-6.
Wiltshire, K. 1975. *Wiltshire Folklore*, Salisbury.
Withering, W. 1776. *A Botanical Arrangement of the Vegetables naturally growing in Great Britain*, Birmingham.
——1792. *Systematic Arrangement of British plants*, 2nd ed., London.
——1822. An account of the foxglove and some of its medical uses, in *The Miscellaneous Tracts of the late William Withering*, London, vol.2, pp. 103-306.
Womack, J. 1977. *Well-dressing in Derbyshire*, Clapham.
Wright, A.R. 1936. *British Calendar Customs: England*, 1, London.
——1938. *British Calendar Customs: England*, 2, London.
——1940. *British Calendar Customs: England*, 3, London.
Wright, J. [1898-] 1905. *The English Dialect Dictionary*, London.

Yallop, H.J. 1984. An example of 17th century Honiton lace, *Devon Historian* 28: 27-31.
Yarham, ER. 1944. Seashore harvest. *Country Life* 95: 814-15.
Younguan, B J. 1951. Germination of old seeds, *Kew Bulletin* 6: 423-6.

〔未公刊資料〕

Britten and Holland MSS - slips accumulated by James Britten (1846-1924) and, especially, Robert Holland (1829-93) intended for a supplement to their *Dictionary of English Plant-names* (1878-86), now in the Botany Library, the Natural History Museum, London.

Cottam MSS, 1989 - 'A survey of the farming traditions and the role of animals in Retford and the surrounding district', student project by T. Cottam, the Centre for English Cultural Tradition and Language, University of Sheffield, 1989.

Dickinson MSS, 1974 - 'Ayton past and present', thesis for the examination of English Special Studies BA supervised by Mr Sanderson of the Folk Life Studies Department [University of Leeds], by M.E. Dickinson.

Hammond MSS, 1970 - 'The folklore of wild flowers in the parish of Leckhampton, Cheltenham, in Gloucestershire, collected in the summer of 1970', thesis by Penelope Ruth Hammond, University of Leeds, towards the degree of BA (Hons.).

Hole MSS - notes accumulated by.Christina Hole (1896-1986), now in the archives of the Folklore Society, University College London.

IFC MSS - material collected by professional collectors working for the Irish Folk-lore Commission (since 1971, the Department of Irish Folklore, University College, Dublin), 1935-; now in the Department of Irish Folklore, University College, Dublin.

IFCSS MSS - material contributed to the Irish Folklore Commission's Schools' Scheme, 1937-8, during which children in 5000 Irish primary schools collected and recorded folklore; now in the Department of Irish Folklore, University College, Dublin.

Macpherson MSS - card-index 'Collection of Folk Medicines' compiled by J. Harvey Macpherson; now in the archives of the Folklore Society, University College London.

McKelvie MSS, 1963 - 'Some aspects of oral, social and material tradition in an industrial urban area', a thesis presented for the degree of PhD, University of Leeds, by D. McKelvie.

Milner MSS, 1991-2 - transcripts of interviews made by J. Edward Milner in connection with his television series 'The Spirit of Trees', shown on Channel Four TV, October-December 1992; copy in the author's collection.

Newton MSS, 'Mr Newton's Mss Notes as set down in his Catalogus Plant. Angl.' copied by an unknown hand in an interleaved copy of John Ray's *Catalogus Plantarum Angliae*, London, 1677; now in the Botany Library of the Natural History Museum, London. James Newton (*c.* 1639-1718) is believed to have compiled these notes in *c.* 1683 ; the original notes appear to be missing.

NHM MSS, herbarium... - information extracted from notes on herbarium specimens in the Department of Botany, the Natural History Museum, London.

Parsons MSS, 1952 - 'Horseheath: some recollections of a Cambridgeshire village', by Catherine E. Parsons (1952), copy in the Cambridge Record Office.

Robson MSS, 1988 - 'Calendar customs in nineteenth and twentieth century Dorset: Form, function and patterns of change', thesis submitted for the degree of Master of Philosophy, Department of English Language, University of Sheffield, by P. Robson.

Roper MSS - 'Report on the wild service tree, *Sorbus torminalis*: economics and sociology', by Patrick Roper, F.L.S.; copy in the author's collection.

SLF MSS - items contributed to the Survey of Folklore and Language (now the Centre for English Cultural Tradition and Language), University of Sheffield.

SSS MSS - transcriptions or summaries of tape recordings in the School of Scottish Studies, University of Edinburgh.

Steele MSS, 1978 - 'The medicinal value and usage of plants', by Margaret Ann Steele, student project, the Centre for English Cultural Tradition and Language, University of Sheffield, 1978.

Taylor MSS - notes compiled in the 1920s by Dr Mark Taylor on East Anglian herbal remedies and folklore; in the Norfolk Record Office, Norwich.

UCL EFS MSS - material accumulated in the 1960s as a result of a Survey of English Folklore conducted by staff of the Department of English, University College London.

Wharton MSS 1974 - 'The folklore of south Warwickshire: a field collection with comparative annotations and commentary', thesis presented for the degree of PhD in the Institute of Dialect and Folk Life Studies, School of English, University of Leeds, 1974, by C. Wharton.

〔邦訳参考文献〕

安藤伸介他編『イギリスの生活と文化事典』研究社，1982年
加藤憲市『英米文学植物民俗誌』冨山房，1976年
塚本洋太郎総監修『園芸植物大事典 1-6』小学館，1988-90年.
土居光知他監修『英語歳時記』(全5巻)，研究社，1968-70年
堀田満他編『世界有用植物事典』平凡社，1989年
堀田満他監・編『植物の世界』朝日新聞社，1994-97年
C·カイトリー『イギリス祭事・民俗事典』澁谷勉訳，大修館書店，1992年
L·カザミヤン『大英国』手塚リリ子他訳，白水社，1985年
E·C·ブルーワー『ブルーワー英語故事成語大辞典』加島祥造他訳，大修館書店，1994年
A·D·ミルズ『イギリス歴史地名辞典 歴史地名篇』中林瑞松他訳，東洋書林，1996年
H&A·モルデンケ『聖書の植物』奥本裕昭編訳，八坂書房，1981年
A·R·ライト『イギリスの民俗』堀川徹夫訳，岩崎美術社，1981年
A·ルーム『英国を知る事典』渡辺時夫監訳，研究社，1988年

イギリス諸島全図
シェットランド諸島
フェア島
オークニー諸島
アウター・ヘブリディーズ諸島
インナー・ヘブリディーズ諸島
スコットランド
地図 2 a/b 参照
北アイルランド
アイルランド共和国
マン島
イングランド
地図 1 a/b 参照
ウェールズ
地図 1 a/b 参照
アイルランド
地図 3 a/b 参照
ワイト島
シリー諸島
チャネル諸島
アルデルネイ島
ガーンジー島
ジャージー島

1-a　イングランドおよびウェールズ
（現在の州区分）

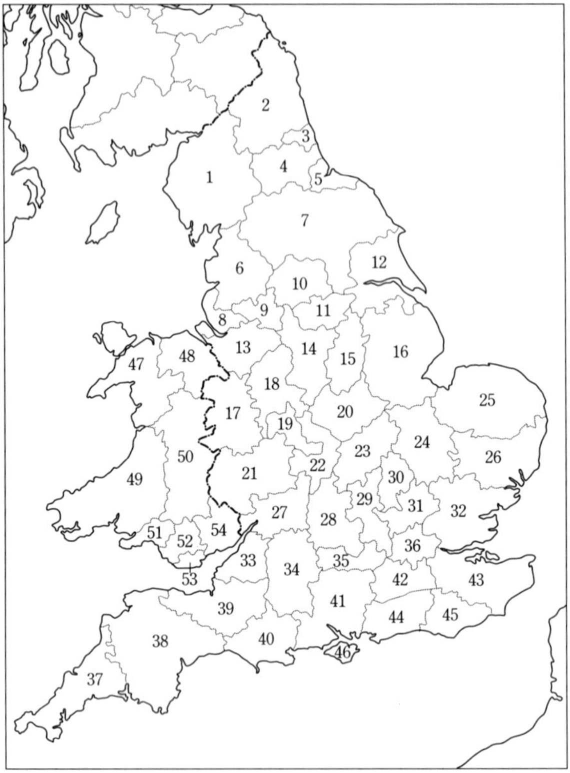

[イングランド]
1　カンブリア
2　ノーサンバランド
3　タイン・アンド・ウィア
4　ダラム
5　クリーヴランド
6　ランカシャー
7　ノース・ヨークシャー
8　マージーサイド
9　グレーター・マンチェスター
10　ウェスト・ヨークシャー
11　サウス・ヨークシャー
12　ハンバーサイド
13　チェシャー
14　ダービーシャー
15　ノッティンガムシャー
16　リンカンシャー
17　シュロップシャー
18　スタッフォードシャー
19　ウェスト・ミッドランズ
20　レスターシャー
21　ヘリフォード・アンド・ウースター
22　ウォリックシャー
23　ノーサンプトンシャー
24　ケンブリッジシャー
25　ノーフォーク
26　サフォーク
27　グロスターシャー
28　オックスフォードシャー
29　バッキンガムシャー
30　ベッドフォードシャー
31　ハートフォードシャー
32　エセックス
33　エイヴォン
34　ウィルトシャー
35　バークシャー
36　グレーター・ロンドン
37　コーンウォール
38　デヴォン
39　サマーセット
40　ドーセット
41　ハンプシャー
42　サリー
43　ケント
44　ウェスト・サセックス
45　イースト・サセックス
46　アイル・オヴ・ワイト

[ウェールズ]
47　グウィネズ
48　クルーイド
49　ダヴェッド
50　ポーイス
51　ウェスト・グラモーガン
52　ミッド・グラモーガン
53　サウス・グラモーガン
54　グウェント

1-b　イングランド　およびウェールズ
（1974年以前の州区分）

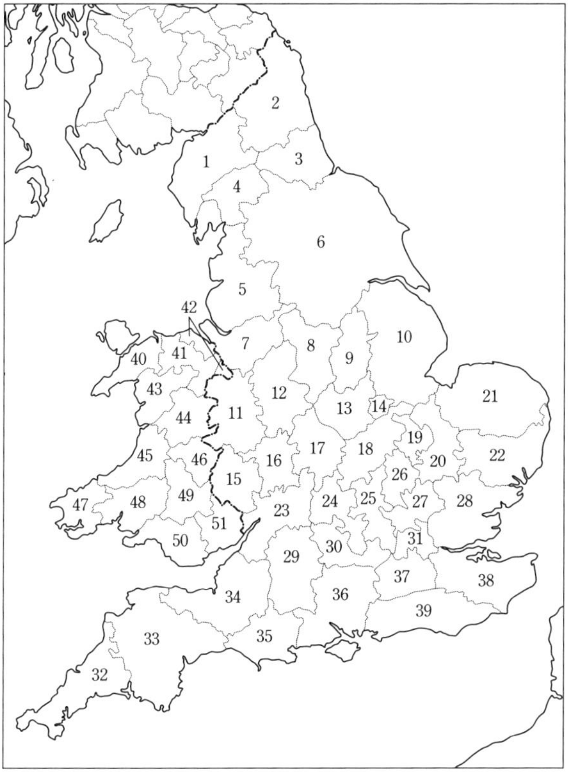

［イングランド］
1　カンバーランド
2　ノーサンバランド
3　ウェストモアランド
4　ダラム
5　ランカシャー
6　ヨークシャー
7　チェシャー
8　ダービーシャー
9　ノッティンガムシャー
10　リンカンシャー
11　シュロップシャー
12　スタッフォードシャー
13　レスターシャー
14　ラトランドシャー
15　ヘリフォードシャー
16　ウスターシャー
17　ウォリックシャー
18　ノーサンプトンシャー
19　ハンティンドン・アンド・ピーターバラ
20　ケンブリッジシャー
21　ノーフォーク
22　サフォーク
23　グロスターシャー
24　オックスフォードシャー
25　バッキンガムシャー
26　ベッドフォードシャー
27　ハートフォードシャー
28　エセックス
29　ウィルトシャー
30　バークシャー
31　ミドルセックス
32　コーンウォール
33　デヴォン
34　サマーセット
35　ドーセット
36　ハンプシャー
37　サリー
38　ケント
39　サセックス

［ウェールズ］
40　カーナーヴォンシャー
41　デンビシャー
42　フリントシャー
43　メリオネスシャー
44　モントゴメリーシャー
45　カーディガンシャー
46　ラドナーシャー
47　ペンブルックシャー
48　カマーゼンシャー
49　ブレックノックシャー
50　グラモーガンシャー
51　モンマスシャー

2-a　スコットランド
（現在の州区分）

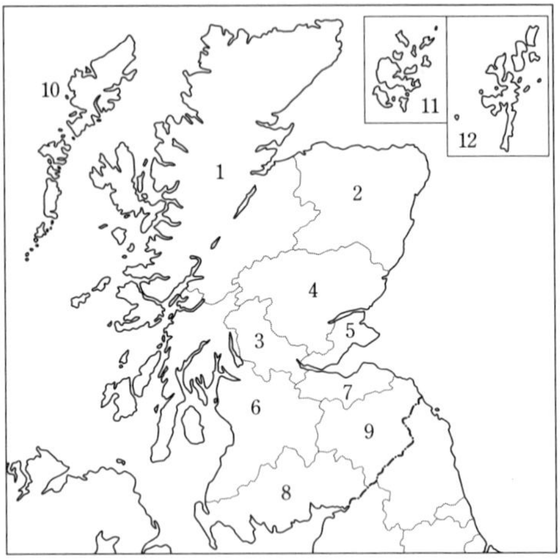

1　ハイランド
2　グランピアン
3　セントラル
4　テイサイド
5　ファイフ
6　ストラスクライド
7　ロージアン
8　ダンフリース・アンド・ギャロウェー
9　ボーダーズ
10　ウェスタン・アイルズ
11　オークニー
12　シェットランド

2-b　スコットランド
（1974年までの州区分）

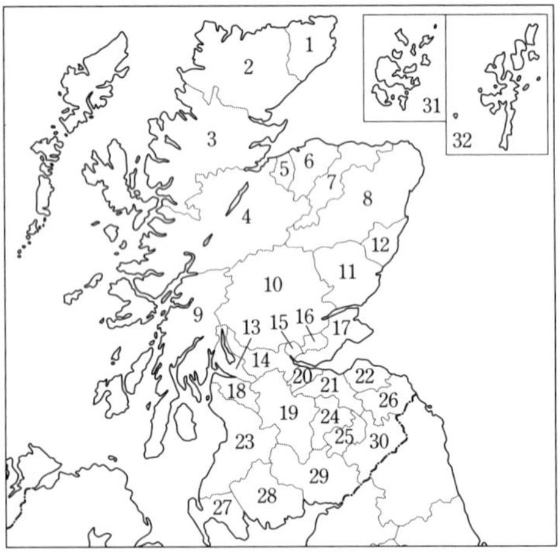

1　ケイスネス
2　サザーランド
3　ロス・アンド・クロマティー
4　インヴァネスシャー
5　ネアーンシャー
6　マリーシャー
7　バンフシャー
8　アバディーンシャー
9　アーガイルシャー
10　パースシャー
11　アンガス
12　キンカーディンシャー
13　ダンバートンシャー
14　スターリングシャー
15　クラックマナンシャー
16　キンロスシャー
17　ファイフシャー
18　レンフルーシャー
19　ラナークシャー
20　ウェスト・ロージアン
21　ミドロージアン
22　イースト・ロージアン
23　エアーシャー
24　ピーブルズシャー
25　セルカークシャー
26　ベリックシャー
27　ウィグタウンシャー
28　カークブリシャー
29　ダンフリースシャー
30　ロックスバラシャー
31　オークニー
32　ゼットランド

3-a　アイルランド島
（現在の州区分）

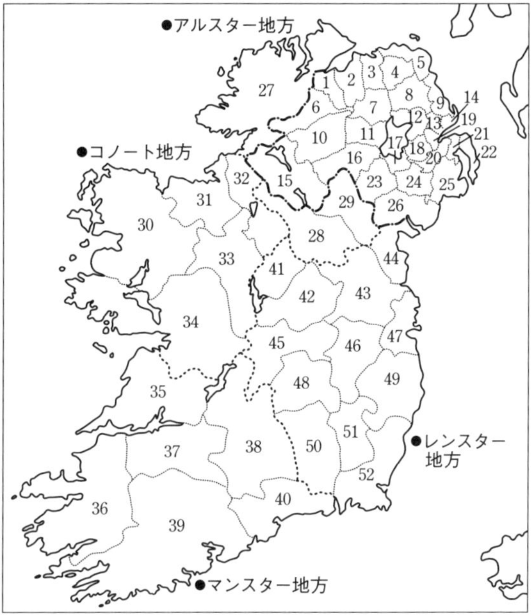

［北アイルランド］
1　ロンドンデリー
2　リマバディ
3　コールレーン
4　バリマニー
5　モイル
6　ストラバン
7　モーラフェルト
8　バリミーナ
9　ラーン
10　オーマー
11　クックスタウン
12　アントリム
13　ニュータウンエビー
14　カリックファーガス
15　ファーマナ
16　ダンガノン
17　クレーガヴォン
18　リズバーン
19　ベルファスト
20　カースルレー
21　ノースダウン
22　アーズ
23　アーマー
24　バンブリッジ
25　ダウン
26　ニューリ・アンド・モーン

［アイルランド共和国］
●アルスター地方
27　ドネガル（ドニゴール）
28　カヴァン
29　モナハン
●コノート地方
30　メイオー
31　スライゴー
32　リートリム
33　ロスコモン
34　ゴールウェー
●マンスター地方
35　クレア
36　ケリー
37　リマリック
38　ティペレアリー
39　コーク
40　ウォーターフォード
●レンスター地方
41　ロングフォード
42　ウェストミース
43　ミース
44　ラウス
45　オファリー
46　キルデア
47　ダブリン
48　リーシュ
49　ウィックロー
50　キルケニー
51　カーロー
52　ウェクスフォード

3-b　北アイルランド
（1974年までの州区分）

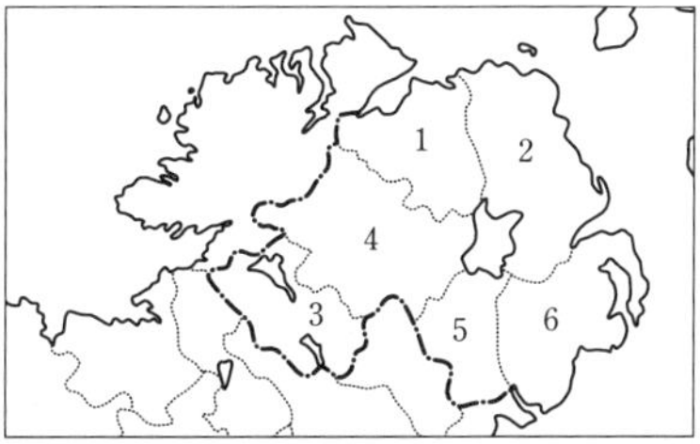

1　ロンドンデリー
2　アントリム
3　ファーマナ
4　ティローン
5　アーマー
6　ダウン

訳者あとがき

八坂書房社長，八坂安守氏から本書の翻訳についてお誘いをいただいたのは，1996年の夏のことと記憶している．訳者が，植物とキリスト教関係に少なからぬ関心を持っているのを良くご存じの上でのお誘いだったのだろうと思う．原書を1週間ほどお借りしてざっと目を通し，その時点ではこれなら何とか，という気がしたので，やらせていただきましょうと返事をしたのだが，今から思えばこれはまことに軽率な判断であった．そのために1年後に翻訳完了という八坂氏の希望に応えられなかったばかりでなく，結局何年も経った今日になって，ようやく上梓の運びとなった次第である．

かような事態を招いた最大の原因が，訳者自身の英語理解力の過信にあったことは言うまでもない．これまでに専攻分野である植物学関連の書籍は何点か翻訳してきたので，その経験に照らして，何とかなるだろうと軽い気持ちで引き受けたのだが，いざはじめてみると，扱う内容がイギリスの植物に関する民俗の事細かな紹介であるだけに，同国の文化全般についての相当の予備知識が必要であることがわかり，にわか勉強に追われることになった．加えて，編著者の引用する諸資料には，古英語や方言，俗語，さらにはゲール語，フランス語，ラテン語などで書かれたものが混じっており，これらに対する手当てにも相当な時間を割かざるを得なかった．英国文化センターの図書室や各種の資料館に通って資料の収集，調査にあたるかたわら，こうした言葉の障壁を乗り越えるために，英国出身の同志社大学助教授ロバート・クロス先生，ならびにカナダ出身の洛星高等学校教諭コレット・モーリン先生には多大なる御協力を仰ぐこととなった．ここに記して深甚なる謝意を表しておきたい．

イギリス諸島の植物に関する民間伝承の「現在」を，斬新な方法論と最新の調査結果に基づいてまとめあげた本書は，学問的なオリジナリティーに富むとともに，個々の資料を直接に紹介している点で，まことに臨場感に溢れる，楽しい読み物にもなっている．訳者としては，できるだけこの長所を活かすべく意を砕いたつもりであるが，ただ植物名に関しては，編著者がそれぞれ厳密に同定を行なっているだけに，和名が与えられていない種に関しては英名を原綴のまま示さざるを得なかった．この点，原著に倣って図版を一切掲げなかったことと併せ，日本の読者にやや疎遠な印象を与えてしまうことになったのではないかと恐れている．見かけのとっつきにくさに惑わされることなく，本書がひとりでも多くの読者を得ることを願うばかりである．

なお，編著者も序論の末尾で触れているが，原著の刊行後に出版されたRichard Mabeyの‘FLORA BRITANNICA’（Chatto & Windus社刊，1996年／コンサイス版も同社より1998年刊）には，本書で扱われている植物や祭事の写真が多数掲げられているので，併せてご覧いただければ，本書の内容がより一層身近なものに感じていただけるのではないかと思う．また，とりわけ「花合戦」「井戸飾り」などの祭事に関しては，地元の関係団体がインターネット上にホームページを開設していることも多いので，こちらも一見をおすすめしたい．訳者自身，該当するホームページにメールで問い合わせて，さらに詳しい情報を得ることもしばしばで，この作業の間，この情報技術（IT）の発達の恩恵に大いに浴することとなった．

最後になるが，編集実務を担当され，訳者の不完全な訳文原稿に懇切丁寧に目を通していただいた森弦一氏，八尾睦巳氏にも厚く御礼申し上げる．こうした方々のご苦労にもかかわらず，本書に不十分な点が見られるとすれば，その責任は一にかかって訳者にあり，読者諸賢のご叱正を心からお願いする次第である．かくのごとく不出来な翻訳ではあるが，日本での関連分野の研究の進展にいささかでも寄与するところがあれば，訳者にとって望外の喜びである．

2001年6月

奥本裕昭

植物名（学名）項目索引

Acacia dealbata [→MIMOSA] 295
Acer campestre [→FIELD MAPLE] 161-162
A. pseudoplatanus [→SYCAMORE] 448-450
Achillea millefolium [→YARROW] 497-500
Aconitum napellus [→MONK'S HOOD] 302-303
Acorus calamus [→SWEET FLAG] 447
Aegopodium podagraria [→GROUND ELDER] 199
Aesculus hippocastanum [→HORSE CHESNUT] 232-241
Aethusa cynapium [→FOOL'S PARSLEY] 171
Agaricus campestris [→MUSHROOM] 309
Agrimonia eupatoria [→AGRIMONY] 1-2
Agrostemma githago [→CORN COCKLE] 98
Agrostis spp. [→BENT GRASS] 36
Allium ascalonicum [→SHALLOT] 424
A. cepa [→ONION] 327-330
A. porrum [→LEEK] 263-267
A. sativum [→GARLIC] 184-186
A. schoenoprasum [→CHIVES] 81-82
A. ursinum [→RAMSONS] 376
A. vineale [→CROW GARLIC] 117
Alnus glutinosa [→ALDER] 2-3
Alopecurus pratensis [→MEADOW FOXTAIL GRASS] 293
Aloysia triphlla [→LEMON VERBENA] 267
Alstroemeria aurea [→PERUVIAN LILY] 348
Amaryllis belladonna [→JERSEY LILY] 252
Ammophila arenaria [→MARRAM GRASS] 286
Anagallis arvenis [→SCARLET PIMPERNEL] 414-415
Ananas comosus [→PINEAPPLE] 349-350
Anemone nemorosa [→WOOD ANEMONE] 495
Angelica spp. [→ANGELICA] 4
Anthriscus sylvestris [→COW PARSLEY] 109-111
Anthyllis vulneraria [→KIDNEY VETCH] 256
Antirrhinum majus [→ANTIRRHINUM] 5
Aphanes arvensis [→PARSLEY PIERT] 340
Apium graveolens [→CELERY] 76-77
Aquilegia vulgaris [→COLUMBINE] 95
Arachis hypogaea [→PEANUT] 343
Araucaria araucana [→MONKEY PUZZLE TREE] 302
Arctium spp. [→BURDOCK] 64-65
Armoracia rusticana [→HORSERADISH] 241-242
Artemisia abrotanum [→SOUTHERNWOOD] 439
A. absinthium [→WORMWOOD] 496
A. vulgaris [→MUGWORT] 306-307
Arum maculatum [→LORDS AND LADIES] 275-279
Asplenium adiantum-nigrum [→BLACK SPLEENWORT] 46
A. ruta-muraria [→WALL RUE] 470
Avena sativa [→OAT] 326

Bellis perennis [→DAISY] 123-125
Berberis vulgaris [→BARBERRY] 30
Beta vulgaris cv. [→BEETROOT] 36
—— [→MANGOLD] 284-286
B. vulgaris ssp. *maritima* [→SEA BEET] 419
Betula pendula [→BIRCH] 39-40
Brassica napa ssp.*rapifera* [→SWEDE] 446-447
B. napus ssp. *oleifera* [→OIL-SEED RAPE] 326-327
B. oleracea var.*capitata* [→CABBAGE] 70-72
B. rapa [→TURNIP] 463
Briza media [→QUAKING GRASS] 372-373
Bromopsis ramosa [→HAIRY BROME] 202
Bryonia dioica [→WHITE BRYONY] 482-483
Buxus sempervirens [→BOX] 52-53

Caesalpinia spp. [→SEA BEANS] 416-419
Calendula officinalis [→MARIGOLD] 286
Callitriche stagnalis [→WATER STARWORT] 473
Calluna vulgaris [→HEATHER] 215
Caltha palustris [→MARSH MARIGOLD] 286-287
Calystegia sepium [→HEDGE BINDWEED] 260
C. silvatica [→LARGE BINDWEED] 260
C. soldanella [→SEA BINDWEED] 419
Campanula rotundifolia [→HAREBELL] 202-203
Cannabis sativa [→HEMP] 217-218
Capsella bursa-pastoris [→SHEPHERD'S PURSE] 432-433
Cardamine pratense [→CUCKOO FLOWER] 118-119
Carex paniculata [→GREATER TUSSOCK SEDGE] 199
Carpobrotus acinaciformis [→SALLY-MY-HANDSOME] 414
C. edulis [→HOTTENTOT FIG] 242
Castanea sativa [→CHESTNUT] 79
Cedrus libani [→CEDER] 75
Centaurea cyanus [→CORNFLOWER] 105-106
C. nigra [→KNAPWEED] 256

Centaurium spp. [→ CENTAURY] 77
Centranthus ruber [→ RED VALERIAN] 381
Chamaecyparis spp. [→ CYPRESS] 120
C. lawsoniana [→ CYPRESS] 120
Chamaemelum nobile [→ CHAMOMILE] 77
Chamerion angustifolium [→ ROSEBAY WILLOWHERB] 390-391
Charophyta [→ STONEWORT] 444
Chelidonium majus [→ GREATER CELANDINE] 196-197
Chenopodium album [→ FAT HEN] 160
C. bonus-henricus [→ GOOD KING HENRY] 188-190
Chondrus crispus [→ CARRAGEEN] 74
Chrysanthemum segetum [→ CORN MARIGOLD] 106
Cichorium intybus [→ CHICORY] 80
Cirsium spp. [→ THISTLE] 453-456
C. arvense [→ CREEPING THISTLE] 115
C. vulgare [→ SPEAR THISTLE] 440
Citrus limon [→ LEMON] 267
C. reticulata [→ TANGERINE] 451
C. sinensis [→ ORANGE] 331-332
Claytonia perfoliata [→ SPRING BEAUTY] 442
Clematis vitalba [→ TRAVELLER'S JOY] 461
Cochlearia spp. [→ SCURVY GRASS] 416
Cocos nucifera [→ COCONUT] 93-94
Cola spp. [→ KOLANUT] 256
Conium maculatum [→ HEMLOCK] 216
Conopodium majus [→ PIGNUT] 348-349
Convallaria majalis [→ LILY OF THE VALLEY] 271-272
Convolvulus arvensis [→ BINDWEED] 39
Cordyline fruticosa [→ TI] 457
Coriandrum sativum [→ CORIANDER] 97
Cornus suecica [→ DWARF CORNEL] 140
Corylus avellana [→ HAZEL] 210-214
Crassula ovata [→ MONEY-TREE] 300-302
Crataegus spp. [→ HAWTHORN] 203-210
C. monogyna cv. 'Biflora' [→ HOLY THORN] 224-230
Crithmum maritimum [→ ROCK SAMPHIRE] 385
Crocosmia spp. [→ MONTBRETIA] 303
Crocus sativus [→ SAFFRON] 404
Cucumis sativus [→ CUCUMBER] 119
Cucurbita maxima [→ PUMPKIN] 368-370
×*Cupressocyparis leylandii* [→ CYPRESS] 120
Cuscuta epithymum [→ DODDER] 134-135
Cyclamen spp. [→ CYCLAMEN] 119
Cymbalaria muralis [→ IVY-LEAVED TOADFLAX] 250
Cynosurus cristatus [→ CRESTED DOG'S-TAIL] 115-116
Cyperus longus [→ GALINGALE] 184
Cytisus scoparius [→ BROOM] 62-63

Daphne laureola [→ SPURGE LAUREL] 442
D. mezereum [→ MEZEREON] 295
Datura stramonium [→ THORN-APPLE] 456
Daucus carota [→ CARROT] 74-75
Dendranthema cv. [→ CHRYSANTHEMUM] 85
Deschampsia cespitosa [→ TUFTED HAIR GRASS] 463
Dianthus barbatus [→ SWEET WILLIAM] 447-448
D. caryophyllus [→ CARNATION] 74
Digitalis purpurea [→ FOXGLOVE] 171-174
Dipsacus fullonum [→ TEASEL] 452-453
Drosera spp. [→ SUNDEW] 445-446
Dryopteris filix-mas, agg. [→ MALE FERN] 282

Entada spp. [→ SEA BEANS] 416-419
Elytrigia repens [→ COUCH GRASS] 109
Empetrum nigrum [→ CROWBERRY] 117
Equisetum telmateia [→ GREAT HORSETAIL] 199
Eranthis hyemalis [→ WINTER ACONITE] 491-492
Erinus alpinus [→ FAIRY FOXGLOVE] 158
Eriophorum spp. [→ COTTON GRASS] 108
Erophila verna [→ WHITLOW GRASS] 487
Euonymus europaeus [→ SPINDLE] 441-442
Euphorbia spp. [→ SPURGE] 442
E. helioscopia [→ SUN SPURGE] 446
E. hyberna [→ IRISH SPURGE] 246-247
E. lathyris [→ CAPER SPURGE] 74
E. peplus [→ PETTY SPURGE] 348
Euphrasia spp. [→ EYEBRIGHT] 157
Exidia truncata [→ WITCHES' BUTTER] 492-493

Fagus sylvatica [→ BEECH] 35
Fallopia japonica [→ JAPANESE KNOTWEED] 252
Ficus carica [→ FIG] 162-164
Filipendula ulmaria [→ MEADOWSWEET] 293-294
Foeniculum vulgare [→ FENNEL] 161
Forsythia spp. [→ FORSYTHIA] 171
Fragaria cv. [→ STRAWBERRY] 444-445

Frangula alnus [→ALDER BUCKTHORN] 3
Fraxinus excelsior [→ASH] 17-25
Fritillaria imperialis [→CROWN IMPERIAL] 117-118
F. meleagris [→FRITILLARY] 174
Fuchsia spp. [→FUCHSIA] 175
Fucus vesiculosus [→BLADDER WRACK] 49
Fumaria spp. [→FUMITORY] 175

Galanthus nivalis [→SNOWDROP] 436-437
Galium aparine [→GOOSEGRASS] 191
G. tricornutum [→CORN CLEAVERS] 98
G. verum [→LADY'S BEDSTRAW] 258
Genista tinctoria [→DYER'S GREENWEED] 141-142
Gentianella amarella [→AUTUMN GENTIAN] 28
G. campestris [→FIELD GENTIAN] 161
Geranium robertianum [→HERB ROBERT] 219
Geum urbanum [→WOOD AVENS] 495
Gladiolus communis [→WILD GLADIOLUS] 488
Glaucium flavum [→YELLOW HORNED POPPY] 501
Glechoma hederacea [→GROUND IVY] 199
Gypsophila paniculata [→GYPSOPHILA] 201

Hebe spp. [→HEDGE VERONICA] 216
Hedera helix [→IVY] 247-250
Helleborus spp. [→HELLEBORE] 216
Heracleum sphondylium [→HOGWOOD] 220
Hesperis matronalis [→DAME'S VIOLET] 125
Hordeum murinum [→WALL BARLEY] 470
H. vulgare [→BARLEY] 30-31
Humulus lupulus [→HOP] 232
Hyacinthoides non-scripta [→BLUEBELL] 50
Hydrangea macrophylla [→HYDRANGEA] 245
Hyoscyamus niger [→HENBANE] 218
Hypericum spp. [→ST JOHN'S WORT] 405-410
Hypericum androsaemum [→TUTSAN] 463

Ilex aquifolium [→HOLLY] 220-224
Inula helenium [→ELECAMPANE] 154-155
Iris foetidissima [→STINKING IRIS] 444
I. pseudacorus [→YELLOW IRIS] 501

Jasione montana [→SHEEP'S BIT] 432
Juglans regia [→WALNUT] 470
Juncus spp. [→RUSH] 398-402
J. squarrosus [→HEATH RUSH] 215
Juniperus communis [→JUNIPER] 253-254

Knautia arvensis [→FIELD SCABIOUS] 162
Kniphofia spp. [→RED-HOT POKER] 380

Laburnum anagyroides [→LABURNUM] 258
Lactuca sativa [→LETTUCE] 268
Laminaria hyperborea [→OAR WEED] 326
Lamium album [→WHITE DEAD-NETTLE] 484
L. purpureum [→RED DEAD-NETTLE] 379
Lapsana communis [→NIPPLEWORT] 317
Lathyrus latifolius [→EVERLASTING PEA] 156-157
L. linifolius [→BITTER VETCH] 43
Laurus nobilis [→BAY] 34
Lavatera arborea [→TREE MALLOW] 461-462
Lemna minor [→DUCKWEED] 138-140
Leonurus cardiaca [→MOTHERWORT] 305-306
Lepidium draba [→HOARY CRESS] 219-220
Leucanthemum vulgare [→OX-EYE DAISY] 334
Ligusticum scoticum [→SCOTS LOVAGE] 415
Ligustrum ovalifolium [→PRIVET] 367
Lilium spp. [→ORANGE LILY] 332
L. candidum [→MADONNA LILY] 281-282
L. ×*hollandicum* [→ORANGE LILY] 332
L. longiflorum [→EASTER LILIY] 144
Linaria vulgaris [→TOADFLAX] 457
Linum catharticum [→FAIRY FLAX] 158
L. usitatissimum [→FLAX] 165
Lolium perenne [→RYE GRASS] 403
L. temulentum [→DARNEL] 128
Lonicera periclymenum [→HONEYSUCKLE] 231
Lotus corniculatus [→BIRD'S-FOOT TREFOIL] 40-41
Lunaria annua [→HONESTY] 230-231
Luzula campestris [→WOOD RUSH] 495
Lycium spp. [→TEAPLANT] 452
Lycoperdon spp. [→PUFF-BALL] 368
Lycopersicum esculentum [→TOMATO] 458
Lysimachia vulgaris [→YELLOW LOOSESTRIFE] 501

Malus domestica [→APPLE] 5-16
M. sylvestris [→CRAB APPLE] 114-115
Malva sylvestris [→MALLOW] 282
Mandragora officinarum [→MANDRAKE] 283

Mangifera indica [→MANGO] 284
Maranta arundinacea [→ARROWROOT] 16
Marrubium vulgare [→HOREHOUND] 232
Matricaria discoidea [→PINEAPPLE WEED] 350
Matthiola incana [→STOCK] 444
Medicago intertexta [→CALVARY CLOVER] 73
M. lupulina [→BLACK MEDIC] 44
Melissa officinalis [→BALM] 29
Mentha pulegium [→PENNYROYAL] 344-345
M. spicata [→MINT] 295
Menyanthes trifoliata [→BOGBEAN] 51
Mercurialis perennis [→DOG'S MERCURY] 138
Merremia siscoidesperma [→SEA BEANS] 416-419
Meum athamanticum [→SPIGNEL] 441
Molinia caerulea [→PURPLE MOOR GRASS] 371
Morchella spp. [→MOREL] 304
Morus nigra [→MULBERRY] 307-309
Musa cv. [→BANANA] 29-30
Muscari armeniacum [→GRAPE HYACINTH] 194
Myrica gale [→BOG MYRTLE] 51
Myristica fragrans [→NUTMEG] 318-319
Myrrhis odorata [→SWEET CICELY] 447
Myrtus communis [→MYRTLE] 310

Narcissus spp. [→DAFFODIL] 121-122
—— [→NARCISSUS] 311
N.pseudonarcissus [→DAFFODIL] 121-122
N. ×*medioluteus* [→PRIMROSE PEERLESS] 366-367
Nardus stricta [→MAT GRASS] 289
Narthecium ossifragum [→BOG ASPHODEL] 50-51
Nerine sarniensis [→GUERNSEY LILY] 200-201
Nicotiana tabacum [→TOBACCO] 458
Nymphaea alba [→WHITE WATERLILY] 487

Ochrolechia tartarea [→CUDBEAR] 119
Ononis repens [→RESTHARROW] 381
Onopordum acanthium [→COTTON THISTLE] 108-109
Ophioglossum vulgatum [→ADDER'S TONGUE FERN] 1
Orchis mascula [→EARLY PURPLE ORCHID] 144
Ornithogalum angustifolium [→STAR OF BETHLEHEM] 443
O. pyrenaicum [→SPIKED STAR OF BETHLEHEM] 441
Osmunda regalis [→ROYAL FERN] 396-397
Oxalis spp. [→OXALIS SPP.] 334
O. acetosella [→WOOD SORREL] 496
O. pes-caprae [→BERMUDA BUTTERCUP] 36

Paeonia spp. [→PEONY] 346
Papaver rhoeas [→POPPY] 353-357
P. somniferum [→OPIUM POPPY] 330-331
Parentucellia viscosa [→YELLOW BARTSIA] 500
Parietaria judaica [→PELLITORY OF THE WALL] 344
Parmelia spp. [→CROTAL] 117
Passiflora caerulea [→PASSION FLOWER] 341
Pastinaca sativa [→PARSNIP] 340
Pedicularis sylvatica [→LOUSEWORT] 279
Pelargonium spp. [→GERANIUM] 186
Pericallis hybrida [→CINERARIA] 85
Persicaria amphibia [→AMPHIBIOUS BISTORT] 4
P. bistoria [→BISTORT] 41-42
P. maculosa [→REDSHANK] 380-381
Petasites hybridus [→BUTTERBUR] 66
Petroselinum crispum [→PARSLEY] 336-339
Phacelia tanacetifolia [→PHACELIA] 348
Phallus impudicus [→STINKHORN] 444
Phaseolus vulgaris [→RUNNER BEAN] 397-398
Philadelphus coronarius [→MOCK ORANGE] 300
Phyllitis scolopendrium [→HART'S TONGUE FERN] 203
Picea abies [→NORWAY SPRUCE] 317
Pilosella officinarum [→MOUSE-EAR CHICKWEED] 306
Pinguicula vulgalis [→BUTTERWORT] 68-69
Pinus spp. [→PINE] 349
P. sylvestris [→SCOTS PINE] 415
Pisum sativum [→PEA] 341-342
Pittosporum crassifolium [→KARO] 255
Plantago spp. [→PLANTAIN] 351
P. coronopus [→BUCK'S HORN PLANTAIN] 63
P. lanceolata [→RIBWORT PLANTAIN] 382-385
P. major [→GREATER PLANTAIN] 197-198
P. media [→HOARY PLANTAIN] 220
Polianthes tuberosa [→TUBERROSE] 462-463
Polygala vulgaris [→MILKWORT] 295
Polygonatum multiflorum [→SOLOMON'S SEAL] 437-438
Polygonum bistorta [→BISTORT] 41-42
Polypodium vulgare [→POLYPODY] 352
Populus sp. [→POPLAR] 352-353
P. alba [→WHITE POPLAR] 486-487
P. nigra [→BLACK POPLAR] 44-46
P. tremula [→ASPEN] 25-26

Porphyra umbilicalis [→LAVER] 262
Potentilla anserina [→SILVERWEED] 433-434
P. erecta [→TORMENTIL] 458-460
P. reptans [→CREEPING CINQUEFOIL] 115
Primula elatior [→OXLIP] 334
P. veris [→COWSLIP] 111-114
P. vulgaris [→PRIMROSE] 361-366
Prunella vugaris [→SELF-HEAL] 423
Prunus avium [→WILD CHERRY] 488
Prunus domestica [→PLUM] 352
Prunus laurocerasus [→LAUREL] 261-262
Prunus padus [→BIRD CHERRY] 40
Prunus persica [→PEACH] 342-343
Prunus spinosa [→BLACKTHORN] 46-49
Prunus spp. [→CHERRY] 79
Pseudofumaria lutea [→YELLOW CORYDALIS] 501
Psilocybe semilanceata [→LIBERTY CAP] 268-269
Pteridium aquilinum [→BRACKEN] 54-55
Pulmonaria spp. [→LUNGWORT] 279-280
P. officinalis [→LUNGWORT] 279-280
Pulsatilla vulgaris [→PASQUE FLOWER] 340-341
Pyrus communis [→PEAR] 343-344

Quercus petraea [→OAK] 320-326
Q. robur [→OAK] 320-326
Q. suber [→CORK OAK] 97-98

Ranunculus spp. [→BUTTERCUP] 66-68
R. ficaria [→CELANDINE] 75-76
R. flammula [→LESSER SPEARWORT] 267
R. hederaceus [→IVY-LEAVED CROWFOOT] 250
R. repens [→BUTTERCUP] 66-68
R. sceleratus [→CELERY-LEAVED BUTTERCUP] 77
Raphanus sativus [→RADISH] 374-375
Rheum ×*hybridum* [→RHUBARB] 382
Rhinanthus minor [→YELLOW RATTLE] 501-502
Rhodymenia palmata [→DULSE] 140
Rhus hirta [→STAG'S HORN SUMACH] 443
Ribes nigrum [→BLACK CURRANT] 44
R. sanguineum [→FLOWERING CURRANT] 166
R. uva-crispa [→GOOSEBERRY] 190-191
Romulea columnae [→SAND CROCUS] 414
Rorippa nasturtium-aquaticum [→WATERCRESS] 471-472
Rosa cv. [→ROSE] 385-390
R. canina [→DOG ROSE] 135-138
R. pimpinellifolia [→BURNET ROSE] 65
Rosemarinus officinalis [→ROSEMARY] 391-393
Rubus fruticosus, agg. [→BRAMBLE] 55-60
R. idaeus [→RASPBERRY] 376-377
Rumex spp. [→DOCK] 131-133
R. acetosa [→SORREL] 438
Ruscus aculeatus [→BUTCHER'S BROOM] 66
Ruta graveolens [→RUE] 397

Sagina procumbens [→PEARLWORT] 344
Salicornia spp. [→MARSH SAMPHIRE] 287-288
Salix spp. [→WILLOW] 489-491
Salix caprea [→SALLOW] 411-414
Salix fragilis [→CRACK WILLOW] 115
Salvia officinalis [→SAGE] 404-405
S. verbenaca [→CLARY] 87
Sambucus ebulus [→DWARF ELDER] 140-141
S. nigra [→ELDER] 145-154
Sanguisorba minor [→SALAD BURNET] 411
S. officinalis [→GREAT BURNET] 196
Saponaria officinalis [→SOAPWORT] 437
Scabiosa succisa [→DEVIL'S BIT SCABIOUS] 129-130
Scleranthus annuus [→ANNUAL KNAWEL] 4
Scrophularia auriculata [→WATER FIGWORT] 472
Scutellaria galericulata [→SKULLCUP] 434
Sedum acre [→BITING STONECROP] 42-43
S. anglicum [→ENGLISH STONECROP] 156
S. praealtum [→GREATER MEXICAN STONECROP] 197
S. rupestre [→REFLEXED STONECROP] 381
S. telephium [→ORPINE] 333-334
Sempervivum tectorum [→HOUSELEEK] 242-244
Senecio jacobaea [→RAGWORT] 375-376
S. vulgaris [→GROUNDSEL] 200
Silene spp. [→CAMPION] 73
S. dioica [→RED CAMPION] 378-379
S. uniflora [→SEA CAMPION] 420
Sinapis arvensis [→CHARLOCK] 77-78
Smyrnium olusatrum [→ALEXANDERS] 3
Solanum dulcamara [→BITTERSWEET] 43
S. melongena [→AUBERGINE] 27-28
S. tuberosum [→POTATO] 357-361
Solidago spp. [→GOLDENROD] 187
Sonchus oleraceus [→SOW THISTLE] 440

植物名（和名）項目索引

【ア行】
アエトゥサ属（の1種）FOOL'S PARSLEY 171
アカザ属（の1種）GOOD KING HENRY 188-190
アカツメクサ RED CLOVER 379
アキギリ属（の1種）CLARY 87
アキノキリンソウ属（の数種）GOLDENROD 187
アサ HEMP 217-218
アザミ属（の数種）THISTLE 453-456
——（の1種）CREEPING THISTLE 115
アジサイ HYDRANGEA 245
アッケシソウ属（の数種）MARSH SAMPHIRE 287-288
アファネス属（の1種）PARSLEY PIERT 340
アブシント WORMWOOD 496
アフリカン・マリゴールド AFRICAN MARIGOLD 1
アマ FLAX 165
アマ属（の1種）FAIRY FLAX 158
アマドコロ属（の1種）SOLOMON'S SEAL 437-438
アマノリ属（の1種）LAVER 262
アマモ EELGRASS 144-145
アミガサタケ属（の数種）MOREL 304
アメリカオニアザミ SPEAR THISTLE 440
アメリカナデシコ →ビジョナデシコ
アライドツメクサ PEARLWORT 344
アラゲシュンギク CORN MARIGOLD 106
アラセイトウ →ストック
アルム属（の1種）LORDS AND LADIES 275-279
アワゴケ属（の1種）WATER STARWORT 473
アンゼリカ ANGELICA 4
アンティリス属（の1種）KIDNEY VETCH 256
イグサ類 RUSH 398-402
イグサ属（の1種）HEATH RUSH 215
イタドリ JAPANESE KNOTWEED 252
イチゲサクラソウ →プリムローズ
イチゴ STRAWBERRY 444-445
イチジク FIG 162-164
イチョウシダ WALL RUE 470
イトシャジン HAREBELL 202-203
イトラン属（の数種）YUCCA 505-506
イヌゴマ属（の1種）MARSH WOUNDWORT 288
イヌバラ DOG ROSE 135-138
イブキジャコウソウ属（の数種）THYME 456-457
イブキトラノオ BISTORT 41-42
イラクサ属（の1種）NETTLE 312-317
インゲンマメ RUNNER BEAN / KIDNEY BEAN 397-398
ウイキョウ FENNEL 161
ウスベニアオイ MALLOW 282
ウマゴヤシ属（の1種）CALVARY CLOVER 73
ウメノキゴケ属（の数種）CROTAL 117
ウラジロハコヤナギ WHITE POPLAR 486-487
ウルシ属（の1種）STAG'S HORN SUMACH 443
ウンビリクス属（の1種）PENNYWORT 345-346
エゾゴゼンタチバナ DWARF CORNEL 140
エゾネギ CHIVES 81-82
エゾノウワミズザクラ BIRD CHERRY 40
エゾボウフウ属（の1種）GROUND ELDER 199
エゾヨモギギク TANSY 451-452
エニシダ BROOM 62-63
エリトリギア属（の1種）COUCH GRASS 109
エリヌス属（の1種）FAIRY FOXGLOVE 158
エロフィラ属（の1種）WHITLOW GRASS 487
エンドウ PEA 341-342
エンバク OAT 326
オウシュウアカマツ SCOTS PINE 415
オオアマナ属（の1種）SPIKED STAR OF BETHLEHEM 441
——（の1種）STAR OF BETHLEHEM 443
オオエゾデンダ POLYPODY 352
オオカラスノエンドウ VETCH 469
オオキバナカタバミ BERMUDA BUTTERCUP 36
オオグルマ ELECAMPANE 154-155
オオスズメノテッポウ MEADOW FOXTAIL GRASS 293
オオツメクサ CORN SPURREY 107
オオバイボタ PRIVET 367
オオバコ属（の数種）PLANTAIN 351
——（の1種）BUCK'S HORN PLANTAIN 63
——（の1種）HOARY PLANTAIN 220
オオヒレアザミ属（の1種）COTTON THISTLE 108-109
オオムギ BARLEY 30-31
オーク OAK 320-326
オシダ属（の1種）MALE FERN 282
オトギリソウ属（の数種）ST JOHN'S WORT 405-410
オドリコソウ属（の1種）WHITE DEAD-NETTLE 484
オニナベナ TEASEL 452-453

オノニス属（の1種）RESTHARROW 381
オランダカイウ ARUM LILY 16-17
オランダガラシ WATERCRESS 471-472
オランダワレモコウ SALAD BURNET 411
オレンジ ORANGE 331-332

【カ行】

カタバミ属（の数種）OXALIS SPP. 334
カッコウチョロギ BETONY 37
カーネーション CARNATION 74
カノコソウ属（の1種）VALERIAN 465
カバノキ属（の1種）BIRCH 39-40
カブ TURNIP 463
ガマ BULRUSH 64
カヤツリグサ属（の1種）GALINGALE 184
カラー →オランダカイウ
カラマツソウ属（の1種）ALPINE MEADOW-RUE 4
カルポブロツス属（の1種）HOTTENTOT FIG 242
ガンコウラン属（の1種）CROWBERRY 117
キク CHRYSANTHEMUM 85
キクニガナ →チコリー
ギシギシ属（の数種）DOCK 131-133
キジムシロ属（の1種）CREEPING CINQUEFOIL 115
——（の1種）TORMENTIL 458-460
キショウブ YELLOW IRIS 501
キノスルス属（の1種）CRESTED DOG'S-TAIL 115-116
キバナセツブンソウ WINTER ACONITE 491-492
キバナノクリンザクラ COWSLIP 111-114
キバナムギナデシコ GOAT'S BEARD 187
キャベツ CABBAGE 70-72
キュウリ CUCUMBER 119
ギョリュウモドキ HEATHER 215
ギョリュウ属（の1種）TAMARISK 451
キンギョソウ ANTIRRHINUM 5
キングサリ LABURNUM 258
キンコウカ属（の1種）BOG ASPHODEL 50-51
キンセンカ MARIGOLD 286
ギンセンソウ →ゴウダソウ
ギンバイカ MYRTLE 310
キンポウゲ属（の数種）BUTTERCUP 66-68
——（の1種）CELANDINE 75-76
——（の1種）IVY-LEAVED CROWFOOT 250
——（の1種）LESSER SPEARWORT 267
キンミズヒキ属（の1種）AGRIMONY 1-2
クコ属（の数種）TEAPLANT 452
クサノオウ属（の1種）GREATER CELANDINE 196-197
クズウコン ARROWROOT 16
グーズベリー →セイヨウスグリ
クナウティア属（の1種）FIELD SCABIOUS 162
クマツヅラ VERVAIN 468
グラジオラス属（の1種）WILD GLADIOLUS 488
クラッスラ属（の1種）MONEY-TREE 300-302
クリスマスローズ属（の数種）HELLEBORE 216
クリトムム属（の1種）ROCK SAMPHIRE 385
クレイトニア属（の1種）SPRING BEAUTY 442
クロコスミア属（の数種）MONTBRETIA 303
クロスグリ BLACK CURRANT 44
クローバー CLOVER 87-93
クロミグワ MULBERRY 307-309
クワガタソウ属（の数種）SPEEDWELL 440
——（の1種）GERMANDER SPEEDWELL 186
——（の1種）SLENDER SPEEDWELL 434-435
ケシ OPIUM POPPY 330-331
ゲッカコウ TUBERROSE 462-463
ゲッケイジュ BAY 34
ケンタウリウム属（の数種）CENTAURY 77
コウキクサ DUCKWEED 138-140
コウスイボク LEMON VERBENA 267
ゴウダソウ HONESTY 230-231
コエンドロ CORIANDER 97
コケ類 MOSS 304
コゴメグサ属（の数種）EYEBRIGHT 157
ココヤシ COCONUT 93-94
コタニワタリ HART'S TONGUE FERN 203
コヌカグサ属（の数種）BENT GRASS 36
コノポディウム属（の1種）PIGNUT 348-349
コハコベ CHICKWEED 79-80
コバンソウ属（の1種）QUAKING GRASS 372-373
コブカエデ FIELD MAPLE 161-162
コボウズオトギリ TUTSAN 463
ゴボウ属（の数種）BURDOCK 64-65
ゴマノハグサ属（の1種）WATER FIGWORT 472
コミヤマカタバミ WOOD SORREL 496
コムギ（パンコムギ）WHEAT 479-481
コメススキ属（の1種）TUFTED HAIR GRASS 463
コメツブウマゴヤシ BLACK MEDIC 44
コーラナッツ（コラノキ属の種子）KOLANUT 256
コリアンダー →コエンドロ

コルクガシ CORK OAK 97-98
コンブ属（の1種）OAR WEED 326

【サ行】
サクラソウ属（の1種）OXLIP 334
サクラ属（の数種）CHERRY 79
——（の1種）BLACKTHORN 46-49
サナエタデ属（の1種）AMPHIBIOUS BISTORT 4
——（の1種）REDSHANK 380-381
サフラン SAFFRON 404
サボテン CACTUS 72-73
サボンソウ SOAPWORT 437
サンザシ属（の数種）HAWTHORN 203-210
シオガマギク属（の1種）LOUSEWORT 279
シカギク属（の1種）PINEAPPLE WEED 350
ジギタリス FOXGLOVE 171-174
シクラメン属（の数種）CYCLAMEN 119
シネラリア CINERARIA 85
シビレタケ属（の1種）LIBERTY CAP 268-269
ジャガイモ POTATO 357-361
シャク属（の1種）COW PARSLEY 109-111
シャグマユリ属（の1種）RED-HOT POKER 380
シャジクソウ属（の1種）LESSER YELLOW TRFOIL 267-268
シャジクモ類 STONEWORT 444
シャムロック SHAMROCK 424-432
シャロット SHALLOT 424
シュッコンカスミソウ GYPSOPHILA 201
ショウブ SWEET FLAG 447
シロガラシ属（の1種）CHARLOCK 77-78
シロザ FAT HEN 160
シロツメクサ WHITE CLOVER 483-484
シロバナチョウセンアサガオ THORN-APPLE 456
ジンチョウゲ属（の1種）SPURGE LAUREL 442
スイセン NARCISSUS 311
スイセン属（の1種）PRIMROSE PEERLESS 366-367
スイバ SORREL 438
スイレン属（の1種）WHITE WATERLILY 487
スグリ属（の1種）FLOWERING CURRANT 166
スクレランツス属（の1種）ANNUAL KNAWEL 4
スゲ属（の1種）GREATER TUSSOCK SEDGE 199
スズメノエンドウ HAIRY VETCH 202
スズメノヤリ属（の1種）WOOD RUSH 495
スッキサ属（の1種）DEVIL'S BIT SCABIOUS 129-130
スッポンタケ STINKHORN 444
ストック STOCK 444
スノードロップ SNOWDROP 436-437
スミルニウム属（の1種）ALEXANDERS 3
スミレ類 VIOLET 469
スミレ属（の数種）WILD PANSY 488
セイヨウアブラナ（の亜種）OIL-SEED RAPE 326-327
セイヨウウツボグサ SELF-HEAL 423
セイヨウオオバコ GREATER PLANTAIN 197-198
セイヨウオキナグサ PASQUE FLOWER 340-341
セイヨウオダマキ COLUMBINE 95
セイヨウカキオドシ GROUND IVY 199
セイヨウカジカエデ SYCAMORE 448-450
セイヨウカノコソウ VALERIAN 465
セイヨウカボチャ PUMPKIN 368-370
セイヨウキヅタ IVY 247-250
セイヨウサンザシ（の栽培品種）HOLY THORN 224-230
セイヨウシナノキ LIME 272
セイヨウズグリ GOOSEBERRY 190-191
セイヨウスモモ PLUM 352
セイヨウタンポポ DANDELION 125-128
セイヨウトチノキ HORSE CHESNUT 232-241
セイヨウトネリコ ASH 17-25
セイヨウナシ PEAR 343-344
セイヨウナツユキソウ MEADOWSWEET 293-294
セイヨウナナカマド ROWAN 393-396
セイヨウニワトコ ELDER 145-154
セイヨウネズ JUNIPER 253-254
セイヨウノコギリソウ YARROW 497-500
セイヨウバクチノキ LAUREL 261-262
セイヨウハシバミ HAZEL 210-214
セイヨウヒイラギ HOLLY 220-224
セイヨウヒルガオ BINDWEED 39
セイヨウマユミ SPINDLE 441-442
セイヨウミザクラ WILD CHERRY 488
セイヨウミヤコグサ BIRD'S-FOOT TREFOIL 40-41
セイヨウメギ BARBERRY 30
セイヨウヤチヤナギ BOG MYRTLE 51
セイヨウヤドリギ MISTLETOE 296-300
セイヨウヤブイチゴ BRAMBLE / BLACKBERRY 55-60
セイヨウヤマハッカ BALM 29
セイヨウワサビ HORSERADISH 241-242
セージ SAGE 404-405
セッコウボク SNOWBERRY 435

ゼラニウム GERANIUM 186
セリ科植物 UMBELLIFERS 464
セロリ CELERY 76-77
センニンソウ属（の1種）TRAVELLER'S JOY 461
センネンボク TI 457
ゼンマイ属（の1種）ROYAL FERN 396-397
ソラマメ BROAD BEAN 60-62
ソラマメ属（の数種）VETCH 469

【タ行】

ダイコン RADISH 374-375
ダイコンソウ属（の1種）WOOD AVENS 495
タイマ →アサ
タガラシ CELERY-LEAVED BUTTERCUP 77
タツナミソウ属（の1種）SKULLCUP 434
タバコ TOBACCO 458
タマネギ ONION 327-330
タムス属（の1種）BLACK BRYONY 43-44
ダルス DULSE 140
地衣類 LICHENS 269-270
チコリー CHICORY 80
チシマリンドウ属（の1種）AUTUMN GENTIAN 28
——（の1種）FIELD GENTIAN 161
チーゼル →オニナベナ
チャセンシダ属（の1種）BLACK SPLEENWORT 46
チューベローズ →ゲッカコウ
チューリップ TULIP 463
チリマツ MONKEY PUZZLE TREE 302
ツゲ属（の1種）BOX 52-53
ツタガラクサ IVY-LEAVED TOADFLAX 250
ツノゲシ YELLOW HORNED POPPY 501
ツルコケモモ CRANBERRY 115
ツルニチニチソウ GREATER PERIWINKLE 346-348
テッポウユリ EASTER LILIY 144
ドイツスズラン LILY OF THE VALLEY 271-272
ドイツトウヒ NORWAY SPRUCE 317
トウダイグサ SUN SPURGE 446
トウダイグサ属（の数種）SPURGE 442
——（の1種）IRISH SPURGE 246-247
——（の1種）PETTY SPURGE 348
トクサ属（の1種）GREAT HORSETAIL 199
ドクニンジン HEMLOCK 216
ドクムギ DARNEL 128
トケイソウ PASSION FLOWER 341
トチャカ CARRAGEEN 74
トベラ属（の1種）KARO 255
トマト TOMATO 458
トモシリソウ属（の数種）SCURVY GRASS 416

【ナ行】

ナギイカダ BUTCHER'S BROOM 66
ナズナ SHEPHERD'S PURSE 432-433
ナス AUBERGINE 27-28
ナス属（の1種）BITTERSWEET 43
ナツシロギク FEVERFEW 161
ナナカマド属（の1種）SERVICE TREE 423-424
——（の1種）WILD SERVICE TREE 488-489
——（の1種）WHITEBEAM 482
ナルドゥス属（の1種）MAT GRASS 289
ニオイスミレ VIOLET 469
ニオイニンドウ HONEYSUCKLE 231
ニガクサ属（の1種）WOOD SAGE 495
ニガハッカ HOREHOUND 232
ニクイボゴケ属（の1種）CUDBEAR 119
ニクズク NUTMEG 318-319
ニラネギ →リーキ
ニレ類 ELM 155-156
ニワシロユリ →マドンナ・リリー
ニワトコ属（の1種）DWARF ELDER 140-141
ニンジン CARROT 74-75
ニンニク GARLIC 184-186
ヌマガヤ属（の1種）PURPLE MOOR GRASS 371
ネギ属（の1種）CROW GARLIC 117
——（の1種）RAMSONS 376
ネナシカズラ属（の1種）DODDER 134-135
ネリネ属（の1種）GUERNSEY LILY 200-201
ノゲシ SOW THISTLE 440
ノボロギク GROUNDSEL 200

【ハ行】

バイカウツギ属（の1種）MOCK ORANGE 300
ハイキンポウゲ BUTTERCUP 66-68
ハイデソウ →ギョリュウモドキ
パイナップル PINEAPPLE 349-350
バイモ属（の1種）FRITILLARY 174
ハクサンチドリ属（の1種）EARLY PURPLE ORCHID 144
ハコベ属（の1種）GREATER STITCHWORT 198-199
パースニップ PARSNIP 340

パセリ PARSLEY 336-339
ハゼリソウ PHACELIA 348
ハナウド属（の1種）HOGWOOD 220
ハナダイコン DAME'S VIOLET 125
ハナタネツケバナ CUCKOO FLOWER 118-119
バナナ BANANA 29-30
ハマヒルガオ SEA BINDWEED 419
ハマフダンソウ SEA BEET 419
ハラタケ MUSHROOM 309
バラ ROSE 385-390
バラ属（の1種）BURNET ROSE 65
ハリエニシダ GORSE 191-194
パレンツケリア属（の1種）YELLOW BARTSIA 500
パンコムギ →コムギ
パンジー PANSY 335-336
ハンノキ属（の1種）ALDER 2-3
ヒアキントイデス属（の1種）BLUEBELL 50
ヒカゲミズ属（の1種）PELLITORY OF THE WALL 344
ビジョナデシコ SWEET WILLIAM 447-448
ビーチグラス MARRAM GRASS 286
ビート（の栽培品種）BEETROOT 36
—— MANGOLD 284-286
ヒトツバエニシダ DYER'S GREENWEED 141-142
ヒナギク DAISY 123-125
ヒナゲシ POPPY 353-357
ピーナツ PEANUT 343
ヒノキ属（の数種）CYPRESS 120
ヒバマタ属（の1種）BLADDER WRACK 49
ヒメオドリコソウ RED DEAD-NETTLE 379
ヒメキクラゲ WITCHES' BUTTER 492-493
ヒメツルニチニチソウ PERIWINKLE 346-348
ヒメハギ属（の1種）MILKWORT 295
ヒメフウロ HERB ROBERT 219
ヒメムラサキ属（の数種）LUNGWORT 279-280
ヒヨス HENBANE 218
ヒルガオ属（の1種）LARGE BINDWEED / 260
ビルベリー BILBERRY 37-39
ヒレハリソウ属（の数種）COMFREY 95-96
ピロセラ属（の1種）MOUSE-EAR CHICKWEED 306
ビロードモウズイカ MULLEIN 309
ヒロハクサレダマ YELLOW LOOSESTRIFE 501
ヒロハノレンリソウ EVERLASTING PEA 156-157
ヒロハハナヤスリ ADDER'S TONGUE FERN 1
ヒロハヒルガオ HEDGE BINDWEED 260
フキ属（の1種）BUTTERBUR 66
フキタンポポ COLTSFOOT 94-95
フクシア FUCHSIA 175
プセウドフマリア属（の1種）YELLOW CORYDALIS 501
フマリア属（の数種）FUMITORY 175
ブラックベリー →セイヨウヤブイチゴ
フラングラ属（の1種）ALDER BUCKTHORN 3
フランスギク OX-EYE DAISY 334
ブリオニア属（の1種）WHITE BRYONY 482-483
プリムローズ PRIMROSE 361-366
フレンチ・マリゴールド FRENCH MARIGOLD 1
ブロモプシス属（の1種）HAIRY BROME 202
ベニカノコソウ RED VALERIAN 381
ヘーベ属（の数種）HEDGE VERONICA 216
ヘラオオバコ RIBWORT PLANTAIN 382-385
ペルシアグルミ WALNUT 470
ヘンルーダ RUE 397
ホコリタケ属（の数種）PUFF-BALL 368
ホソバウンラン TOADFLAX 457
ホソムギ RYE GRASS 403
ボタン属（の数種）PEONY 346
ホップ HOP 232
ポプラ POPLAR 352-353
ホルトソウ CAPER SPURGE 74
ホワイト・ヘザー WHITE HEATHER 485-486
ホンアマリリス JERSEY LILY 252

【マ行】

マツ類 PINE 349
マドンナ・リリー MADONNA LILY 281-282
マメグンバイナズナ属（の1種）HOARY CRESS 219-220
マルバトウキ属（の1種）SCOTS LOVAGE 415
マンゴー MANGO 284
マンダリン TANGERINE 451
マンテマ属（の1種）RED CAMPION 378-379
マンテマ属（の1種）SEA CAMPION 420
マンテマ属（の数種）CAMPION 73
マンドラゴラ MANDRAKE 283
マンネングサ属（の1種）BITING STONECROP 42-43
——（の1種）ENGLISH STONECROP 156
——（の1種）GREATER MEXICAN STONECROP 197
——（の1種）ORPINE 333-334
——（の1種）REFLEXED STONECROP 381
マンネンロウ →ローズマリー

ミズゴケ属（の数種）SPHAGNUM MOSS 440-441
ミツガシワ BOGBEAN 51
ミドリハッカ MINT 295
ミナリアヤメ STINKING IRIS 444
ミモザ MIMOSA 295
ミリス属（の1種）SWEET CICELY 447
ムギクサ WALL BARLEY 470
ムギセンノウ CORN COCKLE 98
ムシトリスミレ属（の1種）BUTTERWORT 68-69
ムスカリ属（の1種）GRAPE HYACINTH 194
メウム属（の1種）SPIGNEL 441
メグサハッカ PENNYROYAL 344-345
メハジキ属（の1種）MOTHERWORT 305-306
モウセンゴケ属（の数種）SUNDEW 445-446
モクアオイ TREE MALLOW 461-462
モモ PEACH 342-343

【ヤ行】
ヤエムグラ属（の1種）CORN CLEAVERS 98
——（の1種）GOOSEGRASS 191
——（の1種）LADY'S BEDSTRAW 258
ヤグルマギク CORNFLOWER 105-106
ヤグルマギク属（の1種）KNAPWEED 256
ヤコブボロギク RAGWORT 375-376
ヤシオネ属（の1種）SHEEP'S BIT 432
ヤナギ類 WILLOW 489-491
ヤナギ属（の1種）CRACK WILLOW 115
——（の1種）SALLOW 411-414
ヤナギラン ROSEBAY WILLOWHERB 390-391
ヤネバンダイソウ HOUSELEEK 242-244
ヤブイチゲ WOOD ANEMONE 495
ヤブタビラコ属（の1種）NIPPLEWORT 317
ヤマアイ属（の1種）DOG'S MERCURY 138
ユキノハナ →スノードロップ
ユリ LILY 271
ユリ属（の数種）ORANGE LILY 332
ユリズイセン属（の1種）PERUVIAN LILY 348
ヨウシュジンチョウゲ MEZEREON 295
ヨウシュツルキンバイ SILVERWEED 433-434
ヨウシュトリカブト MONK'S HOOD 302-303
ヨウラクユリ CROWN IMPERIAL 117-118
ヨモギ属（の1種）MUGWORT 306-307
——（の1種）SOUTHERNWOOD 439
ヨーロッパイチイ YEW 502-505
ヨーロッパグリ CHESTNUT 79
ヨーロッパクロヤマナラシ BLACK POPLAR 44-46
ヨーロッパブドウ GRAPE 194
ヨーロッパブナ BEECH 35
ヨーロッパヤマナラシ ASPEN 25-26

【ラ行】
ライラック LILAC 270-271
ラズベリー RASPBERRY 376-377
ラッパズイセン DAFFODIL 121-122
リーキ LEEK 263-267
リナンツス属（の1種）YELLOW RATTLE 501-502
リュウキンカ属（の1種）MARSH MARIGOLD 286-287
リンゴ APPLE 5-16
リンゴ属（の1種）CRAB APPLE 114-115
ルタバガ SWEDE 446-447
ルバーブ RHUBARB 382
ルリハコベ SCARLET PIMPERNEL 414-415
レイランドヒノキ CYPRESS 120
レタス LETTUCE 268
レバノンスギ CEDER 75
レモン LEMON 267
レンギョウ属（の数種）FORSYTHIA 171
レンリソウ属（の1種）BITTER VETCH 43
ローズマリー ROSEMARY 391-393
ローソンヒノキ 120
ローマカミツレ CHAMOMILE 77
ロムレア属（の1種）SAND CROCUS 414

【ワ行】
ワタスゲ属（の数種）COTTON GRASS 108
ワラビ属（の1種）BRACKEN 54-55
ワレモコウ GREAT BURNET 196

一般項目索引

【ア行】
赤い花 RED FLOWERS 379-380
赤ん坊 BABIES 29
悪魔 DEVIL 129
衣蛾 MOTH 304
イースター・エッグ EASTER EGGS 144
一本立ちの木 LONE BUSH 272-275
井戸飾り WELL-DRESSING 475-479
稲妻 LIGHTNING 270
茨の冠 CROWN OF THORNS 118
いぼ WARTS 471
インフルエンザ INFLUENZA 246
ウイスキー WHISKEY 481
ウィリアム3世 WILLIAM III, KING 489
植え付けの時期 PLANTING TIMES 351
魚の目 CORNS 106
打ち身 BRUISES 63
占い DIVINATION 131
エイプリル・フールの日 APRIL FOOL'S DAY 16
枝の主日 PALM SUNDAY 335
黄疸 JAUNDICE 252
悪寒 AGUE 2
おたふくかぜ MUMPS 309

【カ行】
壊血病 SCURVY 416
海藻 SEAWEED 420-422
外徴説 DOCTRINE OF SIGNATURES 133-134
潰瘍 ULCERS 464
嗅ぎタバコ SNUFF 437
家禽の飼育 POULTRY-KEEPING 361
かご BASKETS 33
火事 FIRE 164-165
果実 FRUIT 174
果実の核 FRUIT STONES 175
果樹 FRUIT TREES 175
風邪 COLDS 109
カタル CATARRH 75
雷 THUNDER 456
カルマ植物 KARMIC PLANT 255
枯草熱 HAYFEVER 210
癌 CANCER 74
元日 NEW YEAR'S DAY 317
関節炎 ARTHRITIS 16
肝臓ジストマ LIVER FLUKE 272
気管支炎 BRONCHITIS 62
寄生虫 WORMS 496
記念樹 MONUMENT BUSH OR TREE 303
木の実 NUT 318
恐水病 HYDRANGEA 245
切り傷 CUTS 119
草 GRASS 195-196
クサリヘビ ADDER 1
草を混ぜた土くれ TUBBENS 462
駆虫剤 VERMICIDES 468
首かせの木 JOUG TREE 253
首吊りの木 HANGING TREE 202
クリスマス CHRISTMAS 82
クリスマス・イヴ CHRISTMAS EVE 82
クリスマス・ツリー CHRISTMAS TREE 83-85
クリスマスの葉飾り CHRISTMAS GREENERY 82-83
グリーンフライ APHIDS 5
くる病 RICKETS 385
けいれん CRAMP 115
下剤 PURGATIVES 370
夏至祭の前夜 MIDSUMMER'S EVE 295
ケジラミ HEAD LICE 214
血液 BLOOD 49-50
結婚式の花 WEDDING FLOWERS 473-475
下痢 DIARRHOEA 130
下痢（家畜の） SCOUR 415
紅白の花 RED AND WHITE FLOWERS 377-378
鉱脈（水脈）占い師 DOWSERS 138
5月祭の前夜（4月30日） MAY EVE 290
5月祭の花輪 MAY GARLANDS 290-293
告解火曜日 SHROVE TUESDAY 433
国章 NATIONAL EMBLEMS 311
穀物の輪 CROP CIRCLES 116-117
穀類 CORN 98
子どもの遊び CHILDREN'S PASTIMES 80-81
子ども部屋のボーギー NURSERY BOGIES 318
コーヒーの代用品 COFFEE SUBSTITUTES 94

コンカー CONKER →HORSE CHESNUT
コーン・ショーイング CORN-SHOWING 106
混植 COMPANION PLANTING 96
コーン・ドリー CORN DOLLY 98-105

【サ行】

催吐剤 EMETICS 156
坐骨神経痛 SCIATICA 415
刺し傷（虫による）STINGS 444
刺し傷（NETTLEによる）NETTLE STINGS 317
雑草 WEEDS 475
死 DEATH 129
シェイクスピア，ウィリアム SHAKESPEARE, WILLIAM 424
潮 TIDE 457
視覚障害 BLINDNESS 49
痔疾 PILES 349
氏族の標章 CLAN BADGES 86-87
湿疹 ECZEMA 144
ジフテリア DIPHTHERIA 131
しもやけ CHILBLAINS 80
シャムロック SHAMROCK 424-432
祝祭の主日 FEAST SUNDAY 160-161
出血 BLEEDING 49
出産 CHILDBIRTH 80
受難の主日 PASSION SUNDAY 341
消化不良 INDIGESTION 246
植物子羊 VEGETABLE LAMB 465-468
食欲 APPETITE 5
白い花 WHITE FLOWERS 484-485
神経過敏 NERVES 311
神経痛 NEURALGIA 317
腎臓結石 GRAVEL 196
腎臓障害 KIDNEY TROUBLES 256
心臓病 HEART TROUBLE 214-215
水腫 DROPSY 138
水脈占い師 DOWSERS 138
頭痛 HEADACHE 214
聖アルバヌス →聖オールバン
聖ヴァレンタインの祝日／その前夜 ST VALENTINE'S DAY OR EVE 411
聖ウイズバーガ ST WITHBURGA 411
聖ウィリアム，ロチェスターの ST WILLIAM OF ROCHESTER 411
聖オールバン（アルバヌス）ST ALBAN 405
聖キャンディダ ST CANDIDA 411
聖金曜日 GOOD FRIDAY 187-188
聖コンガー ST CONGAR 405
聖ジョージの祝日 ST GEORGE'S DAY 405
聖ジョン，ビヴァリーの ST JOHN OF BEVERLEY 405
精神錯乱 INSANITY 246
聖セド ST CEDD 405
聖体祭 CORPUS CHRISTI 107-108
聖デイヴィッドの祝日 ST DAVID'S DAY 405
性的不能 IMPOTENCE 246
聖ニューリナ ST NEWLINA 410
聖ネクタン ST NECTAN 410
聖パトリック ST PATRICK 410
聖パトリックの祝日 ST PATRICK'S DAY 410
聖フィンタン ST FINTAN 405
聖フランキンの日 ST FRANKIN'S DAYS 405
聖ブリギッドの祝日 ST BRIGID'S DAY 405
聖母マリア ST MARY THE VIRGIN 410
聖モールルーダ ST MOALRUDHA 410
聖ヨハネ（洗礼者）ST JOHN THE BAPTIST 410
聖ヨハネの祝日の前夜 ST JOHN'S EVE 405
聖霊降臨祭 WHITSUN 487
聖ワイト ST WITE 411
咳 COUGHS 109
石鹸 SOAP 437
全英祝日 EMPIRE DAY 156
全身けいれん CONVULSIONS 97
占星術的植物学 ASTROLOGICAL BOTANY 26-27
戦争 WAR 470
喘息 ASTHMA 26
線虫 EELWORM 145
染料 DYES 142
葬式の花 FUNERAL FLOWERS 176-183
卒中 STROKES 445
そばかす FRECKLES 174

【タ行】

堕胎薬 ABORTIFACIENTS 1
脱毛症 BALDNESS 29
胆石 GALL-STONES 184
父の日 FATHER'S DAY 160
チャールズ2世 CHARLES II, KING 77
中国式の新年祝い CHINESE NEW YEAR CELEBRATIONS 81

中風 PARALYSIS 336
チョウ BUTTERFRIES 68
痛風 GOUT 194
杖 STAFF 443
月 MOON 303-304
できもの BOILS 52
天候占い WEATHER FORECASTING 473
伝染病（家畜などの）MURRAIN 309
天然痘 SMALLPOX 435
デンプン糊 STARCH 443
トイレット・ペーパー TOILET PAPER 458
湯傷 SCALDS 414
糖尿病 DIABETES 130
毒麦 TARES 452
とびひ（膿痂疹）IMPETIGO 246
どもり STAMMER 443
鳥もち BIRD-LIME 40

【ナ行】

ニオイニンドウの杖 HONEYSUCKLE STICK 232
にきび BLACKHEADS 44
乳歯の生えはじめ TEETHING 453
妊娠 PREGNANCY 361
ネズミ RATS 377
捻挫 SPRAINS 442
のどの渇き THIRST 453
ノミ FLEAS 165

【ハ行】

葉 LEAF 262-263
肺炎 PNEUMONIA 352
肺結核 TUBERCULOSIS 462
敗血症 BLOOD POISONING 50
灰の水曜日 ASH WEDNESDAY 25
肺病 CONSUMPTION →肺結核
ハエ FLIES 166
白癬 RINGWORM 385
はしか MEASLES 294
発疹 RASHES 376
発熱 FEVER 161
花 FLOWERS 169-170
花飾りの主日 FLOWERING SUNDAY 166-167
花合戦 BATTLE OF FLOWERS 33-34
花言葉 LANGUAGE OF FLOWERS 259-260
鼻血 NOSEBLEEDS 318
花の拝領式 FLOWER COMMUNION 166
花の奉仕 FLOWER SERVICE 170-171
花輪の主日 GARLAND SUNDAY 184
歯の痛み TOOTHACHE 458
母親訪問日 MOTHERING SUNDAY 305
母の日 MOTHER'S DAY 305
腫物 SORES 438
ハロウィーン HALLOWE'EN 202
パンキー PUNKY 370
ハングリー・グラス HUNGRY-GRASS 244-245
万霊節 ALL SOULS' DAY 4
ひきつけ FITS 165
膝ぶとん HASSOCKS 203
羊 SHEEP 432
避妊 CONTRACEPTION 97
媚薬 APHRODISIACS 5
百日咳 WHOOPING COUGH 487
日焼け SUNBURN 445
漂着種子 SEA BEANS 416-419
ピラト，ポンティウス PONTIUS PILATE 352
笛 WHISTLES 481
吹出物 PIMPLES 349
不信心者の墓 ATHEISTS' TOMBS 27
復活祭の前夜 EASTER EVE 144
舞踏病 ST VITUS' DANCE 411
不妊 INFERTILITY 246
不眠症 INSOMNIA 246
不毛の地 BARREN GROUND 31-32
フラワー・パレード FLOWER PARADE 167-169
プランタ・ゲニスタ PLANTA GENISTA 350-351
ヘビ SNAKES 435
ヘビによる咬傷 SNAKE BITE 435
扁桃膿瘍 QUINSY 373
便秘 CONSTIPATION 97
ホワイト・ヘザー WHITE HEATHER 485-486

【マ行】

魔女 WITCHES 492
豆粒 BEAN 35
豆の主日 CARLING SUNDAY 74
ミカエル祭 MICHAELMAS 295
ミサの木 MASS BUSH 289
緑の牙のジェニー／ジニー JENNY/JINNY GREEN-

TEETH 252
緑のジャック JACK IN THE GREEN 251
耳の痛み EARACHE 143-144
酩酊 DRUNKENNESS 138
メイ・バーチャーズ MAY-BIRCHERS 289
眼の不調 EYE COMPLAINTS 157
木材 WOOD 493-494
木炭 CHARCOAL 77
モグラ MOLES 300
ものもらい STYES 445

【ヤ行】
やけど BURNS 65
屋根葺き材 THATCH 453
ユダ，イスカリオテの JUDAS ISCARIOT 253
妖精 FAIRIES 158
妖精の木 FAIRY TREE 272-275
妖精の輪 FAIRY RING 158-159
腰痛 LUMBAGO 279
予言の木 PROPHETIC TREES 368

【ラ行】
リウマチ RHEUMATISM 381-382
リウマチ熱 RHEUMATIC FEVER 381
流産 MISCARRIAGE 296
漁 FISHING 165
瘰癧 KING'S EVIL (SCROFULA) 256
レンネット RENNET 381
肋膜炎 PLEURISY 351
ロープ ROPES 385
ローマ人 ROMANS 385

【ワ行】
惑星 PLANETS 350

編著者

ロイ・ヴィカリー Roy Vickery

1947年，イギリス南西部の生まれ．
1965年より，ロンドンの自然史博物館に勤務．現在，同館の開花植物部門の学芸員．イギリス植物学会，イギリス・フォークロア学会をはじめとする数々の学会に所属，植物学，民俗学の双方にわたる該博な学識を活かし，植物にまつわる民俗についての研究を精力的に展開している．

主要著作：
"Holy Thorn of Glastonbury"（1979）
"Unlucky Plants"（1985）

訳者

奥本裕昭（おくもと・ひろあき）

1927年，福井県生まれ．京都大学農学部卒業後，カリフォルニア大学に留学．農学博士．
専攻：園芸学、植物生理学．
現在，私立ヴィアトール学園洛星中学・高等学校理事長．

主要訳書：
H＆A·モルデンケ『聖書の植物』（八坂書房，1981）／J·ハッチンソン＆R·メルヴィル『植物物語』（八坂書房，1987）／R·ヘルヴィッヒ『世界の花と木2850』（主婦の友社，1991）／P·ウェストランド『手作りのリース』（主婦の友社，1992）

イギリス植物民俗事典

2001年 7月10日　初版第1刷発行

訳　者　奥　本　裕　昭
発行者　八　坂　安　守
印刷所　信毎書籍印刷(株)
製本所　(有)高地製本所

発行所　(株)八　坂　書　房

〒101-0064　東京都千代田区猿楽町1-5-3
TEL.03-3293-7975　FAX.03-3293-7977
郵便振替口座　00150-8-33915

ISBN 4-89694-475-5